国家社会科学基金教育学一般课题（BEA160075）阶段性研究成果

中外教育名著选读

ZHONGWAI JIAOYU MINGZHU XUANDU

主编 姜丽静 广少奎

副主编 展瑞祥 徐肇俊 栾 蕙 江娇娇

SPM 南方传媒

全国优秀出版社
全国百佳图书出版单位 广东教育出版社

·广 州·

图书在版编目（CIP）数据

中外教育名著选读/姜丽静，广少奎主编．—广州：广东教育出版社，2021.5（2024.5 重印）
ISBN 978－7－5548－2197－8

Ⅰ．①中… Ⅱ．①姜… ②广… Ⅲ．①教育学—名著—介绍—世界 Ⅳ．①G40

中国版本图书馆 CIP 数据核字（2018）第 041291 号

出 版 人：朱文清
责任编辑：靳淑敏　姚铁懿
责任技编：姚健燕
装帧设计：苏永基

ZHONGWAI JIAOYU MINGZHU XUANDU
中外教育名著选读
广 东 教 育 出 版 社 出 版 发 行
（广州市环市东路 472 号 12－15 楼）
邮政编码：510075
网址：http://www.gjs.cn
广东新华发行集团股份有限公司经销
佛山市浩文彩色印刷有限公司印刷
（佛山市南海区狮山科技工业园 A 区）
787 毫米×1092 毫米　16 开本　28 印张　560 000 字
2021 年 5 月第 1 版　2024 年 5 月第 2 次印刷
ISBN 978－7－5548－2197－8
定价：86.00 元
质量监督电话：020－87613102　邮箱：gjs-quality@nfcb.com.cn
购书咨询电话：020－87615809

目　录

下编　外国教育名著选读

前　言

响应新时代对教师教育改革和教师专业发展的崭新要求，针对教师教育课程体系和选修学生的特点，我们选取在中外教育历史发展中产生过重要影响，并且仍然具有当代价值的诸多教育经典著作中的精华文段，将其汇编成册。该书旨在为普通高等院校教育学专业本科生、其他选修教师教育课程的本科生，以及广大教育学和教育史爱好者，提供一部关于中外教育思想和实践发展的经典读本。

在确定编写体例时，试图遵循三个原则。其一，中外对比，古今贯通。全书分为中国教育名著选读和外国教育名著选读上下两编，每编根据历史时序大致分为古代、近代和现代三个时期。在中外对比、历史更迭中，力求展现中外教育思想和实践发生、发展的主体脉络、精神传统和独特风格。其二，性别视野，开阔"完整"。中国部分首次增加女子教育名著选读，外国部分，由于资料限制，未能增列外国女子教育名著选读，但在现代时期的"批判教育名著选读"中特别选入了女性主义教育著作。通过性别视角的运用，希望适当弥补国内主流教育史和教育名著选读中女子教育的缺失，并为读者呈现一部更为开阔、完整的教育历史图景。其三，考辨源流，"导""读"结合。各章首先以"教育思想概要"开始，梳理各时期教育思想的发展源流、代表人物、核心主张、历史地位和影响等；其次，对每种教育思想中最具代表性的人物及其代表作品进行导读；最后，具体导读再分为两部分：①作者和作品简介，简要介绍作者的主要生平、教育思想和历史影响，以及代表作品的版本流传情况等；②原文节选，节选代表作品中的经典篇章进行原文选读，并采取"释读"（对原文中的生僻字、难解字和关键词句等，通过注释的形式进行解释、说明）和"重点标读"（对原文中的核心观点，通过加粗字体等形式进行重点标记）的形式，帮助学生更好地理解原文，把握其中的核心思想和观点。

本教材的编写者都是长期从事教育史和教育名著选读等领域研究和教学工作的专业教师，在该领域具有厚实的研究功底和丰富的教学经验。具体编写任务分配为：广少奎（博士，曲阜师范大学教育学院教授）负责第一章、第二章、第三章和第六章的第一节，姜丽静（博士，曲阜师范大学教育学院教授）负责第四章、第五章和第六章的第二节，栾蕙（硕士，曲阜师范大学管理学院教师）负责第七章，展瑞祥（硕士，曲阜师范大学教育学院教师）负责第八章和第九章，徐肇俊（博士，曲阜师范大学教育学院教师）负责第十章和第十一章。最后由姜丽静、栾蕙和江娇娇负责统稿和定稿。曲阜师范大学教育学院的研究生李凤梅、闫玫、许庆、胡小芳、朱文文、黄俊丽等同学参与了部分工作，特别是李凤梅、刘娜和李金迪同学分别为中国近代教育名著的编选、原文的校对等付出了很多努力，在此向这些同学表示感谢！

在本教材编写的过程中，我们参考了大量的中外论著和经典原著，尽管我们尽力注明出处，仍有可能挂一漏万，在此特别加以说明，并向作者致以衷心的感谢！由于时间和水平的限制，在编写过程中难免出现错漏，在此表示歉意！同时恭请读者批评指正，以期在后续修订中加以改正、完善。

本教材作为国家社会科学基金“十三五”规划教育学一般课题的阶段性研究成果，同时作为曲阜师范大学教师教育改革项目“21 世纪教师教育系列教材”之一，得到了相关课题的资助，在此表示感谢！并感谢曲阜师范大学教育学院和教务处领导的指导和帮助，感谢广东教育出版社的大力支持！

编　者

2020 年 9 月 1 日

上编

中国教育名著选读

第一章　先秦教育名著选读

所谓先秦，一般是指从传说中的三皇五帝到秦朝建立之前的一段时期，主要包括夏、商、西周、春秋和战国等几个阶段。这一时期，尤其到春秋、战国之际，我国涌现出许多著名的思想家，留下了大量的名篇名作，这被西方学者称为人类文化史上的“轴心时代”。其间，很多过去未曾触及的问题被提了出来，很多未曾思考的领域受到了思想家的关注，并就此展开了激烈的论辩，如人性之辩、义利之辩、天人之辩、名实之辩、王霸之辩等，都成为名噪一时的著名辩题。其他如经与权、心与物、知与行、礼与法、治与乱、道与器、体与用等，均有所触及。由此产生了不同的思想流派，形成了自由驳辩、百家争鸣的学术格局。

这些思想家在论及上述问题的同时，也谈到了人的培养，以及与之相关的一系列教育问题，从而形成了许多教育名作。从“后轴心时代”的视角来看，这一时期的思想和论辩不仅开阔了人们的学术视野，深化了人们的理性认识，也为中国教育思想的产生和后续发展准备了命题、创设了语汇、引领了方向。

第一节　儒家教育名著选读

先秦是儒家学派发轫、形成、传承、发展和初步繁荣的时期，也是儒家学派最为重要的发展时期。这一时期，儒家学派最著名的思想家，如孔子、孟子和荀子等，对教育都有极为重要的阐述，并均有著作或言论传世。至战国末期，儒家还出现了一批集中论述教育问题的名著，如《大学》《学记》《中庸》等，对后世研究教育思想具有重要的借鉴意义。

一、　儒家教育思想概要

儒家教育思想是历代儒家学者在教育实践活动过程中，通过不断总结经验、批判反思而逐渐形成的一系列有关教育实践和教育理论的观点和主张。该学派创始人孔子是一位长期致力于教育事业的伟大思想家，后世儒家学者也大多从事教育工作，因而儒家学派与教育的关系极为密切。

儒家教育思想是一个包容广大、内涵宏富的思想体系。这一体系由周公开其源、孔子定其型、思孟衍其流、荀卿传其绪，对于教育的许多重大问题，如教育对象、教育目的、教育功能等都做出了精辟的论述。具体而言，在教育对象方面，儒家在中国历史上首次明确提出了“有教无类”的思想。这是对以往教育对象观的重大突破，具有扩大对象范围、开发人才渠道、促成人才流动等多方面的历史意义。在教育目的方面，儒家主张把受教育者培养成“君子”“大儒”“鸿儒”和“贤人”，还提出了“不仕无义”“士必宜仕”“学而优则仕”等思想，力主人应该积极参政、改造社会。在教育功能方面，儒家学者充分肯定了教育的育人功能和社会改造功能。“教育兴则政事举”“教育衰则政事亡”是儒家学者的一贯主张，也彰显了儒家学派对于教育重要性的深刻体认。至于教育原则和教育方法，儒家的论述则非常丰富。如在教育原则方面，儒家学派提出了因材施教、循序渐进、长善救失、教学相长、预时孙摩、藏息相辅、相观而善等原则；在教育方法方面，提出了温故知新、教亦多术、启发诱导、专心致志、深造自得、由博返约、虚壹而静、叩其两端、学思结合、贵于改过、多闻阙疑、反求诸己等方法。

在长期发展过程中，儒家教育思想逐渐形成了一系列鲜明的特点，主要表现为以下四个方面。第一，突出的伦理性。儒家特别强调人的德性养成、修养提升，主张培养操守高洁、德行敦厚、志存高远的仁人君子。这一思想极具包容性，举凡人所面对的各种人际关系，诸如君臣、父子、夫妇、兄弟、臣僚、朋友、师生、邻里和亲友，以及各种不同身份和地位的人所应遵守的规范，在这一思想中几乎均有涉及。第二，鲜明的人本性。立足人的现世需要，关注人的现世生存，为人的现世发展提供规范，是儒家教育思想的基本立足点和出发点。孔子从“爱人”的角度倡导“人本”，孟子从“保民”的立场主张“民本”，荀子从“用天”的高度张扬“人贵”。虽然论述不同，其实质则一，即皆以现实、现时、现世之人为立足点，不追求超脱境界，不妄谈鬼怪神魔，不阐释玄奥义理，从而奠定了儒家以实践理性为特征的朴素色彩。第三，严整的中庸观。在儒家教育思想中，中庸有多重意义。中庸既被推重为一种修养境界，也被看成是一种处事准则；既被强调为一种方法论，也被理解为一种世界观；既被看作事物之本源，也被视为君子之当行；既蕴含伦理学、政治学和教育学等多学科的意义，也具有方法论、认识论和宇宙运行论等多方面的内涵。因此，儒家所倡导的中庸观，实际是一个内涵多重、结构谨严的思想体系。第四，明确的义利观。儒家从其改造社会、修养自身的理念出发，特别强调个人利益服从社会利益，精神追求高于物质需求，表现出重义轻利、以义统利、先义后利、见得思义的基本价值取向。其实质是教人如何做人，如何做出价值选择，如何影响他人、改造社会。它阐明了人应该追求什么、轻视什么，直接而具体地规定了教育活动的目标、内容和着力点。因此，旗帜鲜明的义利观是儒家教育思想的又一突出特点。

二、 孔子与《论语》

（一）作者和作品简介

孔子名丘，字仲尼，鲁国陬邑（今山东省曲阜市）人，生于鲁襄公二十二年（前 551 年），卒于鲁哀公十六年（前 479 年），享年 73 岁。孔子的一生是坎坷曲折的一生。他幼年丧父，青年丧母，过早饱尝了生活的艰辛；他虽有“苟有用我者，期月而已可也，三年有成”之志，胸怀匡扶社稷之雄才大略，却屡屡受挫、四处奔波，不是难容于权贵，就是见诽于佞人，甚至连生活都难以为继；晚年生活虽稍有安顿，却又大难迭起：67 岁时老伴亡故，69 岁时独子丧亡，70 岁时爱徒颜渊病逝于鲁，72 岁时挚徒子路惨死于卫……可以说，孔子一生是在穷厄、困顿与悲伤中度过的。

然而，孔子的一生又是伟大不屈的一生。他无名分可依，无势力可援，却逆境奋发，勤学不辍，终成世所公认的博学之人；他从政时日虽短，却政绩卓然，以致“齐人闻而惧”，楚人以为孔子居楚“非楚之福”；他删《诗》《书》，定《礼》《乐》，修《春秋》，为古代文化做出了非凡的贡献；他所办的私学无论就规模还是影响而言，都堪称春秋之最，不仅培养了许多有才干的弟子，而且在教育理论上解决了前人未曾解决的许多问题，从而开辟了中国古代教育的新纪元。

孔子在长期教育实践中不断总结经验，建构起了一个博大精深的思想体系。他首倡“有教无类”的办学方针，扩大了教育的社会基础，顺应了历史潮流；他全面论述了教育与人及社会发展的关系，把教育看作实现政治理想的重要手段；他从“为政在人”的政治理念出发，主张“学而优则仕”，提倡“举贤才”的用人思想；他视“孝悌”为本、“礼仪”为规范、“忠恕”为一贯、“中庸”为准绳，将道德推及社会关系的各个方面；他“循循然善诱人”，注重培养学生“举一反三”的能力；他重视“因材施教”，以“退而省其私”“听其言而观其行”等方式，对学生进行有的放矢的教育；他推崇学习过程中学、思、行三者的结合，力行“叩其两端”“攻乎异端”，主张“学而时习之”“学而不思则罔，思而不学则殆”；他主张人应该树立远大志向，要“笃信好学，守死善道”，倡言“匹夫不可夺志”；他希望学生要“毋意，毋必，毋固，毋我”，即不要主观臆断，不要一意孤行，不要固守成见，不要自以为是；他认为现实生活中不存在不犯错的人，主张“过则勿惮改”，还认为“君子之过也，如日月之食焉。过也，人皆见之；更也，人皆仰之”。

以上只是挂一漏万的概述。事实上，孔子教育思想既可从以上方面分述，也可从德、智、体、美等方面阐述。孔子对于教育问题的论述既有心理学、生理学和认识论等方面的意蕴，也蕴含着人本主义和终身学习等现代思想的萌芽。仅就此而言，孔子不仅是我国古代教育思想的奠基者，也是世界级的伟大教育思想家。

《论语》是其弟子及后学记录孔子言论的一部著作，是今天研究孔子思想最重要的材料。西汉时，《论语》有《鲁论语》《齐论语》和《古文论语》三种版本，现存《论语》最古注本是曹魏何晏等人的《论语集解》。目前最为流行的《论语》注本是宋朱熹所撰的《论语集注》和今人杨伯峻所著的《论语译注》。《论语》全书近2万字，共20篇，约500章，每篇以首章之前数字为名。

（二）原文节选

学而篇第一[①]

子曰：“学而时习之，不亦说乎？有朋自远方来，不亦乐乎？人不知，而不愠[②]，不亦君子乎？”

曾子曰：“吾日三省吾身——为人谋而不忠乎？与朋友交而不信乎？传不习乎？”

子曰：“弟子，入则孝，出则悌，[③] 谨而信，泛爱众，而亲仁。**行有余力，则以学文。**”

子夏曰：“贤贤易色；[④] 事父母，能竭其力；事君，能致其身；与朋友交，言而有信。虽曰未学，吾必谓之学矣。”

---

① 杨伯峻．论语译注［M］．北京：中华书局，2017.

② 愠（yùn）：怨恨。

③ 入：入父宫。出：出己宫。悌：敬爱兄长。

④ 贤贤：第一个“贤”为动词，“贤贤”即尊重贤者。易色：不重容貌。

子曰："君子不重，则不威；学则不固[1]。主忠信。无友不如己者。过，则勿惮改。"

曾子曰："慎终，追远，[2] 民德归厚矣。"

有子曰："礼之用，和为贵。先王之道，斯为美；小大由之。有所不行，知和而和，不以礼节之，亦不可行也。"

子曰："君子食无求饱，居无求安，敏于事而慎于言，就有道而正焉，可谓好学也已。"

子贡曰："贫而无谄，富而无骄，何如？"子曰："可也；未若**贫而乐**，富而好礼者也。"

子贡曰："《诗》云'如切如磋，如琢如磨'，其斯之谓与？"子曰："赐也，始可与言《诗》已矣，告诸往而知来者[3]。"

子曰："不患人之不己知，患不知人也。"

为政篇第二

子曰："为政以德，譬如北辰居其所而众星共[4]之。"

子曰："《诗》三百，一言以蔽之，曰'思无邪'。"

子曰："道之以政，[5] 齐之以刑，民免而无耻；道之以德，齐之以礼，有耻且格。"

子曰："吾十有五而志于学，三十而立，四十而不惑，五十而知天命，六十而耳顺，七十而从心所欲，不逾矩。"

子曰："**视其所以，观其所由，察其所安。**人焉廋哉？[6] 人焉廋哉？"

子曰："温故而知新，可以为师矣。"

子曰："**君子不器。**"

子贡问君子。子曰："先行其言而后从之。"

子曰："君子周而不比，[7] 小人比而不周。"

子曰："**学而不思则罔，思而不学则殆。**"

---

① 学则不固：有两种解释：一是坚固；二是固陋。

② 慎终：人死为终，这里指父母的去世；追远：追念远祖。

③ 来者：未来的事，这里譬为未知的事。

④ 共：同"拱"，怀抱，环绕。

⑤ 道之以政：用政法诱导民众。道，同"导"。

⑥ 焉：何处。廋（sōu）：隐藏，藏匿。

⑦ 周：合群。比：勾结。

子曰："由！诲女[①]知之乎！知之为知之，不知为不知，是知也。"

八佾篇第三

子曰："君子无所争。必也射乎！揖让而升，下而饮。其争也君子。"

子夏问曰："'巧笑倩兮，美目盼兮，素以为绚兮。'[②] 何谓也？"子曰："绘事后素。"

曰："礼后乎？"子曰："起予者商也！始可与言《诗》已矣。"

子曰："周监于二代[③]，郁郁乎文哉！吾从周。"

子曰："射不主皮，为力不同科[④]，古之道也。"

子曰："《关雎》，乐而不淫，哀而不伤。"

子语鲁大师乐，[⑤] 曰："乐其可知也：始作，翕如也；从之，纯如也，皦如也，绎如也，以成。"

子谓《韶》，"尽美矣，又尽善也"。谓《武》，"尽美矣，未尽善也"。

里仁篇第四

子曰："**里仁为美**。择不处仁，焉得知？"[⑥]

子曰："富与贵，是人之所欲也；不以其道得之，不处也。贫与贱，是人之所恶也；不以其道得之，不去也。君子去仁，恶乎[⑦]成名？**君子无终食之间违[⑧]仁，造次必于是，颠沛必于是。**"

子曰："朝闻道，夕死可矣。"

子曰："不患无位，患所以立。不患莫己知，求为可知也。"

子曰："参乎！吾道一以贯[⑨]之。"曾子曰："唯。"子出，门人问曰："何谓也？"曾子曰："夫子之道，忠恕而已矣。"

子曰："**见贤思齐**焉，见不贤而内自省也。"

---

① 女：同"汝"，你。
② 倩：面颊长得好。盼：黑白分明。绚（xuàn）：有文采。
③ 二代：夏、商。
④ 同科：同等。
⑤ 语（yù）：告诉。大（tài）师：乐官之长。
⑥ 里：这里可以看为动词。居住也。处（chǔ）：居住也。
⑦ 恶（wū）乎：于何处，译文意译为"怎样"。
⑧ 违：离开。
⑨ 贯：贯穿、统贯。

子曰："君子欲**讷**[1]**于言而敏于行。"**

子曰："德不孤，必有邻。"

公冶长篇第五

宰予昼寝。子曰："朽木不可雕也，粪土之墙不可杇[2]也；于予与何诛？"子曰："始吾于人也，听其言而信其行；今吾于人也，**听其言而观其行**。于予与改是。"

子贡问曰："孔文子[3]何以谓之'文'也？"子曰：**"敏而好学，不耻下问，**是以谓之'文'也。"

颜渊季路侍。子曰："盍[4]各言尔志？"子路曰："愿车马衣裘与朋友共敝之而无憾。"

颜渊曰："愿无伐善，无施劳。"子路曰："愿闻子之志。"子曰：**"老者安之，朋友信之，少者怀之。"**

雍也篇第六

子谓仲弓，曰："犁牛之子骍且角，虽欲勿用，山川其舍诸？"[5]

子曰："贤哉，回也！一箪[6]食，一瓢饮，在陋巷，人不堪其忧，回也不改其乐。贤哉，回也！"

子谓子夏曰："女为君子儒！无为小人儒！"

子曰："质胜文则野，文胜质则史。[7] 文质彬彬，然后君子。"

子曰：**"知之者不如好之者，好之者不如乐之者。"**

子曰："中人以上，可以语上也；中人以下，不可以语上也。"

子曰："知者乐水，仁者乐山。知者动，仁者静。知者乐，仁者寿。"

子曰："君子博学于文，约之以礼，亦可以弗畔[8]矣夫！"

---

① 讷（nè）：语言迟钝。

② 杇（wū）：泥工抹墙的工具叫杇，把墙壁抹平也叫杇。这里依上文的意思译为"粉刷"。

③ 孔文子：卫国的大夫孔圉。

④ 盍："何不"的合音字。

⑤ 骍：赤色。周朝以赤色为贵，所以祭祀的时候也用赤色的牲畜。角：意思是两角长得周正。其：意义同"岂"。诸："之乎"两字的合音字。

⑥ 箪（dān）：古代盛饭的竹器，圆形。

⑦ 野：粗野，粗俗。史：本指史官，此处意为书生气。

⑧ 畔：同"叛"。

子曰："中庸之为德也，其至矣乎！民鲜久矣。"

子贡曰："如有博施于民而能济众，何如？可谓仁乎？"子曰："何事于仁！必也圣乎！尧舜其犹病诸！夫仁者，己欲立而立人，己欲达而达人。能近取譬，可谓仁之方也已。"

述而篇第七

子曰："默而识之，学而不厌，诲人不倦，何有于我哉？"

子曰："德之不修，学之不讲，闻义不能徙，不善不能改，是吾忧也。"

子曰："志于道，据于德，依于仁，游于艺。"

子曰："自行束脩[①]以上，吾未尝无诲焉。"

子曰："不愤不启，不悱不发。[②] 举一隅不以三隅反，则不复也。"

子曰："饭疏食饮水，曲肱[③]而枕之，乐亦在其中矣。不义而富且贵，于我如浮云。"

子曰："加我数年，五十以学《易》，可以无大过矣。"

子所雅言，《诗》、《书》、执礼，皆雅言也。

叶公问孔子于子路，子路不对。子曰："女奚不曰，其为人也，**发愤忘食，乐以忘忧，**不知老之将至云尔[④]。"

子曰："我非生而知之者，好古，敏以求之者也。"

子不语怪，力，乱，神。

子曰："**三人行，必有我师焉：**择其善者而从之，其不善者而改之。"

子以四教：文，行，忠，信。

泰伯篇第八

曾子曰："士不可以不弘毅，任重而道远。仁以为己任，不亦重乎？死而后已，不亦远乎？"

子曰："兴于《诗》，立于礼，成于乐。"

子曰："笃信好学，守死善道。危邦不入，乱邦不居。天下有道则见[⑤]，

---

① 束脩：十条干肉。

② 不愤不启，不悱不发：朱熹注："愤者，心求通而未得之意；悱者，口欲言而未能之貌。启，谓开其意；发，谓达其辞。"

③ 曲肱（gōng）：肱，胳膊，由肩至肘的部位。曲肱，即弯着胳膊。

④ 云尔：云，如此；尔，同"耳"，而已，罢了。

⑤ 见：同"现"。

无道则隐。邦有道，贫且贱焉，耻也；邦无道，富且贵焉，耻也。”

子曰：“学如不及，犹恐失之。”

子罕篇第九

子绝四——**毋意，毋必，毋固，毋我。**

子曰：“吾有知乎哉？无知也。有鄙夫问于我，空空如也。我**叩其两端**而竭焉。”

颜渊喟然叹曰：“仰之弥高，钻之弥坚。瞻之在前，忽焉在后。夫子**循循然善诱人**，博我以文，约我以礼，欲罢不能。既竭吾才，如有所立卓尔。虽欲从之，末由也已。”

子曰：**“主忠信，毋友不如己者，过则勿惮改。”**

子曰：“三军可夺帅也，匹夫不可夺志也。”

先进篇第十一

子曰：“先进于礼乐，野人也；后进于礼乐，君子也。如用之，则吾从先进。”

子路问：“闻斯行诸？”子曰：“有父兄在，如之何其闻斯行之？”冉有问：“闻斯行诸？”子曰：“闻斯行之。”公西华曰：“由也问闻斯行诸，子曰，‘有父兄在’；求也问闻斯行诸，子曰，‘闻斯行之’。赤也惑，敢问。”子曰：“求也退，故进之；由也兼人，故退之。”

子路、曾皙、冉有、公西华侍坐。

子曰：“以吾一日长乎尔，毋吾以也。居则曰：‘不吾知也！’如或知尔，则何以哉？”

子路率尔而对曰：“千乘之国，摄乎大国之间，加之以师旅，因之以饥馑；由也为之，比[1]及三年，可使有勇，且知方也。”

夫子哂之。

“求！尔何如？”

对曰：“方六七十，如[2]五六十，求也为之，比及三年，可使足民。如其礼乐，以俟君子。”

“赤！尔何如？”

---

① 比（bì）：等到的意思。

② 如：或者的意思。

对曰："非曰能之，愿学焉。宗庙之事，如会同，端章甫，愿为小相[①]焉。"

"点！尔何如？"

鼓瑟希，铿尔，舍瑟而作，对曰："异乎三子者之撰。"

子曰："何伤乎？亦各言其志也。"

曰："莫春者，春服既成，[②] 冠者五六人，童子六七人，浴乎沂，风乎舞雩，咏而归。"

夫子喟然叹曰："吾与点也！"

颜渊篇第十二

颜渊问仁。子曰："克己复礼为仁。一日克己复礼，天下归仁焉。为仁由己，而由人乎哉？"颜渊曰："请问其目。"子曰："非礼勿视，非礼勿听，非礼勿言，非礼勿动。"颜渊曰："回虽不敏，请事斯语矣。"

仲弓问仁。子曰："出门如见大宾，使民如承大祭。己所不欲，勿施于人。在邦无怨，在家无怨。"仲弓曰："雍虽不敏，请事斯语矣。"

子曰："君子成人之美，不成人之恶。小人反是。"

季康子问政于孔子曰："如杀无道，以就有道，何如？"孔子对曰："子为政，焉用杀？子欲善而民善矣。君子之德风，小人之德草。草上之风，必偃。"

子路篇第十三

子曰："其身正，不令而行；其身不正，虽令不从。"

子适卫，冉有仆。子曰："庶矣哉！"冉有曰："既庶矣，又何加焉？"曰："富之。"曰："既富矣，又何加焉？"曰："教之。"

子夏为莒父宰，问政。子曰："无欲速，无见小利。欲速，则不达；见小利，则大事不成。"

子贡问曰："何如斯可谓之士矣？"子曰："行己有耻，使于四方，不辱君命，可谓士矣。"曰："敢问其次。"曰："宗族称孝焉，乡党称弟焉。"曰："敢问其次。"曰："**言必信，行必果，**硁硁然小人哉！——抑亦可以为次矣。"曰："今之从政者何如？"子曰："噫！斗筲之人，何足算也？"

子曰："不得中行而与之，必也狂狷乎！狂者进取，狷者有所不为也。"

子曰："君子和而不同，小人同而不和。"

---

① 相（xiàng）：名词，赞礼之人。

② 莫：同"暮"。成：定也。

子曰："君子泰而不骄，小人骄而不泰。"

宪问篇第十四

宪问耻。子曰："邦有道，谷；邦无道，谷，耻也。"

子曰："爱之，能勿劳乎？忠焉，能勿诲乎？"

子路问成人。子曰："若臧武仲之知，公绰之不欲，卞庄子之勇，冉求之艺，文之以礼乐，亦可以为成人矣。"曰："今之成人者何必然？**见利思义，见危授命，久要**[①]**不忘平生之言，亦可以为成人矣。"**

子曰：**"古之学者为己，今之学者为人。"**

子曰："不在其位，不谋其政。"

或曰："以德报怨，何如？"子曰："何以报德？以直报怨，以德报德。"

卫灵公篇第十五

在陈绝粮，从者病，莫能兴。子路愠见曰："君子亦有穷乎？"子曰："君子固穷，小人穷斯滥矣。"

子曰："**躬自厚而薄责于人，**则远怨矣。"

子贡问曰："有一言而可以终身行之者乎？"子曰："其恕乎！**己所不欲，勿施于人。"**

子曰："过而不改，是谓过矣。"

子曰："吾尝终日不食，终夜不寝，以思，无益，不如学也。"

子曰："君子谋道不谋食。耕也，馁在其中矣；学也，禄在其中矣。**君子忧道不忧贫。"**

子曰：**"有教无类。"**

季氏篇第十六

孔子曰："益者三友，损者三友。友直，友谅，友多闻，益矣。友便辟，友善柔，友便佞，损矣。"

孔子曰："**君子有三戒：**少之时，血气未定，戒之在色；及其壮也，血气方刚，戒之在斗；及其老也，血气既衰，戒之在得。"

孔子曰："生而知之者上也，学而知之者次也；困而学之，又其次也；困而不学，民斯为下矣。"

---

① 久要："要"为"约"的借字，"约"，穷困之意。

孔子曰："君子有九思：视思明，听思聪，色思温，貌思恭，言思忠，事思敬，疑思问，忿思难，见得思义。"

陈亢[①]问于伯鱼曰："子亦有异闻乎?"

对曰："未也。尝独立，鲤趋而过庭。曰：'学诗乎?'对曰：'未也。'**'不学诗，无以言。'**鲤退而学诗。他日，又独立，鲤趋而过庭。曰：'学礼乎?'对曰：'未也。'**'不学礼，无以立。'**鲤退而学礼。闻斯二者。"

陈亢退而喜曰："问一得三，闻诗，闻礼，又闻君子之远其子也。"

阳货篇第十七

子曰："性相近也，习相远也。"

子曰："唯上知与下愚不移。"

子张问仁于孔子。孔子曰："能行五者于天下为仁矣。"

"请问之。"曰："恭，宽，信，敏，惠。恭则不侮，宽则得众，信则人任焉，敏则有功，惠则足以使人。"

子曰："小子何莫学夫诗? **诗，可以兴，可以观，可以群，可以怨。迩之事父，远之事君；多识于鸟兽草木之名。"**

子谓伯鱼曰："女为《周南》《召南》矣乎? **人而不为《周南》《召南》，其犹正墙面而立[②]也与?"**

子曰：**"道听而途说，德之弃也。"**

子曰："饱食终日，无所用心，难矣哉！不有博弈者乎? 为之，犹贤乎已。"

子路曰："君子尚勇乎?"子曰："君子义以为上，君子有勇而无义为乱，小人有勇而无义为盗。"

子张篇第十九

子张曰："士见危致命，见得思义，祭思敬，丧思哀，其可已矣。"

子夏曰："博学而笃志[③]，切问而近思，[④] 仁在其中矣。"

子夏曰："百工居肆以成其事，君子学以致其道。"

子夏曰：**"仕而优则学，学而优则仕。"**

---

① 陈亢：陈子禽。

② 正墙面而立：朱熹云："言即其至近之地，而一物无所见，一步不可行。"

③ 笃（dǔ）志：志，意为"识"，此为强记之义。

④ 切问：问与切身有关的问题。近思：思考身边的问题。

子贡曰："君子之过也，如日月之食焉：过也，人皆见之；更也，人皆仰之。"

三、 孟子与《孟子》

（一）作者和作品简介

孟子名轲，字子舆，战国中期邹国（今山东省邹城市）人。其生卒年月无可确考。依据《孟子》《战国策》所载史实，参校《史记·六国年表》可大致认定，孟子约生于周安王十二年（前390年），卒于周赧王八年（前307年），享年84岁。孟子幼时家贫，三岁丧父，生活由母亲仉氏为人织布赖以撑持。年龄稍长，"受业子思之门人"。子思是孔子之孙、曾参之徒。这样，经过几代相传，孔子学说终为孟子所继承。

孟子的经历与孔子颇为相似，一生以聚徒讲学、游说诸侯为业。为推行"仁政""重民"等主张，辗转于齐、梁、宋、滕等国。因其"王道政治"是从统治者的长远利益出发，与以"攻伐为贤"的时代不合，所以在列国多不被采纳，最后只能退隐民间，专心著书立说和从事教育。

孟子在政治上不甚顺利，在教育上却建树颇丰。如在人性论方面，他发展了孔子"性近习远"的命题，提出了著名的"性善论"思想，开启了中国教育史上"内发说"的先河；在教育功能方面，认为教育不仅外可治国、内可齐家，还能使人"穷则独善其身，达则兼济天下"；在教育目的方面，认为无论是校、序、庠、学，"皆所以明人伦"，首次明确概括了我国古代学校的教育目的；在道德教育方面，认为"养心莫善于寡欲"，要有"居仁由义"的志向，应该"行有不得，皆反求诸己"；在教学思想方面，他不仅十分推崇"深造自得""持志养气"等学习方法，要求人们具有"尽信《书》则不如无《书》"的批判怀疑精神，而且以学棋为例阐明学习必须"专心致志"。他还以"揠苗助长"为喻，要求学习时应该"盈科而后进"，并倡导"教亦多术"的教学方法。凡此种种，对我国历代的教育教学都产生了深远的影响。

总之，孟子在很多方面发展了儒家教育思想，如"性善"论、"民贵"论、"寡欲"说、"五伦"说和"大丈夫"人格，以及对于"仁""义"和"仁政"等的阐述，为儒家教育思想做出了杰出贡献。

《孟子》一书由孟子与弟子公孙丑、万章等共同编成，是记述当年游说时各种言行的一部著作。宋代之前，《孟子》并未特别引人瞩目。自宋代以后，该书才成为学者的必读书。目前最流行的注本是宋朱熹所撰的《孟子集注》和今人杨伯峻、金良年等人所著的《孟子译注》。《孟子》全书2万余字，共7篇，每篇以首章前之二三字为名。每篇又分上、下，故全书14篇。

（二）原文节选

梁惠王上[①]

孟子见梁惠王，王曰："叟[②]不远千里而来，亦将有以利吾国乎？"孟子对曰："王何必曰利？亦有仁义而已矣。王曰'何以利吾国'，大夫曰'何以利吾家'，士、庶人曰'何以利吾身'，上下交征利而国危矣。万乘之国[③]，弑其君者必千乘之家；千乘之国，弑其君者必百乘之家。万取千焉，千取百焉，不为不多矣。**苟为后义而先利**，不夺不餍[④]。未有仁而遗其亲者也，未有义而后其君者也。王亦曰仁义而已矣，何必曰利？"

……

"老吾老以及人之老[⑤]，幼吾幼以及人之幼，天下可运于掌。《诗》云'刑于寡妻，[⑥]至于兄弟，以御于家邦'，言举斯心加诸彼而已。故推恩足以保四海，不推恩无以保妻子。古之人所以大过人者无他焉，善推其所为而已矣。今恩足以及禽兽，而功不至于百姓者，独何与？权然后知轻重，度然后知长短，物皆然，心为甚，王请度之。抑王兴甲兵，危士臣，构怨于诸侯，然后快于心与？"

曰："无恒产而有恒心者，惟士为能。若民，则无恒产因无恒心。苟无恒心，放辟邪侈[⑦]，无不为已。及陷于罪，然后从而刑之，是罔民[⑧]也。焉有仁人在位，罔民而可为也？是故明君**制民之产**，必使仰足以事父母，俯足以畜妻子，乐岁终身饱，凶年免于死亡，然后驱而之善，故民之从之也轻。今

---

① 金良年．孟子译注［M］．上海：上海古籍出版社，2012.

② 叟：对老人的尊称。

③ 万乘（shèng）之国：乘，古时一车四马为乘，万乘之国，指能出兵车万乘的国家。其下千乘、百乘以此类推。按古制，只有天子才能享有万乘，诸侯则享有千乘、百乘不等。

④ 餍（yàn）：餍足，满足。

⑤ 老吾老以及人之老：第一个"老"是动词，尊重；第二、三个"老"为名词，指父兄。下文"幼吾幼"类此。

⑥ "刑于"句：先给妻子做榜样，然后推及兄弟，再推广到家族与邦国。刑于寡妻：刑，同型，典型，准则。寡妻，国君的正妻。

⑦ 放辟邪侈：放荡，胡作非为。

⑧ 罔民：罔，同"网"。罔民，设罗网来陷害人民。

也制民之产，仰不足以事父母，俯不足以畜妻子，乐岁终身苦，凶年不免于死亡。此惟救死而恐不赡，奚暇治礼义哉？王欲行之，则盍反其本矣。五亩之宅树之以桑，五十者可以衣帛矣；鸡豚狗彘之畜无失其时，七十者可以食肉矣；百亩之田勿夺其时，八口之家可以无饥矣；**谨庠序之教，申之以孝悌之义**，颁白者不负戴于道路矣。老者衣帛食肉，黎民不饥不寒，然而不王者未之有也。"

公孙丑上

公孙丑问曰："夫子加齐之卿相，得行道焉，虽由此霸王不异矣。如此，则动心否乎？"孟子曰："否！我四十不动心。"……"敢问夫子恶乎长？"曰："我知言，我善养吾浩然之气。""敢问何谓浩然之气？"曰："难言也。**其为气也，至大至刚，以直养而无害，则塞于天地之间**。其为气也，配义与道，无是，馁也。是集义所生者，非义袭而取之也，行有不慊于心，则馁矣。① 我故曰告子未尝知义，以其外之也。必有事焉而勿正，心勿忘，勿助长也，无若宋人然。宋人有闵②其苗之不长而揠之者，芒芒然归，谓其人曰：'今日病矣，予助苗长矣。'其子趋而往视之，苗则槁矣。**天下之不助苗长者寡矣**，以为无益而舍之者，不耘苗者也；助之长者，揠苗者也。非徒无益，而又害之。"……

孟子曰："人皆有不忍人之心。先王有不忍人之心，斯有不忍人之政矣。以不忍人之心，行不忍人之政，治天下可运之掌上。所以谓人皆有不忍人之心者，今人乍见孺子将入于井，皆有怵惕恻隐之心。非所以内交于孺子之父母也，非所以要誉于乡党朋友也，非恶其声而然也。③"由是观之，无恻隐之心非人也，无羞恶之心非人也，无辞让之心非人也，无是非之心非人也。恻隐之心，仁之端也；羞恶之心，义之端也；辞让之心，礼之端也；是非之心，智之端也。**人之有是四端也，犹其有四体也**。有是四端而自谓不能者，自贼者也；谓其君不能者，贼其君者也。凡有四端于我者，知皆**扩而充之**矣，若火之始然、泉之始达。苟能充之，足以保四海；苟不充之，不足以事父母。"

公孙丑下

孟子曰："天时不如地利，地利不如人和。三里之城，七里之郭，环而

---

① 行有不慊于心，则馁矣：做了有愧于心的事，浩然之气就减弱了。

② 闵：同"悯"，担心。

③ 内交：内，同"纳"。内交，结交。要（yāo）誉，谋求好名声。恶其声，讨厌孩子的叫喊声。

攻之而不胜。夫环而攻之，必有得天时者矣，然而不胜者，是天时不如地利也。城非不高也，池非不深也，兵革①非不坚利也，米粟非不多也，委而去之，是地利不如人和也。故曰域民不以封疆之界，固国不以山谿之险，威天下不以兵革之利，**得道者多助，失道者寡助**。寡助之至，亲戚畔②之；多助之至，天下顺之。以天下之所顺，攻亲戚之所畔，故君子有不战，战必胜矣。”

滕文公上

滕文公问为国，孟子曰：“民事不可缓也。……设为庠、序、学、校以教之，**庠者养也，校者教也，序者射也。夏曰校，殷曰序，周曰庠，学则三代共之，皆所以明人伦也**。人伦明于上，小民亲于下。有王者起，必来取法，是为王者师也。……”

有为神农之言者许行自楚之滕，……陈相见许行而大悦，尽弃其学而学焉。陈相见孟子，……曰：“百工之事固不可耕且为也。”“然则治天下独可耕且为与？有大人之事，有小人之事。且一人之身而百工之所为备，如必自为而后用之，是率天下而路也。③ 故曰或劳心、或劳力，**劳心者治人，劳力者治于人**；治于人者食人，治人者食于人，天下之通义也。……后稷教民稼穑，树艺五谷，五谷熟而民人育。人之有道也，饱食、暖衣、逸居而无教，则近于禽兽。圣人有忧之，使契为司徒，教以人伦，**父子有亲，君臣有义，夫妇有别，长幼有叙④，朋友有信。……**

滕文公下

景春曰：“公孙衍、张仪岂不诚大丈夫哉？一怒而诸侯惧，安居而天下熄。”孟子曰：“是焉得为大丈夫乎？子未学礼乎？丈夫之冠⑤也，父命之⑥；女子之嫁也，母命之，往送之门，戒之曰：‘往之女家，必敬必戒，无违夫子⑦。’以顺为正者，妾妇之道也。**居天下之广居，立天下之正位，行天下之**

---

① 革：此指甲胄。

② 畔：通“叛”。

③ 如必自为而后用之，是率天下而路也：如果一切都要自己制造出来才能用，那就是让天下之人疲于奔命。

④ 叙：通“序”。

⑤ 冠：古代男子到了二十岁，要举行冠礼，以示成年。

⑥ 父命之：命是训示的意思。

⑦ 夫子：此指丈夫。

大道，得志与民由之，不得志独行其道，富贵不能淫，贫贱不能移，威武不能屈，此之谓大丈夫。”

离娄上

孟子曰：“爱人不亲，反其仁；治人不治，反其智；礼人不答，反其敬。行有不得者皆反求诸己，其身正而天下归之。《诗》云：‘永言配命，自求多福。’”

告子上

告子曰：“性犹湍水也，决诸东方则东流，决诸西方则西流。人性之无分于善不善也，犹水之无分于东西也。”孟子曰：“水信无分于东西，无分于上下乎？**人性之善也，犹水之就下也**。人无有不善，水无有不下。今夫水，搏而跃之，可使过颡①；激②而行之，可使在山。是岂水之性哉？其势则然也。人之可使为不善，其性亦犹是也。”

孟子曰：“乃若其情则可以为善矣，乃所谓善也。若夫为不善，非才之罪也。**恻隐之心人皆有之，羞恶之心人皆有之，恭敬之心人皆有之，是非之心人皆有之**。恻隐之心仁也，羞恶之心义也，恭敬之心礼也，是非之心智也。仁、义、礼、智非由外铄我也，我固有之也，弗思耳矣。故曰求则得之，舍则失之，或相倍蓰而无算③者，不能尽其才者也。……”

孟子曰：“无或④乎王之不智也，虽有天下易生之物也，**一日暴之、十日寒之，未有能生者也**。吾见亦罕矣，吾退而寒之者至矣，吾如有萌焉何哉？今夫弈之为数，小数也，不专心致志则不得也。弈秋，通国之善弈者也。使弈秋诲二人弈，其一人专心致志，惟弈秋之为听。一人虽听之，一心以为有鸿鹄将至，思援弓缴而射之，虽与之俱学，弗若之矣。为是其智弗若与？曰非然也。”

孟子曰：“鱼，我所欲也，熊掌亦我所欲也，二者不可得兼，舍鱼而取熊掌者也。生亦我所欲也，义亦我所欲也，二者不可得兼，**舍生而取义**者也。生亦我所欲，所欲有甚于生者，故不为苟得也；死亦我所恶，所恶有甚于死者，故患有所不辟也。……

---

① 颡（sǎng）：额头。

② 激：堵住水流使之水位提高。

③ 无算：无法计算。

④ 或：同“惑”。

孟子曰："仁，人心也；义，人路也。舍其路而弗由，放其心而不知求，哀哉！人有鸡犬放则知求之，有放心而不知求。**学问之道无他，求其放心而已矣。"**

孟子曰："羿之教人射，必志于彀，学者亦必志于彀。**大匠诲人必以规矩，学者亦必以规矩。"**

告子下

孟子曰："舜发于畎亩之中，傅说举于版筑之间，胶鬲举于鱼盐之中，管夷吾举于士，孙叔敖举于海，百里奚举于市。故天将降大任于是人也，必先苦其心志，劳其筋骨，饿其体肤，空乏其身，行拂乱其所为，所以动心忍性，曾益其所不能。人恒过然后能改，困于心、衡于虑而后作，征于色、发于声而后喻。入则无法家拂士，出则无敌国外患者，国恒亡，然后知**生于忧患而死于安乐也。**"

尽心上

孟子曰："尽其心[①]者知其性也，知其性则知天矣。**存其心，养其性，所以事天也。**殀[②]寿不贰，修身以俟之，所以立命也。"

孟子曰："**求则得之，舍则失之**，是求有益于得也，求在我者也；求之有道，得之有命，是求无益于得也，求在外者也。"

孟子曰："**万物皆备于我**矣。反身而诚，乐莫大焉。强恕而行，求仁莫近焉。"

孟子谓宋句践曰："子好游[③]乎？吾语子游。人知之亦嚣嚣，人不知亦嚣嚣。"

曰："何如斯可以嚣嚣矣？"

曰："尊德乐义则可以嚣嚣矣，故士穷不失义，达不离道。穷不失义，故士得己焉；达不离道，故民不失望焉。古之人，得志泽加于民，不得志修身见[④]于世；**穷则独善其身，达则兼善天下。"**

孟子曰："君子有三乐，而王天下不与存焉。父母俱存，兄弟无故，一乐也；仰不愧于天，俯不怍于人，二乐也；得天下英才而教育之，三乐也。

---

① 尽其心：尽量发挥自己的心性。

② 殀：同"夭"。

③ 游：指游说。

④ 见：同"现"。

君子有三乐，而王天下不与存焉。”

孟子曰：“孔子登东山而小鲁，登泰山而小天下。故观于海者难为水，游于圣人之门者难为言。观水有术，必观其澜。日月有明，容光必照焉。**流水之为物也，水盈科不行；君子之志于道也，不成章不达。”**

孟子曰：**“君子之所以教者五：有如时雨化之者，有成德者，有达财**①**者，有答问者，有私淑艾者。**此五者君子之所以教也。”

孟子曰：“于不可已而已者，无所不已；于所厚者薄，无所不薄也，**其进锐者其退速。”**

尽心下

孟子曰：**“尽信《书》则不如无《书》。**吾于《武成》，取二三策而已矣。仁人无敌于天下，以至仁伐至不仁，而何其血之流杵也?”

孟子曰：**“养心莫善于寡欲。**其为人也寡欲，虽有不存②焉者，寡矣；其为人也多欲，虽有存焉者，寡矣。”

四、荀子与《荀子》

（一）作者和作品简介

荀子，名况，亦称荀卿或孙卿，战国末期赵国（今山西省南部）人，生于周赧王二年（前313年），卒于秦王政九年（前328年），享年88岁。荀子的早年经历无法详考，师承关系亦不甚详。从他多次称扬子弓，誉孔子为“大儒”，并以孔子、子弓的继承者自居，可知他或许是子弓的后学。而子弓很可能是孔子的再传弟子，与子思或为同时代人。

荀子是先秦儒家最后一位大师级人物。其思想以儒家为本，兼收道、法、名、墨诸派之长。他虽自称“儒家”，然对儒家思想多所损益。在教育与政治的关系上，荀子强调“德治”“王政”，同时亦主张王霸并用。在天道观及天人关系上，他批评天命与鬼神观念，提出“制天命而用之”的思想。在形与神的关系上，他提出“形具而神生”，认为人的精神活动依赖于人的形体。在认识论方面，他肯定世界的可知性，指出认识过程是通过“天官”（感官）接触外物，再由“天君”（思维）进行理性加工即可“征知”。在认识方法

---

① 财：同“材”。

② 存：此处是存其本心之意。

上，他一是主张“解蔽”，即反对片面性的“蔽”；二是主张“虚壹而静”，认为必须采取虚心、专一、冷静的方法和态度。在知行关系上，他认为“行”高于“知”。在名实关系上，他强调“实”是“名”的基础。在对于人和社会的认识上，他提出了唯人才能“群”的思想，论述了人具有社会性这一光辉命题，从而指出了教育、学习之于人的重要性和必要性。

荀子还是位伟大的教育思想家。他批评“性善论”，提出了著名的“性恶论”，开创了与“内发说”截然相反的“外铄说”，并主张通过“师法之化，礼义之道”的教育，达到“化性起伪”的目的。荀子对于教育目的、教育内容、教学方法、教师的地位与作用等皆有独创见解。如在教育目的方面，认为教育要培养推行礼法的“贤能之士”，把“贤贤”作为育才、选才的标准。在教学方法上，他认为闻见是学习的起点和知识的来源，“闻见之所未至，则知不能类也”，在此基础上，还须“尽其理”，才能达到对事物的“知之”；明确指出学习不仅是为了积累知识，更要付诸应用，即要“不务说其所以然，而致善用其材”。在教师的地位和作用方面，把教师提到与天、地、君、亲同等重要的地位。而对教师尊重与否，不仅关乎人心的善恶，更关系到国家的兴衰、法制的存废。把教师提到如此高的地位，把教师作用看得如此重要，这在中国教育史上尚属首次。

作为著名的传经大师，荀子的实际作用远超孟子。据清人汪中考证，《诗》到汉代有三家之传，即浮丘伯的《鲁诗》、毛亨的《毛诗》和韩婴的《韩诗》。其中浮丘伯和毛亨均为荀子弟子，《韩诗》中引荀子说《诗》者凡四十四处，可见亦与荀子有关。《春秋》也有三传，其中两家为荀子所传。关于《易》，在《荀子》之《非相》《大略》篇中，其义可见。关于《礼》，传至后世的《乐记》《三年问》《乡饮酒》，就是《荀子》中《礼论》和《乐论》的版本，《大戴礼记》中的《曾子立事》篇，就大同小异于《荀子》中的《修身》和《大略》。所以汪中明言：“荀卿之学，出于孔子，而尤有功于诸经。……六艺之传赖以不绝者，荀卿也。”

荀子是先秦时期最博学的哲人，其学说遍涉哲学、文学、伦理学、心理学、教育学、逻辑学等诸多领域，充满着一种卓尔不群的创新精神。他的礼法结合、王霸并用的思想，“形具神生”“人定胜天”的理论，为儒家思想增添了人本主义的鲜活因素；他对认识论的阐发，对教学方法的阐述，对教师地位与作用的强调，不仅丰富了儒家教育思想的宝库，其影响甚至远及王充、柳宗元、王夫之和戴震等后儒。还需指出的是，荀子的“青，取之于蓝，而胜于蓝”的名言，可视为对孔子“后生可畏”思想的另一种诠释；“非我而当者，吾师也”之论，则是对孔子“当仁，不让于师”精神的继承；他的“学不可以已”“不积跬步，无以至千里”等论述，更是对儒家终身学习、循序渐进思想的接续和传承。《荀子》凡三十二篇，二十卷，集中体现了荀子的思想。

（二）原文节选

劝学第一[1]

君子曰：学不可以已[2]。青，取之于蓝，而青于蓝；冰，水为之，而寒于水。木直中绳，輮[3]以为轮，其曲中规，虽有槁暴[4]，不复挺者，輮使之然也。故木受绳则直，金就砺则利，**君子博学而日参省乎己**，则知明而行无过矣。

故不登高山，不知天之高也；不临深谿，不知地之厚也；不闻先王之遗言，不知学问之大也。干、越、夷、貉[5]之子，生而同声，长而异俗，教使之然也。《诗》曰：“嗟尔君子，无恒安息。靖共尔位，好是正直。神之听之，介尔景福。”[6] 神莫大于化道，福莫长于无祸。

吾尝终日而思矣，不如须臾之所学也；吾尝跂而望矣，不如登高之博见也。登高而招，臂非加长也，而见者远；顺风而呼，声非加疾也，而闻者彰。假舆马者，非利足也，而致千里；假舟楫者，非能水也，而绝江河。君子生[7]非异也，**善假于物也**[8]。

南方有鸟焉，名曰蒙鸠，以羽为巢，而编之以发，系之苇苕，风至苕折，卵破子死。巢非不完也，所系者然也。西方有木焉，名曰射干，茎长四寸，生于高山之上，而临百仞之渊。木茎非能长也，所立者然也。**蓬生麻中，不扶而直；白沙在涅，与之俱黑**。兰槐之根是为芷，其渐之滫[9]，君子不近，

---

① 原文选自张觉．荀子译注［M］．上海：上海古籍出版社，1995.

② 已：停止，终止。

③ 輮（róu）：同“揉”“煣”，用火烤使直木弯曲。

④ 有：通“又”。槁（gǎo）：通“熇”，烤。暴（pù）：古“曝”字，晒。

⑤ 干：同“邗”（hán），古国名，春秋时为吴国所灭，成为吴邑，此处指代吴国。夷：我国古代居住在东部的民族。貉（mò）：同“貊”，我国古代居住在东北部的民族。

⑥ “《诗》曰”六句：见《诗·小雅·小明》，大意是：君子们！不要常常求安乐休息啊！要专心恭奉自己的职务，好好地做正直的事。慎听这些话，会给你很大的幸福。

⑦ 生：通“性”，指人的资质。

⑧ 这句喻指君子凭借学习贤师益友来提高自己的修养。

⑨ 其渐之滫：在尿液中浸泡。渐（jiān）：音“尖”，浸泡，沾染；滫（xiǔ）：音“朽”，尿，臭水。

庶人不服。其质非不美也，所渐者然也。故君子居必择乡，游必就士，所以防邪僻而近中正也。

物类之起，必有所始；荣辱之来，必象其德。肉腐出虫，鱼枯生蠹。怠慢忘身，祸灾乃作。强自取柱[①]，柔自取束。邪秽在身，怨之所构。施薪若一，火就燥也；平地若一，水就湿也。草木畴生，禽兽群焉，物各从其类也。是故质的张而弓矢至焉，林木茂而斧斤至焉，树成荫而众鸟息焉，醯酸而蜹聚焉[②]。故言有召祸也，行有招辱也。君子慎其所立乎！

积土成山，风雨兴焉；积水成渊，蛟龙生焉；积善成德，而神明自得，圣心备焉。故不积跬步，无以至千里；不积小流，无以成江海。骐骥一跃，不能十步；驽马十驾，功在不舍。**锲而舍之，朽木不折；锲而不舍，金石可镂。**蚓无爪牙之利、筋骨之强，上食埃土，下饮黄泉，用心一也；蟹八跪而二螯，非蛇、蟺之穴无可寄托者，用心躁也。是故无冥冥之志者，无昭昭之明；无惛惛之事者，无赫赫之功。行衢道者不至，事两君者不容。目不能两视而明，耳不能两听而聪。螣蛇无足而飞，鼫鼠五技而穷。《诗》曰："尸鸠在桑，其子七兮。淑人君子，其仪一兮。其仪一兮，心如结兮。"[③] 故君子结于一也。

昔者瓠巴鼓瑟而沈鱼出听，伯牙鼓琴而六马仰秣。故声无小而不闻，行无隐而不形。玉在山而草木润，渊生珠而崖不枯。为善不积邪，安有不闻者乎？

学恶乎始？恶乎终？曰：其数则始乎诵经，终乎读《礼》；其义则始乎为士，终乎为圣人。真积力久则入，学至乎没而后止也。**故学数有终，若其义则不可须臾舍也。**为之，人也；舍之，禽兽也。故《书》者，政事之纪也；《诗》者，中声之所止也；《礼》者，法之大分、类之纲纪也。故学至乎《礼》而止矣，夫是之谓道德之极。《礼》之敬文也，《乐》之中和也，《诗》《书》之博也，《春秋》之微也，在天地之间者毕矣。

君子之学也，入乎耳，箸[④]乎心，布乎四体，形乎动静；端而言，蝡而动，一可以为法则。小人之学也，入乎耳，出乎口。口、耳之间则四寸耳，

---

① 强自取柱：《大戴礼记·劝学》作"强自取折"，意谓物太刚强则自取折断；柱，断。

② 醯（xī）酸而蜹（ruì）聚焉：醯，醋；蜹，蚊的一种。

③ "尸鸠"六句：见《诗·曹风·尸鸠》。意思是：布谷鸟筑巢于桑树上，七只小鸟它喂养。善人君子，坚持道义一个样。执义专一，心思坚固如打结。

④ 箸：通"著"（zhuó），附着。

曷足以美七尺之躯哉？

古之学者为己，今之学者为人。君子之学也，以美其身；小人之学也，以为禽犊。故不问而告谓之傲，问一而告二谓之囋①。傲，非也；囋，非也；君子如响矣。

学莫便乎近其人。《礼》《乐》法而不说，《诗》《书》故而不切，《春秋》约而不速。方②其人之习君子之说，则尊以遍矣，周于世矣。故曰：学莫便乎近其人。

学之经③莫速乎好其人，隆礼次之。上不能好其人，下不能隆礼，安特将学杂识志、顺《诗》《书》而已耳，则末世穷年，不免为陋儒而已！将原先王，本仁义，则礼正其经纬、蹊径也。若挈裘领，诎④五指而顿之，顺者不可胜数也。不道礼、宪，以《诗》《书》为之，譬之，犹以指测河也，以戈舂黍也，以锥餐壶也，不可以得之矣。故隆礼，虽未明，法士也；不隆礼，虽察辩，散儒也。

问楛⑤者，勿告也；告楛者，勿问也；说楛者，勿听也；有争气者，勿与辩也。故必由其道至，然后接之；非其道，则避之。故礼恭，而后可与言道之方；辞顺，而后可与言道之理；色从，而后可与言道之致。故未可与言而言谓之傲，可与言而不言谓之隐，不观气色而言谓之瞽。**故君子不傲、不隐、不瞽，谨顺其身。**《诗》曰："匪交匪舒⑥，天子所予⑦。"此之谓也。

百发失一，不足谓善射；千里跬步不至，不足谓善御；伦类不通，仁义不一，不足谓善学。**学也者，固学一之也。**一出焉，一入焉，涂⑧巷之人也；其善者少，不善者多，桀、纣、盗跖也；全之尽之，然后学者也。

君子知夫不全不粹之不足以为美也，故诵数以贯之，思索以通之，为其人以处之，除其害者以持养之；使目非是无欲见也，使耳非是无欲闻也，使口非是无欲言也，使心非是无欲虑也。及至其致好之也，目好之五色，耳好之五声，口好之五味，心利之有天下。是故权利不能倾也，群众不能移也，天下不能荡也。生乎由是，死乎由是，夫是之谓德操。德操然后能定，能定

---

① 囋（zàn）：唠叨。
② 方：通"仿"，仿效。
③ 经：通"径"。
④ 诎：通"屈"，弯曲。
⑤ 楛（kǔ）：粗劣，此指粗野恶劣而不合礼法的事情。
⑥ 匪：同"非"，不。交：通"绞"，急。
⑦ 予：通"与"，赞许。
⑧ 涂：通"途"。

然后能应。能定能应，夫是之谓成人。天见其明，地见其光①，君子贵其全也。

修身第二

见善，修然必以自存也②；见不善，愀然必以自省也；善在身，介然必以自好也；不善在身，菑然必以自恶也③。故非我而当者，吾师也；是我而当者，吾友也；谄谀我者，吾贼也。故**君子隆师而亲友**，以致恶其贼；好善无厌，受谏而能诫，虽欲无进，得乎哉？……

夫骥一日而千里，驽马十驾则亦及之矣。将以穷无穷、逐无极与，其折骨、绝筋终身不可以相及也。将有所止之，则千里虽远，亦或迟、或速、或先、或后，胡为乎其不可以相及也？不识步道者将以穷无穷、逐无极与？意亦有所止之与？夫“坚白”“同异”“有厚无厚”④之察，非不察也，然而君子不辩，止之也；倚魁⑤之行，非不难也，然而君子不行，止之也。故学曰：“迟，彼止而待我，我行而就之，则亦或迟、或速、或先、或后，胡为乎其不可以同至也？”故**跬步而不休，跛鳖千里；累土而不辍，丘山崇成**；厌其源，开其渎，⑥江河可竭；一进一退，一左一右，六骥不致。彼人之才性之相县⑦也，岂若跛鳖之与六骥足哉？然而跛鳖致之，六骥不致，是无他故焉，或为之、或不为尔！**道虽迩，不行不至；事虽小，不为不成**。其为人也多暇日者⑧，其出人不远矣。

儒效第八

君子之所谓贤者，非能遍能人之所能之谓也；君子之所谓知者，非能遍知人之所知之谓也；君子之所谓辩者，非能遍辩人之所辩之谓也；君子之所谓察者，非能遍察人之所察之谓也；有所止矣。相高下，视墝肥，序五种⑨，

---

① 见：同“现”。光：通“广”。

② 修然：整饬的样子。存：省问。

③ 菑（zāi）：通“灾”，害。

④ 坚白、同异：指战国名家惠施、公孙龙的学说；有厚无厚：惠施或邓析的理论，讲空间的无限性问题。

⑤ 倚魁：同“奇诡”，怪僻、独特而不合于俗之论。

⑥ 厌：同“压”，堵塞。渎：邑中的水沟。

⑦ 县：通“悬”，悬殊。

⑧ 多暇日：指懒惰而不做事。

⑨ 序：次序，指合理安排，不失农时。五种：即“五谷”，指黍、稷、豆、麦、稻，一说此泛指各种庄稼。

君子不如农人；通财货，相美恶，辨贵贱，君子不如贾人；设规矩，陈绳墨，便备用，君子不如工人。不恤是非、然不然之情，以相荐撙，以相耻怍，君子不若惠施、邓析。若夫谪德而定次，量能而授官，使贤不肖皆得其位，能不能皆得其官，万物得其宜，事变得其应，慎、墨不得进其谈，惠施、邓析不敢窜[①]其察，**言必当理，事必当务**，是然后君子之所长也。

“我欲贱而贵，愚而智，贫而富，可乎？”

曰：其唯学乎。彼学者：行之，曰士也；敦慕焉，君子也；知之，圣人也。上为圣人，下为士、君子，孰禁我哉？乡也，混然涂之人也，俄而并乎尧、禹，岂不贱而贵矣哉？乡也，效门室之辨，混然曾不能决也，俄而原仁义，分是非，图回天下于掌上而辨白黑，岂不愚而知矣哉？乡也，胥靡之人[②]，俄而治天下之大器举在此，岂不贫而富矣哉？今有人于此，屑然藏千溢之宝，虽行贷[③]而食，人谓之富矣。彼宝也者，衣之，不可衣也；食之，不可食也；卖之，不可偻售也。然而人谓之富，何也？岂不大富之器诚在此也？是杅杅[④]亦富人已，岂不贫而富矣哉？

不闻不若闻之，闻之不若见之，见之不若知之，知之不若行之。学至于行之而止矣。行之，明也，明之为圣人。圣人也者，本仁义，当是非，齐言行，不失毫厘，无它道焉，已乎行之矣。故闻之而不见，虽博必谬；见之而不知，虽识[⑤]必妄；知之而不行，虽敦必困。不闻不见，则虽当，非仁也，其道百举而百陷也。

故人无师无法而知，则必为盗；勇，则必为贼；云能，则必为乱；察，则必为怪；辩，则必为诞。**人有师有法而知，则速通；勇，则速威；云能，则速成；察，则速尽；辩，则速论**。故有师法者，人之大宝也；无师法者，人之大殃也。

人论[⑥]。志不免于曲私，而冀人之以己为公也；行不免于污漫，而冀人之以己为修也；甚愚陋沟瞀，而冀人之以己为知也：是众人也。志忍私，然后能公；行忍情性，然后能修；知而好问，然后能才：公、修而才，可谓小儒矣。**志安公，行安修，知通统类：如是则可谓大儒矣**。大儒者，天子三公

---

① 窜：使……得到容纳。

② 胥：疏，空。靡：无。胥靡：空无所有（王引之说）。

③ 贷（tè）：乞讨。

④ 杅杅：广大。

⑤ 识（zhì）：记住。

⑥ 论：通“伦”，类。

也；小儒者，诸侯大夫、士也；众人者，工、农、商贾也。礼者，人主之所以为群臣寸、尺、寻、丈检式也。人伦尽矣。

解蔽第二十一

圣人知心术之患，见蔽塞之祸，故无欲、无恶，无始、无终，无近、无远，无博、无浅，无古、无今，兼陈万物而中县衡焉①。是故众异不得相蔽以乱其伦②也。

人何以知道？曰：心。

心何以知？曰：**虚壹而静**。心未尝不臧也，然而有所谓虚；……不以所已臧害所将受谓之虚。心生而有知，知而有异；异也者，同时兼知之；同时兼知之，两也；然而有所谓一，不以夫一害此一谓之壹。心，卧则梦，偷则自行，使之则谋，故心未尝不动也；然而有所谓静，不以梦剧乱知谓之静。未得道而求道者，谓之虚壹而静，作之则。将须道者，之虚则人；将事道者，之壹则尽；将思道者，静则察。知道察，知道行，体道者也。虚壹而静，谓之大清明。万物莫形而不见，莫见而不论，莫论而失位③。坐于室而见四海，处于今而论久远，疏观万物而知其情，参稽治乱而通其度，经纬天地而材官万物④，制割大理而宇宙里矣⑤。……

性恶第二十三

人之性恶，其善者伪⑥也。

今人之性，生而有好利焉，顺是，故争夺生而辞让亡焉；生而有疾恶焉⑦，顺是，故残贼生而忠信亡焉；生而有耳目之欲，有好声色焉，顺是，故淫乱生而礼义文理亡焉。然则从人之性⑧，顺人之情，必出于争夺，合于犯分乱理，而归于暴。故必将有师法之化、礼义之道⑨，然后出于辞让，合

---

① 县：同“悬”，挂。衡：秤，指标准。县衡：挂秤，指用一定的标准进行权衡。

② 伦：条理。

③ 失位：不到位，不恰当。

④ 经纬：使有条理秩序，治理。官：任用，引申为利用。

⑤ 制割：裁断。原指裁剪衣料，引申为控制。里：在内，在心中。宇宙里：宇宙在心中，即认识了宇宙。

⑥ 伪：同“为”，人为，凡不是天性而是人作为的谓之伪。

⑦ 疾：通“嫉”，嫉妒。

⑧ 从：通“纵”。

⑨ 道：同“导”。

于文理，而归于治。用此观之，然则人之性恶明矣，其善者伪也。

故枸木必将待檃栝烝矫然后直①，钝金必将待砻厉然后利。今人之性恶，必将待师法然后正，得礼义然后治。今人无师法，则偏险而不正；无礼义，则悖乱而不治。古者圣王以人之性恶，以为偏险而不正、悖乱而不治，是以为之起礼义、制法度，以矫饰人之情性而正之，以扰化人之情性而导之也。使皆出于治、合于道者也。今之人，化师法、积文学、道礼义者为君子，纵性情、安恣睢而违礼义者为小人。用此观之，然则人之性恶明矣，其善者伪也。

五、《学记》导读

（一）作者和作品简介

《学记》是我国古代乃至世界上最早的一篇专论教育的著作。它是《礼记·小戴礼记》中的一篇，成书于战国晚期，相传为西汉戴圣编撰。据郭沫若考证，原作者为孟子的学生乐正克。全文共1200余字，言简意赅，喻辞生动，全面地阐明了教育的目的和作用、教学原则和方法、教师素养和功效，也论及了师生、生生关系等。虽然时隔2000多年，但是对今天的教育仍极富有现实意义。现全文导读。

（二）全文实录

学记②

发虑宪③，求善良，足以謏闻④，不足以动众。就贤体远，足以动众，未足以化民。君子如欲**化民成俗，其必由学乎！**

玉不琢，不成器；人不学，不知道。是故古之王者建国君民，教学为先。《兑命》曰："念终始典于学。"其此之谓乎！

虽有嘉肴，弗食，不知其旨也；虽有至道，弗学，不知其善也。是故学然后知不足，教然后知困。知不足，然后能自反也；知困，然后能自强也。

---

① 枸（gōu）：弯曲；檃栝：矫正弯曲木材的工具；烝：同"蒸"，蒸木使柔；矫：矫曲使直。

② 胡平生，张萌译注．礼记［M］．北京：中华书局，2018．

③ 发虑宪：考虑政事依照先王法度。

④ 謏（xiǎo）：小。謏闻：小有名声。

故曰：**教学相长**也。《兑命》曰："学学半。"① 其此之谓乎！

古之教者，家有塾，党有庠，术有序，国有学。比年入学，中年考校：② 一年视离经辨志，三年视敬业乐群，五年视博习亲师，七年视论学取友，谓之"**小成**"。九年知类通达，强立而不反，谓之"**大成**"。夫然后足以化民易俗，近者说服而远者怀之，此大学之道也。《记》曰："蛾子时术之。"其此之谓乎！

大学始教，皮弁祭菜，示敬道也。《宵雅》肄三，官其始也。入学鼓箧，孙其业也。③ 夏、楚二物，收其威也④。未卜禘不视学，游其志也。时观而弗语，存其心也。幼者**听而弗问，学不躐等**也。此七者，教之大伦也。《记》曰："凡学，官先事，士先志。"其此之谓乎！

大学之教也，时教必有正业，退息必有居学⑤。不学操缦，不能安弦；不学博依，不能安《诗》；不学杂服，不能安礼；不兴其艺，不能乐学。故君子之于学也，藏焉，修焉，息焉，游焉⑥。夫然，故**安其学而亲其师，乐其友而信其道**。是以虽离师辅而不反也。《兑命》曰："敬孙务时敏，厥修乃来。"其此之谓乎！

今之教者，呻其佔毕，多其讯言，⑦ 及于数进，而不顾其安⑧，使人不由其诚，教人不尽其材。其施之也悖，其求之也佛。夫然，故隐其学而疾其师，苦其难而不知其益也。虽终其业，其去之必速。教之不刑，其此之由乎！

大学之法：禁于未发之谓豫，当其可之谓时，**不陵节而施**之谓孙，**相观而善**之谓摩⑨。此四者，教之所由兴也。发然后禁，则扞格而不胜；时过然后学，则勤苦而难成；杂施而不孙，则坏乱而不修；独学而无友，则孤陋而

---

① 第一个"学"字，同"斅"（xiào），教授；学学半：教与学，各获益一半效果。

② 比（bì）年入学，中年考校：比年：每一年；中年：间隔一年。

③ 皮弁祭菜：皮弁（biàn），冠名，古之祭祀的冠服；祭菜，祭先圣先师用的果蔬。《宵雅》肄三：学习《诗经·小雅》中的《鹿鸣》等三首诗歌。入学鼓箧，孙其业也：入学时，先击鼓召集，后开箧出书授读，以示敬重学业。

④ 夏：同"榎"（jiǎ），楸木；楚：荆条；夏、楚二物，收其威也：用夏、楚鞭策学子，使之收敛，建立威仪。

⑤ 正业：正课，必修科目。居学：在家学习的科目。

⑥ 藏：入学就业；修：修习正业也；息：退而私居；游：悠闲轻松。

⑦ 呻其佔（chān）毕，多其讯言：只会看着书简吟读，专出些难题为难学生。呻：吟读。佔：视。毕：书简。讯言：难题。

⑧ 及于数进而不顾其安：急于求进而不管学生是否能听懂。安：知晓。

⑨ 豫：预备，预防。陵节：超越阶段。孙（xùn）：通"逊"，顺。

寡闻；燕朋逆其师；燕辟废其学[1]。此六者，教之所由废也。

君子既知教之所由兴，又知教之所由废，然后可以为人师也。故君子之教喻也，道而弗牵，强而弗抑，开而弗达。道而弗牵则和，强而弗抑则易，开而弗达则思。和、易以思，可谓善喻矣。

学者有四失，教者必知之。人之学也，或失则多，或失则寡，或失则易，或失则止。此四者，心之莫同也。知其心，然后能救其失也。**教也者，长善而救其失者也**。善歌者，使人继其声；善教者，使人继其志。其言也约而达，微而臧，罕譬而喻，可谓继志矣。

君子知至学之难易，而知其美恶，然后能博喻[2]。能博喻然后能为师，能为师然后能为长，能为长然后能为君，故师也者，所以学为君也。是故择师不可不慎也。《记》曰："三王、四代唯其师。"[3] 此之谓乎！

凡学之道，严师为难。师严然后道尊，道尊然后民知敬学。是故君之所不臣于其臣者二[4]：当其为尸，则弗臣也；当其为师，则弗臣也。大学之礼，虽诏于天子，无北面，所以尊师也。[5]

善学者，师逸而功倍，又从而庸之；不善学者，师勤而功半，又从而怨之。善问者，如攻坚木，先其易者，后其节目，及其久也，相说以解；[6] 不善问者反此。善待问者，如撞钟，叩之以小者则小鸣，叩之以大者则大鸣，待其从容，然后尽其声；不善答问者反此。此皆进学之道也。

记问之学，不足以为人师。必也其听语乎！[7] 力不能问，然后语之；语之而不知，虽舍之可也。良冶之子，必学为裘；良弓之子，必学为箕；始驾马者反之，车在马前。君子察于此三者，可以有志于学矣。

古之学者，比物丑类[8]。鼓无当于五声，五声弗得不和[9]；水无当于五

---

① 燕：亵狎。燕朋：亲昵嬉游的朋友。燕辟：与坏朋友谈论邪僻之事。

② 博喻：广博地加以晓喻。

③ 三王、四代唯其师：虞、夏、商、周，对选择师长都很慎重。

④ 不臣于其臣者二：不以对待臣下的态度来对待臣下者，有如下两种。

⑤ 虽诏于天子，无北面，所以尊师也：在朝，天子南面，臣北面；在学，天子面东立，教师面西立，不以臣待之，以表示尊师。

⑥ 说（tuō）：同“脱”，解脱。及其久也，相说以解：时间一长，木头自然脱落分解。

⑦ 此句意为：只能记诵诗书以待发问的人，不能做别人的师长，一定要引导学生发问才给予解答。

⑧ 比物丑类：比较事物异同而划分类别。

⑨ 鼓无当于五声，五声弗得不和：鼓之声，不宫不商，不属于古代“五声”中的任何一种，故言无当；但是，五声不得鼓的节奏，则无和谐之音。

色，五色弗得不章；学无当于五官，五官弗得不治；师无当于五服[①]，五服弗得不亲。

君子曰："大德不官，大道不器，大信不约，大时不齐。察于此四者，可以有志于学矣。"三王之祭川也，皆先河而后海，或源也，或委也。此之谓务本。

六、《大学》选读

（一）作者和作品简介

《大学》是儒家论述"大学之道"的一篇论文，相传为曾参所著。宋人程颢、程颐将它从《礼记》中抽出，独立成篇。朱熹在此基础上进行编排，分别"经""传"，通过注释阐发己意。全篇总计"经"一章、"传"十章，前四章统论纲领，后六章细论条目，是儒家典籍中结构最严谨、体系最完整的文章，对后世影响深远。《大学》1700余字，以修身为本，将自我修养与社会建构有机融合，被宋儒视为"初学入德之门"。现节选数章。

（二）原文节选

大学第四十二[②]

大学之道，在明明德，在亲民，在止于至善。知止而后有定[③]，定而后能静，静而后能安，安而后能虑，虑而后能得。物有本末，事有终始，知所先后，则近道矣。

古之欲明明德于天下者，先治其国；欲治其国者，先齐其家；欲齐其家者，先修其身；欲修其身者，先正其心；欲正其心者，先诚其意；欲诚其意者，先致其知，致知在格物[④]。物格而后知至，知至而后意诚，意诚而后心正，心正而后身修，身修而后家齐，家齐而后国治，国治而后天下平。

自天子以至于庶人，壹是皆以修身为本。其本乱而末治者否矣。其所厚者薄，而其所薄者厚，未之有也！此谓知本，此谓知之至也。

---

① 五服：依关系亲疏，丧服分斩衰、齐衰、大功、小功、缌麻五等，称为"五服"。此句意为：师长并非五服内的亲属。

② 胡平生，张萌译注．礼记［M］．北京：中华书局，2018.

③ 知止而后有定：知止于至善而后心有定向。

④ 致：推极，达到。格物：推究事物的原理。

所谓诚其意者，毋自欺也。如恶恶臭，如好好色，此之谓自谦①，故君子必慎其独也！小人闲居为不善，无所不至，见君子而后厌然②，揜③其不善，而著其善。人之视己，如见其肺肝然，则何益矣！此谓诚于中，形于外，故君子必慎其独也。曾子曰："十目所视，十手所指，其严乎！"**富润屋，德润身，心广体胖**，故君子必诚其意。

……

所谓修身在正其心者：身有所忿懥④，则不得其正；有所恐惧，则不得其正；有所好乐，则不得其正；有所忧患，则不得其正。**心不在焉，视而不见，听而不闻**，食而不知其味。此谓修身在正其心。

所谓齐其家在修其身者：人之其所亲爱而辟焉，之其所贱恶而辟焉，之其所畏敬而辟焉，之其所哀矜而辟焉，之其所敖惰而辟⑤焉。故好而知其恶，恶而知其美者，天下鲜矣！故谚有之曰："人莫知其子之恶，莫知其苗之硕。"此谓身不修不可以齐其家。

所谓治国必先齐其家者，其家不可教而能教人者，无之。故君子不出家而成教于国：孝者，所以事君也；弟者，所以事长也；慈者，所以使众也。《康诰》曰："如保赤子。"心诚求之，虽不中不远矣。未有学养子而后嫁者也！一家仁，一国兴仁；一家让，一国兴让；一人贪戾，一国作乱。其机如此。此谓一言偾事⑥，一人定国。尧、舜率天下以仁，而民从之；桀、纣率天下以暴，而民从之。其所令反其所好，而民不从。是故**君子有诸己而后求诸人**，无诸己而后非诸人。所藏乎身不恕，而能喻诸人者，未之有也。故治国在齐其家。……

所谓平天下在治其国者：上老老而民兴孝，上长长而民兴弟，上恤孤而民不倍，是以君子有絜矩之道也。⑦ 所恶于上，毋以使下；所恶于下，毋以事上；所恶于前，毋以先后；所恶于后，毋以从前；所恶于右，毋以交于左；所恶于左，毋以交于右。此之谓絜矩之道。……

---

① 谦：通"慊"（qiè），满足。自谦：自得，自足。

② 厌（yǎn）然：躲避隐藏的样子。

③ 揜（yǎn）：同"掩"，遮蔽，掩藏。

④ 忿懥（zhì）：愤怒。

⑤ 辟：通"僻"，即偏僻，偏爱，偏向。

⑥ 偾（fèn）：败坏。一言偾事：一句话可以败坏大事。

⑦ 弟：同"悌"。倍：同"背"，违背。絜矩之道：设身处地地以己度人，用合乎礼仪的言行去规范别人。

拓展性阅读

1. 杨伯峻. 论语译注［M］. 北京：中华书局，2006.
2. 程树德. 论语集释［M］. 北京：中华书局，2014.
3. 杨伯峻. 孟子译注［M］. 北京：中华书局，2010.
4. 张觉. 荀子译注［M］. 上海：上海古籍出版社，1995.
5. 朱熹. 新刊四书五经［M］. 北京：中国书店，1994.

第二节 道家教育名著选读

道家创始于春秋末年的老子，其代表作《老子》是研究其教育思想最主要的资料。庄子承袭了老子的哲学思想，写成《庄子》一书，对后世教育发展产生了深远的影响。本节对这两部著作加以注读。

一、道家教育思想概要

道家虽然起始于老子，但先秦时期并没有道家这一名称。用“道”一词来概括由老子开创的这个学派，是由汉初开始的。司马谈在《论六家要旨》中，称之为“道德家”；刘歆在《汉书·艺文志》中，始称之为“道家”。

道家教育思想有其产生、分化的过程。老子以后，分为庄子倡导的老庄学派，齐国慎到、彭蒙和田骈等倡导的黄老学派，宋钘和尹文创办的宋尹学派，以及杨朱倡导的道家学派等。一般认为，老庄学派乃是道家正宗。总体来说，其教育思想主要表现为以下四个方面。

第一，教育目的论。老子认为，世界万物总根源的“道”高于一切，是人类社会生活必须遵循的总原则。“道”最本质的特征就是“自然无为”“无事”和“无欲”，一切教育活动都必须围绕“道”而展开。因此在教育目的上，道家主张培养“无事”“无欲”“无为”的“上士”“隐士”或“君子”。

“无为”的反面是“有为”或“人为”。老子批评当时的儒家教育是不符合人类自然本性的“人为”、虚伪的教育。在自然与社会的关系问题上，儒家讲人道，道家讲天道，而天道恰恰是对人道的否定。道家认为人类文化、智慧、道德的产生发展过程，正是人类不断堕落的过程，而人类要从堕落中解脱出来，就必须彻底摆脱妨碍人的自然本性发展的各种束缚。基于此，道家主张“绝学无忧”“绝圣弃智”“绝巧弃利”，即根绝那些妨害人的自然发展、违背“无为”原则的“知”与“学”。

第二，教育功能论。道家认为，人类的一切活动都必须取法于“道”，因此教育也要不折不扣地遵循自然规律。其作用就在于尊重人的自然本性，“处无为之事，行不言之教”，使人能够在自然状态下获得身心充分、自由的发展。道家强调，世间万物各有其性，遵循自然之道就应该顺应物性、因材而用，表现在教育上就是因材施教，要“贵其言”，要尽量“无为”，少发号施令，尊重他人的自主意识和个性特点，使人能够自主、自悟和自化。这是道家教育的最高境界，含有尊重人自主发展的本性、充分发挥主体内在自觉的教育精神。

第三，理想人格论。道家的理想人格是具有“素朴”本性的“无为”之人、逍遥之人，因此，“为学”的目的就是使受教育者成为“善利万物而不争”的“真人”和“至人”。老子的理想人格能够顺应自然，“贵柔”“不争”和“知足”；庄子提出“齐物论”，把是非、善恶、美丑看淡，追求一种物我两忘、来去无碍、自我超越的逍遥境界。庄子塑造的理想人格，虽然具有超现实的虚幻色彩，但也透视出强烈的自我意识，以及对独立人格和绝对自由的强烈诉求。道家逍遥人生的理想，也提出了社会发展和人的个性发展如何在现实生活中协调统一的教育问题。

第四，学习方法论。道家的认识论中含有不少辩证法思想。他们认为，一切事物都包含着两个相反相成的方面，对立的双方在一定条件下可以相互转化。正因为物极必反，为了避免事物向不利的方面转化，必须懂得保持和谐有度的道理，辩证看待问题和解决问题。道家的认识论和儒家的中庸之道有一致之处。

道家认为，学习知识首先是从接触实际的感性认识开始，而不是先学习书本的间接经验。人应该学会从自然中学习和积累感性经验，在此基础上进行积极思维。老子提出“涤除玄览”，庄子提出“心斋坐忘”，都是指为达到把握“道”的境界，人应该在内心深处清除原有的成见和思维定势，凭借内心直觉，静观万物变化之理，以自然之心追随自然之道。

二、老子与《老子》

（一）作者和作品简介

老子，又名老聃，楚国苦县（今河南省鹿邑县）人，生卒年不详。一说稍早于孔子，一说稍后于墨子。他曾做过周“守藏室之史”，即负责皇室图书、史籍保管的官员，是中国最伟大的哲学家和思想家之一，被道教尊为教祖，世界级文化名人。

老子认为，“道”是万物之母，万物须循“道”才能有规律地运行。“有”和“无”是事物存在和运行的两种方式，并且相互转化，以此提出其“不争”“贵柔”思想和“与世无争”的处事原则，认为能“无为”的才是“圣人”，处“无为”之事就要修道。老子反对个人追逐世间的功名和利禄，提倡抛弃私欲，使人与人之间、人与社会之间达到和谐相处的状态。

老子不仅认为“道”是宇宙万物的本源和运行依据，还提出了人应该怎样依此去处理与他人、与自然的关系。人是个复杂的社会群体，随着周围社会环境的变化，情感认知、情绪体验、情感意识都在发生着变化。对于如何处理这些问题，老子用他精确的语言、独特的思维方式、简单朴实的比喻进行了论述，对推动中国哲学的发展起到了至关重要的作用。

老子的代表作为《老子》，自汉始又名《道德经》，是中国最早的具有完整理论体系的哲学著作。《老子》分为上下两册，共81章，5100余字，前37章为道经，后44章为德经，思想深邃，语言隽永，言简意赅，融哲理、诗情、玄言于一炉，每句话都堪称经典。

（二）原文节选

第一章①

道可道，非常道②；名可名，非常名。无，名天地之始；有，名万物之母。故常无，欲以观其妙；常有，欲以观其徼。此两者，同出而异名，同谓之玄③。**玄之又玄，众妙之门**。

第二章

天下皆知美之为美，斯恶已；皆知善之为善，斯不善已。有无相生，难易相成，长短相形，高下相盈，音声相和，前后相随，恒也。是以**圣人处无为之事，行不言之教**；万物作而弗始，生而弗有，为而弗恃，功成而弗居。夫唯弗居，是以不去④。

第三章

不尚贤，使民不争；不贵难得之货，使民不为盗；不见可欲⑤，使民心不乱。是以圣人之治，虚其心，实其腹，弱其志，强其骨。常使民无知无欲。使夫智者不敢为也。为无为⑥，则无不治。

---

① 陈鼓应注译．老子注译及评介［M］．北京：中华书局，2003.

② 道可道，非常道：“道”可以言说，却不是人们习常以为的“道”。第一、第三个“道”是名词，指宇宙的根源和动力；第二个“道”是动词，言说、说明、表述。

③ 徼（jiào）：边际、边界、端倪。玄：深黑色，幽昧深远之意。

④ 弗居：不居其功。不去：不会失去。

⑤ 不见可欲：见：通“现”，出现、显露，此处有炫耀之意；可欲：能够引起人贪欲的事物。

⑥ 为无为：按“无为”的原则做事情。前一“为”是动词。

第八章

上善若水。水善利万物而不争，处众人之所恶，故几于道。居善地，心善渊，与善仁，言善信，政善治，事善能，动善时。夫唯不争，故无尤。[①]

第十二章

五色令人目盲；五音令人耳聋；五味令人口爽；驰骋畋猎，令人心发狂；难得之货，令人行妨。是以圣人为腹不为目[②]，故去彼取此。

第十九章

绝圣弃智，民利百倍；绝仁弃义，民复孝慈；绝巧弃利，盗贼无有。此三者以为文，不足。故令有所属：**见素抱朴，少私寡欲，绝学无忧**[③]。

第二十二章

曲则全，枉则直，洼则盈，敝则新，少则得，多则惑。是以圣人抱一为天下式。不自见，故明；不自是，故彰；不自伐，故有功；不自矜，故长。**夫唯不争，故天下莫能与之争**。古之所谓曲则全[④]者，岂虚言哉！诚全而归之。

第二十五章

有物混成，先天地生。寂兮寥兮，独立而不改[⑤]，周行而不殆，可以为天地母。吾不知其名，强字之曰道，强为之名曰大。大曰逝，逝曰远，远曰反。故道大，天大，地大，人亦大。域中有四大，而人居其一焉。**人法地，地法天，天法道，道法自然**。

第二十八章

知其雄，守其雌，为天下谿。为天下谿，常德不离，复归于婴儿。知其白，守其黑，为天下式。为天下式，常德不忒，复归于无极。知其荣，守其

---

① 此句大意为：正因为不争，才不会有忧患、问题。

② 为腹不为目：只求温饱恬淡，不为声色所获。

③ 绝学无忧：弃绝仁义礼智之类的所谓学说，百姓就没有忧愁和烦恼。

④ 曲则全：委曲才能保全。

⑤ 独立而不改：意指“道”的绝对性与永恒性，它是独立存在而不依靠任何外力的。

辱，为天下谷[1]。为天下谷，常德乃足，复归于朴。朴散则为器，圣人用之，则为官长，故大制不割[2]。

第三十三章

知人者智，自知者明。胜人者有力，自胜者强。知足者富。强行者有志。不失其所者久。死而不亡者寿。

第四十一章

上士闻道，勤而行之；中士闻道，若存若亡；下士闻道，大笑之。不笑不足以为道。故建言有之[3]：明道若昧；进道若退；夷道若类；上德若谷；广德若不足；建德若偷；质真若渝[4]；大白若辱；**大方无隅；大器晚成；大音希声；大象无形**；道隐无名。夫唯道，善贷且成[5]。

第四十二章

道生一，一生二，二生三，三生万物。万物负阴而抱阳，冲气以为和[6]。人之所恶，唯孤、寡、不谷，而王公以为称。故物或损之而益，或益之而损。人之所教，我亦教之。强梁者不得其死，吾将以为教父。

第四十八章

为学日益，为道日损。损之又损，以至于无为。无为而无不为。取天下常以无事，及其有事，不足以取天下。

第五十六章

知者不言，言者不知。塞其兑，闭其门；挫其锐，解其纷，和其光，同其尘，是谓玄同。故不可得而亲，不可得而疏；不可得而利，不可得而害；不可得而贵，不可得而贱。故为天下贵。

---

① 为天下谷：比喻人心像山谷一样，谦逊若谷。谷：山谷、川谷。

② 大制不割：完整的政治是不能割裂的。制：治制、宰制，制作器物。

③ 建言有之：曾有过这种说法。

④ 建德若偷：刚健的德看起来好像怠惰。建：通“健”，偷：通“惰”。质真若渝：质朴看起来好似混浊。

⑤ 善贷且成：道让万物善始善终。贷：施与、给予，引申为帮助、辅助。

⑥ 冲气以为和：阴阳二气相互交融而成为均匀和谐状态，从而形成新的统一体。

三、 庄子与《庄子》

（一）作者和作品简介

庄子（约前369—前286年），名周，字子休，战国中期宋国蒙（今河南省商丘市东北）人，著名思想家、哲学家和文学家，道家学派的主要代表人物，与老子并称“老庄”。据《史记》记载，庄子曾做过宋国漆园吏，即管理林场的小吏，此外就再没有做过别的官。《杂篇·秋水》记载，楚威王曾派人邀请庄子做楚国宰相，被庄子婉拒。庄子一生淡泊名利，过着深居简出的隐居生活，生活可用“清苦”二字概言，然而却自得其乐，精神逍遥。

庄子秉承老子“道法自然”的思想，倡行自然教育和自我教育，尤其重视养生教育，主张天人亲和，修身养性。他认为只有绝对的精神自由才能达致“形全精复，与天为一”，摆脱世俗的痛苦，获得真正的快乐。所以，他反对儒家的世俗教育，激烈抨击统治阶级，赞同老子的“无为而治”，主张摒弃一切社会制度，让人性回归到混沌未开的“自然状态”。

较之老子，庄子的教育观更多了一层虚幻超迈的色彩。他倡导相对主义，蔑视礼法权贵，力倡个性独立、精神自由，虽与实际生活相距较远，却为我国教育另辟了一条尊重受教育者个性的蹊径。他大胆夸张的寓言故事，不仅给教育者提供了诸多启示，而且极大地丰富了我国语言与思想的宝库，很多故事已成为今天人们耳熟能详的成语来源。

庄子的代表作为《庄子》，约成书于战国中期。《汉书·艺文志》著录52篇，今本33篇，是晋郭象的注本。其中内篇七，外篇十五，杂篇十一，共十余万字。其行文汪洋恣肆，瑰丽诡谲，意出尘外，乃先秦诸子文章的典范之作。

（二）原文节选

内篇·养生主[①]

吾生也有涯，而知也无涯。以有涯随无涯，殆已[②]！已而为知者，殆而已矣！为善无近名，为恶无近刑；[③] 缘督以为经[④]，可以保身，可以全生，可

---

① 方勇译注．庄子［M］．北京：中华书局，2010.

② 殆：危险。已：通“矣”，了。

③ 为善无近名，为恶无近刑：做善事不必追求名声，做坏事不要到达犯法的程度。

④ 缘：循，顺应。督：人的脊脉，是骨节空虚之处。经：常。

以养亲，可以尽年[1]。

庖丁为文惠君解牛，手之所触，肩之所倚，足之所履，膝之所踦，砉然向然，[2] 奏刀騞然，[3] 莫不中音，合于《桑林》之舞，乃中《经首》之会。

文惠君曰："嘻，善哉！技盖[4]至此乎？"庖丁释刀对曰："臣之所好者道也，进乎技矣。始臣之解牛之时，所见无非牛者；三年之后，未尝见全牛也。方今之时，臣以神遇而不以目视，官知止而神欲行。[5] 依乎天理，批大郤，导大窾，因其固然，[6] 技经肯綮之未尝，而况大軱乎！[7] 良庖岁更刀，割也；族庖月更刀，折也。今臣之刀十九年矣，所解数千牛矣，而刀刃若新发于硎[8]。彼节者有间，而刀刃者无厚，以无厚入有间，恢恢乎其于**游刃必有余地**矣。是以十九年而刀刃若新发于硎。虽然，每至于族，吾见其难为，怵然为戒，视为止，行为迟，动刀甚微。謋然已解，如土委地。提刀而立，为之四顾，为之踌躇满志，善刀而藏之。"文惠君曰："善哉！吾闻庖丁之言，得养生焉。"

外篇·秋水

秋水时至，百川灌河，泾流之大，两涘[9]渚崖之间，不辩牛马。于是焉河伯欣然自喜，以天下之美为尽在己；顺流而东行，至于北海，东面而视，不见水端。于是焉河伯始旋其面目，**望洋向若而叹**曰："野语有之，曰'闻道百，以为莫己若'者[10]，我之谓也。且夫我尝闻少仲尼之闻而轻伯夷之义者，始吾弗信；今我睹子之难穷也，吾非至于子之门，则殆矣[11]，**吾长见笑于大方之家**。"北海若曰："**井鼃不可以语于海**者，拘于虚也；**夏虫不可以语**

---

① 全生：谓保全自然本性。尽年：享尽天年。

② 砉（huā）然：皮肉分离的声音。向：通作"响"，声响。

③ 奏刀：进刀。騞（huō）然：以刀快速割牛的声音。

④ 盖：通"盍"，何故。

⑤ 神：精神，心思。官：器官，此处指眼。知：知觉，此指视觉。

⑥ 天理：自然的纹理。郤（xì）：通"隙"，指牛体骨骼间的空隙。窾（kuǎn）：空，指牛体骨节间较大的空处。

⑦ 技：通"枝"，指枝脉。经：经脉。肯綮：骨肉连接很紧的地方。未尝：不曾碰到。軱（gū）：大骨。

⑧ 新发于硎：刚从磨刀石上磨出来。硎（xíng）：磨刀石。

⑨ 两涘（sì）：河之两岸。涘：河边、岸边。

⑩ 闻道百，以为莫己若者：听了许多道理，就以为谁都不如自己。

⑪ 此句大意为：现在我看到您（北海）这样浩瀚无穷，要不是到您这里来，就真是太危险了。

于冰者，笃于时也；曲士[①]不可以语于道者，束于教也。今尔出于崖涘，观于大海，乃知尔丑，尔将可与语大理矣。天下之水，莫大于海，万川归之，不知何时止而不盈；尾闾[②]泄之，不知何时已而不虚；春秋不变，水旱不知。此其过江河之流，不可为量数。而吾未尝以此自多者，自以比形于天地，而受气于阴阳，吾在天地之间，犹小石、小木之在大山也。方存乎见少，又奚以自多！计四海之在天地之间也，不似礨空之在大泽乎？计中国之在海内，不似稊米之在大仓乎[③]？号物之数谓之万，人处一焉；人卒九州，谷食之所生，舟车之所通，人处一焉，此其比万物也，不似豪末之在于马体乎？五帝之所连，三王之所争，仁人之所忧，任士之所劳，尽此矣。伯夷辞之以为名，仲尼语之以为博，此其自多也，不似尔向之自多于水乎？"

河伯曰："然则吾大天地而小毫末，可乎？"北海若曰："否。夫物量无穷，时无止，分无常，终始无故[④]。是故大知观于远近，故小而不寡，大而不多，知量无穷；证向今故[⑤]，故遥而不闷，掇而不跂，知时无止；察乎盈虚，故得而不喜，失而不忧，知分之无常也；明乎坦涂，故生而不说，死而不祸，知终始之不可故也。**计人之所知，不若其所不知**；其生之时，不若未生之时；以其至小，求穷其至大之域[⑥]，是故迷乱而不能自得也。由此观之，又何以知毫末之足以定至细之倪？又何以知天地之足以穷至大之域？"

……

庄子钓于濮水，楚王使大夫二人往先焉，曰："愿以境内累矣！"庄子持竿不顾，曰："吾闻楚有神龟，死已三千岁矣，王巾笥而藏之庙堂之上。此龟者，宁其死为留骨而贵乎，宁其生而曳尾于涂中乎？"二大夫曰："宁生而曳尾涂中。"庄子曰："往矣！吾将曳尾于涂中。[⑦]"

惠子[⑧]相梁，庄子往见之。或谓惠子曰："庄子来，欲代子相。"于是惠子恐，搜于国中三日三夜。庄子往见之，曰："南方有鸟，其名为鹓鶵，子知

---

① 曲士：乡曲之士，引申为曲见之人，孤陋寡闻者。

② 尾闾：传说中蒸发、排泄海水的地方。

③ 礨（lěi）空：石块上的小空洞。礨：石块。稊（tí）米：细小的米粒。大仓：大谷仓。大：通"太"。

④ 此句意为：对事物而言，数量是不能穷尽的，时间是无休无止的，秉性是没有定数的，始终处于变化之中。

⑤ 证向今故：以古今之事来证明。向：察明。故：同"古"。

⑥ 以其至小，求穷其至大之域：以有限的生命去追求无穷大的未知和未生领域。

⑦ 此句大意为：你们走吧！我宁愿摇着尾巴在烂泥中活着，也不愿死后被供在庙堂上。

⑧ 惠子：惠施，战国名家学派的代表人物，曾做梁国（即魏国）相。

之乎？夫鹓鸲发于南海而飞于北海，非梧桐不止，非练实不食，非醴泉不饮。于是鸱得腐鼠，鹓鸲过之，仰而视之曰：‘吓！’今子欲以子之梁国而吓我邪？”

庄子与惠子游于濠梁①之上。庄子曰：“鲦鱼出游从容，是鱼之乐也。”惠子曰：“子非鱼，安知鱼之乐？”庄子曰：“子非我，安知我不知鱼之乐？”惠子曰：“我非子，固不知子矣；子固非鱼也，子之不知鱼之乐，全矣。”庄子曰：“请循其本。子曰‘汝安知鱼乐’云者，既已知吾知之而问我，我知之濠上也。”

拓展性阅读

1. 饶尚宽. 老子［M］. 北京：中华书局，2006.
2. 南怀瑾. 老子他说［M］. 上海：复旦大学出版社，2005.
3. 孙通海. 庄子［M］. 北京：中华书局，2007.
4. 叶蓓卿. 列子［M］. 北京：中华书局，2011.

① 濠梁：濠，河名，在今安徽境内。梁：桥。

第三节　法家教育名著选读

法家是春秋战国时的一个重要学派，起源于春秋时的管仲、子产，发展于战国时的李悝、商鞅、慎到和申不害等人，到了战国末期，韩非加以综合，集法家学说之大成。从早期李悝编定的《法经》，到商鞅所著之《商君书》，再到融法术势于一炉的《韩非子》，一步步建构起一套完备的教育思想体系。

一、法家教育思想概要

法家在学术渊源上与儒家十分密切。从师承关系上讲，早期法家代表李悝、吴起都是孔子弟子子夏的学生，而后期法家代表人物韩非、李斯都是荀子的学生；从“法”与“礼”关系来看，孔子重“礼”，认为“克己复礼为仁”，而荀子重法，认为“隆礼亲法”。荀子所重之“礼”已不是纯粹的儒家之礼，已存有法的成分，是由礼到法的过渡。所以法家教育思想的产生脱胎于儒家。

与儒家不同的是，法家教育思想建立在绝对的“人性恶”基础之上，认为人性总是趋利避害的，欲望则是人行为的驱动力。由于人对自我欲望缺乏抑制，可能会为所欲为，从而造成社会混乱，这就需要加以控制和制约，甚至可以利用这种人性来实现富国强兵。因此，法家强调治国须靠高压的法制手段，无需温柔的教育感化。所以，法家认为教育对人的发展的作用，并不在于通过感化使人向善，而是通过法律严格控制，使人不得为非作歹。

基于此，法家主张“以法为教”，即禁毁诸子百家的著述，只留存法家典籍、朝廷法令及有关生产之书；教育内容重在政策、法令的晓谕及执行，反对“法先王”和“圣人之言”，主张“法后王”；在教学组织形式上，法家主张取消专设学校，尤其是各家私学，甚至不允许个人相互论学，企图以社会教育为网络，在全社会施行法制教化；教化对象是全体百姓，教育者亦即法令的解释者和宣传者则是各级执法官吏，即所谓“以吏为师”；其施教原则是贵实践、重功用，坚持“恩威并施”原则，认为“杀一儆百”具有较强的惩戒效果；其教育方法则是布告晓谕、逐级传达、反复宣传。

总之，法家教育思想的突出特点是“权威主义”。在春秋战国的动荡年代，法家坚持历史进化论观点，反对儒家的“仁义道德”和墨家的“兼爱”等学说，明确要求“废先王之教”，主张鼓励耕战，推行法治教育，在先秦百家中独树一帜。

二、商鞅与《商君书》

（一）作者和作品简介

商鞅（约前395—前338年），战国时期政治家、改革家，法家的代表人物，卫国人，是卫公的同族，故亦称“卫鞅”或“公孙鞅”。其早年喜欢刑名之学，受李悝、吴起影响很大，向尸佼学习杂家学说，后侍奉魏国国相公叔痤，任中庶子。公叔痤死后，商鞅投奔秦国，辅佐孝公，在秦国主持变法，使秦国迅速崛起、力压六国。孝公以商於十五邑分封给他，故号“商君”或“商鞅”。孝公死后，惠王即位，商鞅为旧奴隶主贵族诬告，车裂而亡。

商鞅主张重农重战，认为“圣人之为国也，入令民以属农，出令民以计战”，国家富强必须要有足够的粮草和强大的军队；其次主张重刑厚赏，认为人的本性是趋利避害的，只有抓住这一特点加以重刑厚赏，才能很好地利用和治理人民，使国家安定；再次主张由“壹教”而达“无教”，即教育必须听从政治指挥，只能传授统治者的意识形态，并且要绝对地排除异端邪说。他认为，诸子百家私学会使民心纷乱，弃农务虚，避战图存，从而无法国富兵强，甚至会国破家亡，因此要“燔诗书以明法令”。

《商君书》是商鞅及其后学著作的合编，战国时已有传本。西汉时，《淮南子》《史记》中都曾引过该书；东汉班固《汉书·艺文志》亦称“《商君》二十九篇”。今本仅存二十四篇，非作于一人，亦非成于一时。现基本肯定的是，其中七篇为商鞅的奏疏，另有大约五篇为其著述。《商君书》篇什不长，但内容丰富，涉及经济、政治、军事、法治等诸多重大问题，其文字朴实无华，顺畅通达，颇具可读性。

（二）原文节选

更法第一①

孝公平画②，公孙鞅、甘龙、杜挚三大夫御于君。虑世事之变，讨正法之本，求使民之道。君曰：“代立③不忘社稷，君之道也；错法务明主长④，

① 张觉．商君书校注［M］．长沙：岳麓书社，2006.

② 平：评议、讨论。画：计策，这里指治国的大计。

③ 代立：亦作“代位”。立：通“位”，这里指继立为君。

④ 错：通“措”。主：君主。长：长处，优点，引申为尊严、权威。

臣之行也。今吾欲变法以治，更礼以教百姓，恐天下之议我也。”

公孙鞅曰：“臣闻之：‘疑行无成，疑事无功。’君亟定变法之虑，殆无顾天下之议之也。且夫有高人之行者，固见负于世；有独知之虑者，必见骜于民①。语曰：‘愚者暗于成事，知者见于未萌。民不可与虑始，而可与乐成。’郭偃之法曰：‘论至德者不和于俗，成大功者不谋于众。’法者所以爱民也，礼者所以便事也。是以圣人苟可以强国，不法其故；苟可以利民，不循其礼。”孝公曰：“善!”

甘龙曰：“不然。臣闻之：‘圣人不易民而教，知者不变法而治。’因民而教者，不劳而功成；据法而治者，吏习而民安。今若变法，不循秦国之故，更礼以教民，臣恐天下之议君，愿孰②察之。”公孙鞅曰：“子之所言，世俗之言也。夫常人安于故习，学者溺③于所闻。此两者，所以居官而守法，非所与论于法之外也。**三代不同礼而王，五霸不同法而霸**。故知者作法，而愚者制焉；贤者更礼，而不肖者拘焉。拘礼之人不足与言事，制法之人不足与论变。君无疑矣。”

杜挚曰：“臣闻之：‘利不百，不变法；功不十，不易器。’臣闻：‘法古无过，循礼无邪。’君其图之!”公孙鞅曰：“前世不同教，何古之法？帝王不相复，何礼之循？伏羲、神农，教而不诛。黄帝、尧、舜，诛而不怒。及至文、武，各当时而立法，因事而制礼。礼、法以时而定；制、令各顺其宜；兵甲器备，各便其用。臣故曰：**治世不一道，便国不必法古**。汤、武之王也，不脩④古而兴；殷、夏之灭也，不易礼而亡。然则反古者未必可非，循礼者未足多是也。君无疑矣。”

孝公曰：“善！吾闻穷巷多怪，曲学⑤多辩。愚者之笑，智者哀焉；狂夫之乐，贤者丧焉。拘世以议⑥，寡人不之疑矣。”于是遂出垦草令。

农战第三

凡人主之所以劝民者，官爵也；国之所以兴者，农战也。今民求官爵，皆不以农战，而以巧言虚道，此谓劳民。劳民者，其国必无力；无力者，其国必削。

---

① 此句意为：有特别见识的谋士，一定会被人所嘲笑。
② 孰：同“熟”。
③ 溺：沉溺，沉迷不悟。
④ 脩：通“修”，学习，遵循。
⑤ 曲学：囿于一隅之学，亦指学识浅陋的人。
⑥ 拘世以议：拘泥于世俗来讨论问题。

善为国者，其教民也，皆作壹①而得官爵，是故**不官无爵**。国去言，则民朴；民朴，则不淫。民见上利②之从壹空出也，则作壹；作壹，则民不偷营；民不偷营，则多力；多力，则国强。今境内之民皆曰：“农战可避，而官爵可得也。”是故豪杰皆可变业，务学《诗》、《书》，随从外权，上可以得显，下可以求官爵；要靡③事商贾，为技艺，皆以避农战。具备，国之危也。民以此为教者，其国必削。

善为国者，仓廪虽满，不偷④于农；国大、民众，不淫于言；则民朴壹⑤。民朴壹，则官爵不可巧而取也。不可巧取，则奸不生。奸不生，则主不惑。今境内之民及处官爵者，见朝廷之可以巧言辩说取官爵也，故官爵不可得而常也。是故进则曲主⑥，退则虑私、所以实其私，然则下卖权矣。夫曲主虑私，非国利也，而为之者，以其爵禄也；下卖权，非忠臣也，而为之者，以末货⑦也。然则下官之冀迁者皆曰：“多货，则上官可得而欲也。”曰：“我不以货事上而求迁者，则如以狸饵鼠尔，必不冀矣；若以情事上而求迁者，则如引诸绝绳而求乘枉木也，愈不冀矣。⑧ 二者不可以得迁，则我焉得无下动众取货以事上而以求迁乎?”百姓曰：“我疾农，先实公仓，收余以食亲；为上忘生而战，以尊主安国也。仓虚，主卑，家贫。然则不如索官。”亲戚交游合，则更虑矣。豪杰务学《诗》、《书》，随从外权；要靡事商贾，为技艺，皆以避农战。民以此为教，则粟焉得无少，而兵焉得无弱也?

善为国者，官法明，故不任知虑⑨。上作壹，故民不俭营⑩，则国力抟。国力抟者强，国好言谈者削。故曰：农战之民千人，而有《诗》、《书》辩慧者一人焉，千人者皆怠于农战矣。农战之民百人，而有技艺者一人焉，百人者皆怠于农战矣。国待农战而安，主待农战而尊。夫民之不农战也，上好言而官失常也。**常官则国治，壹务则国富。国富而治，王之道也**。故曰：王道

---

① 作壹：专心致志。壹：专心，专一。这里指专务耕战。以下类此。

② 上利：国家给百姓的好处、爵禄；利：爵禄。

③ 要靡：指社会地位低微的人。

④ 偷：忽视、放松，偷懒。

⑤ 朴壹：朴实专一。

⑥ 曲主：曲意迎奉君主。

⑦ 末货：贪财，追逐财利。

⑧ 此二句大意为：我不用钱财孝敬上司而想升官，就像猫诱老鼠一样，一定是没有希望的；如果凭借真情侍奉上司而求升官，就像拉着断了的墨线去取直弯木一样，更是没有希望。

⑨ 不任知虑：不任用那些奸巧之人为官。

⑩ 陶鸿庆说：“俭乃偷字之误。‘民不偷营’，见上文。”

作外[1]，身作壹而已矣。

开塞第七

故曰：**王道有绳**。夫王道一端，而臣道亦一端，所道则异，而所绳则一也。故曰：民愚，则知可以王；世知，则力可以王。民愚，则力有余而知不足；世知，则巧有余而力不足。民之生，不知则学，力尽而服。故神农教耕而王天下，师其知也；汤、武致强而征诸侯，服其力也。夫民愚，不怀知而问；世知，无余力而服。故以王天下者并刑，力征诸侯者退德。[2]

圣人不法古，不脩今[3]。法古则后于时，脩今则塞于势。周不法商，夏不法虞，三代异势，而皆可以王。故兴王有道，而持之异理。武王逆取而贵顺；争天下而上让；其取之以力，持之以义。今世强国事兼并，弱国务力守，上不及虞、夏之时，而下不脩汤、武。汤、武塞，故万乘莫不战，千乘莫不守。[4] 此道之塞久矣，而世主莫之能废也，故三代不四。非明主莫有能听也，今日愿启之以效。

古之民朴以厚，今之民巧以伪。故**效于古者，先德而治；效于今者，前刑而法**。此俗之所惑也。今世之所谓义者，将立民之所好，而废其所恶；此其所谓不义者，将立民之所恶，而废其所乐也。二者名贸实易，不可不察也。立民之所乐，则民伤其所恶；立民之所恶，则民安其所乐。[5] 何以知其然也？夫民忧则思，思则出度；乐则淫，淫则生佚。故以刑治则民威，民威则无奸，无奸则民安其所乐。以义教则民纵，民纵则乱，乱则民伤其所恶。吾所谓利者，义之本也；而世所谓义者，暴之道也。夫正民者，以其所恶，必终其所好；以其所好，必败其所恶。

三、韩非与《韩非子》

（一）作者和作品简介

韩非（约前280—前233年），韩国人，宗族公子，“为人口吃，不能道

---

① 王道作外：高亨注：“作字疑当作‘非’，形似而误。”外：外物，此指别的东西。

② 此句大意为：所以，靠智慧做天下之王的摒弃刑罚，用武力征服诸侯的不重德治。

③ 邵瑞彭说：“脩当作循，下同。”

④ 此句大意为：商汤、周武王所走的道路被堵塞了，所以万乘之国无不开战，千乘之国无不力守。

⑤ 此二句大意为：确立起所喜爱的，人们却会受到憎恶之事的伤害；确立起憎恶之事，人们反而会安享所喜爱的。意即应出台法令，鼓励耕战。

说而善著书”。少好刑名之术，曾与李斯一同师事荀子。目睹韩国屡败于秦，韩非曾多次上书韩王变法，终无果，遂发愤著述《孤愤》等十余万言。秦王嬴政读其文章，感叹韩非惊人的治国主张，用计将其网罗至秦。后因与李斯政见相左，韩非被陷害入狱，最后被迫自杀。

韩非是法家思想的集大成者。他发展了荀子的“性恶”论，提出人性自私说，并以之论证法治的合理性和法治教育的必要性。他认为，人们一般情况下总是从私心私利出发来决定各种行为、处理各种关系。因此，采用法治教育加以节制和引导，既符合人性，也完全必要。基于此，他一方面认为只有法治教育才能改造人性，而不能靠道德感化，因而极力反对儒家的道德教育；另一方面则认为私利是破坏稳定的祸源，只有教民以法，才能求得国泰民安。

韩非继承和发展了战国以来的法家特别是商鞅、慎到、申不害的法治思想，形成了法、术、势“三位一体”的思想体系。他推崇商鞅和申不害，同时指出，申商学说的最大缺点是没有把法与术结合起来，另一缺点在于“申子未尽于术，商君未尽于法”。韩非认为，国家图治，君主就要善用权术，同时臣下必须遵法。同申不害相比，韩非主要在“术以知奸”方面有了发展，认为国君对臣下不能太信任，既要牢牢抓住赏罚“二柄”，还要从八个方面对臣下加以提防；在法的方面，韩非特别强调“以刑止刑”思想，强调“严刑”“重罚”，同时认为只制定法令是不够的，还须“执法”，须“信赏必罚”、严格执行，绝不能“以私害法”。

尤可称道的是，韩非第一次明确提出“法不阿贵”的思想，主张“刑过不避大臣，赏善不遗匹夫”。这是对中国法治思想的重大贡献，对于清除贵族特权、维护法律尊严，产生了积极的影响。

《韩非子》是韩非的代表作，20卷，55篇，10余万字。该书文风严峻峭刻、干脆犀利，说理透辟，论证充分，思维严谨。书中还编写了大量寓言故事，极具可读性。很多成语如“守株待兔”“郑人买履”以及“以子之矛，攻子之盾”等，皆出此书。

（二）原文节选

解老①第二十

德者，内也；得者，外也。“上德不德”②，言其神不淫于外也③。神不淫

---

① 张觉，等. 韩非子译注［M］. 上海：上海古籍出版社，2012.

② 上德：指道德最高尚的人。

③ 淫：游。神不淫于外：精神不游荡到自己心意之外。

于外，则身全。身全之谓德。德者，得身也。凡德者，以无为集，以无欲成，以不思安，以不用固。为之欲之，则德无舍①；德无舍，则不全。用之思之，则不固；不固，则无功。无功，则生于德。德则无德，不得则在有德。② 故曰："上德不德，是以有德。"

五蠹第四十九

儒以文乱法，侠以武犯禁，而人主兼礼之，此所以乱也。夫离法者罪，而诸先生③以文学取；犯禁者诛，而群侠以私剑养。故法之所非，君之所取；吏之所诛，上之所养也。法、趣、上、下④，四相反也，而无所定，虽有十黄帝不能治也。故行仁义者非所誉，誉之则害功；文学者非所用，用之则乱法……

古者苍颉之作书也，自环者谓之"厶"⑤，背厶谓之"公"。公私之相背也，乃苍颉固以知之矣。今以为同利者，不察之患也。然则为匹夫计者，莫如修行义而习文学。行义修则见信，见信则受事；文学习则为明师，为明师则显荣：此匹夫之美也。然则无功而受事，无爵而显荣，为有政如此，则国必乱，主必危矣。故不兼容之事，不两立也。斩敌者受赏，而高慈惠之行；拔城者受爵禄，而信廉爱之说；坚甲厉兵以备难，而美荐绅⑥之饰；富国以农，距敌恃卒，而贵文学之士；废敬上畏法之民，而养游侠私剑之属。举行如此，治强不可得也。**国平养儒侠，难至用介士。所利非所用，所用非所利。**是故服事者简其业，而游学者日众，是世之所以乱也。

且世之所谓贤者，贞信之行也；所谓智者，微妙之言也。微妙之言，上智之所难知也。今为众人法，而以上智之所难知，则民无从识之矣。故糟糠不饱者不务粱肉，短褐不完者不待文绣⑦。**夫治世之事，急者不得，则缓者非所务也。**今所治之政，民间之事——夫妇所明知者不用，而慕上知之论，则其于治反矣。故微妙之言，非民务也。若夫贤良贞信之行者，必将贵不欺

---

① 此句大意为：如果有为、有欲，德就没有根本和归宿了。

② 此句大意为：自以为有德的其实无德，不自以为有德的才能保全德。

③ 离：通"罹"，触犯。诸先生：众儒生。

④ 法：指"法之所非"。趣：通"取"，指"君之所取"。上：指"上之所养"。下：指"吏之所诛"。

⑤ 环：环绕。厶："私"的古字，其笔画绕自己旋转而成，象征着专为自己盘算。

⑥ 荐绅：古代官吏上朝时把笏插在衣带间。荐：通"搢"（jìn），插；绅：宽的衣带。

⑦ 务：追求；粱肉，精美的饭食。短褐（hè）：粗布短衣；不完：破损不全；文绣，有刺绣的华丽衣服。

之士；贵不欺之士者，亦无不欺之术也。布衣相与交，无富厚以相利，无威势以相惧也，故求不欺之士。今人主处制人之势，有一国之厚，重赏严诛，得操其柄，以修明术之所烛①，虽有田常、子罕之臣，不敢欺也，奚待于不欺之士？今贞信之士不盈于十，而境内之官以百数，必任贞信之士，则人不足官。人不足官，则治者寡而乱者众矣。故明主之道：一法而不求智，固术而不慕信。故法不败，而群官无奸诈矣。

……

故**明主之国，无书简之文，以法为教；无先王之语，以吏为师**；无私剑之捍，以斩首为勇。是境内之民，其言谈者必轨于法，动作者归之于功②，为勇者尽之于军。是故无事则国富，有事则兵强，此之谓王资。既畜王资而承敌国之亹③——超五帝侔三王者，必此法也。

拓展性阅读

1. 高亨. 商君书注译［M］. 北京：清华大学出版社，2011.
2. 石磊. 商君书［M］. 北京：中华书局，2009.
3. 时显群. 法家“以法治国”思想研究［M］. 北京：人民出版社，2010.
4. 高华平，王齐洲，张三夕. 韩非子［M］. 北京：中华书局，2010.
5. 宋洪兵，孙家洲. 韩非子解读［M］. 北京：中国人民大学出版社，2010.

---

① 修明：处理明白。术之所烛：权术所能洞察的问题。

② 动作者：指从事劳动的人。功：这里指农耕。

③ 畜（xù）：同“蓄”，积蓄。王资：称王天下的资本。亹（xìn）：同“衅”，缝隙，引申为弱点、破绽的意思。

第四节　墨家教育名著选读

墨家是先秦百家中的重要一家，曾与儒家并盛，同为世之“显学”，秦以后一度中绝，近现代又为人所重视。从墨家开山之祖墨翟著《墨子》始，墨家就具有了非常丰富的教育思想，其后学又著《墨辩》，使墨家教育思想更加完备。

一、墨家教育思想概要

墨子开创的墨家学派，既是一个代表着“农与工肆之人”利益的学术团体，又是一个纪律严明的政治集团。在战国大动荡、大变革的背景下，墨家之所以能成为“徒属弥众，弟子弥丰，充满天下”的世之“显学”，是因为有其鲜明的教育主张和独特的教育思想，其主要表现有以下数端。

第一，平民主义的招生原则。墨家从“尚贤”思想出发，主张培养能够“以自苦为极”、行“役夫之道”，生活上能“量腹而食，度身而衣”的人。能“以裘褐为衣，以跂蹻为服”的，不可能是贵胄子弟。因此，墨家招收的乃是平民及社会下层的劳动者。这不仅比儒家更彻底地做到了“有教无类”，而且扬弃了儒家“四体不勤，五谷不分”的人才培养模式的弊端。

第二，爱利天下的教育目标。为实现“兼相爱”“交相利”的政治理想，墨家着重培养“爱利天下”“有道相教”的“兼士”，即具有平等思想、“兼爱”品格、文化素养和牺牲精神的人。这与儒家培养从政“君子”、道家张扬“赤子”情怀之目标迥然不同。

第三，注重实用的教育内容。墨家重实践、重实用，有独特的教育内容。他们不仅注重文史、政治和道德教育，而且重生产和科技知识，这与儒家有着明显不同。重视科学技术的教学、思维能力的训练，是墨家在课程设置方面的突出特色。前者包括数学、几何、光学、声学、力学、生产、军事技术等；后者包括认识论和形式逻辑两部分。这是墨家教学内容的价值所在，也是对“六艺”教育传统的重大突破。

第四，纪律严明的组织管理。墨家不仅是一个教育团体，更是一个信仰坚定的组织集团。在墨家学派中，任何人都须严格履行组织“道义”，努力去“兴天下之利，除天下之害”，必须做到“有力者疾以助人”“有财者勉以分人”“有道者劝以教人”，要“赴火蹈刃，死不旋踵”。历代钜子制定的纪律，门徒都有义务绝对服从；门徒的所有活动，都受到组织的严格控制。可以说，重组织管理、靠纪律约束，是墨家有别于其他各家的又一突出特色。

此外，在教学方法方面，墨家也有其特色。首先，墨家反对儒家“不扣不鸣”的做法，坚持“不扣必鸣”的教学方法，要求教育者要积极主动地进行教学；其次，墨家提倡“合其志功”的教育方法，即从动机与效果相统一的观点去评价学生的行为；最后，墨家主张教学应该因材与量力，即教学要因人而异、因才设教，要量力而行、其力而教。

二、墨子与《墨子》

（一）作者和作品简介

墨子（约前490—前403年），名翟，鲁人，战国初期著名思想家、教育家。关于其生平、籍贯等，文献记载极少。从其自称“鄙人”“贱人”以及能够制作轴承、木鸢等情形看，墨子应该是位出身平民且精于制造的手工匠人。

从思想渊源上说，墨子可能曾就学于孔门某位后学，因此熟悉《诗》《书》《春秋》等传统文献。但是，他对儒家学说并不完全赞同，尤其反对儒家礼、乐等繁文缛节，以及厚葬、久丧等主张，以为“靡财而贫民”“伤生而害事”，转而创立了“背周道而用夏政”的墨家学派，与儒家分庭抗礼、相互驳难，揭开了百家争鸣的序幕。

墨子一生“上说王公大人，次说匹夫徒步之士”，到处宣扬自己的政治主张。他到过鲁、宋、齐、卫、楚、魏、赵等国，曾劝鲁君、教穆贺、谏惠王、说田和，是继孔子之后第二位周游列国的学术大师。其思想以“兼相爱”为根本，以“交相利”为原则，以尚贤、尚同、节用、节葬等“十论”为总纲，带有强烈的功利主义色彩，与儒家思想形成了鲜明的对照。

目前研究墨子思想的资料主要是《墨子》一书。该书并非一人一时之作，而是墨子与门徒及后学的合力之作，汇集了墨派的主要思想。该书原为15卷、71篇，历经岁月冲涤，现仅存53篇。书中既有对古代典籍与人物事迹的引述，又记载了许多科学技术知识。其行文朴实流畅、思维严谨、广征博引、论证充分，具有很高的思想价值。

（二）原文节选

修身[①]

君子战虽有陈，而勇为本焉；丧虽有礼，而哀为本焉；士虽有学，而行为本焉。是故置本不安者，无务丰末；近者不亲，无务来远；亲戚不附，无务外交；事无终始，无务多业；举物而暗[②]，无务博闻。是故先王之治天下也，必察迩来远。君子察迩而迩修者也。修身见毁，而反之身者也。此以怨省[③]而行修矣。谮慝之言，无入之耳；批扞之声[④]，无出之口；杀伤人之孩，无存之心。虽有诋讦[⑤]之民，无所依矣。故君子力事日彊[⑥]，愿欲日逾，设壮日盛。

君子之道也，贫则见[⑦]廉，富则见义，生则见爱，死则见哀。四行者不可虚假，反之身者也。藏于心者，无以竭爱；动于身者，无以竭恭；出于口者，无以竭驯[⑧]。畅之四支，接之肌肤，华发堕颠，[⑨]而犹弗舍者，其唯圣人乎！

志不彊者智不达，言不信者行不果。据财不能以分人者，不足与友；守道不笃，遍物不博[⑩]，辩是非不察者，不足与游。本不固者末必几；雄而不修者其后必惰。原浊者流不清，行不信者名必秏。[⑪]名不徒生，而誉不自长。功成名遂，名誉不可虚假，反之身者也。务言而缓行，虽辩，必不听；多力而伐功，虽劳，必不图。[⑫]慧者心辩而不繁说，多力而不伐功，此以名誉扬天下。言无务为多而务为智，无务为文而务为察。故彼智无察，在身而情，反其路者也。[⑬]

---

① 谭家健，孙中原注译．墨子今注今译［M］．北京：商务印书馆，2009.

② 暗：不明了，糊涂。

③ 怨省：怨毁之言减少。

④ 谮（zèn）：说别人坏话。慝（tè）：邪恶。批：打。扞（hàn）：同“捍”，扰乱。

⑤ 诋：诽谤。讦（jié）：披露别人的私事。

⑥ 力事：努力从事。彊：同“强”。

⑦ 见：同“现”，显示出，表现出。

⑧ 无以竭：无穷无尽。驯：通“训”，指语言文雅。

⑨ 四支：同“四肢”。华发堕颠：形容人的衰老。颠：同“巅”，指头顶。

⑩ 遍：通“辨”，识别。博：多，广。

⑪ 本：指树干。几：危险。雄：勇敢。秏：同“耗”，损耗、败坏。

⑫ 务言而缓行：夸夸其谈却行动迟缓。伐功：夸耀功劳。不图：达不到目的。

⑬ 此句大意为：所以，那些不能明察而又懒惰的人，就一定会事与愿违的。情：“惰”字之误。

善无主于心者不留，行莫辩于身者不立。名不可简而成也，誉不可巧而立也，君子以身戴行者也。思利寻焉，忘名忽焉①，可以为士于天下者，未尝有也。

所染

子墨子言见染丝者而叹曰："**染于苍则苍，染于黄则黄**，所入者变，其色亦变，五入必②而已，则为五色矣。故染不可不慎也。"

非独染丝然也，国亦有染。舜染于许由、伯阳，禹染于皋陶、伯益，汤染于伊尹、仲虺，武王染于太公、周公。此四王者，所染当，故王天下，立为天子，功名蔽天地。举天下之仁义显人，必称此四王者。夏桀染于干辛、推哆，殷纣染于崇侯、恶来，厉王染于厉公长父、荣夷终，幽王染于傅公夷、蔡公谷。此四王者，所染不当，故国残身死，为天下僇③。举天下不义辱人，必称此四王者。齐桓染于管仲、鲍叔，晋文染于舅犯、高偃，楚庄染于孙叔、沈尹，吴阖闾染于伍员、文义，越勾践染于范蠡、大夫种。

此五君者，所染当，故霸诸侯，功名传于后世。范吉射染于长柳朔、王胜，中行寅染于藉秦、高彊，吴夫差染于王孙雒、太宰嚭，知伯摇染于智国、张武，中山尚染于魏义、偃长，宋康染于唐鞅、佃不礼。此六君者，所染不当，故国家残亡，身为刑戮，宗庙破灭，绝无后类，君臣离散，民人流亡。举天下之贪暴苛扰者，必称此六君也。凡君之所以安者，何也？以其行理也。行理性于染当。④ 故善为君者，劳于论人，而佚于治官。不能为君者，伤形费神，愁心劳意，然国逾危，身逾辱。此六君者，非不重其国、爱其身也，以不知要故也。不知要者，所染不当也。

非独国有染也，士亦有染。其友皆好仁义，淳谨畏令，则家日益，身日安，名日荣，处官得其理矣，则段干木、禽子、傅说之徒是也。其友皆好矜奋，创作比周，⑤ 则家日损，身日危，名日辱，处官失其理矣。则子西、易牙、竖刀之徒是也。《诗》曰："必择所堪，必谨所堪⑥"者，此之谓也。

（刘娜、高群整理）

---

① 思利寻焉，忘名忽焉：一味追求私利而忘却忽视名节。

② 五入必：染过五次；必，通"毕"。

③ 僇：同"戮"，此处为责罚、指责之意。

④ 此句大意为：行为合乎正理源于恰当的熏染。性：通"生"。

⑤ 矜奋：狂妄，自大。创作：胡作非为。比周：结党营私。

⑥ 所堪：指染料。堪：通"湛"，浸染。

拓展性阅读

1. 任继愈. 墨子与墨家［M］. 北京：商务印书馆，1998.
2. 方勇. 墨子［M］. 北京：中华书局，2011.
3. 谭戒甫. 墨辩法微［M］. 北京：中华书局，2004.

第二章　汉至唐教育名著选读

从汉初到唐末，中经魏晋南北朝和隋代的短期统一，前后共计1000余年，这是我国古代社会由统一走向分裂，再由分裂走向统一的时期。其中，汉、唐是我国政治相对稳定、经济较为发达、国力较为强盛的两个朝代，史称“雄汉”“盛唐”。王朝的强大为教育发展及教育思想的繁荣奠定了必要的基础。而在魏晋南北朝370年里，虽然先后出现过33个王朝，堪称历史上典型的乱世，但政局动荡、王朝更迭也在客观上导致了政治控制的松弛和各民族异质文化的撞击，从而为思想文化的活跃带来了有利条件，使这一乱世反而成为了教育思想上“继汉开唐”的重要时期。

源于先秦“轴心时代”的各家教育思想，至汉代以后既得到了长足发展，也经历了重大转变。概要而言，道家思想在汉初颇受重视，到魏晋时期与儒家合流而形成玄学思潮；儒家思想则随着“独尊儒术”政策的确立而在两汉时期大行其道，之后其发展势头受阻，但依然大体占据了思想文化的主流地位；自秦以后，法家思想虽然由政治的“前台”退居“幕后”，但它对法律之于社会管理作用的重视、对帝王统御之术的探讨、对统治者地位和权力的强调，仍被后世统治者直接借鉴。至于墨家思想，由于它所代表的是“农与工肆”阶层的利益，而这一阶层自秦以后始终未能形成一支有力的政治力量，因而其思想主要以“行规”的形式存在于民间，且其轻生死、重然诺、以天下为己任的精神，直接为游侠阶层所继承。值得注意的是，魏晋南北朝时期，佛家势力由渐兴而炽盛，成为能与儒、道分庭抗礼的思想之一。本章以教育名著选读为依托，主要对道家和儒家教育思想进行展示。

第一节　道家教育名著选读

源于先秦的道家思想，虽然绌于社会秩序的整饬，却有利于休养生息、恢复国力、缓和矛盾，因之，在汉初休养生息的时代要求下，以“无为而治”“顺任自然”为特征的黄老之学受到朝野人士的极大青睐。随着“独尊儒术”政策的确立，道家思想渐由治国之策转向养生之道的探求。同时，道家超凡脱俗、张扬逍遥的思想特质，能够为仕途失意、厌倦俗务的士子提供一方自由的精神天地，因而道家思想在魏晋士人中广受追捧。此外，汉末道教的出现，魏晋南北朝时期信众日多，以及李唐统治者对道教地位的有意拔高，使道家思想的世俗化趋势日益加强。由此，道家思想在由汉至唐之时步入了一个崭新的发展阶段。

一、 道家教育思想概要

汉初，也即自西汉建立以后的约七十年间，是黄老之学大行其道的时期。所谓黄老之学，乃是依托黄帝、本于老子，被人们加以重大改造了的道家学说。该学说形成于战国时齐国的稷下学宫，以早期的道家理论为基础，兼采儒家、法家、墨家等各家学说，包括治身（养生）和治国两个方面。其基本思想是立足“无为”，即既强调尊重自然规律，反对盲目行动，又主张发挥人的主观能动性，倡导“待时而动”“相机行事”。在哲学领域，黄老之学继承了老子“道”的思想，认为“道”作为万事万物的生成根源与运行依据，是“虚同为一，恒一而止”的，但也有“人皆用之，莫见其形”之弊，因此，“道”是需要人们用心把握的；在社会政治领域，该学派强调“道生法”，主张“是非有分，以法断之”“虚静谨听，以法为符”，劝告君主应“无为而治”“省苛事，薄赋敛，毋夺民时”，兴农劝桑、轻徭薄赋。

作为颇重一时的著名学派，黄老之学包含着丰富的教育思想。这可从多方面加以解析。首先，倡导德刑相辅的文教政策。与原始道家不同，黄老之学吸收儒、法思想，主张德以导顺、刑以治逆、以德为主、先德后刑，认为“穆穆天刑，非德必倾；德刑相养，逆顺若成”。其次，强调崇德尚贤的用人路线。与老子“绝圣弃智”以及“不尚贤，使民不争”等思想不同，黄老学派认为贤才比国土更重要，智慧比财富更宝贵，因此他们大力倡导崇德尚贤，主张对贤才给予充分的尊重。再次，张扬重柔守谦的修身思想。贵柔、守雌、处下，本是老子的基本思想，但黄老学派并未把贵柔绝对化，而是认为“会刚与柔，柔刚相成”，主张以柔为本，刚柔相济，在此基础上，提倡修身应力戒骄傲自满，处事则要恭谨待人。最后，主张执一得要的教学思想。本来，“一”也是老子思想中的重要语汇，即所谓“道生一”“抱朴守一”“天得一以清”等等，但在黄老学派看来，“一者，道其本也”“循名复一，民无乱纪”。即是说，“道”就是“一”，因此循道的根本表现就是知一、行一、守一、执一。在此基础上，黄老学派认为，各种事物尽管纷繁复杂，但总有源可溯、有本可觅，因而主张“得事之要”“握少以知多”。所以，黄老学派对以“博学”为特征的儒家传统经学教育进行了尖锐的批评。

在汉初特定的历史条件下，黄老学派的上述主张不仅医治了战争给社会造成的创伤，甚至催生出“文景之治”的盛世局面，而且深刻影响了整个学术界、知识界的风气。《淮南子》的问世，即可视为这一风气下的代表之作。随着“独尊儒术”政策的确立，黄老之学逐渐退出经世治国的研究领域。其一支脉回归道家，注重研究自然长生之道，以保身、全性、养真为追求，《抱朴子》的问世堪为代表；另一支脉则与神仙方术、谶纬迷信结合，对东汉末原始道教的形成产生了一定影响。之后，北朝寇谦之整顿道教规制，南朝陶弘景完善了道教神学体系，使道家思想的规约、教化色彩更加浓厚。由此，道家教育思想之一便走上了宗教化、世俗化的道路。

二、　刘安与《淮南子》

（一）作者和作品简介

刘安（前 179—前 122 年），西汉沛郡丰（今江苏省丰县）人，汉文帝之弟厉王刘长之子，袭封淮南王。景帝末年，因“削藩”风波，有人告发刘安图谋不轨，刘安在狱中自杀身亡，时年 58 岁。

刘安自幼聪颖好学，博学多识，才华出众。《史记·淮南衡山列传》中说他“为人好读书鼓琴，不喜弋猎狗马驰骋”。自十六岁嗣为淮南王后，刘安即广罗人才，“招怀天下俊伟之士”，门下曾有数千名门客，其中包括苏非、李尚、左吴、陈由、伍被、毛被、毛周、晋昌等八人，号称“八公”。其后，在刘安主编下，门客合著而成《淮南子》一书。该书涉猎极广，凡天文、地理、政史、音律、术数等皆有所述，是刘安等人经年的倾心之作。武帝建元二年（前 139 年），刘安入朝献书。可见，该书的主要部分当写于景帝之时，即“独尊儒术”政策出台之前夕。

《淮南子》又称《淮南》《淮南内》《淮南鸿烈》，隋代始称《淮南子》。《汉书·淮南衡山济化王传》说刘安“作为《内书》二十一篇，《外书》甚众，又有《中篇》八篇，言神仙黄白之术，亦二十余万言”。《内书》即流传至今的《淮南子》，凡二十一卷，每卷皆以“训”名。书中记载了“干支纪年”“二十八宿”“二十四节气”等天文知识，也保留了丰富的先秦文献资料，很多久已失传的战国诸子书籍，在该书的引文里都能见其片段。

《淮南子》虽然出自众人之手，但并非杂乱无章之作，而是一部殚精竭虑、思想深邃、涉及广泛、博大精深的不朽作品。该书以道家的自然主义天道观为主线，继承并发展了儒家“克己复礼”以及“民本”“仁爱”思想，旁及阴阳家“阴阳合一”“天人合一”学说，法家的进步主义历史观和名家“名实同异”理论，取各家之精要，有论有辩，说理透彻。其内容涉及哲学、政治学、历史学、经济学、教育学、语言学、军事学、民俗学等方面，是一部汇通百家之作。

（二）原文节选

卷十一　齐俗训①

率性而行谓之道，得其天性谓之德。性失然后贵仁，道失然后贵义。是故仁义立而道德迁矣，礼乐饰则纯朴散矣，是非形则百姓眩矣，珠玉尊则天下争矣。凡此四者，衰世之造也，末世之用也。

夫礼者，所以别尊卑，异贵贱；义者，所以合君臣、父子、兄弟、夫妻、友朋之际也。今世之为礼者，恭敬而忮；为义者，布施而德；君臣以相非，骨肉以生怨，则失礼义之本也，故构而多责②。夫水积则生相食之鱼，土积则生自穴之兽，礼义饰则生伪匿之本③。夫吹灰而欲无眯，涉水而欲无濡，不可得也。

古者民童蒙不知东西，貌不羡乎情，而言不溢乎行；其衣致暖而无文，其兵戈铢而无刃；其歌乐而无转，其哭哀而无声。凿井而饮，耕田而食，无所施其美，亦不求得。亲戚不相毁誉，朋友不相怨德。及至礼义之生，货财之贵，而诈伪萌兴，非誉相纷，怨德并行。于是乃有曾参、孝己之美，而生盗跖、庄蹻之邪。故有大路龙旂，羽盖垂缕，结驷连骑，则必有穿窬拊楗、抽箕逾备之奸；有诡文繁绣，弱緆罗纨，必有菅屩跐踦、短褐不完者。故高下之相倾也，短脩之相形也，亦明矣。

……

故尧之治夫下也④，舜为司徒，契为司马，禹为司空，后稷为大田师，奚仲为工。其导万民也，水处者渔，山处者木，谷处者牧，陆处者农。地宜其事，事宜其械，械宜其用，用宜其人。泽皋织网，陵阪耕田，得以所有易所无，以所工易所拙。是故离叛者寡，而听从者众。譬若播棋丸于地，员者

① 刘安．淮南子［M］．上海：上海古籍出版社，2016.

② 构而多责：构成怨恨而互相责难。

③ 此句大意为：水积得深会产生互相吞食之鱼，土堆成山会产生互相伤残之兽，修饰礼义则会产生伪君子。

④ 一般认为是“故尧之治天下也”，但该版本为“夫”。

走泽，方者处高，各从其所安，夫有何上下焉？若风之过箫也，忽然感之，各以清浊应矣。夫猿狖得茂木，不舍而穴；狟狢得埵防，弗去而缘；物莫避其所利，而就其所害。

是故邻国相望，鸡狗之音相闻，而足迹不接诸侯之境，车轨不结千里之外者，皆各得其所安。故乱国若盛，治国若虚，亡国若不足，存国若有余。虚者，非无人也，皆守其职也；盛者，非多人也，皆徼于末也。有余者，非多财也，欲节事寡也；不足者，非无货也，民躁而费多也。故先王之法籍，非所作也，其所因也；其禁诛，非所为也，其所守也。

凡以物治物者不以物，以睦；治睦者不以睦，以人；治人者不以人，以君；治君者不于君，以欲；治欲者不于欲，以性；治性者不于性，以德；治德者不以德，以道。原人之性，芜濊而不得清明者，物或堁之也。

拓展性阅读

1. 陈广忠. 淮南子译注［M］. 上海：上海古籍出版社，2016.
2. 张松辉. 抱朴子内篇［M］. 北京：中华书局，2011.
3. 卿希泰. 中国道教思想史［M］. 北京：人民出版社，2009.

第二节　儒家教育名著选读

与道家思想相似，源于先秦的儒家教育思想，在汉至唐这段时期也被作了重大的改造，与原有思想已渐行渐远，其变化之巨难以备述。概要而言，整个西汉时期，可视为儒家教育思想由朴素、人本、伦理化渐次转变为教条、神学乃至谶纬化的时期。西汉末至整个东汉时期，则是儒家今、古文经学两派长期对垒、聚讼纷纭、崇尚虚华、烦琐考据的时期。由此导致人们对“纲常名教”的厌恶、排斥乃至望而生畏，进而引发出魏晋玄学家们对儒家思想的新一轮改造。之后，南北朝时期的崔浩、颜之推，隋代的王通，唐代的韩愈、柳宗元等等，皆力图在儒、佛、道三派此消彼长的态势下恢复儒家教育思想的道统传承和正统地位。所有这些，既为原始儒家教育思想注入了新鲜养分，也为“新儒学”即宋明理学的诞生打下了基础、准备了条件。

一、 儒家教育思想概要

所谓儒家教育思想，乃是历代儒家学者在教育实践活动中，通过不断总结经验、批判反思而逐渐形成的一系列有关教育实践和教育理论的观点和主张。从最宽泛的意义上说，汉唐时期儒家教育思想的发展历程可概分为两大阶段，即两汉“独尊儒术”阶段、魏晋儒术日绌到隋唐儒家思想再图尊崇阶段。就前者而言，儒学独尊得力于众多儒者的努力，如汉初的贾谊、陆贾，对儒学的兴盛皆有贡献。尤其是董仲舒以先秦儒学为基础、阴阳五行为框架，兼采诸子百家，从理论上阐述了“罢黜百家，独尊儒术”政策的意义和实施原则，使之更适应统一的中央集权需要，从而确立了儒家思想的正统地位。而西汉末年的扬雄，东汉时期的王充、贾逵、马融、郑玄、班氏父子，以及东汉中叶以后的王符、荀悦、徐干等人对一系列教育问题的探讨，对先秦儒家经典的考证、训诂和注疏，促进了儒家教育思想的深化，在儒家教育思想史上产生了不可忽视的影响。

就后者而言，自汉武帝以后，儒家经学借助官方的大力推崇而迅速发展，至西汉末年和东汉时达到极盛。虽然经学及其传授活动的昌盛使儒学成为“一枝独秀”的官方学术，但也导致了学术界利禄之风大盛，学派争讼不已，败坏了学风和士风。尤其东汉中叶以后，君主昏庸，外戚、宦官轮番专权，朝政腐败，社会矛盾激化，名教危机屡现。这些现象引起不少有识之士的深切忧虑，导致社会批判运动此消彼长，进而催生出以融通儒道、援老入儒为特征的魏晋玄学思潮。到南北朝时期，儒家独尊地位受到更加严重的冲击，尤其受到佛教势力的强大冲击。佛教最早传入中国是在两汉之际，经过东晋的大量译经，至南北朝时期广泛流行，并渗透政治、经济、民俗及文化等各个层面。一些佛教上层僧侣自由出入宫廷，与当权者相互援结，甚至直接参政。孔子则被降到如来弟子的地位，儒学面临严峻挑战。

正是在上述背景下，一些以恢复儒家影响为己任的学者通过种种方式与佛道势力相抗争。如魏晋时期的王肃“采会同异”，注经百余篇、近二百卷，开创了堪与郑玄的“郑学”相抗衡的“王学”。其对纠治玄学空谈、浮泛之风做出了可贵的贡献，流传至今的尚有《孔子家语》《孔丛子》等书。再如，南北朝时期何承天、周朗、郭祖深、荀济、张普惠等人，站在正统儒家的立场公开引证孔子，以仁义、忠孝、纲常、伦理等为武器来批判佛教，皆为名显一时的反佛思想家。尤须一提的是，南朝齐梁哲学家范缜、北齐教育家颜之推、隋朝哲学家王通、隋唐经学家孔颖达以及中唐教育家韩愈等人，皆有重要著作传世，对重振儒学做出了极大的贡献。

总体来看，汉唐时期的儒家教育思想虽有烦琐、教条、谶纬、驳杂等弊端，但仍属于伦理教化的范畴，与先秦儒家思想就基本意蕴而言并无二致。例如，先秦儒家认为人性本善，可以通过教化由善端发展为善德，或由善质变为善行，故教育教化在儒家思想中占有突出位置；教育的社会作用体现在“建国君民，教学为先”“化民成俗，其必由学”，核心价值在于教化天下；注重个人修养的提升，主张培养从政君子；内容以“仁”“义”“礼”“中庸”等为核心，以“内省”“慎独”“知耻”“节”“敬”等为践行方法。如此等等，皆为汉唐时期所继承。与之前相比，此期最大的不同之处在于，人们对孔子以及儒家经典的认识和评判经历了巨大的波折、起伏，至隋唐之时才渐渐归于平实。

二、董仲舒与《春秋繁露》

（一）作者和作品简介

董仲舒（前179—前104年），西汉著名哲学家、经学家、教育家，广川（今河北省景县）人，今文经学大师，专治《春秋公羊传》。他以学术的高深造诣和“三年不窥园”的精神治学，赢得了当时读书人的尊敬。汉景帝在位时，董仲舒曾任博士。汉武帝举贤良对策，董仲舒三策皆中，开始参加政治活动。但终其一生，董仲舒在政治上都不甚得志，仅任职江都相和胶西王相，以及被朝廷备为政治顾问。

董仲舒一生经历了文景之治、汉武盛世。这是西汉王朝的极盛时期，政治稳定，经济繁荣，思想自由。他以《公羊春秋》为依据，将西周以来的宗教天道观和阴阳、五行学说结合起来，吸收法家、道家、阴阳家思想，把神权、君权、父权、夫权贯穿在一起，形成“君权神授”“天人感应”的帝制神学体系，为汉代谶纬之学提供了直接的理论依据。同时，他还对当时社会所面临的一系列哲学、政治、社会、历史问题，给予了较为系统的回答，为儒家思想成为汉代统治哲学做出了最大贡献。他所总结的“三纲”“五常”等思想，影响后世长达两千多年。

董仲舒一生著述甚丰，但多已失传，目前存留下来的主要是《春秋繁露》和保存在《汉书·董仲舒传》中的《对贤良策》。《春秋繁露》凡十七卷、八十二篇，是研究其学术和教育思想的基本资料，书中引孔子之言二十余次。

（二）原文节选

卷一　玉杯第二①

《春秋》讥文公以丧取。难者曰：“丧之法，不过三年。三年之丧，二十五月。今按经，文公乃四十一月方取。取时无丧，出其法也久矣。何以谓之丧取。”曰：《春秋》之论事，莫重于志。今取必纳币，纳币之月在丧分，故谓之丧取也。且文公以秋祫祭②，以冬纳币，皆失于太蚤。《春秋》不讥其前，而顾讥其后，必以三年之丧，肌肤之情也。虽从俗而不能终，犹宜未平于心。今全无悼远之志，反思念取事，是《春秋》之所甚疾也。故讥不出三年于首而已，讥以丧取也。不别先后，贱其无人心也。③ 缘此以论礼，礼之所重者在其志。志敬而节具，则君子予之知礼。④ 志和而音雅，则君子予之知乐。志哀而居约，则君子予之知丧。故曰：非虚加之，重志之谓也。志为质，物为文⑤。文著于质，质不居文，文安施质？质文两备，然后其礼成。文质偏行，不得有我尔之名。俱不能备而偏行之，宁有质而无文。虽弗予能

---

① 苏舆．春秋繁露义证［M］．北京：中华书局，1992.

② 祫（xiá）祭：把远近祖先的牌位放在祖庙里一起祭祀，即合祭。

③ 首：首恶，最坏的事。不别先后：不分辨结婚的时间是否已出丧期。无人心：没有怀念先父之心。

④ 志敬而节具：志向端正，礼节周全。君子：此处及上下文中多指作《春秋》的孔子。予：给予，评说。

⑤ 质：实质，本质。文：文饰，形式。

礼，尚少善之，介葛庐来是也[1]。有文无质，非直不子，乃少恶之，谓州公寔来是也。然则《春秋》之序道也，先质而后文，右志[2]而左物。故曰："礼云礼云，玉帛云乎哉？"推而前之，亦宜曰：朝云朝云，辞令云乎哉？"乐云乐云，钟鼓云乎哉？"引而后之，亦宜曰：丧云丧云，衣服云乎哉？是故孔子立新王之道，明其贵志以反和，见其好诚以灭伪。其有继周之弊，故若此也。

《春秋》之法，以人随君，以君随天。曰：缘民臣之心，不可一日无君。一日不可无君，而犹三年称子者，为君心之未当立也。此非以人随君耶？孝子之心，三年不当。三年不当而踰年即位者，与天数俱终始也。此非以君随天邪？故**屈民而伸君，屈君而伸天，**《春秋》之大义也。

三、 王充与《论衡》

（一）作者和作品简介

王充（27—约 100 年），字仲任，浙江会稽上虞人，出身于"贾贩为事"之家，东汉哲学家、唯物主义思想家。他 6 岁开始识字，8 岁入书馆学习，记忆力极强，后到京城太学学习，曾拜扶风人班彪为师。其虽于儒家经典用力甚深，然好博览而不守章句，最终博通诸子百家之言，成为一代名家。

王充曾两次出任地方小官，都因为人过于耿直而很快辞官还家。其一生的绝大部分时间，都是在教书、思考、写作中度过的，故而著述甚丰。综合来看，哲学观方面，他猛烈抨击了当时流行的谶纬理论和天人感应说，赞成黄老道家的自然、无为论；形神观方面，他既反对儒家的无鬼厚葬论，也不赞成墨家的有鬼薄葬论，而是认为人死神灭、天道自然；人性论方面，他对先秦性善、性恶论都展开了批评，提出正性、随性、遭性，即自然、遗传、环境相互关联的新的人性观，并据此阐述了教育的作用；教育目标方面，他将知识分子分为文吏、儒生、通人、文人、鸿儒五个级别，主张教育应着重培养后两类人才；知识观方面，他根本否定有"生而知之"的人，认为"知物由学，学之乃知，不问不识"，重视感知在认识过程中的作用，认为衡量认识正确与否的标准是"有效"和"有证"；学习观方面，他注重学知与闻见，提倡问难与距师，主张独立思考与实事求是，认为知识的学习应当循序

---

① 尚少善之：还能稍许被肯定。介葛庐来是也：介国的国君葛庐来朝见鲁僖公就是如此。

② 右志：重视本质。古代右为上，故左、右亦有轻、重之意。

渐进地积累，学习者要能“学不宿习”“勤学不舍”，而不是“暴习”。凡此种种，使王充成为当时思想独特、见解不俗的学者。

在中国传统思想发展史上，王充以大无畏的批判精神而著名。他继承了先儒的怀疑主义精神，以“疾虚妄”、辨是非的批判意识著书立说，以期“铨轻重之言，立真伪之平”；他发展了扬雄、桓谭等人的唯物主义无神论，建构了以“气”为核心范畴、以事实验证言论的思想体系，弥补了道家空说无着的理论缺陷；他虽然赞同道家的天道观，却既与老庄思想有严格的区别，也不认同黄老全身养性的避世行为，与汉末道教更有不同；他对当时儒家经学教育进行了深刻的学术批判，但批判的主要是俗儒伪书，维护的依然是儒家的基本教义，甚至认为“可效仿者，莫过孔子”。因此，王充思想中虽有浓厚的道家思想因素，实质上却是汉代儒家思想的重要传承者与发展者。

王充生平著有《讥俗》《政务》《养性》《论衡》，前三篇现已失传。《论衡》是王充的代表作，共八十五篇（《招致》仅存篇目，故现存八十四篇），二十一万余字，是中国历史上一部不朽的无神论著作，也是一部对孔孟言行有所批评、被后代儒者斥为“非圣无法”的作品。

（二）原文节选

逢遇篇[①]

操行有常贤，仕宦无常遇。贤不贤，才也；遇不遇，时也。才高行洁，不可保以必尊贵；能薄操浊，[②] 不可保以必卑贱。或高才洁行，不遇，退在下流；薄能浊操，遇，在众上。世各自有以取士，士亦各自得以进。进在遇，退在不遇。处尊居显，未必贤，遇也；位卑在下，未必愚，不遇也。故遇，或抱洿行[③]，尊于桀之朝；不遇，或持洁节，卑于尧之廷。所以遇不遇，非一也：或时贤而辅恶；或以大才从于小才；或俱大才，道有清浊；或无道德，而以技合；或无技能，而以色幸。

伍员、帛喜俱事夫差。帛喜尊重，伍员诛死。此异操而同主也。或操同而主异，亦有遇不遇。伊尹、箕子是也。伊尹、箕子，才俱也。伊尹为相，箕子为奴。伊尹遇成汤，箕子遇商纣也。夫以贤事贤君，君欲为治，臣以贤才辅之，趋舍偶合，其遇固宜。[④] 以贤事恶君，君不欲为治，臣以忠行佐之，

① 王充．论衡校注［M］．上海：上海古籍出版社，2013.

② 薄：微，少。浊：浑浊，这里指操行恶劣。

③ 抱：持有。洿（wū）：同“污”。

④ 固：本来。宜：应当。

操志乖忤，不遇固宜。

或以贤圣之臣，遭欲为治之君，而终有不遇，孔子、孟轲是也。孔子绝粮陈、蔡，孟轲困于齐、梁，非时君主不用善也。才下知浅，不能用大才也。夫能御骥騄者①，必王良也；能臣禹、稷、皋陶者，必尧、舜也。御百里之手，而以调千里之足，② 必有摧衡折轭之患；有接具臣之才，而以御大臣之知，必有闭心塞意之变。故至言弃捐，圣贤距逆。③ 非憎圣贤，不甘至言也，圣贤务高，至言难行也。夫以大才干小才，小才不能受，不遇固宜。

累害篇

凡人仕宦有稽留④不进，行节有毁伤不全，罪过有累积不除，声名有暗昧不明，才非下，行非悖也，又知非昏，策非昧也，逢遭外祸，累害之也⑤。非唯人行，凡物皆然。生动之类，咸被累害。累害自外，不由其内。夫不本累害所从生起，而徒归责于被累害者，智不明，暗塞于理者也。⑥ 物以春生，人保之；以秋成，人必不能保之。卒然牛马践根，刀镰割茎，生者不育，至秋不成。不成之类，遇害不遂，不得生也。夫鼠涉饭中，捐而不食。捐饭之味，与彼不污者钧⑦，以鼠为害，弃而不御。君子之累害，与彼不育之物、不御之饭，同一实也。俱由外来，故为累害。

修身正行，不能来福；战栗戒惧，不能避祸。祸福之至，幸不幸也。故曰：得非己力，故谓之福；来不由我，故谓之祸。不由我者，谓之何由？由乡里与朝廷也。夫乡里有三累，朝廷有三害。累生于乡里，害发于朝廷。古今才洪行淑之人，遇此多矣。

何谓三累三害？凡人操行，不能慎择友，友同心恩笃，异心疏薄，疏薄怨恨，毁伤其行，一累也。人才高下，不能钧同，同时并进，高者得荣，下者惭恚⑧，毁伤其行，二累也。人之交游，不能常欢，欢则相亲，忿则疏远，疏远怨恨，毁伤其行，三累也。位少人众，仕者争进，进者争位，见将相毁，增加傅致，将昧不明，然纳其言，一害也。将吏异好，清浊殊操：清吏增郁

---

① 骥：千里马。騄：騄耳，马名，周穆王八骏之一。

② 调：调理，这里是驾驭的意思。足：这里指马。

③ 至言：深切中肯的言论。距：通“拒”，拒绝。逆：违背，排斥。

④ 稽留：停留。

⑤ 知：通“智”。昏：糊涂。累：毁伤。害：祸害。

⑥ 本：探究，推原。徒：白白地，只是。

⑦ 钧：通“均”，同样的。

⑧ 惭恚（huì）：惭愧，怨恨。

郁之白，举涓涓之言；浊吏怀恚怨恨，徐求其过，因纤微之谤，被以罪罚，二害也。将或幸佐吏之身，纳受其言；佐吏非清节，必拔人越次，迕失其意，毁之过度。清正之仕，抗行伸志，[①] 遂为所憎，毁伤于将，三害也。夫未进也，身被三累，已用也，身蒙三害，虽孔丘、墨翟，不能自免，颜回、曾参，不能全身也。

问孔篇

世儒学者，好信师而是古，以为贤圣所言皆无非，专精讲习，不知难问。夫贤圣下笔造文，用意详审，尚未可谓尽得实，况仓卒吐言，安能皆是？不能皆是，时人不知难；或是而意沉难见[②]，时人不知问。案贤圣之言，上下多相违，其文前后多相伐者，世之学者，不能知也。论者皆云："孔门之徒，七十子之才，胜今之儒。"此言妄也。彼见孔子为师，圣人传道，必授异才，故谓之殊。[③] 夫古人之才，今人之才也，今谓之英杰，古以为圣神，故谓七十子历世希有。使当今有孔子之师，则斯世学者，皆颜、闵之徒也；使无孔子，则七十子之徒，今之儒生也。何以验之？以学于孔子，不能极问也。圣人之言，不能尽解；说道陈义，不能辄形。不能辄形，宜问以发之；不能尽解，宜难以极之。皋陶陈道帝舜之前，浅略未极。禹问难之，浅言复深，略指复分。[④] 盖起问难，此说激而深切、触而著明也。孔子笑子游之弦歌，子游引前言以距孔子。自今案《论语》之文，孔子之言，多若笑弦歌之辞，弟子寡若子游之难，故孔子之言，遂结不解。以七十子不能难，世之儒生，不能实道是非也。[⑤] 凡学问之法，不为无才，难于距师，核道实义，证定是非也。问难之道，非必对圣人及生时也。[⑥] 世之解说说人者，非必须圣人教告，乃敢言也。苟有不晓解之问，追难孔子，何伤于义？诚有传圣业之知，伐孔子之说，何逆于理？谓问孔子之言，难其不解之文，世间弘才大知生，能答

① 抗：通"亢"，高尚。伸：展开。

② 意沉难见：意思隐晦，难得明白。见：同"现"。

③ 此句大意为：他们见孔子为师，认为圣人一定会将学说授给有特殊才能的人，所以称这些人为殊才。

④ 此两句大意为：皋陶在舜的面前陈述治国道理，一开始说得肤浅粗略而不透彻；经过禹的问难，肤浅之言才深入了一步，粗略的意思才更清楚了。

⑤ 此句大意为：由于七十弟子不敢辩驳，现在的儒生就更无法切实讲清孔子言论的是非了。

⑥ 此句大意为：问难的方法，不一定非要面对圣人，也不是非要在他活着的时候。

问、解难之人，必将贤吾世间难问之言是非。①

孟懿子问孝，子曰："毋违。"樊迟御，子告之曰："孟孙问孝于我，我对曰'毋违'。"樊迟曰："何谓也？"子曰："生事之以礼，死葬之以礼。"问曰：孔子之言："毋违"，毋违者礼也。孝子亦当先意承志，不当违亲之欲。孔子言毋违，不言违礼。懿子听孔子之言，独不为嫌于毋违志乎？樊迟问何谓，孔子乃言"生事之以礼，死葬之以礼，祭之以礼。"使樊迟不问，毋违之说，遂不可知也。② 懿子之才，不过樊迟，故《论语》篇中，不见言行。樊迟不晓，懿子必能晓哉？孟武伯问孝，子曰："父母，唯其疾之忧。"武伯善忧父母，故曰"唯其疾之忧"。武伯忧亲，懿子违礼。攻其短，答武伯云"父母，唯其疾之忧"，对懿子亦宜言"唯水火之变乃违礼"。周公告小才敕、大材略。子游之大材也，孔子告之敕；懿子小材也，告之反略。违周公之志，攻懿子之短，失道理之宜。③ 弟子不难，何哉？如以懿子权尊，不敢极言，则其对武伯亦宜但言毋忧而已。俱孟氏子也，权尊钧同，敕武伯而略懿子，未晓其故也。使孔子对懿子极言毋违礼，何害之有？专鲁莫过季氏，讥八佾之舞庭，刺太山之旅祭，不惧季氏增邑不隐讳之害，独畏答懿子极言之罪，何哉？且问孝者非一，皆有御者，对懿子言，不但心服臆肯，故告樊迟。

孔子曰："富与贵，是人之所欲也，不以其道得之，不居也；贫与贱，是人之所恶也，不以其道得之，不去也。"此言人当由道义得，不当苟取也；当守节安贫，不当妄去也。夫言不以其道得富贵，不居，可也。不以其道得贫贱，如何？富贵顾可去，去贫贱何之？去贫贱，得富贵也。不得富贵，不去贫贱。如谓得富贵不以其道，则不去贫贱邪？则所得富贵，不得贫贱也。贫贱何故当言"得之"？顾当言"贫与贱是人之所恶也，不以其道去之，则不去也"。当言"去"，不当言"得"。"得"者，施于得之也。今去之，安得言"得"乎？独富贵当言"得"耳。何者？得富贵，乃去贫贱也。是则以道去贫贱如何？修身行道，仕得爵禄富贵。得爵禄富贵，则去贫贱矣。不以其道去贫贱如何？毒苦贫贱，起为奸盗，积聚货财，擅相官秩，是为不以其道。七十子既不问，世之学者，亦不知难。使此言意不解，而文不分，是谓

---

① 此句大意为：追问孔子之言，反问不解之文，世上如果有才高智深的人出现，而他们又是能答问解难的，一定会赞同我通过问难讲清是非的做法。

② 此句大意为：如果樊迟不追问，孔子"毋违"的含义，就不知道是"不要违背父母意愿"还是"不要违背周礼"了。

③ 此句大意为：（孔子对小才者说得略，对大才者却说得详）既违背了周公的用意，也正中了孟懿子的短处，是很不符合道理的。

孔子不能吐辞也；使此言意结，文又不解，是孔子相示未形悉也。弟子不问，世俗不难，何哉？

孔子曰：“公冶长，可妻也，虽在缧绁之中，非其罪也。”以其子妻之。问曰：孔子妻公冶长者，何据见哉？据年三十可妻邪？见其行贤可妻也？如据其年三十，不宜称在缧绁；如见其行贤，亦不宜称在缧绁。何则？诸入孔子门者，皆有善行，故称备徒役。徒役之中，无妻则妻之耳，不须称也。如徒役之中多无妻，公冶长尤贤，故独妻之，则其称之，宜列其行，不宜言其在缧绁也。何则？世间强受非辜者多，未必尽贤人也。恒人见枉，众多非一，必以非辜为孔子所妻，则是孔子不妻贤，妻冤也。案孔子之称公冶长，有非辜之言，无行能之文。实不贤，孔子妻之，非也；实贤，孔子称之不具，亦非也。诚似妻南容云：“国有道不废，国无道免于刑戮。”具称之矣。

四、颜之推与《颜氏家训》

（一）作者和作品简介

颜之推（531—约595年），字介，南朝建康（今江苏省南京市）人，南北朝著名思想家和教育家。祖籍琅琊临沂（今山东省临沂市北），先世随东晋渡江，寓居建康。

颜之推生活在封建世族门阀制度转向没落，而南北分裂又趋于统一的时代。在兵祸连连的动乱年代，儒学早已失去了往日独尊的地位，玄学、佛学大为兴盛，世人也以博学广闻为能事，而以专守章句为鄙陋。这种社会现实给他的思想发展以重要的影响。早年他曾倾慕名士风度，稍长又博览群书而善为词章，晚年笃信佛教，宣扬因果报应，主张儒佛调和。

颜之推出身于书香门第、官僚世家，早传家业。12岁时听讲老庄之学，因“虚谈非其所好，还习《礼》《传》”，生活上“好饮酒，多任纵，不修边幅”。他为学勤敏，博览群书，为文辞情并茂。侯景之乱后，梁元帝萧绎自立于江陵，颜之推被任为国左常侍、散骑侍郎。承圣三年（554年），西魏破江陵，颜之推被俘西去。他为回江南，乘黄河水涨，从弘农（今河南三门峡西南）偷渡，经砥柱之险，先逃奔北齐。但南方陈朝代替了梁朝，颜之推南归之愿未遂，即留居北齐，官至黄门侍郎。577年，北齐为北周所灭，他被征为御史上士。581年，隋代北周，颜之推于隋文帝开皇年间被召为学士。颜之推一生仕途波折，自叹“三为亡国之人”，不久以疾终。

颜之推认为，教育的作用就在于培养中庸之人，使之完善德性，增长知识。他认为，就当时的社会现实来看，知识也是一种资本，可以作为谋求生活的手段。因此，传统的儒学教育必须改革，培养的既不能是难以应世经务的清谈家，也不能是空疏无用的章句博士，而应该是于国家有实际效用的各方面人才。在家庭教育方面，颜之推认为，儿童时期是教育的最佳期，对儿童的教育应自幼儿能感知外界事物时便开始进行。进行教育时应当遵循严与慈相结合的原则，并且明确提倡必要的棍棒教育，为了达到教育的目的，只要是有效的手段都可以采用。

颜之推一生著述甚丰，但存世者只有《颜氏家训》和《还冤志》，《颜氏家训》是其代表作。该书共七卷，二十篇，是我国历史上第一部系统完整的家庭教育教科书。这是他一生关于士大夫立身、治家、处事、为学的经验总结，不仅系统阐述了家庭教育问题，也涉及了其他更广泛的教育问题，是我们研究颜之推教育思想的主要资料依据。

（二）原文节选

序致第一①

夫圣贤之书，教人诚孝，慎言检迹，立身扬名，亦已备矣。魏、晋已来，所著诸子，理重事复，递相模效，犹屋下架屋，床上施床耳。吾今所以复为此者，非敢轨物范世也，业以整齐门内，提撕子孙。② 夫同言而信，信其所亲；同命而行，行其所服。禁童子之暴谑，则师友之诫不如傅婢之指挥；止凡人之斗阋，则尧、舜之道不如寡妻之诲谕。吾望此书为汝曹之所信，犹贤于傅婢寡妻耳。

吾家风教，素为整密。昔在龆龀，便蒙诱诲；③ 每从两兄，晓夕温凊，规行矩步，安辞定色，锵锵翼翼，若朝严君焉。赐以优言，问所好尚，励短引长，莫不恳笃。年始九岁，便丁荼蓼，④ 家涂离散，百口索然。慈兄鞠养，苦辛备至；有仁无威，导示不切。虽读《礼》、《传》，微爱属文，颇为凡人之所陶染，肆欲轻言，不修边幅。年十八九，少知砥砺，习若自然，卒难洗荡。二十已后，大过稀焉；每常心共口敌，性与情竞，夜觉晓非，今悔昨失，自怜无教，以至于斯。追思平昔之指，铭肌镂骨，非徒古书之诫，经目过耳也。故留此二十篇，以为汝曹后车耳。

---

① 檀作文译注．颜氏家训［M］．北京：中华书局，2011.

② 此：指写《家训》。轨物范世：为事物立规则，作为世间规范。门内：家庭内部。提撕：扯拉，提引，引申为提醒、教导。

③ 龆（tiáo）龀（chèn）：垂髫换齿时，指童年。龆：通“髫”。诱诲：诱导，教诲。

④ 丁：遭遇。荼（tú）蓼：荼的味道很苦，蓼的味道辛辣，因此用来比喻艰难困苦。

教子第二

上智不教而成，下愚虽教无益，中庸之人，不教不知也。古者，圣王有胎教之法：怀子三月，出居别宫，目不邪视，耳不妄听，音声滋味，以礼节之。书之玉版，藏诸金匮。生子咳提，师保固明孝仁礼义，导习之矣。[①] 凡庶纵不能尔，当及婴稚，识人颜色，知人喜怒，便加教诲，使为则为，使止则止。比及数岁，可省笞罚。[②] 父母威严而有慈，则子女畏慎而生孝矣。吾见世间，无教而有爱，每不能然；饮食运为，恣其所欲，宜诫翻奖，应诃反笑，至有识知，谓法当尔。[③] 骄慢已习，方复制之，捶挞至死而无威，忿怒日隆而增怨，逮于成长，终为败德。孔子云"少成若天性，习惯如自然"是也。俗谚曰："教妇初来，教儿婴孩。"诚哉斯语！

凡人不能教子女者，亦非欲陷其罪恶；但重于诃怒伤其颜色，不忍楚挞惨其肌肤耳。当以疾病为谕，安得不用汤药针艾救之哉？又宜思勤督训者，可愿苛虐于骨肉乎？[④] 诚不得已也。

……

父子之严，不可以狎；骨肉之爱，不可以简。[⑤] 简则慈孝不接，狎则怠慢生焉。……

人之爱子，罕亦能均；自古及今，此弊多矣。贤俊者自可赏爱，顽鲁者亦当矜怜。有偏宠者，虽欲以厚之，更所以祸之。共叔之死，母实为之；赵王之戮，父实使之。刘表之倾宗覆族，袁绍之地裂兵亡，可为灵龟明鉴也。

齐朝有一士大夫，尝谓吾曰："我有一儿，年已十七，颇晓书疏，教其鲜卑语及弹琵琶，稍欲通解，以此伏事公卿，无不宠爱，亦要事也。"吾时俛而不答。异哉，此人之教子也！[⑥] 若由此业，自致卿相，亦不愿汝曹为之。

---

① 咳提：孩提。咳：通"孩"。师保：古代两类专门负责幼儿教育的人员。固明：讲明白。

② 凡庶：平民百姓。尔：这样。婴稚：婴儿。

③ 此两句大意为：该训诫时反而夸奖，该斥责时反而嬉笑；到孩子懂事时，就说道理本来就是这样。

④ 此句大意为：还该想一想那些经常认真训诫子女的人，难道愿意对亲骨肉刻薄凌虐吗？

⑤ 狎：亲近而不庄重。简：简慢，不重视。

⑥ 此两句大意为：我当时低头没有回答。奇怪啊，这人竟这样来教育儿子！俛（fǔ）：同"俯"，低头。

五、 韩愈与《师说》

（一）作者和作品简介

韩愈（768—824 年），字退之，河内南阳（今河南省孟州市）人。祖籍郡望昌黎（今河北省昌黎县），自称昌黎韩愈，世称韩昌黎，晚年任吏部侍郎，又称韩吏部，卒谥文，世称韩文公。唐代著名文学家、思想家、教育家，儒学复兴运动、反佛运动、古文运动的主要倡导者，“唐宋八大家”之首。

韩愈一生道路波折，仕途坎坷。他 7 岁开始涉猎儒家经典，贞元八年（792 年）进士及第，之后官职便迁徙不定，在地方和京都任过不同官职，曾任四门博士、国子博士、国子祭酒等职。他“收召后学”“抗颜为师”，特别重视教育和培养年轻人。韩愈的教育思想可梳理为如下几方面：首先，韩愈继承了先秦儒家的思想，提出了性情兼具的“性三品”理论，认为教育对于上、中、下三种不同的人，都能起到一定的积极作用；其次，明确提出“学所以为道”“明先王之教”的教育主张，阐述了“学道明教”的教育目的；再次，不但重视人才的教育和培养，同时也重视人才的选拔工作；最后，在学习原则和方法方面，他主张应勤学不辍、博专结合，还需注重深思和独创。

韩愈诗、文均有名，作品可大致概括为论说与记叙两类。其论说文势雄浑，结构严谨，逻辑清晰，名篇如《谏迎佛骨表》《原道》《原性》《原毁》《争臣论》和《师说》等；记叙文则爱憎分明，抒情性强，名篇如《送李愿归盘谷序》《送董邵南序》《张中丞传后叙》《祭十二郎文》和《柳子厚墓志铭》等。韩文雄奇奔放，风格鲜明，尤善锤炼词句，推陈出新，许多精辟词语已转为成语，保存至今。韩诗成就虽不如散文，在中唐亦占有重要地位，对宋诗影响颇大。

《师说》是韩愈流传千古的教育名篇，集中体现了韩愈对于教师、师生关系等问题的看法。针对当时社会不重师道、耻于求师的不良现象，韩愈竭力主张重视师道、不耻相师。他认为，教师的任务应当是传道、受业、解惑；择师的标准是“道之所存，师之所存”；师生关系则是“弟子不必不如师”“师不必贤于弟子”，只是“闻道有先后”“术业有专攻”而已。凡此种种，不仅包含了教学民主、师生平等的因素，而且揭示了人类教育发展的基本特点和规律。

（二）全文实录

师说[①]

古之学者必有师。师者，所以传道、受业、解惑也。人非生而知之者，孰能无惑？惑而不从师，其为惑也，终不解矣。生乎吾前，其闻道也，固先乎吾，[②] 吾从而师之。生乎吾后，其闻道也，亦先乎吾，吾从而师之。吾师道也，夫庸知其年之先后生于吾乎！是故无贵无贱，无长无少，道之所存，师之所存也。嗟乎！师道之不传也久矣，欲人之无惑也难矣。古之圣人，其出人也远矣，犹且从师而问焉。今之众人，其下圣人也亦远矣，而耻学于师。[③] 是故圣益圣，愚益愚，圣人之所以为圣，愚人之所以为愚，其皆出于此乎！爱其子，择师而教之，于其身也，则耻师焉，惑矣！彼童子之师，授之书而习其句读[④]者，非吾所谓传其道解其惑者也。句读之不知，惑之不解，或师焉，或不焉，小学而大遗，吾未见其明也。[⑤] 巫医乐师百工之人，不耻相师。士大夫之族，曰师、曰弟子云者，则群聚而笑之。问之，则曰："彼与彼年相若也，道相似也。位卑则足羞，官盛则近谀。"呜呼，师道之不复可知矣！巫医乐师百工之人，君子不齿，今其智乃反不能及，其可怪也欤！

圣人无常师，孔子师郯子、苌弘、师襄、老聃。郯子之徒，其贤不及孔子。孔子曰："三人行，则必有我师。"是故弟子不必不如师，师不必贤于弟子。闻道有先后，术业有专攻，如是而已。

李氏子蟠，年十七，好古文，六艺经传，皆通习之，不拘于时，学于余。余嘉其能行古道，作《师说》以贻之。

（王娟、任秀芬整理）

---

① 张美霞. 韩愈全集［M］. 长春：时代文艺出版社，2001.

② 闻道：懂得儒家之道。固：本来。

③ 出人：超出（一般）人。下：不如。

④ 句读：也叫句逗，即文章的断句。古代书籍上没有标点，老师教学童读书时要进行句逗的教学。

⑤ 不（fǒu）：同"否"。小学而大遗：学了不重要的，丢弃了根本的。

拓展性阅读

1. 苏舆. 春秋繁露义证［M］. 钟哲，点校. 北京：中华书局，1992.
2. 韩愈. 韩昌黎文集校注［M］. 马其昶，校注. 上海：上海古籍出版社，2014.
3. 黄中业，陈恩林. 论衡选译［M］. 南京：凤凰出版社，2011.
4. 王利器. 颜氏家训集解［M］. 北京：中华书局，2013.
5. 程小铭. 颜氏家训全译［M］. 贵阳：贵州人民出版社，2008.

第三章　宋至清教育名著选读

隋唐时期，佛教进一步向着中国化的方向发展，儒、佛、道三家经过一个较长阶段的斗争和融合，至宋代逐步形成了以儒为主、兼容佛道的理学思想体系。明代其继续发展和完善，成为影响中国封建社会后期的重要思想，促进了民族文化和教育事业的发展。这一时期的教育名著所展示出的教育思想，极大地丰富和充实了中国古代教育理论和实践，在中国教育史上占有十分重要的地位。

明中叶以后到近代前夕，我国出现了一些早期的启蒙思想家和教育家。他们从实用理性和经世致用的角度出发，揭露当时教育不以“经国济民为本”的痼疾，对为君主专制和封建特权服务的理学教育及其八股取士制度进行了尖锐的批判，提倡以实学、致用的教育来代替理学、心学及其末流之空谈。我国早期的启蒙教育思想，一般称为“实学教育思想”，已初步呈现出近代色彩的早期民主教育思想，主要代表人物是：顾炎武、黄宗羲、王夫之、颜元、戴震和李塨等人。

第一节　理学教育名著选读

理学是我国 10 世纪到 19 世纪中叶哲学史上的重要学术体系。它肇端于唐中期的儒学复兴运动，一直绵延至清代中叶，主要的思想家集中于宋、明两代。宋明理学是立足于继承先秦儒学，整合儒、道、佛三教，为中国封建社会后期奠定新型意识形态的学说，在中国古代思想史上占有极其重要的地位。

一、 理学教育思想概要

理学流派纷纭复杂，北宋中期有周敦颐的濂学、邵雍的象数学、张载的关学、二程的洛学、司马光的朔学；南宋时有朱熹的闽学、陆九渊兄弟的江西之学；明中期则有王守仁的阳明学等等。尽管这些学派具有不同的理论体系和特点，但按其基本观点和影响来分，主要有两大派别：二程、朱熹为代表的程朱理学；陆九渊、王守仁为代表的陆王心学。

程朱理学，有时会被简称为理学，与陆王心学相对，是指中国宋朝以后由程颢、程颐、朱熹等人发展出来的儒家流派。其认为“理”是宇宙万物的起源（从不同的角度认识，“理”有不同的名称，如天、道、上帝等）。而且“理”是善的，“理”将善赋予人便成为本性，将善赋予社会便成为“礼”，而人在世界万物纷扰交错中，很容易迷失自己禀赋自“理”的本性，社会便失去“礼”。此外他还认为，由于理是宇宙万物的起源，所以万物“之所以然”，必有一个“理”，而通过推究事物的道理（格物），可以达到认识真理的目的（致知）。如果无法收敛私欲的扩张，则偏离了天道，不但无法成为圣人（儒家最高修为者，人人皆可达之），还可能会迷失世间，所以要修养、归返，并伸展上天赋予的本性（存天理），以达至“仁”的最高境界。此时完全进入了“理”，即“天人合一”，然后就可以“从心所欲而不逾矩”。这时人欲已融入天理中（灭人欲，不是无欲，而是理欲合一），无意、无必、无固、无我（从“毋”变成“无”），则无论做什么都不会偏离天道了。

程朱理学的基本观点主要包括：第一，理一元论的唯心主义体系，认为“理”或天理是自然万物和人类社会的根本法则。第二，理一分殊，认为万事万物各有一理，此为分殊。物、人各自之理都源于天理，此为理一。第三，存天理、灭人欲。天理构成人的本质，在人间体现为伦理道德“三纲五常”；“人欲”是超出维持人之生命的欲求和违背礼仪规范的行为，与天理相对立。

陆王心学是中国宋明时期以陆九渊、王守仁为代表的哲学流派。南宋时，针对朱熹等人的“理”在人心之外，陆九渊提出“心即理”；针对朱熹“即物”才可“穷理”的理论，陆九渊提出更为便捷的“发明本心”的主张。到明代中期，王守仁提出“心外无物”“心外无理”的命题，在认识论上主张“致良知”和“知行合一”（“致良知”指磨炼吾心内在的良知，将良知推广扩充到事事物物，这个过程即为“知行合一”）。

二、朱熹与《四书章句集注》

（一）作者和作品简介

朱熹（1130—1200年），字元晦，后改为仲晦，号晦庵，晚称晦翁，谥文，亦称朱文公。汉族，祖籍婺源县（今江西省婺源县）。南宋著名理学家、思想家、哲学家、教育家、诗人，闽学派的代表人物，儒学集大成者，世尊称为朱子。他18岁中举人，19岁中进士，从此走向仕途，晚年为宁宗皇帝进讲《大学》。朱熹一生主要从事学术研究和教育活动，曾在福建武夷山“寒泉精舍”“武夷精舍”授徒讲学，在知南康军时，主持修复白鹿洞书院，并亲自拟定《白鹿洞书院揭示》，成为南宋以后书院和各地方官学共同遵守的学规。

朱熹是理学的集大成者。他认为，人与世间万物一样均由“理”和“气”所构成，而“理”基本分为“仁、义、礼、智”，所以“人之性皆善”。“理”与“气”合成了不同的“性”，“性”又划分为“天地之性”和“气质之性”两类。由于“气”的清浊有差异，“气质之性”有好坏、善恶之分，因此，教育的作用在于“变化气质”，以达到“存天理、灭人欲”的目标。他批评了当时的学校教育，认为教育的基本任务是“明人伦”，学校教育要培养“醇儒”。理想的教育制度应该分为小学和大学两段：小学阶段是“教以事”，大学阶段是“教以理”。

朱熹一生编撰的选读教材门类之广，数量之多，在古代学者中实属罕见。例如，他与吕祖谦合编的《近思录》一书，是学习理学的重要入门读物。又如，其编写的《小学》是中国封建时代颇有影响的蒙学教材。当然影响最深远、最重要的是《四书章句集注》（简称《四书集注》）。

（二）原文节选

大学章句序[①]

《大学》之书，古之大学所以教人之法也。盖自天降生民，则既莫不与之以仁义礼智之性矣，然其气质之禀或不能齐，是以不能皆有以知其性之所有而全之也。一有聪明睿智能尽其性者出于其间，则天必命之以为亿兆之君师，使之治而教之，以复其性。此伏羲、神农、黄帝、尧、舜所以继天立极[②]，而司徒之职、典乐之官所由设也。[③]

三代之隆，其法浸备，然后王宫、国都以及闾巷，莫不有学。人生八岁，则自王公以下，至于庶人之子弟，皆入小学，而教之以洒扫、应对、进退之节，礼乐、射御、书数之文；及其十有五年，则自天子之元子、众子，以至公、卿、大夫、元士之适子，与凡民之俊秀，皆入大学，而教之以穷理、正心、修己、治人之道。此又学校之教、大小之节所以分也。

---

① 朱熹撰. 四书章句集注［M］. 杭州：浙江古籍出版社，2014.

② 继天立极：顺着天理为社会树立准则。

③ 司徒之职、典乐之官：司徒与典乐二官，职司教化。

夫以学校之设，其广如此，教之之术，其次第节目之详又如此，而其所以为教，则又皆本之人君躬行心得之余，不待求之民生日用彝伦[①]之外，是以当世之人无不学。其学焉者，无不有以知其性分之所固有，职分之所当为，而各俛[②]焉以尽其力。此古昔盛时所以治隆于上，俗美于下，而非后世之所能及也！

及周之衰，贤圣之君不作，学校之政不修，教化陵夷，风俗颓败，时则有若孔子之圣，而不得君师之位以行其政教，于是独取先王之法，诵而传之以诏后世。若《曲礼》、《少仪》、《内则》、《弟子职》诸篇，固小学之支流余裔，而此篇者，则因小学之成功，以著大学之明法，外有以极其规模之大，而内有以尽其节目之详者也。三千之徒，盖莫不闻其说，而曾氏之传独得其宗，于是作为传义，以发其意。及孟子没而其传泯焉，则其书虽存，而知者鲜矣！

自是以来，俗儒记诵词章之习，其功倍于小学而无用；异端虚无寂灭之教，其高过于大学而无实。其他权谋术数[③]，一切以就功名之说，与夫百家众技之流，所以惑世诬民、充塞仁义者，又纷然杂出乎其间。使其君子不幸而不得闻大道之要，其小人不幸而不得蒙至治之泽，晦盲否塞，反覆沉痼，[④]以及五季[⑤]之衰，而坏乱极矣！

天运循环，无往不复。宋德隆盛，治教休明。于是河南程氏两夫子出，而有以接乎孟氏之传。实始尊信此篇而表章之，既又为之次其简编，发其归趣，然后古者大学教人之法、圣经贤传之指，粲然复明于世。虽以熹之不敏，亦幸私淑而与有闻焉。顾其为书犹颇放失，是以忘其固陋，采而辑之，间亦窃附己意，补其阙略，以俟后之君子。极知僭逾，无所逃罪，然于国家化民成俗之意、学者修己治人之方，则未必无小补云。

淳熙己酉二月甲子，新安朱熹序

白鹿洞书院揭示[⑥]

父子有亲，君臣有义，夫妇有别，长幼有序，朋友有信。

---

① 彝伦：彝，常。伦，理。彝伦：指封建社会的伦理关系和道德准则。

② 俛：同“勉”。

③ 权谋术数：权谋，权衡形势而设谋划，指兵家。术数，以阴阳五行的学说来推测人事的凶吉。

④ 晦盲否（pǐ）塞，反复沈痼（gù）：晦盲，昏暗。否，不通。否塞，闭塞。沈痼，久年难愈的病，引申为恶习难以革除。

⑤ 五季：季，季世。五季：指后梁、后唐、后晋、后汉、后周。

⑥ 陈宏谋. 五种遗规［M］. 北京：线装书局，2015.

右五教之目。尧舜使契为司徒，敬敷五教，即此是也。学者学此而已。而其所以学之之序，亦有五焉。其别如下。

博学之，审问之，慎思之，明辨之，笃行之。

右为学之序。学问思辨四者，所以穷理也。若夫笃行之事，则自修身以至于处事接物，亦各有要。其别如下。

言忠信，行笃敬。惩忿窒欲①，迁善改过。

右修身之要。

正其谊，不谋其利。明其道，不计其功。

右处事之要。

己所不欲，勿施于人。行有不得，反求诸己。

右接物之要。

熹窃观古昔圣贤，所以教人为学之意，莫非使之讲明义理，以修其身，然后推以及人。非徒欲其务记览，为词章，以钓声名、取利禄而已也。今人之为学者，则既反是矣。然圣贤所以教人之法，具存于经，有志之士，固当熟读深思而问辨之。苟知其理之当然，而责其身以必然，则夫规矩禁防之具，岂待他人设之，而后有所持循哉！近世于学有规，其待学者为已浅矣，而其为法，又未必古人之意也。故今不复以施于此堂，而特取凡圣贤所以教人为学之大端，条列于左，而揭之楣间。诸君其相与讲明遵守，而责之于身焉。则夫思虑云为之际，其所以戒谨而恐惧者，必有严于彼者矣。其有不然，而或出于此言之所弃，则彼所为规者，必将取之，固不得而略也。诸君其亦念之哉！

三、王守仁与《传习录》

（一）作者和作品简介

王守仁（1472—1529年），字伯安，号阳明，世称阳明先生，浙江余姚人，明代著名教育家。21岁中浙江乡试，28岁中进士，遂踏上仕途，晚年官至南京兵部尚书，受封“新建伯”。其从34岁开始讲学授徒，直至57岁去世，前17年一面从政、一面讲学，最后6年专事讲学，其贡献主要集中在学术和政治方面。

王守仁生活的明中叶，社会矛盾逐渐加剧，官方化的“程朱理学”逐渐

① 惩忿窒欲：谓克制愤怒，杜塞情欲。

成为士人跻身官场的敲门砖。王守仁继承和发展了陆九渊的学说，提出“心即理”“致良知”“知行合一”等命题，创立了与“程朱理学”相径庭的“阳明学派”（亦称“姚江学派”“王学”）。其学说以“反传统”的姿态出现，在明中叶以后广为流传，并曾传到日本，对明治维新产生过积极影响。王守仁的思想体系植根于他的“心学”体系，“吾平生讲学，只是致良知三字”。由于良知即是天理，天理遂在“心”中，而且，所谓良知“愚夫愚妇与圣人同”，因此凡人皆可学为圣人，方法便是“知行合一”，“不假外求”。

《传习录》是王守仁门人弟子所记录的王氏讲学言论及其答友人弟子的论学书信的汇编，包涵了王阳明全部的哲学体系及基本主张。全书共分三卷，是我们了解和研究其教育思想的基本文献。

（二）原文节选

答顾东桥书①

来书云：“所谕知、行并进，不宜分别前后，即《中庸》‘尊德性而道问学’之功，交养互发，内外本末一以贯之之道。然工夫次第，不能无先后之差，如知食乃食，知汤乃饮，知衣乃服，知路乃行，未有不见是物，先有是事。此亦毫厘倏忽之间，非谓截然有等今日知之，而明日乃行也。”

既云“交养互发，内外本末一以贯之”，则知、行并进之说无复可疑矣。又云“工夫次第，不能不无先后之差”，无乃自相矛盾已乎？知食乃食等说，此尤明白易见，但吾子为近闻②障蔽，自不察耳。夫人必有欲食之心，然后知食，欲食之心即是意、即是行之始矣；食味之美恶，必待入口而后知，岂有不待入口而已先知食味之美恶者邪？必有欲行之心，然后知路，欲行之心即是意、即是行之始矣；路岐之险夷，必待身亲履历而后知，岂有不待身亲履历而已先知路岐之险夷者耶？知汤乃饮，知衣乃服，以此例之，皆无可疑。若如吾子之喻，是乃所谓不见是物而先有是事者矣。吾子又谓“此亦毫厘倏忽之间，非谓截然有等今日知之，而明日乃行也”，是亦察之尚有未精。然就如吾子之说，则知、行之为合一并进，亦自断无可疑矣。

来书云：“真知即所以为行，不行不足谓之知，此为学者吃紧立教，俾务躬行则可；若真谓行即是知，恐其专求本心，遂遗物理，必有暗而不达之处，抑岂圣门知行并进之成法哉？”

知之真切笃实处即是行，行之明觉精察处即是知，**知行工夫本不可离；**

---

① 王阳明撰．传习录注疏［M］．上海：上海古籍出版社，2015.

② 近闻：指朱熹的先知行后的观点。

只为后世学者分作两截用功，失却知、行本体，故有合一并进之说。真知即所以为行，不行不足谓之知，即如来书所云“知食乃食”等说可见，前已略言之矣。此虽吃紧救弊而发，然知、行之体本来如是，非以己意抑扬其间姑为是说，以苟一时之效者也。

“专求本心，遂遗物理”，此盖失其本心者也。夫物理不外于吾心，外吾心而求物理，无物理矣。遗物理而求吾心，吾心又何物邪？心之体，性也，性即理也。故有孝亲之心，即有孝之理，无孝亲之心，即无孝之理矣；有忠君之心，即有忠之理，无忠君之心，即无忠之理矣；理岂外于吾心邪？晦庵[1]谓人之所以为学者，心与理而已。心虽主乎一身，而实管乎天下之理；理虽散在万事，而实不外乎一人之心，是其一分一合之间，而未免已启学者心、理为二之弊。此后世所以有“专求本心，遂遗物理”之患，正由不知心即理耳。夫外心以求物理，是以有暗而不达之处。此告子义外之说，孟子所以谓之不知义也。心一而已，以其全体恻怛而言，谓之仁；以其得宜而言，谓之义；以其条理而言，谓之理。不可外心以求仁，不可外心以求义，独可外心以求理乎？外心以求理，此知、行之所以二也。求理于吾心，此圣门知、行合一之教，吾子又何疑乎？

……

来书云：“闻语学者，乃谓‘即物穷理’之说亦是玩物丧志，又取其‘厌繁就约’‘涵养本原’数说标示学者，指为晚年定论，此亦恐非。”

朱子所谓“格物”云者，在“即物而穷其理”也。即物穷理是就事事物物上求其所谓定理者也，是以吾心而求理于事事物物之中，析心与理而为二矣。夫求理于事事物物者，如求孝之理于其亲之谓也。求孝之理于其亲，则孝之理其果在于吾之心邪？抑果在于亲之身邪？假而果在于亲之身，则亲没之后，吾心遂无孝之理欤？见孺子之入井，必有恻隐之理，是恻隐之理果在于孺子之身欤？抑在于吾心之良知欤？其或不可以从之于井欤？其或可以手而援之欤？是皆所谓理也，是果在于孺子之身欤？抑果出于吾心之良知欤？以是例之，万事万物之理莫不皆然，是可以知析心与理为二之非矣。

夫析心与理而为二，此告子义外之说，孟子之所深辟也。“务外遗内，博而寡要”，吾子既已知之矣，是果何谓而然哉？谓之玩物丧志[2]，尚犹以为不可欤？若鄙人所谓“致知、格物”者，致吾心之良知于事事物物也。吾心之良知，即所谓“天理”也。致吾心良知之“天理”于事事物物，则事事物

① 晦庵：朱熹别号。

② 玩物丧志：沉迷于玩赏的事物，就丧失了进取的志向。

物皆得其理矣。**致吾心之良知者，致知也**；事事物物皆得其理者，格物也，是合心与理而为一者也。合心与理而为一，则凡区区前之所云，与朱子晚年之论，皆可以不言而喻矣。

来书云："人之心体本无不明，而气拘物蔽，鲜有不昏；非学、问、思、辨以明天下之理，则善、恶之机，真、妄之辨，不能自觉；任情恣意，其害有不可胜言者矣。"

此段大略似是而非，盖承沿旧说之弊，不可以不辨也。夫问、思、辨、行，皆所以为学，未有学而不行者也。如言学孝，则必服劳奉养，躬行孝道，然后谓之学；岂徒悬空口耳讲说，而遂可以谓之学孝乎？学射则必张弓挟矢①，引满中的②；学书则必伸纸执笔，操觚染翰③。尽天下之学，无有不行而可以言学者，则学之始固已即是行矣。笃者，敦实笃厚之意。已行矣，而敦笃其行，不息其功之谓尔。盖学之不能以无疑，则有问，问即学也，即行也；又不能无疑，则有思，思即学也，即行也；又不能无疑，则有辨，辨即学也，即行也。辨既明矣，思既慎矣，问既审矣，学既能矣，又从而不息其功焉，斯之谓笃行。非谓学问思辨之后，而始措之于行也。

是故以求能其事而言谓之学，以求解其惑而言谓之问，以求通其说而言谓之思，以求精其察而言谓之辨，以求履其实而言谓之行：盖析其功而言则有五，合其事而言则一而已。此区区心、理合一之体，知、行并进之功，所以异于后世之说者，正在于是。

今吾子特举学、问、思、辨，以穷天下之理，而不及笃行，是专以学、问、思、辨为知，而谓穷理为无行也已；天下岂有不行而学者邪？岂有不行而遂可谓之穷理者邪？明道云："只穷理便尽性至命。"故必仁极仁而后谓之能穷仁之理，义极义而后谓之能穷义之理。仁极仁则尽仁之性矣，义极义则尽义之性矣，学至于穷理，至矣，而尚未措之于行，天下宁有是邪？是故知不行之不可以为学，则知不行之不可以为穷理矣，知不行之不可以为穷理，则知**"知、行"之合一**并进，而不可以分为两节事矣。

夫万事万物之理，不外于吾心；而必曰穷天下之理，是殆以吾心之良知为未足，而必外求于天下之广，以裨补增益之，是犹析心与理而为二也。夫学、问、思、辨、笃行之功，虽其困勉至于人一己百，而扩充之极，至于尽性、知天，亦不过致吾心之良知而已；良知之外，岂复有加于毫末乎？今必

---

① 挟矢（shǐ）：挟，用胳膊夹着。矢，箭。

② 引满中的：这里指拉满弓，射中靶心。

③ 操觚（gū）染翰：意为提笔作文。

曰穷天下之理，而不知反求诸其心，则凡所谓善、恶之机，真、妄之辨者，舍吾心之良知，亦将何所致其体察乎？吾子所谓气拘物蔽者，拘此蔽此而已。今欲去此之蔽，不知致力于此，而欲以外求，是犹目之不明者不务服药调理以治其目，而徒伥伥然求明于其外；明岂可以自外而得哉？任情恣意之害，亦以不能精察天理于此心之良知而已。此诚毫厘千里之谬者，不容于不辨，吾子毋谓其论之太刻也。

……

来书云："道之大端易于明白，所谓'良知、良能'愚夫愚妇可与及者。至于节目时变之详，毫厘千里之谬，必待学而后知。今语孝于温凊定省，孰不知之？至于舜之不告而娶，武之不葬而兴师，养志、养口，小杖、大杖，割股、庐墓等事，处常、处变，过与不及之间，必须讨论是非，以为制事之本，然后心体无蔽，临事无失。"

"道之大端易于明白"，此语诚然。顾后之学者忽其易于明白者而弗由，而求其难于明白者以为学，此其所以"道在迩而求诸远，事在易而求诸难"也。孟子云："夫道若大路然，岂难知哉？人病不由耳。"良知、良能，愚夫、愚妇与圣人同；但惟圣人能致其良知，而愚夫、愚妇不能致，此圣、愚之所由分也。节目时变，圣人夫岂不知？但不专以此为学。而其所谓学者，正惟致其良知，以精察此心之天理，而与后世之学不同耳。吾子未暇良知之致，而汲汲[①]焉顾是之忧，此正求其难于明白者以为学之弊也。

夫良知之于节目时变，犹规矩、尺度之于方圆、长短也；节目时变之不可预定，犹方圆、长短之不可胜穷也。故规矩诚立，则不可欺以方圆，而天下之方圆不可胜用矣；尺度诚陈，则不可欺以长短，而天下之长短不可胜用矣；良知诚致，则不可欺以节目时变，而天下之节目时变不可胜应矣。毫厘千里之谬，不于吾心良知一念之微而察之，亦将何所用其学乎？是不以规矩而欲定天下之方圆，不以尺度而欲尽天下之长短，吾见其乖张谬戾，日劳而无成也已。

……

夫圣人之所以为圣者，以其生而知之也。而释《论语》者曰："'生而知之'者，义理耳。若夫礼乐、名物、古今事变，亦必待学而后有以验其行事之实。"夫礼乐、名物之类，果有关于作圣之功也，而圣人亦必待学而后能知焉，则是圣人亦不可以谓之"生知"矣。谓圣人为"生知"者，专指义理而言，而不以礼乐、名物之类，则是礼乐、名物之类无关于作圣之功矣。圣

---

① 汲汲：形容急切的样子。

人之所以谓之“生知”者，专指义理而不以礼乐、名物之类，则是“学而知之”者，亦惟当学知此义理而已。“困而知之”者，亦惟当困知此义理而已。今学者之学圣人，于圣人之所能知者，未能“学而知之”，而顾汲汲焉求知圣人之所不能知者以为学，无乃失其所以希圣之方欤？凡此皆就吾子之所惑者而稍为之分释，未及乎拔本塞源[①]之论也。

夫拔本塞源之论不明于天下，则天下之学圣人者，将日繁日难，斯人沦于禽兽、夷狄，而犹自以为圣人之学。

吾之说虽或暂明于一时，终将冻解于西而冰坚于东，雾释于前而云滃[②]于后，呶呶[③]焉危困以死，而卒无救于天下之分毫也已。夫圣人之心，以天地万物为一体，其视天下之人，无外内远近，凡有血气，皆其昆弟赤子之亲，莫不欲安全而教养之，以遂其万物一体之念。

天下之人心，其始亦非有异于圣人也，特其间于有我之私，隔于物欲之蔽，大者以小，通者以塞，人各有心，至有视其父子兄弟如仇雠者。圣人有忧之，是以推其天地万物一体之仁以教天下，使之皆有以克其私，去其蔽，以复其心体之同然。其教之大端，则尧、舜、禹之相授受，所谓“道心惟微，惟精惟一，允执厥中”[④]；而其节目，则舜之命契，所谓“父子有亲，君臣有义，夫妇有别，长幼有序，朋友有信”五者而已。唐、虞、三代之世，教者惟以此为教，而学者惟以此为学。当是之时，人无异见，家无异习，安此者谓之圣，勉此者谓之贤，而背此者虽其启明如朱，亦谓之不肖；下至闾井[⑤]、田野，农、工、商、贾之贱，莫不皆有是学，而惟以成其德行为务。何者？无有闻见之杂，记诵之烦，辞章之靡滥，功利之驰逐，而但使之孝其亲，弟其长，信其朋友，以复其心体之同然。是盖性分之所固有，而非有假于外者，则人亦孰不能之乎？

学校之中，惟以成德为事，而才能之异，或有长于礼乐、长于政教、长于水土播植者，则就其成德，而因使益精其能于学校之中。迨夫举德而任，则使之终身居其职而不易。用之者惟知同心一德，以共安天下之民，视才之称否，而不以崇卑为轻重，劳逸为美恶；效用者亦惟知同心一德，以共安天下之民，苟当其能，则终身处于烦剧而不以为劳，安于卑琐而不以为贱。当

① 拔本塞源：克其私去其蔽，以复心体之同然。

② 滃（wěng）：云气弥漫的样子。

③ 呶呶（náonáo）：说话唠叨不休。

④ 道心惟微，惟精惟一，允执厥中：道德准则是很微妙的，要体会这种精微和唯一的道理，使自己的行为和措施合乎中庸的要求。

⑤ 闾（lǘ）井：房屋、水井等建筑物。

是之时，天下之人熙熙皞皞[①]，皆相视如一家之亲；其才质之下者，则安其农、工、商、贾之分，各勤其业，以相生相养，而无有乎希高慕外之心。

其才能之异，若皋、夔、稷、契者，[②] 则出而各效其能。若一家之务，或营其衣食，或通其有无，或备其器用，集谋并力，以求遂其仰事俯育之愿，惟恐当其事者之或怠而重己之累也。故稷勤其稼，而不耻其不知教，视契之善教，即己之善教也；夔司其乐，而不耻于不明礼，视夷之通礼，即己之通礼也。盖其心学纯明，而有以全其万物一体之仁，故其精神流贯，志气通达，而无有乎人己之分、物我之间。譬之一人之身，目视、耳听、手持、足行，以济一身之用。目不耻其无聪，而耳之所涉，目必营焉；足不耻其无执，而手之所探，足必前焉。盖其元气充周，血脉条畅，是以痒疴[③]呼吸，感触神应，有不言而喻之妙。此圣人之学所以至易至简，易知易从，学易能而才易成者，正以大端惟在复心体之同然，而知识技能非所与论也。

训蒙大意示教读刘伯颂等

古之教者，教以人伦，后世记诵词章之习起，而先王之教亡。今教童子，惟当以孝、弟、忠、信、礼、义、廉、耻为专务；其栽培涵养之方，则宜诱之歌诗以发其志意，导之习礼以肃其威仪，讽之读书以开其知觉。今人往往以歌诗、习礼为不切时务，此皆末俗庸鄙之见，乌足以知古人立教之意哉！

大抵童子之情，乐嬉游而惮拘检，如草木之始萌芽，舒畅之则条达，摧挠之则衰痿[④]；今教童子必使其趋向鼓舞，中心喜悦，则其进自不能已：譬之时雨春风，沾被卉木，莫不萌动发越[⑤]，自然日长月化；若冰霜剥落，则生意萧索，日就枯槁矣。

故凡诱之歌诗者，非但发其志意而已，亦所以泄其跳号呼啸于咏歌，宣其幽抑结滞于音节也；导之习礼者，非但肃其威仪而已，亦所以周旋揖让而动荡其血脉，拜起屈伸而固束其筋骸也；讽之读书者，非但开其知觉而已，亦所以沈潜反复而存其心，抑扬讽诵以宣其志也；凡此皆所以顺导其志意，调理其性情，潜消其鄙吝，默化其粗顽，日使之渐于礼义而不苦其难，入于中和而不知其故，是盖先王立教之微意也。

---

① 熙熙皞皞：快乐自得的样子。

② 皋、夔、稷、契：舜任命皋陶作士（狱官），夔作典乐，稷作后稷（农官），契作司徒（掌教化）。

③ 痒疴（yǎngkē）：泛指病痛。

④ 衰痿：枯萎。

⑤ 萌动发越：萌芽发生。

若近世之训蒙稚者，日惟督以句读课仿，责其检束而不知导之以礼，求其聪明而不知养之以善，鞭挞绳缚，若待拘囚。彼视学舍如囹狱而不肯入，视师长如寇仇而不欲见，窥避掩覆以遂其嬉游，设诈饰诡以肆其顽鄙，偷薄庸劣，日趋下流。是盖驱之于恶而求其为善也，何可得乎！

凡吾所以教，其意实在于此，恐时俗不察，视以为迂①，且吾亦将去，故特叮咛以告。尔诸教读，其务体吾意，永以为训，毋辄因时俗之言，改废其绳墨，庶成“**蒙以养正**”之功矣，念之念之。

教约

每日清晨，诸生参揖毕，教读以次，遍询诸生，在家所以爱亲敬长之心，得无懈忽未能真切否？温凊定省之仪，得无亏缺未能实践否？往来街衢步趋礼节，得无放荡未能谨饬②否？一应言行心术，得无欺妄非僻未能忠信笃敬否？诸童子务要各以实对，有则改之，无则加勉。教读复随时就事，曲加诲谕开发，然后各退就席肄业。

凡歌诗，须要整容定气，清朗其声音，均审其节调，毋躁而急，毋荡而嚣③，毋馁而慑④，久则精神宣畅，心气和平矣。每学量童生多寡，分为四班。每日轮一班歌诗，其余皆就席敛容肃听，每五日，则总四班递歌于本学。每朔望，集各学会歌于书院。

凡习礼须要澄心肃虑，审其仪节，度其容止，毋忽而惰，毋沮而怍，毋径而野，从容而不失之迂缓，修谨而不失之拘局。久则体貌习熟，德性坚定矣。童生班次皆如歌诗，每间一日，则轮一班习礼，其余皆就席敛容肃观。习礼之日，免其课仿。每十日则总四班递习于本学。每朔望，则集各学会习于书院。

凡授书不在徒多，但贵精熟。量其资禀，能二百字者止可授以一百字，常使精神力量有余，则无厌苦之患，而有自得之美。讽诵之际，务令专心一志，口诵心惟，字字句句䌷绎⑤反复，抑扬其音节，宽虚其心意，久则义礼浃洽⑥，聪明日开矣。

每日工夫，先考德，次背书诵书，次习礼或作课仿，次复诵书、讲书，

---

① 迂：指言行或见解陈旧不合时宜。

② 谨饬（chì）：谨慎。

③ 毋荡而嚣：指不狂不闹。

④ 毋馁而慑：指不要气馁畏惧。

⑤ 䌷（chōu）绎：理出头绪。也作“抽绎”。

⑥ 浃（jiā）洽：普遍。

次歌诗。凡习礼歌诗之类，皆所以常存童子之心，使其乐习不倦，而无暇及于邪僻。教者知此，则知所施矣。虽然，此其大略也，神而明之，则存乎其人。

拓展性阅读

1. 王守仁. 稽山书院尊经阁记［M］. 北京：中华书局，1987.
2. 朱熹. 近思录［M］. 北京：中华书局，2011.
3. 王守仁. 王阳明全集［M］. 上海：上海古籍出版社，2003.

第二节　实学教育名著选读

实学即“实体达用之学”。从时间上看，其产生于北宋，明清之际发展到高潮。从内涵上看，它不同于佛、老的“虚无寂灭之教”，而是由“实体”与“达用”构成的。“实体”又分为“实理实学”“实心实学”和“实气实学”；“达用”分为“经世实学”“科技实学”“启蒙实学”和“考据实学”等。它是一个多层次、多元化的立体结构。

一、实学教育思想概要

伴随着社会的巨大变革，明中叶以后，实学教育发展到鼎盛时期，涌现出一批重要的思想家和教育家。虽然他们具体的教育主张各放异彩，表达方式也各不相同，但是都呈现出“崇实黜虚”的共同特征。他们鄙视理学教育的空虚无用，提倡“明道救世”；揭露科举制度的腐朽没落，要求变革人才选拔制度；抨击理欲对立，主张理欲统一；反对空谈心性，强调学习经世实学，等等。

实学教育思潮的代表人物有顾宪成、黄宗羲、顾炎武、王夫之、颜元等人。顾宪成即东林书院、东林学派的主要领导人，他从性善论的角度出发，认为体与用是一致的，提倡读书救世、就正学风的主张，反对言行不一，提倡“学顾躬行”。在为学态度上，顾宪成主张去名求实，弃伪存诚。在学术与政治的关系上，力主诸生关心国家与社会，读书济世。其教育思想通过东林书院的教育活动和内容可详细看出。黄宗羲更是抨击科举制度，提出“取士八法”，认为学校教育内容要涉及经学、史学、文学和自然科学四个方面，拓展和深化了学校的职能理论。顾炎武认为实学的内容应包含人伦礼教和经世之学，倡导“明道救世”的为学之道等，其一系列主张都是基于他对实学的理解及对教育内容的主张之上。尤其是他对治学方法的讨论，更是其经验主义求证思想的进一步具体化。王夫之通过总结历史上各朝代兴衰存亡的经验教训，深刻意识到教育对治国的重要作用。在人的道德修养方面，他强调立志、主张自得、重视力行，其教育思想散发着浓厚的“实学”色彩。颜元认为传统教育存在严重弊病，学校为“人才之本”，通过“真学”“实学”的教育内容，实施“习性”的教学方法，培养“实德实才之士”。

二、颜元与《漳南书院记》

（一）作者和作品简介

颜元（1635—1704 年），字易知，又字浑然，号习斋，学者称其为“习斋先生”，直隶（今属河北省）博野县北杨村人。他是我国 17 世纪一位杰出的唯物主义思想家和教育家。他毕生从事教育活动，24 岁即开设家塾，训弟子，特别是其主持的漳南书院，培养了众多学生，有记录可查者达一百多人，主要有李塨、王源、恽皋闻等。其中大弟子李塨（1659—1733 年），字刚主，号恕谷，继承和发挥了颜元的学说，形成了当时一个较为著名的学派，后人称为“颜李学派”。他深刻批判传统教育，尤其是宋明理学，竭力提倡“实文、实行、实体、实用”的教育，创立了以“实”为特征的教育理论体系。

颜元生活在清朝初年，当时统治者在文化思想领域大力复兴和提倡程朱理学，并开始加强对士大夫的思想控制。颜元在当时“非朱子之传义不敢言，非朱子之家礼不敢行”的社会环境中，无惧“身命之虞”，把抨击的矛头指向程朱理学，强调“实文、实行、实体、实用”，创立了以“实学”为基本特征的教育学说。他认为传统教育有三大祸害，即毁坏人才、灭绝圣学和败坏社会风气，学校必须“以人为本”，培养“实德实才之士”。他还提倡教学内容和教学目标紧密相连，倡导传授包括多门类的自然科学知识、军事知识和技能在内的“实学”。漳南书院所拟的教学计划集中反映了他关于教学内容和教学方法的设想。颜元将漳南书院分为六斋：文事斋、武备斋、经史斋、艺能斋、理学斋、帖括斋。在教学方法上采取“习动”“习行”的教学方法，主张从躬身实践中获取知识。颜元的教育思想在当时独放异彩，别具一格，对中国近代教育的产生和发展有着一定的影响。

颜元一生不以著述为事，其主要著述为《四存编》（包括《存性》《存学》《存志》《存人》四部）、《习斋记余》、《四书正误》等。其著作原被收在《畿辅丛书》和《颜李丛书》中，今人编有《颜元集》上、下两册，其中主要教育著作有《总论序儒讲学》《性理评》《上太仓陆桴亭先生书》和《漳南书院记》等。

（二）原文节选

漳南书院记[1]

肥乡之屯子堡，遵中丞于清端[2]公令，建有义学。田百亩，学师郝子文灿以所入倡乡众杨计亮、李荣玉等协力经营，益广斋舍。许侍郎三礼题曰漳南书院。问学者日众。郝子遂谦不任事，别寻师者十有五年。于康熙三十三年，郝子不远数百里，抵荒斋，介[3]友人陈子彝书，延元主院事，元辞去。已，又过，陈说百端，作十日留，元固辞。明年又价张文升以币聘，予再辞。又明年遣院，中苗生尚信至，进聘仪，掖起复跪者十日，予不得已，告先祠行。

距堡北十余里，漳水涨，堡人舣舟[4]入，乃知其地苦水久矣。郝子率弟子拜迎，止其舍。卜吉，郝子及乡父老、子弟咸集，从予行释奠礼[5]于孔子主前。郝子、乡父老再拜，予答拜，揖，升座。弟子委贽四拜，乃令分班，行同学相见礼。谕之曰："而地无文士乎？而遂致予，盖将以成人之道自勗也。予不敏，敢以成人之道告。"乃出予《习斋教条》读讲讫，揖退。时左斋建其一，余未定。乃进郝子曰："谬托院事，敢不明行尧、孔之万一，以为吾子辱。顾儒道自秦火失传，宋人参杂释、老以为德性，猎弋训诂以为问学，而儒几灭矣。今元与吾子力砥狂澜，宁粗而实，勿妄而虚。请建正庭四楹，曰'习讲堂'。东第一斋西向，榜曰'文事'，课礼、乐、书、数、天文、地理等科。西第一斋东向，榜曰'武备'，课黄帝、太公以及孙、吴五子兵法，并攻守、营阵、陆水诸战法，射御、技击等科。东第二斋西向，曰'经史'，课《十三经》、历代史、诰制、章奏、诗文等科。西第二斋东向，曰'艺能'，课水学、火学、工学、象数等科。其南相距三五丈为院门，县许公漳南书院匾，不轻改旧称也。门内直东曰'理学斋'，课静坐、编著、程、朱、陆、王之学；直西曰'帖括斋'，课八股举业，皆北向。以上六斋，斋有长，科有领，而统贯以智、仁、圣、义、忠、和之德，孝、友、睦、姻、

---

① 颜元．颜元集：全二册［M］．北京：中华书局，1987．

② 中丞于清端：中丞，汉代有御史中丞，清代仍用中丞称呼御史，巡抚通常兼右副都御史衔，故以中丞称巡抚。于清端，山西永宁人，官至直隶巡抚，江南江西总督。

③ 介：介绍。

④ 舣（yǐ）舟：撑船靠岸。

⑤ 释奠礼：陈设酒食祭典先圣先师的一种典礼。

任、恤①之行。元将与诸子虚心延访，互相师友，庶周、孔之故道在斯，尧、舜之奏平成②者，亦在斯矣。置理学、帖括北向者，见为吾道之敌对，非周、孔本学；暂收之以示吾道之广，且以应时制。俟积习正，取士之法复古，然后空二斋，左处傧③价，右宿来学 。门之左腋房六间，榻行宾；右腋厦六间，容车骑。习讲堂之东北隅为仓库、厨灶，西北隅积柴炭，后为厕。院前门东一斗室曰'更衣亭'。凡客至通傧，拂洗更衣，一茶乃入。西为'步马射圃'，上构小亭。此矩模大略也。吾子谓何?”郝子拜手曰：“善。但此为百世计，独无处灿地乎?”予曰：“念之矣。须院事竣，院前壑启土必更深广，引水植莲，中建亭，窗棂四达，吾子居之。讲习暇，元偕诸子或履桥，或挐舟入，弦歌笑语，作山水乐，黄、虞朋④，复何憾乎?”郝子大笑，刻日兴工。

堡人好义云集，许许⑤之声遐迩宵闻。习讲堂成，高二丈有奇，架木覆苫，以肆望汪洋，莫购砖瓦也。中室板屋趺高三尺，三阶；中为师席，朔望弟子谒拜，宣明教条，升之。燕坐会客，咸在幄前。读书、作文如常课，而习礼、歌诗、学书计，举石、超距⑥、击拳，率以肄三为程。讨论兵、农，辨商今古；惟射以水不得学。四阅月，颇咀学习乐味。而漳水五泛，初横二十里，继至七十里，赤泥封稻穗，屋倾侧不敢居，堡男妇各树席铺。予叹曰：“天也!”乃告归。

父老弟子饯别泣送，予亦洒泪。郝子拜手宣于众曰：“是院也，定为颜子书院。颜子生为漳南书院师，殁为先师。灿以祖产赠宅一所，田五十亩，合院原田共百五十亩，生为颜子产，殁为颜子遗产。”复立图券为质。曰：“田少获，即延先生还。”又请记其事。别后屡札来促，问其水灾，岁益甚，而予老且病，亦未审遂否矣。然其兴学敦师，与崇信圣道不痼后儒之识，俱不可没也。康熙四十年三月六日博陵颜氏元识。

（王娟、任秀芬整理）

---

① 睦姻（yīn）任恤（xù）：睦，亲于九族；姻，亲于外亲。后因以“睦姻”指对宗族和睦，对外亲亲密。任恤：谓诚信并给人以帮助同情。

② 平成：平理西方秩序，使民务勤收成。

③ 傧（bīn）：接引宾客。

④ 黄、虞朋：为黄帝、虞舜之朋。

⑤ 许（hǔ）许之声：劳动时协同出力的呼声。

⑥ 超距：跳跃。

拓展性阅读

1. 颜元. 习斋四存编［M］. 上海：上海古籍出版社，2000.
2. 颜元. 习斋记余［M］. 北京：商务印书馆，1936.
3. 颜元. 颜元集：全二册［M］. 北京：中华书局，1987.

第四章 清末教育名著选读

第一节 洋务派教育名著选读

一、洋务派教育思想概要

19 世纪 60 年代至 90 年代，清朝统治阶级内部出现了一个以“自强和求富”为口号，兴办洋务事业的封建官僚集团，史称洋务派。倡导和主持洋务事业的，在中央以奕䜣为代表，在地方则有以曾国藩、左宗棠、李鸿章、张之洞为代表的封疆大吏。他们面对中国“数千年未有之变局”，积极开展洋务运动，即在不触动封建君主专制制度的前提下，引进和学习西方先进的科学技术以适应变化了的新形势。为适应洋务事业发展的需要，他们办起了洋务教育事业，以寻求既恪守封建道德精神，又兼具西方器物技艺的洋务人才。

洋务派从 1862 年设立京师同文馆开始，在接下来的 30 余年里，创建外国语、军事、技术实业等类型的洋务学堂约 30 所。与此同时，洋务派组织实施了几次较大规模的留学教育计划，向海外派遣了约 200 名留学生。在洋务教育事业开展的过程中，有影响的代表人物主要有李鸿章、张之洞和盛宣怀等人。他们积极兴办洋务教育事业，同时又密切关注教育问题、发表自己的看法，形成了中国近代教育思想史上一个颇具时代特色的教育思想流派。洋务派教育思想的主要内容包括以下三个方面：第一，革新传统教育，改进科举制度；第二，引进西方科技，创建洋务学堂；第三，选拔洋务人才，开展留学教育。在这一过程中，中体西用思想贯穿始终。

中体西用，既是洋务派开展洋务运动的总的思想原则，又是其组织各种教育活动不可背离的指导思想和思维模式。换言之，洋务派的教育思想就是中体西用的教育思想。它意在模仿西方近代教育开办学堂以及派遣留学生，引进西学，培养出以中国传统封建伦理道德为根基和核心，具备西方近代科学技术，为清王朝服务的人才，从而达到借用西方的“用”——自然科学知识等，来维护“中体”——使封建的清王朝在近代资本主义世界中延续的目的。最早提出“中体西用”主张的，一般认为是冯桂芬。1861 年他在《采西学议》中写道：“如以中国之伦常名教为原本，辅以诸国富强之术，不更善之善者哉?”[①] 洋务运动后期，张之洞在其书《劝学篇》中，对“中学为体，西学为用”的思想进行了详细论述，最终形成了比较完整的系统化、理论化的思想体系。

中体西用指导下的洋务教育在旧有的教育制度上打开了一个小的缺口，学习西方已成为不二之选。它培养了一批洋务人才，客观上适应了洋务运动的急需，并且洋务教育培养出来的日益壮大的新型知识分子群体的存在，无疑是对封建取士制度的一个潜在威胁。最后，我们应当注意，洋务派中体西用教育思想具有内在的矛盾性，不可避免地减弱了他们教育思想的生命力，但这是特定历史时期的思维模式和思想原则，笼统地讨论其积极性和消极性，都是不可取的。

二、 张之洞与《劝学篇》

（一）作者和作品简介

张之洞（1837—1909 年），直隶南皮（今河北）人，字孝达，号香涛，晚年自号抱冰老人，死后追谥文襄。他是洋务运动晚期的主要代表和洋务理论的集大成者，并在晚清政局中占有举足轻重的地位。历任翰林院侍讲学士、内阁学士、两广总督、湖广总督、督办商务大臣、协办大学士、军机大臣等职务。晚清社会，西方列强加紧对中国的侵略，民族危机空前深重，新旧两派争论不休，维新运动又不断高涨，张之洞著成《劝学篇》，提出“中体西用”的理论体系，并按此思想路线对湖北的教育进行改革。

《劝学篇》共四万余字，分内篇和外篇。内外篇各有主旨：内篇务本，以正人心；外篇务通，以开风气。内篇专从“中学”发题，外篇专从“西学”发题，但所论常兼及中、西学的关系。张之洞的《劝学篇》是对洋务运动的理论总结，并试图为以后的中国改革提供理论模式。而后，《劝学篇》与张之洞一生的文牍、书信、论著等共同收入《张文襄公全集》。目前张之

① 徐特立，范文澜，翦伯赞．戊戌变法：第一册［M］．上海：神州国光社，1953.

洞的集子已先后出版了几种，有许同莘辑的《张文襄公四稿》①、王树枏编的《张文襄公全集》②、苑书义等主编的《张之洞全集》③ 及赵德馨等主编的《张之洞全集》④。本节选录《劝学篇》外篇中《游学》《设学》《学制》《变科举》等篇目，均摘录于苑书义等主编的《张之洞全集》。该版全集是以1928年北平文华斋雕版印行所编版本为底本，进一步挖掘、核实、整理、收录相关史料，并尽量做到断句准确，是国内研究张之洞较权威、较完备的史料。⑤

（二）原文节选

序⑥

昔楚庄王之霸也，以民生在勤箴其民，以日讨军实儆其军，以祸至无日训其国人。夫楚当春秋鲁文、宣之际，土方辟，兵方强，国势方张，齐、晋、秦、宋无敢抗颜行，谁能祸楚者，何为而急迫震惧如是之皇皇耶？君子曰："不知其祸，则辱至矣；知其祸，则福至矣。"

今日之世变，岂特春秋所未有，抑秦、汉以至元、明所未有也。语其祸，则共工之狂、辛有之痛，不足喻也。庙堂旰食，乾惕震厉，方将改弦以调琴瑟，异等以储将相，学堂建，特科设，海内志士发愤扼捥，于是图救时者言新学，虑害道者守旧学，莫衷于一。旧者因噎而食废，新者歧多而羊亡。**旧者不知通，新者不知本**。不知通，则无应敌制变之术，不知本，则有非薄名教之心。夫如是则旧者愈病新，新者愈厌旧，交相为愈，而恢诡倾危、乱名改作之流遂杂出其说，以荡众心。学者摇摇，中无所主，邪说暴行，横流天下。敌既至无与战，敌未至无与安。吾恐中国之祸，不在四海之外而在九州之内矣。

窃惟古来世运之明晦、人才之盛衰，**其表在政，其里在学**。不佞承乏两

① 含《张文襄公电稿》《张文襄公奏稿》《张文襄公公牍稿》《张文襄公函稿》，1918—1920年间出版，后统编为《张文襄公全书》，1920年出版。

② 王树枏. 张文襄公全集［M］. 北京：北平文华斋，1928. 1990年为满足学界张之洞研究需要，由中国书店影印再版。

③ 苑书义. 张之洞全集［M］. 石家庄：河北人民出版社，1998.

④ 赵德馨. 张之洞全集［M］. 武汉：武汉出版社，2008.

⑤ 赵德馨主编的《张之洞全集》是目前收录张之洞作品最新的集子，在学界亦有较高评价。但通过中国知网，对2010年至今学界关于张之洞研究的CSSCI期刊论文所列参考文献的整理发现，使用苑书义版的有233条记录，而使用赵德馨版的仅有28条。故本节节录于苑书义版全集。

⑥ 苑书义. 张之洞全集［M］. 石家庄：河北人民出版社，1998.

湖，与有教士化民之责，夙夜兢兢，思有所以裨助之者，乃规时势，综本末，著论二十四篇，以告两湖之士，海内君子与我同志亦所不隐。**《内篇》务本以正人心，《外篇》务通以开风气。**《内篇》九：曰同心，明保国、保教、保种为一义，手足利则头目康，血气盛则心志刚，贤才众多，国势自昌也。曰教忠，陈述本朝德泽深厚，使薄海臣民咸怀忠良。以保国也。曰明纲，三纲为中国神圣相传之至教、礼政之原本、人禽之大防，以保教也。曰知类，闵神明之胄裔，无沦胥以亡，以保种也。曰宗经，周、秦诸子，瑜不掩瑕，取节则可，破道勿听，必折衷于圣也。曰正权，辨上下，定民志，斥民权之乱政也。**曰循序，先入者为主，讲西学必先通中学，乃不忘其祖也。**曰守约，喜新者甘，好古者苦，欲存中学，宜治要而约取也。曰去毒，洋药涤染我民，斯活绝之，使无萌柹也。《外篇》十五：曰益智，昧者来攻，迷者有凶也。曰游学，明时势，长志气，扩见闻，增才智，非游历外国不为功也。曰设学，广立学堂，储为时用，为习帖括者击蒙也。曰学制，**西国之强，强以学校，**师有定程，弟有适从，授方任能，皆出其中，我宜择善而从也。曰广译，**从西师之益有限，译西书之益无方也。**曰阅报，眉睫难见，苦药难尝，知内弊而速去，知外患而豫防也。曰变法，专己袭常，不能自存也。曰变科举，所习、所用，事必相因也。曰农、工、商学，保民在养，养民在教，教农、工、商，利乃可兴也。曰兵学，教士卒不如教将领，教兵易练、教将难成也。曰矿学，兴地利也。曰铁路，通血气也。曰会通，知西学之精意，通于中学以晓固蔽也。曰非弭兵，恶教逸欲而自毙也。曰非攻教，恶逞小忿而败大计也。

二十四篇之义，括之以五知：一知耻，耻不如日本，耻不如土耳其，耻不如暹罗，耻不如古巴。二知惧，惧为印度，惧为越南、缅甸、朝鲜，惧为埃及，惧为波兰。三知变，不变其习不能变法，不变其法不能变器。**四知要，中学考古非要，致用为要，西学亦有别，西艺非要，西政为要。五知本，在海外不忘国，见异俗不忘亲，多智巧不忘圣。**凡此所说，窃尝考诸《中庸》而有合焉。

鲁，弱国也，哀公问政，而孔子告之曰："好学近乎知，力行近乎仁，知耻近乎勇。"终之曰："果能此道矣，虽愚必明，虽柔必强。"兹《内篇》所言，皆求仁之事也。《外篇》所言，皆求智、求勇之事也。夫《中庸》之书，岂特原心杪忽、校理分寸而已哉？孔子以鲁秉礼而积弱，齐、邾、吴、越皆得以兵侮之，故为此言，以破鲁国臣民之聋聩，起鲁国诸儒之废疾，望鲁国幡然有为，以复文武之盛。然则无学、无力、无耻，则愚且柔；有学、有力、有耻，则明且强。在鲁且然，况以七十万方里之广、四百兆人民之众者哉？

吾恐海内士大夫狃于晏安而不知祸之将及也，故举楚事。吾又恐甘于暴弃而不复求强也，故举鲁事。《易》曰：“其亡其亡，系于苞桑。”惟知亡，则知强矣。

光绪二十四年三月南皮张之洞书

游学第二

出洋一年胜于读西书五年，此赵营平“百闻不如一见”之说也；入外国学堂一年胜于中国学堂三年，此孟子“置之庄岳”之说也。

游学之益，幼童不如通人，庶僚不如亲贵，尝见古之游历者矣。晋文公在外十九年，遍历诸侯，归国而霸。赵武灵王微服游秦，归国而强。春秋、战国最尚游学，贤如曾子、左丘明，才如吴起、乐羊子，皆以游学闻，其余策士杂家不能悉举。后世英主、名臣，如汉光武学于长安；昭烈周旋于郑康成、陈元方；明孙承宗未达之先，周历边塞；袁崇焕为京官之日，潜到辽东。此往事明效也。

请论今事。日本，小国耳，何兴之暴也？伊藤、山县、榎本、陆奥诸人，皆二十年前出洋之学生也。愤其国为西洋所胁，率其徒百余人，分诣德、法、英诸国，或学政治、工商，或学水、陆兵法，学成而归，用为将相，政事一变，雄视东方。不特此也，俄之前主大彼得愤彼国之不强，亲到英吉利、荷兰两国船厂为工役十余年，尽得其水师轮机驾驶之法，并学其各厂制造，归国之后，诸事丕变，今日遂为四海第一大国。不特此也，暹罗久为法国涎伺，于光绪二十年，与法有衅，行将吞并矣。暹王感愤，国内毅然变法，一切更始，遣其世子游英国学水师。去年暹王游欧洲，驾火船出红海来迎者，即其学成之世子也。暹王亦自通西文、西学，各国敬礼有加，暹罗遂以不亡。上为俄，中为日本，下为暹罗，中国独不能比其中者乎？

至游学之国，西洋不如东洋：一路近省费，可多遣；一去华近，易考察；一东文近于中文，易通晓；一西书甚繁，凡西学不切要者，东人已删节而酌改之。中东情势风俗相近，易仿行，事半功倍，无过于此。若自欲求精求备，再赴西洋，有何不可？

或谓“昔尝遣幼童赴美学习矣，何以无效？”曰：“失之幼也。”又“尝遣学生赴英、法、德学水陆师各艺矣，何以人才不多？”曰：“失之使臣监督不措意，又无出身明文也。”又“尝派京员游历矣，何以材、不材相兼？”曰：“失之不选也。”虽然，以予所知，此中固亦有足备时用者矣。若因噎废食之谈、豚蹄篝车之望，此乃祸人家国之邪说，勿听可也。

尝考《孟子》所论圣贤、帝王、将相历险难成功业，其要归不过曰动心忍性、增益其所不能而已，曰生于忧患而已。夫受侮而不耻，蹙国而不惧，是不动也；冥然罔觉，悍然不顾，以效法人为耻，是不忍也。习常蹈故，一唱百和，惮于改作，官无一知，士无一长，工无一技，外不远游，内不立学，是不增益所不能也。无心、无性、无能，是将死于忧患矣，何生之足云。

设学第三

今年特科之诏下，士气勃然，濯磨兴起。然而六科之目可以当之无愧上幅圣心者，盖不多觏也。去年有旨，令各省筹办学堂，为日未久，经费未集，兴办者无多。

夫学堂未设，养之无素而求之于仓卒，犹不树林木而望隆栋、不作陂池而望巨鱼也。游学外洋之举所费既巨，则人不能甚多。且必学有初基、理已明、识已定者，始遣出洋，则见功速而无弊。**是非天下广设学堂不可**，各省、各道、各府、各州县，皆宜有学。京师、省会为大学堂，道、府为中学堂，州、县为小学堂，中、小学以备升入大学堂之选。府、县有人文盛、物力充者，府能设大学，县能设中学，尤善。小学堂习《四书》，通中国地理、中国史事之大略，算数、绘图、格致之粗浅者。中学堂各事较小学堂加深，而益以习《五经》，习《通鉴》，习政治之学，习外国语言文字。大学又加深加博焉。

或曰："天下之学堂以万数，国家安得如此之财力以给之?"曰："先以书院改为之。学堂所习，皆在诏书科目之内，是书院即学堂也，安用骈枝为?"

或曰："府、县书院经费甚薄，屋宇甚狭小，县尤陋，甚者无之，岂足以养师生、购书器?"曰："一县可以善堂之地、赛会演戏之款改为之，一族可以祠堂之费改为之。""然数亦有限，奈何?"曰："可以佛道寺观改为之。"今天下寺观何只数万，都会百余区，大县数十，小县十余，皆有田产，其物业皆由布施而来。若改作学堂，则屋宇、田产悉具，此亦权宜而简易之策也。方今西教日炽，二氏日微，其势不能久存，佛教已际末法中半之运，道家亦有其鬼不神之忧，若得儒风振起，中华乂安，则二氏固亦蒙其保护矣。大率每一县之寺观取十之七以改学堂，留什之三以处僧道；其改为学堂之田产，学堂用其七，僧道仍食其三。计其田产所值，奏明朝廷，旌奖僧道，不愿奖者，移奖其亲族以官职。如此，则万学可一朝而起也。以此为基，然后劝绅富捐资以增广之。昔北魏太武太平真君七年、唐高祖武德九年、武宗会昌五年，皆尝废天下僧寺矣。然前代意在税其丁、废其法，或为抑释以申老，私也；今为本县育才，又有旌奖，公也。若各省荐绅先生以兴起其乡学堂为急者，当体察本县寺观情形，联名上请于朝，诏旨宜无不允也。

其学堂之法，约言五要[1]：

一曰新旧兼学。学《四书》、《五经》、中国史事、政书、地图为旧学；西政、西艺、西史为新学。旧学为体，新学为用，不使偏废。

一曰政艺兼学。学校、地理、度支、赋税、武备、律例、劝工、通商，西政也；算、绘、矿、医、声、光、化、电，西艺也。西政之刑狱，立法最善，西艺之医最于兵事有益，习武备者必宜讲求。才识远大而年长者，宜西政；心思精敏而年少者，宜西艺。小学堂先艺而后政，大、中学堂先政而后艺。西艺必专门，非十年不成；西政可兼通数事，三年可得要领。大抵救时之计、谋国之方，政尤急于艺。然讲西政者，亦宜略考西艺之功用，始知西政之用意。

一曰宜教少年。学算须心力锐者，学图须目力好者，学格致、化学、制造须质性颖敏者，学方言须口齿清便者，学体操须气体精壮者，中年以往之士，才性、精力已减，功课往往不能中程，且成见已深，难于虚受，不惟见功迟缓，且恐终不深求，是事倍而功半也。

一曰不课时文。新学既可以应科目，是与时文无异矣。况既习经书，又兼史事、地理、政治、算学，亦必于时文有益，诸生自可于家习之，何劳学堂讲授，以分其才思、夺其日力哉？朱子曰："上之人曾不思量，时文一件，学子自是着急，何用更要你教？"（《语类》卷一百九）。谅哉言乎。

一曰不令争利。外国大、小学堂，皆须纳金于堂，以为火食、束脩之费，从无给以膏火者。中国书院积习，误以为救济寒士之地，往往专为膏火奖赏而来。本意既差，动辄计较锱铢，忿争攻讦，颓废无志，紊乱学规，剽袭冒名，大雅扫地矣。今纵不能遽从西法，亦宜酌改旧规，堂备火食不令纳费，亦不更给膏火用。北宋国学积分之法，每月核其功课，分数多者酌予奖赏，数年之后，人知其益，即可令纳费充用，则学益广，才益多矣。

一曰师不苛求。初设之年，断无千万明师。近年，西学诸书沪上刊行甚多，分门别类，政、艺要领大段已详，高明之士研求三月，可以教小学堂矣。两年之后，省会学堂之秀出者，可以教中学堂矣。大学堂初设之年，所造亦浅，每一省访求数人，亦尚可得。三年之后，新书大出，师范愈多，大学堂亦岂患无师哉？

若书院猝不能多设，则有志之士当自立学会，互相切磋。文人旧俗，凡举业楷书、放生惜字、赋诗饮酒、围棋叶戏，动辄有会，何独于关系身世安

---

① "五要"，一本作"六要"。

危之学而缓之？古人牧豕都养尚可听讲通经，岂必横舍千间、载书兼两而后为学哉？始则二三，渐至什伯，精诚所感，必有应之于千里之外者。昔原伯鲁以不悦学而亡，越勾践以十年教训而兴，国家之兴亡，亦存乎士而已矣。

学制第四

外洋各国学校之制，有专门之学，有公共之学。专门之学极深研几，发古人所未发，能今人所不能，毕生莫殚，子孙莫究，此无限制者也。**公共之学所读有定书，所习有定事，所知有定理，日课有定程，学成有定期**，或三年，或五年。入学者不中程不止，惰者不得独少，既中程而即止，勤者不必加多，资性敏者同为一班，资性钝者同为一班，有间断、迟误者附其后班，生徒有同功，师长有同教，此有限制者也。

无事、无图，无堂、无算，师无不讲之书，徒无不解之义。师以己习之书为教，则师不劳；徒以能解之事为学，则徒不苦。问其入何学堂，而知其所习何门也；问其在学堂几年，而知其所造何等也。

文武将吏、四民百艺，其学无不皆同。小学堂之书较浅，事较少，如天文、地质、绘图、算学、格致、方言、体操之类，具体而微。中学堂书较深，事较多，如小学堂，地图则极略，仅具疆域、山水大势，又进，则有府县详细山水，又进，则有铁路、电线、矿山、教堂，余书仿此。方言则兼各国，算学则讲代数、对数，于是化学、医术、政治以次而及，余事仿此。大学堂又有加焉。小学、中学、大学又各分为两三等，期满以后，考其等第，给予执照。国家欲用人才，则取之于学堂，验其学堂之凭据，则知其任何官职而授之。是以官无不习之事，士无无用之学。其学堂所读之书，则由师儒纂之，学部定之，颁于国中。数年之后，或应增减订正，则随时修改之。

其学堂之费，率皆出地方绅富之捐集，而国家略发官款以补助之。入学堂者但求成才，不求膏火，每人月须纳金若干，以为饮食、束脩之费。贫家少纳，富家多纳。其官绅所筹学堂之费，专为建堂、延师、购书、制器之用，不为学生膏奖。亦有义学以教极贫子弟，学生出资甚微。然义学甚少，所教极浅。来学者既已出费，则必欲有所得而后归。学成之后，仕宦工商各有生计，自无冻馁，此以教为养之法也。是以一国之内，常有小学数万区、中学数千、大学百数，由费不仰给于官，亦不尽仰给于绅故也。**其善有三：出资来学则不惰，志不在利则无争，官不多费则学广。**

苏子瞻沮新法学校之说曰：“必将发民力以治宫室，敛民财以养游士。”如西法所为，可无多费之虞矣。王介甫悔新法学校之误曰：“本欲变学究为秀才，不谓变秀才为学究。”如西法所为，可无变为学究之患矣。凡东、西洋各国立学之法、用人之法，小异而大同，吾将以为学式。

变科举第八

朱子尝称述当时论者之言曰：“朝廷若要恢复，须罢三十年科举，以为极好。”痛哉斯言也！中国仕宦出于科举，虽有他途，其得美官者、膺重权者，必于科举乎取之。自明至今，行之已五百余年，文胜而实衰，法久而弊起，主司取便以藏抽，举子因陋以侥幸，遂有三场实止一场之弊。钱晓徵语。所解者高头讲章之理，所读者坊选程墨之文，于本经之义、先儒之说，概乎未有所知。近今数十年，文体日益佻薄，非惟不通古今、不切经济，并所谓时文之法度、文笔而俱亡之。今时局日新，而应科举者拘瞀益甚，傲然曰：“吾所习者，孔孟之精理，尧舜之治法也。”遇讲时务经济者，尤鄙夷排击之，以自护其短。故人才益乏，无能为国家扶危御侮者。于是，诏设学堂以造明习时务之人才，又开特科以搜罗之。夫学堂虽立，无进身之阶，人不乐为也，其来者必白屋钝士、资禀凡下不能为时文者也，其世族俊才皆仍志于科举而已。即有特科之设，然廿年一举，为时过远，岂能坐待，则仍为八比诗赋、小楷而已，救时之才，何由可得？且夫齐衣败紫，晋曳苴履，赵文王好剑而士死于相击，越勾践好勇而士死于焚舟，从上所好也。两汉经学实禄利之途，驱之使乡、会试，仍取决于时文，京朝官仍絜长于小楷，名位取舍，惟在于斯，则虽日讨国人而申儆之，告以祸至无日，戒以识时务、求通才、救危局，而朝野之汶暗如故，空疏亦如故矣。故救时必自变法始，变法必自变科举始。

或曰：“若变科举、废时文，则人不读《五经》、《四书》，可乎?”于是有献学校贡举私议，曰：**“变科举者，非废《四书》文也，不专重时文、不讲诗赋、小楷之谓也。”窃谓今日科举之制，宜存其大体而斟酌修改之。**昔欧阳文忠知谏院时，恶当时举人鄙恶剽盗、全不晓事之弊，尝疏请改为三场分试、随场而去之法，每场皆有去留，头场策合格者试二场，二场论合格者试三场。其大要曰：鄙恶乖诞以渐先去，少而易考，不致劳昏，全不晓事之人无由而进。其说颇切于今日之情事。欧公之欲以策论救诗赋，犹今之欲以中西经济救时文也。今宜略师其意，拟将今日三场先后之序互易之而又层递取之，大率如府、县考覆试之法：第一场试以中国史事、本朝政治论五道，此为中学经济，假如一省中额八十名者头场取八百名额，四十名者头场取四百名，大率十倍。中额即先发榜，一次不取者罢归，取者始准试第二场。二场试以时务策五道，专问五洲各国之政、专门之艺：政如各国地理、官制、学校、财赋、兵制、商务等类，艺如格致、制造、声光、化电等类，此为西学经济，其虽解西法，而支离狂怪、显悖圣教者斥不取。中额八十名者二场取二百四十名，四十名者取一百二十名，大率三倍。中额再发榜一次，不取者罢归，取者始准试第三场。三场试《四书》文两篇、《五经》文一篇，《四书》题禁纤巧者，合校三场均优者始中式发榜如额。如是则取入二场者，必其博涉古今、明习内政者也，然恐其明于治内而暗于治外，于是更以西政、西艺考之。其取入三场者，必其通达时务、研求新学者也，然又恐其学虽博、才虽通而理解未纯、趣向未正，于是更以《四书》文、《五经》文考之。其三场可观而中式者，必其宗法圣贤，见理纯正者也。大抵首场先取博学，二场于博学中求通才，三场于通才中求纯正。先博后约，先粗后精，既无迂暗庸陋之才，亦无偏驳狂妄之弊。三场各有取义，较之偏重首场所得多矣。且分场发榜，下第者先归，二、三场卷数愈少，校阅亦易，寒士无久羁之苦，誊录无卷多谬误之弊，主司无竭蹶草率之虞。一举三善，人才必多，而著重尤在末场，犹之府、县试，皆凭末覆以定去取，不愈见《四书》、《五经》之尊哉？

惟科举必以生员为基，其学政岁科两考，生、童均可以例推之。岁科考例先试经古一场，即专以史论、时务策两门发题。生员岁考正场，原系一《四书》文、一经文；生员科考正场，原系一《四书》文、一策，亦照岁考例改为经文，以免荒经之弊。童试一切照生员，惟将正场第二篇《四书》文改为经文而已。盖生、童考试旧章，正与今日所拟科举之法相类。二十年来，经古场久已列算学一门，是尤不劳而理者也。

难者曰：“主司不能尽通新学，将如之何？”曰：“应试难，试官易。”近年来，上海编纂中外政学、艺学之书不下二十种，闱中例准调书据书考校，何难之有？且房官中通晓时务者尚多，总裁、主考惟司覆阅，何难之有？至外省主考、学政，年力多强，诏旨既下，以三年之功讲求时务，自足以衡文量才而有余。乡、会试之外，惟殿试临轩发策，典礼至重，自不可废，然可即据以为授职之等差，朝考似为可省。及通籍以后，无论翰苑部曹一应职官，皆以讲求政治为主。凡考试文艺、小楷之事，断断必宜停免，惟当考其职业，以为进退，则已仕之人才不致以雕虫小技困之于老死矣。

难者曰：“本朝名臣出于科举者多矣，安见时文之无益？”不知登进限于一途，则英雄不能不归于一彀，此乃人才之亦能为时文，非时文之足以得人才也。且诸名臣之学识阅历，率皆自通籍以后始能大进，然则中年以前神智精力销磨于应举者不少矣。假使主文者不专以八比诗赋为去取，所得柱石之臣、干城之士，不更多乎？

窃谓议者之说，意救时而事易行，实本明旨特科岁举讲求经济之意而推阐之，因存其说于此。

拓展性阅读

1. 北京师联教育科学研究所. 洋务运动新教育思潮与教育论著选读［M］. 北京：中国环境科学出版社，2006.
2. 北京师联教育科学研究所. “中体西用”思想与教育论著选读［M］. 北京：中国环境科学出版社，2006.
3. 李鸿章. 李鸿章全集［M］. 合肥：安徽教育出版社，2008.
4. 陈学洵. 中国近代教育文选（修订版）［M］. 北京：人民教育出版社，2001.

第二节　维新派教育名著选读

一、 维新派教育思想概要

甲午战争前，一批具有资产阶级维新思想的早期改良派已经兴起。他们突破洋务派器物变革的界限，深化对西学的认识，并开始对中西文化教育会通地比较探索。但总体而言，他们维新变法的呼声还十分微弱，其思维方式还不能从根本上跳出“中学为体”的束缚。甲午战争后，中国因惨败而导致人心惶惶不可终日，西方列强则急欲效法日本以蚕食华夏。面对这一“世变之亟”，中国资产阶级维新思潮迅速发展成为爱国的维新变法运动，维新派也因此出现了。维新派希望在不触动封建统治基础的前提下，进行自上而下的渐进式改革。他们对腐朽的封建主义文化和教育思想提出尖锐批评，试图利用西方资产阶级的先进思想，对中国传统文化教育进行创造性的改造，以配合政治经济改革，渐进地发展中国资本主义。

维新派教育主张主要体现在以下几个方面：强调教育为本；注重西政的学习；改革旧的封建教育制度；重视普及教育；强调师范教育；提出强国必由女子教育；等等。维新派的教育思想颇具特色，它极大地丰富了中国近代教育思想内容，康有为、梁启超、严复等是该派的杰出代表。

很显然，维新派实行了从器物变革向制度变革的转变，超越了洋务派和早期维新派“中体西用”的思维范式。虽然他们有时仍利用这一范式，但其“貌孔心夷”的思想旨趣已是路人皆知他们意欲把封建主义旧教育改造成适合新兴资产阶级利益和需要的新教育。维新教育思潮虽然在戊戌政变中戛然而止，但它在中国教育发展史上的地位和作用是不可低估的。维新派对教育作用、地位的认识，比以往诸学派和同时期的人都高；他们对普及教育以及开民智的呼吁，大大超过了洋务派在近代教育方面的主张；他们对西方近代学制的宣传，也为后来中国近代学制的诞生做出了独特的贡献。

二、 梁启超与《变法通议》

（一）作者和作品简介

梁启超（1873—1929 年），字卓如，号任公，又号饮冰室主人，广东新会人，近代著名政治家、史学家、教育家。他早年师从康有为于“万木草堂”，并协助校勘分纂《新学伪经考》《孔子改制考》等。1895 年，他随康有为发起“公车上书”，并一起创办《中外纪闻》，建立强学会，促使维新运动发展到一个新的阶段。1896 年，梁启超在上海担任《时务报》主笔，发表《变法通议》等政治文章，吸引了大量读者。1897 年 11 月，梁启超应湖南巡抚陈宝箴之请，到湖南时务学堂担任总教习，宣传资产阶级的民权学说。1898 年，其参加“百日维新”活动。维新变法失败后，他流亡日本，“思想为之一变”，开始积极提倡培养具有资产阶级思想的“新民”，推行资产阶级国民教育。1898 年 10 月，创设东京高等大同学校。1903 年以后，梁启超坚持立宪保皇，站在革命派的对立面。晚年，他先后在北京大学、北京师范大学和东南大学讲课，并任清华研究院导师。

梁启超不仅是维新运动的主要领导之一，也是中国近代著名的改良主义思想家、教育家。他十分重视教育的政治功能，提出以“政治学为主义，艺学为附庸”的教育改革策略，旨在造就维新政治人才。梁启超自称其一生思想“流质多变”，但在教育思想上相对稳定。针对晚清中国的现实，梁启超极力主张建立近代学校教育体制，培养具有近代民主意识和科学知识的“新民”。由此他尤其重视师范教育、女子教育和幼儿教育，在当时起到了重要的启蒙作用，在中国近代思想史和教育史上均具有重要意义。

梁启超一生著作宏富，教育代表作有《变法通议》《湖南时务学堂学约》《教育政策私议》《论教育当定宗旨》等。其中《变法通议》较为集中地展现了梁启超的启蒙教育思想。《变法通议》是梁启超担任上海《时务报》主笔时发表的早期政论文章的结集，共有 14 篇，发表的起止日期为 1896 年至 1899 年。《饮冰室合集》是目前比较完备的梁启超作品集，此书 1936 由中华书局出版，1941 年、1989 年、2008 年分别进行重印。1989 年版和 2008 年版是 1936 年版的影印版本，但装订成 12 册，共 11 094 页。1 至 5 册是《饮冰室・文集》，6 至 12 册是《饮冰室・专集》。而 1999 年出版的《梁启超全集》以 20 世纪 30 年代的合集为底本，进一步挖掘、核实、整理，又收录大量书信，依体裁、内容划分类别，并为方便阅读，将原文的句读改为现行通用的标点。该版全集力图做到“全”“真”“准”，在当今学界占有极为重要的地位。但《饮冰室合集》作为收录梁启超作品最早、使用时间最长的作品集，现出版的梁氏全集仍无法取代其在学界的地位。

（二）原文节选

学校总论[①]

吾闻之《春秋》三世之义，据乱世以力胜，升平世智、力互相胜，太平世以智胜。草昧伊始，蹄迹交于中国，鸟兽之害未消，营窟悬巢，乃克相保，力之强也。顾人虽文弱，无羽毛之饰，爪牙之卫，而卒能槛絷兕、虎，驾役驼、象，智之强也。数千年来，蒙古之种，回回之裔，以虏掠为功，以屠杀为乐，屡蹂各国，几一寰宇，力之强也。近百年间，欧罗巴之众，高加索之族，藉制器以灭国，借通商以辟地，于是全球十九，归其统辖，智之强也。世界之连，由乱而进于平；胜败之原，由力而趋于智。**故言自强于今日，以开民智为第一义。**

智恶乎开？开于学。学恶乎立？立于教学校之制，惟吾三代为最备：家有塾，党有庠，术有序，国有学，立学之等也；八岁入小学，十五而就大学，入学之年也；六年教之数与方名，九年教之数日，十年学书计，十有三年学乐诵诗，成童学射御，二十学礼，受学之序也；比年入学，中年考校，以离经辨志为始事，以知类通达为大成，课学之程也。《大学》一篇，言大学堂之事也；《弟子职》一篇，言小学堂之事也；《内则》一篇，言女学堂之事也；《学记》一篇，言师范学堂之事也。管子言“农、工、商，群萃而州处，相语以事，相示以功，故其父兄之教不肃而成，其子弟之学不劳而能”，是农学、工学、商学，皆有学堂也。孔子言“以不教战，是谓弃民”；晋文始入而教其民，三年而后用之；越王栖于会稽，教训十年，是兵学有学堂也。其有专务他业，不能就学者，犹以十月事讫，使父老教于校室，（见《公羊传》宣十五年注）有不帅教者，乡官简而以告，其视之重而督之严也如此。故使一国之内，无一人不受教，无一人不知学。兔罝之野人，可以备干城；小戎之女子，可以敌王忾；贩牛之郑商，可以退敌师；斫轮之齐工，可以语治道；听舆人之诵，可以定霸；采乡校之议，可以闻政，举国之人，与国为体；填城溢野，无非人才。所谓以天下之目视，以天下之耳听，以天下之虑虑，三代盛强，盖以此也。

马贵与曰：“古者户口少而才智之民多，今户口多而才智之民少。”余悲其言。虽然，盖有由也：先王欲其民智，后世欲其民愚。天下既定，敌国外患既息，其所虑者，草泽之豪杰，乘时而起，与议论之士，援古义以非时政

---

① 梁启超．梁启超全集：第1卷［M］．北京：北京出版社，1999．

也。于是乎为道以钤制之。国有大学，省有学院，郡县有学官，考其名犹夫古人也，视其法犹夫古人也，而问其所以为教，则曰制义也，诗赋也，楷法也，不必读书通古今而亦能之，则中材以下，求读书求通古今者希矣。非此一途不能自进，则奇才异能之士，不得不辍其所学，以勉焉而从事矣。其取之也无定，其得之也甚难，则倜傥之才，必有十年不第，穷愁感叹，销磨其才气，而无复余力以学矣。如是则豪杰与议论之士必少，而于驯治天下也甚易。故秦始皇之燔诗书，明太祖之设制艺，遥遥两心，千载同揆，皆所以愚黔首，重君权，驭一统之天下，弭内乱之道，未有善于此者也。譬之居室，虑其僮仆窃其宝货，束而缚之，置彼严室，加扃镝焉，则可以高枕而卧，无损其秋毫矣；独惜强寇忽至，入门无门，入闺无闺，悉索所有，席卷以行，而受缚之人，徒相对咋舌，见其主之难，而无以为救也。

凡国之民，都为五等：曰士，曰农，曰工，曰商，曰兵。士者学子之称，夫人而知也。然农有农之士，工有工之士，商有商之士，兵有兵之士。农而不士，故美国每年农产值银三千一百兆两，俄国值二千二百兆两，法国值一千八百兆两，而中国只值三百兆两。工而不士，故美国每自创新艺，报官领照者，二万三百十事，法国七千三百事，英国六千九百事，而中国无闻焉。商而不士，故英国商务价值二千七百四十兆两，德国一千二百九十六兆两。法国一千一百七十六兆两，而中国仅二百十七兆两。兵而不士，故去岁之役，水师军船，九十六艘，如无一船，榆关防守兵，几三百营，如无一兵。今天有四者之名，无士之实，则其害且至于此。矧于士而不士，聚千百帖括、卷摺、考据、词章之辈，于历代掌故，瞠然未有所见，于万国形势，瞢然未有所闻者，而欲与之共天下，任庶官，行新政，御外侮，其可得乎?

今之言治国者，必曰仿效西法，力图富强，斯固然也。虽然，非其人莫能举也。今以有约之国十有六，依西人例，每国命一使；今之周知四国，娴于辞令，能任使才者，几何人矣?欧、美、澳洲，日、印、缅、越、南洋诸岛，其有中国人民侨寓之地，不下四百所，今之熟悉商务，明察土宜，才任领事者，几何人矣?教案、界务、商务，纷纷屡起；今之达夷情，明公法，熟约章，能任总署章京、各省洋务局者，几何人矣?泰西大国常兵皆数十万，战时可调至数百万，中国之大，练兵最少亦当及五十万，为千营，每营营哨官六员；今之习于地图，晓畅军事，才任偏裨者，几何人矣?娴练兵法，谙习营制，能总大众，遇大敌，才任统帅者，几何人矣?中国若整顿海军，但求与日本相敌，亦须有兵船百四十余艘；今之深谙海战，能任水弁若，几何人矣?久历风涛，熟悉沙线，堪胜船主、大副、二副者，几何人矣?陆军每营，水师每船，皆需医师二三人；今之练习医理，精达伤科，才任军医者，几何人矣？每造铁路，十英里需用上等工匠二员，次等六十员；今之明于机器，习于工程学，才任工师者，几何人矣？中国矿产，封镭千年，得旨开采，设局渐多；今之能察矿苗，化分矿质，才任井人者，几何人矣？各省议设商务局以保利权；今之明商理，习商情，才任商董者，几何人矣？能制造器械，乃能致强，能制造货物，乃能致富；今之创新法，出新制，足以方驾彼族，衣被天下者，几何人矣？坐是之故，往往有一切新法，尽美尽善，人人皆知，而议论数十年，不能举行者，苟漫然举之，则偾辙立见，卒为沮抑新法者所诟詈；其稍有成效之一二事，则任用洋员者也。而轮船招商局、开平矿局、汉阳铁厂之类，每年开销之数，洋人薪水，几及其半。海关厘税，岁入三千万，为国饷源，而听彼族盘踞，数十年不能取代。即此数端论之，任用洋员之明效，大略可睹矣。然犹幸而藉此以成就一二事，若决然舍旃，则将并此一二事者而亦无之。呜呼！同是圆颅方趾，戴天履地，而必事事俯首拱手，待命他人，岂不可为长太息矣乎！

若夫四海之大，学子之众，其一二识时之彦，有志之士，欲矢志独学，求中外之故，成一家之言者，盖有人矣。然不通西文，则非已译之书不能读，其难成一也；格致诸学，皆藉仪器，苟非素封，未由购置其难成二也；增广学识，尤藉游历，寻常寒士，安能远游，其难成三也；一切实学，如水师必出海操练，矿学必入山察勘，非藉官力不能独行，其难成四也；国家既不以此取士，学成亦无所用，犹不足以赡妻子，免饥寒，故每至半途，废然而返，其难成五也。此所以通商数十年，而士之无所能藉，能卓然成异材为国家用者，殆几绝也。此又马贵与所谓姑选其能者，而无能之人，则听其自为不肖而已；姑进其用者，而未用之人，则听其自为不遇而已。豚蹄满篝之祝，旁观犹以为笑；况复束缚之，驰骤之，销磨而钤制之，一旦有事，乃欲以多材望天下，安可得耶？安可得耶？

然犹曰洋务为然也。若夫内外各官，天子所以共天下也；而今日之士，他日之官也。问国之大学，省之学院，郡县之学官，及其所至之书院，有以历代政术为教者乎？无有也。有以本朝掌故为教者乎？无有也。有以天下郡国利病为教者乎？无有也。当其学也，未尝为居官之地；其得官也，则尝尽弃其昔者之所学，而从事于所未学，《传》曰："吾闻学而后入政，未闻以政学者也。"以政学犹且不可，况今之既入官而仍读书者，能有几人也？以故一切公事，受成于胥吏之手，六部书辨，督抚幕客，州县房科，上下其手，持其短长，官无如何也。何以故？胥吏学之，而官未学也。遂使全局糜烂，成一吏例利之天下，祸中腹心，疾不可为。是故西学之学校不兴，其害小；中学之学校不兴，其害大。西学不兴，其一二浅末之新法，犹能任洋员以举之；中学不兴，宁能尽各部之堂司，各省之长属，而概用洋员以承其乏也？此则可为流涕者也。

不宁惟是[①]。中国孔子之教，历数千载，受教之人，号称四百兆，未为少也。然而妇女不读书，去其半矣；农、工、商、兵不知学，去其十之八九矣；自余一二占毕咿嗄以从事于四书五经者，彼其用心，则为考试之题目耳，制艺之取材耳，于经无与也，于教无与也；其有通人志士，或笺注校勘，效忠于许、郑，或束身自爱，为命于程、朱，然于古人之微言大义，所谓诵《诗》三百可以授政，《春秋》经世先王之志者，盖寡能留意，则亦不过学其所学，于经仍无与也，于教仍无与也。故号为受教者四万万人，而究其实能有几人，则非吾之所敢言也。故吾常谓今日之天下，幸而犹以经义取士耳，否则读吾教之经者，殆几绝也。此言似过，然有铁证焉：彼《礼经》十七篇，孔子之所雅言，今试问缀学之子，能诵其文言其义者，几何人也？何也？科举所不用也。然则堂堂大教，乃反藉此疲敝之科举以图存。夫藉科举之所存者，其与亡也相去几何矣？而况今日之科举，其势必不能久。吾向者所谓变亦变，不变亦变，与其待他人之变，而一切澌灭以至于尽，则何如吾自变之，而尚可以存其一二也。《记》曰："下无学，贼民兴，丧无日矣。"《传》曰："《小雅》尽废，则四夷交侵，而中国微。"忾我儒教，爰自东京，即已不竞；晋、宋之间陷于老，隋、唐以来沦于佛；外教一入，立见侵夺。况于彼教之徒，强聒不舍，挟以国力，奇悍无伦。今吾盖见通商各岸之商贾，西文学堂之人士，攘臂弄舌，动曰四书六经为无用之物，而教士之著书发论，亦侃侃言曰：中国之衰弱，由于教之未善。夫以今日帖括家之所谓经，与考据家之所谓经，虽圣人复起，不能谓其非无用也，则恶能禁人之轻薄之而遗弃之也！故准此不变，吾恐二十年以后，孔子之教，将绝于天壤，此则可为痛哭者也。

亡而存之，废而举之，愚而智之，弱而强之，**条理万端，皆归本于学校**。西人学校之等差、之名号、之章程、之功课，彼士所著《德国学校》、《七国新学备要》、《文学兴国策》等书，类能言之，无取吾言也。吾所欲言者，采西人之意，行中国之法；采西人之法，行中国之意。**其总纲三：一曰教，二曰政，三曰艺。其分目十有八：一曰学堂，二曰科举，三曰师范，四曰专门，五曰幼学，六曰女学，七曰藏书，八曰纂书，九曰译书，十曰文字，十一曰藏器，十二曰报馆，十三曰学会，十四曰教会，十五曰游历，十六曰义塾，十七曰训废疾，十八曰训罪人**。（所提章程皆附于各篇之后。）

---

① 不宁惟是：犹言不但如此。宁：语助词，无义。

今之同文馆、广方言馆、水师学堂、武备学堂、自强学堂、实学馆之类，其不能得异才何也？言艺之事多，言政与教之事少。其所谓艺者，又不过语言文字之浅，兵学之末，不务其大，不揣其本，即尽其道，所成已无几矣。**又其受病之根有三：一曰科举之制不改，就学乏才也；二曰师范学堂不立，教习非人也；三曰专门之业不分，致精无自也。**故此中人士，阁束六经，吐弃群籍，于中国旧学，既一切不问，而叩以西人富强之本，制作之精，亦罕有能言之而能效之者。昔尝戏言：古人所患者，离乎夷狄，而未合乎中国；今之所患者，离乎中国，而未合乎夷狄。推其成就之所至，能任象鞮之事，已为上才矣；其次者乃适足为洋行买办冈必达之用；其有一二卓然成就，达于中外之故，可备国家之任者，必其人之聪明才力，能藉他端以自精进，而非此诸馆、诸学堂之为功也。夫国家之设学，欲养人才以共天下，而其上才者仅如此，次下者乃如彼，此必非朝廷作人之初意也。今朝士言论，汲汲然以储才为急者，盖不乏人。学校萌芽，殆自兹矣。其亦有洞澈病根之所在，而于此三端者少为留意也乎？

抑今学校之议不行，又有由也：经费甚巨，而筹措颇难，虽知其急，莫克任也。今夫农之治畴也，逾春涉夏，以粪以溉称贷苦辛，无或辞者，以为非如是则秋成无望也。中人之家，犹且节衣缩食以教子弟，冀其成就，光大门闾。今国家而不欲自强则已，苟欲自强，则悠悠万事，惟此为大，虽百举未遑，犹先图之。吾闻泰西诸大国学校之费，其多者八千七百余万，其少者亦八百万。（小学堂费，英国每年三千三百万元，法国一千四百万元，德国三千四百万元，俄国五百万元，美国八千四百万元，中学大学共费，英国每年八百六十万元，法国三千万元，德国二百万元，俄国四百余万元，美国三百余万元）日本区区三岛，而每年所费，亦至八九百万。人之谋国者，岂其不思撙节之义，而甘掷黄金于虚牝乎？彼日人二十年兴学之费，取偿于吾之一战而有余矣。使吾向者举其所谓二万万而百分之，取其一二以兴群学，则二十年间，人才大成，去年之役，宁有是乎？呜呼！前事不忘后事之师。及今不图，恐他日之患，其数倍于今之所谓二万万者，未有已时。迨痛创复至，而始悔今之为误，又奚及乎？今不惜糜重帑以治海军，而不肯舍薄费以营学校，重其所轻，而轻其所重。譬之孺子，怀果与金示之，则弃金而取果，譬之野人，持寸珠与百钱示之，则遗珠而攫钱。徒知敌人胜我之具，而不知所以胜之具，旷日穷力，以从事于目前之所见，而蔽于其所未见，究其归宿，一无所成，此其智视孺子、野人何如矣？

西人之策中国者，以西国之人数与中国之人数为比例，而算其应有之学生，与其学校之费，谓小学之生，宜有四千万人，每年宜费二万二千六百万元；中学之生，宜有一百十八万四千余人，每年宜费五千九百万余元；大学之生，宜有十六万五千余人，每年宜费七千一百万余元。今不敢为大言，请如西人百分之一，则亦当有小学生四十万人，中学生一万一千八百四十人，大学生一千八百五十余人，每年当费三百五十六万元。中国房屋衣食等费，视西人仅三之一，则每年不过一百余万元耳，犹有一义于此。中国科第之荣，奔走天下久矣。制艺楷法，未尝有人奖励而驱策之，而趋者若鹜，利禄之路然也。今创办之始，或经费未充，但使能改科举，归于学校，以号召天下，学中惟定功课，不给膏火，天下豪杰之士，其群集而勉焉从事者，必不乏人，如是则经费又可省三之一，岁费七十余万足矣。而学中所成之人材即以拔十得五计之，十年之后，大学生之成就者，已可得八千人。用以布列上下，更新百度，沛然有余矣。夫以日本之小，每年此费，尚至八九百万，而谓堂堂中国，欲得如日本十二分一之费，而忧其无所出邪？必不然矣。

论科举

今内之有同文方、言之馆舍，外之有出洋学习之生徒，行之数十年，而国家不获人才之用，盖有由也。昔俄主大彼得，躬游列国，择国中俊秀子弟，使受业葡、法之都，归而贵显之，布在朝邑，俄遂以强；日本维新之始，选高才生就学欧洲，学成反国，因才委任，今之伊藤博文之徒，皆昔日之学生也。而中国所谓洋务学生者，竭其精力，废其生业，离井去邑，逾幼涉壮，以从事于西学，幸薄有成就，谓可致身通显光宠族游，及贸贸然归，乃置散投闲，郗落不用，往往栖迟十载，未获一官，上不足以尽所学，下不足以救饥寒，千金屠龙，成亦无益。呜呼！人亦何乐而为此劳劳哉？夫国家之教之，将为用也，教而不用，则其教之之意何取也？生徒之学之，将效用也，学而不见用，则其学之之意何在也？此真吾之所不能解也。或谓此辈之中，求所谓奇才异能可以大用者，盖亦寡焉，斯固然矣。不知国家所重，既不在是，举国上才之人，悉已为功令所束缚，帖括所驱役，鬻身灭顶，不能自拔，孰肯弃其稽古之荣，以勉焉而从事也？故当就学之始，其与斯选者，大半仅中人之才耳。而自束发以后，又未尝一教以中国义理之学，徒溷身洋场饱染习气，及至学成，亦且视为杂流，不与士齿，其不自爱固所宜也，坐是之故，而瑰玮特绝之徒，益惩羹吹齑，羞与哙伍，是以此中人才，日就寂寥也，然二十年间，其在西学堂中考试前列，领有学成凭据者，往往有人，而西人之达者，亦每复嗟叹，谓震旦人才，不下彼国，然则出洋学生中之未尝无才，昭昭然矣。顾乃束之高阁听其自穷自达不一过问，于是有美国学生，糊口无术，投入[①]某洋行为买办者，有制造局匠师月俸四十金，而为西国某厂以二百金聘去者，豪杰之士安得不短气，有志之徒，安得不裹足？既无细腰高髻之倡，重以弃鼎宽鄗之失，不怀顾大补牢之义？徒效渊鱼业爵之愚，犹复顿足搓手，日日叹息曰，无人才，无人才，天下之人，岂任受之？

故欲兴学校，养人才，以强中国，惟变科举为第一义，大变则大效，小变则小效，综而论之，有三策焉，**何谓上策？远法三代，近采泰西，合科举于学校，自京师以讫州县，以次立大学、小学，聚天下之才，教而后用之**，入小学者比诸生，入大学者比举人，大学学成比进士，选其尤异者，出洋学习比庶吉士，其余归内外，户刑工商各部，任用比部曹，庶吉士出洋三年，学成而归者，授职比编检，学生业有定课，考有定格，在学四年而大试之，以教习为试官，不限额，不糊名。凡自明以来，取士之具，取士之法，千年积弊，一旦廓清而辞辟之，则天下之士，靡然向风，八年之后，人才盈廷矣。

何谓中策？若积习既久，未即遽除，取士之具，未能尽变，科举学校，未能遂合，则莫如用汉唐之法，多设诸科，与今日帖括一科并行，昔圣祖高宗，两开博学鸿词，网罗俊良，激励后进，故国朝人才，以康乾两世为最盛，此即吾向者多途胜于一途之说也。今请杂取前代之制，立明经一科，以畅达教旨，阐发大义，能以今日新政，证合古经者为及格；明算一科，以通中外算术，引申其理，神明其法者为及格；明字一科，以通中外语言文字，能互翻者为及格；明法一科以能通中外刑律，斟酌适用者为及格；使绝域一科，以通各国条约章程，才辩开敏者为及格；通礼一科，以能读《皇朝三通》、《大清会典》、《大清通礼》，谙习掌故者为及格；技艺一科，以能明格致制造之理，自著新书，制新器者为及格；学究一科，以能通教学童之法者为及格；明医一科，以能通全体学，识万国药方，知中西病名证治者为及格；兵法一科，以能谙操练法程，识天下险要，通船械制法者为及格。至其取之之法，或如康乾鸿博故事，特诏举试，或如近世算学举人，按省附考，而要之必予以出身，示以荣途，给以翰林进士举人之名，准以一体乡会朝殿之实，著书可以入翰林，上策可以蒙召见，告之以用意之所重，导之以利禄之所存，则岩穴之间，乡邑之内，与夫西学诸馆，及出洋学习之学生，皆可因此以自达。其未有成就者，亦可以益厉于实学，以为天下用，则其事甚顺，而其效亦甚捷。

何谓下策，一仍今日取士之法，而略变其取士之具，童子试非取录经古

① 梁启超．梁启超全集：第1卷［M］．北京：北京出版社，1999．该字写作“人”；梁启超．饮冰室合集［M］．北京：中华书局，1989．该字写作“入”，此处参考该版本。

者，不得入学，而经古一场，必试以中外政治得失，时务要事，算法、格致等艺学，乡会试必三场并重，第一场试四书文、五经文、试帖各一首；第二场试中外史学三首，专问历代五洲治乱存亡之故；第三场试天、算、地、舆、声、光、化、电、农、矿、商、兵等专门，听人自择一门，分题试之各三首；殿试一依汉策，贤良故事，专问当世之务，对策者不拘格式，不论楷法，考试学差试差，亦试以时务艺学各一篇，破除成格，一如殿试，如是则向之攻八股哦八韵者，必将稍稍捐其故业，以从事于实学，而得才必盛于今日。

上策者，三代之制也。中策者，汉唐之法也。下策者，宋元之遗也。由上策者强，由中策者安，由下策者存。若夫守晚明之弊制，弃历朝之鸿矩，狃百载之积习，惮千夫之目议。违作人之公理，踵愚黔之故智，则虽铁舰阗海，谁与为战，枪炮如林，谁与为用，数万里地，谁与为守，数百兆人，谁与为理，《传》曰：“子有美锦，不使人学制焉。”言不学之人，不可以共政事也。今其用之也在彼，而取之也在此，是犹蒸沙而欲其成饭。适燕而南其辕也，岂不颠哉，岂不颠哉。

论师范

今之府州县学官，号称冷官，不复事事，固无论矣。此外握风气之权者，为书院山长，为蒙馆学究，车载斗量，趾踵相接，其六艺未卒业，四史未上口，五洲之勿知，八星之勿辨者，殆十而八九也。然而此百数十万之学子，方将帝之天之、圭之臬之，以是为学问之极则，相率而踵袭之。今夫山木有择，必待大匠，美锦在御，不使学制，惧其有弃才也。中人之家，聘师诲子，周详审慎，必择其良，惧子弟之失学也。若夫士人者，帝王之所与共天下也，其贵也，匪直大木美锦，其重大过于中人之家之子弟万万也，今乃一举而付之不通六艺，不读四史，不知五洲，不识八星之人，使之圭之、臬之、刓琢之，欲于此间焉求人才，乌可得也？是故先王患人才之寡，后世患人才之多，患才寡，故立为学校，定其教法以成就之，患才多，故设为不待学还待教之帖括，以笼络天下士。而士之教焉、学焉于其间者，亦终身盘旋于胯下而不复知有天地之大，师范之不立，自数百年以来矣。

今天下之变日亟，教学之法亦日新，于是立为同文馆，水师学堂等，皆略效西制，思讲实学。然一切教习，多用西人，西人言语不通，每发一言，必俟翻译展转口述，强半失真，其不相宜一也。西人幼学，异于中土，故教法亦每不同，往往有华文一二语可明，而西人衍至数十言者，亦有西人自以为明晓，而华文犹不能解者，其不相宜二也。西人于中土学问，向无所知，其所以为教者，专在西学。故吾国之就学其间者，亦每拨弃本原。几成左衽。

其不相宜三也。所聘西人，不专一国，各用所习，难杂言庞，尝见某水师学堂之教习，其操兵所用口号，英将官教者用英语，法将官教者用法语，德将官教者用德语，徒视其一队，非不号令严肃，步伐整齐也，不知沟而通之，各不相习，且临阵之号令，随时变化，万有不齐者也，今惟寻常操练之数口号，习闻之而习知之，一旦前敌或进退起伏，偶有一二事为平时所未习者，则统帅虽大声疾呼，而士卒且罔闻知，则安往而不偾事也？其不相宜四也。西人教习，既不适于用，而所领薪俸，又恒倍于华人，其不相宜五也。夫有此五端，而此诸馆诸学堂犹然用之，若有重不得已者，则岂不以中国之人，克任此职者之寡也，夫以四万万之大众，方领成帷，逢掖如鲫，而才任教习者，乃至乏人，天下事之可伤可耻，孰过此矣。

今之识时务者，其策中国也。必曰兴学校，虽然，若同文馆、水陆师学堂等，固不得谓之非学校焉矣，然其成效也若彼，今使但如论者之意，自京师以及各省府州县，遍设学校，复古法，采西制以教多士，则其总教习当以数百、分教习当以数千，试问海内之士，其足以与斯选者，为何等人也，欲求之今日所谓耆学名宿，则彼方褎其所学，率天下士而为蠹鱼为文鸟，是欲开民智而适以愚之，欲使民强而适以弱之也，若一如今日诸馆诸学堂之旧例，则为之师者，固不知圣教之为何物，六籍之为何言，是驱人而焚毁诗书，阁束传记，率天下士而为一至粗极陋之西人，夫国家岁费巨万之帑，而养无量数至粗极陋之西人，果何取也？今夫由前之说，此吾国数百年积弱之根原。由后之说，则数十年来变法之所以无效也。

故欲革旧习，兴智学。必以立师范学堂为第一义，日本寻常师范学校之制，（日本凡学校，皆分二："一高等二寻常"）。其所教者有十七事，一修身。二教育。三国语。（谓日本语文）四汉文。五史志。六地理。七数学。八物理化学。（兼声光热力等）九博物。（指全体学动植物学）十习字。十一図书。十二音乐。十三体操。十四西文。十五农业。十六商业。十七工艺。今请略依其制而损益之，一须通习六经大义，二须讲求历朝掌故，三须通达文字源流，四须周知列国情状，五须分学格致专门，六须仞习诸国言语。以上诸事，皆以深知其意，能以授人为主义，至其所以为教之道，则微言妙义，略具于学记之篇，循而用之，殆庶几矣。

是故居今日而言变法，其无遽立大学堂而已。其必自小学堂始，自京师以及各省府州县，皆设小学，而辅之以师范学堂，以师范学堂之生徒，为小学之教习，而别设师范学堂之教习，使课之以教术。即以小学堂生徒之成就，验师范学堂生徒之成就。三年之后，其可以中教习之选者，每县必有一人。于是荟而大试之，择其尤异者为大学堂中学堂总教习，其稍次者为分教习，或小学堂教习。则天下之士，必争自鼓舞，而后起之秀有所禀式，以底于成，十年之间，奇才异能，遍行省矣，不由此道，时曰无本，本之既拔，而日灌溉其枝叶以求华实，时曰下愚。

论幼学

西人每岁创新法，制新器者，以十万计。著新书，得新理者，以万计，而中国无一焉。西人每百人中识字者自八十人至九十七八人，而中国不逮三十人。顶同圆也，趾同方也，官同五也。肢同四也，而悬绝若此。呜呼！殆天之降才尔殊哉？顾吾尝闻西人之言矣，震旦之人。学于彼土者，才力智慧，无一事弱于彼。其居学数岁，褎然试举首者，往往不绝，人之度量相越，盖不远也。而若是者何也？梁启超曰：**春秋万法托于始，几何万象起于点，人生百年，立于幼学**。吾向者观吾乡塾，接语其学究，蠢陋野悍，迂谬猥贱，不可向迩。退而儳焉忧，愀然思。无惑乎乡人之终身为乡人也，既而游于它乡，而它县，而它道，而它省观其塾，接语其学究，其蠢陋野悍，迂谬猥贱举无以异于向者之所见。退而瞠然芒然皇然曰，中国四万万人之才、之学、之行、之识见、之志气，其消磨于此蠢陋野悍迂谬猥贱之人之手者，何可胜道，其幸而获免焉者，盖万亿中不得一二也，顾炎武曰：有亡国，有亡天下。梁启超曰：强敌权奸流寇，举无足以亡国，惟吏胥可以亡国!!! 外教左道乡愿，举无足以亡天下，惟学究足以亡天下，欲救天下，自学究始。

古之教学者，不可得见矣。顾其为道，散见于七十子后学所记者，若曲礼，若少仪，若保传，若学记，若文王世子，若弟子职，何其详也。吾未克游西域，观于其塾与其学究，顾尝求之于其书，闻之于其人，其与今日之中国，何相反也。其为道也，先识字，次辨训，次造句，次成文，不躐等也。**识字之始，必从眼前名物指点，不好难也**，必教以天文地学、地学浅理，如演戏法，童子所乐知也，必教以古今杂事，如说鼓词，童子所乐闻也。必教以数国语言，童子舌本未强，易于学也。必教以算，百业所必用也，多为歌谣，易于上口也，多为俗语，易于索解也。必习音乐，使无厌苦，且和其血气也，必习体操，强其筋骨，且使人人可为兵也。日授学不过三时，使无太劳，致畏难也。不妄施扑教，使无伤脑气，且养其廉耻也。父母不得溺爱荒学，使无弃材也。学究必由师范学堂，使习于教术，深知其意也。故西童出就外傅，四年之间，其欲为士者，即可以入中学，仞专门以名其家，其欲为农若工若商若兵者，亦可以略识天地人物之理，中外古今之迹，其学足以为仰事俯畜之用，稍加阅历，而即可以致富贵，故用力少而畜德多，数岁之功，而毕世受其用也。

中国则不然，未尝识字，而即授之以经，未尝辨训，未尝造句，而即强之为文。开塾未及一月，而大学之道在明明德之语，腾跃于口，洋溢于耳。夫记者明揭之曰：大学之道，今乃骤以施之乳臭小儿，何为也？明德二字，汉儒据《尔雅》，宋贤袭佛典，动数千言，未能悬解，今执负床之孙而语之，彼乌知其作何状也？夫大学之道，至于平天下，《中庸》之德，极于无声臭。此岂数龄之学童所克有事也。今之教者，其姑以授之，而希冀其万一能解也，则是大愚也，知其必不能解，而犹然授之，是驱其子弟，使以学为苦而疾其师也。

……

然则奈何？曰：非尽取天下之学究而再教之不可，非尽取天下蒙学之书而再编之不可。大率自五岁至十岁为一种教法，自十一岁至十五岁为一种教法，苟慧非项橐，痴非周子，皆可率由此道，相与有成。

……

尝见西人幼学之书，分功课为一百分，而由家中教授者，居七十二分，由同学熏习者居九分，由师长传授者不过十九分耳。儿童幼时，母亲于父，日用饮食，歌唱嬉戏，随机指点，因势利导，何在非学，何事非教，孟母迁室，教子俎豆，其前事矣。**故美国婴儿学塾，近年教习，皆改用妇人，以其闲静细密，且能与儿童亲也，**中国妇学不讲，为人母者，半不识字，安能教人？始基之坏，实已坐此，今此事既未克骤改，至其就学之后，一切教法，亦宜稍变。无俾尔许人才，皆汩没于学究之手。《记》曰："八岁入小学。"又曰："十年出就外傅。"今将八岁以上，十二年以下，略审中人之资，所能从事者，拟为一功课表，世之爱子弟者，或有取焉。（行此功课，数年则能读经史格致等书，其功课别详他篇。）

每日八下钟上学，师徒合诵赞扬孔教歌一遍，然后肄业。

八下钟受歌诀书，日尽一课，（每课二百字，）每课以诵二十遍为率。

九下钟受问答书，日尽一课，（凡问答书，皆歌诀书之注疏，问答书之第一课，即解歌诀书之第一课余同。不必成诵，）师为解其义，明日按所问而使学童答之，答竟，则授以下课。

十下钟，刚日受算学，柔日受图学。

凡受算学，先习笔算，一年以后，渐及代数。每日由师命二题，令学童布算。

凡受图学，先习简明总图，渐及各国省县分图，以纸摹印写之，日约尽一县，印毕，由师随举所已习者，令学童指其所在之经纬度。

十一下钟。受文法，师以俚语述意，令学童以文言达之，每日五句，渐加至五十句。

十二下钟，散学。

一下钟复集，习体操，略依幼学操身之法，或一月或两月尽一课，由师指授，操毕，听其玩耍不禁。

二下钟，受西文，依西人教学童之书，日尽一课。

三下钟受书法，中文西文各半下钟，每日各二十字，渐加至各百字。

四下钟受说部书，（指新编者言）。师为解说，不限多少，其学童欲涉猎他种书者，亦听。

五下钟散学，师徒合诵爱国歌一遍，然后各归。

每十日一休沐，至日，师徒晨集堂中，祀孔子毕，合诵赞扬圣教歌一遍，各散归。凡孔子卒日，及万寿日，各休沐五日。

……

故善为教者，必使举国之人，无贵贱无不学，学焉者，自十二岁以下，其教法无不同。入学之始，教以识字。慧者及八岁，钝者及十岁，中西有用之字皆识矣。

……

然后按前者所列之功课表，而以授之，慧者及十二岁，钝者及十五岁，则一切学问，大纲节目，略有所闻矣，自此以往，其有欲习专门者，可更入中学、大学，研精数载，以求大成。其欲改就他业者，亦既饫道义，濡文教，大之必不为作奸犯科之事，小之亦能为仰事俯畜之谋，于此而犹有为盗贼为奸细者乎，无有也，犹有为游手为饿殍者乎，无有也，衣食足，礼义兴，以此导民，何民不智，以此保国，何国不强。

（韩长袁、李金迪整理）

拓展性阅读

1. 北京师联教育科学研究所. 戊戌维新时期教育变法思想与教育文论选读［M］. 北京：中国环境科学出版社，2006.
2. 北京师联教育科学研究所. 梁启超“新民”教育思想与教育论著选读［M］. 北京：中国环境科学出版社，2006.
3. 康有为. 康有为文集［M］. 北京：线装书局，2009.
4. 严复. 严复集［M］. 北京：中华书局，1986.
5. 北京师联教育科学研究所. 严复、王国维救亡教育思想与教育论著选读［M］. 北京：中国环境科学出版社，2006.

第五章　民国教育名著选读

第一节　自由主义教育名著选读

一、 自由主义教育思想概要

自由主义教育思想作为西方自由主义思潮的组成部分之一，成型于19世纪初期英法等国家，但作为一种理念，自由主义教育可追溯至古希腊的亚里士多德。自由主义历史沿革一般分为古典自由主义、新自由主义和保守自由主义三个阶段。此三阶段相影响下的自由主义教育思想呈现出如下共性：反对僵化的教育模式以及外部势力对教育的控制，强调个人权利和自由，并主张教育独立及个性自由发展。受西学东渐的影响，19世纪末20世纪初，自由主义教育思想开始传入我国。

在当时提倡自由主义教育的众多人物中，最具代表性的为严复、蔡元培和胡适等人。严复早年留学于自由主义思潮的大本营英国，深受其影响。1930年，商务印书馆出版了严复译著的《群己权界论》①，该书为英国古典自由主义思想家约翰·穆勒所作。严复主张治学治事宜分二途，作为北京大学首任校长，他在任职期间，曾顶住“北洋政府欲行‘停办’的动议，使北大得以维系，并对原有‘书院国子（学）之陈规’予以改变，将‘经学’‘文学’合并为‘文科’，增设自然学科等等”②。

同样有着留欧经历的蔡元培是中国力倡自由主义教育思想的集大成者。蔡元培是清末翰林，又游历德法等国家，对其自由主义教育思想十分熟悉。

① 现译为《论自由》。

② 周川. 中国近代大学校长与自由主义教育［J］. 高等教育研究，2001，22（3）：84－89.

特别是 19 世纪初德国自由主义先驱洪堡在学术自由的理念下创立洪堡大学，主张研究教学合一，该模式受到了蔡元培的极大推崇。他将这一理念运用到北京大学的管理上，确立学术自由的原则，实行选科制，倡立学生自治会，组织教授会和评议会等，都体现出了自由主义教育的色彩。他甚至在辞任北大校长时申明“我绝对不能再作不自由的大学校长：思想自由，是世界大学的通例。德意志帝政时代，是世界著名开明专制的国，他的大学何等自由”①。

胡适早年留学美国，师从新自由主义的代表人物——杜威。作为中国近代自由主义教育思想的代表人物之一，他十分注重学术自由，提倡个性发展。除了在“问题与主义”论战中提出“多谈些问题，少谈些主义”外，胡适的自由主义教育思想更体现在其《争取学术独立的十年计划》（1947 年）当中。在这份计划里，胡适描绘了十年之内培植五到十个成绩最好的大学的蓝图，“使他们尽力发展他们的研究工作，使他们成为一流的学术中心，使他们成为国家学术独立的根据地”②。

我国近代自由主义教育思想，在教育目的上崇尚个性主义，提倡个性的发展；在教育过程上坚持学术自由，能够网络诸家，兼容并包；在教育管理上，致力于教授治校，提倡大学自治和教育独立。这些思想不仅具有宝贵的时代进步意义，对当前的教育也有着深刻的启迪。

二、　蔡元培与《蔡元培全集》

（一）作者和作品简介

蔡元培（1868—1940 年），字鹤卿，后改字仲申，号孑民，曾化名蔡振、周子余，浙江绍兴山阴县人，我国近代著名教育家、政治家，中华民国首任教育总长。1892 年，蔡元培赴殿试，获二甲第三十四名，中进士，随后被授予翰林院庶吉士。1894 年被授官翰林院编修，时年 28 岁。甲午中日战争中中国的惨败，特别是戊戌变法的失败，对蔡元培的思想产生了极大的震动，他毅然辞官南下，先后出任绍兴中西学堂监督、南洋公学特班总教习，并发起成立了中国教育会、爱国女学校及爱国学社。1907 年赴德国莱比锡大学攻读哲学、心理学、美学等专业。1907—1926 年，蔡元培先后赴国外留学五次。辛亥革命后，他先后出任中华民国首任教育总长、北京大学校长、南京

---

① 高平叔. 蔡元培教育论著选［M］. 北京：人民教育出版社，1991：220.

② 季蒙，谢泳. 胡适论教育［M］. 合肥：安徽教育出版社，2006：263.

国民政府大学院院长、中央研究院院长等职务。

蔡元培一生既深受传统教育的影响，又倾心接纳欧洲学术自由、个性解放及人格独立等民主科学观念，在中国急剧变革的年代，成为教育领域的卓越人物。他“以养成共和健全之人格”为核心理念，提出了军国民教育、实利主义教育、公民道德教育、世界观教育、美感教育“五育并举”的教育方针；他根据传统封建教育无视学生自身的特点、束缚个性发展等缺点，提出了“尚自然，展个性”的新教育主张；他倡导女子教育和女子解放，认为女子受教育重在使其具有完全之人格，而非单纯以贤妻良母为目标；他提倡“思想自由，兼容并包”的办学思想，不论学历与年龄，为北大延揽了一大批学术观念迥异的教师队伍；他还提出教育独立主张，认为教育应脱离政党和教会的束缚，谋求学生个性发展，进而主张以美育代宗教，试行大学区制。蔡元培的教育生涯，彰显了其对自由主义教育思想与实践的不懈追求与奋斗，他的教育思想与实践给予当今教育改革与实践以深刻启迪。

蔡元培生前的论著、日记、演讲稿等被后人加以整理、编辑成如《蔡元培全集》《蔡元培学术论著》《蔡元培文集》等。其中最具代表性的两部《全集》，一是高平叔编辑的深得海内外学术文化界赞誉的权威性 7 卷本《蔡元培全集》（中华书局，1984），二是中国蔡元培研究会编辑的 18 卷本《蔡元培全集》（浙江教育出版社，1977）。此外，比较有代表性的还有我国台湾地区出版的锦绣版本。

（二）原文节选

对于新教育之意见①

（一九一二年二月十一日）

近日在教育部与诸同人新草学校法令，以为征集高等教育会议之预备，颇承同志饷以说论。顾关于教育方针者殊寡，辄先述鄙见以为喤引，幸海内教育家是正之。

教育有二大别：曰隶属于政治者，曰超轶乎政治者。专制时代（兼立宪

---

① 高平叔．蔡元培全集［M］．北京：中华书局，1984．又名《对于教育方针之意见》。蔡元培任民国教育总长后，发表此篇。先后刊载于《民立报》1912 年 2 月 8 日、9 日、10 日；《教育杂志》第 3 卷第 11 号（1912 年 2 月 10 日出版）；《东方杂志》第 8 卷第 10 号（1912 年 4 月出版）。1912 年 9 月，北京教育部公布《教育宗旨令》如下：“兹定教育宗旨，特公布之，此令。注重道德教育，以实利教育、军国民教育辅之，更以美感教育完成其德。中华民国元年九月初二日部令第二号。”见《教育杂志》第 4 卷第 7 号“法令”栏（1912 年 10 月 10 日出版）。

而含专制性质者言之)，教育家循政府之方针以标准教育，常为纯粹之隶属政治者。共和时代，教育家得立于人民之地位以定标准，乃得有超轶政治之教育。清之季世，隶属政治之教育，腾于教育家之口者，曰**军国民教育**。夫军国民教育者，与社会主义僢驰，在他国已有道消之兆。然在我国，则强邻交逼，亟图自卫，而历年丧失之国权，非凭借武力，势难恢复。且军人革命以后，难保无军人执政之一时期，非行举国皆兵之制，将使军人社会，永为全国中特别之阶级，而无以平均其势力。则如所谓军国民教育者，诚今日所不能不采者也。

虽然，今之世界，所恃以竞争者，不仅在武力，而尤在财力。且武力之半，亦由财力而孳乳。于是有第二之隶属政治者，曰**实利主义之教育**，以人民生计为普通教育之中坚。其主张最力者，至以普通学术，悉寓于树艺、烹饪、裁缝及金、木、土工之中。此其说创于美洲，而近亦盛行于欧陆。我国地宝不发，实业界之组织尚幼稚，人民失业者至多，而国甚贫。实利主义之教育，固亦当务之急者也。

是二者，所谓强兵富国之主义也。顾兵可强也，然或溢而为私斗，为侵略，则奈何？国可富也，然或不免知欺愚，强欺弱，而演贫富悬绝，资本家与劳动家血战之惨剧，则奈何？曰教之以公民道德。何谓公民道德？曰法兰西之革命也，所标揭者，曰自由、平等、亲爱。道德之要旨，尽于是矣。孔子曰：匹夫不可夺志。孟子曰：大丈夫者，富贵不能淫，贫贱不能移，威武不能屈。自由之谓也。古者盖谓之义。孔子曰：己所不欲，勿施于人。子贡曰：我不欲人之加诸我也，吾亦欲毋加诸人。《礼·大学记》曰：所恶于前，毋以先后；所恶于后，毋以从前；所恶于右，毋以交于左；所恶于左，毋以交于右。平等之谓也。古者盖谓之恕。自由者，就主观而言之也。然我欲自由，则亦当尊人之自由，故通于客观。平等者，就客观而言之也。然我不以不平等遇人，则亦不容人之以不平等遇我，故通于主观。二者相对而实相成，要皆由消极一方面言之。苟不进之以积极之道德，则夫吾同胞中，固有因生禀之不齐，境遇之所迫，企自由而不遂，求与人平等而不能者。将一切恝置之，而所谓自由若平等之量，仍不能无缺陷。孟子曰：鳏寡孤独，天下之穷民而无告者也。张子曰：凡天下疲癃残疾茕独鳏寡，皆吾兄弟之颠连而无告者也。禹思天下有溺者，由己溺之。稷思天下有饥者，由己饥之。伊尹思天下之人，匹夫匹妇有不与被尧舜之泽者，若己推而纳之沟中。孔子曰：己欲立而立人，己欲达而达人。亲爱之谓也。古者盖谓之仁。三者诚一切道德之根源，而**公民道德教育**之所有事者也。

教育而至于公民道德，宜若可为最终之鹄的矣。曰未也。公民道德之教育，犹未能超轶乎政治者也。世所谓最良政治者，不外乎以最大多数之最大幸福为鹄的。最大多数者，积最少数之一人而成者也。一人之幸福，丰衣足食也，无灾无害也，不外乎现世之幸福。积一人幸福而为最大多数，其鹄的犹是。立法部之所评议，行政部之所执行，司法部之所保护，如是而已矣。即进而达礼运之所谓大道为公，社会主义家所谓未来之黄金时代，人各尽所能，而各得其所需要，要亦不外乎现世之幸福。盖政治之鹄的，如是而已矣。一切隶属政治之教育，充其量亦如是而已矣。

虽然，人不能有生而无死。现世之幸福，临死而消灭。人而仅仅以临死消灭之幸福为鹄的，则所谓人生者有何等价值乎？国不能有存而无亡，世界不能有成而无毁，全国之民，全世界之人类，世世相传，以此不能不消灭之幸福为鹄的，则所谓国民若人类者，有何等价值乎？且如是，则就一人而言之，杀身成仁也，舍生取义也，舍己而为群也，有何等意义乎？就一社会而言之，与我以自由乎，否则与我以死，争一民族之自由，不至沥全民族最后之一滴血不已，不至全国为一大塚不已，有何等意义乎？且人既无一死生破利害之观念，则必无冒险之精神，无远大之计划，见小利，急近功，则又能保其不为失节堕行身败名裂之人乎？谚曰当局者迷，旁观者清。非有出世间之思想者，不能善处世间事，吾人即仅仅以现世幸福为鹄的，犹不可无超轶现世之观念，况鹄的不止于此者乎？

以现世幸福为鹄的者，政治家也；教育家则否。盖世界有二方面，如一纸之有表里：一为现象，一为实体。现象世界之事为政治，故以造成现世幸福为鹄的；实体世界之事为宗教，故以摆脱现世幸福为作用。而教育者，则立于现象世界，而有事于实体世界者也。故以实体世界之观念为其究竟之大目的，而以现象世界之幸福为其达于实体观念之作用。

然则现象世界与实体世界之区别何在耶？曰：前者相对，而后者绝对；前者范围于因果律，而后者超轶乎因果律；前者与空间时间有不可离之关系，而后者无空间时间之可言；前者可以经验，而后者全恃直观。故实体世界者，不可名言者也。然而既以是为观念之一种矣，则不得不强为之名，是以或谓之道，或谓之太极，或谓之神，或谓之黑暗之意识，或谓之无识之意志。其名可以万殊，而观念则一。虽哲学之流派不同，宗教家之仪式不同，而其所到达之最高观念皆如是。（最浅薄之唯物论哲学，及最幼稚之宗教祈长生求福利者，不在此例。）

然则，教育家何以不结合于宗教，而必以现象世界之幸福为作用？曰：世固有厌世派之宗教若哲学，以提撕实体世界观念之故，而排斥现象世界。因以现象世界之文明为罪恶之源，而一切排斥之者。吾以为不然。现象实体，仅一世界之两方面，非截然为互相冲突之两世界。吾人之感觉，既托于现象世界，则所谓实体者，即在现象之中，而非必灭乙而后生甲。其现象世界间所以为实体世界之障碍者，不外二种意识：一、人我之差别，二、幸福之营求是也。人以自卫力不平等而生强弱，人以自存力不平等而生贫富。有强弱贫富，而彼我差别之意识起。弱者贫者，苦于幸福之不足，而营求之意识起。有人我，则于现象中有种种之界面，而与实体违。有营求则当其未遂，为无已之苦痛。及其既遂，为过量之要索。循环于现象之中，而与实体隔。能剂其平，则肉体之享受，纯任自然，而意识界之营求泯，人我之见亦化。合现象世界个别之意识为浑同，而得与实体吻合焉。故现世幸福，为不幸福之人类到达于实体世界之一种作用，盖无可疑者。军国民、实利两主义，所以补自卫自存之力之不足。道德教育，则所以使之互相卫互相存，皆所以泯营求而忘人我者也。由是而进以提撕实体观念之教育。

提撕实体观念之方法如何？曰：消极方面，使对于现象世界，无厌弃而亦无执著；积极方面，使对于实体世界，非常渴慕而渐进于领悟。循思想自由言论自由之公例，不以一流派之哲学一宗门之教义梏其心，而惟时时悬一无方体无始终之世界观以为鹄。如是之教育，吾无以名之，名之曰**世界观教育**。

虽然，世界观教育，非可以旦旦而聒之也。且其与现象世界之关系，又非可以枯槁单简之言说袭而取之也。然则何道之由？曰**美感之教育**。美感者，合美丽与尊严而言之，介乎现象世界与实体世界之间，而为津梁。此为康德所创造，而嗣后哲学家未有反对之者也。在现象世界，凡人皆有爱恶惊惧喜怒悲乐之情，随离合生死祸福利害之现象而流转。至美术则即以此等现象为资料，而能使对之者，自美感以外，一无杂念。例如采莲煮豆，饮食之事也，而一入诗歌，则别成兴趣。火山赤舌，大风破舟，可骇可怖之景也，而一入图画，则转堪展玩。是则对于现象世界，无厌弃而亦无执著也。人既脱离一切现象世界相对之感情，而为浑然之美感，则即所谓与造物为友，而已接触于实体世界之观念矣。故教育家欲由现象世界而引以到达于实体世界之观念，不可不用美感之教育。

五者，皆今日之教育所不可偏废者也。**军国民主义，实利主义，德育主义三者，为隶属于政治之教育。（吾国古代之道德教育，则间有兼涉世界观者，当分别论之。）世界观、美育主义二者，为超轶政治之教育。**

以中国古代之教育证之，虞之时，夔典乐而教胄子以九德，德育与美育之教育也。周官以卿三物教万民，六德六行，德育也。六艺之射御，军国民主义也。书数，实利主义也。礼为德育；而乐为美育。以西洋之教育证之，希腊人之教育为体操与美术，即军民国主义与美育也。欧洲近世教育家，如海尔巴脱氏纯持美育主义。今日美洲之杜威派，则纯持实利主义者也。

以心理学各方面衡之，军国民主义毗于意志；实利主义毗于知识；德育兼意志情感二方面；美育毗于情感；而世界观则统三者而一之。

以教育界之分言三育者衡之，军国民主义为体育；实利主义为智育；公民道德及美育皆毗于德育；而世界观则统三者而一之。

以教育家之方法衡之，军国民主义，世界观，美育，皆为形式主义；实利主义为实质主义；德育则二者兼之。

譬之人身：军国民主义者，筋骨也，用以自卫；实利主义者，胃肠也，用以营养；公民道德者，呼吸机循环机也，周贯全体；美育者，神经系也，所以传导；世界观者，心理作用也，附丽于神经系，而无迹象之可求。此即五者不可偏废之理也。

本此五主义而分配于各教科，则视各教科性质之不同，而各主义所占之分数，亦随之而异。国语国文之形式，其依准文法者属于实利，而依准美词学者，属于美感。其内容则军国民主义当占百分之十，实利主义当占其四十，德育当占其二十，美育当占其二十五，而世界观则占其五。

修身，德育也，而以美育及世界观参之。

历史、地理，实利主义也。其所叙述，得并存各主义。历史之英雄，地理之险要及战绩，军国民主义也；记美术家及美术沿革，写各地风景及所出美术品，美育也；记圣贤，述风俗，德育也；因历史之有时期，而推之于无终始，因地理之有涯涘，而推之于无方体，及夫烈士、哲人、宗教家之故事及遗迹，皆可以为世界观之导线也。

算学，实利主义也，而数为纯然抽象者。希腊哲人毕达哥拉士以数为万物之原，是亦世界观之一方面；而几何学各种线体，可以资美育。

物理化学，实利主义也。原子电子，小莫能破，爱耐而几（Energy），范围万有，而莫知其所由来，莫穷其所究竟，皆世界观之导线也；视官听官之所触，可以资美感者尤多。

博物学，在应用一方面，为实利主义；而在观感一方面，多为美感。研究进化之阶段，可以养道德，体验造物之万能，可以导世界观。

图画，美育也，而其内容得包含各种主义：如实物画之于实利主义，历史画之于德育是也。其至美丽至尊严之对象，则可以得世界观。

唱歌，美育也，而其内容，亦可以包含种种主义。

手工，实利主义也，亦可以兴美感。

游戏，美育也；兵式体操，军国民主义也；普通体操，则兼美育与军国民主义二者。

上之所著，仅具辜较，神而明之，在心知其意者。

清代，有所谓钦定教育宗旨者，曰忠君，曰尊孔，曰尚公，曰尚武，曰尚实。忠君与共和政体不合，尊孔与信教自由相违（孔子之学术，与后世所谓儒教、孔教当分别论之。嗣后教育界何以处孔子，及何以处孔教，当特别讨论之，兹不赘），可以不论。尚武，即军国民主义也。尚实，即实利主义也。尚公，与吾所谓公民道德，其范围或不免有广狭之异，而要为同意。惟世界观及美育，则为彼所不道，而鄙人尤所注重，故特疏通而证明之，以质于当代教育家，幸教育家平心而讨论焉。

教育独立议

（一九二二年三月）

教育是帮助被教育的人，给他能发展自己的能力，完成他的人格，于人类文化上能尽一分子的责任；不是把被教育的人，造成一种特别器具，给抱有他种目的的人去应用的。所以，**教育事业当完全交与教育家，保有独立的资格，毫不受各派政党或各派教会的影响。**

教育是要个性与群性平均发达的。政党是要制造一种特别的群性，抹杀个性。例如，鼓励人民亲善某国，仇视某国；或用甲民族的文化，去同化乙民族。今日的政党，往往有此等政策，若参入教育，便是大害。教育是求远效的；政党的政策是求近功的。中国古书说："一年之计树谷；十年之计树木；百年之计树人。"可见教育的成效，不是一时能达到的。政党不能掌握政权，往往不出数年，便要更迭。若把教育权也交与政党，两党更迭的时候，教育方针也要跟着改变，教育就没有成效了。所以，教育事业不可不超然于各派政党以外。

教育是进步的：凡有学术，总是后胜于前，因为后人凭着前人的成绩，更加一番功夫，自然更进一步。**教会是保守的**：无论什么样尊重科学，一到《圣经》的成语，便绝对不许批评，便是加了一个限制。教育是公同的：英国的学生，可以读阿拉伯人所作的文学；印度的学生，可以用德国人所造的仪器，都没有什么界限。教会是差别的：基督教与回教不同；回教又与佛教不同。不但这样，基督教里面，天主教与耶稣教又不同。不但这样，耶稣教里面，又有长老会、浸礼会、美以美会……派别的不同。彼此谁真谁伪，永远没有定论。止好让成年的人自由选择，所以各国宪法中，都有"信仰自由"一条。若是把教育权交与教会，便恐不能绝对自由。所以，教育事业不可不超然于各派教会以外。

但是，**什么样可以实行超然的教育呢？**鄙人拟一个办法如下：

分全国为若干大学区，每区立一大学；凡中等以上各种专门学术，都可以设在大学里面，一区以内的中小学校教育，与学校以外的社会教育，如通信教授、演讲团、体育会、图书馆、博物院、音乐、演剧、影戏……与其他成年教育、盲哑教育等等，都由大学办理。

大学的事务，都由大学教授所组织的教育委员会主持。大学校长，也由委员会举出。

由各大学校长，组织高等教育会议，办理各大学区互相关系的事务。

教育部，专办理高等教育会议所议决事务之有关系于中央政府者，及其他全国教育统计与报告等事，不得干涉各大学区事务。教育总长必经高等教育会议承认，不受政党内阁更迭的影响。

大学中不必设神学科，但于哲学科中设宗教史、比较宗教学等。

各学校中，均不得有宣传教义的课程，不得举行祈祷式。

以传教为业的人，不必参与教育事业。

各区教育经费，都从本区中抽税充用。较为贫乏的区，经高等教育会议议决后，得由中央政府拨国家税补助。

注：分大学区与大学兼办中小学的事，用法国制。

大学可包括各种专门学术，不必如法、德等国别设高等专门学校，用美国制。

大学兼任社会教育，用美国制。

大学校长，由教授公举，用德国制。

大学不设神学科，学校不得宣传教义与教士不得参与教育，均用法国制。瑞士亦已提议。

抽教育税，用美国制。

拓展性阅读

1. 季蒙，谢泳. 胡适论教育［M］. 合肥：安徽教育出版社，2006.
2. 蔡元培. 蔡元培学术论著［M］. 杭州：浙江人民出版社，1998.
3. 蔡元培. 蔡子民先生言行录［M］. 济南：山东人民出版社，1998.
4. 高平叔. 蔡元培教育论著选［M］. 北京：人民教育出版社，1991.

第二节　平民教育名著选读

一、平民教育思想概要

五四运动前后，随着民主思想的盛行及杜威社会改良主义的影响，教育上出现了一种新的教育思想和实践：平民教育思想与平民教育运动。“平民教育”作为五四新文化运动统一战线中的一个共同口号，吸引了众多知识分子投身其中。大致说来，当时宣传和信奉平民教育，投身平民教育运动的主要有三个代表派别：一是以陈独秀、李大钊、邓中夏为代表的共产主义知识分子组成的平民教育讲演团。他们以教育普及与平等为目的，以增进平民知识、唤起平民之自觉心为宗旨，以露天讲演为方法，扩大了民主主义文化运动和爱国运动的影响，对社会起了一定的宣传鼓舞作用；二是由北京高等师范学校的教职员和学生联合发起组织的平民教育社。他们发行社刊《平民教育》，认为教育的“根本改造”是社会改造的根本，对教育为剥削阶级所独占的不平等现象进行了深刻揭露和批判，主张通过平民教育的实施来实现平民社会的改造；三是由爱国教育家晏阳初、陶行知等倡办的中华平民教育促进会。他们则以“除文盲、作新民”为宗旨，以城市为重点，在全国二十多个省区轰轰烈烈地开展了扫除文盲的识字教育运动，并取得了显著效果。尽管这些派别的见解不尽相同，活动重点也大有区别，但是，反对封建主义专制教育，追求教育权利的扩大和教育机会的平等，主张给失学或无力入学的广大劳动人民进行文化知识教育，却是其共有内涵。

20 世纪 20 年代以后，随着社会政治形势的发展，平民教育发生了变化。它从最初提倡向平民传授基本知识和民主思想，进而发展为探索中国社会根本改造的方向和道路。在这个过程中，其各个代表派别的主张和活动，呈现出不同的分化和演进方向。这种分化和演变，反映了在中国革命从旧民主主义向新民主主义转变的历史时期，围绕平民教育问题，出现新旧思想交替，各种政治和教育思想呈现明显不同发展的情形。首先，以早期马克思主义者为代表的平民教育的倡导者深入到劳动群众中去，以广大工农为对象，不仅传播文化知识，而且配合日益兴起的国民革命，启发其反帝反封建的觉悟，开展了蓬勃的工农教育活动。他们创办工人夜校和劳动补习学校，出版刊物，进行马克思主义宣传和文化知识教育，引导和组织群众参加革命斗争。其次，以平民教育社为代表的一部分平民教育的倡导者抱着教育救国的理想，希望以平民教育来实现国家民主和社会改造，后期走上改良主义的道路，未能跟得上时代步伐。再次，以晏阳初为代表的中华平民教育促进会从1926年开始，将视野从城市转向广袤的农村，并逐渐完成了由识字运动到乡村建设的重大转变，汇入声势浩大的乡村教育思潮中。平教会将平民教育从城市推向农村，由基本上以识字教育为主扩大为一种乡村改造运动，这种转变具有重要的意义。但是，就教育问题与社会改造的关系而言，他们把“愚、穷、私”作为所有问题的症结所在，没有认识到中国社会经济破产、政治腐败、生活贫困的根本原因是帝国主义的侵略与社会制度的不合理。

总之，20世纪20、30年代的平民教育运动试图对广大民众进行教育，进而改造社会，以达到救国救民的目的，在当时产生了积极而广泛的影响。在我们今天看来，虽然他们的教育思想和实践具有一定的时代性和局限性，但仍为当今开展民众教育提供了理论上的借鉴和实践上的启迪。

二、晏阳初与《平民教育概论》和《中华平民教育促进会定县工作大概》

（一）作者和作品简介

晏阳初（1890—1990年），原名兴复，字阳初，四川巴中人，近代教育家。1918年，毕业于美国耶鲁大学，1920年回国，先后担任中华基督教青年会全国协会平民教育科科长、中华平民教育促进会总会总干事等职，积极推行平民教育运动。自1926年起，他又把平民教育的重点从城市移到乡村，并于1929年7月，举家迁往河北定县，全力从事“彻底的、集中的、整个的县单位实验”。1940年，他创办中国乡村建设育才院，任院长。1943年，被“哥白尼逝世四百年全美纪念会”推选为十名“我们时代里具有哥白尼的革命精神，并为时代做出革命贡献的人”之一，和爱因斯坦、杜威齐名。从1950年开始，晏阳初从事国际平民教育运动，曾被聘为联合国教科文组织特别顾问，先后到许多发展中国家考察和指导乡村建设工作。

五四运动前后，我国一批教育家和教育团体倡导平民教育。20世纪20年代以后，平民教育向乡村推进，乡村教育与乡村建设运动蓬勃开展起来。晏阳初主持的中华平民教育促进会，以河北定县为实验区，从事乡村建设实验，以实现改造中国、复兴民族的目标。晏阳初认为，平民教育的目的是养成有知识、有生产力和公德心的“整个的人”。针对中国农村“愚、贫、弱、私”四大基本问题，他提出用文艺教育、生计教育、卫生教育、公民教育来疗治，并运用学校式、家庭式和社会式“三大教育方式”来实施乡村平民教育。

晏阳初的著述由今人汇编为《晏阳初全集》。该全集是我国20世纪80年代由宋恩荣等对晏阳初从事平民教育和乡村改造70余年间所写的专著、调查报告、总结报告，以及国内外各种场合发表的演讲和讲话稿件的集中整理，是国内较完备的关于晏阳初论著的汇编版本。2013年12月，由宋恩荣先生主编的，修订后的《晏阳初全集》四卷本由天津教育出版社再版。[①] 但由于1989年版本存续时间较长，目前2013版仍无法代替20世纪80年代全集的权威地位，故本节选录仍使用较早版本。

（二）原文节选

平民教育概论[②]

（1928年4月）

一、平民教育的意义

（一）平民信条　人的人格本来平等，原无上下高低之分；因为社会制度不良，一部分人得有受教育的机会，一部分人没有受教育的机会，于是各人的学问、德行显出不同，而人格的上下高低亦即由是而判别。**吾人在社会组织未经改良之前，惟有努力于教育机会的平等，使人人所蕴蓄的无限能力都有发展的机会。这样，人格不平等的原因就可以消除了。**

（二）平民界说　现在全国只有最少数的人民得受教育，其余最多数的人民全没有教育。依中华教育改进社的调查统计，不识字的人民占全国总数80%以上，就是全国四万万人中有三万万二千万不识字的人。其中有一部分是6岁至12岁的学龄儿童，虽不能得其概数，但依欧美各国的统计，学龄儿童约占人口总数五分之一，所以现在国内至少有七千万的失学儿童。这种学龄儿童应受国家的义务教育；假使政治上了轨道，还有受教育的机会。其余两万万以上的青年和成人，政府对于他们不负责任，社会对于他们没法补救，真是不幸极了。**所以应受平民教育的平民，从狭义讲，就是指导这一般失学**

---

① 该四卷本主要有以下三点变化：第一，对旧版的全部资料进行修订、校正；第二，补充了新发现的晏阳初有关平民教育、乡村改造等论著、演讲、书信资料；第三，汇集中华平民教育促进总会的宣言、章程、组织大纲、董事会名单，以及晏阳初开展平民教育与乡村建设活动的背景资料。

② 宋恩荣．晏阳初全集［M］．长沙：湖南教育出版社，1989．《平民教育概论》原系“平民教育丛书”之一，1928年4月，商务印书馆出版。

的青年和成人；从广义讲，就是一般粗通文字没有常识的男女，也应包括在内。

（三）平民教育　**平民教育的目的是教人做人。做什么人？做“整个的人”。什么叫做“整个的人”？第一要有知识力，第二要有生产力，第三要有公德心。**要造就整个的人，须有三种教育：

1. 文字教育——民智　就我国人对于读书的观念来说，常有一种根本误谬的观念，以为读书是读书人的专业，其他的人可不必读书。士农工商之中，惟士可以读书；若农，若工商，就不必读书。所以现在除商人需要文字，尚有一部分读书以外，其余农民、工人几乎全数都是不识字的。我们应先将此种观念根本推翻，使人人觉悟读书识字是人类共有的权利，无论什么人都应享受。若是只有一小部分人读书，最大多数愚蠢，必致产生许多痛苦和羞耻的事。

就我国的新文化运动来说，所谓新文化运动，都是少数学者的笔墨运动，和多数平民真是风马牛不相及。其中虽亦有关于改进平民生活，免除平民压迫的问题。然而平民生活只有一天比一天堕落，各种压迫只有一天比一天加重。尽管一些研究社会学的学者在报章上对于工人有什么8小时工作制啦，增加工资啦，工人卫生和工人教育啦，对于农民又有什么打倒地主啦，保障农民利益啦，高谈阔论，说得天花乱坠。而城市的工人每天工作仍然在15小时以上，所得工资得顾个人的口腹尚虞不足，至于教育、卫生，更是梦想不到；乡村的农民，终年忙碌，所有生产都被政府、地主剥夺净尽，自己则“乐岁终身苦，凶年不免于死亡”。像这样无知识的人，对于自己的生活没有改进的方法，对于外界的压迫没有免除的能力；社会上种种切身关系的运动，也不知道参加，岂不是“一生辛苦有谁怜”！再从人类和牛马的分别来说：牛马供人的驱使，所得不过满腹。现在的农民工人，为吃饭而劳动，为劳动而吃饭，和牛马有什么分别？与其名之为人，不如称为两腿动物。倘人类与牛马仅在两腿与四腿之争，人生还有什么意义？有什么价值？但人类无论如何，决不屑自等于牛马，皆愿享受教育以培植其知识；更愿将所得的知识分给多数的人，以消除其牛马的生活。

最后就人类生存的竞争来说，知识是生存竞争必不可少的东西，无论个人，无论国家，其优胜者，必定是知识超越的！其劣败者，必定是知识低下的。现在国家受异族的压迫，人民受军阀的摧残，其根本原因就在我国人民的平均知识低下。假使我们真有为民族争自由，为民权图发展的决心，则应先努力于提高民智，使我国牛马奴隶生活的民众一变而为有知识有头脑的国民。

文字是传播知识的工具，也是寻求知识的钥匙。欲传播知识，须先传授文字；欲得知识，必须认识文字，所以平民教育第一步必须有文字教育。

2. 生计教育——民生　文字教育可以消除大多数的文盲。即使文盲除尽，人人能应用日常必需的文字，其与国家社会的前途究竟有什么利益？这是平民教育第一重要问题。并且中国人还有一种最通行的毛病，在没有读书以前，尚肯做工，以谋个人的生活，一到抱了书本以后，便成文人，文人自己可以不必生产，社会应负供养的责任。还有一部分的人，终日埋头窗下，只求书本的知识，至于实际生活，尽可菽麦不分。这种寄生虫似的书呆子，不是平民教育的需求，且应极力设法消除。所以平民教育于实施文字教育以外，即需有生计教育，使人人具备生产的技能，造成能自立的国民。倘全国人民均有生产能力，国民生计必皆富足，社会经济自极活动，就是将来世界的经济也都要受中国的影响了。

3. 公民教育——民德　平民教育从文字方面以提高民智，从生产方面以裕民生。即使民智提高，民生充裕，对于国家社会的前途究竟有什么利益？这是平民教育第二重要的问题。试看历来的卖国奴，何一非知识超越、经济富足的人呢？盖其人缺乏公德心，一举一动，只知有自己的祸福利害，不顾国家社会的祸福利害；所有知识、经济，只足以供其为恶之资，所作之恶，常比无知识无能力者高出万倍。倘平民教育处处都是养成这种自私自利的亡国奴，岂是国家之福？所以平民教育于实施文字教育和生计教育外，另有公民教育，希望造成热诚奉公的公民。

总之，平民教育是养成有知识、有生产力和公德心的整个人。

四、平民教育的原则

（一）**全民的**　即凡一般已过学龄时期，而不识字或已识字而缺乏常识的青年和成人，不分男女、老少、富贵、贫贱，都有领受平民教育的必要。

（二）**以平民需要为标准的**　平民是因为缺乏某种常识，或需要某种技能，才来上学。是故所学当为所用，所用即为所学而后可。倘平民学校不能满足其需求，平民教育就算失败了。

（三）**适合平民生活状况的**　平民大多数都很穷苦，每天工作的时间很长，要使他们筹出一点钱，在百忙之中来受教育，非用最少的经济、最短的时间，万办不到。所以平民教育第一要图金钱和时间的经济。课程及教材，也应力求简单，读书的时间过长，易使平民生厌倦之心，势必半途而废，所以教育的期间不能过四个月。

（四）**根据本国国情和人民心理的**　平民教育是我国特有的教育问题，非抄袭东西洋而来；要想抄袭，亦无从抄袭。只有根据本国国情、人民心理而定教育的目标、方法与进行的步骤。

（五）**地方自动负责的**　平民教育应普及于全国。事业远大，不是一个机关可以包办的。不说财力不足，人才缺乏，没有包办的本领。就是财力、人力都很充足，在原则上讲，也不应由少数人来包办。因为由本地方的人，出本地方的钱，办本地方的事，不特可以持久，更可养成本地责任观念和自立精神。

（六）**人人有参加的可能**　现在社会上很难得有一件事人人都有参加的可能，只有平民教育，无论什么人都可以参加。受过教育的人，可以来教人，未受过教育的人，可以来受教。所以人民对于平民教育运动，不必问能否参加，但问愿不愿参加而已。

五、平民教育实施的方法

（一）**学校式的**　学校式的教育，对于青年较为适宜。因为青年脑筋灵敏，思想活泼，用形式的、有系统的训练，收效甚易。在学校式的教育中，因教具和教法的不同，可分为三种：

1. 单班学校　普通的单班教学，用不着特别的教具。
2. 挂图学校　所用教具是挂图、挂课、挂字等。
3. 幻灯学校　应用幻灯，可以教授多数的学生。

（二）**社会式的**　成人年龄已长，事务较多，脑筋纷杂，记忆薄弱，只能施以社会式的教育。如讲演、戏剧、展览、电影、音乐等，都是教育成人最好的方法。

（三）**表证式的**　凡事徒空谈理论而没有实验证明，往往不易使人信服；尤其是平民厌听空话，爱看实验。所以在生计教育方面，多采这种方法，使平民易于相信，并能仿效。

……

八、平民教育运动的使命

平民教育运动的使命，在于“作新民”。分析其内容，有下列四项：

（一）养成有知识，有生产力，有公共心的整个人。

（二）养成社会健全的分子，发展社会的事业。

（三）养成建设国家的国民，增高国际的地位。

九、平民教育推行的政策

平民教育促进会总会是平教的学术机关；至于推行平民教育，是各地平民教育促进会的责任。要希望平民教育达到普及的目的，非全国各地方一致努力进行不可。根据各处推行平教的经验并希望各地推行平教顺利，我们采取了鼎足而三的平教推行政策。这三足是：一、地方人士；二、平教专家；

三、地方政府。三足分工合作的责任大致如下：

（一）地方上各界领袖，自动结合各法团各机关和一般热心人士共同提倡平教，并分任各委员会的委员，协助专家实施平教；

（二）培养或聘请平教专门人才，专任实施平教事宜，并请托平教总会选派专家指导一切；

（三）呈请地方政府补助经费，维持秩序，并规定褒奖和惩戒办法，使平民教育在地方上易于普及。

中华平民教育促进会定县工作大概[①]

（1933年7月）

二、农村建设四大问题

在定县，我们研究的结果，认为农村问题是千头万绪。从这些问题中，我们又认定了四种问题，是比较基本的。这四大基本问题，可以用四个字来代表它，所谓愚、贫、弱、私。

所谓**愚**，我们知道中国最大多数的人民，不但缺乏智识，简直他们目不识丁，所谓中国人民有80%是文盲。

所谓**穷**，我们知道中国最大多数人民的生活，简直是在生与死的夹缝里挣扎着，并谈不到什么叫生活程度，生活水平线。

所谓**弱**，我们知道中国最大多数人民是无庸讳辩的病夫。人民生命的存亡，简直付之天命，所谓科学治疗、公共卫生，根本谈不到。

所谓**私**，我们知道中国最大多数人民是不能团结、不能合作、缺乏道德陶冶，以及公民的训练。在这几个缺点之下，任何建设事业，是谈不到的。要根本解决这四个基本问题，我们便要从事四种教育工作，这四种教育是：（一）文艺教育；（二）生计教育；（三）卫生教育；（四）公民教育。同时这四大教育，也就是我们从十九年秋季起，决定集中我们人力财力在定县作一个彻底的、集中的、整个的县单位实验的内容。

三、四大教育与三大方式

关于**文艺教育**的工作，是要谋解决愚的问题的。从文字及艺术教育着手，使人民认识基本文字，得到求知识的工具，以为接受一切建设事务的准备。凡关于文字研究，开办学校，教材的编制，教具教学方法的研究，以及于乡村教育制度的确立，都是属于这部分工作范围以内的。

---

① 本文是作者于1933年7月在山东邹平召开的第一次乡村工作讨论会上的报告，选自《乡村建设实验》第一集，中华书局，1934年4月版。

我们工作的原则是只从事研究与实验，设立实验学校、表演学校，将研究结果，贡献给地方当局，让他们去推广。同时我们还要注意到这种研究出来的文艺教育，是要普遍适用于全国其他各县的，必须合乎农村经济财力的，因为在穷中国办穷致育，必须要用穷的办法。

这方面的工作，我们自信已有相当成功，我们打算在今年以内，能够做到把全县的青年文盲除净，目的是在发见并造成除文盲整套的应用学术。

农民有了基本文字知识，我们把他们组织起来，就是平民学校毕业学生所组织的各村同学会，也属于我们社会式教育工作之一。这些同学会，是由农村优秀青年组成的，他们是农村建设的中心分子，他们有了知识，有了组织，去做建设工作，是容易推动的。

关于**生计教育**工作，是要谋解决穷的问题的。我们从农业生产、农村经济、农村工业各方面着手。在农业生产方面：注意到选种、园艺、畜牧各部分工作。应用农业科学，提高生产，使农民在农事方面，能接收最低限度的农业科学。在农村经济方面：利用合作方式教育农民，组织合作社、自助社等。使农民在破产的农村经济状况下，能得到相当的补救办法。在农村工艺方面：除改良农民手工业外，并提倡其他副业，以充裕其经济生产能力。

关于**卫生教育**工作，是要谋解决弱的问题的。我们注重大众卫生与健康，及科学医药之设施。使农民在他们的经济状况之下，有得到科学治疗的机会，能保持他们最低限度的健康。确立一个乡村保健制度，由村而区而县成一个有系统的、整个的县单位保健组织。全村有一个保健员。保健员就是平民学校毕业生同学会会员，受过短期训练的。他们带着保健箱子，到村里各家去施诊，使各村农民，都有受得科学医药治疗的机会。

关于**公民教育**的工作，是要谋解决私的问题的。我们激起人民的道德观念，施以良好的公民训练，使他们有公共心、团结力，有最低限度的公民常识、政治道德，以立地方自治的基础。我们办教育，固然要注意文艺、生计、卫生，但是我们不要忘记了根本的根本，就是人与人的问题，大家要都是自私自利，国家就根本不能有办法，绝没有复兴的希望。所以我们办公民教育，用家庭方式的教育，在家庭每个分子里，施以公民道德的训练，使每一个分子，了解一个人与社会的关系，以发扬他们公共心的观念。其次我们在这困难严重的局面下，还要注意唤醒人民民族意识，把历代伟大人物，可歌可泣的故事，用通俗的文字写出来，用图画画出来，激励农民的民族意识。

拓展性阅读

1. 北京师联教育科学研究所. 乡村平民教育思想与教育论著选读［M］. 北京：中国环境科学出版社，2006.
2. 晏阳初. 晏阳初全集：第1卷［M］. 长沙：湖南教育出版社，1989.
3. 晏阳初. 晏阳初文集［M］. 成都：四川教育出版社，1990.

第三节　乡村教育名著选读

一、乡村教育思想概要

乡村教育是平民教育运动的进一步发展。当时许多举办平民教育的教育家深刻地认识到，农村人口占全国总人口的85%，现在中国的教育制度不适应中国社会的需要，尤其是农村社会的需要。于是从20世纪20年代起把平民教育运动重点放在农村，旨在从教育农民入手，以改进乡村生活和推进乡村建设，他们提倡“到乡村去”“到民间去”，不但极力鼓吹，而且实地从事，见诸行动。

从20世纪20—30年代，中国的一些教育团体和教育家，到乡村办起了以教育为主体的乡村改进或乡村建设的试验区。其中具有代表性的有，陶行知以中华教育改进社名义，在南京郊区创办的晓庄乡村师范学校和以梁漱溟为代表的乡村建设派，在山东邹平建立的乡村建设研究院。除此之外还有由黄炎培主持的中华职业教育社从1926年6月开始，在江苏昆山徐公桥创办的乡村改进区，以及以晏阳初任总干事的中华平民教育会总会从1927年冬季开始，在河北定县创立的乡村建设研究院。这些试验区中，虽然都是开展乡村教育，进行乡村或乡村建设的试验，但是因为主持试验区的教育家和教育团体的政治倾向和教育理想不同，各个试验区中所倡导的乡村教育性质或内涵则有所差异。单从教育内容上看：黄炎培在昆山徐公桥推行的是职业教育主义试验；陶行知在晓庄师范学校开展的是以生活教育理论改造乡村教育的试验。晏阳初在河北定县进行的是乡村平民教育的试验；其中，陶行知的试验属于乡村学校类型，而黄炎培、晏阳初、梁漱溟等的试验属于乡村社会教育类型，这些试验的核心和目标在于发挥教育的功能，进行乡村改进或“乡村建设”。

我国20—30年代乡村教育思潮和运动实质上是一种教育救国论。其实，处于半封建半殖民地状态的旧中国，在阶级对抗非常激烈的历史条件下，企图不采取暴力革命而只用教育办法，使人人受教，从而改变农民的社会地位，改造农村，这只能是一种善良的愿望。中国现代的历史发展事实已经证明，他们所进行的乡村改进或“乡村建设”试验，只能是一次具有爱国心愿的改良主义行动而已。但是，从中国教育发展史角度观察，这是在中国教育发展史中重视农村教育并且开展大规模试验的一次高峰。并且其提出“富教结合”“政教合一”等各种试验方案，进行长时期、脚踏实地的乡村教育试验活动，给后世留下了很多宝贵经验和难得的启迪。

二、陶行知与《中华教育改进社改造全国乡村教育宣言书》

（一）作者和作品简介

陶行知（1891—1946 年），原名文濬，后改知行、行知，安徽歙县人，我国近代杰出的民主主义战士，倡导以生活教育改造社会并从事乡村教育卓有贡献的伟大的人民教育家。1914 年夏末赴美留学，1917 年夏归国，先后在南京高等师范学校、东南大学任教务主任、教授兼教育系主任等职。1922 年 2 月，出任中华教育改进社主任干事，后发起组织中华平民教育促进会。他在推行平民教育活动中，明确认识到：平民教育必须下乡才能使最穷苦的农民受到教育，不久，他提出了平民教育下乡运动。1927 年，陶行知创办南京试验乡村师范学校，开展乡村教育试验，并在此期间形成了自己的教育理论体系，即把教育作为救国救民、改造社会、改造乡村的武器，倡导“生活即教育”“社会即学校”“教学做合一”的生活教育理论。1932 年在上海市郊创办“山海工学团”，实施“小先生制”。1934 年创办《生活教育》半月刊。1938 年，任“生活教育社”理事长。

陶行知较早接受了西方教育理论，尤其是杜威的实用主义教育学的一些观点，同时又结合中国的社会实际予以改造和创新。他以人口占大多数的农村作为阵地，开展乡村教育试验，坚持把教育作为改造社会的武器。为使广大普通民众尽可能地接受教育，得以脱盲，他又提倡“即知即行”的“小先生制”及“生活即教育”“社会即学校”“教学做合一”的生活教育观以适应中国乡村实际。从陶行知提倡乡村教育之早，关心农民教育之切，而又身体力行开展乡村教育试验，并形成自己独具特色的教育理论上讲，他是中国近现代教育史上倡导乡村教育和民众教育、探寻民族教育之路的先驱。

陶行知一生著述甚丰，后人汇编为《陶行知全集》。目前国内出版的《陶行知全集》中较有代表性的是由湖南教育出版社（1985 年）和四川教育出版社（1991 年、2005 年）编辑的版本。其中，四川教育出版社 2005 年编辑出版的《陶行知全集》是目前国内收录陶行知作品最全、最为权威的版本。

（二）原文节选

中华教育改进社改造全国乡村教育宣言书[1]

本社[2]的乡村教育政策是要乡村学校做改造乡村生活的中心，乡村教师做改造乡村生活的灵魂。我们主张由乡村实际生活产生乡村中心学校，由乡村中心学校产生乡村师范。**乡村师范之主旨在造就有农夫身手、科学头脑、改造社会精神的教师。**这种教师必能用最少的金钱，办最好的学校，培植最有生活力的农民。我们深信他们能够依据**教学做合一的原则**，领导学生去学习那征服自然改造社会的本领。但要想，这种教育普遍实现，必须有试验、研究、调查、推广、指导之人才，组织、计划、经费及百折不回的精神，方能成功。本社的事业范围很宽，但今后主要使命之一，即在厉行乡村教育政策，为我们三万万四千万农民服务。我们已经下了决心，要筹募一百万元基金，征集一百万位同志，提倡一百万所学校，改造一百万个乡村。这是一件伟大的建设事业，个个国民对他都负有绝大的责任。我们以至诚之意欢迎大家加入这个运动，赞助他发展，指导他进行，一心一德的为中国乡村开创一个新生命。

生活即教育[3]

今天我要讲的是“生活即教育”。中国从前有一个很流行的名词，我们也用得很多而且很熟的，就是“教育即生活”（Education of life）。教育即生活这句话，是从杜威（John Dewey）先生那里来的，我们过去是常常用它，但是，从来没有问过这里边有什么用意。现在，我把它翻了半个筋斗，改为“生活即教育”。在这里，我们就要问：“什么是生活？”有生命的东西，在一个环境里生生不已的就是生活。譬如一粒种子一样，它能在不见不闻的地方而发芽开花。从动的方面看起来，好像晓庄剧社[4]在舞台演戏一样。“生活即

---

① 方明．陶行知全集［M］．成都：四川教育出版社，2005．本篇系陶行知代表中华教育改进社所写。原载1926年12月3日《新教育评论》第3卷第1期。

② 本社：中华教育改进社，1921年年底由实际教育调查社、新教育共进社、新教育杂志社合并组成。熊希龄、蔡元培、黄炎培、范源濂、郭秉文、张伯苓等为董事，陶行知为主任干事。

③ 晓庄学校于1930年1月16日至2月7日举行全国乡村教师讨论会，本篇系陶行知在会上的演讲，记录者戴自俺、孙铭勋，原载1930年3月29日《乡村教师》第9期。

④ 晓庄剧社：晓庄学校师生组织的戏剧团体，成立于1929年初，陶行知任社长，是中国最早的话剧剧团之一，与南国剧社、复旦剧社齐名。

教育”这个演讲，从前我已经讲了两套，现在重提我们的老套。

第一套就是：

是生活就是教育，不是生活就不是教育；

是好生活就是好教育，是坏生活就是坏教育；

是认真的生活，就是认真的教育，是马虎的生活，就是马虎的教育；

是合理的生活，就是合理的教育，是不合理的生活，就是不合理的教育；

不是生活，就不是教育；

所谓之生活，未必是生活，就未必是教育。

第二套是第二次讲的时候包括进去的，是按着我们此地的五个目标加进去的，就是：

是康健的生活，就是康健的教育，是不康健的生活，就是不康健的教育；

是劳动的生活，就是劳动的教育，是不劳动的生活，就是不劳动的教育；

是科学的生活，就是科学的教育，是不科学的生活，就是不科学的教育；

是艺术的生活，就是艺术的教育，是不艺术的生活，就是不艺术的教育；

是改造社会的生活，就是改造社会的教育，是不改造社会的生活，就是不改造社会的教育。

近来，我们有一个主张，是每一个机关，每一个人在十九年度里都要有一个计划。这样，在十九年里，我们所过的生活，就是有计划的生活，也就是有计划的教育。于是，又**加了这么一套**：

是有计划的生活，就是有计划的教育，是没有计划的生活，就是没有计划的教育。

我今天要说的，就是我们此地的教育，是生活教育，是供给人生需要的教育，不是作假的教育。人生需要什么，我们就教什么。人生需要面包，我们就得受面包教育；人生需要恋爱，我们就得过恋爱生活，也就是受恋爱教育。准此类推，照加上去：是那样的生活，就是那样的教育。

与“生活即教育”有联带关系的就是“学校即社会”。“学校即社会”也就是跟着“教育即生活”而来的，现在我也把它翻了半个筋头，变成**“社会即学校”。整个的社会活动，就是我们的教育范围，不消谈什么联络，而它的血脉是自然流通的。**不要说“学校社会化”。譬如现在说要某人革命化，就是某人本来不革命；假使某人本来是革命的，还要他“化”什么呢？讲“学校社会化”，也是犯同样的毛病。“社会即学校”，我们的学校就是社会，还要什么“化”呢？现在我还有一个比方：学校即社会，就好像把一只活泼泼的小鸟从天空里捉来关在笼里一样。它要以一个小的学校去把社会上所有的一切东西都吸收进来，所以容易弄假。社会即学校则不然，它是要把笼中的小鸟放到天空中去，使它能任意翱翔，是要把学校的一切伸张到大自然界里去。**要先能做到“社会即学校”，然后才能讲“学校即社会”；要先能做到“生活即教育”，然后才能讲到“教育即生活”**。要这样的学校才是学校，这样的教育才是教育。

杜威先生在美国为什么要主张教育即生活呢？我最近见着他的著作，他从俄国回来，他的主张又变了，已经不是教育即生活了。美国是一个资本主义的国家，他们是零零碎碎的实验，有好多教育家想达到的目的不能达到，想实现的不能实现。然而在俄国已经有人达到了，实现了。假使杜威先生是在晓庄，我想他也必主张“生活即教育”的。

杜威先生是没有到过晓庄来的。克伯屈先生在是到过晓庄来的。克伯屈先生离了俄国而来中国，他说：“在离莫斯科不远的地方，有一个人名夏弗斯基①的，他在那里办了一所学校，主张有许多与晓庄相同的地方。”我见了杜威先生的书，他说现在俄国的教育很受这个地方的影响，很注重这个地方。他们也主张生活即教育，社会即学校。克伯屈先生问我们在文字上通过消息没有？我说没有。我又问他：“夏弗斯基这个人是不是共产党？”他说不是。我又问他：“他不是共产党，又怎么能在共产党政府之下办教育呢？”他说：“因为他是要实现一种教育的理想，要想用教育的力量来解决民生问题，所以俄政府许可他试验，他在俄政府之下也能生存。”我又对他说：“这一点倒又和我相合，我在国民党政府之下办教育，而我也不是一个国民党党员。”这是克伯屈先生参观晓庄后与我所谈的话。

现在我们这里的主张，已经终于到了实现的时期了，问题是在怎样实现。这一点，可以分作三个时期：

第一个时期，是生活是生活，教育是教育，两者是分离而没有关系的。

第二个时期，是教育即生活，两者沟通了，而学校社会化的议论也产生了。

第三个时期，是生活即教育，就是社会即学校了。这一期也可以说得是开倒车，而且一直开到最古时代去。因为太古的时代，社会就是学校，是无所谓社会自社会、学校自学校的。这一期也就是教育进步到最高度的时期。

其次，要讲生活即教育与社会即学校，有几方面是要开仗的，而且，是不痛快，是很烦恼，而与我们有极大的冲突的。

第一，在这个时期，是各种思潮在中国谋实现的时期，中国几千年来的传统教育所支配的许多传统思想都要在此时期谋取得它的地位。第二，是外

① 夏弗斯基，通译沙茨基。

来的各种文化，如德国以前是以文化为中心的。这种文化，胡适之先生曾说是一种 Jantade man 的文化，是充满着绅士气的。第二是英国的。

现在先说中国遗留下来的旧文化与我们的生活即教育是有冲突的。中国从前的旧文化，是上了脚镣手铐的。分析起来，就是天理与人欲，以天理压迫人欲，做的事无论怎样，总要以天理为第一要件。

他是以天理为一件事，人欲为一件事。人欲是不对的，是没有地位的。**在生活即教育的原则之下，人欲是有地位的，我们不主张以天理来压迫人欲的。**这里，我们还得与戴东原[1]先生的哲学打通一打通：他说，理不是欲外之理，不是高高的挂在天空的；欲并不是很坏的东西，而是要有条有理的。我们这里主张生活即教育，就是要用教育的力量，来达民之情，顺民之意，把天理与人欲打成一片，并且要和戴东原先生的哲学联合起来。

与此有联带关系的就是"礼教"。现在有许多人唱"礼教吃人"的论调，的确，礼教吃的人，骨可以堆成一个泰山，血可以合成一个鄱阳湖。我们晓得，礼是什么？以前有人说，**礼是养生的，那是与生活即教育相通的。这种礼，我们不惟不打倒，并且表示欢迎。假若是害生之礼，那就是要把人加上脚镣手铐，那是与我们有冲突的，我们非打倒不可。**因为生活即教育，是要解放人类的。

再次，中国从前有一个很不好的观念，就是看不起小孩子。把小孩子看成小大人，以为大人能做的事小孩也能做，所以五六岁的小孩，就要他读《大学》《中庸》。换句话说，就是小孩子没有地位。我们主张生活即教育，要是儿童的生活才是儿童的教育，要从成人的残酷里把儿童解放出来。

还有一点要补充进去的就是书本教育。从前的书本教育，就是以书本为教育，学生只是读书，教师只是教书。**在生活即教育的原则之下，书是有地位的，过什么生活就用什么书，书不过是一种工具罢了。**书是不可以死读的，但是不能不用。从前有许多像这样的东西，是非推翻不可的，否则不能实现"生活即教育"。

现在外面传进来的思潮，也有许多与我们是冲突的。以文化做一个例吧，以文化做中心的教育，它的结果是造成洋八股。文化是人类创造出来的，固然是非常的宝贵，但它也不过是一种工具而已，不能拿作我们教育的中心。人为什么要用文化？是要满足我们人生的欲望，满足我们生活的需要。电灯是文化，我们用了它，可以把一切东西看得更明白。无线电是文化，我们用了它，可以更便利。千里镜是文化，我们用了它，可以钻进土星、木星里去。

---

[1] 戴东原，即戴震。

……所以文化是生活的工具，它是有它的地位的。我们不惟不反对，并且表示欢迎。欢迎它来做什么呢？就是满足我们生活的需要。有些人把它弄错了，认它做一种送人的礼物，这是不对的。文化要以参加做基础，有了这参加的最低限度的基础，才能了解，才能加上去。生活即教育与以文化为中心的教育的不同，就是如此。

还有训育[①]与生活即教育的理论怎么样？生活即教育与训育把训与教分家的关系怎么样？生活即教育与社会即学校如何实现？小学里如何把它实现出来？假使诸位以为是行得通的，最好是每一个人拟一个方案来交给我，那一部分可以实现，我们就拿那个地方当一个社会实现出来。

现在我举一个例说：去年因为天干，和平学园因为急于要水吃，就开了一个井。井是学校开的，但是献给全村公用，不久就发现了两个大问题：

（一）每天出水二百担，不敷全村之用。于是大家都起早取水，后到的取不到水。明天又比别人早，甚至于一夜到天亮，都有取夜水的。到天亮时，井里的水已将干了。群聚在井边候水，一勺一勺的取，费尽了力气，才打出一桶水。

（二）大家围着取水，争先恐后，有时甚至用武力解决。

这种现象，假使是学校即社会，就可以用学校的权力来解决，由学校出个命令，叫大家照着执行。社会即学校的办法就不然，他觉得这是与全村人的生活有关系的，要全村的人来设法解决，于是就开了一个村民大会，一共到了六七十个人，共同来做一个吃水问题的教学做。到会的人，有老太婆，也有十二三岁的小孩子，公推了一位十几岁的小学生做主席。我和许多师范生，就组织了一个诸葛亮团，插在群众当中，保护这位阿斗皇帝。老太婆说的话顶多，但同时有许多人说话，大家听不清楚，而阿斗皇帝又对付不下来。这回，诸葛亮用得着了，他就起来指导。结果，共同议决了几件事：

（一）水井每天休息十小时，自下午七时至上午五时不许取水。违者罚洋一元，充修井之用。

（二）每次取水，先到先取，后到后取。违者罚小洋六角，充修井之用。

（三）公推刘君世厚为监察员，负执行处分之责。

（四）公推雷老先生[②]为开井委员长，筹款加开一井，茶馆、豆腐店应多

---

① 训育：德国赫尔巴特把教育工作分为管理、教育和训育三个部分。训育，一般指对学生行为、习惯的训练与控制。中国自清末兴办学堂以来，传统教育所实施的训育，是强化以统治阶级的思想意识来影响学生，对学生的思想行为，从精神上进行严格的控制。

② 雷老先生，即雷万民。

出款，富户劝其多出，于最短期内，由村民团结的力量，将井开成。

这几个议案是由阿斗会议所通过的。这就是社会即学校的办法。由此，我有几个感触：

（一）民众运动，要以对于民众有切身的问题为中心，否则不能召集。

（二）社会运动，非以社会即学校，则不能彻底实行。而社会即学校，是有实现的可能的。

（三）不要以为老太婆、小孩不可训练，只要有法子，只要能从他们切迫的问题着手。

（四）公众的力量比学校发生的大，假使由学校发命令解决，则社会上了解的人少，而且感情将由此分离。

（五）阿斗离了诸葛亮是不行的，和平门吃水问题，倘无相当指导，可以再过四五千年还没有解决。

（六）做民众运动是要陪着民众干，不要替民众干。训政工作要想训练中华国民，非此不可。

这就是以小学所在地做学校的一个例，其余的例很多，不必多举。社会即学校要如何的实现，请大家一样一样的做个方案，二次开会的时候再谈。

这是证明“生活即教育”与“社会即学校”是相联的，是一个学理。

关于“生活即教育”，我现在再来补充一套。我们是现代的人，要过现代的生活，就是要受现代的教育。不要过从前的生活。也不要过未来的生活。若是过从前的生活，就是落伍；若要过未来的生活，就要与人群隔离。以前有一部书叫做《明日之学校》，大家以为很时髦的，讲得很熟的。我希望乡村教师，要办今日之学校，不要办明日之学校。办今日之学校，使小学生过今日之生活，受今日之教育。

拓展性阅读

1. 陶行知. 陶行知教育名篇［M］. 北京：教育科学出版社，2005.
2. 陶行知. 陶行知文集［M］. 南京：江苏教育出版社，2008.
3. 北京师联教育科学研究所. 梁漱溟乡村建设理论与教育文论选读［M］. 北京：中国环境科学出版社，2006.

第四节　幼稚教育名著选读

一、幼稚教育思想概要

幼稚教育在我国古已有之。受历史传统和社会因素的制约，我国古代的幼稚教育由父母负责，在家庭中进行。幼稚教育由完全的家庭教育转化为社会教育是在中国近代以后。1840 年鸦片战争后，外国侵略者获得了兴办学校的权利，传教士在华开办了一大批幼稚园。随着 1903 年湖北省立幼稚园的建立，我国出现了第一批学前教育机构，幼稚教育得到较大发展。然而概观此时的幼稚教育，我们可以发现，除了教会办理的幼稚园和少数仿照西洋办理的幼教机构，我国的幼稚园从形式到内容都是仿照日本的幼稚园办理。民国后，随着西方幼教思想的传入，我国的幼稚教育开始从“日本化”转向“欧美化”。到了 1919 年前后，我国绝大多数幼稚园都是按照欧美国家的幼教模式开办，其办园宗旨、保教内容和方法照抄外国，不适合我国的国情。针对幼稚教育外国化的倾向和弊端，自 20 世纪 20、30 年代起，我国掀起了以陶行知、陈鹤琴、张宗麟、张雪门等人为代表的幼稚教育改革运动。一方面，他们批判封建传统的家庭教育对幼儿身心发展的摧残和压迫；另一方面，他们反对完全照搬外国经验的幼稚教育，提出幼稚教育改革的主张并由此进行了一系列实践探索，旨在找到一条科学的、适合中国国情的幼稚教育发展道路。

陶行知、陈鹤琴、张宗麟、张雪门分别发表《创设乡村幼稚园宣言书》《现今幼稚教育之弊病》《调查江浙幼稚教育后的感想》《参观三十校幼稚园后的感想》等文章，对当时我国幼稚教育的现状进行了深刻反思和研究。他们认为我国幼稚教育存在两个主要问题：其一，幼稚园存在的外国病、花钱病和富贵病三大弊病，不适合中国国情；其二，幼稚园办成了“幼稚监狱”，不适合儿童身心发展。基于对幼稚教育的反思，陶行知、陈鹤琴等人在全国各地开展了幼稚教育改革和实践活动。1918 年，张雪门与几位志趣相投者在宁波创办了当地第一所中国人自办的幼稚园——星荫幼稚园。1920 年，他又与人合办了两年制的幼稚师范。1923 年，陈鹤琴创办了南京鼓楼幼稚园，建立了我国第一个幼教实验中心，开创了幼儿教育科学研究的先河。之后他又在江西创办了我国第一所公立幼稚师范学校——江西省立实验幼稚师范学校。

1925 年，张宗麟担任南京市教育局幼稚园视导员，开始了幼稚教育中国化的探索研究。1927 年 11 月，陶行知在陈鹤琴、张宗麟的协助下，创办了我国第一个乡村幼儿园——南京燕子矶幼稚园。在此之后，他又创办了晓庄幼稚园、和平门幼稚园、迈皋桥幼稚园和新安幼稚园。

二、陈鹤琴与《家庭教育》

（一）作者和作品简介

陈鹤琴（1892—1982 年），浙江上虞人，我国现代著名儿童心理学家和幼儿教育家。8 岁读私塾，之后转入杭州蕙兰中学。1911 年考入上海圣约翰大学，同年秋转入清华学校。1914 年，陈鹤琴与陶行知一起赴美国霍普金斯大学学习，获文学学士学位。之后进入哥伦比亚大学师范学院，专攻教育学和心理学，获教育硕士学位。1919 年夏，陈鹤琴接受南京高等师范学校聘请回国任教，其教育生涯自此展开。自 1920 年起，陈鹤琴以长子一鸣为对象，对其身心发展进行了长达 808 天的系统观察和记录研究，并在此基础上出版《儿童心理之研究》一书。1923 年，陈鹤琴招收 12 名幼儿，在自己家的客厅里创办了我国第一所实验幼稚园——鼓楼幼稚园。1940 年，他又在江西泰和创办了我国第一所公立幼稚师范——江西省立幼稚师范学校，明确提出活教育理论。1943 年，江西省立幼稚师范学校改为国立实验幼稚师范学校，同时增设幼稚师范专修科，培养幼教师资和研究人员。至此，包括专修科、师范部、小学部、幼稚园和婴儿园的较为完整的幼稚师范教育体系形成。1945 年抗战胜利后，陈鹤琴任上海教育局督导处主任督学，并创办上海市立幼稚师范学校。新中国成立后，陈鹤琴历任南京中央大学师范学院院长、南京师范学院院长、中国教育学会名誉会长和全国幼儿教育研究会名誉理事长等。1982 年，陈鹤琴在南京病逝，享年 91 岁。

在陈鹤琴的教育思想中，家庭教育是一个重要组成部分。他认为家庭教育对儿童的成长有非常重要的作用，家长应重视家庭教育，使儿童健康快乐地成长。由此，他提出了家庭教育的内容和原则。就中国幼稚教育的外国化倾向的问题，陈鹤琴提出要建立适合中国国情的幼稚园教育，并提出了幼稚园发展的 15 条主张。活教育思想是陈鹤琴于 1940 年在江西省立实验幼稚师范学校时提出，经过 7 年的教学实践建立的一个教育理论体系。它包括目的论、课程论、方法论以及教学原则和训育原则。陈鹤琴认为，要改变当时死气沉沉的教育，需要提倡活的教育。教师应该教活书，使儿童读活书，使儿童对事物发生兴趣，自动学习。

《家庭教育》最早由商务印书馆出版，之后曾再版十余次，1983 年收入北京出版社出版的《陈鹤琴教育文集》上卷。《家庭教育》是陈鹤琴以对其长子一鸣的观察和记录为中心，并吸取他人教育子女的经验撰写而成。陈鹤琴直接取材于真实生活，提出了家庭教育的 101 条原则，对今天的家庭教育仍有借鉴意义。《家庭教育》全书共十二章，这里节选了第三章有关普通教学法的内容。

（二）原文节选

家庭教育[①]

原则一：对于教育小孩子，做父母的最好用积极的暗示，不要用消极的命令。

举例：民国十二年五月十日，我看见一鸣拿了一块破烂的棉絮裹着身体当毡毯玩。那时候，在我脑筋里就起了许多感想：我还是立刻把他的破棉絮夺去呢，还是让他玩弄得着一种经验；还是叫他把棉絮丢掉，还是用别的东西去替代。仔细一想，用积极的暗示去指导他好。我就对他说："这是很脏的有气味的，我想你一定不要的，你要一块干净的，你跑到房里去问妈妈拿一块干净的。"他听了，就跑到房里去换了一块清洁的毯子。

讨论：一般人，受激励而改过，是很容易的，受责骂而改过，比较的是不大容易的，而小孩子尤其喜欢听好话，而不喜欢听恶言。我知道小孩子大概有这种心理的，所以以激励教育法去教训一鸣，一鸣一听见我奖励他，就很高兴的去改他自己的过失了。倘使我一看见他玩那块破烂棉絮的时候，就把那块棉絮夺来替他换了一块新的；那恐他对于我的动作要莫名其妙，而且又要发生怨恨；他不但要拒绝我的意思，而且还要哭泣。即使我不去夺他的棉絮而对他说"这东西是脏的，有气味的，赶快去丢掉"这种话，那他虽知道这种东西是脏的，不应当玩的，但是他因为没有好的东西来代替，恐怕他仍旧不肯舍弃的。还有一种教育方法，就是一方面说这东西是脏的，是不好的，一方面叫他去拿一块好的，那他就变成被动了，他自己要觉得不好意思的。我知道以上的第一种方法是绝对不能用的，第二、第三两种方法，也是不大好的。所以就用言语来激励他，使得他居于自动的地位，而且使得他很高兴的去做。多数做父母的一看见小孩子玩肮脏的东西，就不期然而然的去把它夺了来，而且还要骂他，甚至于还要打他。其结果，小孩子改过的少而

① 北京市教育科学研究所．陈鹤琴全集［M］．南京：江苏教育出版社，1989.

怨恨父母的多；即不怨恨父母，至少也要有一点不喜欢父母了！还有许多小孩子因为他们父母常常去责骂他，慢慢儿就不以父母之言为意；做父母的一面去夺他肮脏的东西，做小孩子的一面依旧去拿来；做父母的一面骂他，而他依旧玩弄脏的东西。这种事实，在社会上我们是常常见到的，我也可以不必举例了。做父母的以这样去教训小孩子，使得小孩子非但不能改过，而且慢慢儿养成顽皮的恶习惯了。

原则二：积极的鼓励比消极的刺激好得多。

举例：（一）志贞的母亲很钟爱志贞的。但她要志贞事事做得好。稍微做错了一点，或做得不妥，她就要从严指责说："这里做得不好，那里做得错了，某人同你一样大，但是比你做得好，你想倒霉不倒霉。"她的意思是以为这种教训必能启发志贞的天资，激起志贞做事的兴趣。哪里知道志贞不但没有依从母命而改进，反而发生意懒心灰不肯勤学的态度。他母亲见他如此不肯学习，就愈加用种种消极的方法去刺激他，而他也愈加不肯学习了。

（二）冰心的母亲也很钟爱冰心的，但她很懂得冰心的心理，而所用的教法与志贞的母亲所用的适成一个对比。

凡冰心做事稍微做得好一点，母亲就称赞他说："冰心，你强啦，这里做得这样好看，那里做得这样整齐。"冰心听了就觉得很高兴，下次做的时候，就格外愿意做愿意学了。一日，冰心（那时约有4岁多一点）看见地上有肮脏的东西，就去拿了扫帚畚斗把肮脏物扫去；虽然没有像成人扫得干净，但母亲看见了就极端地称赞。以后冰心就常常去打扫污秽东西而且不久就能打扫得清洁了。这不过是一个例子罢了。总之，不论冰心做事或读书，母亲总是用积极的方法去鼓励的，因此冰心就格外喜欢做事、格外喜欢学习了。

讨论：我们小时在私塾里读书的时候，老师天天把我们所写的字写得好的用红银硃打一个圈；写得不好的打一个叉。我们今天若是得了许多"红鸭蛋"，心里就很高兴，下次习字的时候，还要更加用心。我们若是今天"吃了几根杆子"，心里就觉得不快乐，回家去也不愿意给父母看；第二天习字的时候，我们或者有点不大起劲，或者鼓着勇气再尝试一下，看这次写得如何。若是这次又"吃了许多杆子"，那第三天习字的时候，就不高兴习了，所写的字也就写得不好了。

从这一点看来，小孩子喜欢奖励的，不喜欢抑阻的。愈奖励他，他愈喜欢学习；愈抑阻他，他愈不喜欢学习。愈喜欢学习，经验愈丰富，学习的能力发展得愈大；学习的能力发展愈大，所学习的事就愈容易学会。学会的事体愈多，做事的自信心就愈强。若小孩子愈不喜欢学习，就愈不去学习；若愈不去学习，做事的能力就愈加薄弱。

总起来说：积极的鼓励比消极的刺激来得好，但是鼓励法也不可用得太滥，一滥恐失其效用；刺激法若用得其当，也是很好的，不过只可偶一为之而已。我们做父母的要晓得小孩子是小孩子，他的经验不象成人的丰富，他的做事能力不象成人的强大，他的知识不象成人的充分；所以我们不要以成人的标准去批评小孩子的工作才好。志贞的母亲不明了这种心理，专门用消极的方法去刺激志贞，而志贞反不肯学习了。冰心的母亲懂得这种心理，善用鼓励的方法去教导冰心，而冰心也就很高兴学习了。这样说来，我们应当多用些积极的鼓励少用些消极的刺激。

原则三：小孩子既好模仿，做父母的一方面要以身作则，一方面还要替他选择环境以支配他的模仿。

举例：（一）一鸣到了第十个月的时候，一听见人唱歌，也就作唱歌的声调。

（二）到了第 54 个星期的时候，看见他堂兄读书，他也要读书，看见他堂兄写字，他一定也要写字；你不给他读不给他写，他就要哭。

（三）他到了第 75 个星期的时候，看见我拿了一根棒头，跨着作骑马的样子给他看，过了几天，他拿了一根棒头在路上玩；玩了一息，就把棒头放在地上，两脚跨着当马骑。

（四）模仿吐痰：有一日，我不当心，从露台上吐下了一口痰；他（那时有 77 个星期大了）看见了，也就作吐痰的样子。

讨论：小孩子好模仿的。虽然他模仿的结果与所模仿的动作不尽相同，但有几分是相仿佛的。如一鸣虽不能唱出象我所唱的声调与歌词，但能唱出一种有调的声音来，显出他的模仿。对于模仿事物的程度，年纪大的儿童大概比年纪小的儿童来得高；聪敏的儿童大概比愚笨的儿童来得深。还有一层，我们要知道的：就是小孩子的善恶观念很薄弱，普通知识很肤浅，所以对于所模仿的事物，他毫不加选择的。比方他看见他父亲随地乱吐，他也要吐吐看；看见他父亲吸烟，他也要吸吸看；或者他听见他母亲以恶言骂人，他也要骂骂看；看见他母亲做针线洗衣服，他也要做做洗洗看。总而言之，我们成人的一举一动，一言一语，都能影响小孩子的，他看了听了之后，或立刻就要去做做看，说说看，或到了后来才做出来说出来；他所做的和所说的与我们成人所做的所说的不同，但却有几分是相象的，所以我们做父母的一面事事要以身作则，一面处处要留心小孩子所处的环境，使他所听的所看的都是好的事物。这样，他自然而然也受了好的影响。

原则四：做父母的不可常常用命令式的语气去指挥他们的小孩子。

举例（一）：椿寿一日正在吃早饭时，听见外面有锣鼓声，就放下饭碗往外跑出去了，他母亲看见他出去的时候，就喊着说：“椿寿！你跑到哪里去？快点回来！”说完，看见他跑得愈远了，就自言自语地说：“这个小孩子，野心这样重，饭都不要吃了。”歇了一歇，椿寿回来了，他母亲也不说什么，不过叫他赶快把饭吃好。

吃好了早饭，天下雨了，椿寿拿了书包正要上学去，他母亲看看天已下雨，就喊叫他说：“椿寿！你回来，穿了雨鞋去！”椿寿恐怕时候太迟，不愿意穿，就头也不回，一直上学校里去了。他母亲看他不回头，也随他去了。

到了日中，椿寿回家了。看见他母亲叫了一声“妈妈”。他母亲笑嘻嘻地回答说：“你回来了。”稍息，午饭烧好了，他母亲指挥他说：“椿寿！你把凳子摆摆好，我们要吃饭了！”椿寿响也不响，尽管独自在书房间游玩。后来他母亲搬了饭菜出来，只得自己摆好凳子。午饭吃过之后，他母亲叫他去睡中觉，他也不去睡，独自在草地玩耍，他母亲也就随他去了。

讨论：我们看了上边几个例子，就可以知道做父母的不要随随便便去指挥他们的小孩子。椿寿的母亲不应当禁止他跑出去看锣鼓；因为小孩子很好奇的，听见外面有锣鼓声，自然要跑出去看的。

不过她既然命他回来，那他不回来，她应设法定要迫他回来的，否则做母亲的一次“令出不行”，以后就难以教训他了。

天下雨的时候，小孩子到学堂里去，做母亲的必定要叫他穿雨鞋；如果他不肯穿，那只好强迫他穿了。

至于他回来以后，做母亲的如果要叫他摆凳子，那么也应当和和气气的去问他，如对他说：“请你把凳子摆摆好不好？”这样去问他，他高兴去摆，固然是好，如果他不高兴去摆，那也没有什么要紧，因为问话的语气是活动的，原来不是一定要他去做的。至于命令式的语气不是这样的，“一令既出”，必定要他去做的；如果他不去做，那他下次更加可以不听你的话了。但是这个母亲没有想到这层道理，竟用命令式的语气，叫他摆凳子。后来他竟不肯摆凳子而反要出去玩耍，我想这个母亲，到了这个时候，就“难以为情”了。

如果她的儿子吃了中饭以后，应当去睡觉的。只要好好地对他说“你觉得倦吗？你要去睡一下子吗？”罢了。用不到以命令式的语气叫他去睡的。若已经命他去睡，倘使他不肯去睡，她只得强迫他了。

所以做父母的，平日不宜多用命令式的语气来指挥小孩子；如果必定要命令小孩子的时候，那么一定要叫小孩子服从的。

举例（二）：荣生某日在学校里玩皮球，下午回家时，已经觉得很疲倦。他父亲看见他回来了，叫他到街上去买东西说：“荣生！你去买点信纸信封来！”荣生的身体已经疲倦不堪实在不愿意去买，但父命不敢违逆，只得去买，他一路走一路嘴里吱咕吱咕地说不高兴的话。

讨论：小孩子大概不愿意听命令式的话的。所以做父母的，非有充分的理由，不必用命令式的口气来指挥小孩子的。你看荣生的父亲不管他身体疲倦不疲倦，不问他愿意不愿意，只一味地命他去买，无怪荣生要怨恨他的父亲了。若有时小孩子应当做的事情，你一定要叫他去做的，不要因为他不肯去做，就不叫他去做了；至于命令一出，那无论如何要小孩子服从的，不过我们要郑重我们的命令，我们不要随随便便乱出的，而且最好要使小孩子明白我们的命意。这样，小孩子就变成优美驯良，不至于无故违反父母的意思，而父母也不至于无故受累受气了。

原则五：做父母的不应当对小孩子多说“不！不！”事属可行，就叫他行；事不可行，禁止他行。

举例（一）：青儿有一天早晨起来，推窗一望，看见香粉一般的雪，下的漫天遍地。白茫茫的马路上，全没有车马的踪迹；只有两个小朋友在那里做雪人。一面尽管弄，一面尽管下。后来雪人的面上肿起来了，他们两个小朋友的黑衣都变成白衣了。但是他们还是弄个不歇。雪愈下愈大，上下左右都是香粉一般似的白雪，在这中间，仿佛白浪中浮着两个蝴蝶。青儿见了这种景象，也要到雪地里去玩，但是他的母亲不答应他，嘴里连说“不！不！不！”后来在山脚下，他又看见一只雪鹿，荷枪实弹的赶鹿的人都围在那里。一时枪炮声，狗咬声，鹿叫声，猎人的喧笑声，同时并作。他闻声脚痒，又向他母亲说“要出去”，他母亲骂他说：“大清早起，不洗面，不吃饭，跑到雪地去做什么事？”他哪里肯依，带哭带吵的，再三央求，他母亲没有法子，也只得让他去了。

举例（二）：一鸣有一天早晨，在雪地里弄雪，我站在旁边看，一点没有去禁止他。后来他在吃饭以前要吃糖，我说“不可以”，他因为我不允许他的要求，就“ng ng”的吵起来，我也不去管他，径自走到别处去了。

讨论：事属可行，就叫他行；事不可行，禁止他行，这是做父母的对待子女正当的办法。倘使不论事情的可否，竟一味去禁止他，那么小孩子茫然竟不知措手足了。这种教育，不但于事实上做不到，就是于情理上也说不过去的。雪地里弄雪是很有益的事情，既可以欣赏雪的景致，又可以知道雪的性质，于小孩子的身体上，性情上，都可以得到很大的益处，做父母的不应当去禁止他的。至于看雪鹿，尤不应该去阻止他，因为不见过雪鹿，不知雪鹿的样子；不见过打猎，不知打猎的情形。现在被他见到了，他就可以知道雪鹿的样子，打鹿的情形，猎狗的用处，于小孩子的知识上也是很有裨益的。

小孩子不去看，做父母的应当叫他去看，何况他要去看呢？但是青儿的母亲竟没有想到这种道理，既不允许他去弄雪，又不允许他去看鹿，要他坐在家里，不许越雷池一步；好动的青儿哪里能够做得到呢？无怪他要和他母亲吵了。所以做父母的不应当常常禁止小孩子，如果事属可行，就叫他行；事不可行，禁止他行。

原则六：别人做好的事情或坏的事情的时候，做父母的应当以辞色来表示赞许或不赞许的意思给小孩子听，给小孩子看。

举例：小香5岁大的时候，最不喜欢刷牙齿的；而且在未刷牙齿以前，常常要吃饼干糖果等东西。他父亲当他在面前的时候，对他母亲说："静波每天早晨起来是一定要刷牙齿的，未刷牙齿以前，别人即使拿食物给他吃，他总不肯吃的。"他说的时候，脸色上表出很钦佩静波的样子，嘴里还不住的称赞他。小香在旁边听见他父亲称赞静波的话，心里也觉得很羡慕静波，所以到了第二天早晨起来，母亲叫他刷牙齿，他也要刷了，在未刷以前，不要吃东西了。小香的父亲因为小香不注重清洁，心里觉得很不高兴。他看见小香的小朋友正在玩耍的时候，嘴里要吐痰了。这个小孩子不随便吐在地上，他东看看，西望望去寻个痰盂。小香的父亲看见这个小孩子这样情形，就极力称赞他，说怎样注重清洁，不随便吐痰。小香看见他朋友的举动，听见他父亲的称赞，心里也觉得很敬重他。后来小香也不随便吐痰了。

芝英同他母亲在路上散步的时候，看见一个肮脏的小孩子；他母亲等到那个小孩子走过了就对他说：你见那个小孩子多脏呢！挂了鼻涕，不晓得揩揩。芝英听了就觉得肮脏是不好的。

讨论：小孩子生来无知无识的，善恶是非的种种观念要慢慢儿在后天形成的。他怎样会辨别善恶是非呢？其道很多，但平日做父母的对于善恶是非显出一种态度，而小孩子听了看了无形中受着影响的，也是一个方法。所以做父母的看见别人做好的事情或坏的事情的时候，应当以辞色来表示他们的赞许与不赞许的意思，给他们的小孩子听听看看。

原则七：我们应当按照小孩子的年龄知识而予以适当的做事动机。

举例（一）：一鸣小的时候（约1岁半到2岁半），凡他看见了肮脏的东西在地上，我总对他说"脏得很"，有时我自己把脏物拾掉，有时叫他拾掉。到了后来（从2岁半到4岁），凡他看见地板上的脏物如纸片、细棒等，我总叫他拾掉说："客人看见不好看。"或他有时候游戏之后把房间的椅凳弄得东倒西歪，把玩物满地乱掷，我就对他说："客人来了，不好看；若客人问起谁把东西弄得这样难看，说一鸣弄的，一鸣要倒霉得很。"他听了之后就去把椅凳摆好，玩物藏好；有时他玩得已经太疲倦了，他就帮助他把房间整理好。

讨论：小孩子年幼的时候，没有什么“客人”的观念，也没有什么“羞耻”的思想，但是稍为有点肮脏与清洁的意思；所以我们就可以利用他的这点意思去教他爱护清洁，憎恶肮脏。待他年纪稍大一点，知道羞耻的时候，我们不但可以利用他的清洁观念，也可以利用他的羞耻之心以养成他的爱美习惯。

若他年纪再大一点，知识稍开一点，我们不但可以教他肮脏的东西是肮脏的，是不好看的；我们也可以教他肮脏的东西是妨碍卫生的。总之，年纪愈大，知识愈开，所用的教法也应依年龄知识而变迁才好。

举例（二）：知行年纪小的时候，他母亲常常对他说：“你不要把地板弄得这样脏，爸爸不喜欢的，爸爸要骂的。”知行到了六七岁大的时候，他的母亲还是说“爸爸不喜欢的，爸爸要骂的”这类话，使得知行心目中存了一种逢迎之心，一种惧怕之念。

讨论：小孩子年幼的时候，我们或者可以用个人的感情来支配他的动作，不过我们不应以个人的威严来恫吓他，使他对于我们发生一种无谓的惧怕。若小孩子年纪大一点了，我们就不应该以个人的感情去感化他的心肠去支配他的行动。若我们尽管用这种教法，那小孩子长大的时候，他的行动仍旧是要以我们做父母的个人之好恶为皈依的；倘若我们死了，那他就要失掉凭藉而无所适从了。

所以我们要教他肮脏是妨碍个人卫生的，也是妨碍公共卫生的；作恶是有损于己的，也是影响社会的。我们应当使他的行为不是受支配于个人的感情，乃是要建筑于公共幸福之上的。

总起来说，小孩子年纪小的时候，我们可以用个人的感情刺激他作事的动机；年纪大的时候，我们须教他明了作事是要顾到公共祸福的。这样人才有服务的旨趣、牺牲的精神和救世济民的志愿。

原则八：待小孩子不要姑息也不要严厉。

举例（一）：心声是一个头生子。他的父母异常的疼爱他。他要这样就这样，他要那样就那样，他要打人，别人只好给他打，他要骂人，别人只好给他骂，一日他看见邻儿有一个小洋号就去抢了来。邻儿哭了跑来告诉他母亲，而他的母亲并不说他不好，反埋怨邻儿说：“借我们玩玩有什么要紧，你的气量为何这样小呢?”骂得那个邻儿莫名其妙。又有一日，在深夜的时候，他醒来要月饼吃，但家里没有月饼，他就乱吵乱闹，弄得一家不能安睡。

从此日积月累，心声就变成了一个很倔强很刚愎的小孩子。

讨论：小孩子哪里可以随便抢夺别人的东西呢，而心声的母亲不责罚心声反骂别人。这无非长心声之傲慢而已。

又在深夜的时候，小孩子不应吃东西的，而心声的母亲不去责罚他，而反任其吵闹使人不得安眠，这也无非长其恶性而已。

这种“姑息养奸”的教育在家庭里是常看见的，会使孩子养成利己害人的坏思想。

举例（二）：知非家里的规矩是很严的。差不多事事要秉承他父母的意旨的。他要去玩玩水，他母亲说：“衣服要弄湿的。”他要出去同邻家小朋友玩玩，他母亲说：“你要同他们造孽的。”吃饭的时候，他要讲讲话，发表发表意思，他父亲就禁止他说：“小孩子吃饭，不准饶舌。”他要在家游戏游戏，他父亲说：“不要顽皮。”他的父母待他好象待成人一样，所以他慢慢儿以他父母的意志为意志，以他父母的性情为性情，这样一个活泼的小孩子竟变成了一个萎靡不振，具体而微的小成人。

讨论：我们旧式家庭往往把小孩子当作“小成人”看待。既叫一个活泼好动的小孩子穿起长衫马褂来以限制他的动作，又叫小孩子一举一动要模仿成人的样子。无怪国中多“少年老成”的小孩子了。

总括起来，心声的父母待心声太姑息，知非的父母待知非太严厉，两者都失其平，不得谓之良教育。

我们教小孩子当折其衷：一方面予以充分机会以发展自动的能力和健全的意志，一方面限以自由范围使他不得随意乱动，以免侵犯他人的权利。教育若能如此折衷施去，小孩子未有不受其惠的。

原则九：不要骤然命令小孩子停止游戏或停止工作。

举例：（一）荣升正在园内玩沙玩得很起劲的时候，他的母亲从窗门里喊叫他说：“荣升，饭好了，快来！”荣升哪里肯歇手，尽管玩沙，一声也不回答；他母亲见他不回来也不回答，就愤愤似的跑了出去叫他立刻停止玩弄，他依然不听；他母亲看他不听就拖了他的手臂走了，而他也就大哭起来了。

（二）知新的母亲很明白知新的心理。她也很能体贴知新的意思。而知新也很愿意听她的话。一日早晨，知新同他 4 岁大的妹妹玩弄积木，搭桥砌屋，玩得很高兴，他母亲走来看见他同他妹妹俩玩得这样有趣，就笑嘻嘻地称赞了他们几句，并且对他们说：“我们要吃点心了，我再给你们 5 分钟工夫，你们快点玩，玩好就把积木放在原处。”说毕走开去了；而知新与他的妹妹赶快把桥搭好；一搭好，就把积木安置原处；一安置好就一齐跑进饭堂里去吃点心了。

讨论：不但小孩子不肯立刻停止玩耍的，就是我们成人也不肯遽尔舍弃有趣的游戏或将成的事体。比方我们正在那里打网球打得很高兴的时候，忽而来了一个人怒气冲冲地叫我们立刻回去吃饭，我们不但不肯听他的话，恐怕还要埋怨他几句。

我们既然不愿意别人这样待我们，我们也应该不要这样待别人，所谓“己所不欲，勿施于人”，我们成人尚且不肯遽尔停止游戏，况小孩子呢？

荣升的母亲不明了这种心理，使得荣升哭泣而起反抗；知新的母亲明白这种心理，使知新乐于服从。

不但如此，恐怕荣升还要养成做事中止的坏习惯。要知小孩子不仅喜欢做事的途径，也喜欢得着做事的结果。我们现在遽尔叫他半途中止，岂不是剥夺他对于做事成功的快乐，岂不是使他养成一种有始无终的坏习惯吗？

荣升的母亲不知这种错误而反加荣升以倔强之罪，这岂不是可笑又可怜吗？

知新的母亲则不然。她再准知新玩弄5分钟工夫。知新在这5分钟工夫内不但玩得格外起劲，而且玩后把玩物安放原处。象这种有始有终的做事习惯，岂不正是个个儿童所应养成的吗？

这样看来，小孩子听不听话，也看做父母的能不能体贴小孩子的意思而定的。

原则十：做父亲的应当同小孩子作伴侣。

举例：我们旧家庭里面的父亲，大概不同小孩子作伴侣的。不要说别人，就是我的父亲对待我非常严厉，从没有和我作伴。我在6岁以前未曾和他一同吃过饭，我独自吃饭或同别人一同吃的时候，倘使高兴起来说说笑笑顽皮顽皮，那么别人就立刻说：“我要喊了！”或吓我说：“你爸爸来了。”我听到他们这种声音，正如同听见轰雷一般吓得魂飞九天之外。现在我父亲早早死了（当我6岁的时候），不过那种可怕的景象，还时时印在我脑筋里，永远不能忘却。现在我对待我的小孩子一鸣是这样的，有时候同他到旷野里去散散步，有时候同他到街上去买东西，有时候同家人和他举行野外聚餐。总说一句，我有空闲的时候，总同他作伴的。我觉得我们天伦的乐趣，父子间的感情，也来得格外浓厚。

讨论：父子不作伴侣，则父子间容易发生隔膜。父不十分爱其子，而子则竟不知爱其父，因此名虽父子，实同路人了。有时候做父亲的偶然高兴起来，要和子女说笑说笑，但是他的子女一见了他的父亲，就一声不敢出声，父亲问他一句，他就说一句，不问则不说；叫他立则立，叫他坐则坐，叫他进则进，退则退。天真烂漫的一个小孩子，此时竟同木鸡一般了。我想做小孩子固然乏味；但是做父亲的，在这个时候，也未见得有趣。在头脑顽固的人说起来，以为做父亲的应当不和小孩子作伴，使得小孩子怕；做小孩子的也不应当同他的父亲作伴，须要怕他的父亲。不知道怕到极顶，大家就要发生恶感，做父亲的打骂他的子女，做子女的就讥讪他的父亲，因此就父子相夷了。这样愈说敬而愈不敬。愈说孝而愈不孝，推其原因，一部分实由父子不作伴侣的缘故。父子不作伴侣，于感情上既然如此，于训育教育两方面也有很大的害处。我常看见有许多小孩子喜欢吃烟吃酒以及做种种不卫生、不道德的事情，而他们的父亲实在是一个很有规矩，很有道德的人，那么做父亲的为什么不去训他们的子女呢？他们并不是不喜欢去训他们的子女，实在是因为没有和子女作伴，不晓得子女种种事情的缘故。我又看见许多家庭的子女，知识缺少，人情不懂。他们的父亲并不是不愿意去教他们，也是因为不和他们作伴，不知道他们知识缺乏，人情不懂的缘故。即使知道了，去教训他们；但是因为大家不相接近的缘故就往往发生隔膜。我上面已经将父子不作伴侣的害处说得许多了，现在我再将父子作伴侣的好处说一下：

（一）没有隔膜，父子间就会产生浓厚的爱情：父子一同作伴侣，那么常常在一起就没有隔膜。做父亲的知道小孩子的性情，而小孩子也知道他父亲的性情。大家既知道性情，彼此就发生适当的反应，不会有什么恶感发生。我和我的小孩子一鸣时常作伴的，所以他对我时常有亲爱的表示。他有时候见我回家来，就跑出来欢迎我，有时候还拉我的手，嘴里“爸爸，爸爸”的叫着。有一天，他祖母把他抱在手里，一看见我进去，就闭嘴而哭要我抱，好象诉苦的样子。有时候他穿着美丽的衣服，欢天喜地的走过来给我看；倘使我说一声好，那他就更加喜欢了。有时他唱歌给我听，拍球给我看，一种爱我的样子真令无子者见而生羡。

（二）容易训育小孩子：和小孩子常常作伴，那小孩子不好的行为，做父亲的就可以知道，就可以训育他，而小孩子因为爱他父亲或怕他父亲的缘故，就能听父亲的话而改他不好的行为。一鸣有一天，用右手去拿墙上的一张挂图，我看见就轻轻的把那只手打一下，他现出痛苦的样子。又用左手来抚摸打的地方，并且嚷叫着“ē——”的声音。后来他又用右手去拿鸟笼，我又打他的右手，他现出痛苦的样子，就缩手。歇了一刻，他又要去拿鸟笼，我又阻止他。第四次他又伸手去拿，但是才伸出去，立刻又缩回来，恐怕是因为怕我打他的缘故。还有一天，他把猫的耳朵拉得很重，而且显出很快活的样子。这是因为他不明了他的那样动作于猫是很痛苦的；后来我看见了，就立刻代猫表示痛苦的模样，而且禁止他不要再做。又有一天同他的母亲到野外去玩。玩的时候他要撒尿了。那块地方离家很远，来不及回来，他的母亲就叫他在草地上撒，他对他母亲说：“撒勿得格，爸爸看见要骂的。”他不肯在野外撒尿，是因为我同他在一起的时候，常常对他说不要随地大小便的缘故。所以做父亲的应当常常同小孩子作伴侣，以改正他不好的行为。

（三）小孩子容易教育的：小孩子的知识是很缺乏的，做父亲的应当常常同他作伴侣灌输给他一点知识。我有时候同一鸣看看图画，讲讲故事，有时候同他到野外去走走，有时候同他到街上去看看，随时随地多少总使他增些知识，得些快乐。这种例子，不胜枚举，所以我也从略不举了。

有人说做父亲的同小孩子作伴，那么小孩子慢慢儿就要轻视父亲了。父亲的斤两都被小孩子称过了，那做父亲的以后就不能教训他了。假使做父亲的不同小孩子作伴，除了应当见面的时候，就不同他说笑一句，那么小孩子就怕父亲了。骂也听了，打也不敢恨了，长大起来，就会可以成好人了。我说不然。做父亲的同小孩子作伴，并不是同小孩子轻狎。轻狎则小孩子容易生藐视心，而作伴则不要紧的。以前颜之推先生说“父子之间不可以狎；骨肉之爱，不可以简。简则慈孝不接，狎则怠慢生焉”（《颜氏家训·教子篇》）。我说颜先生这几句话说得真不错，我们做父亲的实在应当如此。我们中国以前有几家旧家庭，也不是父子不作伴的。清朝乾隆的时候，有一位崔述先生。他的父亲是常常同他作伴的。有时候教他书，有时候同他到城墙上去玩玩，同他看看山呀，讲讲故事呀（北京大学《国学季刊》第二册）。你看崔先生父子间几多快乐。至于父子不作伴的，外表上做儿子的虽然怕父亲，但是他心里未必是爱父亲的。我看见有一位60多岁的钱老先生，他对待他的儿子是很严厉的，儿子也很怕他。有一天他的儿子在赌场上看赌，被他知道了，他立刻叫人去找他儿子回来，叫他自己脱去衣服跪在灶司面前。钱老先生就举起可怕的藤条在他30多岁儿子的身上，大打而特打。你看这种威严，威到极顶了。似乎他的儿子以后永不敢涉足赌场了。不料过了十多年，这位钱老先生死了，他的儿子就大赌特赌了。现在我听说他的遗产，已去了一半了。你看这样严的父亲竟不能教好他的儿子，是什么缘故呢？我想这位钱老先生只能一时禁止他儿子的行为，而不能够改他的儿子的心，所以到后来他的儿子非但去看赌，而且也要赌博了。倘使钱老先生当他儿子小的时候常常同他作伴，经常给他讲道理，教训他，那么父子间的感情就可以融洽，他的儿子也不忍背他的教训去赌博了。所以我说父子应当作伴侣的。

原则十一：游戏式的教育法。

举例：今天（民国十三年四月十八日）下午我手里拿着一只照相机，叫我的妻子把我们的女儿秀霞放在摇椅里。预备要替她拍照的时候，一鸣就捷足先登，爬到椅子里去，也要我替他拍照，我再三劝告他，他总是不肯。后来我笑嘻嘻地对他说：“一鸣！你听着！我叫一，二，三。我叫到三的时候，你就爬出来，爬得愈快愈好。”他看见我同他玩，也很高兴的答应我。歇了一歇，我就“一，二，三”的叫起来，说到“二”的时候，他一只足踏在椅子的坐板上，两只手挨在椅子的边上，目光闪闪的朝我看着，等到我说到“三”的时候，他就一跃而出，以显出他敏捷的样子。又有一天，夜已深了，大家都要去睡了，而他竟偏偏不要睡，他母亲就以游戏式的方法去引诱他，一面背着他，一面嘴里“嗨嗬，嗨嗬”的叫着。他听到他母亲这样叫起来，就很高兴的任他母亲背到房里去睡觉了。

讨论：小孩子是很喜欢游戏的。做父母的能够利用他这种心理，以游戏式的方法去教训他，他没有不喜欢听你的话的。一鸣本来是要硬坐摇椅的，现在一听见我“一，二，三”叫着，就很高兴的爬起来了；他本来不喜欢去睡觉的，现在听见他母亲“嗨嗬，嗨嗬”的叫着，就愿意去睡觉了。倘使他不肯爬出摇椅子的时候，我不以这种方法去引诱他，而以强迫手段去对待他，他想他固然不敢违背我，但是他的心里一定要很不高兴的。他不肯去睡觉的时候，他母亲不去引诱他，而去骂他打他，他固然没有能力抵抗，但是他这一夜，一定要做出许多恶梦来了。好好儿一回事弄得小孩子没趣，而且也要弄得做父母的也没有趣味，岂不是很不上算吗？所以做父母的要使得小孩子听你的话，要使得大家高兴，最好用游戏式的方法去教训他，引诱他；倘使他不听你教训，不受你引诱，没有法子，你再用强迫手段去对待他也未为晚；不要贸贸然常常去打他骂他，弄得大家不高兴。

总结：我现在再把本章所说的几种教导原则，汇积起来以使阅者得一目了然之便。

（一）对于教育小孩子，做父母的最好用积极的暗示，不要用消极的命令。

（二）积极的鼓励比消极的刺激好得多。

（三）小孩子既好模仿，做父母的一方面要以身作则，一方面还要替他选择环境以支配他的模仿。

（四）做父母的不可常常用命令式的语气去指挥他们的小孩子。

（五）做父母的不应当对小孩子多说“不！不！”事属可行，就叫他行；事不可行，就禁止他行。

（六）别人做好的事情或坏的事情的时候，做父母的应当以辞色来表示赞许和不赞许的意思给小孩子听，给小孩子看。

（七）我们应当按照小孩子的年龄知识予以适当的作事动机。

（八）待小孩子不要姑息也不要严厉。

（九）不要骤然命令小孩子停止游戏或停止工作。

（十）做父母的应当同小孩子作伴侣。

（十一）游戏式的教育法。

拓展性阅读

1. 北京市教育科学研究所．陈鹤琴教育文集［M］．北京：北京出版社，1983—1985.
2. 戴自俺．张雪门幼儿教育文集［M］．北京：北京少年儿童出版社，1994.
3. 张沪．张宗麟幼儿教育论集［M］．长沙：湖南教育出版社，1985.

第五节　马克思主义教育名著选读

一、马克思主义教育思想概要

马克思主义教育思想是整个马克思主义的有机组成部分，它在中国的传播同整个马克思主义在中国的传播是紧密相连的。列宁领导的俄国十月革命，给中国送来了马克思主义，随之马克思的教育论著也被介绍到中国来。如1920年《新青年》第八卷第二、第四、第五号《俄罗斯研究》专栏里，接连刊登了《苏维埃的平民教育》《俄罗斯的教育状况》《革命的俄罗斯的学校和学生》《俄国社会教育》等一系列介绍第一个社会主义国家教育状况的文章。尤为重要的是，在“五四”前后，以李大钊为代表的中国先进分子，开始运用马克思主义的基本原理分析教育问题，阐述对于重要教育问题的看法。如李大钊在这个时期先后发表了《我的马克思主义观》《物质变动与道德变动》《由经济上解释中国近代思想变动的原因》等文章，最开始运用唯物史观阐述教育的本质。1921年中国共产党成立以后，马克思主义成为党的指导思想，马克思主义教育思想得到了进一步的传播与发展。大革命失败后，一方面在党创建的革命根据地，根据马克思主义的教育学说，结合当时的革命实际，建立起了各种教育机关和各级各类学校；另一方面，在国民党统治区，在白色恐怖笼罩的极为困难的条件下，马克思主义教育思想仍通过各种形式传播，并取得了长足的发展，其突出成果就是杨贤江撰写的两本重要著作，即《教育史ABC》和《新教育大纲》。前者于1928年在日本写成，1929年5月由世界书局出版，这是我国第一本运用唯物史观研究教育史，根据社会发展形成来论述教育发展过程的著作。后者写于1928—1929年间，1930年2月由上海南强书局作为“新兴社会科学丛书”出版，第一次系统地介绍了马克思主义关于教育的本质、作用等基本原理，对马克思主义教育思想在中国的传播起了重要启蒙作用。这两本著作，尤其是《新教育大纲》的出版，标志着马克思主义教育思想在中国的传播进入了一个新的发展阶段。

李大钊、陈独秀、恽代英、毛泽东、杨贤江等人，是我国早期马克思主义教育家的代表，为马克思教育思想的传播做出重要贡献。在我国20世纪20年代众多的教育思潮和教育运动中，马克思主义教育思想的传播，独树一帜，为我国现代教育的发展、为广大劳动人民文化教育上的翻身指明了方向。它所指导的教育实践显示出强大的生命力。随着中国共产党领导的新民主主义革命的胜利，马克思主义教育理论终于成为我国居于指导地位的教育理论。

二、杨贤江与《新教育大纲》

（一）作者和作品简介

杨贤江（1895—1931 年），字英父（英甫），又名李浩吾，浙江余姚人，近代马克思主义教育家。1917 年毕业于浙江省立第一师范学校，后曾在南京高等师范学校及广东肇庆县国民师范补习所从事教务管理工作，并于 1919 年参加“少年中国学会”，在教育界、青年界小有名气。1921 年春至 1926 年年底，担任商务印书馆《学生杂志》编辑，同时逐步接受马克思主义，并于 1922 年加入中国共产党。1923 年，协助恽代英编辑《中国青年》，向青年学生介绍马克思主义。大革命失败后遭通缉而避难日本，1929 年回国，在此前后主要从事马克思主义经典著作及教育理论的译述工作。1931 年病逝于日本长崎。

“五四”运动后马克思主义在中国得到了广泛传播和深入发展。在此过程中杨贤江运用辩证唯物主义和历史唯物主义的基本原理，阐明教育的本质和功能，分析中国教育的历史和现状，揭示了教育的时代性和阶级性。在此基础上他明确主张对青年进行“全人生指导”，教育他们树立正确的人生观，引导他们走上社会革命的道路。

杨贤江一生笔耕不断，在 36 年短促的一生中，留给后人 300 万字的精神财富。其《教育史 ABC》是我国第一本运用唯物史观研究教育史的著作，《新教育大纲》则被公认为近代中国马克思主义教育理论的开山之作，奠定了其作为马克思主义教育理论家的地位。这里选取了《新教育大纲》第一章第一节“教育是什么”部分进行选读。杨贤江遗著被今人汇编为《杨贤江全集》，1995 年由河南教育出版社出版，是现今收录杨贤江作品最全面、最权威的作品集，本节节选作品均摘录于该全集。

（二）原文节选

新教育大纲[1]

教育是什么

教育是观念形态的劳动领域之一——观念形态与现实基础——教育的起

① 杨贤江．杨贤江全集［M］．郑州：河南教育出版社，1995.

源——教学与实用——教育的实用性——教育学者的妙用——教育跟社会经济的变迁以变迁的事实——教育和其他观念形态的关系——问题

我不引用《说文》上或拉丁文语源上的字面解释，也不引用教育名家的定义，我只直截了当地下如此的说明，就是：教育为“观念形态[①]的劳动领域之一”（one of the fields of ideological labour），即社会的上层建筑之一。

什么叫做上层建筑或观念形态？这在本丛书的另外几种书籍上，[②]我相信一定是有详细的说明的。所以这儿不妨说得简单一点。

照唯物史观来说，社会的经济构造是现实的基础，而法制上、政治上、宗教上、艺术上以及哲学上——简言之，就是观念上——的各种形态（即所谓观念形态），都是建立在这个基础上的上层建筑；**教育就是这样的上层建筑之一，也就是这样的观念形态之一**。上层建筑对下部基础的依存关系是这样：物质生活资料的生产方法[③]（即经济构造），决定社会的政治的及精神的生活过程（即上层构造）；“因为经济的基础发生变动，所以巨大的上层建筑全体，也徐徐地或急速地发生变革”。[④]

这是新兴社会科学已经确定了的学说，我们可以拿来说明教育在这一点上的性质，实为我们最先所应放在心头的一个根本概念。

至教育是“观念形态的劳动领域之一”的解释，正可就教育之最具体的表现就是学校来考察。一般的学校，无论是高级，是中等，是小学，都是社会的劳动之领域，为赋予劳动力以特种的资格的地方，就是使单纯的劳动力转变到特殊的劳动力的地方。有的人要在这儿学成一个医生，有的人要在这儿学成一个律师，更有些人要在这儿学成哲学家、文学家、科学家等等。所以养成技师的工业学校与养成僧侣的宗教学校，在本质上并没有什么大的差异。因为它们都是赋予人们以特殊的劳动力，完成多少专门化的劳动机能之场所。从而**学校的构造与学校的分科（商业、工业、师范、医学等等），都是对社会所需要的各种熟练劳动力之表现。**

这一个教育的定义，就是根据唯物史观所下的。为使读者格外明了起见，不妨再为引申。

---

① “观念形态”，即意识形态。

② “本丛书”，指由上海南强书局出版的《新兴社会科学丛书》，《新教育大纲》是其中之一。

③ “生产方法”，即今天所说的生产方式。

④ 今译为：“随着经济基础的变更，在全部庞大的上层建筑中也就会或迟或速地发生变革。”马克思，恩格斯．马克思恩格斯文选：第1卷［M］．北京：人民出版社，1958：341．

这就该从教育的起源说起。

教育怎样起源的？是根据于什么人性吗？是根据于教育者的意识吗？或是根据于什么天命吗？——即所谓“作之君，作之师”，[①] 都不是的。教育的起源并不在于这样玄妙的处所。教育只是一件“日用品”，是与社会的生活过程、物质的生产关系有密切联系的；而且是以这种现实的社会经济生活为基础，只要是现实的经济关系变了，它是必然地跟着变的。若说教育是与现实的经济生活无关地单凭某个人头脑中的思索所得决定，从来就没这样一回事。

浅言之，**教育的发生，就只根于当时当地的人民实际生活的需要；它是帮助人营社会生活的一种手段。**这所谓生活，一方面是衣食住的充分获得，他方面是知识才能的自由发展；还有，这种生活是集体的社会的，决不是孤立的个人的；所以**教育的定义，应是社会所需要的劳动之一领域，是给与社会的劳动力以一种特殊的资格的。**自有人生，便有教育。因为自有人生，便有实际生活的需要。不过人生的需要，随时随地有不同；教育的资料与方法，也跟着需要有变迁。[②] 这种变迁的根源，就存于社会的经济构造的转易。故在原始社会是一种教育方式，在封建社会是一种教育方式，在资本主义社会又是一种教育方式——详见第二章“教育的进化”。

说到教育起源由于实用这样的话，[③] 有人或许要视为轻视了教育，甚至侮蔑了教育。其实大大地不然。一切科学——无论是自然科学或是社会科学——没有一种是不由实用而产生，不跟着实用以进步的。譬如号称“纯粹思维之学”的数学，从表面上看来，似乎和实用离开得很远；但在最初也是起源于实用的，那就是由于计算东西这一种非常实际的需要而产生。又如天文学，是太古人类为在广大的平原及沙漠中有定方位的必要，为在农业上有知气候及年、月、日、时的必要而产生的。自然，这些学问，在人类的野蛮时代，尚未形成为严格意味的学问，当初不过有点科学的萌芽罢了。至其长成而成立为学问，乃是人类生活上多少有了余裕之后才有的事。即在生产力逐渐进步，人类对于外物能有充分观察及研究的余暇才可办到。所以科学这样东西，最初是当作生产力进步的结果以发生，其后直接地或间接地伴着生产力的进步以进步。换言之，科学的内容，是以该社会之技术的阶段即经济

① 语出《尚书》，意思为既是百姓的君王，又是百姓的教师，反映古代君师合一的情况。

② “教育的资料”，即指教育的内容。

③ “实用”，即实践所需要的意思。参见本节“问题”之五。

的阶段为基础的。

这样，各种科学完全是由实用以生，伴着实用以进步；教育这件事业，本是以传达各种科学的内容为职责，它之不能离开实用，自是当然的事。

但或者也有人说：在学问的发达上，难道没有全离实用以进行的时候吗？就是：难道没有所谓“为学问而学问”这样纯粹为满足智识欲的学问，或把什么实利或应用全不放在眼中，而只以纯粹的学问、纯粹的智识相追求的吗？这话可分两层来解答。

第一，一切科学上的理论，自然不一定是直接为实用的；个个的理论，不是全然有它的应用方面的。但是无论怎样纯粹的科学理论，在间接方面，一定是充分有实用的意义的。一切的科学知识，就全体言，是社会的有用物；它的局部，虽不一定直接地有用；但在把它视作全部科学知识这把锁链之一环时，就间接有用了。人类社会的工具及机械，没有一件无用无益；同样，在人类社会中的学问，也决没有无用无益的。但何以间接有用，而不是直接有用呢？这是由于这样起于实用的学问，到了后来因为逐渐分化的结果，分成为非常专门的各种部类；在这种部类里面，又细细地分成若干小部，于是从事于一个专门部类的学者，除出自己的专门之外，竟可连什么都不知道。他自身活动的整个范围，和他研究的范围适相一致；而在实际上应用他的研究的，却不是他自己，而是别的专门家。譬如化学这种学问，就有理论化学乃至应用化学的分别。因此，专门家自己竟会设想，自己的研究是和实用无关的；殊不知实际上，他的研究成果，还是因为别的专门家的利用或因为广泛的社会的利用，经过了某种径路而成为实际必要的产物；而且他的研究本身，在实际上也须以这种实际的必要当作究极的目的，而后才能成立。

第二，我们要知道，等到学问成形的时候，凡从事学问——如法制、宗教、艺术、哲学以及科学——的人，都是属于社会的上层阶级，就是属于支配阶级——因为不是这样，他们就没有余暇来从事；因之，当他们研究以至说明这种学问的时候，必然地反映出他们在社会阶级上的立场。他们自己承认对于实际从事劳动、实际维持社会经济构成的人们（古代的奴隶、中世的农奴、近代社会的工人），完全享受不同的教养和禀赋，所以他们以为自己从事的事业，和从事劳动的人们的工作，完全在不同的轨道上发展。这儿，我们可举哲学上观念论的代表人物柏拉图的见解为例。在他老先生看来，只有真正的哲人，才能认识一种所谓崇高的实在；职匠和工人的子弟，是不能达到这种精神锻炼的阶段的。所以他明白地主张哲人政治，以为只有具有政治的科学的美学的教养的家庭，才能供给一种天才，在受过专业的训练之后，可以充任最高的官吏。柏拉图的这种见解，后来跟了阶级社会的发达而益加展开。就是，阶级社会愈加发达，这种观念上的事业愈加专门化而愈落于社会上层阶级的一部分人之手，因此，连这种学问的本质，也愈加被视为和社会的基础构造、社会的实际必要相远离的相分开的部类了。

教育为帮助人营社会生活的一种手段，显然是实用的；教育的历次进展，也适于各时代社会的经济的需要（虽不是全人类的需要）；但自有了所谓教育学者讲什么教育哲学、说什么教育原理之后，竟把本来人人能解的接近实际生活的教育，变成为了不得的精深，了不得的高贵，仿佛惟有哲人才可从事似的。

这批属于上层阶级的教育理论家或教育哲学家，自以为具有高深的理论，懂得玄妙的哲学，所以在他们所“编制”的教育学上的命意措词，必求其高深玄妙，凡平凡通俗的见解字样，都要避去。他们先把为“万物之灵”的人类从一般生物区别出来；再把教育事实限制在学校门墙之内，而学校却是“重地，闲人莫入”的；——其实照“学校”两字的拉丁语源来说，它正是惟闲人才能进去的场所。[①]——然后他们安坐在这一“无风带”中，来吟味教育的哲学，推敲教育的理论；更令人可佩的，还热望把教育学“化成”科学，务必把他们所“编制”的教育学的地位抬高。可是，独独对于有许多儿童进不得“学校重地”，有许多穷人永远尝不到“教育妙味”，更有许多人虽已领得毕业执照[②]，被送往劳动市场，然而找不到出路；象这一类遍地存在的事实，我们的教育学者是可以全不关心，不，是可以全不看到的。

以上说明教育这种社会现象的实用性及其所以被视为远离实用的由来。以下更要简单地就事实来证明教育之实用性及其跟社会的经济的变迁以变迁的情形。

欧洲中世纪的封建社会，是宗教异常发达的社会；因之，中世纪的学校，都带有极浓重的宗教意味。宗教的学校自不待言，就是其他大学生活及课业等等，也都有僧侣的色彩、神学的精神；除出医学、法学等二三个分科大学以外，其他一切教育机关，不问其为小学或是大学，莫不以僧侣的教养为第一目的。但到了中世纪末叶，因为都市发达，跟着有商业资产阶级的发达，于是以养成商人为目的的专门学校就建立起来。以后工业资本主义发达，相应地就有工业专门学校发生；且为了大工业的发达，技师、监督及计划者的需要，更可看出各种的高级专门学校及大学增设起来。

---

① “学校”，希腊文为 schola，是消闲的意思。schola 原即贵族阶级消闲的场所。拉丁文 ludus literarius，也是指游戏的场所。

② 毕业执照，即毕业文凭。

这是由学校的内容的变迁，可以看出教育的性质。

……

说到这儿，我们对于教育是什么这个问题，当可有个明白的概念了。就是，**教育是社会上层建筑之一，是观念形态的劳动领域之一，是以社会的经济阶段①为基础的。**

不过，在这儿，可以顺便说明一句。教育虽是和法制、宗教、道德、艺术、哲学、科学等等同为社会的上层建筑，但它有一点特别的地方，就是它不像别的精神生产各有各的内容，而是以其他的各项精神生产的内容为内容的。譬如学校里面的课程，无论是科学，是哲学，是艺术，这种种学科的内容，没有不和当代社会的一般科学的内容、一般哲学的内容、一般艺术的内容相同的。换言之，学校科目所教授的样式、倾向等等，都是以当代一般的样式、倾向等等做根据——但要注意：这所谓一般，自是指着一时代占支配的地位者而言；而“支配一时代的思想终只是那时代支配阶级的思想”。② ——因此，在新兴社会科学上解释各种精神生产即上层建筑时，往往不列入教育一门，就为了教育只是一种动作，是一种技巧，以讲究怎样实施“支配思想”为务的。教育之不成为独立，不仅为了在旨趣及实施上受制于经济及政治；也为了在资料与方法上受制于其他各项精神生产的缘故。

（韩长袁、李金迪整理）

拓展性阅读

1. 杨贤江. 杨贤江教育文集［M］. 北京：教育科学出版社，1982.
2. 李大钊. 李大钊文集［M］. 北京：人民出版社，1999.
3. 北京师联教育科学研究所. 杨贤江马克思主义教育学理论与《新教育大纲》选读［M］. 北京：中国环境科学出版社，2006.

① 经济阶段，即经济结构。

② 今译为“任何一个时代的统治思想，都不过是统治阶级的思想”。马克思，恩格斯. 马克思恩格斯全集：第4卷［M］. 北京：人民出版社，1958：488.

第六章　女子教育名著选读

第一节　古代女子教育名著选读

一提及中国古代的女子教育，有人便会有不值一提、毫不足论的感觉，有人甚至会产生厌恶、蔑视乃至愤愤不平之感。这不奇怪，因为中国古代女子教育所传播的理念以及所要求的规范，都是有其特定、具体指向的，今天的人们可能较难接受。其受教育方式与男子也有很大不同，她们无权也无机会接受正规的学校教育。但是，如果因此认为我国古代缺乏女子教育，或者说古代女子教育不具有自身鲜明的特色，却并不十分确当。事实上，古代女子教育不仅以特殊形式而广泛、长久地存在，人们还为此编撰了独具特色的教材、读本，留下了不少影响颇深的教育名著。例如，周代“三礼”中就有许多关于女子教育的内容，西汉刘向编撰《列女传》，开创了女子教育专门著述的先河。此后，女教著作层出不穷，如东汉班昭著《女诫》，成为后世女教著作的范本。唐代宋氏姐妹撰著的《女论语》、明代仁孝文皇后编著的《内训》以及明代王相之母刘氏所作《女范捷录》，在历史上都有广泛的影响。本章将对这些著作择要选读。

一、中国古代女子教育思想概要

众所周知，女性是占人类一半数量的群体。她们或通过自身的辛勤劳动，或通过组建家庭、相夫教子等方式，为人类的进步与发展做出了重要的贡献。可以说，经济的发展、文化的传承、社会的进化、国家的强盛等等，都离不开女子的智慧及奉献。其实，我国很早就已意识到女性在代际繁衍、家族兴替、文化传承中的重要作用，以独特方式开展了女子教育。正如有学者所指出的：“我国是世界女子教育最早、最发达的国家之一，有着极为丰富的女子教育历史。”①

在中国古代，外出社交、闯荡天下被认为是男子的特权。相应地，外出接受制度化教育也即学校教育，自然也就成了男子们的特权。无论是先秦时期的“学在官府”，还是以后历代受教育范围逐步扩大到士族、庶族地主乃至平民子弟，其情形莫不如是。与男子不同，一般而言，各个时代的女性，其活动都被严格限制在家庭、家族的范围内，不得与家族之外的陌生男子交往。相应地，她们也就不被允许踏出闺阁、走出家门，到学校中去读书识字，而主要是在家庭内部，或通过父兄、塾师的传授，或通过自学之类的方式接受教育。因此，女子教育长期以来是以有别于男子的形式而广泛存在的。

学校教育成为男子的专属“特区”，广大女性被完全排除在外，无疑可视为我国教育发展史上的一大缺憾。而且，对女性近乎苛刻的各种礼仪要求，尤其是对“三从”理念的宣扬，更应该视为是对女子个性、才华的压抑和合法权利的剥夺。然而，凭心而论，古代女子教育并非一无是处。例如，对女子孕前、孕中、孕后许多行为的要求，今天看来仍有科学胎教和优生优育的价值；“妇事舅姑，如事父母”的相关规定，对于当今促成家庭和睦、社会和谐仍有现实意义；至于“男主外，女主内”的分工理念，以及由此衍生的某些礼仪要求，虽然遭到不少诟病，但这不仅与深厚的社会文化意蕴相契合，而且与男女不同的自然禀赋和生理特征相适应，这对于男女分工十分凌乱的今天更具有鲜明的借鉴意义。正因如此，有学者深刻地指出：“中国女性温柔敦厚、吃苦耐劳、勤俭持家、深明大义的优良传统与文化性格，便与传统的女子教育代代相因的行事方式、规范作用、道德感召的文化力量，有着千丝万缕的联系。”②

伴随着女子教育的迫切需求，我国很早就有了关于女子教育的读物。作为周代礼仪集大成者的“三礼”中，就有关于事父母、事舅姑（即公婆）之类的行为规范与礼仪要求，这大概是中国古代女子教育读物的雏形。女子教育专门教材的出现是在汉代，得力于两位女子教育的“圣人”——西汉刘向与东汉班昭。汉以后，女子教育读物陆续增多。至隋，仅专著就有《曹大家女诫》《妇人书仪》《列女传》《女鉴》《妇人训诫集》《贞顺志》《女记》《美妇人传》《妒记》《娣姒训》《后妃记》等，其中《列女传》又有刘向、赵母、刘歆、曹植、皇甫谧、綦母邃等人撰写的不同版本。唐代女子教育读

① 杜学元．中国女子教育通史［M］．贵阳：贵州教育出版社，1995：1．

② 熊贤君．中国女子教育的传承与嬗变［J］．华中师范大学学报（哲学社科版），1994（3）．

物，除上述各书外，又有《内训》《孝女传》《女训集》《女则要录》《女论语》《古今内范》《凤楼新诫》《妇人训集解》等书。宋代有《诫女书》《家范》《世范》《居家杂仪》等；明代有仁孝文皇后《内训》《女诫》《母训》《妇训》《闺范》《闺诫》《内则诗》《女小儿语》《女教续编》《章圣太后女训》《古今列女传》等等；清代有关女子教育方面的专著更多，如《女学》《新妇谱》《女儿经》《醒闺篇》《四言闺鉴》《教女遗规》《女训约言》《闺门女儿经》《闺门千字文》等等，清世祖还亲自编写了《内则衍义》。

从古代女子教育读物的发展过程来看，汉代是女教读物的奠基期，从此直到宋前期，诸多女子教育读物大抵是在两位女教“圣人”划定的范围内，对女子教育未能提出新的更有创造性的见解。宋代后期理学的登台，使女子教育读物进入第二次高潮期，进行了多方面内容的更新，导致了女子教育、女性伦理道德、妇女生活等一系列显著变化。明清是女子教育读物的第三个发展时期，涌现出一大批女子教育专著。虽然其中也有若干名著，表述也有新意，但是从基本范畴、理论框架，都没有突破性进展，大多是师承前人余绪，将“三从”“四德”的道理反复推衍。

综上所述，中国古代女子教育有以下几个突出特点：一、源远流长。自先秦始，女子教育内容就十分丰富，涉及女子事父母兄弟、事舅姑的相关事宜，为其为人女、为人妻、为人母订立了准则标准。二、女子教育读物，即女子教育的规训与教材，种类繁多，数量庞大。三、古代女子接受教育的途径及方式有别于男子，她们“大门不出，二门不迈”，主要在家中接受教育。四、教育目的及侧重点也与男子教育不同，女子主要学习“三从”“四德”等规则礼仪，为日后宜室宜家、相夫教子做准备。

二、《礼记·内则》选读

（一）作者和作品简介

《礼记·内则》是儒家经典著作《礼记》中的一篇。孔颖达表述：“名曰《内则》者，以其记男女居室，事父母兄弟之法，此于别录属子法，以闺门之内轨仪可则，故曰《内则》。”① 《内则》所记载的主要是男女居家所应该遵守的行为规则。文中从“男女有别”的原则出发，规定了男女各自的行为准则，这些准则被后世奉为法典。

---

① 郑玄．礼记·内则［M］．孔颖达，疏．北京：中华书局，2009.

《内则》对于家庭内部活动的各种规则叙述得不厌其烦，如男女防嫌之礼、养老敬老之礼、夫妻妻妾之礼、生子礼、接子礼、见父命名礼、嫡子庶子敬事宗子宗妇之礼等均有详细记载。尤其对于女性的各种礼仪，举凡起床、盥洗、装束、问安、饮食、烹调，以及事父母、事舅姑、谨夫妇、生子、育儿、教儿女等内容，都有详细的要求。可以说，这是一篇描述古代女性日常生活的文献，或者说，是“家庭成员在家中所应遵循的礼仪规则”。

（二）原文节选

礼记·内则[①]

妇事舅姑，如事父母。鸡初鸣，咸盥漱，栉，縰[②]，笄，总，[③] 衣绅。左佩纷、帨[④]、刀、砺、小觿[⑤]、金燧[⑥]。右佩箴、管、线、纩，施縏袠[⑦]；大觿、木燧。衿缨，綦屦[⑧]。

以适父母、舅姑之所。及所，下气怡声，问衣燠寒，疾痛苛痒，而敬仰搔之。出入则或先或后，而敬扶持之。进盥，少者奉盘，长者奉水，请沃盥[⑨]，盥卒授巾。问所欲而敬进之，柔色以温之。饘、酏、酒、醴、芼羹、菽、麦、蕡、稻、黍、粱、秫，唯所欲。[⑩] 枣、栗、饴、蜜以甘之；堇、荁、枌[⑪]、榆，免、薨，滫瀡以滑之[⑫]；脂膏以膏之。父母、舅姑必尝之而后退。

男女未冠笄者[⑬]，鸡初鸣，咸盥漱，栉，縰，拂髦，总角，衿缨，皆佩

---

① 杨天宇．礼记译注：上册［M］．上海：上海古籍出版社，2010．注释参考各版本综合而定。

② 縰（xǐ）：同“纚”，古代束发的布帛。

③ 笄（jī）：簪，用以固发、固冠。总：束发带，结束。

④ 纷、帨：纷，犹今抹布。帨，犹今手巾。

⑤ 小觿（xī）：古代解衣结的用具，形如锥。

⑥ 金燧，又名阳燧，古代取火用的工具。

⑦ 施縏袠：縏（pán），小囊。袠（zhì），刺。因縏囊是以针刺制的，故云“縏袠”。

⑧ 衿缨：衿，结。缨，香囊。綦（qí）屦：系上鞋带。

⑨ 沃盥：沃，浇水。盥，洗。古人洗手，由人舀水从上面浇下以供人盥之，故曰沃盥。

⑩ 饘（zhān）：厚粥。酏（yí）：薄粥。芼：肉汁中加放的菜。蕡（fén）：经焙炒的麻子。

⑪ 堇、荁：堇，堇菜。荁（huán），亦堇菜类，似堇而叶稍大。枌（fén）：案榆有赤白两种，白者名枌。

⑫ 滫瀡以滑之：滫（xiǔ），淘洗。瀡（suí），滑。谓以此数物（即堇、荁、枌、榆）相和，滫瀡之使柔滑。

⑬ 笄：谓女子的加笄礼，即成人礼。

容臭[1]。昧爽而朝，问何食饮矣，若已食，则退，若未食，则佐长者视具。

父母、舅姑将坐，奉席请何乡。将衽，长者奉席请何趾。少者执床与坐，御者举几。敛席与簟，县衾，箧枕，敛簟而襡[2]之。

父母、舅姑之衣衾、簟、席、枕、几不传；杖、屦祗敬之，勿敢近；敦、牟、卮、匜[3]，非馂[4]莫敢用；与恒食饮，非馂莫敢饮食。

父母在，朝夕恒食，子、妇佐馂；既食恒馂。父没母存，冢子御食，群子、妇佐馂如初。旨、甘、滑，孺子馂。

在父母、舅姑之所，有命之，应“唯”，敬对。进、退、周旋慎齐；升、降、出、入揖游。不敢哕噫[5]、嚏咳、欠伸、跛倚、睇视，不敢唾洟，寒不敢袭，痒不敢搔。不有敬事，不敢袒裼；不涉不撅。亵衣衾不见里。……

男不言内，女不言外。非祭非丧，不相授器。其相授，则女受以篚。其无篚，则皆坐奠之，而后取之。外内不共井，不共湢[6]浴，不通寝席，不通乞假，男女不通衣裳。内言不出，外言不入。男子入内，不啸不指，夜行以烛，无烛则止。女子出门必拥蔽其面，夜行以烛，无烛则止。道路，男子由右，女子由左。

子妇孝者敬者，父母、舅姑之命勿逆，勿怠。若饮食之，虽不耆，必尝而待；加之衣服，虽不欲，必服而待。加之事，人代之，己虽弗欲，姑与之而姑使之，而后复之。子妇有勤劳之事，虽甚爱之，姑纵之，而宁数休之。子妇未孝未敬，勿庸疾怨，姑教之；若不可教，而后怒之；不可怒，子放妇出，而不表礼焉。

父母有过，下气怡色，柔声以谏。谏若不入，起敬起孝，说[7]则复谏；不说，与其得罪于乡党州闾，宁孰谏。父母怒，不说而挞之流血，不敢疾怨，起敬起孝。

父母有婢子，若庶子、庶孙，甚爱之，虽父母没，没身敬之不衰。子有二妾，父母爱一人焉，子爱一人焉，由衣服饮食，由执事，毋敢视父母所爱，虽父母没，不衰。子甚宜其妻，父母不说，出。子不宜其妻，父母曰：“是

---

① 容臭：谓香物，因臭（香）物可以修饰形容，故云。

② 簟（diàn）：竹席。襡（dú）：通“韣”，韬。

③ 卮（zhī）：古代盛酒的器皿。匜（yí）：先秦礼器之一，用于沃盥之礼，为客人洗手所用。

④ 馂（jùn）：吃剩下的食物；熟食。

⑤ 哕噫（huì ài）：哕，呕吐；噫，饱食或积食后，胃里的气体从嘴里出来并发出声音。

⑥ 湢（bì）：浴室。

⑦ 说：同“悦”，高兴。

善事我。”子行夫妇之礼焉，没身不衰。

父母虽没，将为善，思贻父母之令名，必果；将为不善，思贻父母羞辱，必不果。

舅没则姑老，冢妇所祭祀、宾客，每事必请于姑，介妇请于冢妇。舅姑使冢妇，毋怠，不友无礼于介妇。舅姑若使介妇，毋敢敌耦于冢妇，不敢并行，不敢并命，不敢并坐。凡妇不命适私室不敢退。妇将有事，大小必请于舅姑。子妇无私货，无私畜，无私器，不敢私假，不敢私与。妇或赐之饮食、衣服、布帛、佩帨、茝兰，则受而献诸舅姑。舅姑受之则喜，如新受赐。若反赐之，则辞，不得命，如更受赐，藏以待乏。妇若有私亲兄弟，将与之，则必复请其故，赐，而后与之。

礼，始于谨夫妇。为宫室，辨外内，男子居外，女子居内。深宫固门，阍寺守之，男不入，女不出。男女不同椸枷，不敢县于夫之楎①、椸，不敢藏于夫之箧笥，不敢共湢浴。夫不在，敛枕箧簟席②，襡器而藏之。少事长，贱事贵，咸如之。夫妇之礼，唯及七十，同藏无间。故妾虽老，年未满五十，必与五日之御③。将御者，齐，漱，浣，慎衣服，栉，縰，笄，总角，拂髦④，衿缨，綦屦。虽婢妾，衣服、饮食必后长者。妻不在，妾御莫敢当夕。

妻将生子，及月辰⑤，居侧室⑥。夫使人日再问之，作而自问之。妻不敢见⑦，使姆衣服而对⑧。至于子生，夫复使人日再问之。夫齐，则不入侧室之门。子生，男子设弧于门左⑨，女子设帨于门右。三日始负子，男射，女否。

子能食食，教以右手。能言，男“唯”，女“俞”⑩，男鞶⑪革，女鞶丝。六年，教之数与方名。**七年，男女不同席，不共食**。八年，出入门户，及即席饮食，必后长者，始教之让。九年，教之数日，**十年，出就外傅，居宿于**

---

① 县：通“悬”。楎（huī）：钉在墙上挂衣服的木橛。

② 敛枕箧簟席：此文当作“箧枕敛簟席”，传写误倒。

③ 五日之御：御，谓侍夫过夜。

④ 总角，拂髦：角，拂髦，皆衍字。

⑤ 月辰：谓临产之月的初一。

⑥ 侧室：在燕寝之旁。案燕寝在正寝之后。又侧室非一室，其形制盖亦如燕寝。

⑦ 妻不敢见：案这是意在远私媚（即借生子而私下要宠于夫）之嫌。

⑧ 姆：女师。

⑨ 设弧于门左：案此即所谓悬弧之义。

⑩ 男“唯”，女“俞”：“唯”“俞”皆应声之词，但“唯”声较直，“俞”声较婉，是男女之别。

⑪ 鞶：盛帨巾的小囊。

外，学书记，衣不帛襦袴，礼帅初，朝夕学幼仪，请肄简、谅①。十有三年，学乐，诵诗，舞《勺》。成童，舞《象》，学射、御。二十而冠，始学礼，可以衣裘帛，舞《大夏》②，惇行孝弟，博学不教，内而不出。……

女子十年不出，姆教婉娩、听从，执麻枲，治丝茧，织纴组紃③，学女事，以共衣服。观于祭祀，纳酒、浆、笾、豆、菹、醢，礼相助奠。十有五年而笄④，二十而嫁，有故⑤二十三年而嫁。**聘则为妻，奔则为妾。**

凡女拜，尚右手。

三、刘向与《列女传》

（一）作者和作品简介

刘向，原名更生，字子政，西汉沛（今江苏省沛县）人，刘邦同父异母弟刘交的四世孙。关于刘向的生卒年月，学界看法不尽一致。此处依张舜徽先生之说，生于公元前 77 年，卒于公元前 6 年，历昭、宣、元、成四朝，享年 72 岁。

刘向自幼勤奋好学，是西汉经学家、史学家、文学家和目录学家。他一生最大的业绩是在河平三年（前 26 年）与三子刘歆一起，对前代典籍进行了全面的整理、编次和校定。这是一项大规模的国家文化工程，历时二十余年。刘向将群书的叙录汇集成《别录》，这是我国第一部有提要的综合性目录，在目录学史上具有重要意义。其一生著述颇丰，多有政治讽喻之作，所作《九叹》等辞赋大部亡佚。今存者有《洪范五行传》《新序》《说苑》《列女传》《列仙传》等。

《列女传》大约成书于成帝永始元年（前 16 年）。刘向撰此书实有感而发。西汉后期成帝、哀帝奢侈享乐，宦官、外戚交替专权。刘向身为西汉宗室，心系国事，关心政治，便以编撰《列女传》的方式，对外戚集团进行斗争，反对女主干政，遏制外戚专权。《列女传》共分“母仪”“贤明”“仁智”“贞顺”“节义”“辩通”“孽嬖”等 7 卷，每卷 15 篇，共计 105 篇。前六卷褒扬崇高女性，第七卷鞭挞、贬斥丑陋妇人。《列女传》自问世以来，

---

① 请肄简、谅：肄，学习。简，书简。谅，信。

② 《勺》《象》《大夏》：皆为舞蹈之名。《勺》是文舞，《象》是武舞，《大夏》是一种文武兼备的舞乐。

③ 织纴组紃（xún）：纴，缯帛之属。组，意同织。紃，圆形丝带。

④ 十有五年而笄：女子十五许嫁，而行加笄礼，犹男子之冠礼，皆表示已成年。

⑤ 有故：谓父母之丧。

既为广大女性提供了学习的榜样，又为后世提供了女性教育的专门教材。

（二）原文节选

母仪传[①]

邹孟轲母

邹孟轲之母也。号孟母。其舍近墓。孟子之少也，嬉游为墓间之事，踊跃筑埋。孟母曰："此非吾所以居处子。"乃去，舍市傍。其嬉戏为贾人炫卖之事。孟母又曰："此非吾所以居处子也。"复徙舍学宫之旁。其嬉游乃设俎豆[②]，揖让进退。孟母曰："真可以居吾子矣。"遂居。及孟子长，学六艺，卒成大儒之名。君子谓孟母善以渐化。《诗》云："彼姝者子，何以予之？"此之谓也。

孟子之少也，既学而归。孟母方绩，问曰："学何所至矣？"孟子曰："自若也。"孟母以刀断其织。孟子惧而问其故。孟母曰："子之废学，若吾断斯织也。夫君子学以立名，问则广知。是以居则安宁，动则远害。今而废之，是不免于厮役，而无以离于祸患也，何以异于织绩而食[③]，中道废而不为，宁能衣其夫子而长不乏粮食哉？女则废其所食，男则堕于修德，不为窃盗，则为虏役矣。"孟子惧，旦夕勤学不息，师事子思，遂成天下之名儒。君子谓孟母知为人母之道矣。《诗》云："彼姝者子，何以告之？"此之谓也。

孟子既娶，将入私室，其妇袒[④]而在内，孟子不悦，遂去不入。妇辞孟母而求去，曰："妾闻夫妇之道，私室不与焉。今者妾窃堕在室，而夫子见妾，勃然不悦，是客妾也。妇人之义，盖不客宿。请归父母。"于是孟母召孟子而谓之曰："夫礼，将入门，问孰存，所以致敬也；将上堂，声必扬，所以戒人也；将入户，视必下，恐见人过也。今子不察于礼，而责礼于人，不亦远乎？"孟子谢，遂留其妇。君子谓孟母知礼而明于姑母之道。

孟子处齐，而有忧色。孟母见之曰："子若有忧色，何也？"孟子曰："不敏。"异日闲居，拥楹而叹。孟母见之曰："乡见子有忧色，曰'不也'。今拥楹而叹，何也？"孟子对曰："轲闻之，君子称身而就位，不为苟得而受赏，不贪荣禄，诸侯不听则不达其上，听而不用则不践其朝。今道不用于齐，

---

① 张涛．列女传译注［M］．济南：山东大学出版社，1990.

② 俎豆：祭祀用的器具。

③ 食（sì）：供养。

④ 袒：脱去上衣，袒露身体的一部分。

愿行而母老，是以忧也。”孟母曰：“夫妇人之礼，精五饭，幂①酒浆，养舅姑，缝衣裳而已矣，故有闺内之修，而无境外之志。《易》曰：‘在中馈，无攸遂。’《诗》曰：‘无非无仪，惟酒食是议。’以言妇人无擅制之义，而有三从之道也。故年少则从乎父母，出嫁则从乎夫，夫死则从乎子，礼也。今子成人也，而我老矣。子行乎子义，吾行乎吾礼。”君子谓孟母知妇道。《诗》云：“载色载笑，匪怒伊教。”此之谓也。

颂曰：孟子之母，教化列分。处子择艺，使从大伦。子学不进，断机示焉。子遂成德，为当世冠。

贤明传

齐桓卫姬

卫姬者，卫侯之女，齐桓公之夫人也。桓公好淫乐，卫姬为之不听郑卫之音。桓公用管仲、宁戚，行霸道，诸侯皆朝，而卫独不至。桓公与管仲谋伐卫。罢朝入闺，卫姬望见桓公，脱簪珥，解环佩，下堂再拜，曰：“愿请卫之罪。”桓公曰：“吾与卫无故，姬何为请耶?”对曰：“妾闻之，人君有三色：显然喜乐，容貌淫乐者，钟鼓酒食之色；寂然清静，意气沉抑者，丧祸之色；忿然充满，手足矜②动者，攻伐之色。今妾望君举趾高，色厉音扬，意在卫也。是以请之。”桓公许诺。明日临朝，管仲趋进曰：“君之莅朝也，恭而气下，言则徐，无伐国之志，是释卫也。”桓公曰：“善。”乃立卫姬为夫人，号管仲为仲父，曰：“夫人治内，管仲治外，寡人虽愚，足以立于世矣。”君子谓卫姬信而有行。《诗》曰：“展如之人兮，邦之媛也。”

颂曰：齐桓卫姬，忠款诚信。公好淫乐，姬为修身。望色请罪，桓公加焉。厥使治内，立为夫人。

仁智传

卫灵夫人

卫灵公之夫人也。灵公与夫人夜坐，闻车声辚辚，至阙而止，过阙复有声。公问夫人曰 ：“知此谓谁?”夫人曰：“此蘧伯玉也。”公曰：“何以知之?”夫人曰：“妾闻礼，下公门，式路马，所以广敬也。夫忠臣与孝子，不为昭昭信节，不为冥冥惰行。蘧伯玉，卫之贤大夫也，仁而有智，敬于事上，此其人必不以暗昧废礼。是以知之。”公使视之，果伯玉也。公反之以戏夫

---

① 幂：用罩布覆盖。

② 矜：骄躁。

人曰："非也。"夫人酌觞，再拜贺公。公曰："子何以贺寡人？"夫人曰："始妾独以卫为有蘧伯玉尔，今卫复有与之齐者，是君有二贤臣也。国多贤臣，国之福也。妾是以贺。"公惊曰："善哉！"遂语夫人其实焉。君子谓卫夫人明于知人道。夫可欺而不可罔者，其明智乎！《诗》云："我闻其声，不见其人。"此之谓也。

颂曰：卫灵夜坐，夫人与存。有车辚辚，中止阙门。夫人知之，必伯玉焉。维知识贤，问之信然。

贞顺传

陈寡孝妇

孝妇者，陈之少寡妇也。年十六而嫁，未有子，其夫当行戍。夫且行时，属孝妇曰："我生死未可知，幸有老母，无它兄弟。借吾不还，汝肯养吾母乎？"妇应曰："诺。"夫果死不还。妇养姑不衰，慈爱愈固，纺绩以为家业，终无嫁意。居丧三年，其父母哀其年少无子而早寡也，将取而嫁之。孝妇曰："妾闻之，信者人之干也，义者行之节也。妾幸得离襁褓，受严命而事夫，夫且行时，属妾以其老母，既许诺之。夫受人之托，岂可弃哉？弃托不信，背死不义。不可也。"母曰："吾怜汝少年早寡也！"孝妇曰："妾闻宁载于义而死，不载于地而生。且夫养人老母而不能卒，许人以诺而不能信，将何以立于世？夫为人妇固养其舅姑者也，夫不幸先死，不得尽为人子之礼，今又使妾去之，莫养老母，是明夫之不肖而著妾之不孝。不孝不信且无义，何以生哉？"因欲自杀，其父母惧而不敢嫁也，遂使养其姑。二十八年，姑死，葬之，终奉祭祀。淮阳太守以闻，汉孝文皇帝高其义，贵其信，美其行，使使者赐之黄金四十斤，复之终身，号曰孝妇。君子谓孝妇备于妇道。《诗》云："匪直也人，秉心塞渊。"此之谓也。

颂曰：孝妇处陈，夫死无子。妣将嫁之，终不听母。专心养姑，一醮不改。圣王嘉之，号曰孝妇。

节义传

齐义继母

齐义继母者，齐二子之母也。当宣王时，有人斗死于道者，吏讯之，被一创。二子兄弟立其傍，吏问之。兄曰："我杀之。"弟曰："非兄也，乃我杀之。"期年，吏不能决，言之于相。相不能决，言之于王。王曰："今皆赦之，是纵有罪也；皆杀之，是诛无辜也。寡人度其母能知子善恶，试问其母，听其所欲杀活。"相召其母，问之曰："母之子杀人，兄弟欲相代死，吏不能决，言之于王，王有仁惠，故问母何所欲杀活。”其母泣而对曰：“杀其少者。”相受其言，因而问之曰：“夫少子者，人之所爱也。今欲杀之，何也？”其母对曰：“少者，妾之子也；长者，前妻之子也。其父疾，且死之时，属之于妾曰：‘善养视之。’妾曰：‘诺。’今既受人之托，许人以诺，岂可以忘人之托而不信其诺邪？且杀兄活弟，是以私爱废公义也；背言忘信，是欺死者也。夫言不约束，已诺不分，何以居于世哉？子虽痛乎，独谓行何？”泣下沾襟。相入言于王，王美其义，高其行，皆赦不杀，而尊其母号曰义母。君子谓义母信而好义，洁而有让。《诗》曰：“恺悌君子，四方为则①。”此之谓也。

颂曰：义继信诚，公正知礼。亲假有罪，相让不已。吏不能决，王以问母。据信行义，卒免二子。

辩通传

齐太仓女

齐太仓女者，汉太仓令淳于公之少女也。名缇萦。淳于公无男，有女五人。孝文皇帝时，淳于公有罪当刑。是时肉刑尚在，诏狱系长安，当行会逮，公骂其女曰：“生子不生男，缓急非有益！”缇萦自悲泣，而随其父至长安，上书曰：“妾父为吏，齐中皆称廉平，今坐法当刑。妾伤夫死者不可复生，刑者不可复属，虽欲改过自新，其道无由也。妾愿入身为官婢，以赎父罪，使得自新。”书奏，天子怜悲其意，乃下诏曰：“盖闻有虞之时，画衣冠异章服以为戮，而民不犯，何其至治也！今法有肉刑五，而奸不止，其咎安在？非朕德薄而教之不明欤？吾甚自愧。夫训道不纯，而愚民陷焉。《诗》云：‘恺悌君子，民之父母。’今人有过，教未施而刑已加焉，或欲改行为善，而其道毋由，朕甚怜之。夫刑者至断支体，刻肌肤，终身不息②，何其痛而不德也！岂称为民父母之意哉？其除肉刑！”自是之后，凿颠者髡③，抽胁者笞，刖足者钳。淳于公遂得免焉。君子谓缇萦一言发圣主之意，可谓得事之宜矣。《诗》云：“辞之怿矣，民之莫矣。”④ 此之谓也。

颂曰：缇萦讼父，亦孔有识⑤。推诚上书，文雅甚备。小女之言，乃感圣意。终除肉刑，以免父事。

---

① 恺（kǎi）悌（tì）君子，四方为则：见《诗经·大雅·卷阿》。恺悌：和易近人。

② 息：生。

③ 颠：头。髡（kūn）：剃去头发。

④ 辞之怿矣，民之莫矣：见《诗经·大雅·板》。怿（yì），喜悦。莫，安定。

⑤ 孔：很。

孽嬖传

殷纣妲己

妲己者，殷纣之妃也。嬖幸于纣。纣材力过人①，手格猛兽②。智足以距谏，辩足以饰非。矜人臣以能③，高天下以声，以为人皆出己之下。好酒饮乐，不离妲己，妲己之所誉贵之，妲己之所憎诛之。作新淫之声，北鄙之舞，靡靡之乐，收珍物积之于后宫，谀臣群女咸获所欲。积糟为丘，流酒为池，悬肉为林，使人裸形相逐其间，为长夜之饮。妲己好之。百姓怨望，诸侯有畔者④，纣乃为炮烙之法，膏铜柱加之炭，令有罪者行其上，辄堕炭中，妲己乃笑。比干谏曰⑤："不修先王之典法，而用妇言，祸至无日！"纣怒，以为妖言。妲己曰："吾闻圣人之心有七窍。"于是剖心而观之。囚箕子，微子去之。武王遂受命兴师伐纣，战于牧野。纣师倒戈，纣乃登廪台，衣宝玉衣而自杀。于是武王遂致天之伐，斩妲己头，悬于小白旗，以为亡纣者，是女也。《书》曰："牝鸡无晨。牝鸡之晨，惟家之索。"《诗》云："君子信盗，乱是用暴。匪其止共，维王之邛。"此之谓也。

颂曰：妲己配纣，或乱是修。纣既无道，又重相谬。指笑炮炙，谏士刳囚⑥。遂败牧野，反商为周。

四、班昭与《女诫》

（一）作者和作品简介

班昭（49—120 年），字惠班，又名班姬，扶风安陵（今陕西省咸阳市东北）人，东汉史学家。因嫁于平阳曹世叔为妻，故人称"曹大家"。班昭祖姑为汉成帝的宠妃班婕妤，工于诗赋，才辩超群，深得汉成帝喜爱。祖父班稚与伯祖班伯、班游于西汉末年均任要职。故在两汉之际，班氏"家有藏书，内足于财"。父亲班彪是东汉著名儒学大师及史学家，续《史记》65 篇。长兄班固编撰《汉书》，是杰出的史学家与文学家。二兄班超弃笔从戎，屡立奇功，是汉代著名的将领与外交家。

---

① 材力：气力。
② 格：击，打。
③ 矜（jīn）：夸耀。
④ 畔：通"叛"，反叛。
⑤ 比干：纣的叔父，官至少师。与微子、箕子合称殷之"三仁"。
⑥ 刳（kū）：剖开而挖空。指比干被剖心。

受家庭环境熏陶，班昭掌握了丰富的历史、天文和地理知识，饱读诗书、才华横溢。作为史学家，班昭的主要贡献是继承长兄班固遗志，整理并续成历史巨著《汉书》；作为文学家，班昭一生写过赋颂等文章 16 篇。她还是著名的教育家，曾被汉和帝“数召入宫”担任皇后及其他位高者的教师。除注解《列女传》，使之得以广泛流传外，班昭还总结自身宫廷教育的经验，作《女诫》一书。

《女诫》共七篇，合序为八，一千六百余字，是一篇教导女子做人道理的私书，集中宣扬“男尊女卑”“三从”“四德”等思想。班昭以自己为榜样，总结自己为妇的经验，令天下女子效法。其篇目为“卑弱第一”“夫妇第二”“敬顺第三”“妇行第四”“专心第五”“曲从第六”“和叔妹第七”。《卑弱》篇是贯穿全书的主旨，宣扬女人天生卑弱，因而需遵循“三从”“四德”的思想。《女诫》为《女四书》之首，是民国以前大部分读书女子的启蒙读物，成为千秋万世为人妻女立身处世的行为准则。

（二）全文实录

自序[1]

鄙人愚暗，受性不敏，蒙先君之余宠，赖母师之典训。年十有四，执箕帚于曹氏，于今四十余载矣。战战兢兢，常惧黜辱，以增父母之羞，以益中外之累[2]。夙夜劬心[3]，勤不告劳。而今而后，乃知免耳。吾性疏顽，教道无素，恒恐子穀[4]负辱清朝。圣恩横加，猥赐金紫[5]，实非鄙人庶几所望也。男能自谋矣，吾不复以为忧也；但伤诸女方当适人[6]，而不渐训诲，不闻妇礼，惧失容它门，取耻宗族。吾今疾在沈滞[7]，性命无常，念汝曹如此，每用惆怅。闲作《女诫》七章，愿诸女各写一通，庶有补益，裨助汝身。去矣，其勖勉之！

卑弱第一

古者生女三日，卧之床下，弄之瓦砖，而斋告焉。卧之床下，明其卑弱，

---

① 张福清．女诫：妇女的枷锁［M］．北京：中央民族大学出版社，1996.
② 益中外之累：增加丈夫家、娘家的拖累。
③ 劬（qú）心：操心，费神。劬：劳苦。
④ 子穀（gǔ）：即曹大家（班昭）之子曹穀。
⑤ 猥：多次。金紫：金印紫绶，即各种高官显爵。
⑥ 适人：女子出嫁谓之适人。
⑦ 沈滞：此指病重而不见好转。

主下人也。弄之瓦砖，明其习劳，主执勤也。斋告先君，明当主继祭祀也。三者盖女人之常道，礼法之典教矣。**谦让恭敬，先人后己，有善莫名**[1]**，有恶莫辞，忍辱含垢，常若畏惧，是谓卑弱下人也**。晚寝早作，勿惮夙夜，执务私事，不辞剧易，所作必成，手迹整理，是谓执勤也。正色端操，以事夫主，清静自守，无好戏笑，洁齐酒食，以供祖宗，是谓继祭祀也。三者苟备，而患名称之不闻，黜辱之在身，未之见也。三者苟失之，何名称之可闻，黜辱之可远哉！

夫妇第二

夫妇之道，参配阴阳，通达神明。信天地之弘义，人伦之大节也。是以《礼》贵男女之际，《诗》著《关雎》之义。由斯言之，不可不重也。夫不贤，则无以御妇；妇不贤，则无以事夫。夫不御妇[2]，则威仪废缺；妇不事夫，则义理堕阙。方斯二事，其用一也。察今之君子，徒知妻妇之不可不御，威仪之不可不整，故训其男，检以书传，殊不知夫主之不可不事，礼义之不可不存也。但教男而不教女，不亦蔽于彼此之数[3]乎！《礼》，八岁始教之书，十五而至于学矣。独不可依此以为则哉！

敬慎第三

阴阳殊性，男女异行。阳以刚为德，阴以柔为用；男以强为贵，女以弱为美。故鄙谚有云："生男如狼，犹恐其尪[4]，生女如鼠，犹恐其虎。"然则**修身莫若敬，避强莫若顺**。故曰敬顺之道，妇人之大礼也。夫敬非它，持久之谓也。夫顺非它，宽裕之谓也。持久者，知止足也；宽裕者，尚恭下也[5]；夫妇之好，终身不离。房室周旋，遂生媟黩[6]。媟黩既生，语言过矣。语言既过，纵恣必作。纵恣既作，则侮夫之心生矣。此由于不知止足者也。夫事有曲直，言有是非。直者不能不争，曲者不能不讼。讼争既施，则有忿怒之事矣。此由于不尚恭下者也。侮夫不节，谴呵从之；忿怒不止，楚挞[7]从之。夫为夫妇者，义以和亲，恩以好合。楚挞既行，何义之存？谴呵既宣，何恩

---

① 有善莫名：不自名己之善。即不自夸、自誉。

② 御妇：管住妻子。御：节制。

③ 数：规律、礼仪。

④ 尪（wāng）：骨骼弯曲症。胫、背、胸弯曲都叫尪。

⑤ 止足：安分。恭下：谦逊顺从。

⑥ 媟（xiè）黩：轻慢，亵狎。

⑦ 楚挞：鞭笞。

之有？**恩义俱废，夫妇离矣**。

妇行第四

女有四行，一曰妇德，二曰妇言，三曰妇容，四曰妇功。夫云妇德，不必才明绝异也；妇言，不必辩口利辞也；妇容，不必颜色美丽也；妇功，不必工巧过人也。清闲贞静，守节整齐，行己有耻[1]，动静有法，是谓妇德。择辞而说，不道恶语，时然后言，不厌于人[2]，是谓妇言。盥浣尘秽，服饰鲜洁，沐浴以时，身不垢辱，是谓妇容。专心纺织，不好戏笑，洁齐酒食，以奉宾客，是谓妇功。此四者，女人之大德，而不可乏之者也。然为之甚易，唯在存心耳。古人有言："仁远乎哉？我欲仁，而斯仁至矣。"此之谓也。

专心第五

《礼》，**夫有再娶之义，妇无二适之文，故曰夫者天也**。天固不可逃，夫固不可离也。行违神祇，天则罚之；礼义有愆，夫则薄之。故《女宪》曰："得意一人，是谓永毕，失意一人，是谓永讫。[3]"由斯言之，夫不可不求其心。然所求者，亦非谓佞媚苟亲也，固莫若专心正色。礼义居絜，耳无涂听[4]，目无邪视，出无冶容，入无废饰，无聚会群辈，无看视门户，此则谓专心正色矣。若夫动静轻脱，视听陕输[5]，入则乱发坏形，出则窈窕作态，说所不当道，观所不当视，此谓不能专心正色矣。

曲从第六

夫得意一人，是谓永毕；失意一人，是谓永讫。欲人定志专心之言也。舅姑之心，岂当可失哉？物有以恩自离者，亦有以义自破者也。夫虽云爱，舅姑云非，此所谓以义自破者也。**然则舅姑之心奈何？固莫尚于曲从矣**。姑云不尔而是，固宜从令；姑云尔而非，犹宜顺命。勿得违戾是非，争分曲直。此则所谓曲从矣。故《女宪》曰："妇如影响，焉不可赏。[6]"

---

① 行己有耻：行事符合礼仪规范，不要留下被人耻笑的把柄。

② 此前四句的大意为：说话要符合礼义，不恶语伤人，还要合时宜，才不招人讨厌。

③ 永毕：终身有靠。有成。毕：终。永讫：终生无成，飘落无依。讫：离散。

④ 礼义居絜，耳无涂听：举手投足唯礼义是从。"絜"：同"挈"，举，提。涂：同"途"。

⑤ 陕输：闪烁不定的样子。此喻指女人视听不合封建礼仪而顾盼流离之状。

⑥ 妇如影响，焉不可赏：意谓媳妇顺从公婆，若影之随形，响之应声，则没有不得其心意，蒙其称扬的。

和叔妹第七

妇人之得意于夫主，由舅姑之爱己也；舅姑之爱己，由叔妹之誉己也①。由此言之，我臧否誉毁②，一由叔妹，叔妹之心，复不可失也。皆莫知叔妹之不可失，而不能和之以求亲，其蔽也哉！自非圣人，鲜能无过。故颜子贵于能改，仲尼嘉其不贰③，而况妇人者也！虽以贤女之行，聪哲之性，其能备乎！是故室人和则谤掩，外内离则恶扬。此必然之势也。《易》曰："二人同心，其利断金。同心之言，其臭如兰。"此之谓也。夫嫂妹者，体敌而尊，恩疏而义亲。若淑媛谦顺之人，则能依义以笃好，崇恩以结援，使徽美显章，而瑕过隐塞，舅姑矜善，而夫主嘉美，声誉曜于邑邻，休光延于父母④。若夫蠢愚之人，于嫂则托名以自高，于妹则因宠以骄盈。骄盈既施，何和之有！恩义既乖，何誉之臻！是以美隐而过宣，姑忿而夫愠，毁訾布于中外，耻辱集于厥身，进增父母之羞，退益君子之累⑤。斯乃荣辱之本，而显否之基也。可不慎哉！然则求叔妹之心，固莫尚于谦顺矣。谦则德之柄，顺则妇之行。凡斯二者，足以和矣。《诗》云："在彼无恶，在此无射⑥。"其斯之谓也。

五、宋氏姐妹与《女论语》

（一）作者和作品简介

《女论语》是唐代宋若莘、宋若昭姐妹所撰的一部女子训诫书，在古代女子教育专书中占有重要地位，是我国规范女性言行举止的女教名著之一。宋若莘、宋若昭，皆为唐代名士宋廷芬之女，贝州清阳（今河北省清河县）人。唐德宗时，宋若昭奉旨入宫，然不慕皇帝宠爱，愿独居禁院，被尊为"学士"，拜内职尚官，教授皇子、公主礼仪，与宋若莘合著《女论语》。

作为一本女教专书，《女论语》主要讲述女性为女、为妻、为母的行为处事原则，其针对的主要对象是下层妇女，体现了唐代后期女教平民化的倾向，首开教化下层妇女著述之先河。其训诫既贴近下层女性的生活实际，又

---

① 叔妹：婆家的弟弟妹妹，即俗称的小叔子、小姑子。

② 臧否誉毁：评价的好坏。臧否：品评，褒贬。誉：称扬、赞美。毁：诽谤。

③ 不贰：不第二次犯同样的错误。

④ 休光：美名，好名声。

⑤ 君子：此指丈夫。

⑥ 此《韩诗·周颂》之言，谓别人不讨厌我，我就不会遭受妒忌或猜疑。恶：厌恶。射：妒忌，猜疑。

不失训诫本身的严肃性，特别适合年幼或知识水平较低的普通女性学习，因而大大扩展了该书训诫的受众范围，使之得以历经战乱纷争而幸运地流传至今。

《女论语》共十二章。从整体内容上来看，它要求妇女在家为人女，要做到细心学习、精于女工、以礼而行，敬重父母等等；出嫁以后，角色转换，为人妻、为人母，则应做到孝敬公婆、勤俭持家、相夫教子、殷勤待客、和睦邻里等等。可以明显看出，它以讲述普通百姓人家的劳动妇女日常生活中的行为准则为主。其语言平白易懂，四字一句，大体押韵，朗朗上口，便于流传。

（二）全文实录

女论语①

曹大家曰：妾乃贤人之妻，名家之女，四德兼全，亦通书史，因辍女工，间观文字，九烈可嘉，三贞可慕，深惜后人，不能追步，乃撰一书，名为《论语》，教诫相承，教训女子，若依斯言，是为贤妇，罔俾前人，传美千古。

立身章第一

凡为女子，先学立身；立身之法，惟务清贞：清则贞洁，贞则身荣。行莫回头，语莫露唇；坐莫动膝，立莫摇裙；喜莫大笑，怒莫高声。内外各处，男女异群；莫窥外壁，莫出外庭；窥必掩面，出必藏形。男非眷属，莫与通名；女非善属，莫与相亲。立身端正，方可为人！

学作章第二

凡为女子，须学女工：纫麻缉苧，粗细不同；机车纺织，切莫匆匆。看蚕煮茧，晓夜相从；采桑摘柘②，看雨占风。滓湿即替，寒冷须烘。取叶饲食，必得其中。取丝经纬，丈匹成工。轻纱下轴，细布入筒。绸绢苎葛，织造重重。亦可货卖，亦可自缝。刺鞋补袜，引线绣绒；补联纫缀，百事皆通。能依此语，寒冷从容；衣不愁破，家不愁穷。莫学懒妇，积小痴慵；不贪女

---

① 苏者聪．中国历代妇女作品选［M］．上海：上海古籍出版社，1987．断句和注释参考各版本综合而定。

② 柘（zhè）：落叶灌木或乔木，叶可以喂蚕，皮可以染黄色，木材质坚而致密，是贵重的木料。

务，不计春冬。针线粗率，为人所攻；嫁为人妇，耻辱门风；衣裳破损，牵西遮东；遭人指点，耻笑乡中。奉劝女子，听取言终。

学礼章第三

凡为女子，当知女务：女客相过，安排坐具；整顿衣裳，轻行缓步；敛手低声，请过庭户；问候通时，从头称叙；答问殷勤，轻言细语；备办茶汤，迎来递去；莫学他人，抬身不顾；接见依稀，有相欺侮。如到人家，且依礼数；相见传茶，即通事务；说罢起身，再三辞去。主若相留，礼筵待过；酒略沾唇，食无叉箸；退盏辞壶，过承推拒。莫学他人，呼汤呷醋；醉后颠狂，遭人所恶；身未回家，已遭玷污。当在家庭，少游道路；生面相逢，低头看顾。莫学他人，不知朝暮；走遍乡村，说三道四；引惹恶声，多招骂怒；辱贱门风，连累父母；损破自身，供他笑具。如此之人，有如犬鼠；莫学他人，惶恐羞辱。

早起章第四

凡为女子，习以为常：五更鸡唱，起着衣裳；盥漱已了，随意梳妆；拾柴烧火，早下厨房；磨锅洗镬，煮水煮汤；随家丰俭，蒸煮食尝；安排蔬菜，炮豉舂姜；随时下料，甜淡馨香；整齐碗碟，铺设分张；三餐饭食，朝暮相当。侵晨早起，百事无妨；莫学懒妇，不解思量；黄昏一觉，直到天光；日高三尺，犹未离床；起来已宴，却是惭惶。早起梳洗，突入厨堂；容颜龌龊，手脚慌忙；煎茶煮饭，不及时常。又有一等，餟餔①争尝；未曾炮馔，先已偷藏；丑呈乡里，辱及爹娘。被人传说，岂不羞惶？

事父母章第五

女子在堂，敬重爹娘：每朝早起，先问安康；寒则烘火，热则扇凉；饥则进食，渴则进汤。父母检责，不得慌忙；近前听取，早夜思量；若有不是，改过从长。父母言语，莫作寻常；遵依教训，不可强良；若有不是，借问无妨。父母年老，朝夕忧惶；补联鞋袜，做造衣裳；四时八节，孝养相当。父母有疾，身莫离床；衣不解带，汤药亲尝；求神拜佛，指望安康；莫教不幸，或致身亡；痛入骨髓，哭断肝肠。三年哺乳，恩德难忘；衣裳装殓，持服居丧；安埋设祭，礼拜烧香；追修荐拔，超上天堂。莫学忤逆，咆哮无常；才出一语，应答千张；便行抛掉，说着相伤。如此妇女，教坏村坊！

---

① 餟餔（chuò bū）：亦作“餔餟”，吃喝。

事舅姑章第六

阿翁阿姑[①]，夫家之主；既入他门，合称新妇。**供承看养，如同父母**；故事阿翁，形容不睹；不敢随行，不敢对语；如有使令，听其嘱付。姑坐则立，使令便去；早起开门，莫令惊忤；换水堂前，洗濯巾布；齿药肥皂，温凉得所；退步阶前，待其浣洗；万福一声，即时退步。备办茶汤，逡巡递去；整顿茶盘，安排匙箸；饭则软蒸，肉则熟煮。自古老人，牙齿疏蛀；茶水羹汤，莫教虚度。夜晚更深，将归睡处；安置辞堂，方回房户。日日一般，朝朝相似；传教庭帏，人称贤妇。莫学他人，跳梁可恶；咆哮尊长，说辛道苦；呼唤不来，饥寒不顾。如此之人，号为恶妇；天地不容，雷霆震怒；责罚加身，悔之无路。

事夫章第七

女子出嫁，夫主为亲；前生缘分，今世婚姻。**将夫比天，其义匪轻；夫刚妻柔，恩爱相因**。居家相待，敬重如宾；夫有言语，侧耳详听；夫有恶事，劝谏谆谆；莫学愚妇，惹祸临身。夫若出外，借问途程；黄昏未返，瞻望思寻；停灯温饭，等候敲门；莫学懒妇，未晚先眠。夫如有病，终日劳心；多方问药，遍处求神；百般医疗，愿得长生；莫学愚妇，全不忧心。夫若发怒，不可生嗔；退身求让，忍气吞声；莫学愚妇，斗闹频频。粗丝细葛，补洗精神；莫令寒冷，冻损夫身；家常菜饭，供待殷勤；莫教饥渴，瘦瘠苦辛；同甘共苦，同富同贫；死同棺椁，生共衣衾；莫学泼妇，巧口花唇。能依此语，和乐瑟琴；如此之女，百口传闻。

训男女章第八

大抵人家，皆有男女；**年已长成，教之有序；训诲之权，实专于母**。男入书堂，请延师傅；习学礼仪，吟诗作赋；尊敬师儒，束脩酒脯；五盏三杯，莫令虚度；十日一旬，安排礼数；设席肆筵，施呈樽俎；月夕花朝，游园纵步；挈榼提壶，主宾相顾；万福一声，即登归路。女处闺门，少令出户；唤来便来，教去便去；稍有不从，当叱辱怒；在堂中训，各勤事务；扫地烧香，纫麻缉苧；若出人前，训他礼数；道福逊声，递茶待步。莫纵娇痴，恐他啼怒；莫纵跳梁，恐他轻侮；莫纵歌词，恐他淫语；莫纵游行，恐他恶事。堪笑今人，不能为主：男不知书，听其弄齿；斗闹贪杯，讴歌习舞；官府不忧，

---

① 阿翁阿姑：即舅姑、公婆。

家乡不顾。女不知书，强梁言语；不识尊卑，不能针指；辱及尊亲，怨却父母。恶言相伤，养猪养鼠。

营家章第九

营家之女，惟俭惟勤：勤则家起，懒则家倾；俭则家富，奢则家贫；凡为女子，不可因循。一生之计，惟在于勤；一年之计，惟在于春；一日之计，惟在于晨。奉箕拥帚，洒扫灰尘；撮除摘攉，有用非轻；眼前伶俐，家宅光明；莫教秽污，有玷门庭。耕田下种，莫怨辛勤；炊羹造饭，思记频频；耘耨田土，茶水匀停；莫令晏慢，饥饿在身。积糠聚潲[1]，喂养牲牲；呼归放去，检点搜寻；莫教失落，扰乱四邻。夫有钱米，收拾经营；夫有酒物，存积留停；迎宾待客，不可偷侵。大富由命，小富由勤；禾麻粟麦，成秾成囷[2]；油盐椒豉，盎瓮张盛；猪鸡鹅鸭，成队成群；四时八节，免得营营；酒浆食馔，各有余剩。夫妇享福，欢笑欣欣。

待客章第十

大抵人家，皆有宾主。蔟[3]滚汤瓶，抹光橐[4]子。准备人来，点汤递木；退立堂前，听夫言语。若欲传盃，即时办去；欲若相留，待夫迴步。细与商量，杀鸡为黍；物味调和，菜蔬济楚；五酌三杯，有光门户。红日含山，晚留居住；点烛擎灯，安排坐具。枕席纱厨，铺毡拥被；钦敬相承，温凉得趣。次晓相看，客如辞去；别酒殷勤，十分注意。夫喜能家，家称晓事；莫学他人，不持家务；客来无汤，慌忙无措；夫若留人，妻怀嗔怒；有箸无匙，有盐无醋；争啜争哺，打男骂女；夫受惭惶，客怀羞愧。有客到门，无人在户；须遣家童，问其来处。客若殷勤，即通名字；却整容仪，出厅延住；点茶递汤，莫缺礼数；借问姓名，询其事务；记得夫归，即当说与；客下阶去，即当回步。奉劝后人，切须学取。

和柔章第十一

处家之法，妇女虽能；**以和为贵，孝顺为先**。翁姑有责，曾如不曾；姑嫜有责，闻如不闻。上房下户，子侄团圆；是非休习，长短休争；从来家丑，

---

① 潲（shào）：泔水。

② 囷（qūn）：圆形的谷仓。

③ 蔟（cù）：通"簇"，丛聚。蚕在上面做茧的东西，通常用稻草做成。

④ 橐（tuó）：古代的一种鼓风吹火的装置。

不出外传。东邻西舍，礼数周全；往来贺问，款曲盘旋；一茶一水，笑语忻然；当说便说，当行则行；闲是闲非，不入我门。莫学愚妇，不问根源；秽言污语，触突尊贤。奉劝女子，量后思前。

守节章第十二

古来贤妇，九烈三贞；名标青史，传到而今；后生莫学，初匪难行。**第一守节，第二清贞**。有女在堂，莫出闺庭。有客在户，莫出厅堂。不异私语，莫起淫言。黄昏来往，秉烛擎灯。暗中出入，恐惹不情。一行有失，百行无成。夫妻结发，义重千金；若有不幸，中路先倾；三年重服，守志坚心；保家持业，整顿坟茔；有生有死，一命所同。此篇论语，谈尽题容。后人依此，日月相逢。切须记取，不可朦胧，若依斯言，享福无穷。

六、仁孝文皇后与《内训》

（一）作者和作品简介

仁孝文皇后徐氏，生于元至正二十二年（1362 年），卒于明永乐五年（1407 年），享年 46 岁，死后谥“仁孝文皇后”。徐氏父亲徐达，位列明朝开国功臣之首，被封为武宁王、魏国公。徐氏自幼聪明好学，记忆力强，广涉四书五经、诗赋文章，小小年纪便被称为“女诸生”。诗书礼乐的熏陶使徐氏温文尔雅、富有见识，比一般大家闺秀优秀许多，其贤淑有才的名声一直传到太祖的耳中。

洪武九年（1377 年）正月，徐氏被正式册封为“燕王妃”。这一年，燕王 17 岁，徐妃 16 岁。徐妃婚后谨守妇道，不仅关心体贴丈夫，对公婆更是敬重，令燕王十分满意，婆母马皇后也非常喜爱她。徐妃读过许多史书，不仅对治国之道颇有见识，对如何当好贤内助也很有见地。为帮助天子近臣之妻做好贤内助，她采择《女诫》《女宪》等书，以述马皇后之教为名，于永乐二年（1404 年）写成《内训》，以规约臣妻，教化百姓。

《内训》是明成祖钦定的女子教育必读书籍，内容十分丰富，计有德性、修身、慎言、谨行等凡 20 篇，按性质可以分为事上、妇德和睦亲三部分。事上主要讲求事君（夫）、事父母、事舅姑的礼仪典范；妇德要求女子具备慎、柔、端、节俭等条件；睦亲则强调应该处理好家庭内部、邻里上下等关系。

（二）原文节选

德性章第一[①]

贞、静、幽、闲、端、庄、诚、一[②]，女子之德性也；孝、敬、仁、明、慈、和、柔、顺[③]，德性备矣。夫德性原于所禀，而化成于习。匪由外至，实本于身。古之贞女，理性情，治心术，崇道德，故能配君子，以成其教。是故**仁以居之，义以行之，智以烛之，信以守之，礼以体之**。匪礼勿履，匪义勿由。动必由道，言必由信。匪言而言，则厉阶成焉[④]；匪礼而动，则邪僻形焉。阈以限言，玉以节动，礼以制心，道以制欲。养其德性，所以饬身，可不慎与？无损于性者，乃可以养德；无累于德者，乃可以成性。

修身章第二

或曰："太任[⑤]目不视恶色，耳不听淫声，口不出傲言。若是者，修身之道乎？"曰："然。"古之道也，夫目视恶色，则中眩焉；耳听淫声，则内褫焉[⑥]；口出傲言，则骄心侈焉。是皆身之害也。故妇人**居必以正**，所以防慝也；**行必无陂**，所以成德也。是故五彩盛服，不足以为身华；贞顺率道，乃可以进妇德。不修其身以爽厥德[⑦]，斯为邪矣。谚有之曰："治秽养苗，无使莠骄；刬荆剪棘，无使涂塞[⑧]。"是以修身所以成其德者也。夫身不修则德不立，德不立而能成化于家者，盖寡焉，而况于天下乎？

慎言章第三

妇教有四，言居其一。心应万事，匪言曷宣？言而中节，可以免悔。发

---

① 张福清．女诫：妇女的枷锁［M］．北京：中央民族大学出版社，1996．断句和注释参考各版本综合而定。

② 贞、静、幽、闲、端、庄、诚、一：贞固、沉静、幽淑、闲雅、端楷、庄肃、诚实、纯一，这是女子集于自身的八项德性。

③ 孝、敬、仁、明、慈、和、柔、顺：孝亲、敬长、仁爱、明察、慈淑、和睦、温柔、恭顺，这是女子表现于外的八项德性。

④ 厉阶：祸乱之阶梯。厉：祸乱。阶：梯。

⑤ 太任：人名，先秦一著名贤妇。

⑥ 褫（chǐ）：原意为剥去衣服，引申为剥夺、废弛。

⑦ 爽：伤败，败坏。

⑧ 刬（chǎn 或 chàn）：通"铲"，铲除。涂：通"途"，道路。

不当理，祸必随之。谚曰：“訚訚謇謇，匪石可转；訾訾譞譞，烈火燎原①。”又曰：“口如扃②，言有恒；口如注，言无据。”甚矣！言之不可不慎也。况妇人德性幽闲，言非所尚，多言多失，不如寡言。故《书》斥牝鸡之晨，《诗》有厉阶之刺，《礼》严出梱之戒。善于自持者，必于此而加慎焉，庶乎其可也。

谨行章第四

甚哉！妇人之行，不可以不谨也。自是者，其行专；自矜者，其行危；自欺者，其行矫以汙③。行专则纲常废，行危则嫉戾兴，行矫以汙则人道绝。有一于此，鲜克终也。夫干霄之木，本之深也。凌云之台，基之厚也。妇有令誉，行之纯也。本深在乎栽培，基厚在乎积累，行纯在乎自力。不为纯行，则戚疏离焉，长幼紊焉，贵贱散焉。是故欲成其大，当谨其微。纵于毫末，本大不伐昧于冥冥，神鉴孔明。百行一亏，终累全德。体柔顺，率贞洁，服三从之训，谨内外之别，勉之，敬之，终始惟一，由是可以修家政，可以和上下，可以睦姻戚，而动无不协矣。

勤励章第五

怠惰恣肆身之殃也，勤励不息身之德也。是故农勤于耕，士勤于学，女勤于工。农惰则五谷不获，士惰则学问不成，女惰则机杼空乏。……夫治丝执麻，以供衣服，羃酒浆具菹醢④，以供祭祀，女之职也。不勤其事以废其功，何以辞辟？夫早作晚休，可以无忧，缕积不息可以成匹，戒之哉，毋荒宁。荒宁者，刿身之廉刃也⑤，虽不见其锋，阴为其所戕矣。《诗》云：“妇无公事，休其蚕织。”此怠惰之慝也。于乎！贫贱不怠惰者易，富贵不怠惰者难。当勉其难，毋忽其易。

警戒章第六

妇人之德，莫大乎端己。端己之要，莫重于警戒。居富贵也，而恒惧乎

---

① 訚訚（yín）：和颜悦色。謇謇（jiǎn）：忠言。訾訾（zī）：诋毁。譞譞（xuān）：聪慧，此指折辩而无定。

② 扃（jiōng）：门户，门窗。

③ 汙：污的异体字。

④ 羃（mì）：同“幂”。用巾覆盖食物为幂。菹：切碎。醢（hǎi）：剁成肉酱。

⑤ 刿：刺伤，割伤。

骄盈；居贫贱也，而恒惧乎放失；居安宁也，而恒惧乎患难。奉卮于手①，若将倾焉；择地而旋，若将陷焉。故一念之微，独处之际，不可不慎。谓无有见乎，能隐于天乎？谓无有知乎，不欺于心乎？故肃然警惕，恒存乎矩度；湛然纯一，不干于匪僻。举动之际，如对舅姑；闺房之间，如临师保。不惰于冥冥，不矫于昭昭。行之以诚，持之以久，隐显不贰，由是德宜于家族，行通于神明，而百福咸臻矣。夫念虑有常，动则无过思患，预防所以远祸。不然一息不戒，灾害攸萃，累德终身，悔何追矣。是故鉴古之失，吾则得焉，惕厉未形，吾何尤焉。

节俭章第七

戒奢者，必先于节俭也。夫澹素养性，奢靡伐德，人率知之，而取舍不决焉，何也？志不能帅气，理不足御情，是以覆败者多矣。《传》曰："俭者圣人之宝也。"又曰："俭，德之共也，侈恶之大也。"若夫一缕之帛，出工女之勤，一粒之食，出农夫之劳，致之非易，而用之不节，暴殄天物，无所顾惜，上率下承，靡然一轨，孰胜其敝哉？夫锦绣华丽，不如布帛之温也；奇羞美味，不若粝粢之饱也。② 且五色坏目，五味昏智，饮清茹淡，祛疾延龄，得失损益，判然悬绝矣。……故后必敦节俭以率六宫。诸侯之夫人，以及士庶人之妻，皆敦节俭以率其家。然后民无冻馁，礼义可兴，风化可纪矣。

事父母章第十二

孝敬者，事亲之本也。养非难也，敬为难。以饮食供奉为孝，斯末矣。孔子曰："孝者，人道之至德。夫通于神明，感于四海，孝之致也。"昔者虞舜善事其亲，终身而慕。文王善事其亲，色忧满容。或曰："此圣人之孝也，非妇人之所宜也。"是不然。孝弟天性也，岂有间于男女乎？事亲者以圣人为至。若夫以声音笑貌为乐者，不善事其亲者也。诚孝爱敬无所违者，斯善事其亲者也。悬衾敛簟③，节文之末。纫箴补缀，帅事之微。必也恪勤朝夕，无怠逆于所命，袛敬尤严于杖屦，旨甘必谨于馂④余，而况大于此者乎？是故不辱其身，不违其亲，斯事亲之大者也。

---

① 卮：古代盛酒的器皿。
② 粝粢：粝，糙米；粢：供祭祀的谷物。此二者泛指粗糙的食物。
③ 簟（diàn）：竹席。
④ 馂（jùn）：指吃剩下的东西。

事君章第十三

妇人之事君，比昵左右①，难制而易惑，难抑而易骄。然则有道乎？曰：有。忠诚以为本，礼义以为防，勤俭以率下，慈和以处众。诵诗读书，不忘规谏。寝兴夙夜，惟职爱君。居处有常，服食有节，言语有章，戒谨谗慝，中馈是专②，外事不涉，谨辨内外，教令不出，远离邪僻，威仪是力。毋擅宠而怙恩，毋干政而挠法。擅宠则骄，怙恩则妒，干政则乖，挠法则乱。谚云："汩水淖泥③，破家妒妻。"夫不骄不妒，身之福也。……纵观往古国家兴废，未有不由于妇之贤否也。事君者不可不慎。

事舅姑章第十四

妇人既嫁，致孝于舅姑。**舅姑者，亲同于父母，尊似于天地。**善事者在致敬，致敬则严；在致爱，致爱则顺。专心竭诚，毋敢有怠。此孝之大节也，衣服饮食其次矣。故极甘旨之奉，而毫发有不尽焉，犹未尝养也；尽劳勚④之力，而顷刻有不恭焉，犹未尝事也。舅姑所爱，妇亦爱之。舅姑所敬，妇亦敬之。乐其心，顺其志，有所行，不敢专；有所命，不敢缓。此孝事舅姑之要也。昔太姒思媚，周基益隆；长孙尽孝，唐祚⑤以固。甚哉，孝事舅姑之大也。夫不得于舅姑，则不可以事君子，而况于动天地、通神明、集嘉祯乎？故自后妃下至卿大夫及士庶人之妻，壹是皆以孝事舅姑为重。《诗》云："夙兴夜寐，无忝尔所生。"

母仪章第十六

孔子曰："女子者，顺男子之教而长其理者也。"是故无专制之义。所以为教不出闺门，以训其子者也。教之者，导之以德义，养之以廉逊，率之以勤俭，本之以慈爱，临之以严恪，以立其身，以成其德。慈爱不至于姑息，严恪不至于伤恩。伤恩则离，姑息则纵，而教不行矣。《诗》云："载色载笑，匪怒伊教。"夫教之有道矣。而在己者，亦不可不慎。是故女德有常，不踰贞信；妇德有常，不踰孝敬。贞信孝敬，而人则之。

---

① 比昵：亲近。比：紧靠。昵：亲近。

② 中馈：古时指妇女在家主持饮食之事。

③ 汩水淖泥：搅浑水的是烂泥。汩：扰乱，弄乱。

④ 勚（yì）：劳苦。

⑤ 唐祚（zuò）：唐代的江山。

睦亲章第十七

仁者无不爱也，亲疏内外有本末焉。一家之亲，近之为兄弟，远之为宗族，同乎一源矣。若夫娣姒姑姊妹，亲之至近者也，宜无所不用其情。夫木不荣于干，不能以达支；火不灼乎中，不能以照外。是以施仁必先睦亲，睦亲之务必有内助。凡一源之出，本无异情，间以异姓，乃生乖别。《书》曰："敦叙九族。"《诗》曰："宜其家人。"主乎内者，体君子之心，重源本之义。敦《頍弁[①]》之德，广《行苇》之风。仁恕宽厚，敷洽惠施。不忘小善，不记小过。录小善则大义明，略小过则谗慝息，谗慝息则亲爱全，亲爱全则恩义备矣，疏戚之际蔼然和乐。由是推之，内和而外和，一家和而一国和，一国和而天下和矣。可不重与！

慈幼章第十八

慈者，上之所以抚下也。**上慈而不懈，则下顺而益亲**。是故乔木竦而枝不附焉，渊水涸而鱼不藏焉。故甘瓠累于樛木[②]，庶草繁于深泽，则子妇顺于慈仁，理也。若夫待之不以慈而欲责之以孝，则下必不安。下不安则心离。心离则忮[③]，忮则不祥莫大焉。为人父母者，其慈乎！其慈乎！然有姑息以为慈，溺爱以为德，是自敝其下也。故慈者非违理之谓也，必也尽教训之道乎。亦有不慈者，则下岂可以不孝？必也勇于顺令，如伯奇者也。

逮下章第十九

君子为宗庙之主，奉神灵之统，宜蕃衍似续，传序无穷。故夫妇之道，世祀为大。**古之哲后贤妃，皆推德逮下，荐达贞淑，不独任己**。是以茂衍来裔，长流庆泽。周之太姒有逮下之德，故樛木形福履之咏，螽[④]斯扬振振之美，终能昌大本支，绵固宗社。三王之隆莫此为盛矣。故妇人之行，贵于宽惠，恶于妒忌。月星并丽，岂掩于末光；松兰同亩，不嫌于俱秀。自后妃以至士庶人之妻，诚能贞静宽和，明大孝之端，广至仁之意，不专一己之欲，不蔽众下之美，务广君子之泽，斯上安下顺，和气蒸融。善庆源源，实肇于此矣。

---

① 頍弁（kuǐ biàn）：頍，古代发饰，用以固冠。弁：古代贵族的一种帽子。

② 甘瓠（hù）：丰腴甜美的瓠瓜。樛（jiū）木：向下弯曲的树木。

③ 忮（zhì）：嫉恨。

④ 螽（zhōng）斯：虫名。传说螽斯多子，一产九十九子。故古代常以螽斯喻后妃仁厚，子孙众多。

待外戚章第二十

知几者见于未萌，禁微者谨于抑末。自昔之待外戚，鲜不由于始纵而终难制也。虽曰外戚之过，亦系乎后德之贤否尔？观之史籍，具有明鉴。汉明德皇后修饬内政，患外家以骄恣取败，未尝加以封爵；唐长孙皇后虑外家以贵富招祸，请无属以枢柄，故能使之保全。其余若吕霍杨氏之流，僭踰奢靡，气焰熏灼，无所顾忌，遂至倾覆。良由内政偏陂，养成祸根，非一日矣。《易》曰："驯致其道，至坚冰也。"夫欲保全之者，择师傅以教之，隆之以恩而不使挠法，优之以禄而不使预政。杜私谒之门，绝请求之路，谨奢侈之戒，长谦逊之风，则其患自弭。若夫恃恩姑息，非保全之道。恃恩则侈心肆焉，姑息则祸机蓄焉。蓄祸召乱，其患无断；盈满招辱，守正获福。慎之哉！慎之哉！

七、刘氏与《女范捷录》

（一）作者和作品简介

《女范捷录》系王相之母刘氏所作，是明代以后影响较大、流布较广的女教读本。刘氏生卒年月不详，系江宁（今江苏南京）人，幼善属文，30岁守寡，苦节60多年，著有《古今女鉴》《女范捷录》等。

《女范捷录》作为我国传统"女四书"之一，无论从思想内容还是写作形式上看，都是极富特色的。就思想内容而言，它虽然也以纲常之理为"正内之仪"，却未像《女诫》那样把女性界定为"卑弱""屈从"者；它固然也宣传"男可再婚，女无再适"的节烈观，却能强调女性虽被困于庭闱之中，仍当时时关注国家大义；它提倡女性不仅应在"秉礼"中严格自律，而且应主动纠正他人的违礼行为，赋予女性维护社会教化的重要使命；它还直接驳斥了"女子无才便是德"的论调，认为女性德才兼备是"尽善而兼美矣"。从写作形式来看，该书大量引述历代贞妇、孝女、才女、贤妻、良母的典故范例，以排比、对仗等形式加以表述，使行文有排山倒海、滔滔不绝之势，极大地增强了文章的说理性和文字的可读性。凡此种种，使得该书不仅成为古代女性教育读本中的代表性作品，而且在当代女子教育中仍有借鉴之处。

除综论性质的"统论"外，《女范捷录》就女性的后德、母仪、孝行、贞烈、忠义、慈爱、秉礼、智慧、勤俭、才德共十方面展开论述，并且全面阐述了中国传统的"母道文化"，即"为母之道"和"事母之道"。同时，它还对女子寄予厚望，要求“身执勤劳，躬行节俭”，这样才能“扬芳誉于诗书，播令名于史册”。鉴于该书晓畅通达，除对部分文字加以注释、删节外，其余照录。

（二）原文节选

统论篇①

乾象乎阳，坤象乎阴，日月普两仪之照。**男正乎外，女正乎内**，夫妇造万化之端。五常之德著而大本以敦，三纲之义明而人伦以正。故修身者，齐家之要也；而立教者，明伦之本也。正家之道，礼谨于男女；养蒙之节，教始于饮食。**幼而不教，长而失礼**。在男犹可以尊师取友以成其德，在女又何从择善诚身而格其非耶？是以教女之道，犹甚于男；而正内之仪，宜先乎外也。以铜为鉴，可正衣冠；以古为师，可端模范。能师古人，又何患德之不修而家之不正哉？

后德篇

凤仪龙马，圣帝之祥。《麟趾》《关雎》，后妃之德。是故帝喾三妃，生稷契唐尧之圣。文王百子，绍姜任太姒之徽。沩汭二女②，绍际唐虞之盛；塗莘双后③，肇开夏商之祥。宣王晚朝，姜后有待罪之谏；楚昭宴驾，越姬践心许之言。明河嗣汉，史称马邓之贤；高文兴唐，内有窦孙之助。暨夫宋室之宣仁，可谓女中之尧舜；乌林尽节于世宗，弘吉加恩于宋后。高帝创洪基于草莽，实藉孝慈；文皇肃内治于宫闱，爰资仁孝。稽古兴王之君，必有贤明之后，不亦信哉？

母仪篇

父天母地，天施地生；骨气像父，性气像母。**上古贤明之女有娠，胎教之方必慎。故母仪先于父训，慈教严于义方**。是以孟母买肉以明信；陶母封鲊④以教廉；和熊知苦，柳氏以兴；画荻为书，欧阳以显。子发为将，自奉厚而御下薄，母拒户而责其无恩。王孙从君，主失亡而已独归，母倚闾而言

---

① 张福清．女诫：妇女的枷锁［M］．北京：中央民族大学出版社，1996．断句和注释参考各版本综合而定。

② 沩汭（wéi ruì）：沩，水名，在中国湖南省。汭，河流会合的地方或河流弯曲的地方。

③ 塗（tú）莘双后：塗，通“涂”。指夏禹的两位妃子涂山氏和有莘氏。

④ 鲊（zhǎ）：一种用盐和红曲腌的鱼。

其不义。不疑尹京，宽刑活众，贤哉慈母之仁！田稷为相，反金待罪，卓矣孀亲之训！景让失士心，母挞之而部下安。延年多杀戮，母恶之而终不免。柴继母，舍己子而代前儿。程禄妻，甘己罪而免孤女。程母之教，恕于仆妾而严于诸子。尹母之训，乐于菽水①而忘于禄养。是皆秉坤仪之淑训，著母德之徽音者也。

孝行篇

男女虽异，劬劳则均。子媳虽殊，孝敬则一。**夫孝者百行之源，而犹为女德之首也。**是故杨香搤②虎，知有父而不知有身；缇萦赎亲，则生男而不如生女。张妇蒙冤，三年不雨；姜妻至孝，双鲤涌泉。唐氏乳姑，而毓山南之贵胤③；卢氏冒刃，而全垂白之孀慈④。刘氏啮姑之蛆，刺臂斩指，和血以丸药；闻氏舐姑之目，断发矢志，负土以成坟。陈氏方于归而夫卒于戍，力养其姑五十年；张氏当雷击而恐惊其姑，更延厥寿三十载。赵氏手戮仇，于都亭以报父；娟女躬操舟，于晋水以活亲。曹娥抱父尸于盱江⑤，木兰代父征于绝塞。张女割肝，以苏祖母之命；陈氏断首，两全夫父之生。是皆感天地，动神明，著孝烈于一时，播芳名于千载者也，可不勉欤！

贞烈篇

忠臣不事两国，烈女不更二夫。故一与之醮，终身不移。**男可重婚，女无再适。**是故艰难苦节谓之贞，慷慨捐生谓之烈。令女截耳劓鼻以持身，凝妻牵臂劈掌以明志。共姜髡髦⑥之诗，之死靡他；史氏刺面之文，中心不改。皇甫夫人，直斥逆臣，膏斧钺⑦而骂不绝口；窦家二女，不从乱贼，投危崖而愤不顾身。董氏封发以待夫归，二十年不施膏沐；妙慧题诗以明己节，三千里复见生逢。桓夫人义不同疱，而吟匪石之诗；平夫人持兵闭巷，而却阖

---

① 菽（shū）水：豆的总称，泛指粗茶淡饭，用以指对父母的奉养。

② 搤（è）：同“扼”。

③ 唐崔山南曾祖母长孙氏年高无齿，祖母唐氏以乳哺其姑，寿考以终。

④ 唐郑义宗妻卢氏，夜有群盗入其家，长幼奔窜，惟姑在室。卢冒白刃，以身蔽姑，为贼箠击几死。贼去，人谓卢何不去？答曰：“卿邻有难，犹当救护。老亲在室而畏死不救，乃禽兽之行也。”

⑤ 盱（xù）江：古同“旭”。盱江又称“抚河”“汝水”，在江西省东部。

⑥ 髡髦（kūn máo）：幼年。髡，古代剃去男子头发的一种刑罚。髦，古代称幼儿垂在前额的短发。

⑦ 钺（yuè）：古代兵器，青铜制，像斧，比斧大，圆刃可砍劈。又有玉石制的，供礼仪、殡葬用。

闾之犯。夫之不幸，妾之不幸，宋女之言哀；使君有妇，罗敷有夫，赵王之意止。梁节妇之却魏王，断鼻存孤；余郑氏之责唐帅，严词保节。代夫人深怨其弟，千秋表磨笄之山；杞良妻远访其夫，万里哭筑城之骨。唐贵梅自缢于树以全贞，不彰其姑之恶；潘妙圆从夫于火以殉节，而活其舅之生。谭贞妇庙中流血，雨渍犹存；王烈女崖上题诗，石刊尚在。崔氏甘乱箭以全节；刘氏代鼎烹而活夫。是皆贞心贯乎日月，烈志塞乎两仪，正气凛于丈夫，节操播于青史者也，可不勉欤！

忠义篇

君亲虽曰不同，忠孝本无二致。古云率土莫非王臣，岂谓闺中遂无忠义。咏《小戎》之驷，勉良人以君国同仇；伐《汝坟》之枚，慰君子以父母孔迩。美范滂之母，千秋尚有同心；封卞壶之坟，九泉犹有喜色。江油降魏，妻不与夫同生；盖国沦戎，妇耻其夫不死。陵母对使而伏剑，经母含笑以同刑。池州被围，赵昂发节义成双；金川失守，黄侍中妻女同尽。朱夫人守襄阳，而筑城以却秦寇；梁夫人登金山，而击鼓以破金兵。虞夫人勉子孙力勤王事，谢夫人甘俘虏以救民生。齐桓尸虫出户，晏娥逾垣以殉君；宇文白刃犯宫，贵儿捐生以骂贼。鲁义保以子代先公之子，魏节乳以身蔽幼主之身。孙姬婢也，匍伏湖滨，以保忠臣血胤[①]；毛惜妓也，身甘刀斧，耻为叛帅讴歌。刘母非不爱子，知军令之不可干；章母非不保家，愿阖城之俱获免。是皆女烈之铮铮，坤维之表表，其忠肝义胆，足以风百世而振纲常者也。

慈爱篇

任恤睦姻，根于孝友。慈惠和让，本于宽仁。是故螽斯缉羽，颂太姒之仁；银鹿绕床，纪恭穆之德。士安好学，成于叔母之慈；伯道无儿，终获子绥之报。义姑弃子留侄，而却齐兵；览妻与姒均役，以感朱母。赵姬不以公女之贵，而废嫡庶之仪；卫宗不以君母之尊，而失夫人之礼。庄姜戴妫[②]，淑惠见于《国风》；京陵东海，雍睦著乎世范。是皆秉仁慈之懿，敦博爱之风，和气萃于家庭，德教化于邦国者也，不亦可法欤！

秉礼篇

德貌言工，妇之四行。礼义廉耻，国之四维；人而无礼，胡不遄死[③]？

---

① 血胤：同一血统的子孙后代。

② 戴妫（guī）：人名，战国时期卫庄公之妾厉妫的妹妹，后来也被卫庄公纳为妾。

③ 遄（chuán）死：速死。

言礼之不可失也。是故文伯之母，不逾门而见康子；齐华夫人，不易驷而从孝公。孟子欲出妻，母责以非礼；申人欲娶妇，女耻其无仪。顷公吊杞梁之妻，必造庐以成礼；溧女哀子胥之馁，宁投溪而灭踪。羊子怀金，妻孥讥其不义；齐人乞墦①，妾妇泣其无良。宋伯姬保傅不具不下堂，宁焚烈焰；楚贞姜符节不来不应召，甘没狂澜。是皆动必合义，居必中度，勉夫子以匡其失，守己身以善其道，秉礼而行，至死不变者，洵可法也。

智慧篇

治安大道，固在丈夫。**有智妇人，胜于男子。**远大之谋，预思而可料；仓卒之变，泛应而不穷。求之闺阃之中，是亦笄帏之杰。是故齐姜醉晋文而命驾，卒成霸业；有缗娠少康而出窦，遂致中兴。颜女识圣人之后必显，喻父择婿而祷尼丘；陈母知先世之德甚微，令子因人以取侯爵。剪发留宾，知吾儿之志大；隔屏窥客，识子友之不凡。杨敞妻促夫出而定策，以立一代之君；周顗②母因客至而当庖，能具百人之食。晏御扬扬，妻耻之而令夫致贵；宁歌浩浩，姬识之而喻相尊贤。徒读父书，知赵括之不可将；独闻妾恸，识文伯之不好贤。樊女笑楚相之蔽贤，终举贤而安万乘；漂母哀王孙而进食，后封王以报千金。乐羊子能听妻谏以成名，宁宸濠不用妇言而亡国。陶答子妻，畏夫之富盛而避祸，乃保幼以养姑；周才美妇，惧翁之横肆而辞荣，独全身以免子。漆室处女，不绩其麻而忧鲁国；巴家寡妇，能捐己产而保乡民。凡此皆女子嘉猷③，妇人之明识，诚可谓知人免难，保家国而助夫子者欤！

勤俭篇

勤者女之职，俭者富之基。勤而不俭，枉劳其身；俭而不勤，甘受其苦。俭以益勤之有余，勤以补俭之不足。若夫贵而能勤，则身劳而教以成；富而能俭，则守约而家日兴。是以明德以太后之尊，犹披白练④；穆姜以上卿之母，尚事纫麻；《葛覃》、《卷耳》，咏后妃之贤劳；《采蘩》、《采蘋》，述夫人之恭俭。《七月》之章，半言女职；《五噫》之咏，实赖妻贤。仲子辞三公之贵，己织屦而妻辟纑；少君却万贯之妆，共挽车而自出汲。是皆身执勤劳，躬行节俭，扬芳誉于诗书，播令名于史册者也，旃其勖诸。

---

① 乞墦（fán）：乞求施舍。

② 周顗（yǐ）：人名。顗，安静、庄重恭谨的样子。

③ 嘉猷（yóu）：治国的好规划。

④ 明德马皇后，汉明帝后，章帝之母。性恭俭，常衣白练之衣，不尚华彩。

才德篇

男子有才便是德，斯言犹可；女子无才便是德，此语殊非。盖不知才德之经，与邪正之辨也。夫德以达才，才以成德。故女子之有德者固不必有才，而有才者必贵乎有德。德本而才末，固理之宜然，若夫为不善，非才之罪也。故经济之才，妇言犹可用，而邪僻之艺，男子亦非宜。《礼》曰："奸声乱色，不留聪明；淫乐慝礼，不役心志。"君子之教子也，独不可以训女乎。古者后妃夫人，以逮庶妾匹妇，莫不知诗，岂皆无德者欤？末世妒妇淫女，及乎悍妻泼媪，大悖于礼，岂尽有才者耶？曷观齐妃有鸡鸣之诗，郑女有雁弋[①]之警。缇萦上章以救父，肉刑用除；徐惠谏疏以匡君，穷兵遂止。宣文之授《周礼》，六官之巨典以明；大家之续《汉书》，一代之鸿章以备。《孝经》著于陈妻，《论语》成于宋氏，《女诫》作于曹昭，《内训》出于仁孝。敬姜纺绩而教子，言标左史之章；苏蕙织字以致夫，诗制回文之锦。柳下惠之妻，能诔其夫；汉伏氏之女，传经于帝。信宫闺之懿范，诚女学之芳规也。由是观之，则女子之知书识字，达礼通经，名誉著乎当时，才美扬乎后世，亶其然哉。若夫淫佚之书，不入于门，邪僻之言，不闻于耳，在父兄者，能思患而预防之，则养正以毓其才，师古以成其德，始为尽善而兼美矣。

拓展性阅读

1. 王文锦. 礼记译解［M］. 北京：中华书局，2001.
2. 刘向. 列女传［M］. 刘晓东，校点. 沈阳：辽宁教育出版社，1998.
3. 陈丽萍. 刘向《列女传》研究［M］. 北京：中国社会科学出版社，2010.
4. 王相. 女四书［M］. 北京：中国华侨出版社，2011.
5. 张福清. 女诫：妇女的枷锁［M］. 北京：中央民族大学出版社，1996.

① 雁弋（yì）：一种尾端带绳子的射雁用的箭。

第二节　近代女子教育名著选读

近代中国民族危机日益严重，救亡图存成为这一时代的最强音。加之该时期西方思想文化不断渗入，特别是“男女平等”等思想的传入，直接影响到了近代中国有识之士对女子教育的大力鼓吹和推动。由此，近代中国女子教育思想得以产生并发展。中国近代女子教育思想的演变与当时社会变迁和时代主题密切关联。按照这一时期女子教育思想的不同主张和特征，中国近代女子教育思想大致可以划分为贤母良妻教育思想、女国民教育思想、男女平等教育思想和女子教育思想四种类型。

本章旨在通过有关中国近代女子教育思想的著作，勾勒这一时期中国女子教育思想的发展脉络，把握其在不同历史阶段的思想特征，为我们深入了解当时女子教育思想提供大致概观。

一、贤母良妻教育名著选读

贤母良妻一词出现于清朝末年，侧重于表达女子对子女的教养义务和对社会的责任。换言之，它侧重于强调男女对国家义务上的平等，视妇女为国民之母或合国民之妻，主张女子教育不仅对家庭子女教育有利，对社会也极为有利。作为我国近代女子教育思想之一，贤母良妻教育思想是传统的贤妻良母思想与域外女性思想相融合的产物。

（一）贤母良妻教育思想概要

贤母良妻教育是在清末进步知识分子试图通过推行女学，以实现强国保种、救国图存的目的这一背景下产生的。这一思想的代表人物主要有梁启超、郑观应和康同薇等人。最早提出贤母良妻标准的是梁启超，他在《倡设女学堂启》一文中将其表述为“上可相夫，下可教子，近可宜家，远可善种”。郑观应认为，女子接受教育，“纺绣精妙，书算通明；复能相子佐夫，不致虚糜坐食”①。康有为之女康同薇在《女学利弊说》中比较了波斯、印度与美国对待女子及女子教育的态度，认为欧美强大的原因在于重视兴学，并提出

---

① 郑观应．女教［A］//夏东元．郑观应集：上册．上海：上海人民出版社，1982：288－290.

必须通过普遍开设女学达到警醒、启发的目的，进而改变民穷国弱的局面。①

传统的贤妻良母教育思想有着服从丈夫、善于理家、服侍长辈和坚守贞操的内涵，并以无条件地从父、从夫、从子为关键特征。而贤母良妻思想则与之有较大区别：一是它摒弃了贤妻良母思想所塑造的无条件顺从和依附的女性形象。所谓"贤母"重在要教育子女成为有用的国民，所谓"良妻"重在扶助丈夫事业，共建优美家庭。胡宗瑗认为贤母良妻应当是能写书信，能算账簿，能独立自营生活，以及日常生活勤俭有序，并认为"以之相夫则为良妻，以之教子则为贤母"②。二是对女性的道德方面仍有较高要求，但主张女性应学识渊博，智慧卓绝，善施母教且与时俱进，具有近代女性的色彩。在这里，贤母良妻思想已融入诸多近代思想因子，集传统美德与近代精神于一体，既充当家庭主要角色，也承担明确社会责任。

由此可见，近代贤母良妻教育思想并非简单的照搬与借鉴，它是在批判地继承传统的贤妻良母教育思想的基础上，融合域外女性教育思想而形成的。尽管时人对这一思想存在争议，但视其为救国之策的仍占主流，即贤母良妻教育思想具有强烈的现实诉求，时人大多明确主张以"贤母良妻"作为救国的直接手段。近代贤母良妻被视为拥有独立人格，具备近代科学知识和道德素养，善理家务，能肩负家庭与社会双重责任的女性形象。这与以男子为中心，彻底消融自我的传统有着本质的区别，在一定程度上可谓清末民初妇女新形象的代名词。

贤母良妻教育思想在一定程度上清除了封建传统下贤妻良母思想的弊端，对于塑造人格独立，才德兼备，肩负家庭与社会双重责任的新妇女形象起了极大的警醒与推动作用。

（二）梁启超与《倡设女学堂启》《论女学》

1．作者和作品简介

梁启超（1837—1929 年），字卓如、任甫，号饮冰子，或署饮冰室主人，人称任公。出生于广东新会县一个小官僚地主家庭，是近代中国著名的政治活动家、思想家、教育家、史学家和文学家。梁启超自幼接受儒家传统教育，十七岁便中举人。青年时期，他师从康有为，并与康有为一道鼓吹新学，并发表《变法通议》等鼓吹变法的文章，倡导变法维新，时称"康梁"。变法失败后，梁启超流亡海外。1918 年游历欧洲诸国，回国后，致力于学术、教

---

① 康同薇．女学利弊说［A］//全国妇联妇女运动历史研究室．中国近代妇女运动历史资料（1840—1918）．北京：中国妇女出版社出版，1991：84－88．

② 胡宗瑗．敬告实施女子职业教育者［J］．妇女杂志，1918，4（1）．

育事业，先后讲学于南开大学、清华学校、东南大学。1925 年，梁启超受聘为清华国学研究院导师，任北京图书馆馆长，1929 年逝世。

梁启超一生涉猎丰富，其著作内容涉及政治、经济、哲学、史学、社会学和佛学等方面。他将中学和西学相互融汇而自成一家，堪称近代中国百科全书式的人物。和与其同时代的其他知识分子一样，梁启超将发展教育作为挽救国家危亡的重要手段，并尤其注重妇女教育的问题。梁启超认为，注重中国女子教育的原因在于：一是通过教育，将广大妇女从家庭中解放出来，使之成为社会劳动力，实现富国富民；二是女子接受教育，步入社会，有利于家庭和睦与社会进步；三是从子女教育方面来考虑，母教关乎国家民族的存亡强弱，因此女子接受教育是十分必要的；四是只有重视女子教育，才能达到保国、保种、保教的目的。梁启超批判“女子无才便是德”这一传统观念，提出较为科学的方法来培养女性，其女子教育思想是贤母良妻教育思想的代表，具有极大的历史进步意义。

《倡设女学堂启》《论女学》是梁启超贤母良妻教育思想的代表作品。前者产生于 1897 年，后者则是梁启超于戊戌变法前期发表的《变法通议》中的一篇。两篇文章均被收录在 1999 年北京出版社出版的《梁启超全集》中。

2. 原文节选

倡设女学堂启①

上可相夫，下可教子。近可宜家，远可善种。妇道即昌，千室良善。岂不然哉？岂不然哉？是以三百五篇之训，勤勤于母仪，七十后学之记，蜷蜷于胎教。宫中宗室，古经厘其规纲，德言容工，婚义程其课目，必待傅姆，阳秋之贤伯姬。

言告师氏，周南之歌淑女，圣人之教。男女平等施教，劝学非有歧矣。去圣弥远，古义浸坠，勿道学问，惟议酒食，等此同类之体，智男而愚妇，犹是天伦之爱，戚子而膜女，悠悠千年，芸芸亿室，曾不一事生人之业。一被古圣之教，宁惟不业不教而已。且又戕其支体，苶其耳目，黜其聪慧，绝其学业，闺闼禁锢例俗束缚，惰为游民，顽若土番，乌乎！聚二万万之游民土番，国几何而不弊也。泰西女学，骈阗都鄙，业医课蒙，专于女师，虽在绝域之俗，邈若先王之遗，女学之功，盛于时矣。彼士来游，悯吾窘溺，倡建义学，求我童蒙，教会所至，女塾接轨，夫他人方拯我之窘溺，而吾人乃自加其梏压。譬犹有子弗鞠，乃仰哺于邻室，有田弗芸，乃假手于比耦。匪

---

① 梁启超．梁启超全集：第 1 卷［M］．北京：北京出版社，1999.

惟先民之恫，抑亦中国之羞也。甲午受创，渐知兴学，学校之议，腾于朝庑，学堂之址，踵于都会，然中朝大议，弗及庶媛，衿缨良规，靡逮巾帼。非曰力有不逮，未遑暇此琐屑之事邪。无亦守扶阳抑阴之旧习，昧育才善种之远图耶。同志之士，悼心斯弊，纠众程课，共襄美举，建堂海上，为天下倡，区区一学，万不裨一，独掌堙河，吾亦知其难矣。然振二千年之颓风，拯二兆人之吁命，力虽孤微，乌可以已。夫男女平权，美国斯盛。女学布濩，日本以强，兴国智民，靡不始此，三代女学之盛，宁必逊于美日哉。**遗制绵绵，流风未沫，复前代之遗规，采泰西之美制，仪先圣之明训，急保种之远谋。**海内魁杰，岂无恫游民土番之害者欤？傀傀窘溺，宁忍张目坐视而不一援手欤？仁而种族，私而孙子，其亦仁人之所乐为有事者也，天下兴亡，匹夫有责，昌而明之，推而广之，乌乎！是在吾党也矣。

论女学

孟子曰：“**逸居而无教，则近于禽兽。**”痛哉斯言乎，执一人而目之曰禽兽，未有不怫然怒者，然信如子舆氏之言也。则今日之近于禽兽者，何其多也，海内之大，圆其首方其足之种，盖四万万。其名之为农、为工、为商、为兵，终身未尝读书者，殆一万九千万有奇。其名之为官为士，号称读书，而实未尝读书者，殆数百万，其圆其首而纤其足。不官、不士、不农、不工、不商、不兵，而自古迄今，未尝一读书者，凡二万万不宁惟是，彼之官焉、士焉、农焉、工焉、商焉，而近于禽兽者，犹或以禽兽为耻也。此之不官、不士、不农、不工、不商、不兵、而近于禽兽者，岂直不耻？乃群天下之人以为是固宜然耳。呜呼！岂不痛哉！岂不痛哉！梁启超曰：居今日之中国，而与人言妇学，闻者必曰天下之事其更急于是者，不知凡几，百举未兴，而汲汲论此，非知本之言也。然吾推极天下积弱之本，则必自妇人不学始，请备陈其义以告天下。

一义曰，公理家之言曰，凡一国之人，必当使之人人各有职业，各能自养，则国大治。其不能如是者，则以无业之民之多寡，为强弱比例差。何以故？无业之人，必待养于有业之人，不养之则无业者殆，养之则有养者殆。斯义也，西人译者谓之生利、分利，即吾大学生之者众食之者寡之义（□□□□曰食训蚀谓耗蚀也），管子曰：“一夫不耕，或受之饥，一女不织，或受之寒”。此非空言也，盖合一国之人民、物产，而以决疑数术，盈虚消息之。其所得之率，实如此也。中国即以男子而论，分利之人，将及生利之半，自公理家视之，已不可为国矣；**况女子二万万，全属分利，而无一生利者。惟其不能自养，而待养于他人也。**故男子以犬马奴隶畜之。于是妇人极苦，惟妇人待养而男子不能养之也。故终岁勤动之所入，不足以赡其妻孥，于是男子亦极苦，以予所见，上而官中而士，下而农工商兵，无论为何等人，则无时不皇然、愀然，若重忧贫者，其受冻饿，转死沟壑者，更不知凡几也。其实以比例浅理论之，苟人人以一身所作之业，为一身衣食计，必无可以贫之理。今中国之无人不忧贫也，则以一人须养数人也，所以酿成此一人养数人之世界者，其根原非一端，而妇人无业，实为最初之起点。虽然，等是人也，何以或有业或无业，盖凡天下任取一业，则必有此业中所以然之理，及其所当行之事，非经学问不能达也。故即以男子而论，大率明达事理之人，谋业甚易，反是者谋业较难，然则学也者，业之母也。妇人之无业也，非天理宜然也，其始据乱之世，专尚力争，彼男子之所欲有事者，固非妇人之所能也。于是以妇人为不足轻重，而不复教之，既不教矣，其无从执业，有固然也。积之既久，渐忘其本来，则以为是固当生而不事事。而嗷然待哺于人者也。是以男子贵而妇人贱，妇人逸而男子劳，逸而贱，非人情所乐也。贵而劳亦非人情所乐也。则何如均其贵贱？亦均其劳逸之为得也，论公理则如此，考事势则如彼。故曰，国何以强？民富斯国强矣。民何以富？使人人足以自养，而不必以一人养数人，斯民富矣。夫使一国之内，而执业之人，骤增一倍，则其国所出土产作物，亦必骤增一倍。凡所增之数，皆昔日弃地之货也。取弃地之货，而藏之民间，其事甚顺，而其益甚宏，若此者，舍学末由也。

二义曰，人有恒言曰，妇人无才即是德，此瞽言也。世之瞀儒执此言也，**务欲令天下女子，不识一字，不读一书，然后为贤淑之正宗，此实祸天下之道也。**古之号称才女者，则批风抹月，拈花弄草，能为伤春惜别之语，成诗词集数卷，斯为至矣。若此等事，本不能目之为学，其为男子，苟无他所学，而专欲以此鸣者，则亦可指浮浪之子，靡论妇人也。吾之所谓学者，内之以拓其心胸，外之以助其生计，一举而获数善，未见其于妇德之能为害也。如曰无才即是德云尔，则夫乡僻妇妪，不识一字者，不啻千百亿万未尝闻坐此之故，而贤淑有加，而惟闻取帚之谇，反唇之嵇，视宦学家之妇人，殆益甚焉，则又何也？凡人之鄙吝也，忿争也，必其所见极小，目光心力，尽日营营于此极小之圈限中，以生此弊也。使其人而知有万古，有五洲，与夫生人所以相处之道。万国所以强弱之理，则其心也，方忧天下悯众生之不暇，而必无余力以计较于家人妇子事也。今夫妇人之所以多蔽于彼者，则以其于天地间之事物，一无所闻，而竭其终身之精神，以争强弱讲交涉于筐箧之间，故其丑习，不学而皆能，不约而尽同也。是以海内之大，为人数万万，为户数千万，求其家庭内外相处熙睦，形迹言语终身无间然者，万不得一焉。而其发端，罔不起于姑嫜姒娣之间，愤时者至谓妇人为尽可杀。夫妇人岂性恶耶？群块然未经教化之躯壳若干具，而键之于一室，欲其能相处焉，不可得也，彼妇人之累男子也，其不能自养，而仰人之给其求也，是犹累其形骸也，若夫家庭之间，终日不安，入室则愀，静居斯叹，此其损人灵魂，短人志气，有非可以常率推者。故虽有豪杰倜傥之士，苟终日引而置之床第筐箧之侧，更历数岁则必志量局琐，才气消磨，若是乎妇人之果为鸩而不可近也，夫与其饮鸩而甘之，则盍于疗鸩之术，少留意矣。

三义曰，**西人分教学童之事为百课，而由母教者居七十焉，孩提之童，母亲于父，其性情嗜好，惟妇人能因势而利导之，以故母教善者，其子之成立也易。不善者，其子之成立也难**，《颜氏家训》曰："教儿婴孩，就传以前，性质志量，皆已略定，少成若性，长则因之。"此实言教育学一切之始基也。苟为人母者，通于学本，达于教法，则孩童十岁以前，于一切学问之浅理，与夫立志立身之道，皆可以粗有所知矣。今中国小学未兴，出就外传以后，其所以为教者，亦既猥陋灭裂，无所取材，若其髫龄嬉戏之时，习安房闼之中，不离阿保之手，耳目之间，所日与为缘者，舍床第筐箧至猥极琐之事，概乎无所闻见，其上焉者，歆之以得科第，保禄利，诲之以嗣产业，长子孙，斯为至矣。故其长也，心中目中，以为天下之事，更无有大于此者，万方亿室，同病相怜，冥冥之中，遂以酿成今日营私趋利，苟且无耻，固陋蛮野之天下。而莫知所自始，岂惟莫知所自始而已，且恬然不以为怪，故试取西人幼塾乳臭之子，与吾此间庞壮硕老之士大夫相挈，其志趣学诚，必有非吾此间此辈之所能望者，岂其种之特异哉？无亦少而习焉者之不得其道也。故治天下之大本二：曰正人心，广人才。而二者之本，必自蒙养始。蒙养之本，必自母教始。母教之本，必自妇学始，故妇学实天下存亡强弱之大原也。

四义曰，胎教之道，《大戴礼》、《论衡》，详哉言之，后世此义不讲盖久，今之西人，则龂龂留意焉，西国公理家，考物种人种递嬗递进之理，以为凡有官之物，人、禽、虫、介、草、木为有官之物，金、石、水、土为无官之物一体之中，有其死者焉，有其不死者焉。如一草木根荄、支干、果实、花叶，其死者也。而常有不死者，离母而附于其子，绵绵延延，相续不断，是曰传种，惟人亦然。虽然，两种化合之间，有浸淫变者。可以使其种日进于善，由猩猴而进为人也，由野番贱族而进为文明贵种也。其作始甚微，而将毕至巨也，**故西人言种族之学者，以胎教为第一义**，其思所以自进其种者，不一而足，而各国之以强兵为意者，亦令国中妇人，一律习体操，以为必如是，然后所生之子，肤革充盈，筋力强壮也。**此亦女学堂中一大义也。今之前识之士，忧天下者，则有三大事：曰保国，曰保种，曰保教，**国乌乎保？

必使其国强，而后能保也。种乌乎保？必使其种进，而后能保也，进诈而为忠，进私而为公，进涣而为群。进愚而为智，进野而为文，此其道也。教男子居其半，教妇人居其半，而男子之半，其导原亦出于妇人，故妇学为保种之权舆也，今与人言此义，鲜不谓以耕救饥，掘井消渴，迂远而无当也。而不知此盖古先哲王与泰西通儒所讲之极熟，推之至尽，而汲汲焉以为要图者也。

《胎教篇》曰易，曰正其本，万事理，失之毫厘，差以千里。故君子慎始，谨为子孙婚妻嫁女，必择世世有行义者，如是则其子孙慈孝，不敢淫暴，党无不善，三族辅之，故凤皇生而①有仁义之意，虎狼生而有贪戾之心，两者不等各以其母，其言极深切，著明父曰胎教之道，书之玉版，藏之金匮置之宗庙以为后世戒，盖古人之重之如，此必非无故也。侯官严君陵译《天演论》云无官者不死，以其未尝有生也。而有官者一体之中有其死者焉，有其不死者焉，而不死者又非精灵魂魄之谓也。可死者甲，不死者乙，判然两物，如草木之根荄、支干等，甲之事也。而乙则离母附子代可微变而不可以死，或可分其少分以死而不可以尽死，此动植所莫不然者也。是故一人之身常有物焉，乃祖父之所有而托生于其身，盖自得生，受形以来递嬗迤降以至于今，此胎教所以然之公理。严君与余书又云：生学公例，言一人之生，其心思材力形体气习，前则本数十百代祖父母之形神阅历积委而成，后则依乎见闻，师友与所遭之时，与地而化，其论极精，欲言保种者，非措意于此二义不可。欲措意于前一义，则胎教为之根原。欲措意于后一义，则胎教尤②为根原之根原。此学数十年后必大明于天下，今日则鲜不以为迂远无用矣。

西人格致家之言曰：言算学格致等虚理，妇人恒不如男子。由此等虚理而施诸实事，以成为医学制造等专门之业，则男子恒不如妇人。然则**男女之于学，各有所长，非有轩轻**，论者或疑数千年来，男子之成绝学，立大功者，方策不绝，而妇人无闻焉。若是乎虽兴妇学，其所成亦仅矣，抑吾又闻生学家之言公理矣。凡含生负气之物，倒生者最愚，横生者次愚，若夫躯体峙立，首函清阳者，其聪明必不甚相远。所以生差别者，在智慧之开与不开耳。昔乾嘉间，汉学彬彬于江浙，而吾粤靡一人焉，咸同以后，口马郑手说文者如

① 梁启超．梁启超全集：第1卷［M］．北京：北京出版社，1999．该字写作“面”；梁启超．饮冰室合集［M］．北京：中华书局，1989．该字写作“而”，此处参考该版本。

② 梁启超．梁启超全集：第1卷［M］．北京：北京出版社，1999．该字写作“儿”；梁启超．饮冰室合集［M］．北京：中华书局，1989．该字写作“尤”，此处参考该版本。

鲫矣，非粤民愚于乾嘉而智于咸同也。日本明治以前，民智优塞，工艺窳劣，翻然维新，遂有今日。非日人拙于曩而巧于今也，其脑筋伏而未动，其灵髓塞而未通，从而导之，机捩一拨，万线俱动矣。彼妇人之数千年莫或以学名也，未有以导之也。妇人苟从事于学，有过于男子者二事：一曰少酬应之繁，二曰免考试之难。其居静，其心细，故往往有男子所不能穷之理。而妇人穷之，男子所不能创之法，而妇人创之。西史所载，若摩哈默德之母，以伯南之女，侯失勒约翰之姑，其学业成就，视男子未或让，而吾中国之女子游学异国，成学而归者，若吾向者所闻康爱德氏，石美玉氏，虽西域耆宿，犹歆誉之。然则妇人岂生而不能学耶？夫以二万万戴天履地，首函清阳之人类，而必夷而弃之，谓与倒生、横生之物相等，欲不谓为不仁，不可得也。

善夫诸教之言平等也，南海先生有孔教平等义不平等恶乎起？起于尚力，平等恶乎起？起于尚仁，等是人也，命之曰民。则为君者从而臣妾之，命之曰女，则为男者从而奴隶之。臣妾奴隶之不已，而又必封其耳目，缚其手足，冻其脑筋，塞其学问之途，绝其治生之路。使之不能不俯首帖耳于此强有力者之手。久而久之，安于臣妾，安于奴隶，习为固然，而不自知。于其中有人焉，稍稍自疑于为臣妾为奴隶之不当者，反群起而哗之，以故数千年来男子，无或以妇学为治天下所当有事。而数千年之妇人，益无有奋然自张其军，以提倡其同类者也，非不才也，压力使然也。

今语人曰：欲强国必由学校。人多信之，语人曰，**欲强国必由女学**，人多疑之，其受蔽之原，尚有在焉。今日之扯臂夺舌，以谭强国，震惊于西，而思效其长者，则惟是船舰之雄也，枪炮之利也，铁路之速也，矿务之盛也，若此者皆非妇人所能有事也。故谋国者曰：教妇人非所急也，而不知西人之强在此，其所以强者不在此农业也，工作也，医学也，商理也，格致也，律例也，教授也，男子所共能，抑妇人所共能也。其学焉而可以成为有用之材，一也；今夫言治国而必推本于学校，岂不以人才者，国之所与立哉？岂不以中国自有之才，必待教而始成哉？夫必谓彼二万万为人才，而谓此二万万为非人才，此何说也？

西方全盛之国，莫美若，东方新兴之国，莫日本若。男女平权之论，大倡于美，而渐行于日本。日本之女学，约分十三科：一修身，二教育，言教授及蒙养方法三国语谓日本文，四汉文，五历史，兼外国史六地理，七数学，八理科谓格致，九家事，十习字，十一图画，十二音乐法，十三体操。其与男学相出入者，不过数事而已，此数事者，大率与兵政相关，亦尚力之世所当有事者也。彼西人之立国，犹未能至太平世也，太平之世，天下远近大小若一，无国界，无种界，故无兵事，无兵器，无兵制，国中所宜讲者，惟农、商、医律、格致、制造等事。国人无男无女，皆可各执一业以自养。而无或能或不能之别。故女学与男学必相合，今之美国，殆将近之矣，是故女学最盛者，其国最强，不战而屈人之兵，美是也。女学次盛者，其国次强，英、法、德、日本是也。女学衰，母教失，无业众，智民少，国之所存者幸矣，印度、波斯、土耳其是也。

若是夫中国之宜兴妇学，如此其急也。虽然，今日之中国，乌足以言妇学？学也者，匪直晨夕伏案，对卷伊吾而已。师友讲习，以开其智，中外游历，以增其才，数者相辅，然后学乃成。今中国之妇女，深居闺阁，足不出户，终身未尝见一通人，履一都会，独学无友，孤陋寡闻，以此从事于批风抹月，拈花弄草之学犹未见其可，况于讲求实学，以期致用。虽有异质，吾犹知其难矣，不宁惟是，彼方毁人肢体，溃人血肉，一以人为废疾，一以人为刑僇，以快其一己耳目之玩好。而安知有学，而安能使人从事于学，**是故缠足一日不变，则女学一日不立。**嗟夫！国家定鼎之始，下令雉发，率土底定，顺治末叶，悬禁缠足，而奉行未久，积习依然，一王之力，不改群盲之心，强男之头，不如弱女之足。遂留此谬种，孳乳流衍，历数百年，日盛一日，内违圣明之制，外遗异族之笑，显罹楚毒之苦，阴贻种族之伤。呜呼！岂苍苍者天，故厄我四万万生灵，而留此孽业以为之窒欤，抑亦治天下者未或厝意于是也。

二、女国民教育名著选读

戊戌变法失败后，资产阶级民主运动开始蓬勃发展，民主思想得到广泛传播。在资产阶级革命家和思想家的宣传下，西方的人权观、民权观和女权观以及男女平权的思想开始深入人心。受西方民主思想的影响，一些较激进的革命派将女子教育提升到妇女解放、女权革命的高度，并对女性价值进行重新界定，近代女国民教育思想逐渐形成。

（一）女国民教育思想概要

与贤母良妻教育侧重于强调女子在相夫教子中所承担的责任和义务不同，近代女国民教育思想侧重于强调女子的国民义务，强调男女平权。女权的实现必须以教育为先决条件，因而持此主张者极为关注女子教育问题。

近代女国民教育思想的代表主要有金天翮、丹忱、蔡元培、孙中山和陈以益等。最激进的鼓吹女权思想的代表是金天翮，他的《女界钟》（1903年）一书作为近代中国第一部论述女性问题的专著，为中国女性的解放敲响了警世洪钟。金天翮极力宣传女子救国主张，鼓吹女子参政，与男子一道统治国家。他还大力提倡女子教育，认为女性首先应争取的权利是受教育的权利，而教育应把女子培养成革命的新人，使女子像男性一样进入公共领域，以发挥“女国民”的作用。1905 年，丹忱在《女子世界》上发表《论复女权必以教育为预备》，认为先兴教育能够增强女子能力，加深女子见解，增强女子交际能力，使女子富有公德，深明大义并善于做出抉择。他进一步指明，“惟兴教育而此女权堕落之病根可以洗除净尽”[①]。陈以益认为女子教育要将培养女子国民作为终极目的，而学校要创办成造就女子国民的阵地。近代民主革命家、教育家蔡元培也把“铸造国民为目的”作为创办爱国女学的宗旨，认为“革命精神所在，无论其为男为女，均应提倡，而以教育为根本”[②]。孙中山也认为提倡女子教育最为重要，“女界知识普及，力量乃宏，然后可与男子争权，则必能胜也”[③]。

女国民教育思想强调要鼓励女子参与政治，伸张女性权利，并以造就完全人格的国民为宗旨，因而具有了不同于传统女子教育的新成分。近代女国民教育思想还因其提倡女子教育权利，从而将对女子教育的思考上升到了较高的层次，进一步促进了女子教育的发展以及女性的解放，成为近代女子教育思想重要界碑之一。

（二）金天翮与《女界钟》

1. 作者和作品简介

金天翮（1874—1947 年）又名天翩，字松岑。别署早年有麒麟、爱自由者、金一，中年有金城、鹤望等，江苏吴江（今苏州）人，近代诗人。金天翮出身富家，自幼便重视经世之学，肄业于江阴南菁书院，师从顾询虞、钱词锷。其早年先后于同川书院、南菁书院讲学，并于光绪二十九年（1903）在上海参加革命团体爱国学社。民国初年，曾出任江苏省议员，1923 年出任江苏省吴江县教育局长。1932 年，与陈衍、李根源等组织中国国学会，去世后门人私谥为贞献先生。

作为女国民教育思想的代表，金天翮的女子教育思想在《女界钟》中得到系统表述。作者在书中控诉妇女所遭受的诸如缠足、装饰、迷信、拘束之苦，猛烈抨击男尊女卑，主张恢复女子应享有的权利，提倡婚姻自由和个性解放，鼓励女子参政，培养革命新人。他还设计了极具资产阶级革命底色的女子教育培养目标：高尚纯洁完全天赋之人；摆脱压制、自由自在之人；思

① 丹忱. 论复女权必以教育为预备［J］. 女子世界, 1905, 2（3）: 1－3.

② 蔡元培. 蔡元培文集［M］. 北京: 线装书局, 2009: 46.

③ 孙中山. 孙中山全集: 第 2 卷［M］. 北京: 中华书局, 1982: 357.

想发达、具有男性之人；改造风气，女界先觉之人；体质强壮、诞育健儿之人；德性纯粹、模范国民之人；热心公德，悲悯众生之人；坚贞激烈、提倡革命之人。该书作为近代中国鼓吹女权的第一本专著，对近代中国妇女的解放运动产生了深远的影响。

金天翮的代表性著述除《女界钟》外，还有《三十三年落花梦》《自由血》《天放楼诗集》和《孤恨集》等。《女界钟》诞生百年后，于2003年得以重刊，并由上海古籍出版社出版。重读此书，我们仍能透过这些激扬的文字感受到作者对女权问题的高远立意。

2. 原文节选

女界钟①

女子之道德

"女子无才便是德"，此不祥之言也。是二百兆男子化身祖龙，袭愚民坑儒之手段，以毒世者也。大抵流俗所谓道德，其与奴隶鹿豕之相去，实表之与里。已则口章句，心禄利，仰不辨八星，俯不识五洲，惟屈伏于东胡之胯下，仰望颜色，尊为天帝，奉若祖先，犹自以为贤圣无以过也。乃若所言，则灶之妪、村之婢，我同胞其不可不崇拜之；德色于耰锄，诟谇于箕帚，我同胞其不可不金科玉律之。无才之谓也，吾不暇与之深辨，吾惟言女子道德之部。

女子道德之部，吾且就其关系于伦理者论列之，大要可分为三：

其一，对于一身之道德。对于一身之道德，则世俗所谓女训是也。班氏曰："妇德不必明才绝异也。清闲贞静，守节整齐，行己有耻，动静有法。"此言也，吾何以非之哉！夫世界文明进步，则女子之教育亦将随男子而异，读书入学，交友游历，皆女子所以长智识、增道德之具也。道德智识，乃天赋此身以俱来，无男女一也。灵台之光线，无日不婉转，却曲以求伸，不伸于此，必伸于彼。是故求读书而不得，则闲情之诗、俳优之作、盲词开篇之类至矣。求入学而不得，则斋醮之事、寺观之游、布金施幡之徒众矣；求交友而不得，则相狎之伴、知情之婢、三姑六婆之交密矣；求游历而不得，则戏园之座、踏青之行、天竺落伽、借花供佛、借佛游春之思想发矣。其或拘挛成习、室塞无知，则又徘徊灶觚，幽囚妆阁，琐琐筐箧，龂龂锱铢，夫家盛之以为奇节，戚族艳之以为美谈。呜呼！吾中国女子品性如此，其亦可以见矣。天下事之最难堪者，莫如以比较而生优劣。今以欧洲女子之发达，比

① 金天翮. 女界钟［M］. 上海：上海古籍出版社，2003.

我中国，我中国人其知愧乎？抑犹将强颜自辩，窃窃然非之也？

其二，对于男子之道德。对于男子之道德，则世俗所谓相夫是也。夫男女伴合乃世界之正例，人天之大幸福也。凡阴阳之调和、情爱之归宿、品性之交换、学问之商榷、道德之补助，皆于是取也。是故文明之夫妇，居则互理家政，出则付托得人，分途以入学，相携以游历，无挂碍，无恐怖，无远离颠倒梦想，则无依赖性而已。中国女子习闻“三从”、“七出”之恶谚（非孔子之言，孔子述之，不为达识），竞业自持，跬步不敢放纵。生平束身圭璧，别无希望。惟此却扇之夕，如登科及第，三跪九叩，望阙谢恩，以为供职录用，生平之大事毕矣。而为男子者，桑弧蓬矢，天地四方，曩者仗剑出门，曾无内顾之虑；今兹缠绵床第，歌泣帷房，消耗国是之心，摧挫风云之气。吾读闺中少妇之诗，未尝不掩卷而三叹息也。虽然，此其优者耳。至于劣者，贫穷起交谪，妇姑生勃谿；更其卑者，不为鹣鲽容，而作牛马走。凡此种种夫妇之恶现象、劣根性，吾口不忍言，而笔不忍述也。吾未闻罗兰、玛利侬之相勖，有河东狮吼之声也；吾又未闻加里波的、马尼他之相慰藉，有长生牵牛之泪也。幸福无门，惟人自造，我同胞其知之否也？

其三，对于家庭之道德。对于家庭之道德，则世俗所谓阃范是也。阃范之内容，大要又别为二：曰教育之部，曰家政之部。教育之部，其支分又有二焉：一曰胎教。胎者，人卵变人之始基也。其始不过英寸三百分之一之一卵珠，瞬息变化，数日而成鱼类之形，又数日而成抓虫之形，至六礼拜而成兽类之形，更八礼拜而成小犬之形，由是转移改换而成人也。故人者制造物也，由劣等动物而变为高等动物者也。性善性恶皆由人之自造，凡其母之一思虑、一颦笑，皆足诞孕其克肖之儿，所谓“凤凰生而有仁义之意，虎狼生而有贪戾之心，两者不等，各以其母”也。今西人胎教之书，类皆注意于容止、饮食、居处、衣服等卫生之事，较吾《内则》、《月令》、《繁露》、《论衡》诸书言之尤详，惟于德性之胚胎，孕育未之及也。《列女传》曰：“古者妇人妊子，寝不侧，坐不边，立不跸，不视恶色，不听淫声，不食邪味，夜则令瞽诵诗、道政事。”此胎教之必要也。将欲孕出健康顺遂、聪秀伟大、热心公德、道德名誉之儿乎，其必以胎教之高尚纯洁为之基础矣。一曰母仪。西人分教学童之事为百课，而隶母教者居七十焉。小儿之脑影如纯素洁白之纸，施丹则丹焉，施墨则墨焉。心无主观，语以博爱、尚武、殖民、航海、共和、革命，则翕而受之矣；语以剥民媚上、作奸犯科、好货好色，则亦翕而受之矣。今吾中国家庭教育，猥陋灭裂，自襁保负床以至束发鼓箧，耳提面命，根尘接触，无非弋科保禄之可歆，夺产盘利之可贵，淫妪秽婢、口角锋利之可喜，鬼佛仙狐、神灵幻影之可怖，以养成今日不可思议之人格也。

其蠢愚顽劣，则一旦入学而责之于其师，而为师者又未必贤也。呜呼！吾今勿言拿破仑、华盛顿之母教矣，孟轲、范滂、徐庶、柳仲郢、欧阳修之母，尽人知之，而何以母仪若是其堕落也！彼圣贤帝王、英雄侠义之成，非异人任，其成于贤母之手矣。

家政之部。家政之界说有广狭二义：世俗所谓家政，繁赜委重，其实则狭义者也。吾所谓家政，清通简要，其实则广义者也。世俗所谓家政，米盐琐屑，巨细必亲，如秦政治天下，至于手量程石，不中程不休，而政之丛脞者多矣。吾之所谓家政，自育儿、卫生至于经济、法律、用人、行政，荦荦数大端，隐然如国之雏形，纲举目张，奴耕婢织，所谓尧舜拱己垂裳而天下治者也。至于刺绣一事，本为美术之一，西国尝与唱歌、体操殿学科，而金剪玉尺、取给机工，实优胜吾中国女红万万也。夫谁使汝东贯十缗，西贷斗粟，旬制一履，月绣一襦，烦猥苦脑以费精神、耗日力于此也？循吾说而行，则家庭之幸福惟女子制造之。键户而出耶，旅行游学皆可也；当户而居耶，跳舞延宾、摊卷修业亦可也。能生利，不分利，有自立，无依赖，国未有不强者也。

括而言之，则三千年来中国女子常注意于个人之私德，而于公德则直可谓之未尝闻也。曰“守身如玉”，曰“防意如城”，而男女平权、女子读书入学、婚姻自由诸说，皆以为是败坏私德之具也。天下之大患，尝趣避一二人之所意料，不从偏重者之一方面而来。祖龙起骊山之狱，焚书坑儒，而陈、吴、刘、项起于陇亩之间。宋鉴藩镇之祸，明惎宗室之兴，而覆我宗、屋我社，不出于华族贵胄，乃膻虏贱种狎中夏而主齐盟也。夫谁使神圣不可侵犯女子之身，不能保其高尚纯洁之要素也？彼欧洲女子诚不能必其悉如吾所称颂，然而社会之文明、道德之进化，人人有尊重名誉之心，则吾所可断言也。今吾社会道德日以衰落，不思清源正本，而乃剥夺普通个人之权利以为防，何与君主之谬解不相远也？曷亦迅其本矣。

女子之道德惟何？曰孝行、奇节、明才、敏腕，皆附属于公德之下，而公德其无上者也。公德者，爱国与救世是也。夫男子好冷眼，而女子重热心；男子尚刚质，而女子多柔肠。爱国与救世，乃女子之本分也。是故缇萦之纯孝，胜于曹娥千倍也；木兰之奇行，胜于北宫婴儿万倍也。同胞乎！女子乎！愿以炯炯之眸，横览世界；愿以纤纤之手，扶住江山。女子乎！同胞乎！愿振妙舌以随批茶之后，愿提慧剑以出苏菲亚之前，愿发大心以与娜丁格尔相驰逐也。其无使裙钗巾帼为今日之恶名词，女丈夫、娘子军古人得专美于前也。斯道德之光矣。

女子之能力

女子有能力乎？是欧洲十数心理家、哲学家所辩论、所考验而得之问题也。能力之伸乃由其人之禀赋与其构造，而教育实为之助长。然而教育之不善，则或并其禀赋与构造之已成而摧折之，而归咎于其生，此非论理之言也。今小儿男女其品性或有不同，而能力之程度殆无分秒之异，此未受野蛮教育之明证也。今受野蛮教育之男子，其人格或至老不具，尧趋而舜步，桀脑而妒心，见文明之械器，则惊怪而却走也，故女子之能力，当以受教育与否为断。

……

女子之能力，有天造地设于中国今日之社会，曰教育。呜呼！吾中国旧时野蛮之教育，种种狼戾，种种腐败，吾思之而心痛，吾言之而发指，吾见之而齿为碎、眦为裂也。乡曲拘儒，拥皋比之尊，其自视有如第二之传世独夫椅，悍然施其无制限之法权，诟责棰楚，甚者科以佣保之罚、械枢之刑。嬉笑以入学，涕泣而归家，而为父母者则又阳喝阴劫，抚慰奖励，以为吾儿今日之血肉乃异日功名富贵、状元宰相之代价也。然吾观中程合式之徒，则又瞑诵熟背，引长其声，如乞儿之叫、恶僧之宣梵呗，如是而已。是故今日欲改良教育而无其术，且无其人，有其人则女子。夫以女子任教育，是有数宜：性格与小儿为近，一也；善诱，二也；不妄鞭扑而能共嬉戏，三也；其心沈细、不卤莽裂，四也；无登科中式之谬思想、恶气味，五也；程度不高，初级之形学、物理等学科指授恰合，六也。有此六宜，故吾谓中国今日急宜设女子师范学校，业成而畀以全国之教育，无论男女小儿，不过十岁不得付男子之手。夫曷观日本幼稚之园，女子之任保姆者，灵敏周至，应群童之求索而无难色，其能力亦可惊矣。呜呼！使吾有权也，则先推倒学界之第二独夫椅，设共和政治，而以女子为之领袖，此吾提倡女权之最重要最亲切之希望也。特不知吾同胞其亦有意否乎？

……

女子教育之方法

入其国而观其国民之人格，则教育可知矣。英吉利人之言曰：“他国之学校可以教成无数博士、学士，英国之学校只教成一自尊自立之人。”吾悲其言！使自尊自立之人格而为英吉利人生，是使独也；则英吉利人真天之骄子！若中国，若无论何国，惟有恭维拜服，一任天之使为直接之奴隶，为间接双料之奴隶。于人社屋矣，种澌矣，河流山色、衰草斜阳，大好亚陆，吾群动物圈此以为苙，居此以为园，何所为而求教育哉？否否不其然！

然则中国之教育如何？吾敢直言而不讳之曰奴隶。呜呼！吾今而知奴星之运照吾支那民族也，三千年来矣，奴根之树蟠植吾东亚大陆也，亦三千年来矣。六经三史，尽让仆之文；诸子百家，乃僮约之事。其他所谓人师、女宗、名臣、列女，无非颖士之才奴，康成之诗婢。奴于财，奴于衣、食、住，奴于玩好，奴于社会种种风俗，奴于登科及第、升官发财、诰封敕命，奴于君，奴于相，奴于圣贤、英雄、豪杰，大儿文周孔，小儿张程朱，以及其他野蛮时代"点鬼簿"上之人物，奴界不一，要皆自不自尊、自立之教育而来。吾言之，吾益信中国其无望！

女子者，奴之奴也。并奴隶之教育而亦不得闻，然其普通之自称则曰奴矣。是谓不成文法之奴隶，吾今无暇言他，请仍言女子。"处女子于万重压制之下，养成其奴隶根性既深，则全国民皆奴隶之分子而已。大抵女权不昌之国，其邻于亡也近。"嘻，此何人之言哉！是即有自尊自立人格之英国，当十八世纪傅萼纱德夫人之言也。然则十八世纪英国女子之奴隶根性，不弱于中国，其有今日，夫人之赐也。夫人其女界之明星、奴界之救世主乎？呜呼！吾今热心锐志，欲救中国女子于奴隶世界，下放奴之令。今日容吾身为男子，则愿为加利生（美国人，专设报馆议蓄奴之事）；明日转吾身为女子，则誓为批茶；后日举吾身为帝王，则私淑林肯其人也。救奴隶之方法如何？曰：惟教育。

语曰："万物并育而不相害。"又曰："逸居而无教，则近于禽兽。"恫哉，无教育之民与禽兽万物何以异也！恫哉，无教育之中国女子，丁此世界，生天居人先，而成佛居人后也！苟不速自振拔于奴隶世界，则真万劫不复矣。夫人惟不自尊自立，而后奴隶之教育至。不自为奴隶，而后自尊立之教育可以设，断断然也。教育者，造国民之器械也。女子与男子各居国民之半部分，是教育当普及，吾未闻有偏枯之教育而国不受其病者也。身体亦然，其左部不仁则右部亦随而废。教育者，又精神之库也。无精神之教育，是禁人之食谷麦，而杂堆雀鼠以为粮者也。呜呼！吾教育界盖荒焉已。

近见日本铃木力之《活青年》，开卷第一页，即言丈夫女子之特性，悖谬恶劣，有足为女界之大罪人者，节录其语如次：

丈夫属阳，女子属阴。丈夫尚骨、尚体、尚武、尚质、尚直、尚刚、尚断、尚气、尚纲、尚庄；女子以肉、以用、以文、以虚、以曲、以柔、以略、以才、以目、以美。一为主我的，一为受动的；一为自发的，一为赖他的。故人卓立于万象之上，劈开天关，踏破天机，独发独行，定事物之基础，创立规模者，丈夫之责任也；而从容于既定之组织内，踏规矩，由准绳，运用从本体出，而享受大用者，女子之本分也。凌海外之风波，孤身万里，建百世之勋业，大名千秋，丈夫之本务也，非调和闽内事也。若夫彷徨斡旋，钟情于一局，忸怩恻隐，市德于一人者，女子之责任也。故良相必不可无将质，良将要必不有相质，凡将军之职，皆男子所尽之本务也。（孔子曰“女子与小人为难养也”云云，必有指实，然载笔者不体味而为此言，厥罪不鲜。）此言也，无论其对待比附种种出入，不合于论理之言，而其蔑视女权，亦可谓开罪于国民之半部矣。虽然，此亦足以代表日本女子之教育与特性，觇国者亦宜加意也。若其言男子则是也。吾中国步铃木力之后尘者，则铃木之所谓死青年也，曷先自活矣。

欧美女子之教育可惊哉！科学如此其邃也，思想如此其发达也，人格如此其尊且贵也！吾不暇赘述矣。吾且举二事以例其余，推而上之可思也。荷兰者，欧洲十八世纪时脱西班牙而独立之国也。寻常女子六岁未有不入学，十五岁而未有不毕业于高等者。且其普通社会，女子不通英、法、德何国之语言文字，则谓之无教育之民。今吾中国民其自思，以男子而能通无论何国之语文者，几何人哉？日人某，数年前游学德国，以民家为居停。居停之老妪暇时与之谈，则能知德国与日本海岸线之长短与比例，如数家珍。今吾国民其又自思，以老师宿儒能知本国海岸线之长短者，几何人哉？夫吾为此言，非以老师宿儒之所不能者强女子以绝膑，然而新旧国民之程度，抑亦不可以作正比例矣。《女中华》者，粤垣人之所作也，其言曰：“今中华之男子皆须眉而巾帼矣，中华巾帼且耻须眉而不为乎！吾知今后中华非须眉之中华，而巾帼之中华，中华舍二百兆之巾帼其谁归乎？吾爱须眉，吾尤爱新造中华资格之巾帼！”夫巾帼而欲含有新造中华之资格，舍教育其仍无由。

母仪、闽范、女宗，三者非独式裙钗而表巾帼，乃皆含有人师之资格者也。**故今日设女子师范学校，诚为第一要义。**法以二十以上、三十以下之女子，有勤勉之志趣，聪秀之质性，三年卒业，而畀以相当之职任。其有愿游学欧美者，合同志资遣之。今先列三年课程如下表：

第一学年	第二学年	第三学年
文法	国文	国文、历史、地理
初级历史	中等本国历史、地理	伦理学①
初级地理	初级外国历史、地理	心理学
算术与簿记	几何与形学	理化与博物

① 此处原文为“论理学”，按第二学年的课程表及下文来看，应为印刷错误，故改为“伦理学”。——编者注

初级理化	伦理学	哲学大意
英文	心理学	经济学大意
唱歌	中等理化	法律学大意
体操	英文	测绘
	图画	英文
	唱歌	美术学
	体操	唱歌
		体操

观者疑吾言乎？不然，家政何以不与也？夫家政之为学，单纯而简捷，口讲手画，不三日而毕矣。且吾中国家族主义，二千年前已大发达，如吾向所崇拜之普救主、女豪杰缇萦、庞娥、木兰诸人，非真有爱国救世之诚，发于琼思瑶想，乃亦因家族之刺激逼椤，不得已而出于此途，吾不敢讳言也。无论诸人，即东汉时代之初之女国民海曲吕母，啸集亡命，倾产数百万，酿醇酒，买刀剑衣服以赠少年，一若有俄国虚无党员之风，究其志愿，不过杀一琅琊宰，报其子之仇，相与入海，如是而已。又况漆女悲吟，伤人忧国，而痛惜乃不出乎园葵，岂不可悯哉！故吾宁以经济、法律、哲学导其理想，而以理化、测绘致诸实行。若夫伦理者，实含有家政者也。历史、地理、算学者，普通之必要也。心理者，备教育之用也。夫教育其尤为女子之天职哉！今复言其学成之用如次：

一、蒙学教员

二、幼稚园保姆

三、管理学校

四、游学欧美

女子学成之用，其殆终于此而已乎！女子者，富于感情、富于思想者也。优于致密沉细美妙之心，而绌于坚忍强毅冒险之力者也。吾复草女子应办之事如左：

甲、女子教育会

乙、妇人谈话会

丙、实业试验会

丁、美术学会

戊、女子运动会

己、女学生同盟会

庚、预备议政会

方今中国女权女学之发达，有重门铁锁最不可打破之一关，则应否交友之大问题也。乃如以上所述之协会，不过女子单简之求学，而至于内外男女之大防，则正腐儒所悬为厉禁者也。吾今得断言之曰：使中国男子而如今日之奴隶鹿豕，蠢蠢无智识，则虽有交通之资格，吾犹将设更严更峻之大防，据名教以叱之。苟不然而有新道德与文明之思想，诚求交换，则吾敢以百身保其无他，彼腐儒者固不知道德为何物，其胸中直横亘“玩好殖民”四字，欲垄断之而以为利者也。夫男女之间同此形气，同此智识，从容论道，慷慨抵掌，上下五千年，纵横一万里，“奇文共欣赏，疑义相与析”，交友之益也。束带矜庄，以礼自卫，何嫌何疑，又安有所谓隔墙花影、临去秋波，不道德、不名誉之称谓哉？夫名誉道德之养成，亦惟于教育上加之意而已。

虽然，以上所言，皆交友之暂也。至于共学之常，泰东、西教育家之所论，是非亦不一。是之者之言曰：“男女混合而施适当之教育，故男子感化于女子，则生温和之风；女子刺激于男子，则生自恃之念。大凡男子好深难之学问，女子爱平易之技术，苟不混合，则有偏向之弊。共学之法，不可不用。”非之者之说曰：“女子之性质习惯、以处世之事，素不与男子同，则其教育之方法亦必与男子不同。不然，不惟伤害品性，且于康健上大有弊病也（案：当指运动用力之事）。据日本现行之法令，则于寻常小学校同学年之女子数足为一学级者，则该学年之男女学级当为分别（第一二学年则非在此限者）；于高等小学校全校女子之数足为一学级，则男女学级尤当分别。所以然者，盖有鉴于男女共学之利弊也。”而日本山高几之丞论之曰：“夫于寻常小学校男女混合而教授，毫不见其有害，然进而入于高等小学校，则渐显其特性矣。且员数悬隔异常，势不得不为合一之教授。然利弊相半，势所不免，集女子而编制一学级，于训育上虽遥优于混合教授，然其相互之间发生不良之情感，有碍于行共同之训练。此关于女子之教育，所尤当注意者也。”虽然，吾于共学之问题，有可以一言解释者。盖共学与否，以高等小学卒业之年限为断，夫共学之感情有非寻常所可得而比，且其德性未养成，而于学问或有时而阻害，诚不可以不别白也。

言至此，而吾于教育之方法其将终乎？虽然，吾犹欲出一言以贡于吾同胞之前，则此教育之重心点固何在也？夫管夷吾、越王勾践急于生聚，招女闾而纵寄豭，而齐、越之间多淫风；魏武惎汉末气节之盛，引进通脱无耻之士，流为风尚，至东晋而五胡乱华；明太祖起匹夫，欲长保天下，以八股柔士气，国亡莫救，民服异种之胯，至今淹淹其如死；西乡隆盛不悦维新媚外之政，开鹿儿私塾，以精神教育子弟，不数年而万五千健儿一呼而起革命，卒以同死；德皇维廉第一欲报法仇，乃以数州之地人尽为兵，崇尚武育，遂以挫奥蹶法，至今陆军冠地球。是故教育与社会常有时而搀和杂糅，不可分别，以成后日之效果。教育者，第二之社会也。**今吾欲教育女子之方法，其道如下：**

一、教成高尚纯洁、完全天赋之人。

二、教成摆脱压制、自由自在之人。

三、教成思想发达、具有男性之人。

四、教成改造风气、女界先觉之人。

五、教成体质强壮、诞育健儿之人。

六、教成德性纯粹、模范国民之人。

七、教成热心公德、悲悯众生之人。

八、教成坚贞激烈、提倡革命之人。

虽然，希望如此，我女子其可行乎？吾知其必可行也。以少数之人之立志，而多数者随而风靡，此又普通女子之恒性也。是在先觉哉！是在先觉哉！吾馨香祝之矣。藐姑射之山有神人，听者必河汉之，非河汉也，褰裳从之，告以我中国女子之奴隶，彼亦曰河汉也。

女子参与政治

使中国而为女子参政之国，理想国也。理想者，含有哲学与小说之两部分。中国小说其腐败矣，然而理想有极高者。夫不见有锦心绣口而对策于殿庭者乎？夫不见有绛唇玉貌而出将以入相者乎？夫不见有双刀匹马、汗血疆场以显祖国之荣誉者乎？夫不见有青裙素服、怀刃宫禁以雪父夫之仇毒者乎？此正吾同胞所思之烂熟者也。彼亦犹是人，我亦犹是人，监督与组织，要求与破坏。总之，二十世纪新中国、新政府不握于女子之手，吾死不瞑，愿吾同胞亦死不瞑！

预备议政必有会，吾向者所条述，犹离之言也。合之则吾国民必公立一议政会，无论男女皆可以为会员，皆可以选举事务员及评议员、调查员，且皆可任会长。其员数男女不对待，对待则犹分男女之界域，如满汉之主客，至今不泯灭也。其内容则含有欧洲社会、虚无两党之资格，而以革命为实行，以共和为目的，其章程吾异日当别议，今非所及也。

异哉！中国普通人民有一种之特性，吾可执此以证女界之必发达者非他，则女性是也。法兰西之历史家有言曰："自法以北之民族，盖杂女子性于女性国民中，故妇女独得显著之地位。"女性者，文学之优美，哲理之深秘，技术之高尚，宗教之翕合，姿势之纤美，语言之柔和，疾病之阴郁，恋爱之附著，皆是也。向者吾国民常得女性之良，今者得其劣，综合而观之，则皆女性也。观其濡染于女性之深，而知女子之感化力之大，则异日女子必立于显著之地位，盖无可疑也。女子而参预政治乎，是可决矣。吾祝吾女子之得为议员，吾尤愿异日中国海军、陆军、大藏、参谋、外务省皆有吾女子之足迹也。吾更愿异日中国女子积其道德、学问、名誉、资格，而得举大统领之职也。夫功德圆满，女子之荣亦极矣。

婚姻进化论

“妾发初覆额，折花门前剧。郎骑竹马来，绕床弄青梅。同居长干里，两小无嫌猜。”异哉！我中国平权自由之风，已胎孕于千年以前矣。吾不知至今何以若是其堕落也！吾以上所言，皆婚姻不自由之原质也。夫二十世纪专制国之民，无日不以夺自由为目的，曾是区区婚姻之自由而不能夺，而乃对万众以言革命，吾知其必无成！大抵婚姻之不自由，原于束缚压制，而势力上之束缚压制犹可脱，惟理想上之束缚压制乃如癣疥之昵附于身。心非不知平权自由之乐，欲求之而不敢说，犹如其痛痒而不敢示人以求疗也。吾今敢昌言以告我女子曰：

“婚姻自由！”

婚姻何也？人道之发轫也。伦理之上，父子、兄弟、朋友莫不以素所熟习而生敬爱之情。道德之相合，品性之相符，学问之相等，才技之相敌，臭味之相和，而后感情生焉。况于夫妇之交，种幸福于帷房之内，所谓“天然佳偶”者，非金追玉琢，乃其兰蕙之芳、水乳之味，所因袭融泄而成者也。今流俗之视婚姻，亦以为珍秘、庄严之事，岂知昨日陌路，今日衾裯，正使行路之人岸然立于所天之地位，欲求尊贵其女子之品格，而适使其为卑贱之行矣。夫雀屏幸中，或有巧合之时；惟不幸而妍丑各殊，蠢灵异禀，魔鬼之生涯已送，情天之缺憾难弥，古来破镜之占、离魂之剧，谁使之？婚姻之不自由使之也。诗曰：“美人已属沙吒利，义士今无古押衙。”又曰：“无双死适王仙客，一妹去随李药师。”谁使之？亦婚姻之不自由使之也。夫燕婉静好之美趣不赠于其友，而属于其仇，天下事之支离灭裂，孰有过于此也？异乎吾所闻！

中国人之言爱，异乎欧洲人之言爱。中国人之言爱也，其意轻，其义亲而不尊，是故防其爱之流于荡、入于亵，设为仪式以模范之。然而仪式者，实野蛮时代之习惯也。凡属鞠躬、拜跪、抱腰、接吻，皆原人状态之表著，惟中国则以战余之威赫为荣，而欧人则以交情之恋著为幸，此其相异之点也。中国婚姻一事，吾百思而不得其解：居恒渺不相涉之人，犹可得而平视，或加以品评嘲笑，恬不为怪；及至红丝一系，隐然藁砧，一旦迎面而来则狂奔绝叫，如逢怪魔。至于男子亲迎之夕，东阶三揖，西阶三让，拜跪起立，如环无端，宾相喃喃，疑诵番咒，一人呆立，万夫揶揄。而为女子者，红巾被面，无颜见人，不病而扶，当笑而哭，闭目入定，如是三日，洗手入厨，而羹汤之大事来矣。凡此吾皆无说以处之。至于欧洲结婚之事，虽尊亲如父母，不能分毫干涉。居恒选择，必于同学之生、相交之友，才智品德、蠢灵妍丑较量适当，熟习数年，爱情翕合，坦然约契，交换指环。结缡之夕，偕赴会堂，长老作证，亲知欢悦，同车并辔，握手归家，参姑嫜于堂前，开舞蹈之大会，夫如是其风流而快意也！此连理之木、共命之禽，所以生于西方，而不产于中国也。吾欲移此鸟、此木于亚洲之大陆，使四千万方里化为乐土，四百兆同胞齐享幸福，则必自婚姻自由始矣。“愿天下有情人都成眷属”，吾愿大矣！抑我同胞亦好自为之。

三、男女平等教育名著选读

男女平等教育思想成熟于新文化运动时期。新文化运动作为一场大变革的思想文化运动，给予了妇女问题以前所未有的关注，提倡女性人格独立、个性自由与解放，从而进一步促进了近代女性解放以及女子教育的发展。

（一）男女平等教育思想概要

新文化运动的倡导者们深刻批判与揭露封建伦理对广大女性的桎梏，积极宣传女性解放，主张还原女性作为人的本貌。他们认为要使女性获得教育权，必须将恢复女性为人的价值作为前提。这一时期，男女平等教育思想的核心内容，一是要求实现男女在受教育权上的平等，提出在各级各类学校中实现男女同班同校；二是在教育目标上，主张以造就女性的独立人格为旨归。

男女平等教育思想的代表人物主要有鲁迅、陈独秀、冯飞等人。鲁迅无情地剖析了妇女所遭受的痛苦，指出“私有制度的社会，本来把女人当作私产，当作商品，一切国家，一切宗教，都有许多希奇古怪的规条，把女人看作一种不吉利的动物，威吓她，使她奴隶般的服从，同时又要做高等阶级的玩具”①。陈独秀也呼吁“自负为一九一六年之男女青年，其各奋斗以脱离此附属品地位，以恢复独立自主之人格”②。胡适在《美国的妇人》中提出了“超于良妻贤母”的人生观，即女性“自立”的观念。这种“自立”的意义在于发展个人才性，不依赖别人而能独立生活。李光业在《今后之女子教育》中提出女子教育应当“注力于人格的陶冶，女子人格思想的充分发达；

① 五四时期妇女问题文选［G］. 北京：生活·读书·新知三联书店，1981：27.

② 陈独秀. 一九一六年［J］. 青年杂志，1916（5）.

先认识自己人格的存在，有独自的价值和权威，进而把丈夫和子女也视为和自己同等的人格者，自行树立自己的理想，自觉自己的价值”[①]。此外，冯飞的《女性论》一书也对男女教育平等问题作了系统论述。

近代男女平等教育思想的贡献主要有以下几方面。一是认识到女性教育问题不仅仅是一个教育问题，更是一个社会问题，受到社会政治经济制度、文化传统、风俗习惯、社会心理等因素的制约。因而女子教育的实现需要全社会的觉醒和思想文化深处的变革，其中女性主体意识的觉醒、旧有观念的更新尤为重要。二是在教育目的上，提出要培养具有独立人格的女性，抨击贤妻良母主义的女子教育，引领女子掌握谋生技能以自立于社会，从根本上动摇了传统的教育体制，为女性的发展提供了契机。三是推行男女平等教育，主张实现男女同校。并且这一新思想逐渐被人所理解和接受，唤醒了更多妇女的觉醒，冲刷了传统习俗在女性心理上造成的自卑感，为男女同校扫清了思想障碍。在 1922 年的学制改革中，《学校系统改革案》的公布确立了男女同校制度，此举标志着男女平等在教育制度上得以初步确立。

（二）胡适与《美国的妇人》和《贞操问题》

1. 作者和作品简介

胡适（1891—1962 年），原名嗣穈，学名洪骍，字希疆，后改名胡适，字适之，安徽绩溪人。其是中国近现代最著名的学者之一，著述涉及文学、哲学、史学、考据学、教育学、伦理学、红学等诸多领域。1910 年，胡适官费赴美留学，先后就读于康奈尔大学和哥伦比亚大学，师从美国著名哲学家、教育家杜威。1917 年他回国任北大教授，提倡文学革命，成为新文化运动的领袖。此后，胡适先后担任中国公学校长、国立北京大学文学院院长、国立北京大学校长、台湾“中央研究院”院长等职务，1962 年病逝于台湾。

胡适最具特色与价值的教育思想体现在其对“教育救国”的坚持，对传统教育的批判和对学术独立的倡导。他孜孜不倦地引进西方先进的教育理念和思维方式，对近代中国教育发展贡献卓著。在女子教育问题上，胡适认为，女子解放包括两个方面的条件：一是女子自身的解放，这是女子最终解放的主观条件；二是社会替女子解放创造良好的环境，实行男女完全平等，这是女子最终解放的客观社会条件。他还认为女子独立精神的养成全在于教育，倡导独立精神的女子教育“定可使中国女界有一点新鲜空气，定可使中国产

---

① 李光业．今后之女子教育［G］．梅生．中国妇女问题讨论集（第 1 期）．上海：上海书店，1937：137．

生一些真能‘自立’的女子”[1]。在女子教育实践上，胡适力倡大学开女禁，并对北大首开女禁大加赞赏。胡适对女子解放和女子教育实质和意义等基本问题有着比较深刻的认识，为当时女子教育的改革和发展做出了卓越贡献，成为我国近现代史上重要思想家、改革家。

《美国的妇人》和《贞操问题》是胡适男女平等教育思想的代表性文章，原于1918年载于《新青年》杂志。2003年安徽教育出版社出版的《胡适全集》收录了这两篇文章，本章即以该版本为参考。

2. 原文节选

美国的妇人[2]

——在北京女子师范学校讲演

去年冬季，我的朋友陶孟和先生请我吃晚饭。席上的远客，是一位美国女子，代表几家报馆，去到俄国做特别调查员的。同席的是一对英国夫妇，和两对中国夫妇，我在这个“中西男女合璧”的席上，心中发生一个比较的观察。那两位中国妇人和那位英国妇人，比了那位美国女士，学问上，智识上，不见得有什么大区别。但我总觉得那位美国女子和他们绝不相同。我便问我自己道，他和他们不相同之处在那一点呢？依我看来，这个不同之点，在于他们的“人生观”有根本的差别。那三位夫人的“人生观”是一种“良妻贤母”的人生观。这位美国女子的，是一种“超于良妻贤母”的人生观。我在席上，估量这位女子，大概不过三十岁上下，却带着一种苍老的状态，倔强的精神。她[3]的一言一动，似乎都表示这种“超于良妻贤母的人生观”；似乎都会说道：“做一个良妻贤母，何尝不好？但我是堂堂地一个人，有许多该尽的责任，有许多可做的事业。何必定须做人家的良妻贤母，才算尽我的天职，才算做我的事业呢？”这就是“超于良妻贤母”的人生观。我看这一个女子单身走几万里的路，不怕辛苦，不怕危险，要想到大乱的俄国去调查俄国革命后内乱的实在情形：——这种精神，便是那“超于良妻贤母”的人生观的一种表示；便是美国妇女精神的一种代表。

这种“超于良妻贤母的人生观”，换言之，便是“自立”的观念。我并不说美国的妇人个个都不屑做良妻贤母；也并不说她们个个都想去俄国调查

---

① 季羡林. 胡适全集：第1卷［M］. 合肥：安徽教育出版社，2003：632.

② 季羡林. 胡适全集：第1卷［M］. 合肥：安徽教育出版社，2003. 原载1918年9月15日《新青年》第五卷第3号。

③ 参考现代用语习惯，女性均用“她”，以下不再赘述。

革命情形。我但说依我所观察，美国的妇女，无论在何等境遇，无论做何等事业，无论已嫁未嫁，大概都存一个“自立”的心。别国的妇女大概以“良妻贤母”为目的，美国的妇女大概以“自立”为目的。**“自立”的意义，只是要发展个人的才性，可以不倚赖别人，自己能独立生活，自己能替社会作事。**中国古代传下来的心理，以为“妇人主中馈”；“男子治外，女子主内”；妇人称丈夫为“外子”，丈夫称妻子为“内助”。这种区别，是现代美国妇女所绝对不承认的。他们以为男女同是“人类”，都该努力做一个自由独立的“人”，没有什么内外的区别的。我的母校康南耳大学，几年前新添森林学一科，便有一个女子要求学习此科。这一科是要有实地测量的，所以到了暑假期内，有六星期的野外测量，白天上山测量，晚间睡在帐篷里，是很苦的事。这位女子也跟着去做，毫不退缩，后来居然毕业了。这是一个例。列位去年看报定知有一位美国史天孙女士在中国试演飞行机。去年在美国有一个男子飞行家，名叫 Carlstrom，从 Chicago 飞起。飞了四百五十二英里（约 1500 里），不曾中止，当时称为第一个远道飞行家。不到十几天，有一个女子，名叫 Ruth Law，偏不服气，便驾了她自己的飞行机，一气飞了六百六十八英里，便胜过那个男飞行家的成绩了。这又是一个例。我举这两个例，以表美国妇女不认男外女内的区别。男女同有在社会上谋自由独立的生活的天职。这便是美国妇女的一种特别精神。

这种精神的养成，全靠教育。美国的公立小学全是“男女共同教育”。每年约有八百万男孩子和八百万女孩子受这种共同教育，所发生的效果，有许多好处。女子因为常同男子在一起做事，自然脱去许多柔弱的习惯。男子因为常与女子在一堂，自然也脱去许多野蛮无礼的行为（如秽口骂人之类）。最大的好处，在于养成青年男女自治能力。中国的习惯，男女隔绝太甚了，所以偶然男女相见，没有鉴别的眼光，没有自治的能力，最容易陷入烦恼的境地，最容易发生不道德的行为。美国的少年男女，从小受同等的教育（有几种学科稍不同），同在一个课堂读书，同在一个操场打球，有时同来同去，所以男女之间，只觉得都是同学，都是朋友，都是“人”：所以渐渐的把男女的界限都消灭了，把男女的形迹也都忘记了。这种“忘形”的男女交际，是增进青年男女自治能力的惟一方法。

……

我所闻所见的美国女子之中，很有许多不嫁的女子。那些鼎鼎大名的 Jane Addams，Lilian Wald 一流人，自不用说了。有的终身做老［处］女，在家享受安闲自由的清福。有的终身做教育事业，觉得个个男女小学生都是她的儿女一般，比那小小的家庭好得多了。如今单举一个女朋友作例。这位女士是一个有名的大学教授的女儿，学问很好，到了二十几岁上，忽然把头发都剪短了，把从前许多的华丽衣裙都不要了。从此以后，她只穿极朴素的衣裳，披着一头短发，离了家乡，去到纽约专学美术。她的母亲是很守旧的，劝了她几年，终劝不回头。她抛弃了世家的家庭清福，专心研究一种新画法；又不肯多用家中的钱，所以每日自己备餐，自己扫地。她那种新画法，研究了多少年，起初很少人赏识，前年她的新画在一处展览，居然有人出重价买去。将来她那种画法，或者竟能自成一家也未可知。但是无论如何，她这种人格，真可算得“自立”两个字的具体的榜样了。

这是说不嫁的女子。如今且说几种已嫁的妇女的家庭。

第一种是同具高等学问，相敬相爱，极圆满的家庭。如大哲学家 John Dewey 的夫人，帮助她丈夫办一个“实验学校”，把她丈夫的教育学说实地试验了十年，后来他们的大女儿也研究教育学，替她父亲去考察各地的新教育运动。又如生物学家 Comstock 的夫人，也是生物学名家，夫妇同在大学教授，各人著的书都极有价值。又如经济学家 Alvin Johnson 的夫人，是一个哲学家，专门研究 Aristotle 的学说，很有成就。这种学问平等的夫妇，圆满的家庭，便在美国也就不可多得了。

第二种是平常中等人家，夫妻同艰苦，同安乐的家庭。我在 Ithaca 时，有一天晚上在一位大学教授家吃晚饭。我先向主人主妇说明，我因有一处演说，所以饭后怕不能多坐。主人问我演说什么题目，我说是“中国的婚姻制度”。主人说，“今晚没有他客，你何不就在这里先试演一次?”我便取出演说稿，挑出几段，读给他们听。内中有一节讲中国夫妻，结婚之前，虽然没有爱情，但是成了夫妇之后，有了共同的生活，有福同享，有难同当，这种同艰苦的生活也未尝不可发生一种浓厚的爱情。我说到这里，看见主人抬起头来望着主妇，两人似乎都很为感动。后来他们告诉我说，他们都是苦学生出身，结婚以来虽无子女，却同受了许多艰苦。近来境况稍宽裕了，正在建筑一所精致的小屋，她丈夫是建筑工程科教授，自己打图样，他夫人天天去监督工程。这种共同生活，可使夫妇爱情格外浓厚，家庭幸福格外圆满。

……

第三种是夫妇各有特别性质，各有特别生活，却又都能相安相得的家庭。我且举一个例。有一个朋友，在纽约一家洋海转运公司内做经理，天天上公司去办事。他的夫人是一个“社交妇人”（Society Woman），善于应酬，懂得几国的文学，又研究美术音乐。每月她开一两次茶会，到的人，有文学家，也有画师，也有音乐家，也有新闻记者，也有很奢华的“社交妇人”，也有衣饰古怪，披着头发的“新妇女”（The New Women）。这位主妇四面招呼，面面都到。来的人从不得见男主人，男主人也从来不与闻这种集会。但他们夫妇却极相投相爱，决不因此生何等间隔。这是一种“和而不同”的家庭。

第四种是“新妇女”的家庭。“新妇女”是一个新名词，所指的是一种新派的妇女，言论非常激烈，行为往往趋于极端，不信宗教，不依礼法，却又思想极高，道德极高。内中固然也有许多假装的“新妇女”，口不应心，所行与所说大相反悖的。但内中实在有些极有思想，极有道德的妇女。我在Ithaca时，有一位男同学，学的是城市风景工程，却极喜欢研究文学，做得极好的诗文。后来我到纽约不上一个月，忽然收到一个女子来信，自言是我这位同学的妻子，因为平日听她丈夫说起我，故很想见我。我自然去见她，谈起来才知道她是一个“新妇人”，学问思想，都极高尚。她丈夫那时还在Cornell大学的大学院研究高等学问。这位女子在Columbia大学做一个打字的书记，自己谋生，每星期五六夜去学高等音乐。他们夫妇隔开二百多英里，每月会见一次，她丈夫继续学他的风景工程，他夫人继续学她的音乐。他们每日写一封信，虽不相见，却真和朝夕相见一样。这种家庭，几乎没有“家庭”可说；但我和他们做了几年的朋友，觉得他们那种生活，最足代表我所说的“自立”的精神。他们虽结了婚，成了夫妇，却依旧做他们的“自立”生活。这种人在美国虽属少数，但很可表示美国妇女最近的一种趋向了。

结论

以上所说“美国的妇女”，不过随我个人见闻所及，略举几端，既没有“逻辑”的次序，又不能详尽。听者读者，心中必定以为我讲“美国的妇女”，单举他们的好处，不提他们的弱点，未免太偏了。这种批评，我极承认。但我平日的主张，以为我们观风问俗的人，第一个大目的，在于懂得人家的好处。我们所该学的，也只是人家的长处。我们今日还不配批评人家的短处。不如单注意观察人家的长处在什么地方。那些外国传教的人，回到他们本国去捐钱，到处演说我们中国怎样的野蛮不开化。他们钱虽捐到了，却养成一种贱视中国人的心理。这是我所最痛恨的。我因为痛恨这种单摘人家短处的教士，所以我在美国演说中国文化，也只提出我们的长处；如今我在中国演说美国文化，也只注重他们的特别长处。

如今所讲美国妇女特别精神，只在她们的自立心，只在她们那种“超于良妻贤母人生观”。这种观念是我们中国妇女所最缺乏的观念。**我们中国的姊妹们若能把这种“自立”的精神来补助我们的“倚赖”性质，若能把那种“超于良妻贤母人生观”来补助我们的“良妻贤母”观念，定可使中国女界有一点“新鲜空气”，定可使中国产生一些真能“自立”的女子。这种“自**

立”的精神，带有一种传染的性质。女子“自立”的精神，格外带有传染的性质。将来这种“自立”的风气，像那传染鼠疫的微生物一般，越传越远，渐渐的造成无数“自立”的男女，人人都觉得自己是堂堂地一个“人”，有该尽的义务，有可做的事业。有了这些“自立”的男女，自然产出良善的社会。良善的社会决不是如今这些互相倚赖，不能“自立”的男女所能造成的。所以我所说那种“自立”精神，初看去，似乎完全是极端的个人主义，其实是善良社会绝不可少的条件。这就是我提出这个问题的微意了。

民国七年九月

原载1918年9月15日《新青年》第5卷第3号

贞操问题[1]

一

周作人先生所译的日本与谢野晶子的《贞操论》(《新青年》四卷5号)，我读了很有感触。这个问题，在世界上受了几千年无意识的迷信，到近几十年中，方才有些西洋学者正式讨论这问题的真意义。文学家如易卜生的《群鬼》和“Thomas Hardy”的《苔史》(Tess)，都带着讨论这个问题。如今家庭专制最利害的日本居然也有这样大胆的议论！这是东方文明史上一件极可贺的事。

当周先生翻译这篇文字的时候，北京一家很有价值的报纸登出一篇恰相反的文章。这篇文章是海宁朱尔迈的《会葬唐烈妇记》(七月二十三四日北京《中华新报》)。上半篇写唐烈妇之死如下：

唐烈妇之死，所阅灰水，钱卤，投河，雉经者五，前后绝食者三；又益之以砒霜，则其亲试乎杀人之方者凡九。自除夕上溯其夫亡之夕，凡九十有八日。夫以九死之惨毒，又历九十八日之长，非所称百挫千折有进而无退者乎？……

下文又借出一件“俞氏女守节”的事来替唐烈妇作陪衬：

女年十九，受海盐张氏聘，未于归，夫夭，女即绝食七日；家人劝之力，始进糜曰，“吾即生，必至张氏，宁服丧三年，然后归报地下。”

最妙的是朱尔迈的论断：

嗟乎，俞氏女盖闻烈妇之风而兴起者乎？……俞氏女果能死于绝食七日之内，岂不甚幸？乃为家人阻之，俞氏女亦以三年为己任，余正恐三年之间，凡一千八十日有奇，非如烈妇之九十八日也。且绝食之后，其家人防之者百

① 原载1918年7月15日《新青年》第5卷第1号。——编者注

端，……虽有死之志，而无死之间，可奈何？烈妇倘能阴相之以成其节，风化所关，猗欤盛矣！

这种议论简直是全无心肝的贞操论。俞氏女还不曾出嫁，不过因为信了那种荒谬的贞操迷信，想做那“青史上留名的事”，所以绝食寻死，想做烈女。这位朱先生要维持风化，所以忍心害理的巴望那位烈妇的英灵来帮助俞氏女赶快死了，“岂不甚幸”！这种议论可算得贞操迷信的极端代表。《儒林外史》里面的王玉辉看他女儿殉夫死了，不但不哀痛，反仰天大笑道：“死得好！死得好！”（五十二回）王玉辉的女儿殉已嫁之夫，尚在情理之中。王玉辉自己“生这女儿为伦纪生色”，他看他女儿死了反觉高兴，已不在情理之中了。至于这位朱先生巴望别人家的女儿替她未婚夫做烈女，说出那种“猗欤盛哉”的全无心肝的话，可不是贞操迷信的极端代表吗？

贞操问题之中，第一无道理的，便是这个替未婚夫守节和殉烈的风俗。在文明国里，男女用自由意志，由高尚的恋爱，订了婚约，有时男的或女的不幸死了，剩下的那一个因为生时爱情太深，故情愿不再婚嫁。这是合情理的事。若在婚姻不自由之国，男女订婚以后，女的还不知男的面长面短，有何情爱可言？不料竟有一种陋儒，用“青史上留名的事”来鼓励无知女儿做烈女，“为伦纪生色”，“风化所关，猗欤盛矣！”我以为我们今日若要作具体的贞操论，第一步就该反对这种忍心害理的烈女论，要渐渐养成一种舆论，不但永不把这种行为看作“猗欤盛矣”可旌表褒扬的事，还要公认这是不合人情，不合天理的罪恶；还要公认劝人做烈女，罪等于故意杀人。

这不过是贞操问题的一个方面。这个问题的真相，已经与谢野晶子说得很明白了。他提出几个疑问，内中有一条是：“贞操是否单是女子必要的道德，还是男女都必要的呢？”这个疑问，在中国更为重要。中国的男子要他们的妻子替他们守贞守节，他们自己却公然嫖妓，公然纳妾，公然“吊膀子”。再嫁的妇人在社会上几乎没有社交的资格；再婚的男子，多妻的男子，却一毫不损失他们的身分。这不是最不平等的事吗？怪不得古人要请“周婆制礼”来补救“周公制礼”的不平等了。

我不是说，因为男子嫖妓，女子便该偷汉；也不是说，因为老爷有姨太太，太太便该有姨姥爷。我说的是，男子嫖妓，与妇人偷汉，犯的是同等的罪恶；老爷纳妾，与太太偷人，犯的也是同等的罪恶。

为什么呢？**因为贞操不是个人的事，乃是人对人的事；不是一方面的事，乃是双方面的事。**女子尊重男子的爱情，心思专一，不肯再爱别人，这就是贞操。贞操是一个“人”对别一个“人”的一种态度。因为如此，男子对于女子，也该有同等的态度，若男子不能照样还敬，他就是不配受这种贞操的待遇。这并不是外国进口的妖言，这乃是孔丘说的“己所不欲，勿施于人”。孔丘说：

君子之道四，丘未能一焉：所求乎子以事父，未能也；所求乎臣以事君，未能也；所求乎弟以事兄，未能也；所求乎朋友，先施之，未能也。

孔丘五伦之中，只说了四伦，未免有点欠缺。他理该加上一句道：“所求乎吾妇，先施之，未能也。”这才是大公无私的圣人之道！

二

我这篇文字刚才做完，又在上海报上看见陈烈女殉夫的事。今先记此事大略如下：

陈烈女名宛珍，绍兴县人，三世居上海。年十七，字王远甫之子菁士。菁士于本年三月廿三日病死，年十八岁，陈女闻死耗，即沐浴更衣，潜自仰药。其家人觉察，仓皇施救，已无及。女乃泫然曰：“儿志早决。生虽未获见夫，殁或相从地下……”言讫，遂死，死时距其未婚夫之死仅三时而已。

（此据上海绍兴同乡会所出征文启）

过了两天，又见上海县知事呈江苏省长请予褒扬的呈文，中说：

呈为陈烈女行实可风，造册具书证明，请予按例褒扬事。……（事实略）……兹据呈称……并开具事实，附送褒扬费银六元前来。……知事复查无异。除先给予“贞烈可风”匾额，以资旌表外，谨援《褒扬条例》……之规定，造具清册，并附证明书，连同褒扬费，一并备文呈送，仰祈鉴核，俯赐咨行内务部将陈烈女按例褒扬，实为德便。

我读了这篇呈文，方才知道我们中华民国居然还有什么《褒扬条例》。于是我把那些条例寻来一看，只见第一条九种可褒扬的行谊的第二款便是“妇女节烈贞操可以风世者”；第七款是“著述书籍，制造器用，于学术技艺或发明或改良之功者”；第九款是“年逾百岁者”！一个人偶然活到了一百岁，居然也可以与学术技艺上的著作发明享受同等的褒扬！这已是不伦不类可笑得很了。再看那条例《施行细则》解释第一条第二款的“妇女节烈贞操可以风世者”如下：

第二条　《褒扬条例》第一条第二款所称之“节”妇，其守节年限自三十岁以前守节至五十岁以后者。但年未五十而身故，其守节已及六年者同。

第三条　同条款所称之“烈”妇“烈”女，凡遇强暴不从致死，或羞忿自尽，及夫亡殉节者，属之。

第四条　同条款所称之“贞”女，守贞年限与节妇同。其在夫家守贞身故，及夫符年例而身故者，亦属之。

以上各条乃是中国贞操问题的中心点。第二条褒扬“自三十岁以前守节至五十岁以后”的节妇，是中国法律明明认三十岁以下的寡妇不该再嫁；再嫁为不道德。第三条褒扬“夫亡殉节”的烈妇烈女，是中国法律明明鼓励妇人自杀以殉夫；明明鼓励未婚女子自杀以殉未嫁之夫。第四条褒扬未嫁女子替未婚亡夫守贞二十年以上，是中国法律明明说未嫁而丧夫的女子不该再嫁人；再嫁便是不道德。

这是中国法律对于贞操问题的规定。

依我个人的意思看来，这三种规定都没有成立的理由。

第一，寡妇再嫁问题。这全是一个个人问题。妇女若是对她已死的丈夫真有割不断的情义，她自己不忍再嫁；或是已有了孩子，不肯再嫁；或是年纪已大，不能再嫁；或是家道殷实，不愁衣食，不必再嫁——妇人处于这种境地，自然守节不嫁。还有一些妇人，对她丈夫，或有怨心，或无恩意，年纪又轻，不肯抛弃人生正当的家庭快乐；或是没有儿女，家又贫苦，不能度日；——妇人处于这种境遇没有守节的理由，为个人计，为社会计，为人道计，都该劝她改嫁。贞操乃是夫妇相待的一种态度。夫妇之间爱情深了，恩谊厚了，无论谁生谁死，无论生时死后，都不忍把这爱情移于别人，这便是贞操。夫妻之间若没有爱情恩意，即没有贞操可说。若不问夫妇之间有无可以永久不变的爱情，若不问做丈夫的配不配受他妻子的贞操，只晓得主张做妻子的总该替她丈夫守节；这是一偏的贞操论，这是不合人情公理的伦理。再者，贞操的道德，“照各人境遇体质的不同，有时能守，有时不能守；在甲能守，在乙不能守。”（用与谢野晶子的话）若不问个人的境遇体质，只晓得说“忠臣不事二君，烈女不更二夫”；只晓得说“饿死事极小，失节事极大”（用程子语）；这是忍心害理，男子专制的贞操论。——以上所说，大旨只要指出寡妇应否再嫁全是个人问题，有个人恩情上，体质上，家计上种种不同的理由，不可偏于一方面主张不近情理的守节。因为如此，故我极端反对国家用法律的规定来褒扬守节不嫁的寡妇。褒扬守节的寡妇，即是说寡妇再嫁为不道德，即是主张一偏的贞操论。法律既不能断定寡妇再嫁为不道德，即不该褒扬不嫁的寡妇。

第二，烈妇殉夫问题。寡妇守节最正当的理由是夫妇间的爱情。妇人殉夫最正当的理由也是夫妇间的爱情。爱情深了，生离尚且不能堪，何况死别？再加以宗教的迷信，以为死后可以夫妇团圆。因此有许多妇人，夫死之后，情愿杀身从夫于地下。这个不属于贞操问题。但我以为无论如何，这也是个人恩爱问题，应由个人自由意志去决定。无论如何，法律总不该正式褒扬妇人自杀殉夫的举动。一来呢，殉夫既由于个人的恩爱，何须用法律来褒扬鼓励？二来呢，殉夫若由于死后团圆的迷信，更不该有法律的褒扬了。三来呢，若用法律来褒扬殉夫的烈妇，有一些好名的妇人，便要借此博一个“青史留名”；是法律的褒扬反发生一种沽名钓誉，作伪不诚的行为了！

第三，贞女烈女的问题。未嫁而夫死的女子，守贞不嫁的，是“贞女”；杀身殉夫的，是“烈女”。我上文说过，夫妇之间若没有恩爱，即没有贞操可说。依此来看，那未嫁的女子，对于她丈夫有何恩爱？既无恩爱，更有何贞操可守？我说到这里，有个朋友驳我道，“这话别人说了还可，胡适之可不该说这话。为什么呢？你自己曾做过一首诗，诗里有一段道：

> 我不认得他，他不认得我，我却常念他，这是为什么？岂不因我们，分定常相亲？由分生情意，所以非路人。海外土生子，生不识故里，终有故乡情，其理亦如此。

依你这诗的理论来看，岂不是已订婚而未嫁娶的男女因为名分已定，也会有一种情意。既有了情意，自然发生贞操问题。你于今又说未婚嫁的男女没有恩爱，故也没有贞操可说，可不是自相矛盾吗?”

我听了这番驳论，几乎开口不得。想了一想，我才回答道：我那首诗所说名分上发生的情意，自然是有的；若没有那种名分上的情意，中国的旧式婚姻决不能存在。如旧日女子听人说她未婚夫的事，即面红害羞，即留神注意，可见她对她未婚夫实有这种名分上所发生的情谊。但这种情谊完全属于理想的。这种理想的情谊往往因实际上的反证，遂完全消灭。如女子悬想一个可爱的丈夫，及到嫁时，只见一个极下流不堪的男子，她如何能坚持那从前理想中的情谊呢？我承认名分可以发生一种情谊，我并且希望一切名分都能发生相当的情谊。但这种理想的情谊，依我看来实在不够发生终身不嫁的贞操，更不够发生杀身殉夫的节烈。即使我更让一步，承认中国有些女子，例如吴趼人《恨海》里那个浪子的聘妻，深中了圣贤经传的毒，由名分上真能生出极浓挚的情谊，无论她未婚夫如何淫荡，人格如何堕落，依旧贞一不变。试问我们在这个文明时代，是否应该赞成提倡这种盲从的贞操？这种盲从的贞操，只值得一句“其愚不可及也”的评论，却不值得法律的褒扬。法律既许未嫁的女子夫死再嫁，便不该褒扬处女守贞。至于法律褒扬无辜女子自杀以殉不曾见面的丈夫，那更是男子专制时代的风俗，不该存在于现今的世界。

总而言之，我对于中国人的贞操问题，有三层意见。

第一，这个问题，从前的人都看作“天经地义”，一味盲从，全不研究“贞操”两字究竟有何意义。我们生在今日，无论提倡何种道德，总该想想那种道德的真意义是什么。《墨子》说得好：

> 子墨子问于儒者曰，“何故为乐?”曰，“乐以为乐也。”子墨子曰，“子

未我应也。今我问曰，‘何故为室？’曰，‘冬避寒焉，夏避暑焉，室以为男女之别也，’则子告我为室之故矣。今我问曰，‘何故为乐？’曰‘乐以为乐也。’是犹曰，‘何故为室？’曰，‘室以为室也。’”（公孟篇）

今试问人“贞操是什么？”或“为什么你褒扬贞操？”他一定回答道，“贞操就是贞操。我因为这是贞操，故褒扬他。”这种“室以为室也”的论理，便是今日道德思想宣告破产的证据。故我做这篇文字的第一个主意只是要大家知道**“贞操”这个问题并不是“天经地义”，是可以澈底研究，可以反复讨论的。**

第二，我以为贞操是男女相待的一种态度，乃是双方交互的道德，不是偏于女子一方面的。由这个前提，便生出几条引申的意见：（一）男子对于女子，丈夫对于妻子，也应有贞操的态度；（二）男子做不贞操的行为，如嫖妓娶妾之类，社会上应该用对待不贞妇女的态度来对待他；（三）妇女对于无贞操的丈夫，没有守贞操的责任；（四）社会法律既不认嫖妓纳妾为不道德，便不该褒扬女子的“节烈贞操”。

第三，我**绝对的反对褒扬贞操的法律**。我的理由是：

（一）贞操既是个人男女双方对待的一种态度，诚意的贞操是完全自动的道德，不容有外部的干涉，不须有法律的提倡。

（二）若用法律的褒扬为提倡贞操的方法，势必至造成许多沽名钓誉，不诚实，无意识的贞操举动。

（三）在现代社会，许多贞操问题，如寡妇再嫁，处女守贞，等等问题的是非得失，却都还有讨论余地，法律不当以武断的态度制定褒贬的规条。

（四）法律既不奖励男子的贞操，又不惩男子的不贞操，便不该单独提倡女子的贞操。

（五）以近世人道主义的眼光看来，褒扬烈妇烈女杀身殉夫，都是野蛮残忍的法律，这种法律，在今日没有存在的地位。

民国七年七月

原载1918年7月15日《新青年》第5卷第1号

四、女子教育名著选读

近代女子教育思想是作为修正女国民思想和男女平权思想而产生的，其实质在于不但将女性视为人，更视为女人。该思想发源于民国初年，开始只是一种常识性考察，“五四”之后随着科学思想渐进，女子教育思想便有了较稳固的基础。

（一）女子教育思想概要

女子教育思想主要代表人物有陆费逵、姜琦和陈衡哲等，其思想的核心是女子固然是人，但是除却人的通性之外，还有女子的特性。由于男女两性存在生理和社会职责的不同，因此那些要求男女绝对平等的主张，抛开了这些差异来谈论平等，反而是对女性特征和个性的忽视，是将女子男子化，是一种机械的平等。这实质上是对女性特质的否定，本身恰恰是一种不平等。真正的女子教育其目的在于使女子成为女子，开发其所有的天赋中各种女性本分，发挥女性特有的作用。

陆费逵在《女子教育问题》一文中，认为女性因受限于生理上的原因，故而不能与男性承担相同的社会责任与工作。女子教育的目的在于养成健全女子的人格，成为贤母良妻，在男子能养家的时代从事无害生理无妨家庭的职业，以及预备充足的实力于必要的时候代男子做国家社会一切的事。姜琦在《女子教育问题之研究》中，从女子生理和心理上的特质出发，指出女子教育是要根据女子的特性，使她们自己发挥或施以一种特殊的影响。女子教育应以养成包括良妻贤母及公民的完全的女子人格（包括良妻、贤母、公民而言），因此男女有分而教之的必要。陈衡哲在《妇女问题根本谈》中提出，在教育和个性发展上，女子应该有与男子一样的平等发展的机会。“我们的要求是发展着两重人格（个性与女性）的机会，当然这不是说每一个女子都须受到与男子同样的教育，或做同样的事业。我们不要这类数学式的平等，我们所要求的，是一个与男子平等的发展个性的机会。”① 她还认为，除人文教育外，母职的训练在女子教育中最为重要，其次改良女子体育，再次改良幼稚教育和培养保姆人才。②

近代女子教育思想的重要贡献在于认识到了男女两性的生理差别对其社会角色的影响，即由两性生理心理的科学差别观延伸到社会观及伦理观，是对男女平等教育思想的更进一步的理解。这些观点对于我们理解男女平等不无裨益。当前我们所谈论的男女平等，有时更多的是无差别的平等，而女性所想要得到以及应该得到的平等应该是与男子同样的发展机会。这启示我们男女在生理上是不可能平等，但在人格上却是应该平等的，个性也应该得到尊重。

---

① 陈衡哲．复古与独裁势力下妇女的立场［A］//陈衡哲．衡哲散文集．上海：开明书店，1937：109－110.

② 舒新城．近代中国教育思想史［M］．长春：吉林人民出版社，2013：290.

（二）陆费逵与《女子教育问题》和《女子教育的急务》

1. 作者和作品简介

陆费逵（1886—1941 年），复姓陆费，名逵，字伯鸿，号少沧。原籍浙江桐乡，生于陕西汉中。中国近代著名教育家、出版家，中华书局创办人。陆费逵青年时期在新思想的影响下，倾向革命，出售革命书籍，于 1904 年成为日知会成员。他还担任过《教育杂志》主编，并于 1914 年创办《中华教育界》等一系列杂志。1911 年，武昌起义后，陆费逵审时度势，加紧编写民国中小学教科书，创立中华书局。该书局成为民国时期与商务印书馆齐名的民营出版企业，也成为陆费逵毕生最大的事业。1913 年后，他致力于推行国语注音及国语统一运动，编著国音教本，1921 年创设国语专修学校，1941 年病逝于香港。

陆费逵不仅是知名出版家，在教育上也颇有建树。他热衷教育事业，不仅创办主编教育刊物，还出版了大量教育论著和中小学教材。他曾当过校长、教师，写过许多宣传教育救国和改革、简化汉字、提倡国语的文章。值得注意的是，他很关注妇女问题和妇女教育，他深刻地分析了当时女子的地位、实力，认为教育是改变妇女地位的有力途径。针对当时男女平权主义的兴盛，陆费逵先后发表《女子教育问题》《女子教育的急务》等文章。他认为既要注意女德的培养，给女子以妻教、母教，使女子尽到“相夫教子”的义务，又要注重对女子人格的重塑，通过教育使女性、家庭、社会觉悟与改进，使女子成为一个有完全人格的人。这些思想极大地促进了当时的妇女解放、女子教育的发展，推动了女性的自我发现和觉醒，开阔了人们的视野。

2. 全文实录

女子教育问题[①]

近世论女子教育者，甚嚣尘上矣。究其实际，则偏激之流，直欲同男女之效用；老朽之侪，仅欲令女子粗识之无。其实皆非也。余以为欲定女子教育之主义，须先决女子之效用。就以上二说及余所主张，女子之效用，约分三类。

甲、激烈派

女政客。

女军人。

---

① 吕达，刘立德，李湘波．陆费逵教育论著选［M］．北京：人民教育出版社，2000.

女工程家。

女商业家。

凡男子可为之事，女子举可为之，教育当与男子平等。

乙、顽固派

女子无才便是德，只要识几个字，能看家信已足。

女子有父、夫、子赡养，不必谋生。

凡男子可为之事，女子举不能为，无所谓教育。

丙、余之主张

女子将来为人妻，当受妻之教育。

女子将来为人母，当受母之教育。

女子不能全恃男子赡养，当择己所能任之职业任之。职业以女子性质、能力可胜任，又不为社会所障碍者为断。如农家之养蚕，工业之裁缝、刺绣、纺纱、缫丝、订书，学校之教员，以及图画家、音乐家、著作家等。

不能为政客，不能为军人，不能为工程家，以女子性质能力不宜也。不能为商业家，以吾国社会习惯不宜也。

今试就上三说而说明之。**女子之性质，柔弱而优美，限于生理的作用，无可如何。吾岂不欲吾国骤增加倍之政客、之军人（意谓女子能之，则倍于现有之男子也），而必窒遏之，无如实际不能，犹之牝鸡不能司晨，无可讳饰也。**若天下女子，竞为男子事业，则妻之持家，母之育儿，将令孰任？如激烈者所主张，岂果强令男子为之，以泄数千年女子之愤耶？岂果舍吾文明而效陋俗耶？况就生理而论，激烈之政争，极剧之工作，女子万不能堪。即使能之，而一遇胎产，则一年数月之光阴消于无形，政争必难持久，工作势必中止。吾知即有女政客、女军人、女工程家，世亦莫敢用也。此甲说之过也。

近世文明进步，即使女子不为职业计，家政育儿，皆非学识，不为功，仅识之无，安能敷用？妻有妻之教育，教育不备，则衣食住纷乱，而夫与己胥受其害矣！母有母之教育，教育不备，则教养无方，而子女胥受其害矣！况夫计算不明，常为人欺。（余曩见邻妇不明计算，每日买水三担半，每担五文，日给二十一钱，已年余矣。其子在校略习加减，一日大呼告其母，谓只要十七个半钱。其母亦恍然，乃痛骂挑夫而绝之。）卫生不明，易损生命。（此类事难以数计。）词不达意，辄生误会。（某妇致夫书有“使人”二字，误作“死人”。其夫星夜赶回，买棺至家。此事良可发笑，然近日女校学生作别字者，殆可车载斗量也。）然则女子教育，固可以粗识之无为主义耶？此乙说之过也。

余之主张，毫无意气容其间。诸君试思，何家无妻，何家无母，何人不赖适宜之职业以生活？以妻之教育，母之教育，适宜职业之教育，为女子教育之主义，岂有丝毫谬误。若谓不然，则必女子不为人妻，子女不为母育而后可。至不适宜之职业，非不见信用于世，即以戕贼女子，夫岂主持教育者所当有事乎？

由是观之，女子教育之方法，必不能与男子从同可知矣。盖男子当期其为公民，为军人，不必令为人妻，为人母也。男子当任与世界潮流竞争之职业，无生理风俗之限制也。知此则女子教育：

第一，当养成贞淑之德，和易之风，并授以家政之智能，期可以为人妻；

第二，当养成慈爱之性，高洁之情，并授以育儿教子之技能，期可以为人母；

第三，当设女子师范学校，女子裁缝、刺绣、蚕业、图画、音乐等学校，期可以习一业以生活。

教育行政官厅乎，女子教育家乎，苟欲吾国女子能为妻母，能自生活，必自男女异教始。小学无甚问题。中等教育，绝无男女同学之余地。若夫特出之女子，愿于中等教育修完后，研究高深之学术，当认为特别情形，入男子大学也可，另设女子大学亦可，非可一概论也。

原载《中华教育界》1913 年 5 月号

女子教育的急务

近来有许多人，研究妇女问题和女子教育问题，替我二万万妇女谋解决的方法。这是最好的现象，也是最要紧的事体。各人所说的有各人的道理，我也不必去批评。不过我以为天下的事，要对症下药，症候没看明白，尽管有千金方，也是无益处的。

我对于女子教育问题和妇女问题，除小学校男女共学问题外，从没有发表过意见。现在看见各方面的主张，有的太高尚，一时万不能行；有的太陈腐，不合现在的趋势。所以今天把我的意思发表一点，以供大众的研究。

我以为现在替我国二万万女同胞谋幸福，最为急务的有两个大问题。

第一，女子的实力问题

第二，女子的地位问题

我对于这两个问题，意见很多，现在且简单地说说。

地位与实力，是一个正比例。实力大一点，地位就高一点。要她地位高一点，就不得不求实力大一点。然而实力这样东西，不是空口说得来的。有一分质地，用一分劳力，就可增加一分实力。就反面说起来，多一分消耗，就减少一分实力。少一分消耗，就增加一分实力。不论什么国家，什么社会，什么人，都是如此。妇女问题也离不了这个原则的。

女子因为生理的关系比男子弱。因而她的地位，比男子差得多，那是无庸为讳的。所以无论何国，没有不是重男轻女。有的表面上很尊重女子，女子因而得很体面很舒服的待遇。但是这种待遇，不过和敬老慈幼一样，出于社会上的怜惜心，不是女子真正有优越的地位。只有最近欧美各国，由教育的发达，人力的不足发生出来的女权，才有几分真正增高女子地位的意味。这就是我说的实力问题了。地位若不因实力而增高，就要像孟子所说，“赵孟之所贵，赵孟能贱之”了。

就女子的地位说起来，我研究到一种原则，就是女子的地位与社会的生活做一个反比例。生活容易的地方，女子的地位较低；生活困难的地方，女子的地位较高。其中有两个原故：第一，生活容易的地方，男子的力量可以养家，不必女子谋生。第二，女子因为可以舒舒服服过日子，也就不愿以弱质竞争于生活场里，以免生理上的痛苦。生活困难的地方，只靠男子的力量不足生活。女子为生计所迫，不得不尽力以谋饱暖，弱质能否胜任，生理上有无痛苦，都管不得了。天下的事，都是自然的趋势逼迫成的。女子何尝不愿地位增高，但男子可以养家，女子乐得舒舒服服过日子，享唱随之乐，尽育儿之责，这也是古今中外一样的人情。

古代文明的国家，在东方有我国和印度，在欧洲有希腊和罗马，介于其间的有土耳其、阿拉伯、埃及。这许多国，除了希腊的斯巴达外，没有不是重男轻女的。风俗制度，虽各不相同，说到精神，与我国是差不多的。

我国古代，对于女子的地位，不过要她传种和料理家务就是了。《大戴礼记》孔子的话：“女子顺男子之教，而长其理者也，故谓之妇人。妇人，伏于人者也。是故无专制之义，有三从之道。幼从父兄，既嫁从夫，夫死从子，无所敢自遂也。教令不出闺门，事在馈食之间而已矣。是故女子及日乎闺门之内，不百里而奔丧。事无擅为，行无独成，参知而后动，可验而后言，昼不游庭，夜行以火，所以正妇德也。女有五不取（娶）：逆家子不取，乱家子不取，世有刑人不取，世有恶疾不取，丧父长子不取。妇有七去：不顺父母去，无子去，淫去，妒去，有恶疾去，多言去，窃盗去。有三不去：有所取，无所归，不去；与更三年丧，不去；前贫贱，后富贵，不去。凡此，圣人所以顺男女之际，重婚姻之始也。”这一篇话，可以见得我国女子的地位了。前段全是义务，只有后段三不去是权利。然就这三不去的权利说起来，也是承认女子为妻的权利，没有承认女子人格的权利。但是这里面有很可注意的一点，就是女子有受男子供养的权利，无自谋生活的义务。从这一点说起来，就有一个前提，要男子人人能养家，否则这个风俗制度就不能成立了。

欧洲女权之发轫，在希腊。斯巴达的人，无论男女，都为国家尽力，所以女子的教育，同男子一样。就是体育，也由国家设体育练习所，定了课程，男子女子全要去练习，一切与男子平等。国家社会上的一切事情，都由男女公共去做。甚至体育练习所，男女同在一处裸体受课。他种社会，更不必说了。斯巴达的国力和国民的实力，都因此而大进。女子的实力和地位，要算空前绝后了。

亚里士多德的话最公平，最当注意。他说："家族由男和女组成，国家也是这样，不能将这两样分开。国家所定的制度，如果与女子有妨碍，这个国家就要算大半无制度了。"这个教训的精神，在欧美人的脑里印得很深，到了近世纪的文明社会遂成事实了。

我说了这许多话，还没说到本文。这篇文字的题目是《女子教育的急务》。所谓急务，到底是什么事呢？我以为**现在我国女子教育的急务，应当从增进女子的实力入手。实力增加一分，地位自然增高一分。**从表面上说来，男是男，女是女。从实际上说来，男子都是女子的父兄夫子，女子都是男子的母姊妻女。做女子的没有不望他父兄夫子好的，做男子的何尝不望他的母姊妻女好呢？女子的地位弄到现在的情形，男子固不能辞其责，然而女子自身若不愿如此决不会这样的。古人之制礼决不是凭空杜撰的，也不过顺着当时的国情略微整理点缀罢了。倘若当时国情不是这样，古人制礼也不会这样的。如果勉强这样的定，不但女子不承认，男子也不肯承认的。为什么呢？女子和男子并非两国，实在是一家的父母兄弟姊妹夫妻子女。剥夺母姊妻女的权利，父兄夫子也受损失的。所以现在研究女子教育问题，当先考察现在的国情，预料将来的国情，而从增加女子的实力入手。

照我国现在的国情说起来，理论上说得天花乱坠，虽然不妨，但实际上一时决离不了家族本位。就社会上种种组织和一般男女心理说来，也决不能完全离了男子养家的状况。他们欧美诸国，因为物质的进步，竞争的激烈，生活的困难，女子不能不求独立生活，这是大势所迫无可如何的。不是女子不愿靠男子养活，也不是男子不愿养活女子，实在是力有不从。这回世界大战，男子都赴前敌，女子的用处更多，实力的表现增进也更明白。到了这种国情，女子只好把受养活的权利丢去了。女子一方丢去受养活的权利，一方以自己的实力养活自己和子女，换一句话说，就是替男子尽了一部分的义务，并且养活一部分的男子，那地位自然要增高了。妇女丢了权利，吃了苦，尽了力，偏不能和男子平等，未免太不公平。况且有一部分无父兄夫子的女子，为国家吃苦尽力，若不给她与男子平等的权利，那不是国家只叫这许多人家尽义务吗？这样说来，我们**现在讲女子教育，其目的有四：**

第一，健全女子的人格；

第二，养成贤母良妻；

第三，在男子能养家的时代，从事无害生理、无妨家庭的职业；

第四，预备充足的实力，于必要的时候代男子做国家社会一切的事。

我所说这四个目的，前三个是通常的，第四个是预备处社会、国家之变的。我国现在的情形，稳健的人大概都只赞成前三个目的，激进的人要专注重第四个目的，我以为都是错的。为什么呢？照现在的国情，前三个目的是不错的。但是兵可百年不用，不可一日不备，这第四个目的是预料将来的国情一定要到的。与其临时抱佛脚，多吃许多苦，多受许多累，恐怕还要误事，何妨早点预备。况且目的悬在这里，几时做得到还不晓得呢？大家要知道万一数十年后再有大战，我国卷进漩涡或者经济竞争更烈，多数男子无养家的能力，女子不能不争生存，那时候方才知道我第四个目的要紧咧。

依这四个目的，生出三个前提。

第一，女子自身的觉悟；

第二，家庭的觉悟；

第三，社会的觉悟。

这三个前提，虽然是要个人、家庭、社会分别去做，但最要紧的是教育上的觉悟和改进。

我所说女子自身的觉悟，并不是叫女子人人以英雌自居，是叫女子自己觉悟她的人格。现在的女子，无论是新是旧，总以玩品自居，心中总存一个男子应胜女子的观念。不缠足了，偏要穿高底皮鞋，脚趾、脚骨受伤是不管的。衣服要紧小，甚至胸间束带，或穿紧扎的小背心，心肺受伤是不管的。耳环呀，项圈呀，镯呀，戴了一身，像脚镣手铐一般。就是不戴，不论金银珠玉，总要备置些。经济不经济，姑且不说，就人格上论起来，这算什么呢？岂不是完完全全一件玩品么？现在的女子，表面上要和男子平等，但是讲起学问做起事来，就说他们是男子，我们是女子，男子总当比女子强些。简直以女子二字，做自己卸责的地步。到了结婚，就有三种不可破的情形。第一，无论学问才干光景，总要男子比女子高。如果男子和女子差不多，女子就以为大不应该，夫妇的感情，是不会十分好的。第二，仍怀一种旧思想，不以为一男一女平等的结婚，总以为女子吃亏，是嫁给人家，做了别家的人了。换一句话说，就是以为女子做了男子的附属品了。第三，订婚的时候，什么聘礼呀，门包呀，开通的人家，也不能完全免去。不是仍旧把女子当一种货品，骨子里没有脱卖买行为吗？我以为现在的女子，不必口头争男女平权，先要自己保全人格。人格没有完全，还讲什么权不权呢？所以现在的女子，顶要紧的，是晓得一个人不是玩品，要保全自己的身分、健康、经济。失了身分，害了健康，耗了经济，装饰把人家看，是顶不值得的。其次要晓得男子是一个人，女子也是一个人。人的智愚强弱虽然不能一样，但决不会男子都比女子智，都比女子强的。到了结婚，只求两面的人格相称，不必一定求男子的学问、才干、财产比女子强。婚礼上出嫁的思想，卖买的行为，应该铲除得干干净净。要做成一个有人格的男子，一个有人格的女子，双方平等结婚，做一个新家庭。这样下去，女子方有地位可言，不是男子的玩物了。

家庭的觉悟怎么样呢？做父母的要晓得生儿生女，同是一样的。在父母本身上说起来，女子是赔钱货，男子也是赔钱货。男子有可以靠养的，女子又何尝没有靠养的呢？不过从前培植男子不培植女子，所以男子比女子强一点。倘若父母把男女一样去培植，没有结婚的女子固然可以从事职业，奉养父母，就是结婚了的女子，她倘能自立，哪有不管父母的呢？旧时代的女子，嫁了好人家，父母如果生计困难，女子以夫家财物贴娘家的，也很不少。不过这种办法，不很正当，也不很自由，比女子自己以才力所得的，相差不可以道里计了。父母要女子少赔钱，只有给她受教育的一个方法。进一步讲，父母产生儿女就是罪孽，必须培植到他的人格完全，方算是免了罪孽。天下不肖的子女，哪一个不应该叫他父母负责呢？女子所受的痛苦，更应该由父母负大半的责任。况且大家不培植女子，你又何从得好媳妇好子孙呢？所以我想现在的家庭应当有一个觉悟，就是教育女子完全和男子一样。看她的资质性情，尽力去培植。至于财产一层，我主张以少给子女为宜。如果分给男子，也就应该分给女子。养父母的老，男子固应该负责，女子也应该负责。结婚认为平等的，男子结婚认为得了一个妻，女子结婚认为得了一个夫。父母也把侄儿侄妇、侄女侄婿看得差不多，那女子的地位自然增高了。自己家里看女子不起，偏要人家看得起，那是万万不行的。就是做到，也不过人家格外怜惜弱质，爱好玩品罢了，不是女子的人格长进呀！

社会的觉悟是怎样呢？前两段所说女子自身的觉悟和家庭的觉悟，都要社会觉悟，方才易于收效。为什么呢？因为社会倘若不觉悟，社会上一般的人，见了觉悟的女子和觉悟的家庭，必定以为奇怪，多方的去嘲笑她，诽谤她。女子最怕这种事，一遇见了，只好把自己的觉悟抛去。也有定力强点不肯抛去的，这种人在社会上一定吃许多亏，受许多苦。我以为社会的觉悟，一时难得透彻，我们不可以揠苗助长，反阻碍他的生机，然而应当找一个现在最低的限度。第一，提倡不要装饰。第二，尊重女子的人格，不可看做玩品和男子的附属品。第三，承认女子受教育的权利。父母有只叫男子就学不叫女子就学的，大家应该劝诱他，讥笑他，认为和不叫男子就学是一样的错误。这样下去，女子的实力自然可以增加，女子的地位自然可以增高了。

女子自身觉悟了，家庭觉悟了，社会觉悟了，妇女问题的第一步，就可以算解决了。不过现在去求她觉悟，将来在觉悟后求进步，都非从教育上着手不可。所以我以为教育上的觉悟和改进，实在是现在的急务。教育上的觉悟和改进说来很多，最要紧的是学制的觉悟、改进和学校的觉悟、改进。关于学制的，应该由研究家和教育行政家着手。关于学校的，应该由研究家、教育行政家和校长、教员着手。分途并进，不怕她不一日千里呀!

学制上的问题，关系国民学校的，现在法令男女视同一律，可不必再说了。不过调查学龄儿童，劝诱就学，不可仍旧偏重男子。女子师范学校，亦没有大问题，只求每省多设几处就是了。现在最要紧的有三个问题。第一，高等普通教育。第二，高等专门教育。第三，职业教育。这三个问题不解决，女子的实力和地位总不能圆满收效的。

我想这三个问题，非到社会进一步觉悟与风习进一步改造后，与男子的教育总不能完全相同的。高谈阔论，沽名钓誉，我并不是不会，不过于实际无益的事，我不肯昧心去说呀。我以为现在当认清我国女子的现状，定一个进一步的办法。等到进一步办法成了风习了，再进一步改定办法。这种做法，与实际既有益处，也不至牺牲许多女子供教育的试验。况且男女分工本是天然的规律，我国还不到人力不足的时候，何必勉强女子做男子的事呢？天下的事，不可不求进步，又不可躐等进步。这句话一定有许多青年反对，不过我的良心上是这个样子，我不管人家反对不反对，我是要说的。

依我这个宗旨解决这三个问题：

第一，高等普通教育，当分为中学校、高等中学校两级。中学校是普通科目，三年卒业。注重国文、家政。（包括日用理化、儿童教育和家庭卫生在内。）至算学、历史、地理、外国语等，不妨简单些。高等中学校两年卒业。应当分文科、实科。国文、外国语、法制大意、体操等科，应当一样地注重，不妨公同上课。文科加课历史、地理、哲学、心理学、伦理学、教育学、中国文学史等科目。实科加课算学、博物、理化、图画、手工等科目。

中学校的宗旨在养成高等人格。高等中学校的宗旨在养成研究力，和进大学的预备。中学校每省应该多设若干处。高等中学校可酌量情形，每省先设一二处，逐渐推广起来。

第二，高等专门教育应该斟酌女子已具的程度和就职的情形，渐渐地设立。我以为现在当就设的：（一）普通文科。养成高等文学人才和高等中学、高等师范的教员。（二）医科。养成高等女医，一方为妇女免痛苦，一方为女子谋一种最好的职业。（三）纺织。是我国最要紧的实业，其中大部分女子可以做的。此科如果发达，于实业和女子的生计都有很大的影响。（四）养蚕制丝。此科最要紧，最宜于女子，大家都知道，可不必说了。不过现在所设的程度不高，所以他的特点，还不甚看得出咧。以上四种不过略举一例，并不是限定这四种。

至于大学开放，近来争论很多。我以为第一步的开放，应当许女子普通文科大学和高等师范卒业的入大学的文科、理科，做选科生。女医专门卒业的入大学的医科，做选科生。其余各科渐缓开放。这样办法有几样好处：第一，能受大学教育的女子无向隅之叹，又成就许多学问家，免埋没许多人才。第二，学府的设备和教员都不容易，这种办法可免另设女子学府的困难。第三、入学程度很高，自然有益无弊。第四，文、理、医三科，都是与女子学问有益，身体无损的。第五，作为选科生，女子可就自己的学力、体力、志愿分别选习。如愿全习，也不妨听其自由。这样办法，可免勉强全习致身体受损，能全习的也不受拘束。将来如果人才众多，女子的地位、职业的范围扩充开了，不妨就需要的状况，再开放他科或某科的某门。这就是我所说的求进步而不躐等了。

第三，职业教育应当看各地情形，多设许多传习所。费用既不大，学生程度不要限制太严，入学的可以很多。本地需要的职业，学会了就可以有用处。比方纺织、养蚕、织草帽鞭、织花边、种菜、种花、种棉花、畜牧（一种或二三种）、养鸡等。无论什么科目，只要本地相宜的，需要的，就可设传习所。一年、两年卒业都可以的，授课全日、半日也都可以的。如果曾受国民教育的少，不妨另设补习科补习国文算术。这样办法，于教育、生计都有极大的影响，比设完备的实业学校既容易，又有效验。各地热心的人何妨试试看。

学校的觉悟和改进说来很复杂，我以为最要紧的，是人格的精神，正确的知识，健康的身体。十余年前，上海的女学界精神很好，人人都有一个高尚人格的观念，装饰一点不讲究，粗布衣服，很优雅，很大方。后来有个著名的校长，开了一家绸缎铺，送许多优待券给学生。女子本来是好美好虚荣的，看见校长这样提倡，于是大家都做起华美的绸缎衣服来了，戴手饰的也渐渐多了，胸部束带、穿紧小背心的风气也传开了。现在的女学生和十年前的女学生比较起来，恐怕精神上很有点不同。就是那时候的女学生，有一种要求人格的精神；现在的女学生，表面上拿独立自尊做口头禅，精神上和没有入学校的差不多，不过是有一块女学生招牌的玩品就是了。说到知识一方面也很不完全，科学的知识既不正确又欠了解；文字的知识也是这样。女学生和女学生出身的教员，没有几个不写别字的。这是什么缘故呢？我以为都因为办学校的，没有目的，没有精神，只晓得装个场面，敷衍了事，所以弄成这个样子。至于体育一方面，表面上比深闺静处的好得多，实际上却不尽然。我听见好几处女校，办理算很讲究的，但是学生有因为月经期内体操运动得了痼疾的。又有某学校，赴联合运动会，司令的女教员、选手的女学生都在月经期内，勉强到会，为学校争虚名，弄得病了许多时候。（日本教育法令明定月经期内停止体操运动。但是女学生羞于说明，所以也不过是具文罢了。只有几个真热心的女教育家，留心查察训练，还可以实行。）至于高底皮鞋、紧小背心的有害身体，更不必说了。这事看来不大要紧，但是与现代女子的健康，将来国民的强弱，都很有关系的。教育以德育、智育、体育三样做目的，如果做成没人格的德育，不正确的智育，害健康的体育，我们要兴教育做什么呢？

学校应该怎样觉悟改造呢？我姑且简单说两句。第一，要养成人格觉悟的风气；第二，要养成功课消化的习惯；第三，要防制身体的损坏。又有附带的两个条件：第一，是慎选教职员；第二，是不要徇学生的虚荣心，功课弄得高而无当，博而不熟。至于下手的方法，各人各自研究，研究有心得就去实施，不是我们说空话的责任了。主持女学的人呀！诸君要保自己的良心，保学生的人格，我国女子才有幸福的希望呀！我写了这许多，我的意思还没有说完。我想另外写一篇，叫作《妇女问题杂谈》。一段一段地随便写，可以与这一篇互相发明。不过我的功夫很少，一时能写出不能写出，还说不定咧。

原载《中华教育界》1920 年第 9 卷第 1 期

（李金迪、石萍整理）

拓展性阅读

1. 洪治纲．梁启超经典文存［M］．上海：上海大学出版社，2003.
2. 夏东元．郑观应集［M］．上海：上海人民出版社，1982.
3. 蔡元培．蔡元培文集［M］．北京：线装书局，2009.
4. 白吉庵，刘燕云．胡适教育论著选［M］．北京：人民教育出版社，1994.
5. 陆费逵．陆费逵文选［M］．北京：中华书局，2011.
6. 陈衡哲．衡哲散文集［M］．石家庄：河北教育出版社，1994.

下编

外国教育名著选读

第七章　古希腊教育名著选读

第一节　古希腊教育思想概要

作为西方文明的精神源泉，古希腊在哲学、历史、建筑、文学、戏剧、雕塑等诸多方面都影响深远。而在西方教育史上，古希腊教育也占有极高的地位，甚至有人将其作为研究西方教育起源的恰当起点。[①] 这种说法并非过分夸大，我们可以从古希腊时期教育思想和实践对欧洲国家教育形成和发展所产生的影响当中窥见一斑。试图通过几百字来描述古希腊时期丰富的教育遗产，无疑是十分困难的，而这正是下文所要做的事情。某种意义上，以苏格拉底[②]为坐标来审视其前后古希腊的教育状况可能是达此目的明智选择之一。

早在苏格拉底之前，历史久远的《荷马史诗》或可使我们对当时古希腊的教育状况作粗浅的了解。古希腊哲学家们，诸如泰勒斯、赫拉克利特、巴门尼德、芝诺、德谟克利特和毕达哥拉斯等，所探讨的问题大都与自然、宇宙有关，但这也不妨碍我们透过他们的哲学思想和实践活动来挖掘其中的教育意蕴。透过珍贵的史料，我们又能对古希腊众多城邦的代表斯巴达和雅典有深入的了解，特别是它们分别形成了以军事训练和以身心和谐发展为特色的教育。

古希腊教育的黄金时代以智者的出现为标志。智者派出现于古希腊奴隶主民主政治繁荣时期，他们具有“相对主义、个人主义、感觉主义和怀疑主义”[③] 等共同思想特征。从教育的角度来看，作为西方最早的职业教师，智

① 威廉·傅伊德，爱德蒙金. 西方教育史［M］. 任室祥，吴元训，译. 北京：人民教育出版社，1985：2.

② 苏格拉底（Socrates，前 469—前 399 年），古希腊哲学家。

③ 吴式颖. 外国教育史教程［M］. 北京：人民教育出版社，1999：43.

者派对古希腊教育思想和实践有着深刻的影响。但在古希腊奴隶主民主政治由盛转衰的时期，这种相对主义的思想极容易产生虚无主义，对国家的民主政治和道德造成极大破坏。苏格拉底清楚地意识到了这一点，并将反驳智者派的怀疑论作为自己最关心的问题。

苏格拉底以城邦公共教师的身份出现了。他在大街、广场和市场等各种场合跟不同的人讨论各种问题，特别是道德问题，其目的在于激发人们爱真理和德性，帮助他们正确思维，过上正当的生活。在研究和教学方法上，苏格拉底的杰出贡献在于他的问答法（即苏格拉底方法）。他认为知识主要是通过概念的分析和澄清来获得，教育并非将知识传授给学生，而是帮助学生自己得到问题的答案。他坚持真理，批评时弊，后遭人诬告并被判死刑，饮鸩自尽。

苏格拉底之后，古希腊又出现了柏拉图、亚里士多德等这样伟大的思想家、哲学家和教育家。柏拉图是苏格拉底的学生，而亚里士多德又是柏拉图的学生，人们一般将这三人称作“希腊三哲”。他们的教育思想对日后西方教育思想的发展产生了深刻的影响。古希腊，特别是雅典的教育制度伴随着亚历山大的东扩，而在小亚细亚、美索不达米亚、波斯、埃及等地区得到广泛的传播，后世的许多教育思想和教育制度都能从古希腊找到痕迹。

第二节 古希腊教育名著选读

一、柏拉图与《理想国》和《法律篇》

（一）作者和作品简介

柏拉图（Plato，前427—前347年）是古希腊著名哲学家，西方最伟大的思想家、哲学家之一。他出生于雅典一个富裕的贵族家庭，自幼受到良好的教育，大约20岁时师从苏格拉底。前399年，苏格拉底之死使得柏拉图对当时雅典的政治体制深感失望，于是他决定去地中海地区游历以寻求知识。约前387年，柏拉图返回雅典，创办学园（Academy），以讲座和讨论的形式教授数学和各门哲学，并著书立说，执教四十年，直至逝世。

柏拉图在西方哲学史上最早创立了庞大的客观唯心主义体系。他认为世界分为超验的理念世界和现实世界，前者只能通过理性理解来把握，是客观存在且普遍有效的；后者则是相应理念不完善和流动的反映。而人是理念世界和现实世界的产物，人的灵魂属于理念世界，肉体则属于感知世界。人在出生之前就已获得了一切事物的知识，当灵魂以肉体形式呈现时（即出生时），已有的知识便被遗忘；只有通过接触感性事物，才能逐渐唤起之前知识的回忆。在这里，学习即是重新发现并认出隐藏在感性事物背后的理念。

柏拉图在其哲学思想的基础上，将教育思想与政治理念紧密结合起来。他认为，一个健康的城邦，权力必须掌握在胜任者的手中，城邦中每个人能获得相应的教育，各司其职。而实现这一理想必须依靠教育。柏拉图讨论了理想城邦的三个阶层（哲学家、军人和生产者）及其相对应的社会职能和美德，并设计出了一个普遍的教育体系。他还主张，教育事业应由国家管辖，应该平等地对待儿童等。柏拉图的哲学体系对后世希腊思想以及基督教哲学与神学产生了深刻的影响。他的教育思想在西方乃至世界都产生了深远的影响，直至今日。

柏拉图的代表性对话作品有早期的《申辩篇》《克里托篇》与《欧绪弗洛篇》，中期的《斐多篇》《会饮篇》与《国家篇》（即《理想国》）以及后期的《政治家篇》《法律篇》等。

《理想国》和《法律篇》是柏拉图最重要的对话体著作之一，前者与

《爱弥儿》《民主主义与教育》被称作西方教育思想史上的三个里程碑。柏拉图著述的中文版本甚多，其中，1986 年郭斌和先生和张竹明先生的《理想国》译本是根据娄卜丛书本和牛津版 Jowett & Campbell 的希腊原文，参考多种英译本翻译而成，并由商务印书馆出版，人民出版社出版的《柏拉图全集》（王晓朝，2003）也是参考诸多资料翻译而成，可见他们求真求是的学术态度。

（二）原文节选

理想国·第三卷[1]

苏[2]：那么，好言词、好音调、好风格、好节奏都来自好的精神状态，所谓好的精神状态并不是指我们用以委婉地称呼那些没有头脑的忠厚老实人的精神状态，而是指用来称呼那些智力好、品格好的人的真正良好的精神状态。

格：完全是这样。

苏：那么，年轻人如果要做真正他们该做的事情，不当随时随地去追求这些东西吗?

格：他们应该这样。

苏：绘画肯定充满这些特点，其它类似工艺如纺织、刺绣、建筑、家具制作、动物身体以及植物树木等的自然姿态，也都充满这些品质。因为在这些事物里都有优美与丑恶。**坏风格、坏节奏、坏音调，类乎坏言词、坏品格。反之，美好的表现与明智、美好的品格相合相近。**

格：完全对。

苏：那么，问题只在诗人身上了？我们要不要监督他们，强迫他们在诗篇里培植良好品格的形象，否则我们宁可不要有什么诗篇？我们要不要同样地监督其他的艺人，阻止他们不论在绘画或雕刻作品里，还是建筑或任何艺术作品里描绘邪恶、放荡、卑鄙、龌龊的坏精神？哪个艺人不肯服从，就不让他在我们中间存在下去，否则我们的护卫者从小就接触罪恶的形象，耳濡目染，有如牛羊卧毒草中嚼嚼反刍，近墨者黑，不知不觉间心灵上便铸成大错了。因此我们必须寻找一些艺人巨匠，用其大才美德，开辟一条道路，使我们的年轻人由此而进，如入健康之乡；眼睛所看到的，耳朵所听到的，艺术作品，随处都是；使他们如坐春风如沾化雨，潜移默化，不知不觉之间受

---

① 柏拉图. 理想国［M］. 郭斌和，张竹明，译. 北京：商务印书馆，1986.

② “苏”指苏格拉底，“格”指格劳孔。——编者注

到熏陶，从童年时，就和优美、理智融合为一。

格：对于他们，这可说是最好的教育。

苏：亲爱的格劳孔啊！也就是因为这个缘故，所以**儿童阶段文艺教育最关紧要**。一个儿童从小受了好的教育，节奏与和谐浸入了他的心灵深处，在那里牢牢地生了根，他就会变得温文有礼；如果受了坏的教育，结果就会相反。再者，一个受过适当教育的儿童，对于人工作品或自然物的缺点也最敏感，因而对丑恶的东西会非常反感，对优美的东西会非常赞赏，感受其鼓舞，并从中吸取营养，使自己的心灵成长得既美且善。对任何丑恶的东西，他能如嫌恶臭不自觉地加以谴责，虽然他还年幼，还知其然而不知其所以然。等到长大成人，理智来临，他会似曾相识，向前欢迎，因为他所受的教养，使他同气相求，这是很自然的嘛。

格：至少在我看来，这是幼年时期为什么要注重音乐文艺教育的理由。

苏：这正如在我们认字的时候那样，只有在我们认识了全部字母[①]——它们为数是很少的——时我们才放心地认为自己是识字了。不论字大字小[②]我们都不敢轻忽其组成元素，不论何处我们都热心急切地去认识它们，否则，我们总觉得就不能算是真正识字了。

格：你说得很对。

苏：同样，比如有字母显影在水中或镜里。如果不是先认识了字母本身，我们是不会认识这些映象的。因为认识这两者属于同一技能同一学习。

格：确是如此。

苏：因此，真的，根据同样的道理，我们和我们要加以教育的护卫者们，在能以认识节制、勇敢、大度、高尚等等美德以及与此相反的诸邪恶的本相，也能认识包含它们在内的一切组合形式，亦即，**无论它们出现在哪里，我们都能辨别出它们本身及其映象，无论在大事物中还是在小事物中都不忽视它们，深信认识它们本身及其映象这两者属于同一技能同一学习——在能以做到这样之前我们和我们的护卫者是不能算是有音乐文艺教养的人的**。不是吗？

格：确实是的。

苏：那么如果有一个人，在心灵里有内在的精神状态的美，在有形的体态举止上也有同一种的与之相应的调和的美，——这样一个兼美者，在一个能够沉思的鉴赏家眼中岂不是一个最美的景观？

---

① 柏拉图常常使用字母或元素（στοιχε ια）来说明知识的获得、元素和复合物的关系、分类原则和理念论。

② 柏拉图的基本原则之一认为，真实与事物的大小等看上去似乎重要的特性无关。

格：那是最美的了。

苏：再说，最美的总是最可爱的。

格：当然。

苏：那么，真正受过乐的教育的人，对于同道，气味相投，一见如故；但对于混①身不和谐的人，他避之唯恐不远。

格：对于心灵上有缺点的人，他当然厌恶；但对于身体有缺点的人，他还是可以爱慕的。

苏：听你话的意思，我猜想你有这样的好朋友，不过我也赞成你作这样的区别。只是请你告诉我：放纵与节制能够并行不悖吗？

格：怎么能够？过分的快乐有如过分的痛苦可以使人失态忘形。

苏：放纵能和别的任何德行并行不悖吗？

格：不能。

苏：能和横暴与放肆并行不悖吗？

格：当然。

苏：还有什么快乐比色欲更大更强烈的吗？

格：没有，没有比这个更疯狂的了。

苏：正确的爱难道不是对于美的有秩序的事物的一种有节制的和谐的爱吗？

格：我完全同意。

苏：那么，正确的爱能让任何近乎疯狂与近乎放纵的东西同它接近吗？

格：不能。

苏：那么，正确的爱与纵情任性，泾渭分明。真正的爱者与被爱者决不与淫荡之徒同其臭味。

格：真的，苏格拉底，它们之间断无相似之处。

苏：这样很好，在我们正要建立的城邦里，我们似乎可以规定这样一条法律：一个爱者可以亲吻、昵近、抚摸被爱者，象父亲对儿子一样；如要求被爱者做什么也一定是出于正意。在与被爱者的其他形式的接触中，他也永远不许有任何越此轨道的举动，否则要谴责他低级趣味，没有真正的音乐文艺教养。

格：诚然。

苏：那么，你也同意我们关于音乐教育的讨论可以到此结束了吧？据我看来，这样结束是很恰当的。**音乐教育的最后目的在于达到对美的爱**。

---

① 此原文如此，此处应为“浑”。

格：我同意。

苏：音乐教育之后，年轻人应该接受体育锻炼。

格：当然。

苏：**体育方面，我们的护卫者也必须从童年起就接受严格的训练以至一生**。我所见如此，不知你以为怎样？因为我觉得凭一个好的身体，不一定就能造就好的心灵好的品格。相反，有了好的心灵和品格就能使天赋的体质达到最好，你说对不对？

格：我的想法同你完全一样。

苏：倘使我们对于心灵充分加以训练，然后将保养身体的细节交它负责，我们仅仅指出标准，不啰嗦，你看这样行不行？

格：行。

苏：我们说过护卫者必须戒除酗酒，他们是世界上最不应该闹酒的人，人一闹酒就胡涂了。

格：一个护卫者要另外一个护卫者去护卫他，天下哪有这样荒唐的事？

苏：关于食物应该怎样？我们的护卫者都是最大竞赛中的斗士，不是吗？

格：是的。

苏：我们目前所看到的那些斗士，他们保养身体的习惯能适应这一任务吗？

格：也许可以凑合。

苏：啊，他们爱睡，这是一种于健康很危险的习惯。你有没有注意到，他们一生几乎都在睡眠中度过，稍一偏离规定的饮食作息的生活方式，他们就要害严重的疾病吗？

格：我注意到了这种情况。

苏：那么，战争中的斗士应该需要更多样的锻炼。他们有必要象终宵不眠的警犬；视觉和听觉都要极端敏锐；他们在战斗的生活中，各种饮水各种食物都能下咽；烈日骄阳狂风暴雨都能处之若素。

格：很对。

苏：那么，最好的体育与我们刚才所描叙的音乐文艺教育难道不是很相近相合吗？

格：你指的什么意思？

苏：这是指一种简单而灵活的体育，尤其是指为了备战而进行的那种体育锻炼。

格：请问具体办法。

苏：办法可以从荷马诗里学得。你知道在战争生活中英雄们会餐时，荷马从不给他们鱼吃，虽然队伍就驻扎在靠近赫勒斯滂特海岸那里[1]；他也从不给他们炖肉吃，只给烤肉，因为这东西战士最容易搞，只要找到火就行了，什么地方都可以，不必随身带许多罈罈罐罐。

格：确是如此。

苏：据我所知，荷马也从未提到过甜食。这不是每一个从事锻炼的战士都可以理解的事情吗？——要把他们的身体练好，这种东西是一定要戒掉的。

格：他们懂得这个道理，并且把这种东西戒除了。他们做得对。

苏：那么，我的朋友，既然你觉得这是对的，你当然就不会赞成叙拉古的宴会和西西里的菜肴了。

格：我不会赞成的。

苏：你也不会让一个男子弄一个科林斯女郎来做他的情妇吧，如果要他把身体保养好的话。

格：当然不会。

苏：你也不会赞成有名的雅典糕点的吧？

格：一定不会。

苏：因为我认为所有这种混杂的饮食很象多音调多节奏的诗歌作品。

格：诚然。

苏：复杂的音乐产生放纵；复杂的食品产生疾病。至于朴质的音乐文艺教育则能产生心灵方面的节制，朴质的体育锻炼产生身体的健康。

格：极是。

苏：一旦放纵与疾病在城邦内泛滥横溢，岂不要法庭药铺到处皆是，讼师医生趾高气扬，虽多数自由人也将不得不对他们鞠躬敬礼了。

格：这是势所必至的。

苏：奇货可居的医生、法官，不仅为一般老百姓和手艺人所需要，也为受过自由人类型教育的人们所需要。你们能看到还有什么更足以证明一个城邦教育又丑又恶的呢？这些法官、医生全是舶来品（因为你们自己中间缺少这种人才），你不认为这是教育丑恶可耻到了极点的明证吗？

……

苏：这样，年轻人接受了我们说过的那种简单的音乐文艺教育的陶冶，养成了节制的良好习惯，他们显然就能自己监督自己，不需要打官司了。

格：是的。

苏：这种受过音乐教育的青年，运用体育锻炼（如果他愿意的话），通

---

① 黑海通地中海的海峡口，现达达尼尔海峡。

过同样苦练的过程，他会变得根本不需要什么医术，除非万不得已。

格：我也这样想。

苏：再说，**在不畏艰辛苦练身体的过程中，他的目的主要在锻炼他心灵的激情部分**，不是仅仅为了增加体力，他同一般运动员不一样，一般运动员只注意进规定的饮食，使他们力气大臂膀粗而已。

格：你说得对极了。

苏：因此，把我们的教育建立在音乐和体育上的那些立法家，其目的并不象有些人所想象的那样，在于用音乐照顾心灵，用体育照顾身体。格劳孔，我可以这样说吗？

格：为什么不可以？

苏：他们规定要教音乐和体育主要是为了心灵。

格：怎么会的？

苏：你有没有注意到一生专搞体育运动而忽略音乐文艺教育对于心灵的影响是怎样的？反之，专搞音乐文艺而忽略体育运动的影响又是怎样的？

格：你指的是什么？

苏：我指的一是野蛮与残暴，另一是软弱与柔顺。

格：啊，很对。我注意到那些专搞体育锻炼的人往往变得过度粗暴，那些专搞音乐文艺的人又不免变得过度软弱。

苏：天性中的激情部分的确会产生野蛮；如果加以适当训练就可能成为勇敢，如果搞得过了头，就会变成严酷粗暴。

格：我也这样看法。

苏：再说，温文是不是人性中爱智部分的一种性质？是不是这种性质过度发展便会变为过分软弱，如培养适当就能变得温文而秩序井然？是不是这样？

格：确是这样。

苏：但是我们说我们的护卫者需要两种品质兼而有之。

格：他们应该这样。

苏：那么这两种品质要彼此和谐吗？

格：当然要。

苏：有这种品质和谐存在的人，他的心灵便既温文而又勇敢。

格：诚然。

苏：没有这种和谐存在的人便既怯懦而又粗野。

格：的确这样。

苏：好：假定一个人纵情乐曲，让各种曲调唱腔，甜的、软的、哭哭啼啼的（象我们刚才所讲过的那些），醍糊灌顶似地，把耳朵当作漏斗，注入心灵深处，假使他全部时间都沉溺于丝弦杂奏歌声宛转之间，初则激情部分（如果有的话），象铁似的由粗硬变得柔软，可以制成有用的器具。倘若他这样继续下去，象着了魔似的，不能适可而止，他就开始融化了，液化了，分解了。结果就会激情烟消云散，使他萎靡不振，成为一个“软弱的战士”。①

格：极是。

苏：如果②他一开始就不是一个天性刚强的人，这种萎靡不振的恶果很快就会出现。如果③原来是一个刚强的人，经过刺激情绪就会变得不稳定，容易生气，也容易平静。结果便成了一个爱同人吵架爱发脾气的喜怒无常性情乖张的人。

格：确实如此。

苏：再说，如果一个人全副精神致力于身体的锻炼，胃口好食量大，又从来不学文艺和哲学，起初他会变得身强力壮，心灵充满自信，整个人变得比原来更勇敢。你看他会这样吗？

格：他真会这个样子的。

苏：不过，要是他除了搞体操训练外，别无用心，怕见文艺之神，结果会怎么样呢？对于学习科研从来没有尝过一点滋味，对于辩证推理更是一窍不通，他心灵深处可能存在的爱智之火光难道不会变得暗淡微弱吗？由于心灵没有得到启发和培育，感觉接受能力没有得到磨练，他会变得耳不聪目不明。不是吗？

格：诚然。

苏：结果，我以为这种人会成为一个厌恶理论不知文艺的人，他不用论证说服别人，而是象一只野兽般地用暴力与蛮干达到自己的一切目的。在粗野无知中过一种不和谐的无礼貌的生活。

格：完全是这样。

苏：**为这两者，似乎有两种技术——音乐和体育（我要说这是某一位神赐给我们人类的）——服务于人的两个部分——爱智部分和激情部分。这不是为了心灵和身体（虽然顺便附带也为了心灵和身体），而是为了使爱智和激情这两部分张弛得宜配合适当，达到和谐。**

格：看来如此。

苏：因此，那种能把音乐和体育配合得最好，能最为比例适当地把两者

---

① 《伊利亚特》XVII 588。

② 都包括一个大前提：即，全部时间只搞音乐文艺，不搞体育锻炼。

③ 原文中同②。——编者注

应用到心灵上的人，我们称他们为最完美最和谐的音乐家应该是最适当的，远比称一般仅知和弦弹琴的人为音乐家更适当。

格：讲得有理，苏格拉底。

苏：那么，格劳孔，在这方面，是不是我们也需要一个常设的监护人呢，如果城邦的宪法要加以监护的话？

格：当然非常需要。

苏：关于教育和培养公民的原则纲要就是这些。一一细述他们的跳舞、打猎、跑狗、竞技、赛马，试问有什么必要呢？细节必须符合纲要，大纲定了，细节就不难发现，这是一清二楚的事情。

格：也许就不困难了。

法律篇·第七卷[1]

……

出于实用的目的，对儿童的教导可以分成两类：一类是身体方面的教养，与身体有关；另一类是音乐，旨在心灵的卓越。身体的教养又可分为两个部门：跳舞和摔跤。一部分跳舞是为了表演诗人的灵性作品，同时要注意保持一定的尊严和体面；另一部分跳舞旨在身体的健美和高贵，确保身体的柔韧和肢体的强健，使肢体能够优雅地运动，优雅既伴随着各种形式的舞蹈而产生，又渗透在各种舞蹈中。至于摔跤，这种出自愚蠢、空洞的荣耀而发明的手段——摔跤由安泰俄斯或凯居翁发明，拳击由厄培乌斯或阿密科斯发明[2]——在野外遭遇中是无用的，用于庆祝活动是粗鄙的。但是，不伤及脖子、胳膊、肋骨的所谓“站立式摔跤”对于增强体力和增进健康是有用的，这种训练在各种情况下都不能忽视。当我们进到我们法典的恰当位置时，我们要把这一条作为指令写下来，既给我们这些学生，也给他们未来的教师，诸如此类的知识一方面要仁慈地传授，另一方面要感恩地接受。还有，我们也一定不要忽略适宜的舞蹈表演，穿戴盔甲的运动在这个岛上是献给库里特[3]的，在拉栖

---

① 柏拉图．柏拉图全集：第三卷［M］．王晓朝，译．北京：人民出版社，2003.

② 安泰俄斯（Antaeus）是希腊神话中的利比亚巨人，擅长格斗；凯居翁（Cercyon）是希腊著名的摔跤手；厄培乌斯（Epeus）是希腊传说中拳击的发明者；阿密科斯（Amycus）是希腊传说中的珀布律喀亚王，凶残好斗，与每一位外来的客人进行拳击。

③ 库里特（Curetes）是神的侍者，这个词的原意可能是“年轻人”，在克里特的狂欢祭仪中手持兵器跳舞，表演着宙斯出生的神话。参阅王晓朝：《希腊宗教概论》，上海：上海人民出版社，1997。

代蒙是献给那对双胞胎天神的。[1] 我还可以指出，这种舞蹈在我们国家献给处女神[2]，她喜欢这种穿戴盔甲的娱乐。她认为空着手娱乐没意思，全身戎装的舞蹈才是正确的。我们的男孩子和女孩子应当模仿这些舞蹈，以博得这位女神的青睐，这样做肯定是最合适的，既能培养战争技能，又可为我们的节日增光添彩。还有，男孩子从很小开始直到他们有能力上战场为止，有义务携带武器骑马参加各种节日游行，以此荣耀神；他们向诸神以及诸神的儿子祈祷时总是伴随着或快或慢的行进和舞蹈。此外，他们的比赛和为比赛而进行的练习必须拥有同样的目的。这样的比赛，事实上，在战时或平时，既有利于国家又有利于家庭，而其他的身体锻炼，娱乐性的或严肃的，并非为了自由民。

……

雅典人　在讨论当前这个问题时，让我们超越一下自己，不要再在我们中间区分听众和讲话者。我们将会发现，除了从坏变成好，变化总是高度危险的，比如季节的变化、风向的变化、摄生法的变化、精神习惯的变化，**总而言之，一切变化都是危险的，除了我刚才提到过的从坏变成好**。我们可以思考一下我们的身体，想一想它熟悉各种各样的食物、饮料或身体锻炼方式的过程。身体一开始可能并不喜欢这些东西，但是摄生法的有用性在引导身体接受它们，身体与新的摄生法调和，对它们熟悉起来，从而使生活过得快乐与健康。但若一个人再次被迫发生改变，要使用别的得到认可的摄生法，那么他一开始会对新食谱造成的混乱感到恼火，然后再经过一段时间的熟悉才再次变得熟悉起来。呃，我们可以假定，同样的事情在人的理智和灵魂中也会发生。人们生来就处于某种法律体系之下，而这种体系又在某种幸福的神旨保佑下长期稳定不变，因此没有人记得或曾经听说过有某个时代的事情与他们自己所处的时代不一样，他们的整个灵魂充满着敬畏，不敢对已有的东西作任何改革。所以，立法者必须发明诸如此类的办法来保障共同体的利益，下面就是我就这一发现提出的建议。就像我们说过的那样，人们全都以为儿童玩耍中的新花样只是一种游戏罢了，而不把它看做一种最严重的、最可悲的罪恶的源泉，而实际上它确实是罪恶的源泉。于是，人们并不想方设法去阻止这种改变，而是一边抱怨一边听之任之。他们从来没有想到，这些玩新花样的儿童将来一定不可避免地会成为与从前时代不同的人，儿童身上的变化会诱使他们去寻求一种不同的生活方式，追求一套不同的体制与法律。

---

① 双胞胎天神指太阳神阿波罗和狩猎女神阿耳忒弥斯。

② 指雅典娜。

没有一个人想到由此带来的显著后果，因此我们刚才称之为共同体的最大不幸。其他方面的变化若仅仅是外在的，那么其后果当然不那么严重，但若对道德准则进行频繁的修正，则是一种最大的变化，需要我们认真防范。

克利尼亚　是的，当然要。

雅典人　那么好，我们以前说过节奏和音乐是一种再现，用来表达较好的和较差的人的气质，对此我们现在是否仍旧这样想？

克利尼亚　我们对这一点的信念仍旧和原来一模一样。

雅典人　**那么，我们必须使用各种手段来防止儿童在舞蹈和唱歌中创造不同模式的欲望，也要防范可能有人引诱儿童去寻求各种刺激**，我们该不该这样说？

克利尼亚　完全应该。

……

雅典人　至于那些还活着的人，在他们的整个生命尚无一个光荣的终点时就用颂歌奖励他们是冒险的。所有这些荣誉都应当同样奖励给有杰出善良表现的男女。有关歌舞的法规应以下列方式决定。较早时代的音乐在古代诗歌中有非常丰富的内容，古代的形体舞蹈也有很丰富的内容，从中我们可以非常自由地选择与我们正在建构的这个社会相适应的东西。**应当任命一些不小于五十岁的人来进行选择，由他们决定哪些令人满意的古诗可以接受，而那些被认为有缺陷的或完全不适用的诗歌，有些可以完全排除，有些则可以按照诗歌和音乐专家们的建议作某些修改。我们应当充分利用这些专家的诗歌才能，不过，除了少数情况外，我们不能相信他们的嗜好或喜爱，而要抱着立法者的目的使我们自己成为解释者，制定舞蹈、歌曲、歌舞活动的整个规划，使之与我们的目的尽可能吻合。**任何未经规范的音乐活动在这种制度下都会得到无限的改进，哪怕没有添加任何音乐的甜食，喜悦则是有所相同类型的音乐都能提供的。如果一个人自幼年起，直到有理智的责任年龄为止，一直熟悉严肃的古代音乐，那么他会排斥与之相反的音乐，斥之为野蛮的声音；但若他从小就听着流行音乐长大，亦即令人发腻的那种音乐，那么他会感到与之相反的音乐是僵硬的、令人不快的。因此，如我前述，这两种类型的音乐从人们的喜欢与不喜欢的角度来看，无所谓有利与无利，我们额外需要考虑的就是一种音乐通常使人变成比较好的人，另一种音乐通常使人变成比较坏的人。

克利尼亚　完全正确。

雅典人　**我们还有必要进一步粗略划分两种类型的歌曲：适宜女性的歌曲和适宜男性的歌曲。**我们也必须给这两种歌曲提供恰当的音调与节奏。如果一首作品的整个音调或节奏不对头，那么确实是件可怕的事，就好像我们的各种歌曲在这些方面都没有得到恰当的处理。所以，我们必须进一步针对这些要点立法，以一般纲要的方式。现在我们完全有可能对两种歌曲从这两个方面进行规范，但是把什么样的歌曲指定给女性是由天然的性别之差来决定的，因此这种天然的差别应当成为我们区分两种歌曲的基础。**据此，我们要把雄伟庄严的歌曲归于勇敢的男性，而我们的法律和理论传统上把整齐和纯洁专门归于女性**。这方面的立法就说到这里。下面，我们必须考虑**音乐的教育与灌输**，比如各个音乐部门的教育如何进行，教给谁，在什么时候进行，等等。你知道，造船始于安置显示整只船的轮廓的龙骨，我感到自己现在做的工作与此相同，我尝试着为你们奉献一个人类生活的纲要，以此回答人为什么有不同的性格类型。通过具体考虑要凭借什么工具或生活方式来使我们在时间海洋中的航行达到最佳目的，我确实安置了龙骨。当然，人生这件事也许不配过分严肃地对待，但我们不得不认真对待，否则就会有遗憾。还有，由于我们已经在这个世界上，变化无常的世事无疑都表明这种认真的态度是恰当的。

二、亚里士多德与《政治学》

（一）作者和作品简介

亚里士多德（Aristotle，前 384—前 322 年），古希腊最著名的哲学家、思想家和教育家，百科全书式的科学家。他出生于希腊殖民地色雷斯的斯塔基拉，父亲是马其顿国王菲力普的御医。十七八岁的时候，亚里士多德进入柏拉图的学园，并在此作为学生和教师待了大约二十年，直到柏拉图死后，亚里士多德开始游学各方。前 342 年，他受邀担任马其顿国王之子亚历山大的老师。亚历山大执政后，亚里士多德回到雅典，创建了吕克昂学园，并讲学、研究、著述于此十三年。前 323 年，亚历山大暴毙，亚里士多德遭到指控，被迫逃离雅典，并于次年去世。

在哲学上，亚里士多德认为经验和理性具有同等的地位。理念不脱离我们所感知的世界，经验是知识的基础和出发点，由此上升到终极原理。换言之，经验世界是我们要了解和研究的对象。他认为每一个别事物都由质料和形式构成，发展即是质料形式化的过程。

亚里士多德教育思想建立在其哲学思想基础之上。他认为人的灵魂由营养的灵魂、感觉的灵魂和理性的灵魂三部分构成，三部分在理性的领导下和谐共存，人便成为人。该理论为教育必须包括体育、德育和智育三部分提供人性论上的依据。亚里士多德肯定了教育的重要作用，认为人的灵魂如同一块白板，能接受对象的知识，并指出道德教育的三个源泉，即天性、习惯和理性。他还提到了教育立法的问题，认为教育要与人的自然发展相适应，论证了和谐发展教育的可能性和必要性等，并将重点放在音乐教育方面。亚里士多德的思想对西方科学和社会的发展产生了深远的影响。其哲学上的唯物观点受到唯物主义者的重视，唯心的观点又为中世纪的经验哲学以及唯心主义所利用。他在“百科全书式的科学”方面的贡献，对文艺复兴时期以来科学文化的发展，起了极大的作用。亚里士多德在教育方面的思想与实践也给后人留下了丰厚的遗产。

亚里士多德的代表性作品有《政治学》《形而上学》《伦理学》等。作为其最重要的代表作之一，《政治学》虽然是“关于政体研究的专著”，但在论述政治观的基础上，作者也提出了诸多宝贵的教育思想。作为《政治学》众多译本中的早期代表，1965 年吴寿彭先生翻译的《政治学》一书（商务印书馆出版），能经受住时间的考验，至今一版再版，是我们了解亚里士多德教育思想的绝佳选择之一。

（二）原文节选

政治学·卷（H）七[①]

章十三　从以上的分析，可知城邦必须预设某些要素，而后由立法家的本领提供其他事项。我们希望这个理想城邦在各方面都具有足够的配备——外物的丰啬既寄托于命运，在命运成为主宰的范围以内，我们就只能作虔诚的祈愿。至于城邦的善德却是另一回事：这里我们脱离了命运的管辖，进入人类知识和意志的境界［在这个境界内，立法家就可以应用他的本领了］。一个城邦，一定要参预政事的公民具有善德，才能成为善邦。在我们这个城邦中，全体公民对政治人人有责［所以应该个个都是善人］。那么我们就得认真考虑每一公民怎样才能成为善人。所有公民并不个个为善的城邦，也许可能集体地显示为一善邦。可是，如果个个公民都是善人这就必然更为优胜。**全体的善德一定内涵各个个别的善德。**

人们所由入德成善者出于三端。这三端为［出生所禀的］天赋，［日后养成的］习惯，及［其内在的］理性[②]。就天赋而言，我们这个城邦当然不

---

① 亚里士多德. 政治学［M］. 吴寿彭，译. 北京：商务印书馆，2007.

② “天赋”“习惯”“理性”为人生入德三端，参看《尼伦》卷十 $1179^{b}20$，又卷一 $1099^{b}9$。“天赋”，即“本能”，为人和动物诞生时所共同具备；人类则在诞生以后因教育的功夫，养成习惯，发展理性而独具才德（参看本书卷八章三 $1138^{b}4$，《尼伦》卷十 $1179^{b}23$），所以继此以下，议论转入“教育”主题。

取其他某些动物品种（禽兽），而专取人类——对人类，我们又愿取其身体和灵魂具有某些品质的族姓。人类的某些自然品质，起初对于社会是不发生作用的。积习变更天赋；人生的某些品质，及其长成，日夕熏染，或习于向善，或惯常从恶。人类以外有生命的物类大多顺应它们的天赋以活动于世界，其中只有少数动物能够在诞世以后稍稍有所习得。人类［除了天赋和习惯外］又有理性的生活；理性实为人类所独有。人类对此三端必须求其相互间的和谐，方才可以乐生遂性。［而理性尤应是三者中的基调。］人们既知理性的重要，所以三者之间要是不相和谐，宁可违背天赋和习惯，而依从理性，把理性作为行为的准则。我们在前面已经论到①，在理想城邦中的公民应有怎样的天赋，方才适合于立法家施展其本领。公民们既都具备那样的素质，其余的种种就完全寄托于立法家所订立的教育方针，公民们可以由习惯的训练，养成一部分才德，另一部分则有赖于［理性方面的］启导。②

章十五 对个人和对集体而言，人生的终极目的都属相同；最优良的个人的目的也就是最优良的政体的目的。所以这是明显的，**个人和城邦都应具备操持闲暇的品德**；我们业已反复论证和平为战争的目的，而闲暇又正是勤劳（繁忙）的目的［那么这些品性当然特别重要］。操持闲暇和培养思想的品德［有二类；］有些就操持于闲暇时和闲暇之中，另些则操持于繁忙时和繁忙之中③。如果要获得闲暇，进行修养，这须有若干必需条件，所以［我们也不能不注意到后一类有关繁忙的品德。］一个城邦应该具备节制的品德，而且还须具备勇毅和坚忍的品德。古谚说，“奴隶无闲暇”④，人们如不能以勇毅面对危难，就会沦为入侵者的奴隶［于是他们就再也不得有闲暇了］。勇毅和

---

① 本卷章七。

② 参看《形上》卷九章五 1047^b31：“一切潜能（才能），或如感觉，秉于内涵（天赋）；或如吹笛，得之实习（习惯），或如艺术，得之于研究（理智）。凡由习惯和理智所得的才能必先经操练；非理智潜能之内涵于蕴受者，不假操练而自备。”亚氏这里有关教育的基本理论，和《尼伦》卷二 1103^a14、《感觉和可感觉物》章一 437^a11、《动物志》卷九 608^a17 等章节大体相符。

③ 闲暇（悠闲）与繁忙（勤劳）相对，不与“作为”相对。闲暇也是人生的一种作为或活动，这种活动出于灵魂的理性部分，而尤以理性中的玄想部分为主。闲暇的所作所为都“由己”，而繁忙的种种活动则都为他物或为他人所役使。又，闲暇也与“休息”和“娱乐”有别。繁忙的本义包含紧张和辛苦，勤劳之余继以休息和娱乐，正所以松懈先前的紧张，扫除积累的辛苦；一张一弛，仍属于繁忙这范畴。至于操持闲暇应是不被他人他物所役使的由己活动，这见于卷八章三 1338^a9—30 的所谓“培养思想”，才是在闲暇中操持的闲暇，其实例有如倾听高尚的音乐和幽雅的诗词，以及学术研究和哲理玄想，人生就凭这些活动于闲暇之中陶冶性情，进于善德。

④ 参看赖契和希那得文合编：《希腊古谚》卷二 765。

坚忍为繁忙活动所需的品德；智慧为闲暇活动所需的品德；节制和正义则在战争与和平时代以及繁忙和闲暇中两皆需要，而尤重于和平与闲暇①。在战时，人们常常不期而接受约束，依从正义；等到和平来临，社会趋于繁荣，共享闲暇，大家又往往流于放纵了。至于那些遭遇特别良好而为人人所钦羡的快乐的人们，例如诗人所咏叹的“在幸福群岛上”（ἐν μακάρων νῆσοις）② 的居民，自然须有更高度的正义和节制；他们既生长于安逸丰饶的环境中，闲暇愈多，也就愈需要智慧、节制和正义。我们现在已明白，为什么一个希求幸福和善业的城邦，必须具备这三种品德。世间倘因不能善用人生内外诸善而感到惭愧，则于正值闲暇的时候而不能利用诸善必特别可耻；人们在战争时、在勤劳中，显示了很好的品质，但他们一到和平闲暇的日子，就堕落而降为奴隶的侪辈，这是免不了要受到世人的指摘的。人们如果有志于成德达善，就不应该实施斯巴达的训练方式。拉栖第蒙人对于诸善的观念本来不过是世俗之见，以外物的为善当作人生最重要的善物③；但他们认为获致这些善物只要实践一种善德，[即勇毅，] 这是与众不同的。既然以外物诸善为高于其他诸善，又以享有外善的利益较普遍操持一切诸善所可得的利益为重要，[他们便独养勇德，作为凭以取得这些利益的手段。实际上，应该培养内外一切善德。]④ 而且，照我们先前的论证，尤其应该重视内善。于是，我们就须答复这样的问题：“应该怎样，并以什么为依据，才可普遍造诣于全部诸善德?”

我们曾经说明⑤天赋、习惯和理性可为培养人生诸善德的根基；我们已

---

① 这一节先说明战时和平时都应具备四德，而后为之分别轻重：战时尚勇，平时尚智；而礼（节制）义则并重于两时期，但稍稍偏重闲暇与和平。参看《修辞》卷一章九 1366^b5。

② “幸福群岛”见希西沃图：《作业和时令》：洪荒四期的半神和人间群雄死后的英灵由宙斯大神为之集合而移居于人迹所不能到达、远处于漩涡深海之中的幸福群岛上。其事见于宾达尔诗，《奥林匹克节颂》（Olypionikai）ii128 者，作“幸福岛”。古诗所说“岛”或“群岛”都没有指明它的所在。后来希罗多德说幸福岛即非洲沙漠中的“绿洲”（《波斯战争史》iii26）。又或指爱琴海中各岛如累斯博、科斯岛或塞莫斯岛。阿里斯多芬：《骑士》1319 和色诺芬：《希腊史》iv8. 1 则说幸福岛在居克拉第群岛（Cyclades）之间。大多数希腊人相信自里比亚西航大西洋中，可觅得这个幸福群岛的所在。

③ 外物的为善有别于内德的为善，参看本卷 1323^a21—38；斯巴达人重视身外之物，参看卷二 1271^a41—$^b11$。

④ 加梅拉留：《亚里士多德政治学和经济学译文和释义》320 页，首先注意到 1334^b4 句内有缺漏。纽曼揣测这一缺漏出于“行末字样相似”之故，因而抄漏了一整行，凭上行行末“……一切诸善所可得的利益”字样推想这缺漏一行的行末，可能为“……一切善德”字样，由此补上了 [ ] 内这一行。

⑤ 见章十三 1332^a39—$^b2$。

论述了[①]其中的第一项，说明我们的公民应该具备怎样的天赋。这里当考虑其他两项，并论究训练习惯和教导理性的孰先孰后。而且这两项训导的方式必须尽可能地互相协调；若两不谐和，则不仅理性无由发扬最优良的宗旨，而经过训练所养成的习惯也将显出相似的缺憾。注意到了这些问题，我们可以明确地说[②]：第一，人生的经历，有如一切生物的创生程序，其诞生必先有所因，[始于父母的婚配而后有胎婴这个后果，但这一后果]既诞世而为人，则以此作为起因，又当各有其后果（目的）：操修理性而运用思想正是人生至高的目的。所以，我们首先应凭理性和思想，调节公民们的生育（婚配）和习惯的训练。其次，人们都区分有灵魂和躯体两者，其灵魂又可分成非理性和理性两个部分；相应地人们都有两种境界（状态）——情欲境界和玄想境界。就创生的程序而言，躯体先于灵魂，灵魂的非理性部分先于理性部分。情欲的一切征象，例如愤怒、爱恶和欲望，人们从开始其生命的历程，便显见于孩提；而辨解和思想的机能则按照常例，必须等待其长成，岁月既增，然后日渐发展：这些可以证见身心发育的程序。于是，我们的结论就应该是：**首先要注意儿童的身体，挨次而留心他们的情欲境界，然后才及于他们的灵魂。可是，恰如对于身体的维护，必须以有造于灵魂为目的，训导他们的情欲，也必须以有益于思想为目的。**

章十七　儿童既脱离母胎而自行生长，所给的食料对他们的体力（生理）影响很大。关于儿童的营养问题，我们无论从动物界方面看来或鉴于那些力求其子嗣体魄强壮而健斗的野蛮民族所施行的实例，都是明确的，乳类最适宜于儿童身体的发育[③]。如欲免于疾病，应戒儿童饮酒以愈少为愈好[④]。及时诱导孩儿作适宜于他们肢体的各种活动是有益的；有些非希腊民族，为

---

① 见章七。

② 这一节首先举天赋、习惯、理性三端为安排教育制度的依据，答复了上节末行的问题。由此再引出三端孰先孰后和怎样协调的问题。以下，12—17 行说明理性和思想为协调各项教育的准绳，17—28 行再论述下学上达的教育程序。亚氏的教育程序基于人类生理“自然阶梯”（scala natura）：（一）婚姻和育儿以健康和天赋为主，重视体格教育；（二）儿童和青年，以情欲和习惯为主，重视行为教育；（三）青年至成人以思辨和理性为主，重视哲学教育；协调三者，庶几人人可以具备诸善德。参看上文章十三 1332^{a}39—^{b}8。

③ 章二 1324^{b}9 曾列举好斗的非希腊民族斯居泰等四族；斯居泰人以游牧为生，多饮乳类。恺撒：《高卢之战》（J. Caesar，Bell. Gall.）iv1. 8，说塞埃维（Suebi）人体力很强，由于乳饮。布荪旭茨：《希腊古代的产业和收益》313 页说希腊人过了哺乳期的儿童多饮山羊乳。

④ 《动物志》卷七 588^{a}3，说酒类有时可引起小儿痉挛。

了防护其孩儿柔软的肢体受到扭曲或损伤，迄今仍旧应用一些器械[①]来帮助孩儿们保持其正常姿态。让婴孩尽早训练成耐冷的习惯也是有益的；这种习性既可促进健康也可作为长大后征入军役的先期锻炼。有好些野蛮民族，在儿童诞生后就把他浸入寒溪[②]，——例如克尔得人——或裹在单薄的襁褓内：这些风俗的用意就在增强他们的体质[③]。凡在儿童身上可能培养的习惯，都应及早开始，然后渐渐加强这些训练。儿童的体质富于内热[④]，自然适于耐寒训练。

婴孩期[⑤]**的保育**可依照我们上述的要领和其他相似的方针进行。从婴孩期末到五岁止的儿童期内，为避免对他们身心的发育有所妨碍，不可教他们任何功课，或从事任何强迫的劳作。但在这个阶段，应使进行某些活动，使他们的肢体不致呆滞或跛弱；这些活动应该安排成游戏或其他的娱乐方式。儿童游戏要既不流于卑鄙，又不致劳累，也不内涵柔靡的情调。负责这一职司的官员——通常都称为"教育监导"——应注意并选定在这一年龄的儿童们要倾听的故事或传奇。所有这些[⑥]都须为他们日后应该努力的事业和任务预先着想；即使是一些游戏也得妥为布置，使他们大部分的活动实际成为自由人各种事业和任务的模仿。有些人企图在他们的礼法中[⑦]禁止孩儿放声号哭；这是不正确的。孩儿的哭号有如成人的迸气蓄力那样扩张肺部，确实有助于儿童的发育。

教育监导应注意**儿童日常生活的管理**，尤应注意不要让儿童在奴隶们之

---

① δργανα μηχανικὰ，"器械"（机巧的工具），今未知亚氏所指为何物。纽曼认为是柏拉图：《法律篇》789E所说孩儿应服用至两足岁的"绷带"。巴克尔认为是女儿扎在衣内的"背版"。维多利认为是瓦罗：《拉丁语言》（Varro de Lingue Latina）ix5所说"护膝"（serperastra）之类。

② 冷水洗儿亦见于加伦：《健康篇》（Galenns，Peri Hygieinon）i10（库恩编：《加伦全集》卷六51页）。《斯特累波》165页，记伊卑里女人浴其襁褓婴儿于溪水中。朱利安：《书翰》（Julian · Epist.）xvi383D，说来因河居民浸初生婴儿于河中，以别真伪，凡婚生子自能浮泳，非婚生子入水当沉溺。

③ 斯巴达和克里特的青年训练都力求其能耐酷寒和剧热。此节取法于野蛮民族，使耐寒训练开始于幼儿时期。这些习俗可能原记于亚氏所汇辑的《非希腊民族礼俗汇编》（Νομίμα Βαρβαρικά），今其书失传。

④ 童体性热之说当得之于希朴克拉底：《医学要理》（Aphorismoi）（库恩编：《全集》卷三710页）。

⑤ τὴν πρώτην，[儿童的]"早期"（"婴孩期"），无确诂，约当初生至二三岁。

⑥ 参看柏拉图：《理想国》ii377、《法律篇》i643等。

⑦ 柏拉图：《法律篇》vii791E_792A，依照斯巴达育儿规范，看护应使婴孩不哭不闹（参看普鲁塔克：《莱喀古士传》16）。依柏拉图本文，此事当指婴孩期，所以苏斯密尔和韦尔屯把此节（34—39行）移接上文20行后有关婴孩期那一节。

间消遣他们的光阴。凡儿童在七足岁以下这个时期①，训导都在家庭中施行；这个时期容易熏染，任何卑鄙的见闻都可能养成不良的恶习。所以，立法家的首要责任应当在全邦杜绝一切秽亵的语言。人如果轻率地口出任何性质的恶言，他就离开恶行不远了。对于儿童，应该特别谨慎，不使听到更不使口出任何恶言。凡不顾一切禁令，仍然发作秽亵的语言和举动，必须予以相应的惩罚。这些犯禁的人，如果是比较年轻的自由人，还没有被容许据有会餐食桌一席的②，要给予体罚和其他斥责；要是年龄已大而犹做出类乎奴隶的卑鄙言行，就该课以罚金。

不端正的语言既须禁止，显然，我们也应该杜绝秽亵的图画展览和秽亵的戏剧表演。因此执政人员就得查察全邦的雕塑和图画，不让它们描摹任何秽亵的形象。但在某些祀神的庆祝节日，古传的礼法倘使特许有鄙俗的节目③，自当列为这类禁令的例外。在这些节日，我们该注意到，传统的风俗是容许成年男子，为他们自己并为他们的妻子和子女祈福于诸神，而参予这些庆典的。青年们在未得参加会餐席次与前辈传杯共饮以前，立法家应规定他们不得观听俚歌或滑稽戏剧。到了这个年龄，他们业已受到充分的教育，这些表演的不良影响，便不足为害了。

这里我们既涉及了这些问题，就顺便作了些必要的简略说明；随后，等讨论到政府对这些事项究属应否加以管理，以及管理应采取怎样的方法和法规时，我们还得重加考虑，再行论究④。悲剧名角色奥多罗⑤从来不许任何其他演员——即使是不足道的演员——先于他登台，他认为“观众（听众）总是爱好他们最初所听到的歌声的”：这句话是含有深刻意义的。我们无论和人或物相接触，实际都显见相同的情况：对最初相接触的人和物常常留下优

---

① 柏拉图：《法律篇》794，三岁至六岁儿童专事游戏，不教以功课。斯巴达儿童足七岁而集教于“学校”（“集合处”）（普鲁塔克：《莱喀古士传》16）。雅典儿童是七岁而学书算，受儿童操。波斯儿童足七岁而从骑师习骑术（柏拉图：《亚尔基拜德篇》［Alcib.］i121E）。

② 《苏校》二版第966注，说希腊青年十七岁以上参加专为青年设置的公共食堂，至二十一岁而后可以参加公民会餐。公民会餐有座位，就餐者各据一席，这里所分两类犯禁的人当即二十一岁以上和二十一岁以下之别。

③ 狄欧尼修（酒神）节、地母（农神）节及其女儿柯丽（κόρη，冥后）节日都盛行酣歌狂舞、有失体态的游艺节目。酒神节中并有代表生殖的雕像举示于祀神的仪仗行列。此节亚氏越出了本章儿童教育的范围而谈及了青年期教育。

④ 本书此后未见重行详述。

⑤ 色奥多罗为亚里士多德前一代的雅典悲剧名角，其歌喉自然动人，一时无双。《修辞》卷三章二 1404^b22 说色奥多罗的声调总是适如其所演人物的神情，其他演员则不然。

先的印象。所以，人在幼时，务使他隔离于任何下流的事物，凡能引致邪慝和恶毒性情的各种表演都应加意慎防，勿令耳濡目染。已经安全地度过了开始的五年，儿童就可以在往后的两年，即到七周岁为止，旁观他人正在从事而他们将来也应从事的各种功课和工作。

卷（Θ）八

章一 大家当一致同意，**少年的教育为立法家最应关心的事业**。[这种论断具有两项理由：一,] 邦国如果忽视教育，其政制必将毁损。一个城邦应常常教导公民们使能适应本邦的政治体系 [及其生活方式]①。同某些目的相符的 [全邦公众的政治] 性格（情操）原来为当初建立政体的动因，亦即为随后维护这个政体的实力。平民主义的性格创立了平民政体并维护着平民政体；寡头主义的性格创立了寡头政体并维护着寡头政体；政体随人民性格的高下而有异，必须其性格较高而后可以缔造较高的政治制度。[二,] 又，人要运用每一种机能或每一种技术，必须先行训练并经过相当的复习，使各各为之适应。那么，他们在作为一个城邦的分子以前，也必须先行训练和适应而后才能从事公民所应实践的善业。

既然一城邦就 [所有的公民] 全体而言，共同趋向于一个目的，那么，**全体公民显然也应该遵循同一教育体系，而规划这种体系当然是公众的职责**②。[一,] 按照当今的情况，教育作为各家的私事，父亲各自照顾其子女，各授以自己认为有益的教诲，这样在实际上是不适宜的③。教育（训练）所要达到的目的既然为全邦所共同，则大家就该采取一致的教育（训练）方案。[二,]④ 又，我们不应假想任何公民可私有其本身，我们毋宁认为任何

---

① 参看卷五 1310^{a}12—36。

② 卷七末尾提出教育三题。本章 1337^{a}11—21 答复了第一题并申述两理由。21—33 答复了第二题并申述两理由。第三题为教育方案的内容（章二 1337^{a}35 重提此题），以下应作详细的叙述，但本卷此后数章于这一论题实未周详。

③ 参看柏拉图：《法律篇》卷七 804C—D。

④ 亚氏回答教育第二题的立论为他常用的（一）"手段服从目的"论和（二）"部分服从全体"论。教育既为达到城邦政治和人类生活目的的手段而每一位公民又各为城邦的一个部分，所以各家子女的教育（训练）应该都由城邦公办。

公民都应为城邦所公有①。每一公民各成为城邦的一个部分；因此，任何对于个别部分的照顾必须符合于全体所受的照顾。这里，有如其他某些事情，拉栖第蒙人是应该受到表扬的；他们对于儿童（少年）的训练特别具有深心，把教育作为公共的要务，安排了集体的措施。

章二　现在，教育应该订有规程（法制）以及教育应该由城邦办理这两点已经明白论定。我们接着就该考虑这种公办的教育要具有怎样的性质和怎样实施的问题。关于教育的内容，当今各家的意见是有分歧的。或从普通的善德或从最优良的生活方面②着想，大家对于儿童（少年）所应学习的题材，都各有不同的观念；教育究竟应偏重于理智还是偏重于道德性格（情操），大家也往往含糊其词。我们试审察一下现世的实况，［那些当师保的人］各行其是，迷离恍忽，无可折衷：谁知道［他们］设教的方针是注意人生实用的业务，抑或专心于善德的操修，又或志在促进一切卓越的智能③。人们对于各类学术各有所崇尚［而对于学术的分类却并无明确的观念］；我们倘使询问究竟哪些功课有益于培养善德，大家就绝不会作出一致的答复。即使同样是尊重善德的人们，对于善德的意义就各有不同的理解；既然如此，则对于培养善德的门径，自然也就互有歧异了。

儿童教育当然包括那些有用而确属必需的课目。但这里无须把一切实用

① 公民必须“以身许国”的主张常常见于实际政治家的言论（例如普鲁塔克：《莱喀古士传》24、25，德谟叙尼：《勋贤金冠议》［de Corona］205，《修昔底德》i70.6），亦见于政治理论家的著作（例如柏拉图：《法律篇》923A）。柏拉图说：“作为你们的立法者，我对你们的人身和资产皆不视为你们各人所自有：而在过去和未来，都当属于你们的家庭；至于你们的家庭则又当属于全邦。”亚氏：《尼伦》卷五章十一，认为“自杀”使城邦丧失一公民，所以自杀者损害城邦，应受惩处；其义与此节公民不自有其本身语相通。

② 这里普通的“善德”和“最优良生活”所区别或相对的意义不明；揣其用意似以普通善德为仅属于灵魂的理性部分的“实践”品德，而以最优良生活包含“玄想”品德。参看卷七章十四 1333^{a}21—30。

③ 相似于中国古代以“礼乐射御书算”六艺教儿童，古希腊小学四门功课（1337^{b}25）为：（一）“读写”（包括初级算术），（二）“体操”（以养成将来的士兵为目的，其内容多模拟军事课程），（三）“音乐”，（四）“绘画”。四门中，读写和绘画都属人生“实用业务”；音乐和体操都属“培养善德”的课程，而偏重战斗训练的体操则专修“勇”德。τὰπεριττά，“特异的事物”，这里或解释为高级课程，如几何、天文、辩难、哲学等，或解释为“卓越的智能”，如克里奥芳托（Cleophantus）能于骑术作“惊人表演”（柏拉图：《曼诺篇》93D），伯利克里接受“卓越的知识”于阿那克萨哥拉（普鲁塔克：《苏格拉底的天才》［de Gen. socr.］3），也以“卓越的智能”应用这词。这些卓越的智能或有裨实用，或有益品德。

的课目全都收纳①。**业务应该分为适宜于和不适宜于自由人操作的两类；授给儿童的实用知识就应该以这个分类为依据，勿使形成“工匠（卑陋）的”习性**。任何职业，工技或学课，凡可影响一个自由人的身体、灵魂或心理，使之降格而不复适合于善德的操修者，都属“卑陋”；所以那些有害于人们身体的工艺或技术，以及一切受人雇佣、赚取金钱、劳悴并堕坏意志的活计，我们就称为“卑陋的”行当②。在适合自由人学习的各种课目（学术）中，有些也应该作某种程度的限制；这些课目要是过度的着意用力，以求擅精，也会像上述的工技那样妨碍身心。人或有所实践或有所学习，我们当凭其功用（目的）而论其高卑。人们所行或所学如果是为了自身的需要，或是为了朋友，或是为了助成善德的培养，这不能说是非自由人的作业；但相同的作业，要是依从他人的要求而一再操作，这就未免鄙贱而近乎奴性了③。

章三　现行教育规程的各门课目，如上所说④，一般都包含两种观念。基础课目常常是四门，即读写、体操和音乐，有些人便加上了绘画⑤。读写

---

① 例如“烹饪”亦为有用之学，但自由人不必学习烹饪。参看章五 1339ª39。

② Βαναυσος 通义为“工匠”；古义为“熔炉”，因此用以指“炉边的人”即“铁匠”。希腊工匠或为奴隶或为佣人，或来自外邦，于是常俗以工匠作形容词，便成为“卑陋的”。《传道书》（Ecclesiasticus）三十八 28，说“守在砧边，肌体日受炉焰销蚀的铁匠们”总缺少智慧，这些观念实际得之于希腊社会。古希腊人以工匠们日作夜息，长年在“作息”不已的循环之中，从无一朝的闲暇，因而视为“贱民”。又以染工之手入于黄缸则黄，入于青缸则青，以自己的身体顺从他的所业，失去自主，所以又视工艺为有碍身心。

③ 依这一节的用意，音乐、绘画、文艺等自由人学习的艺术都只应作为各人闲暇的修养和欣赏，不能用以自炫，亦不可依为生计。中国古人薄诸艺为“玩物丧志”，或谓“雕虫小技，壮夫不为”，其义略同。英国十八世纪犹以诸艺为“绅士”业余所习而轻伶工画匠之专精一艺者。意大利十五六世纪间也有类似的流风；卡斯底里昂（B. Castiglione, 1478—1529）所著《宫廷人物》（I Cortigiano），说艺文侍从之士率以“弘博”见称，对百家无不识其要领，而辄作鄙夷不屑之态，讳言技艺。

④ 参看上章 1337ª39—42 及注所说实用的业务和善德的操修。

⑤ 希腊各家说到儿童（少年）教育时往往不提“绘画”这一门功课；例如柏拉图：《普罗塔戈拉篇》325D—326C。说儿童先从文学教师学读写，次从琴师治乐，再从体育导师学习体操，没有说到绘画。又，《法律篇》810A—B，儿童十岁学读写，使通文理；十三岁始学弹琴，使能辨律听声。但柏拉图自己曾习绘画。这一门技艺也颇流行于希腊社会。

这里没有提到算术，依《苏校》四版注，说算术包括在“读写”课程之内。勃鲁姆纳尔：《古希腊人的家庭生活》（Blümner, Home Life of the Ancient Greeks）英译本 111 页，说雅典儿童在家庭中习算术，所以学校中不必有此课目。

《普罗塔戈拉篇》，325E，说儿童在“读写”课内诵习古史诗，在琴课中，如果所奏者为旧所诵习的篇章，则歌以和之。这样，读写实际是包括甚广的一门课程。

和绘画，大家都认为在人生许多实务上可以得到效用；用体操则通常都借以培养勇毅的品德。至于音乐训练的目的何在，那就颇为迷惑而多所争执。现在，人们研习音乐，目的大都在于娱乐，但是在从前，音乐所以列为教育的一门是基于比较高尚的意义的。我们曾经屡次申述①，人类天赋具有求取勤劳服务同时又愿获得安闲的优良本性；这里我们当再一次重复确认我们全部生活的目的应是操持闲暇。勤劳和闲暇的确都是必需的；但这也是确实的，闲暇比勤劳为高尚，而人生所以不惜繁忙，其目的正是在获致闲暇。那么，试问，在闲暇的时刻，我们将何所作为？总不宜以游嬉消遣我们的闲暇。如果这样，则“游嬉”将成为人生的目的（宗旨）。这是不可能的。游嬉，在人生中的作用实际上都同勤劳相关联。——人们从事工作，在紧张而又辛苦以后，就需要（弛懈）憩息；游嬉恰正使勤劳的人们获得了憩息。所以在我们的城邦中，游嬉和娱乐应规定在适当的季节和时间举行，作为药剂，用以消除大家的疲劳。游嬉使紧张的（生命）身心得到弛懈之感；由此引起轻舒愉悦的情绪，这就导致了憩息。[闲暇却是另一回事：] 闲暇自有其内在的愉悦与快乐和人生的幸福境界；这些内在的快乐只有闲暇的人才能体会；如果一生勤劳，他就永远不能领会这样的快乐。人当繁忙时，老在追逐某些尚未完成的事业。但幸福实为人生的止境（终极）；惟有安闲的快乐 [出于自得，不靠外求，] 才是完全没有痛苦的快乐。对于与幸福相谐和的快乐的本质，各人的认识各不相同。人们各以自己的品格（习性）估量快乐的本质，只有善德最大的人，感应最高尚的本源，才能有最高尚的快乐。

于是，显然，这里须有某些课目专以教授和学习操持闲暇的理性活动；凡有关闲暇的课目都出于自主 [而切合人生的目的，] 这就实际上适合于教学的宗旨，至于那些使人从事勤劳（业务）的实用课目固然事属必需，而被外物所役，只可视为遂生达命的手段。所以，我们的祖先把音乐作为教育的一门，其用意并不是说音乐为生活所必需——音乐绝不是一种必需品。他们也不以此拟于其他可供实用的课目，例如“读写”。读写（书算）可应用到许多方面；赚钱、管家、研究学术以及许多政治业务，无不有赖于这一门功课。绘画也可作为实用课目的实例是练习了这种课目的人们较擅于鉴别各种工艺制品 [在购买器物时可作较精明的选择]。音乐对于这些实务既全无效用，也不像体操那样有助于健康并能增进战斗力量——对这两者，音乐的影

① 见卷七章十四 1334a2—10、章十五 1334a11—25。

响是不明显的[①]。**音乐的价值就只在操持闲暇的理性活动**[②]。当初音乐的被列入教育课目，显然由于这个原因：这确实是自由人所以操修于安闲的一种本事。荷马诗篇的一叶[③]就见到这样的含义，其首句是：

"侑此欢宴兮会我嘉宾，"

接着在叙述了济济的良朋后，续句是：

"怡我群从兮独爱诗人。"[④]

又，在另一叶中[⑤]，奥德修也说到，当英贤相聚，欣逢良辰，共同乐生励志的，莫如音乐，

华堂开绮筵，共听诗人吟，

列坐静无喧，清音自雅存。

我们认为上述各节，足以证明父辈对于诸子应该乐意他们受到一种既非必需亦无实用而毋宁是性属自由、本身内含美善的教育。这种教育或限于一门或兼备几门课目；如果有几门则应该是哪些课目，以及这些课目应该怎样研习——所有这些问题都要在以后另述[⑥]。这里，我们所已达到的结论没有违背昔贤的传统；音乐这样一门［不切实用亦非必需的］课目总是很早已被古人列入教育规程之内了。我们还尽可以这么说，某些为了实用而授予少年的课目，例如读写，也并不完全因为这只是切合实用的缘故；［无关实用的］其他许多知识也可凭所习的读写能力，从事进修。相似地，教授绘画的用意也未必完全为了要使人购置器物不致有误，或在各种交易中免得受骗；这毋

① 普鲁塔克：《莱喀古士传》21、《音乐》（de Musica）26，以及雅典那俄：《硕学燕语》626f。都说音乐能鼓舞勇气，有助于战斗。《硕学燕语》624[a]，又记色乌苇拉斯托语，说某些疾病，可使患者静听音乐来治疗。普鲁塔克：《音乐》42，竭力称许音乐的实效，记斯巴达正遭逢瘟疫，克里特名乐师萨勒泰（Thaletas）亲自到来演奏，疫疠一时遽息。这里，亚氏偏重音乐的理性活动，所以低估了它的实效。

② 下文章五，说明音乐的教育效用较此节为广，除培养理性外，亦有助于制约情感，训练道德，并佐人娱乐，资以休息。

③ 这里所举荷马诗，续句见于现行《奥德赛》xvii385，稍异；首句，依此节文义，应该是383行，但与现行本文句不相同。

④ ἀοιδός，如克尔得族（高卢）的bard，或欧洲中古时代的minstrel，为"弦吟诗人"，其人游行列邑，弹琴诵诗，颇似中国的曲艺或弹词家。古希腊先有口传的"史诗"，而后有著录的诗文、戏剧台词、讲演论说、历史杂俎以及各种学术著作。"史诗"为希腊远古历史及先人一切知识的总汇，行以韵语，谱于弦诵。"诗人"熟悉了这些篇章后，聘访四方，传播民间，实为西方文化的前导，学艺的渊源。依亚氏这里的用意，弦吟诗人重琴音过于诗句，则可以"乐工"或"琴师"论其才艺。

⑤ 见《奥德赛》ix7。

⑥ 在后未见重论。

宁是目的在养成他们对于物体和形象的审美观念和鉴别能力。事事必求实用是不合于豁达的胸襟和自由的精神的①。

在教育儿童时，我们当然应该先把功夫用在他们的习惯方面，然后再及于理性方面，我们必须首先训练其身体，然后启发其理智。所以，我们开始要让少年就学于体育教师和竞技教师；体育教师将培养他们身体所应有的正常习惯，竞技教师将授以各项角赛的技能②。

（石萍、李金迪整理）

拓展性阅读

1. 柏拉图. 柏拉图文艺对话集［M］. 朱光潜，译. 北京：商务印书馆，2013.
2. 柏拉图. 苏格拉底之死［M］. 谢善元，译. 上海：上海译文出版社，2011.
3. 亚里士多德. 形而上学［M］. 苗力田，译. 北京：中国人民大学出版社，2003.
4. 亚里士多德. 物理学［M］. 张竹明，译. 北京：商务印书馆，1982.

① 参看柏拉图:《理想国》vii525。

② 亚氏要使七岁儿童先就学于体育教师和竞技教师，十四岁后学习“读写”和“乐歌”（参看上文卷章七十七 $1336^{b}39$、本卷下章 $1339^{a}4$），其教育程序同斯巴达所行者相近。斯巴达儿童自七至十七岁受体育和竞技训练。但对于教育内容，亚氏不采取斯巴达式过度剧烈的锻炼。雅典儿童通常在七至十一岁习读写，十一岁前后学琴于乐师，体育教育于何年开始，今未能确悉（勃鲁姆纳尔:《古希腊人的家庭生活》英译本 111—115 页）。雅典青年十八岁起，登记于“坊社注册处”为“预备公民”（περίπολοι），受军事训练，担负卫戍任务和野外差遣；二十一岁成正式“公民”（参看《雅典政制》42）。依亚氏教育程序，青年二十一岁始服军役。

竞技教师（παίδοτριβηs）教青年（士兵）以战斗技术，应用甲胄，掌握兵器等各门武艺，以及运用掷石器（炮）、攻城槌等方法。就少年（儿童）而言，军事竞技当为弓箭、弹丸等轻巧武艺。

第八章　近代教育名著选读（上）

第一节　自然主义教育名著选读

一、自然主义教育思想概要

自然主义教育思想源于古希腊，兴盛于18世纪，并影响至今。作为我国新课程改革的重要理论基础，其大致经历了客观自然主义、主观自然主义、心理化自然主义、生长论自然主义等几个阶段，每个阶段的研究重点和研究范式各有侧重。具体而言，夸美纽斯是客观自然主义的代表，主张人的教育要符合大自然的客观规律；卢梭是主观自然主义的代表，主张教育要适应人的自然天性；心理化自然主义主张教育要遵循儿童心理发展的特点；生长论自然主义主张教育要重视儿童自由的生长。

在西方教育史上，亚里士多德第一个明确提出儿童年龄分期，并强调教育应遵循儿童自然发展的顺序。在其灵魂说中，他将灵魂分为植物灵魂、动物灵魂和理性灵魂，并与儿童年龄分期相结合，强调教育应当遵循灵魂发展的顺序。他进一步指出，儿童在不同的阶段，灵魂发展的重点不同，因而教育也有所区别。根据三种灵魂的不同发展顺序，在阶段教育中应分别以体育、德育、智育为主。

夸美纽斯是西方近代教育理论的奠基人，其教育思想的重要理论基础就是“教育要适应自然”。“自然”包括两个方面：一是大自然的普遍原则，人是自然界的一部分，也应该遵循自然界的法则；一是人与生俱来的自然天性和身心发展原则，教育要依据儿童的天性和年龄特征，按学生的能力顺序进行教学。夸美纽斯对应一年四季，把教育分为婴儿期、童年期、少年期、青年期四个时期，并为每个阶段设置了四种不同层次的学校以及相应的学习内容。

随着欧洲启蒙运动的兴起，资产阶级思想家提出的民主、平等、自由等主张在教育中也得以体现。以卢梭为代表的启蒙思想家反对中世纪宗教教育和封建教育对儿童个性的压抑，主张教育要归于自然。教育的目的在于培养无所不能、无所不宜的自然人，而非依附于社会的公民。卢梭认为教育要适应儿童的自然天性，道德教育主张自然后果，反对体罚；早期教育应该重视儿童的感官训练，不主张过早进行智育；教育方法应以发现法和自然直观法为主，自然的教育是所有教育中最重要的。卢梭的教育思想对后世影响至深，在其教育思想的影响下，18 世纪德国掀起了泛爱主义运动。20 世纪以后，欧洲新教育运动和美国进步主义教育运动也无不受到自然主义教育的影响。

裴斯泰洛齐曾按卢梭的办法教育自己的孩子，并提出教育的目的就是使人的天赋得到自然和谐的发展。裴斯泰洛齐把人的自然本性和心理发展特点联系起来，更客观地看待儿童本性的自然发展，把自然主义教育具体化。而受到裴斯泰洛齐影响的福禄培尔，主张必须观察和遵循自然万物发展的正确道路。教育要追随儿童的天性，重视儿童发展的阶段性，并为幼儿期的儿童设计了幼儿园。在卢梭和裴斯泰洛齐的影响下，第斯多惠进一步发展了教育的自然适应性原则，主张教育必须适应人自然本性的发展规律。所谓人的自然天性为智慧与能力的素质，这种素质是与生俱来的。

进入 20 世纪，自然主义教育又出现了新范式。杜威从卢梭的教育思想中汲取精华，反对传统的教师中心论，提出儿童中心的思想。杜威提出教育即生活、教育即生长、教育即经验的改组或改造，应当重视儿童活动和直接经验在教育中的作用，改变过去以课堂和教材为主的传统模式。但是其未能客观看待儿童的自然发展和社会需求之间的关系，过于重视儿童的兴趣和直接经验的学习，具有一定的理想主义色彩。

二、夸美纽斯与《大教学论》

（一）作者和作品简介

夸美纽斯（Johann Amos Comenius，1592—1670 年）是古代教育思想的集大成者，伟大的捷克教育家。夸美纽斯 1592 年出生于“捷克兄弟会”的一个磨坊主家庭，早年父母双亡，16 岁起由兄弟会担负其学费，完成了中学和大学学业。大学毕业后的很长一段时间，夸美纽斯一直在从事两份工作，一是捷克兄弟会的教职，一是捷克兄弟会学校的工作。1628 年，战争爆发，捷克兄弟会被迫迁往波兰。在此期间，夸美纽斯在前人经验的基础上，结合自己的教育实践，编写、出版了《语言入门》等教科书，以及《母育学校》《大教学论》等重要著作。《大教学论》的出版标志着教育学从哲学中脱离出来，开始成为一门独立的学科。1632 年，夸美纽斯开始致力于泛智教育的研究。1642 年，夸美纽斯受瑞典政府委托，为瑞典学校编辑教科书。几年后，夸美纽斯又接受邀请，到匈牙利担任教育顾问，其间撰写了《泛智学校》《世界图解》等著作。1656 年，由于战争原因，夸美纽斯被迫定居阿姆斯特丹，1670 年 11 月逝世。其一生颠沛流离，至死也未能回到故乡。

《大教学论》副标题为“把一切事物教给一切人们的全部的艺术”，共三十三章，1632 年首次出版。夸美纽斯吸取了古代教育的丰富经验，并借鉴了同时代教育家的思想，结合自己的教育实践，使其教育思想丰富而多元。他重视教育的作用，主张普及义务教育，并为此设计了国语学校，还从理论上论证了班级授课制和学年制的可行性；他批判当时违反儿童身心发展规律的教育，主张教育要遵循自然；他指出教育中违背自然法则的现象，并提出了一系列可行的教学原则。20 世纪初，学者王国维对此书进行了简单介绍。傅任敢把此书翻译为中文，中译本名为《大教授学》，1939 年由商务印书馆出版。1957 年由人民教育出版社改译为《大教学论》，此后又多次再版。

（二）原文节选

大教学论[①]

它阐明
把一切事物教给一切
人们的全部艺术

或

使每个基督教王国的一切教区、城镇和
村落，全都建立这种学校的一种可靠
的引导，使男女青年，毫无
例外地，全都
迅速地、愉快地、彻底地
懂得科学，纯于德行，习于虔敬
这样去学会现世与来生
所需的一切事项。
就这里的每项建议而论，

① 夸美纽斯. 大教学论［M］. 傅任敢，译. 北京：教育科学出版社，2014.

它的基本原则都是根据事情的基本性质提出的，
它的真实性都是经过了几种技艺
的证实的，
它的顺序都是明晰地按年、按月、按日、
按时安排的，最后，
它还指出了一种简易而又可靠的方法，使它
能够称心地实现出来。

我们这本《大教学论》的主要目的在于：寻求并找出一种教学的方法，使教员因此可以少教，但是学生可以多学；使学校因此可以少些喧嚣、厌恶和无益的劳苦，多具闲暇、快乐和坚实的进步；并使基督教的社会因此可以减少黑暗、烦恼、倾轧，增加光明、整饬、和平与宁静。

愿上帝怜悯我们，赐福与我们，用脸光照我们；
好叫世界得知你的道路，万国得知你的救恩。
——《诗篇》，第六十七篇，1、2。

第五章　这三者（学问、德行与虔信）的种子自然存在我们身上

二　我们理解自然这个词是指普遍的神的预见，或不断在万物身上发生一切作用的神的仁慈的影响。这就是说，它不断发展每一造物，使它达到它的命定的目的。因为神的智慧在于一切都不白做，既不会没有一个确定的目的，也不会没有符合那个目的的手段。所以，一切生存的事物都有它存在的目的，都赋有达到那个目的的必要器官与工具。并且它还赋有一定的倾向，使凡事不会不愿地和勉强地去达成它的目的，而能凭借自然的本能，如果加以阻碍就会招致痛苦与死亡，这样迅捷地、愉快地去达成。由此可知，人是自然合于领悟事实，合于按照道德律去生存，尤其是合于爱上帝的（因为我们已经知道，人是命定要做到这些事情的），这三种原则的根柢坚牢地种植在他身上，如同树根深植在树下的土内一样。

三　所以，我们为了彻底理解西拉的儿子所说的，智慧在人身上生了永恒的根基（《便西拉智训》，第一章，14）的说法起见，我们应当考察我们身上的智慧、德行与虔信的根基，以便知道人是智慧的一个何等稀奇的工具。

……

第六章　假如要形成一个人，就必须由教育去形成

七　教育确乎人人需要，我们想想各种不同程度的能力，就可以明白这一点。愚蠢的人需要受教导，好使他们摆脱本性中的愚蠢，这是无人怀疑的。其实聪明人更需要受教育，因为一个活泼的心理如果不去从事有用的事情，

它便会去从事无用的、稀奇的、有害的事情；正如田地愈肥沃，蒺藜便愈茂盛一样，对一个绝顶聪明的人如果不去撒下智慧与德行的种子，它便会充满幻异的观念；又如推磨的时候如果不撒下面粉的原料——麦子，磨石便会磨出声音，磨损，以致常常磨坏一样，一个活泼的心理如果没有正经的事情可做，它便会被无益的、稀奇的和有害的思想所困扰，会自己毁掉自己。

八　富人没有智慧岂不等于吃饱了糠麸的猪仔？贫人不懂事岂不等于负重的驴子？美貌无知的人岂不只是一只具有羽毛之美的鹦鹉，或是一把藏着钝刀的金鞘？

九　具有权力的人们，国王、亲王、官吏、牧师与教师，他们必须有智慧，正如向导要有眼睛，舌头要能说话，喇叭要出声音，或者刀要有刃是一样的。同样，地位较低的人要受教育，他们才能聪明地、谨慎地服从他们的长上，不是出于强迫，像驴子的服从一般，而要出于自愿，出于爱好秩序之心。因为一个理性的动物不应当受呼唤、禁锢与鞭笞的领导，而应受理性的领导。其他方法都是对于根据自己的形象去造人的上帝的一种侮辱，是使人事中充满强暴与不安的。

十　我们由此可以知道，凡是生而为人的人都有受教育的必要，因为他们既然是人，他们就不应当成为无理性的兽类，不应当变成死板的木头。并且由此可见，一个人愈是多受教导，他便愈能按照准确的比例胜过别人。我们可以用“智者”（Wise Man）的话结束这一章，他说：“凡是以为智慧与纪律没有用处的人就会得祸；他没有（达到他的愿望的）希望，他的劳力不会有结果，他的工作会白费。”（《智慧篇》，第三章，11）

……

第七章　人最容易在少年时期去形成，除了这种年龄就不能形成得合适

……

七　在人身上，唯一能够持久的东西是从少年时期吸收得来的，这从同一例证可以看明白。一只瓶子即使打破了也会保存新用的时候所染得的气味。一株树木在幼小的时候，它的枝柯向四面八方伸展，它们保持这种位置几百年不变直到死去为止。羊毛第一次所染的颜色非常牢固，简直漂白不了。车轮上面的木箍，一旦弄弯以后，即便变成千百块碎片，也不会再变直了。同样，在一个人身上，头一次的印象是黏附得非常坚实的，只有奇迹才能消灭它们。所以，最谨慎的办法是，在很小的时候，就去把人形成到合乎智慧的标准。

第八章　青年人应该受到共同的教育，所以学校是必需的

一　我们说过，那些天国的植物，即基督教的儿童不能像丛林一样生长，而是需要照料的，我们现在应该看看这种照料的责任应当落在谁的身上。本来，使自己负责的生命成为理性的、有德行的和虔信的，这是父母的最自然的责任。……

二　但是，由于人类职务和人类数目的增加，所以很少有人具有充分的知识或充分的闲暇去教导自己的子女。因此就兴起了一种贤明的制度，为儿童的共同教育选出一些有丰富知识和崇高道德的人。这种教导青年的人叫作导师、教师、教员或教授，作为这种共同教导之用的场所就叫作学校、小学、讲堂、学院、公立学校和大学。

第九章　一切男女青年都应该进学校

一　根据下列理由，不仅有钱有势的人的子女应该进学校，而且一切城镇乡村的男女儿童，不分富贵贫贱，同样都应该进学校。

二　一切生而为人的人，生来都有一个同样的目的，就是他们要成为人，即要成为理性的动物，要成为万物的主宰及其造物主的形象。所以，他们都应该达到这样一个境地，即在适当地吸取了学问、德行与虔信之后，能够有益地利用此生，并且好好地预备来生。上帝自己常说，他对人毫无偏袒，所以如果我们允许一部分人的智性受到培植，而去排斥另外的一部分人，我们就不仅伤害了那些与我们自己具有同一天性的人，而且也伤害了上帝本身，因为上帝愿意被印有他自己的形象的一切人所认知，所喜爱，所赞美。在这方面，人们的热情是会与那燃着了的知识火焰一同增长的。因为我们的爱和我们的知识是成正比的。

第十二章　改良学校是可能的

二　我们应许这样一种教育体系，使：

1. 一切青年都能受到教育（除了上帝没有给予悟性的是例外）。

2. 他们都能学到一切可以使人变成有智慧、有德行、能虔信的科目。

3. 教育是生活的预备，能在成年以前完成。

4. 实施这种教育的时候不用鞭笞，无须严酷或强迫，它可以实施得尽量温和轻快，**尽量自然**（正同生物的体格长大，丝毫不需勉强或强迫肢体去伸展一样；因为如果合适地得到食物、照料和运用，身体是会逐渐地、不知不觉地自行生长，并且变强壮的。同样，我主张把养料、照顾和运用谨慎地供给心智，把它自然而然地导向智慧、德行与虔信）。

5. 这种教育不是虚伪的，而是真实的，不是表面的，而是彻底的；这就是说，人类这个理性动物将不由别人的才智去领导，而由他自己的才智去领

导；他不仅阅读别人的见解，掌握它们的意义，或把它们记下来、背下来，他要亲自钻研事物的根源，获得一种真能理解且真能利用所学的东西的习惯。

6. 这种教育将不是吃力的，而是非常轻松的。课堂教学每天只有四小时，一个先生可以同时教几百个学生，而所受的辛苦则比现在教一个学生少十倍。

……

第十三章　改良学校的基础应当是万物的严谨秩序

一　我们通过考察知道，真正维系我们这个世界的结构以至它的细微末节的原则不是别的，只是秩序而已；就是，按照地点、时间、数目、大小和重量把先来的和后来的，高级的和低级的，大的和小的，相同的和相异的种种事物加以合适的区分，使每件事物都能好好地实践它的功用。所以，秩序就叫作事物的灵魂。因为一切秩序良好的东西，只要它能保持它的秩序，它就可以保持它的地位和力量；到了不能保持它的秩序的时候，它就变脆弱，就倾跌和颠覆。这可以从自然与艺术的例证看得很明白。

第十四章　教导的严谨秩序应当以自然为借鉴，并且必须是不受任何阻碍的

一　所以我们应当开始以上帝的名义，去寻找教与学的方法所能根据的磐石一般的原则。如果我们想要找出医治自然的缺点的方法，我们就必须从自然本身去寻找，因为艺术若不模仿自然，它必然什么都做不了。

二　关于这一点，不要多少例子就可以说明白。我们看见一条鱼儿在水里游泳；游泳就是它的行进的自然方式。假如有人想要模仿它，他便必须把他的肢体按照同样的方式去运用；他必须用手臂去代替鱼翅，用脚去代替鱼尾，像鱼用翅一样去用他的手脚。甚至船舶的构造也是这样地来设计的，它们必须用桨或帆去代替鱼翅，用舵去代替鱼尾。我们看见一只鸟儿在天空中飞翔，飞翔就是它的行进的自然方式。当提达拉斯（Daedalus）想要模仿它的时候，他就得装上翅膀（翅膀很大，能够载得起这么沉重的一个物体）使它们动作。

……

七　现在就很明白了，秩序是把一切事物教给一切人们的教学艺术的主导原则，这是应当、并且只能以自然的作用为借鉴的。一旦这个原则彻底地被掌握以后，艺术的进行立刻便会同自然的运行一样容易，一样自然。西塞罗说得很恰切，他说："假如我们把自然看作我们的向导，她是决不会把我们领入歧途的。"他又说："在自然的指导之下，迷途是不可能的。"这是我们的信仰，我们的建议是要经心地注视自然的作用，要去模仿它们。

第十六章　教与学的一般要求：即一定能产生结果的教与学的方法

原则一

七　自然遵守适当的时机。

比如：一只鸟儿要想繁殖它的种类，它不会在万物都被寒冷冻僵了的冬天去繁殖，也不会在万物都被酷热烤焦了的夏天去繁殖；并且它也不会在秋天去繁殖，因为那时候一切生物的生命力跟着太阳的光辉日趋低落，初冬挟着敌视的姿态正在到来；它只在春天去繁殖，因为那时太阳给万物带回了生命与精力。并且繁殖也分好几个步骤。当天气还冷的时候，鸟儿把鸟卵怀在体内去给它们温暖，因为在体内，它们就不致受到寒冷的侵袭；一旦天气渐趋温暖，它便把蛋儿放到巢里，但是要到温暖的季节到来以后，娇嫩的幼鸟有了逐渐习惯光亮与温暖的机会的时候，才把它们孵化出来。

八　模仿。——同样，园丁当心地不违背季节去作任何事情。所以他不在冬天去种植（因为那时候树汁留在树根里面，预备日后升上去，把养料带给树木）；他也不在夏天去种植（那时树汁已经分散到树枝上面去了）；他也不在秋天去种植（那时树汁又再回到树根里面）；他只在春天去种植，因为那时候水分已在开始从树根往上升，树木的上部在开始发芽了。对幼树很重要的是此后所需的各种处理，如下肥、修剪、剪枝之类，也必须选择恰当的时候。甚至树木本身的发芽、开花、生长、成熟，也是有它的正当时机的。

同样，谨慎的建筑家也必须选择正当的时机去砍伐木材、烧砖、下脚、建造以及粉刷等等。

九　偏差。——学校犯了一种直接违反这个原则的双重错误。

1. 没有选择运用心灵的正当时机。

2. 心灵的运用没有正确地划分阶段，使一切进展能经各个必经的阶段去得到，一点也不漏掉。当孩子还是一个儿童的时候，他是不能够受教的，因为他的悟性的根芽离地面还太远。一旦老了，那时再去教他又太迟了，因为那时智性和记忆已在衰退。在中年的时候，教导是困难的，因为智性的力量分散到了形形色色的事物上面，不容易集中起来。所以，我们应该选定青年时期。这时生命和心灵都是生意盎然的，都在蓄集力量；一切事情都是精力饱满的，都可以深深地生下根。

十　纠正。——所以我们的结论是：

1. 人类的教育应从人生的青春开始，就是说，要从儿童时期开始（因为儿童时期等于春天，青年时期等于夏天，成年时期等于秋天，老年时期等于冬天）。

2. 早晨最宜于读书（因为在这里，早晨等于春天，正午等于夏天，黄昏等于秋天，夜间等于冬天）。

3. 一切学科都应加以排列，使其适合学生的年龄，凡是超出了他们的理解的东西就不要给他们去学习。

原则二

十一　自然先预备材料，然后再给它形状。

比如：鸟儿想要产生一个和自己相似的生物，它便先用自己的一滴血去怀下胚胎；然后再预备生蛋的鸟巢，但是不到幼鸟已经形成，在蛋壳里面动弹的时候，不把它们孵化出来。

十二　模仿。——同样，小心谨慎的建筑家在开始兴造一所建筑以前，便先去收集许多木材、石灰、石头、铁，以及其他种种必需的东西，使自己日后不因缺乏材料以致被迫停止工作，或发现建筑物的坚固性受了损害。同样，画家想要画张图画，便去预备画布，把它支在架子上面，在上面涂上底色，和好颜料，把画笔放在便于随手取用的地方，最后才开始作画。

同样，园丁在开始工作以前，他就去准备好园地、本枝、接穗和工具，以免工作时还要去找必需的用具，否则会破坏整个工作。

十三　偏差。——学校是违背了这个原则的犯人：第一，因为他们不经心，事先不去准备书籍、地图、图像、表解之类的机械帮助，不为一般的使用把它们准备好，而只在到了需要这样或那样的时候，他们才去做实验、画图、笔录、抄写等等工作，这种工作由一个不熟练的或是不当心的教员（这种教员的数目一天天在增加）做出来，结果是可悲的。这就正像一个医生到了用药的时候才不得不到花园与树林里面去徘徊，去收集和蒸馏药草和树根一样，医治每一种疾病的药剂他都应该随时放在手边。

十四　第二，因为甚至在学校所用的书籍里面，也没有遵守先材料、后形状的自然秩序。到处都是恰恰相反的情形。总是不自然地把事物的分类放在关于事物本身的知识前，虽则在被分类的事物没有出现以前，分类是不可能的。关于这一点，我可以用四个例子来说明。

十五　(1) 在学校里面语文先学，科学后学，因为智性在学习语文方面耽误了好些年，然后才去学习科学、算学和物理学等等。但事物是主要的，文字只是偶然的；事物是本体，文字只是衣着而已；事物是核，文字是壳，是皮。所以两者是应该同时呈现到智性眼前的，事物尤其如此，因为它们和语文同样是悟性的对象。

十六　(2) 甚至在语文学习方面，正确的次序也被颠倒了，因为学生不是从某个作家或从一种熟练地编辑出来的片语集开始的，而是从文法开始的；其实作家（和他们用自己的方式所写的片语集）可以供给言语的原料，即字眼，而文法则只能供给形式，即关于字的组成、次序和结合的法则。

十七　（3）在人类知识的百科全书式的读物里面，艺术总放在前面，科学总放在后面；虽则科学所教导的是事物的本身，而艺术所教导的则是操纵事物的方法。

十八　（4）最后，先教的是抽象的规则，然后才勉强找几个例子去解释；虽则光体显然应比光体所照的人先出现。

十九　纠正。——所以，为使学校得到彻底的改进起见，下面各项是必需的：

1. 书籍与教学所需的材料必须事先准备好。

2. 悟性应该先在事物方面得到教导，然后再教它用语文去把它们表达出来。

3. 一切语文都不要从文法去学习，要从合适的作家去学习。

4. 关于事物的知识应该放在关于它们的组合的知识之前。

5. 例证应比规则先出现。

原则五

三十三　在自然的一切作为里面，发展都是内发的。

比如：以一只鸟儿而论，首先形成的不是足爪、羽毛或皮肤，而是体内各部分；体外各部分要到后来有了合适的时机再去形成。

三十四　模仿。——同样，园丁并不把穗接在外表的树皮里面，也不接在木材的外层，而是切一个切口，切到木髓里面，把接穗尽量深深地插进去。

他就这样把接口弄得很牢固，使树汁不能跑掉，而被迫流到枝条里面，竭尽全力去把枝条灌活。

三十五　同样，树木得到天上的雨水和地下的水分作养料，它之吸收养料也不是经由外层的树皮，而是经由最内层的微孔。由于这个缘故，所以园丁并不灌溉树枝，而只灌溉树根。动物也不把他们的食物送给外部的肢体，而把食物送给胃，由胃去消化，并供养整个身体。所以，如果教育青年的教育家肯去特别注意知识的根芽，即悟性，这种根芽不久就会把它们的生命力输送给树干，即输送给记忆，最后输送给花儿与果实，这就是说，熟练地运用语文，实际工作的能力就会产生出来。

……

三十七　纠正。——所以：

1. 学生首先应当学会理解事物，然后再去记忆它们，在这两点经过训练之前，不可强调言语与笔墨的运用。

2. 教师应该知道一切可以使悟性变锐敏的方法，应当熟练地应用那些方法。

原则六

三十八　自然在它的形成进程中是从普遍到特殊的。

比如：一只鸟儿要从一个鸟卵产生出来，先形成的并不是鸟头、一只鸟眼、一根鸟毛或一只鸟爪，而是按照下列的程序。整个鸟卵得到了温暖；温暖产生运动，这种运动生出一个血脉系统，这就构成了一只整个的鸟儿的轮廓（划分了将要变成鸟头、鸟翼、鸟足等等的各部分）。在这个轮廓没有完成以前，个别的部分是不会被完成的。

原则七

四十六　自然并不跃进，它只一步一步地前进。

一只小鸟的发展包括某些不能够省略或延搁的渐进的步骤，一直到它最后破壳而出为止。当它破壳而出时，雌鸟并不让幼鸟去飞、去觅食（实际上它也做不到），它只自己喂它，用自己的身体替它保持温暖，这样去促进它的羽毛生长。当幼鸟的羽毛业已长好的时候，它并不立即把它从巢里抛出去，使它去飞，而是首先教它在鸟巢里面展动它的翅膀，或蹲在鸟巢边上，然后再到靠近鸟巢的巢外去飞，先从一枝树枝飞到另外一枝树枝，然后再从一株树木飞到另外一株树木，再后才从一个山头飞到另外一个山头，最后一直到它具有充分的自信，能在旷野飞行为止。我们容易看出，这种种步骤之中的每一步骤都是必须在适当的时候去做到的；不仅时候应当合适，而且步骤也应当是渐进的；不仅要渐进，而且要是一种不变的渐进。

原则八

五十一　自然如果开始了什么工作，不到工作完成，决不离弃。

假如一只鸟儿受了自然冲动的督促，开始去孵卵，它不到孵出了小鸟是不离开的。假如它只孵几个小时，卵内的胚胎便会冷掉，死掉。甚至小鸟孵出以后，它也并不停止给它们的温暖，它一直要孵到小鸟已长强壮，生了羽毛，能御寒冷为止。

第十七章　教与学的便易性原则

一　关于教育者怎样才能确有把握地达到他的目标的方法，我们已经考虑过了，我们现在要看看这些方法怎样才能适合学生的心灵，使它们用来容易而且快意。

二　步随自然的后尘，我们发现教育的过程会来得容易。

1. 假如它开始得早，在心灵没有腐化以前就开始。

2. 假如心灵有了接受它的适当准备。

3. 假如它是从一般到特殊的。

4. 假如它是从较易到较难的。

5. 假如学生不受过多学科的压迫。

6. 假如在每种情形之下，进展都是缓慢的。

7. 假如按照学生的年龄，采用正当的方法，智性不被强迫去做天性所不倾向的事情。

8. 假如每件事情都通过感官去教授。

9. 假如每件所教的事情的用途不断在望。

10. 假如每件事情都用一种，并且是同一种方法去教。

我说，要使教育来得容易而且快意，这种种就是应当采用的原则。

……

第十八章　教与学的彻底性原则

原则一

五　自然决不产生无用的事物。

比如，当自然开始形成一只鸟儿的时候，它并不给它鱼鳞、鱼鳃、兽角，也不给它四只脚，或任何其他它不能用的器官，而是给它一个头、一颗心和翅膀等等。同样，一株树木不会得到耳朵、眼睛、毛茸或毛发，它只得到树皮、韧皮、木材和树根。

原则二

十　当物体形成时，自然决不省略任何产生它们所必需的东西。

比如：形成一只鸟儿的时候，自然并不忘记它的头、翅、腿、爪、皮肤，以及任何这种有翅生物的重要部分。

原则三

十三　除非有了基础或根柢，自然不在任何事物上面起作用。

一株树木在生好树根以前不生枝条，生了就会枯萎和死去。由于这个理由，所以一个明智的园丁除非看见砧木生好了根，否则，他是不会去接上一根接穗的。

在鸟兽身上，我们知道，代替树根的是内脏（因为生命力在内脏里面），身体的这一部分是其余一切部分的基础，所以要最先形成。

原则四

十七　自然把根柢打得很深。

比如，一只动物的脏腑是深藏在它的体内的。树木的根越深，树木便越稳固；如果树根仅仅穿入草皮下面，树就容易连根拔起。

十八　偏差的纠正。——所以，求学的欲望应当彻底在学生身上激发起来，学科的一般观念应当彻底印入学生的脑际。在这一步没有小心地做到以前，关于艺术或语文的更详细的解释就不应当尝试。

原则五

十九　自然发展一切事物都从根柢开始，不从别处入手。

一株树木的木材、树皮、树叶、花儿和果实都是从树根来的，不是从别种来源来的。因为，虽则雨水会落在树上，园丁会给它浇水，但是水分都必须由树根去吸取，然后分送到树干、枝柯、树枝、树叶和果实。由于这个缘故，所以园丁的接穗虽则是从别的来源得来的，但是他必须把它插入砧木，使它能和砧木合为一体，从树根吸收水分，并在这样取得养料之后得到发展。树木的一切全是从树根得来的，用不着从别种来源去供养树叶和树枝。一只鸟儿要有羽毛遮盖身体也是一样。羽毛不是从另一只鸟儿身上取来的，是从身体的最内层长出来的。

原则六

二十九　自然对于任何事物的用途愈多，则事物明显的再区分就愈多。

比如，任何动物的肢体的关节分得愈多，它的动作就愈复杂，我们把一匹马和一条蛇比较一下就可以知道。同样，一株树木如果枝丫和树根分布得合适，彼此之间有间隔，它便愈稳定，愈美观。

原则七

三十一　自然决不静止，而是继续前进；决不牺牲正做的工作去开始新的工作，而只进行业已开始的工作，把它做完。

比如，形成胚胎的时候，首先出现的是脚、头和心，这些器官并不被抛弃，而是被完成。一株移植过的树木，并不抛弃以前长在树上的枝丫，而是继续供给它们树汁和生命力，使它们每年都能生出更多的嫩枝。

原则八

三十四　自然把一切事物在连续的组合里面连接起来。

比如，当一只鸟儿形成了的时候，肢体与肢体连接，骨头与骨头连接，筋肉与筋肉连接。一株树木的情形也一样，树干是和树根连接的，树枝是与树干连接的，嫩枝是与枝柯连接的，蓓蕾是与嫩枝连接的，树叶、花儿和果实又是和蓓蕾连接的；所以，这些东西虽则都有成千上万，但整个都是构成一株树木的。一所房屋也是一样，假如要能耐久，墙壁就必须建在基础上面，天花板和屋顶就必须建在墙壁上面，总而言之，一切部分，从最大的以至最小的，都必须连接和装配起来，它们才能形成一所房屋。

原则九

三十八　自然在质量两方面对树根和树枝保持一种适当的比例。

地上树枝的发展是和地下树根的发展成比例的。这不能不是这样；因为假如树木只向上长，它就不能保持它的直立的位置，因为帮它保持直立的位置的是树根。反之，如果它只向下长，那便没有用处，因为结果的是树枝，不是树根。动物也一样，体外器官和体内器官之间也有一种密切的关系，因为如果体内器官是健康的，体外器官就也是健康的。

原则十

四十一　自然因为常动，所以才变丰产和强健。

比如，一只鸟儿孵卵的时候，它不仅给它们以温暖，而且为使它们在各方面同等地得到温暖起见，它每天转动它们（这容易从鹅、鸡和鸽子的情形看出来，因为它们孵卵是我们看得见的）。小鸟出壳以后它便运动它的嘴，它的四肢和它的翅膀，它便伸展自己的身体，从地面上升，它便反复学走，学飞，直到充分强壮，能飞能走为止，这样去运动它自己的身体。

树木愈受风吹，生长得便愈快，根也生得愈深。雨暴、冰雹、雷电的刺激确乎是有利于一切植物的健康的，由于这个缘故，所以，凡是最受风雨侵袭的地点是应当可以产生比较坚硬的木材的。

三、卢梭与《爱弥儿》

（一）作者和作品简介

让·雅克·卢梭（Jean Jacques Rousseau，1712—1778年），法国近代著名启蒙思想家、哲学家、教育家。他出身于日内瓦的一个钟表匠家庭，出生后不久母亲便去世，由父亲和姑母一起抚养长大。卢梭在父亲的影响下从小酷爱读书，养成了敏感且善于思考的个性。但不幸的是，在他10岁时，他的父亲因与一名军官发生纷争，为了不被投入监狱而被迫离开家乡，后来卢梭由舅舅代为抚养。舅舅送他到一个乡村牧师那里学习，并且舅舅家有个年龄相仿的男孩，他们放学后便到大自然中游玩，这段经历是卢梭生命中比较快乐的时光。几年后，卢梭被送到师傅那儿当学徒，因为不满师傅的严苛，他选择逃离。他16岁开始漂泊流浪，后来在华伦夫人的安排下来到巴黎，并结识狄德罗等进步人士，参与《百科全书》的撰写。1762年，卢梭先后出版了《社会契约论》《爱弥儿》等著作。《社会契约论》猛烈抨击专制制度，成为法国大革命后法国人民的精神食粮。而《爱弥儿》一出版就成为禁书，卢梭被驱逐出境，开始了流亡生活。因为种种原因，他之前的朋友纷纷离他远去，1778年，卢梭在贫困、孤独中与世长辞。

总体而言，卢梭虽然只当过短时间的家庭教师，教育实践相对匮乏，但他在教育史上的地位却是不容忽视的。他不仅批判了当时的封建教育，而且提出教育要适应儿童的自然本性，建构起了一套理想的教育图景，《爱弥儿》一书便是其教育理想的集中体现。20 世纪初《爱弥儿》传入我国，商务印书馆出版了由魏肇基根据英文节译本翻译的版本。1978 年，李平沤翻译了此书的法文原版，并由商务印书馆出版。

（二）原文节选

原序①

我们对儿童是一点也不理解的：对他们的观念错了，所以愈走就愈入歧途。最明智的人致力于研究成年人应该知道些什么，可是却不考虑孩子们按其能力可以学到些什么，他们总是**把小孩子当大人看待**，而不想一想他还没有成人哩。我所钻研的就是这种问题，其目的在于：即使说我提出的方法是很荒谬的，人们还可以从我的见解中得到好处。至于说应该怎样做，也许我的看法是很不对头，然而我相信，我已经清清楚楚地看出人们应该着手解决的问题了。因此，就从你们的学生开始好好地研究一番吧；因为我可以很有把握地说，你对他们是完全不了解的：如果你抱着这种看法来读这本书，那么，我不相信它对你没有用处。

第一卷

出自造物主之手的东西，都是好的，而一到了人的手里，就全变坏了。他要强使一种土地滋生另一种土地上的东西，强使一种树木结出另一种树木的果实；他将气候、风雨、季节搞得混乱不清；他残害他的狗、他的马和他的奴仆；他扰乱一切，毁伤一切东西的本来面目；他喜爱丑陋和奇形怪状的东西；他不愿意事物天然的那个样子，甚至对人也是如此，必须把人像练马场的马那样加以训练；必须把人像花园中的树木那样，照他喜爱的样子弄得歪歪扭扭。

不这样做，事情可能更糟糕一些；我们人类不愿意受不完善的教养。在今后的情况下，一个生来就没有别人教养的人，他也许简直就不成样子。偏见、权威、需要、先例以及压在我们身上的一切社会制度都将扼杀他的天性，而不会给它添加什么东西。他的天性将像一株偶然生长在大路上的树苗，让行人碰来撞去，东弯西扭，不久就弄死了。

……

我们生来是软弱的，所以我们需要力量；我们生来是一无所有的，所以

① 卢梭．爱弥儿［M］．李平沤，译．北京：商务印书馆，1978.

需要帮助；我们生来是愚昧的，所以需要判断的能力。我们在出生的时候所没有的东西，我们在长大的时候所需要的东西，全都要由教育赐予我们。

这种教育，我们或是受之于自然，或是受之于人，或是受之于事物。我们的才能和器官的内在的发展，是自然的教育；别人教我们如何利用这种发展，是人的教育；我们对影响我们的事物获得良好的经验，是事物的教育。

所以，我们每一个人都是由三种教师培养起来的。一个学生，如果在他身上这三种教师的不同的教育互相冲突的话，他所受的教育就不好，而且将永远不合他本人的心意；一个学生，如果在他身上这三种不同的教育是一致的，都趋向同样的目的，他就会自己达到他的目标，而且生活得很有意义。这样的学生，才是受到了良好的教育的。

在这三种不同的教育中，自然的教育完全是不能由我们决定的，事物的教育只是在有些方面才能够由我们决定。只有人的教育才是我们能够真正地加以控制的；不过，我们的控制还只是假定的，因为，谁能够对一个孩子周围所有的人的言语和行为通通都管得到呢？

一旦把教育看成是一种艺术，则它差不多就不能取得什么成就，因为，它要成功，就必须把三种教育配合一致，然而这一点是不由任何人决定的。我们殚思竭虑所能做到的，只是或多或少地接近目标罢了；不过，要达到这一点，还需要有一些运气咧。

是什么目标呢？它不是别的，它就是**自然的目标**，这是刚才论证过的。既然三种教育必须圆满地配合，那么，我们就要使其他两种教育配合我们无法控制的那种教育。也许，自然这个词的意义是太含糊了，在这里，应当尽量把它明确起来。

有人说，自然不过就是习惯罢了①。这是什么意思呢？不是有一些强制养成的习惯永远也不能消灭天性的吗？举例来说，有一些被我们阻碍着不让垂直生长的植物，它们就具有这样的习性。自由生长的植物，虽然保持着人们强制它倾斜生长的方向，但是它们的液汁并不因此就改变原来的方向，而且，如果这种植物继续发育的话，它又会直立地生长的。人的习性也是如此。只要人还处在同样的境地，他就能保持由习惯产生的习性，虽然这些习性对我们来说是最不自然的；但是，只要情况一有改变，习惯就消失了，天性又

---

① 福尔梅先生断言这句话不是这样说的。不过我觉得，在我本来想回答的一行诗中，明明是说：

请相信我，自然无非就是习惯而已。

福尔梅先生不愿意使他的同类感到骄傲，所以很谦逊地把他的想法说成是大家的理解。

回复过来。教育确实只不过是一种习惯而已。不是有一些人忘掉了他们所受的教育，另外一些人则保持了他们所受的教育吗？这种差别从什么地方产生的呢？如果是必须把自然这个名词只限用于适合天性的习惯，那么，我们就可以省得说这一番多余的话了。

……

遵循自然，跟着它给你画出的道路前进。它在继续不断地锻炼孩子；它用各种各样的考验来磨砺他们的性情；它教他们从小就知道什么是烦恼和痛苦。出牙的时候，就使他们发烧；肠腹疼痛的时候，就使他们产生痉挛；咳嗽厉害的时候，就使他们喘不过气来；肠虫折磨他们；多血症败坏他们的血液；各种各样的酵素在他们的血中发酵，引起危险的斑疹。在婴儿时期，他们差不多都是在疾病和危险中度过的；出生的孩子有一半不到八岁就死了。通过了这些考验，孩子便获得了力量；一到他们能够运用自己的生命时，生命的本原就更为坚实了。

……

我再说一次：人的教育在他出生的时候就开始了，在能够说话和听别人说话以前，他已经就受到教育了。经验是先于教育的；在他认识他的乳母的时候，他已经获得了很多的经验了。如果我们追溯一下最粗野的人从出生一直到他长到目前为止的进步过程，我们就将对他的知识之多感到惊奇。如果我们把人的知识分为两部分，一部分是所有的人共有的，另外一部分是学者们特有的，那么，把后者同前者一比，就显得是太渺小了。可是，我们是不大重视我们所获得的一般的知识的，因为它们是我们在不知不觉之中甚至是在未达到有理智的年龄以前获得的；此外，学问之所以受到重视，只是因为有它的差别，而且，正如在代数方程式里一样，是因为公有数是不加计算的。

第二卷

大自然总是向最好的方面去做的，所以它首先才这样地安排人。最初，它只赋予他维持他生存所必需的欲望和满足这种欲望的足够的能力。它把其余的能力通通都储藏在人的心灵的深处，在需要的时候才加以发挥。只有在这种原始的状态中，能力和欲望才获得平衡，人才不感到痛苦。一旦潜在的能力开始起作用的时候，在一切能力中最为活跃的想象力就觉醒过来，领先发展。正是这种想象力给我们展现了可能达到的或好或坏的境界，使我们有满足欲望的希望，从而使我们的欲望更为滋长。不过，起初看来似乎是伸手可及的那个目标，却迅速地向前逃遁，使我们无法追赶；当我们以为追上的时候，它又变了一个样子，远远地出现在我们的前面。我们再也看不到我们已经走过的地方，我们也不再去想它了；尚待跋涉的原野又在不断地扩大。

因此，我们弄得精疲力竭也达不到尽头；我们愈接近享受的时候，幸福愈远远地离开我们。

相反地，人愈是接近他的自然状态，他的能力和欲望的差别就愈小，因此，他达到幸福的路程就没有那样遥远。只有在他似乎是一无所有的时候，他的痛苦才最为轻微，因为，痛苦的成因不在于缺乏什么东西，而在于对那些东西感到需要。

……

你使孩子只依赖于物，就能按照自然的秩序对他进行教育。如果他有冒失的行为，你只需让他碰到一些有形的障碍或受到由他的行为本身产生的惩罚，就可以加以制止；这些惩罚，他是随时都记得的，所以，无须你禁止，也能预防他顽皮捣乱。经验和体力的柔弱，对他来说就是法规。绝不能因为他要什么就给什么，而要看他是不是确实有需要。当他在活动的时候，不要教他怎样怎样地服从人，同时，在你给他做事的时候，也不要告诉他怎样怎样地使役人。要让他在他的行动和你的行动中都同样感到有他的自由。当他的体力满足不了他的需要的时候，就要弥补他的体力之不足，但是只能够补充到恰好够使他自由活动，而不能让他随意地使唤人，因此，要使他在得到你的帮助的时候有一种羞愧的感觉，从而渴望自己能够及早地不要人家帮忙，及早地体体面面自己做自己的事情。

大自然是有增强孩子的身体和使之成长的办法的，我们绝不能违反它的办法。当一个孩子想走的时候，我们就不应该硬要他待着不动，但是，如果他想待在那里，我们就不应当逼着他去走。只要不用我们的错误去损害孩子的意志，他是绝不会做没有用处的事情的。只要他愿意，就让他跑跑跳跳、吵吵闹闹好了。他的一切运动，都是他日益增强的身体所必需的；不过，我们应当提防他去做他力所不能和必须别人代替他做的事情。因此，我们要仔细地分别哪些需要是他真正的需要、是自然的需要，哪些需要是由于他开始出现的幻想造成的，或者是由于我曾经谈到过的生活的过于优裕引起的。

……

用理性去教育孩子，是洛克的一个重要原理；这个原理在今天是最时髦不过了；然而在我看来，它虽然是那样时髦，但远远不能说明它是可靠的；就我来说，我发现，再没有谁比那些受过许多理性教育的孩子更傻的了。在人的一切官能中，理智这个官能可以说是由其他各种官能综合而成的，因此它最难于发展，而且也发展得迟；但是有些人还偏偏要用它去发展其他的官能哩！一种良好教育的优异成绩就是造就一个有理性的人，正因为这个缘故，人们就企图用理性去教育孩子！这简直是本末倒置，把目的当作了手段。如果孩子们是懂得道理的话，他们就没有受教育的必要了；但是，由于你们从他们幼年时候起就对他们讲一种他们根本听不懂的语言，因而就使他们养成了种种习惯：爱玩弄字眼，爱打断别人的一切讲话，自己认为自己同老师一样地高明，凡事总爱争辩，总不服气；所有一切你想用合理的动机叫他们去做的事情，今后都只能够以贪婪、恐惧或虚荣的动机叫他们去做了。

向孩子们进行的或可能进行的种种道德教育，差不多都可以归纳成如下的一套对话。

老师：不应该做那件事情。

孩子：为什么不该做那件事情？

老师：因为那样做是很不好的。

孩子：不好！有什么不好！

老师：因为别人不许你那样做。

孩子：不许我做的事情我做了，有什么不好？

老师：你不听话，别人就要处罚你。

孩子：我会做得不让人家知道。

老师：别人要暗暗注意你的。

孩子：我藏起来做。

老师：别人要问你的。

孩子：我就撒谎。

老师：不应该撒谎。

孩子：为什么不应该撒谎？

老师：因为撒谎是很不好的。等等。

不可避免地要周而复始这样进行下去的。不要再进行了，孩子是再也不会听你这一套的。这种教法哪能有很大的用处？我非常好奇，很想知道别人能够用什么东西来代替这套对话？就连洛克本人也一定会弄得十分为难的。辨别善恶，明了一个人之所以有种种天职的道理，这不是一个孩子的事情。

大自然希望儿童在成人以前就要像儿童的样子。如果我们打乱了这个次序，我们就会造成一些早熟的果实，它们长得既不丰满也不甜美，而且很快就会腐烂：我们将造成一些年纪轻轻的博士和老态龙钟的儿童。儿童是有他特有的看法、想法和感情的；如果想用我们的看法、想法和感情去代替他们的看法、想法和感情，那简直是最愚蠢的事情；我宁愿让一个孩子到十岁的时候长得身高五尺而不愿他有什么判断的能力。事实上，在这种年龄，理性对他有什么用处？它阻碍着体力的发展，儿童是不需要这种阻碍的。

所以，**最初几年的教育应当纯粹是消极的。**它不在于教学生以道德和真理，而在于防止他的心沾染罪恶，防止他的思想产生谬见。如果你能够采取自己不教也不让别人教的方针，如果你能够把你的学生健壮地带到十二岁，这时候，即使他还分不清哪只是左手哪只是右手，但你一去教他，他的智慧的眼睛就会向着理性睁开的；由于他没有染上什么偏见或习惯，因此在他身上不会有什么东西能够抵消你的教育的效果。他在你的手中很快就会变成一个最聪明的人；你开头什么也不教，结果反而会创造一个教育的奇迹。

第三卷

同一种本能可以刺激人的不同的官能。当身体的活力极度发达的时候，精神的活力也跟着要受到教育。开始，孩子们只不过是好动，后来就变得好奇；这种好奇心只要有很好的引导，就能成为我们现在所讲的这个年龄的孩子寻求知识的动力。我们始终要区别，哪些倾向是产生于自然，哪些倾向是产生于偏见。有一种求知热的产生，完全是由于想使别人尊敬他为一个学者，而另外一种求知热的产生，则由于人对所有一切在目前或将来同他息息相关的事物有一种自然的好奇心。一方面他生来就有谋求幸福的欲望，而另一方面又不能充分满足这种欲望，因而他不得不继续不断地寻求满足他的欲望的新的方法。这就是好奇心的第一本原，这个本原是自然而然地在人的心中产生的，但它的发展是必然同我们的欲望和知识成比例的。假定有一个科学家带着他的仪器和图书隐居到一个荒凉的岛上，并且决心单独一个人在那里度过他的余年，那他是不会再自找麻烦地去研究什么天体说、引力法则和微积分的，也许他终其身是一本书也不看的；然而在另一方面，不管那个荒岛是多么大，他都是禁不住自己的游览全岛的欲望，一直到最偏僻的角落也要去看一看的。所以，在儿童时期学习的东西中，还需要抛弃那些不适合于我们天然的兴趣的东西，而且要把学习的范围限制于我们的本能促使我们去寻求的知识。

……

使你的学生去观察自然的种种现象，不久以后就可使他变得非常好奇；不过，为了培养他的好奇心，就不能那么急急忙忙地去满足他的好奇心。你提出一些他能理解的问题，让他自己去解答。要做到：他所知道的东西，不是由于你的告诉而是由于他自己的理解。不要教他这样那样的学问，而要由他自己去发现那些学问。你一旦在他心中用权威代替了理智，他就不再运用他的理智了，他将为别人的见解所左右。

……

爱弥儿的知识不多，但他所有的知识都真正是属于他自己的，而且其中没有一样是一知半解的。在他经过透彻了解的少量的事物中，最重要的一项是：他知道，有许多的事物是他目前不了解而将来能够了解的；有更多的事物是别人了解而他是永远也不能了解的；还有无数的事物是任何人都不能了解的。他有一个能包罗万象的心胸，其所以这样，不是由于他有知识，而是由于他有获得知识的能力；他心思开朗，头脑聪敏，能够临机应变；现在，正如蒙台涅所说的，他虽然不是一个学识渊博的人，但至少是一个善于学习的人。只要他能够明白他所做的一切有什么用处，能够明白他为什么相信他所知道的种种事物，我就感到满意了。因为，再说一次，我的目的不是教给他各种各样的知识，而是教他怎样在需要的时候取得知识，是教他准确地估计知识的价值，是教他爱真理胜于一切。采用这个办法，我们的进步很慢，但绝不会走一步冤枉的路，绝不会在前进不了的时候又不能不倒退回来重新学起。

拓展性阅读

1. 洛克. 教育漫话［M］. 杨汉麟，译. 北京：人民教育出版社，2007.
2. 康德. 论教育学［M］. 赵鹏，等译. 上海：上海人民出版社，2005.
3. 任钟印. 夸美纽斯教育论著选［M］. 任宝祥，等译. 北京：人民教育出版社，2005.

第二节　国家主义教育名著选读

一、国家主义教育思想概要

国家主义教育思想源于古希腊的柏拉图，马丁·路德在宗教改革时期也提出由教会和国家共同兴办教育，但总体来讲，近代之前教育主要是家庭和教会的责任。欧美资产革命胜利以后，伴随着近代民族国家的出现，越来越多的有识之士开始关注国家在教育中的责任，导致国家主义教育思想在 19 世纪达到高潮，其代表人物有法国的康多塞、拉夏洛泰，德国的费希特，美国的贺拉斯·曼等人。该教育思想旨在打破教会对教育的垄断，主张教育管理权应该归国家所有，国家必须担负起兴办教育的责任；教育是造福民族国家的工具，同国家利益密切相关，国家必须建立世俗化的教育制度，教育的内容和教育的目的等都应该是为国家和社会服务的。可以说，国家主义教育思潮影响了近代欧美各国教育世俗化和普及化的进程。

柏拉图在其代表作《理想国》中，构建了心目中的理想社会，即每个人都必须各司其职，各安其位，各尽其用。柏拉图重视教育在城邦发展中的作用，认为教育的目的是培养优秀的统治人才和公民。有基于此，他构建了迄今为止时间最长的学制，为了保证教育的实施，还提出设立专门管理教育的长官。亚里士多德在其《政治学》一书中认为，为了国家的利益，必须要重视公民优生优育和教育。

以康多塞为代表的法国新兴资产阶级非常重视世俗教育在国家进步中的作用，他们认为公民的教育应是国家重要的任务。1792 年康多塞代表国民教育委员会向立法会议提出一项由国家举办世俗性学校的国民教育组织计划，又称康多塞法案。他设计了一个包括初级小学、高级小学、中等学校、专门学校在内的教育体系，提议实行普及的初等教育，重视学生的公民教育。康多塞法案对 19 世纪法国教育，尤其是拿破仑的教育改革产生了重要影响。

19 世纪，国家主义教育思潮在德国也得到了较快发展。德国著名的哲学家费希特在拿破仑占领柏林期间，为了反抗侵略、唤醒民众的民族意识，多次发表了对德意志民族的演讲。他阐述了德意志民族的特点，意在唤起德意志民众的爱国之情。随后为了使德意志重获世界的认可，费希特和洪堡一起创建了柏林大学。费希特的国家主义教育思想对德国的复兴起到了非常重要的作用。

美国独立之初，一些联邦领导人就非常重视公共教育的发展。他们曾计划设立联邦大学，但因与宪法相冲突而未能实施。杰斐逊筹划建成了美国的第一所公立大学——弗吉尼亚大学，并担任了该校第一任校长，从此美国大学形成了公私兼有的局面。随着经济的发展和社会的进步，以贺拉斯·曼为代表的有识之士意识到公共教育制度在国家发展中的重要作用，提出要由公共机构来兴办教育，并由公共税收提供资金支持。贺拉斯·曼一生致力于美国公立教育，发起了自下而上的公立学校运动，被尊称为“美国公立教育之父”，他为当前美国公立学校制度奠定了坚实的基础。

二、费希特与《对德意志民族的演讲》

（一）作者和作品简介

费希特（Fichte，1762—1814 年），德国著名哲学家，爱国主义教育家。他出生于普鲁士的拉梅诺，接受完中等教育后，先后进入耶拿大学、莱比锡大学学习神学和法学，1784 年由于经济原因终止了学业。1788—1790 年费希特在苏黎世做家庭教师，因为一个偶然的机会开始研究康德哲学。1791 年他到但泽的一位伯爵家担任家庭教师，并继续哲学方面的探索。1794 年，费希特成为耶拿大学教授，主持哲学讲座。费希特虽以其哲学思想闻名于世，但其教育思想对当时的普鲁士也影响甚大。1806 年，第四次反法同盟结成，对法战争爆发，德国开始节节败退。在生死存亡的关头，为了唤起民众的民族意识，费希特回到法军占领的柏林，进行了十四次对德意志民族的演讲，同时起草筹建柏林大学。费希特在其演讲中通过分析德意志民族的特点，提出了教育兴国的主张，“维护德意志民族生存的唯一手段提出的建议，就是完全改变迄今的教育制度”。费希特的国家主义教育理念，推动了普鲁士的教育改革。国王威廉三世支持费希特的观点，重视教育改革，希望通过教育唤起民众的精神力量。1810 年，柏林大学成立，费希特出任第一任校长，学术自由、教学和科学相结合的独特性，使其很快成为全世界学习的榜样。

《对德意志民族的演讲》全文分十四讲，是由普法战争时期费希特的十四次演讲结集而成，充分体现了费希特的国家主义教育思想。文中费希特重点阐述了教育的目的、教育在国家和民族复兴中的作用以及其对国民教育制度的构建。1915 年梁启超把费希特的这部著作介绍到中国。“九一八”事变后，日本侵占我国东北，面临同样的民族存亡的危急时刻，费希特的思想受到重视，被系统地介绍到中国。抗日战争时期，藏广恩与马采分别完成了

《对德意志民族的演讲》全本的翻译，新中国成立后商务印书馆出版了德文译本。

（二）原文节选

第十一讲[①]　这一教育计划将归谁实施？

我们已经为我们的目的对新德意志民族教育的计划作了足够的说明。于是，下一个不禁产生的问题就是：谁应当处于实施这一计划的领导地位？在这个问题上我们可以指望谁？我们指望过谁？

我们已经把这一教育作为热爱德意志祖国的最高的和当前唯一紧迫的事情提了出来，并且想与此相联系，首先将整个人类的改善和改造引入世界。但是，那种对祖国的热爱应当首先感召到处都管理德意志人的德意志国家，并且占有主导地位，在国家的一切决定中成为推动力量。因此，我们必须首先将自己期待的目光投向国家。

国家会满足我们的希望吗？我们总是像不言而喻的那样，不着眼于任何特定国家，而是着眼于整个德国，那么，根据迄今为止的德国的情况，我们对它所能期待的东西是什么呢？

在近代欧洲，教育本来不是发端于国家，而是发端于大多数国家也由之获得自己的权力的权力，即教会的天授精神王国。教会不是把自己看作世俗共同体的一个组成部分，而是把自己看作一种从天而来的、对世俗共同体来说完全外在的培育机构，它被派遣来，在它能扎根的地方，到处为这个外面的国家招募公民；它的教育目的无非在于，人们在另一世界里绝不会被罚入地狱，而是会怡享极乐。通过宗教改革，这种一如既往地像过去那样看待自己的教会权力，已经同它在以往甚至经常与之发生争执的世俗权力结合到了一起；这就是在这方面从那个事件中产生的全部区别。因此，对教育事业的陈旧看法依然存在。即使在现在的时代，而且直到今天，富裕阶层的教育也一直被看作是父母们想按照自己的喜好安排的一件私事，他们的孩子通常只是被引向这样一个目标，即他们的孩子本身有朝一日会成为有用的人。但是，唯一的公共教育，即民众教育，只是为了到天国过极乐生活的教育；主要的事情是信一点儿基督教和阅读，如果能做到，还有写作，一切都是为了基督教。人们的一切其他发展都委诸他们在其中长大成人的偶然的和盲目起作用的社会影响，委诸现实生活本身。甚至连从事学术教育的机构也都首先是为

---

① 费希特．对德意志民族的演讲［M］．梁志学，沈真，李理，译．北京：商务印书馆，2010．

训练神职人员而设想的；这是主要的科系，其余的科系仅仅成了这个主要的科系的附属部分，而且在大多数情况下也只能得到从主要的科系退下来的剩货。

只要那些居于治理国家的首要地位的人一直对这项工作的本来目的模模糊糊，甚至连他们本人都被那种对他们和别人的极乐生活的认真操心所感动，人们就可以有把握地指望他们对这种公共教育抱有的热心，指望他们为此所做的认真努力。但是，一旦他们认清了前一个目的，理解了国家的活动领域是在可见世界范围之内，那么，他们就一定会明白，对他们的臣民永恒的极乐生活的那种操心不能由他们承担，谁想在那里成为怡享极乐的人，谁就应该看到自己该怎样做。从这时起他们认为，在他们今后单纯听凭虔诚时代产生的教会组织和教育机构执行它们最初的使命时，他们也有足够的事情要做；不管它们对于已经完全改变的时代会怎样不适宜和不够用，他们并不认为自己有义务用他们在其他目的方面节省下来的开支支援它们，也不认为自己有理由进行积极的干预，用适宜的新东西取代过时的和不能用的东西，而且对于所有这一类建议总是有这样一个现成的答案：国家没有钱做这些。即使有过例外情况，这也是为了有利于高等教育机构，而这些机构显赫四方，给它们的赞助者带来了荣誉；但是，那种本来属于人类的基础，不断补充高等教育，又必定反过来不断受到高等教育的影响的教育，即民众教育，却仍旧不受重视，并且从宗教改革直至今天都处于日趋崩溃的状态。

如果我们现在能够为未来，并从此时此地起，能够为我们的事情对国家抱有更好的希望，那么，国家就有必要彻底更换它看来迄今具有的那种关于教育目的的根本概念，认识到它迄今拒绝为其公民的永恒极乐生活操心是完全正确的，因为这种生活根本不需要特殊的教育，而且一种服务于天国的培育学校，像那种把权力最终已转交给国家的教会，是根本不应当存在的，这种学校只会妨碍所有实实在在的教育，其职务必须予以解除；而另一方面，则非常需要服务于尘世生活的教育，从这种扎扎实实的教育中，自然会轻而易举地附带产生出服务于天国的教育。到目前为止，国家越认为自己开明，它似乎就越坚定地相信，即使它的公民没有任何宗教和道德，它也能够单纯通过强制性机构达到它本来的目的，而且他们会按这种机构的意图，愿意遵守他们能够遵守的事情。但愿它从新的经验中至少已经学知，它无法这么做，正是由于缺乏宗教和道德，它才落到了自己目前所处的境地。

关于国家怀疑自己是否也有能力担负民族教育的费用，但愿我们能够使它相信，它将通过这项唯一的支出，以最经济的方式解决其余大多数的支出，而且只要它承担了这项支出，它不久就只会拥有这项唯一的重要支出了。到目前为止，国家的绝大部分收入都用到了维持常备军上。我们已经看到这笔花费的结果，这就够了；因为进一步深入探讨这些军队的建立所造成的这种结果的特殊原因，超出了我们演讲的计划。与此相反，如果国家普遍实施我们建议的民族教育，那么，由于新成长起来的年轻一代受到了这种教育，国家从此刻起就根本不需要任何特殊的军队了，而是在他们那里就得到了一支在任何时代都还没有见到过的军队。每一个人都为使用他的体力的任何可能性而经过了完备的训练，他随时都具备这种力量，他习惯于承受任何艰苦努力，他在直接的直观中发展起来的精神总是历历在目，十分清醒，在他的心中，对整体、对国家和对祖国的爱永世长存，他是这整体中的一员，这种爱消灭了任何其他自私的冲动。国家一旦想要，就能召唤他们，将他们武装起来，并且可以肯定，没有任何敌人能够打垮他们。在治理得明智的国家中，另一部分操心和支出迄今都是用于改善广义的国家经济及其一切部门的，在这里，由于低等阶层难以教导和帮助，有些操心和花费已经白费，因而事情到处都收效甚微。但通过我们的教育，国家则会获得这样一些劳动阶层，这些阶层的人们从青年时代起就习惯于对自己的工作加以思考，已经有进行自救的能力和倾向；要是国家还能再以适当的方式扶助他们，他们就会对国家心领神会，心怀感激地接受它的教诲。一切财政部门都无须很多努力，就会在短时间内获得任何时代都还不曾见过的繁荣，如果国家想要计算，如果它到那时大概也还要附带了解各种事物真正的根本价值，它的第一笔费用就会获得千倍的利息。迄今为止，国家必须为司法机构和警察机构做很多事，却永远无法给它们做得充分；监狱和劳改所要国家支付开销；最后是赈济贫困的机构，越是为它们花钱，它们需要的费用就越大，在迄今为止的整个形势中，它们实际上显得是制造贫困的机构。在一个普遍实施新教育的国家里，司法机构和警察机构将会大量减少，赈济贫困的机构将会完全消除。早期的管教保证了以后免受很难进行的管教和改造；而贫困在一个按我们所说的方式受到教育的民族里是根本不存在的。

但愿国家和一切给国家出谋划策的人敢于正视和承认国家目前的实际形势；但愿国家能活生生地认识到，除了未来几代人的教育这一领域外，国家决没有剩下什么其他的活动领域，可以在其中作为一个真正的国家，真正地和独立地进行活动，并作出一些决定；如果国家不是根本什么事情都不想做，它也就只能做这件事；但是，人们也将会完整地、毫不嫉妒地将这份功劳留给它！我们不再有能力进行积极的抵抗，这是一目了然的，每一个人都承认的，和我们原先就已经假定了的。那么，我们怎样能够面对那种认为我们怯懦和不配爱生活的指责，为自己因而丧失的生存的延续作辩护呢？没有任何其他办法，我们只有决心不为自己而生存，通过行动来证明这一点；我们只有把自己当做更有尊严的后裔的种子，仅为此才想保存自己，直到我们把他们树立起来。如果失去了第一个生活目的，我们究竟还能做些别的什么事情呢？我们的宪法将由他人给我们制定，我们的同盟和我们武装力量的使用将由他人给我们指明，法典将由他人借给我们，甚至我们的法庭和判决及其执行有时也将被人夺走；我们在不远的将来将无须对这些事情操心。人们没有想到的只是教育；如果我们正找事做，那就让我们做这件事吧！可以期待，别人在这件事情上不会让我们受到干扰。我希望——也许是我自己在这件事情上弄错了，但我只是为了这个希望还想活下去，所以我不能放弃希望——我希望，我将会使一些德意志人信服，使他们认识到，惟有教育才能拯救我们摆脱压迫我们的一切灾难。我尤其指望，危难已使我们更加倾向于警觉和严肃思考。外国人有其他的安慰和其他的手段；即使外国人可能有这种想法，我们也不能期待外国人会对这种想法有些注意或有些相信；我倒希望，如果他们一旦得知有人对教育的期望如此之大，这就会发展成为给他们的报刊读者消遣的一个丰富来源。

但愿国家和那些为国家出谋划策的人，在着手这一任务时不会因为观察到期待的成果十分遥远而使自己松懈下来。如果人们想在导致我们目前命运的各种极为错综复杂的原因中，分析出那种唯独特别成为政府负担的原因，那就会发现，这些理应先于一切其他人而放眼未来、掌握未来的人，在时代的重大事件向他们涌来时，总是仅仅竭力试图使自己摆脱当下的窘迫境地；但在考虑未来的时候，则没有考虑他们的现时代，而是指望某种偶然的、会割断连续的因果链条的情况。但这种希望是骗人的。人们一旦允许一种推动力量进入时间，这种推动力就会持续下去，走完自己的道路，一旦在最初犯了松懈大意的毛病，过后的考虑就无法阻止它了。我们的命运已经暂时为我们免除了第一种只考虑现时代的情况；现时代不再是我们的。但愿我们不要保留第二种情况，即不是从我们自己身上，而是从任何别的什么东西上希望一个更好的未来。诚然，现时代无法安慰我们当中任何一个除了食物，还需要一些更多的东西维生的人，为职责活下去；只有对更好的未来的希望是我们还能得以呼吸的要素。只有梦幻者能把这种希望建立在一些其他东西之上，而不是建立在他自己为了未来的发展而能够置于现时代的东西之上。让那些统治我们的人，允许我们也像我们当中的人彼此看待对方和好人设想自己那样，看待他们吧；让他们置身于我们也十分了解的事业的首要地位吧，以使我们还能亲眼目睹那种东西的产生，而这种东西有朝一日将从我们的记忆中洗刷掉我们亲眼目睹的德意志人的名字所蒙受的耻辱！

如果国家承担这个向它建议的任务，它就会在它的整个领土上毫无例外地为它的每一位新生的公民普遍实行这种教育；我们也只是为了这种普遍性才需要国家，因为这里或那里的个别开端和尝试，都是具有善良意志的个人的能力大致足以做到的。诚然，不能期望父母们会普遍愿意同自己的孩子分离，把孩子们交给这种很难使他们理解的新教育；但根据迄今的经验，倒是可以估计到，每一个还相信自己有能力在家里养育自己的孩子的人，会反对公共教育，特别是反对一种如此严格分离、如此持久的公共教育。在这种情况下，在遭到可以预期的反对时，我们迄今已经习惯于国家领导人用这样的回答来拒绝普遍实行新教育的建议：国家没有权力为这一目的而行使强制手段。他们想等待到人们普遍具有善良意志的时候，但没有教育，则永远不可能达到普遍的善良意志，他们就是用这种方法抵御了一切改良，而希望直到末日来临事物将依然如故。他们也许是这样一些人，这些人或者从根本上把教育视为一种可以或缺的奢侈品，在考虑到这种奢侈品时必须尽可能加以节省，或者是把我们的建议只看作对人类进行的一项新的大胆的试验，它可能成功也可能失败；就他们是这样的人来说，他们的认真必须加以称赞；这些人也许是这样一些人，这些人对迄今的公共教育状况赞叹不已，对这种教育在自己的领导下发展到多么完善的程度心醉神迷，全然不让自己感觉到，自己本该接受一些自己尚无所知的东西；所有这些人都与我们的目的毫不相干，如果有关这件事情的决定要归他们作出，那是应当抱怨的。不过，但愿也有些国家领导人，他们在这件事情上被当做顾问，而这些国家领导人首先完全是通过对哲学和科学的深入和彻底的学习获得自我教育的，他们的事业对他们来说是十分严肃的，他们对人和人的使命具有牢固的概念，他们有能力理解现时代，有能力把握，究竟是什么东西给人类目前不可避免地造成危难；假如这些人根据那些预备性概念已经亲自认识到，只有教育才能在无法阻挡地向我们突然袭来的野蛮和野蛮化过程面前拯救我们，假如他们的眼前浮现出一幅关于通过这种教育将会产生的一代新人的图景，假如他们自己由衷地信服我们建议采取的办法是无懈可击、毫不骗人的，那也就可以期望，这些人同时会理解，国家作为人类事务的最高管理者，作为唯独对上帝、对自己的良心负责的未成年人监护者，完全有权为了拯救他们也对他们采用强制手段。目前，究竟在什么地方有一个国家会怀疑自己是否也有权强迫其臣民服兵役，为此从父母那里夺走他们的孩子呢？会怀疑父母中的一方或双方都愿意还是不愿意呢？尽管如此，但这种强迫别人违背自己的意志，采纳一种持久的生活方式的措施，是非常值得怀疑的，而且经常会对道德状况，对受强制者的健康和生活，造成极其有害的后果；与此相反，我们所说的那种强制则在教育过程结束之后，退回了全部个人自由，它绝不会有任何其他结果，而只会有提供最大的拯救的结果。当然，以前人们也是凭自由意志服兵役的；但是，自从发现这种自由意志不足以实现想要达到的目的以后，人们就毫不犹豫地辅之以强制手段；因为这项事业对我们十分重要，而且危难处境也要求非采取强制手段不可。但愿在考虑到教育的时候，我们也能睁开眼睛看到我们的危难处境，这件事情将对我们同样重要，这样，那种疑虑就会自行打消；特别是，只有在第一代人当中才需要采用强制手段，在以后各代人当中，他们亲自经过这种教育，强制就会被废除，而且那种对服兵役的强制也会因而被取消，因为所有这么受过教育的人都同样愿意为祖国拿起武器。如果人们为了在开始的时候不招致太多的叫喊，打算采用以往限制那种服兵役的强制措施的方式，限制这种强制接受公共民族教育的措施，将那些免服兵役的阶层排除在这种强制性教育之外，那么，这是不会有什么重大的不良结果的。在那些被排除在民族教育之外的阶层当中，会有一些通情达理的父母自愿将自己的孩子托付给这种教育，而那些不通情达理的父母的孩子们，跟全部孩子相比，在数量上是微不足道的，他们可以一直按以往的方式成长起来，进入需要加以创造的更好的时代，不过，他们只有作为旧时代的一种引人注目的纪念品才有用处，以鼓舞新时代能够生动地认识到自己的更高幸福。

现在，如果这种教育会干脆成为**德意志人的民族教育**，如果所有讲德语的人——但又绝不只是这个或那个特定德意志国家的公民——中的大多数人都会成为一代新人，那么，一切德意志国家就都必须自力更生，不依赖其他一切国家，承担起这项任务。首先用以倡导这一事情的语言，用以拟定和进一步拟定辅助方法的语言，用以训练教师的语言，概括起来说，将要通过这一切的一条唯一的、具有象征意义的道路，是一切德意志人共同拥有的。我几乎无法想象，怎样和用哪些转换方式能够把整个这种教育方法，特别是在我们所计划的范围内，迻译为任何一种外国语，使它显得不是一种外邦的、翻译过来的东西，而是本国的、从自己的语言固有的生命中产生出来的。这个难题对一切德意志人来说都同样被排除了；这项事业对他们来说已经准备就绪，他们只需动手干这件事业就行了。

在这里，各个不同的、彼此分离的德意志国家依然存在的情况，对我们有利！这种经常对我们不利的情况，也许在这件民族大事上会对我们有利。好多国家急起直追的劲头和相互争先的欲望，也许会产生单个自满自足和安于现状的国家所不能产生的结局；因为很清楚，在所有的德意志国家当中，那个将会开此事之先河的国家，将会首先赢得全体德意志人对它的尊敬、爱戴和感激，使自己成为民族的最高救星和真正的缔造者。这个国家将给其他国家鼓起勇气，为它们树立一个富有教益的榜样，成为它们学习的典范；这个国家将消除其他国家心怀的疑虑；从这个国家的怀抱中将产生出可以借给其他国家的教科书和第一流教师；哪一个国家在它之后成为第二个这样的国家，就将获得第二等这样的光荣。在德意志人当中，对高尚事物的感觉还从来不曾完全泯灭，能证明这一点的令人喜悦的证据是，迄今为止，许多德意志部族和国家都一直为拥有更高的文化的荣誉而彼此争论不休，有的列举自己拥有更广泛的新闻自由，能更自由地抛弃传统意见，有的列举自己拥有建制更好的学校和大学，有的列举自己拥有昔日的光荣和功绩，有的列举自己拥有某种别的什么东西，而且这种争论一直都不能有定论。在目前的时机，这种争论则将会有定论。只有那种在此全力以赴，敢于普遍实施的和有教无类的教育，才是生活的一个真实的组成部分，才对自己很有信心。任何其他的教育都是一种外加的饰物，人们只是为了华丽才敷设它，真正有良心的人则连一次都不佩戴它。在这个时机，必将暴露出在什么地方，人们引以为荣的教育只存在于中等阶层的少数人那里，他们在著作中把它阐述出来，而一切德意志国家都拥有诸如此类的人；必将暴露出在什么地方，这种教育于另一方面也上升到了为国家出谋划策的高等阶层。于是，事实也就会表明，人们必须怎样评价到处表现出来的那种建立和繁荣高等教育机构的努力，它是以对于人类教育的纯粹热爱——这热爱当然会以同样的努力浸透教育的每个部门，特别是浸透教育的首要根基——为基础呢，还是以单纯寻求荣耀，甚或以可怜的金融投机为基础呢。

我说过，哪一个德意志国家率先实行这个关于民族教育的建议，就会从中获得最大的荣誉。但在此之后，这个德意志国家并不会长期一枝独秀，而是无疑不久就会发现许多追随者和竞争者。只要做出一个开端，这就是重要的事情。即使没有什么别的东西，荣誉感、嫉妒心以及那种也想获得别人拥有的东西和在可能时还想获得更好的东西的欲望，也会促使一个国家追赶另一个国家，效仿其榜样。这样，我们在上面提到的那种对国家自身利益的观察——这种观察现在在一些人看来也许很值得怀疑——也就会在生动的直观中得到验证，变得昭然若揭。

假如可以期待，一切德意志国家现在就已经立刻认真准备，贯彻那一计划，那么，二十五年之后就会出现我们所需要的更好的一代人，如果谁还有望活到那个时候，谁就可望亲眼看到这一代人。

但是，像我们当然也必须指望这种情况一样，如果在目前存在的一切德意志国家中没有任何一个国家在自己的高级顾问中有这样一个人，这个人有能力认识到上面假定的一切，为这一切所感动，而且在这个国家里，至少大多数的顾问不反对这个人，那么，这件事情自然就会落到具有善良意志的个人的肩上，于是我们就可以期望，这些人能开始着手实施我们倡议的新教育。在这里，我们首先着眼于大土地占有者，他们可以在自己的领地上为其臣民的孩子建立这样的教育机构。在近代欧洲的其他民族面前给德国带来荣誉、带来光荣称号的是，在大土地占有者阶层中一直到处都有很多人把操心自己领地上的孩子的课程和教育作为自己的严肃工作，他们乐于尽自己的所知，为此做出最好的努力。可以期望，这些人现在也会倾向于学习向他们建议的完善的做法，并像他们迄今做较小的和不完备的事情那样，乐于做较大的和彻底的事情。拥有受过教育的臣民比拥有未受过教育的臣民对他们自己更为有利，这种认识很可能在这里或那里有助于他们那么去做。在国家取消臣属制关系，从而去掉了这个最后的动力的地方，但愿国家能在那里更加认真地考虑自己不可免除的职责，就是说，不同时取消这种在开明土地占有者那里同臣属关系有联系的唯一的好东西，但愿国家在免除了那些自愿代替国家做这件事的人之后，在这件事情上不要耽误尽自己本来的义务。此外，在考虑到城市的时候，我们在这里将自己的目光指向了具有善良意志的市民们为实现这一目的的自愿联合。在我所能看到的地方，德意志人心中对善举的爱好在任何危难局势的压力之下都还一直没有泯灭。但是，由于在我们的机构中有种种可以概括在忽视教育的项目下的缺陷，这种善举仍然很少能挽救危难局势，而是好像经常还在扩大危难局势。但愿人们最终把这种高尚的爱好首先指向那种能结束一切危难和一切其他善举的善举，指向教育这一善举。但是我们还需要有和期望着其他形式的善举和牺牲，这种牺牲不在于给予，而在于行动和做出成绩。但愿正在成长的学者，在情况允许时能把大学毕业后和担任公职前给自己空余的一段时间，用于学习这些机构中的教学方法和自己在这些机构从事教学的工作！且不说他们将因此为整个民族作出最大的贡献，我们还可以向他们保证，他们自己会从中得到最大的收获。他们从通常的大学课堂上往往很死板地带来的全部知识，将会在他们从这里进入的普遍进行直观的工作氛围中获得清晰性和生动性，他们将学会娴熟地传授和使用这些知识，而且由于人类的全部特性在儿童身上都是纯洁无瑕地袒露出来的，所以他们就会获得真正的、唯一名副其实的人类知识的宝藏，他们将学会生活与活动的伟大艺术，而对这种伟大艺术，高等学校通常是不加以说明的。

如果国家不承担要求它承担的任务，那么，接受这一任务的个人就更加光荣了。但愿我们不要通过臆想来预测未来，不要自己发出怀疑和缺乏信任的声音；我们已经清楚地说出我们首先期望的东西；我们只可以说明一点：如果真的会出现国家和君主将这一事业交给个人的情况，这就应当符合于迄今为止的、在上面已经说明的和用事例证明的德意志的发展和文明的进程，而且这一进程会始终保持不变。即使在这种情况下，国家也会首先像一个也想作出自己的一份贡献的个人那样，在适当的时候紧跟上来，直到它以后认识到，它并不是一个部分，而是整体，它有义务也有权利为整体操心。从这一刻起，个人的一切独立努力就被取消，而从属于国家的总体计划了。

如果事情的进程是这样，那么，旨在改善我们人类的活动自然就只能缓慢地向前发展，而无法确有把握地和坚定地通观全局，做出可能的估计。但是，让我们不要因此受阻，不去做出一个开端！这项事业绝不会衰亡，而是只要一旦起动，就会自行存在下去，并且越来越向远处蔓延和传播，这是由它本身的本性决定的。每一个受过这种教育的人，都将是它的见证人和热情的传播者；每一个人都会使自己又成为老师，并尽自己的能力造就人数众多的、有朝一日也会成为教师的学生，以此来偿还过去获得的教育的报酬；这种情况必定会一直持续下去，直到毫无例外地遍及整个民族。

如果国家不从事这项事业，私立学校就会担心，一切稍微富裕一些的父母们将不把自己的孩子托付给这种教育。于是，就让我们以上帝的名义，满怀信心，转向穷困的孤儿吧，转向陷于贫困境地的街头流浪儿吧，转向所有被成人社会排除和抛弃的孩子吧！以前，特别是在一些德意志国家，祖先的虔诚信仰使公共教育机构得到很大的扩充和充分的装备，许多父母都曾经让自己的孩子受到教育，因为他们同时发现，这种教育机构与任何其他行业不同，食宿全包；那么，就让我们在迫不得已时像以前在这些国家里那样，采取补贴的办法，把面包给予那些从别人那里得不到面包的人，以使他们在拿到面包的同时也接受精神上的教育吧！让我们不要担心他们先前的贫困和粗野的状况会成为实现我们的教育宗旨的障碍吧！让我们突然把他们完全从这种状况中拉出来，将他们带进一个崭新的世界吧；让我们不给他们留下任何可以使他们回忆起旧日的东西吧！这样，他们自己就会忘记这些，而成为新的、刚刚才被创造出来的人。我们的课程和我们的校规必须保证，刻进这块新鲜、纯洁的白板中的只是好的东西。如果恰恰是那些被我们时代排除的人，单纯由于受到这种排除才获得开始成为更好的一代人的优先权，如果是他们给那些不愿意跟他们在一起的人们的孩子带来使人幸福的教育，如果是他们成为我们未来的英雄、智者、立法者和人类拯救者的祖先，那么，这将是就我们这个时代给一切后世人提出的一个警告性证明。

第一个这样的教育机构的建立首先需要有胜任的教师和教育者。裴斯泰洛齐的学校培养了这样的人，并且永远准备培养更多的这样的人。开始的时候，需要注意的一件重要事情是，每一个这种类型的机构都要同时把自己看作是培育教师的学校，而且除了已经培养出来的教师之外，要在他们周围聚集着一批年轻人，他们学习教学，同时进行实践，在实践中不断更好地学习。即使这些机构在初期不得不跟匮乏作斗争，这也会很容易维持住教师队伍。因为大多数人目前都志在自己学习；因此，他们也愿意在没有其他补偿的情况下，在一段时间里为了他们所在的那个教育机构的利益而使用学到的东西。

此外，这样一个教育机构需要有校舍、初步的设备和一块足够大的土地。在这些安排的进一步发展中，如果这些机构中将有数量适当的一批已经成长起来的年轻人，他们在几年里都按照迄今的安排，作为雇佣工作者不仅获得食宿，而且同时也获得年薪，如果把他们的工作转交给较弱的年轻人，并依靠本来就必须具有的辛勤工作和明智经营，那么，这些机构将大都能够维持自身——这看来是显而易见的。在初期，在还没有前面提到的那种学子的时候，这些机构可能需要较大的补贴。可以希望，如果看得到出头之日，人们是更愿意作出贡献的。我们应当避免对这一目的有损害的节省；允许这种节省，倒不如什么都不做好得多。

因此我认为，以单纯的善良意志为先决条件，在实行这一计划的时候，通过许多人的联合，通过所有的人将自己的力量投向这个唯一的目的，就没有什么困难会不容易加以克服。

拓展性阅读

1. 费希特．费希特文集［M］．梁志学，等编译．北京：商务印书馆，2014.
2. 福泽谕吉．教育论著选［M］．王桂，译．北京：人民教育出版社．2005.
3. 郑文樾．乌申斯基教育文选［M］．张佩珍，冯天向，郑文樾，译．北京：人民教育出版社．2007.

第三节　科学教育名著选读

一、科学教育思想概要

科学教育思想产生于 16、17 世纪，19 世纪中后期在欧美各国得到了较广泛的传播。早期的科学探究大都是个人行为，近代之后才由个人行为转向集体的教育活动。科学教育的产生是跟科技进步密切联系在一起的。早在文艺复兴时期，自然科学就随着物质生产的发展而逐渐发展起来，并出现了伽利略、哥白尼等著名科学家。后经 18 世纪工业革命，到 19 世纪初叶，各种科学发现和发明创造层出不穷，深刻地影响着社会发展。但当时以英国为代表的学校教育仍以古典文科为主，科学知识并未受到重视，传统教育越来越不能适应社会发展的需要，此即科学教育思想兴盛的背景。

科学教育的先驱是英国的培根、洛克、弥尔顿等人。1623 年，培根首次把教育学作为一门独立学科提出来，与其他学科并列。他在《新大西岛》一书中设想出了教学和科研机构——所罗门宫。他重视科学实验，“知识就是力量”的口号深刻阐述了科学的价值。从培根的时代起，近代科学教育开始稳固发展。17 世纪著名教育家洛克在论述绅士教育时，设置了庞大的课程体系，要求未来的绅士要学习一些相关的科学知识。弥尔顿主张突破文法中学的限制，倡导创办重视实用知识和自然科学知识的新型中学。其《论教育》一书对传统的旧教育进行批判，并提出了新教育的实施方案。他认为，新学校应培养青年多方面的能力，并设立数学、建筑学、航海学等实用学科。随后英国许多非国教派人士接受弥尔顿的思想，尝试创办实科中学，虽然课程设置不尽相同，但大都重视自然科学及外语课程，并用英语教学。

19 世纪中叶，科学主义教育思想进入了一个新的发展阶段。19 世纪前半期，随着能量守恒和转化定律、细胞学说和生物进化论自然科学领域的三大发现的出现，科学在社会发展中的作用越来越受到重视。先进之士试图打破古典学科对学校教育的垄断，认为科学知识应在课程教学中占有一席之地。西欧特别是英国展开了一场论战，实质上是论证科学知识与古典知识的直接价值和重要性的问题。在这场论战中，斯宾塞对传统的古典主义教育进行了猛烈的抨击，他认为古典学科装饰大于实用，最有价值的知识应该是科学。教育的目的是为完满的生活做准备。他把人的活动分为五种，并为每种活动设置了以科学为核心的课程。赫胥黎是近代著名博物学家，他的观点与斯宾塞虽不尽相同，但都对当时严重脱离社会实际需要的英国学校教育提出了尖锐的批评，并积极提倡科学教育。他在其代表作《科学与教育》一书提到，“无论是男孩还是女孩，在离开学校之前，他都应当牢固地把握科学的一般特点，并且在所有的科学方法上多少受到一点训练。因此，当他们迈入社会并获得成功的时候，他们就会有准备地面对许多科学问题”。他主张用理论和实践相结合的科学教育去改造传统的古典教育，阐明了自然科学知识对于社会发展、科技进步的重大作用，不仅关注课程中的科学知识，而且重视科学的研究方法和探究精神。

二、斯宾塞与《教育论》

（一）作者和作品简介

斯宾塞（Herbert Spencer，1820—1903 年）是 19 世纪英国著名社会学家、哲学家和科学教育的倡导者。斯宾塞出身于教师家庭，幼年因为身体原因没有进入学校，而是在父亲的指导下学习。父亲的教学方法灵活有趣，使斯宾塞受益匪浅。斯宾塞后来为了进入大学而接受的短暂中学教育，则令他对传统教育深恶痛绝。之后他未能进入大学学习，1837 年在父亲的建议下担任一位教师的助手，虽然只有短短的 3 个月，但其灵活的教学方法深受学生喜爱。斯宾塞先是成为一名铁路土木工程师，在紧张的工作中坚持学习，尝试进行发明活动，后来成为一名编辑，开始了著述生涯。斯宾塞自学成才，在哲学、生物学、心理学、伦理学等多个领域均有建树，被学术界称为现代的亚里士多德。他通过研读培根、夸美纽斯、卢梭等近代教育家的著作，结合自身的哲学思想和教育经历，逐渐形成了自己的教育思想。以进化论为基础，从功利主义的教育观出发，斯宾塞提出了教育预备说。他认为，教育是为完满的生活做准备，是为了满足人类未来五种活动的需要。在“什么知识最有价值”的大讨论中，斯宾塞明确提出，最有价值的知识是科学，并在 1861 年出版的《教育论》中进行了充分论证。

《教育论》一书由斯宾塞发表的《智育》《德育》《体育》和《什么知识最有价值?》四篇教育论文组成，1861 年由英国伦敦出版社出版。《教育论》中阐述的科学教育思想对世界近代教育有较大影响，先后被译成多国文字。严复曾翻译过斯宾塞的著作，并对其教育思想进行了简单介绍。1923 年，商务印书馆出版发行了胡毅的《教育论》节译本，使斯宾塞的教育思想在我国开始传播。1962 年，人民教育出版社出版了该书的全译本。2005 年人民教育出版社又将该书与《自由主义和儿童权利》等另外九篇论文结集为《斯宾塞教育论著选》。

（二）原文节选

什么知识最有价值？[①]

奇怪的是在心智方面也有同样的情况。在心智方面同在身体方面一样，我们所追求的都是装饰先于实用。不只在过去，在我们现代也差不多一样：那些受人称赞的知识总放在第一位，而那些增进个人福利的知识倒放在第二位。在希腊的学校中，主要科目是音乐、诗歌、修辞和在苏格拉底（Socrates）任教以前很少联系到行动的哲学；而对于生活技艺有帮助的知识只占很次要的地位。在我们现在的大学和普通学校里也有同样的轻重倒置的情况。一个男孩，在他整个一生，十之八九用不到拉丁文和希腊文，是大家都熟悉的老生常谈。我们常说他在店铺和办公室里，在管理家产或家务中，在做银行或铁路工作中，他费了那么多年学来的知识对他帮助很少，少到其中大部分一般地都忘记了；而如果他偶尔冒出一句拉丁文，或提到某些希腊神话，也并不是为了说明当前的问题而是为了表现自己。假如我们问到给男孩子古典教育的真正动机是什么，那就只是为了顺从社会舆论。同给儿童装饰身体一样，人们也随着风尚**装饰儿童的心智**。正如同奥里诺科印第安人出门前涂抹颜色不是为了任何直接的好处，而是因为不这样他就不好意思见人，一个男孩必须硬背拉丁文和希腊文，也不是因为这些语文有内在价值，而是免得他因不懂这些语文而丢脸，是为了使他受到“绅士教育”，是因为这标志着某种社会地位，并且因此能受人尊敬。

在女性方面这个类似的情况就表现得更明显。在对待身心两方面，装饰因素之继续占上风，妇女比男子更厉害。本来，无论男女都同样注重个人装饰。但是在文明的近代，我们看出男子在衣着上考虑舒适比考虑外表要多些，同时在他们的教育中实用的部分近来也在代替装饰的部分。至于妇女在这两方面的改变都没有这么大。佩戴耳环、戒指、手镯；花样繁多的发饰；依然有时见到的涂脂抹粉；千方百计使得自己的服装引人注目；以及为了趋时尚宁肯忍受很大的不舒适：这些都表明妇女在衣着上获得赞许的愿望多么大地胜过了求得温暖和方便的愿望。在她们的教育方面也是一样，大部分的“才艺”在这儿都证明虚饰重于实用。舞蹈，举止文雅，弹钢琴，唱歌，绘画：

---

① 斯宾塞．斯宾塞教育论著选［M］．胡毅，王承绪，译．北京：人民教育出版社，2005.

这些占了多大分量！如果你问为什么学意大利文和德文，你就会看出，在一切借口之下，真正的理由是认为懂得这些语文才像个贵妇人。目的并不在去读用那些文字写的书，因为她们根本就很少去读书；而是为了去唱意大利文和德文的歌曲，为了由于多才多艺而引起的啧啧称赞。记住一些君王的生卒年月、婚姻和其他轶闻琐事，也不是因为知道了那些可能有什么直接好处；而是因为社会上认为那是良好教育的一部分，因为缺乏那些知识就会被人轻视。当我们列出阅读、写字、拼法、语法、算术和缝纫，就差不多列出了从生活实用上教给女孩子的全部东西；其中有些还是**为了博得好评的多，为了个人直接福利的少**。

……

我们认为最重要的问题并不在于这个或那个知识有没有价值，而在于它的比较价值。人们总认为只要提出某门科目给了他们某些益处就够了，而完全忘了那些益处是否充分，还应该加以判断。人们注意到的科目或许没有一门是一点价值都没有的。费一年时光埋头研究宗谱纹章学①，很可能多少深入了解一些古代习俗和道德。任何人记熟了英格兰所有各城镇中间的距离，也或许在一生中安排某一次旅行时发现那一千条材料中有一两条有一点点用处。收集一个郡的街谈巷议似乎没有益处，可是有时也能帮助证实一些有用的事实，比方供给一个遗传性传递的例子。但是在这种情况下，每个人都会承认需要花的劳动和能得到的利益之间是不成比例的。没有人会允许别人建议费一个男孩子几年时间去取得这些知识，而使他可能得到的、价值更大的知识受到牺牲。如果在这里可以从衡量相对价值得出结论，那么就应该到处运用这个标准去做结论。假如我们有时间掌握所有的科目，那也就用不着斤斤计较。这里引用一首旧歌：

要是人能稳有把握，
他的岁月将会延长，
就像古人千年长寿，
多少事物他能通晓！
多少事业他能成就！
全不焦心也不用忙。

“可是我们人寿几何”，必须记住我们学习的时间是有限的。时间有限，不只由于人生短促，更由于人事纷繁。我们应该力求把我们所有的时间用去做最有益的事情。在花许多年月去学习趋时尚凭爱好的科目以前，去十分审

---

① 宗谱纹章学（heraldry）是研究门阀纹章之学。——译者注

慎地衡量一下结果的价值，再比较一下这些年月如果用在其他方面会有些什么不同结果，有些什么价值，肯定是件聪明的事。

……

为了这个目的，首先要有一个衡量价值的尺度。幸而价值的真正尺度，照一般的说法，是不可能有争论的。每个人在提出任何一种知识的价值时，总是指出它对生活某些部分的关系。在答复“那有什么用”这个问题时，数学家、语言学家、博物学家或哲学家都是说明他那门学问怎样对行为有好影响，怎样能避凶得吉，获得幸福。语文教员指出写作对事业的成功（即是对谋生、对美满的生活）有多大帮助，他就算已经作了充分的说明。而一个收集古董的人（例如钱币学家）没能说清楚这些事实对人类幸福究竟有什么看得出的影响，他就只好承认那是无甚价值。所有的人都是直接或间接用这个来作最后检验的。

怎样生活？这是我们的主要问题。不只是单纯从物质意义上，而是从最广泛的意义上来看怎样生活。概括一切特殊问题的普遍问题，是在各方面、各种情况下正确地指导行为使之合乎准则。怎样对待身体，怎样培养心智，怎样处理我们的事务，怎样带好儿女，怎样做一个公民，怎样利用自然界所供给的资源增进人类幸福，总之，怎样运用我们的一切能力使对己对人最为有益，怎样去完满地生活？这个既是我们需要学的大事，当然也就是教育中应当教的大事。为我们的完满生活作准备是教育应尽的职责；而评判一门教学科目的唯一合理办法就是看它对这个职责尽到什么程度。

……

我们的第一步显然应当是按照重要的程度把人类生活的几种主要活动加以分类。它们可以自然地排列成为：1. 直接有助于自我保全的活动；2. 从获得生活必需品而间接有助于自我保全的活动；3. 目的在抚养和教育子女的活动；4. 与维持正常的社会和政治关系有关的活动；5. 在生活中的闲暇时间用于满足爱好和感情的各种活动。

……

还有一点要先说明。获得任何一种东西有两项价值：**作为知识的价值和作为训练的价值**。获得每一种事实的知识，除了用以指导行为外，也可以用来练习心智；应该从这两方面来考虑它在为完满生活做准备时的效果。

……

因为，除了人数很少的某些阶级以外，所有的人在做什么？他们都在从事商品的生产、加工和分配。而商品的生产、加工和分配的效率又靠什么？就靠运用适合这些商品各种性质的方法，靠在不同情况下相当熟悉它们的物理学的、化学的或生命的特性；那就是依靠**科学**。这方面的知识，大部分在我们学校科目中没有列入，却是使文明生活成为可能的一切过程能够正确进行的基础。这真理尽管不能否认，可是似乎并没有人注意；正因为司空见惯，就反而忽略了。为了充分说明我们的论点，我们必须立即列举一些事实，来使读者明白这个真理。

撇开最抽象的科学——**逻辑学**不谈（虽然大生产者或分配者也在有意无意中要多少靠它的指导来预测商情），我们首先遇到**数学**。在其中，有关数目的最普通部分就指导着一切生产活动，不论是调节工序、进行估价、商品买卖或记账，都用得到它。没有必要对任何人强调这部分抽象科学的价值。

……

其次就是**抽象—具体**的科学。现代工业制造的成就就靠其中最简单的一门——力学的应用。制造每件机械都要根据杠杆、轮轴等的特性；而我们现时差不多一切生产都依靠机械。查一下早餐面包的来源。生它的土壤是用机械做的砖来做水道；地面是用机械翻的；种子是用机械播的；麦子是用机械收割、脱粒、去皮的；磨碎筛粉装袋也靠机械；而如果面粉是送到戈斯波特(Gosport)[1]的话，可能就用机械做成了饼干。看看你坐在这里的房间。如果是新式的，墙上的砖多半是机械做的；地板的锯刨，炉架的锯和磨光，墙纸的制作和印色都靠机械；桌面的镶饰，车圆的椅子脚，地毯，窗帘，都是用机械做的。你的衣服，素的，织花的，或印花的，不都是用机械织出或者甚至缝好的吗？你所看的书，每一页不都是用一种机械制成又用另一种机械印上这些字的吗？除此以外，要加上我们也应该感谢的水路运输工具。再就要注意，根据达到这些目的时运用力学知识的好和坏，就产生成功和失败。工程师建桥时如果在材料力学方面计算错了，桥就会塌。使用坏机器的工业家就不能同另一个拥有摩擦和惯性上损耗较少的机械的人来竞争。墨守成规的造船家就赶不上一个照力学上有根据的流线原理来造船的人。因为一个国家抵抗另一个国家的能力依靠它各单位活动中的技术水平，我们就可以看出关于机械的知识很可能转变国家的命运。

……

在**具体**的科学中我们首先遇到**天文学**。从这里产生了航海技术；有了它，才可能有那个养活我们大部分人和供给我们许多必需品及大部分奢侈品的庞大国外贸易。

地质学这门科学的知识也大有助于工业成就。既然现在铁矿石是这么大的一个财富资源，既然现在我们煤的供应期的长短已成大家关心的问题，既然现在我们有了矿业学院和地质勘探：研究地球外壳对我们的物质福利是很重要的这一事实就几乎不太必要去加以发挥了。

再说，生命的科学，**生物学**，对于这些间接保全自己的过程不也有根本关系吗？它同我们通常所说的制造工业的关系的确不多；但是同那最主要的制造业——食品制造业，倒有不可分割的联系……

……

所以对于所有从事商品生产、交换或分配的人，熟悉**科学**的某些部门是十分重要的。每一个直接或间接涉及任何种生产的人（很少人不是这样）就必得多少接触到事物的数学的、物理学的和化学的特性；或许也直接关心生物学；而对社会学是一定关心的。他能否在那个间接保全自己，我们叫作谋生那方面得到成就，在很大程度上就靠他在一门或几门这种科学中的知识；可能不见得是理论知识，但还是知识，尽管是从经验中得来的。因为我们所谓学一行买卖，实际是指学其中的科学，虽然或许不用科学这名称。因此科学方面的根底大为重要，既因为他为这一切做准备，也因为理论的知识比经验的知识要优越得多。此外，每个人需要科学的修养，还不只是为了了解与他的生产或分配工作有关的事物和过程的情况和所以然的道理；了解许多其他事物和过程的情况和所以然时常也很重要。在现在这个合股经营的时代，除了工人以外，几乎每个人都像资本家一样，关心本行业以外的某些其他行业；既然这样关心，他的赚钱赔本就常看他对于有关这个其他职业的科学上懂得多少。这儿有个矿井，掘进以后许多股东都垮了，因为不懂得某个化石是属于老红沙石一类，在那底下是找不着煤的。曾经有过许多尝试想制造电磁发动机去代替蒸汽机；但是如果投资的人懂得力的关联和等效的一般规律，就可能在银行多留些存款。每天都有些人被吸引去帮助进行一些只要粗通科学就能看出行不通的发明。过去，几乎每个地方都曾有人从事一些不可能的事业而把家当抛光。

如果因为缺乏科学，已经经常有这样的损失，而且损失这么大；今后，缺乏科学的人的损失就会更经常，更大。生产过程既然那么快地科学化，竞争会使它们不得不如此；合股经营既然那么快地推广，而事实一定会如此；科学知识就应该同样快地成为每个人所必需的。

从此我们可以看出，学校科目中几乎完全忽视的东西，却是同人生事业最有密切关系的。如果不是由于在他们学业据说已完成后，人们开始自己设法获得了一些知识，我们的生产就会停顿。如果不是由于这个多年累积的和在私下传播的知识，这些生产就根本不会存在。如果除我们公学所进行的教育以外别无教育，英国现在就会同在封建时代一样。那些日益增长的对现象规律的知识，若干年来使我们能征服**自然**，使它顺从我们的需要，使现在一个普通工人得到几百年前帝王所得不到的享受，却几乎一点儿都不靠我们教育青年的那些现成办法。最重要的知识，那个使我们国家成长和作为我们整个生产的基础的知识，是一种从街头巷尾得到的知识；而一些钦定的教育机构一直念念叨叨的却几乎全是一些陈腐公式。

……

这样，对于我们一开始所提出的问题，什么知识最有价值，一致的答案就是**科学**。这是从所有各方面得来的结论。为了直接保全自己或是维护生命和健康，最重要的知识是**科学**。为了那个叫作谋生的间接保全自己，有最大价值的知识是**科学**。为了正当地完成父母的职责，正确指导的是**科学**。为了解释过去和现在的国家生活，使每个公民能合理地调节他的行为所必需的不可缺少的钥匙是**科学**。同样，为了各种艺术的完美创作和最高欣赏所需要的准备也是**科学**。而为了智慧、道德、宗教训练的目的，最有效的学习还是**科学**。开始似乎很麻烦的问题，经过我们的探讨，变得比较简单。我们用不着估量各种人类活动的重要程度和在各方面给我们做准备的不同学科；因为我们已看到，学习**科学**，从它的最广义看，是所有活动的最好准备。我们用不着在价值较大但只是习俗的价值的知识和价值较小但是是内在价值的知识之间加以取舍，因为我们看出在其他方面最有价值的知识就是最有内在价值的；它的价值不是凭舆论得来，而是同人与周围世界的关系一样固定不变的。它的真理既是必然的和永恒的，所有的**科学**就经常同所有的人有关。在目前和在遥远的未来一样，人们去了解身体、心智、社会方面生活的科学，对调节他们的行为肯定地具有无法计算的价值；而他们应该了解一切其他科学作为生活的科学的入门。

可是比其他一切都重要的学习，在一个自夸有教育的时代中却最少受人注意。尽管我们叫作文化的东西，没有科学根本就不能产生，科学却在我们所谓的文化训练中几乎算不了一个显明的因素。虽然由于科学的进展，原来只够几千人生活的地方现在有几百万人在生存，可是这几百万人中只有少数几千人对于使他们能生存的东西表示关心。虽然由于事物性质和关系的知识的增加，已经不只使游牧部落成为人口众多的国家，而且还使这些人多的国家中的无数人，过他们那少数赤身裸体的祖先所不能想到或不能相信的舒适和愉快的生活；可是这种知识，在我们最高学府中还只是在迫不得已的时候才勉强承认。由于逐渐认识一些现象中一贯发生的并存情况和先后出现的次第，由于找出了一些不变的规律，我们才能摆脱严重的迷信。要不是有了科学，我们就会还在拜物，或当众牺牲人命去求神鬼保佑。可是这个使我们抛弃对事物的低级概念而多少见到造物的宏伟的科学，却在我们神学中被排斥，在教坛上受鄙视。

套用一个东方寓言，我们可以说在很多知识的家庭中，**科学**是个家庭苦工，默默无闻地隐藏着一些未被公认的美德。一切工作都归到她身上，一切便利和满足都是由于她的技能、智慧和忠诚而获得；而在不断尽力为他人服务时，她总被压在后面，使她的高傲的姊妹能向外界卖弄她们的漂亮。这比喻还可以进一步。因为我们很快要到这场戏的结束了，到变换位置的时候了；当这些高傲的姊妹降到应该受到的冷落的时候，被公认为最有价值和最美的科学，就要统治一切。

（高群、刘娜整理）

拓展性阅读

1. 培根. 新工具论［M］. 许宝骙，译. 北京：商务印书馆，2008.
2. 斯宾塞. 斯宾塞教育论著选［M］. 胡毅，王承绪，译. 北京：人民教育出版社，2005.
3. 赫胥黎. 科学与教育［M］. 单中惠，平波，译. 北京：人民教育出版社，2005.

第九章　近代教育名著选读（下）

第一节　教育心理学化名著选读

一、教育心理学化思想概要

教育心理学化思潮形成于18世纪末的欧洲，于19世纪前期达到高潮，并影响了整个世界。教育心理学化思想主张将教育教学建立在心理研究的基础上，具体表现就是教学内容、教学原则、教学方法等，都以儿童心理发展的特点为依据。裴斯泰洛齐在莱布尼兹单子论和卢梭自然主义教育观等思想的基础上，开始了简化和规范教学的探索。随着其教育心理学化口号的提出，教育心理学化思想开始形成。随后赫尔巴特把教育心理学化的思想进行了理论上的论证，实验教育学又将教育心理学化推进了一大步。20世纪以后，教育学和心理学已经交织在一起，密不可分。

裴斯泰洛齐的教育心理学化思想主要是在其教学实践中探索出来的。裴斯泰洛齐一直致力于贫儿教育事业，在瑞士的布格多夫任教期间，主要从事简化教学的改革和探索。他主张教育目的要以儿童本性的自然发展为基础，发展学生的各种天赋的能力。在布格多夫时期，裴斯泰洛齐受学生启发，开始探索实施教学的直观性原则，希望教学原则和教学方法符合儿童心理发展的特征，也就是要心理学化。虽然裴斯泰洛齐并没有形成系统的心理学理论，但是他首次提出了教育心理学化的观点，为近代许多教育家提供了探索的方向。

19世纪前期教育心理学化思想达到高潮，接过这面大旗的是三位德国教育家：赫尔巴特、福禄培尔和第斯多惠。其中，赫尔巴特在参观裴斯泰洛齐的学校后，发表了《裴斯泰洛齐的直观教学ABC思想》等多篇文章宣传裴斯泰洛齐的思想，并在其基础上提出自己的见解。赫尔巴特提出教育作为一门科学，必须建立在心理学的基础之上。他的教育理论是建立在统觉、意识阈等心理学概念之上的，根据学生不同的心理状态，提出了明了、联想、系统、方法四个阶段，虽然有机械化的倾向，但也为教学提供了一个可供参考的模式。赫尔巴特的著作《普通教育学》和《教育学讲授纲要》是其教育思想和心理学结合的充分体现。福禄培尔的贡献主要在幼儿教育领域，他深入地揭示了儿童心理发展的特点，并在此基础上设置了专门的幼儿教育机构——幼儿园，编制了适合儿童心理特点的课程，重视儿歌和游戏，还为儿童设计了直观教具——恩物。第斯多惠的贡献主要在师范教育领域，他提出教育的自然适应性原则和文化适应性原则，论证了教学的发展性原则，即注重在教学过程中发展儿童的心智。第斯多惠把儿童心理发展分为感觉、记忆力、理性三个阶段，教学要符合儿童心理发展的阶段性。

19 世纪末 20 世纪初以后教育心理学化进入新的阶段，最明显的标志就是实验教育学的兴起。他们反对思辨的教育学，提出教育学必须要借鉴自然科学的实证研究法，客观地认识教育活动中教与学的基本规律作为教育改革的依据。20 世纪以来，心理学和教育学的发展更是息息相关，皮亚杰、布鲁纳等心理学家的实验和理论对教育理论和教育实践的指导作用越来越明显。

二、裴斯泰洛齐与《葛笃德如何教育她的子女》

（一）作者和作品简介

裴斯泰洛齐（Johan Heinrich Pestalozzi，1746—1827 年），瑞士民主主义教育家。裴斯泰洛齐出生于一个医生家庭，5 岁丧父，由母亲及女仆抚养成人。他把自己的一生都献给了贫儿教育事业，其教育实践主要包括四个阶段，即新庄孤儿院、斯坦茨孤儿院、布格多夫小学和伊佛东时期。大学辍学后，裴斯泰洛齐购置了大片荒地，取名为“新庄”，开始是作为农业改革的实验田，后因缺乏经验而失败。1774 年，裴斯泰洛齐利用新庄的土地创办了一所孤儿院，收容了 50 多名流浪儿，开始了首次教育实验。在新庄时期，裴斯泰洛齐第一次践行了教育与生产劳动相结合，儿童既要参加生产劳动养活自己，同时又学习一些简单的知识。后来因为天灾，裴斯泰洛齐的教育实验宣告失败。此后他总结了新庄时期的经验和教训，并于 1781 年出版了《林哈德和葛笃德》一书。1798 年，因战争出现大量孤儿，裴斯泰洛齐受政府所托创建斯坦兹孤儿院，但由于学校被征作战地医院，孤儿院于 1779 年被迫停办。1799 年，裴斯泰洛齐在瑞士的布格多夫任教，从事初等教育的改革。1800 年其在教育心理学化思想的指导下，开始要素教育的探索。他主张教育过程应该从这些最简单的、能为儿童所理解和接受的要素开始，逐步过渡到较为复杂的要素，以促进儿童各种潜能的和谐发展。1801 年《葛笃德如何教育她的子女》详细阐述了他教育心理学化的具体构想。1805 年，裴斯泰洛齐把他的学校迁到伊佛东，伊佛东学校规模很大，包括中学和师范学校。伊佛东学校时期，裴斯泰洛齐名扬整个欧洲，参观访问的人络绎不绝，对欧美各国教育改革和教育思想的发展具有重要影响。1824 年 10 月，伊佛东学校关闭。裴斯泰洛齐回到新庄，于 1827 年 2 月与世长辞。

裴斯泰洛齐撰写了多部著作来总结他的教育实践和阐述他的教育思想，《葛笃德如何教育她的子女》是其教育代表作，由 15 封书信组成。在该书中，作者借助葛笃德来阐述自己的教育思想，其中包括教育心理学化的问题。裴斯泰洛齐的思想在清末就已传入我国，激励了一大批民国时期的教育实践家。1992 年，人民教育出版社把《葛笃德如何教育她的子女》《天鹅之歌》等其他一些文章合为《裴斯泰洛齐教育论著选》出版。本节节选自 2001 年夏之莲等人翻译的版本。

（二）原文节选

第一封信[①]

在斯坦兹和布格多夫的试验

这儿有学校的纪律，这显然是合情合理的，但没有超脱迂腐矫饰的习气。所有这些对我来说都很不习惯。我一生中从未忍受过这样的约束；但是现在为了实现我的目标我不得不忍受这一切。我日复一日、从早到晚教着我的 ABC，我继续无计划地运用着我早在斯坦兹就已不得不终止使用的、以经验为基础的方法。我不厌其烦地将一行行音节组合起来。我编写了由一系列音节组合的和一系列数目为内容的教科书。我千方百计进行探索，以便使儿童学习缀字和计算的最初阶段变得**最为简易，使之规范化**，从而能使儿童**遵循最严格的心理顺序**从学习的第一阶段逐步过渡到第二阶段，在正确理解第二阶段内容的基础上不间断地迅速而稳健地进入第三阶段和第四阶段。我不是让孩子们用石笔来写字母，而是引导他们画角，画正方形，画直线和各种曲线。

① 裴斯泰洛齐．裴斯泰洛齐教育论著选［M］．夏之莲，等译．北京：人民教育出版社，2001．

随着这一工作的进展，“直观 ABC”[①] 的见解逐渐形成，这一点现在对我来说很重要。在我规划“直观 ABC”的时候，一个适用于各科教学的一般方法的完整体系在我面前出现了，虽然还是朦朦胧胧的。经历了很长时间我才看清它。这在你看来仍然是难以理解的，但它确确实实是真实的。我（数月来一直在研究一种拓路尝试的起点，试图把教学方法分解为它们的基本要素，并且）已经做了各种努力，使它们变得最为简易。但是我不了解它们之间的联系，或者至少说还没有清楚地意识到这一点；不过我每时每刻都感到我在前进，而且是稳步地前进。

……

我日益感到这一工作的优越性。我承担了全部琐碎的学校事务。我不是浮在表面的工作上，而总是不断地工作，从早晨 8 点到晚上 7 点，一天仅休息几个小时。自然我也不时觉察到那些可以清楚地说明存在着自然机制法则的事实。根据这些法则，我们的大脑或者会轻而易举地，或者困难地接受并储存外部印象。

……

这样，我在还不了解我的工作的原理的情况下，开始详细讲解近似关系。运用这种近似关系，我向儿童解释的种种事物就能很容易地为他们的理智所接受了；所以我自始至终遵循了这种教学方法，同时我又设法回过头来研究、考察那些准备上学的儿童的早期经历。我很快确信，对儿童的教学是从出生时开始的。从他的头脑能够接受大自然的印象的那一刻起，大自然就教育了他。新的生命不是别的，它意味着刚刚被唤醒准备接受大自然的印象；仅仅意味着完美的自然萌芽的觉醒，而现在他们渴望运用自己所有的能力和所有的冲动来求得自身个性的发展。只有这种现实的完美无缺的动物性的觉醒，才可能也必然能成为一个人。

这样，人的全部教育就是**促进自然天性**遵循它固有的方式发展的艺术；这一艺术完全依赖于儿童接受的外部印象同他已发展的能力的精确程度之间的关系与和谐。教学给儿童提供的印象还必须有顺序，其开端与其全过程必须与儿童能力发展的开端及其进程保持同步。我不久发现，在人类知识的全部领域中，尤其是人类头脑赖以发展的那些基本点中来探求这种顺序，必定

---

① 我们使用直观（Anschauung）的概念要感谢裴斯泰洛齐。这样就可以将那些“被观察到的事物”“感觉印象”“物体的形状”“物体的大小”“直觉印象”及其他的含义都包括其中，与裴斯泰洛齐的原意保持一致。正是在他规划直观 ABC 的最初的尝试过程中，形成了统一的方法的完整体系。这儿所用的“直观”概念是广义上的、一般意义上的概念，后来又有新的发展和区分。这一概念的不同意义在本书中出现时会加以相应注释。

是简易的，而且是唯一的获得各种级别的学习和教学用书，并使其适合于人的天性和需要的途径。我同样很快地意识到，在编写课本时必须根据儿童能力发展的程度，把教学用书划分为若干个单元；认识到在一切教学中必须精确地确定哪些部分适用于哪个年龄阶段的儿童，这样，既不耽误那些已经成熟了的儿童，又不致让那些不够成熟的儿童负担过重，造成混乱。

我很清楚，必须在儿童已经很好地掌握了观察到的事物同有关的词汇之后，才能教他们拼写和认读。我深信，儿童开始在有意识地接受各种事物的感觉印象时，就需要有符合心理学的训练。但是没有艺术的指导，要人们进行这样的训练是不可想象的，也是难以办到的，因而我强烈地意识到应该有一些图画课本。这些书应该作为识字课本的先导，这样，人们用语言来表达的观念就可以向儿童们表达清楚了（可以通过精心选择的实物，可以是真实的事物，也可以是精心制作的模型和图片，让他们来动脑筋）。

一个绝妙的试验出乎意外地证实了我当时还不够成熟的观点（尽管我的手段有限，试验还有错误和片面之处）。一个焦虑的母亲委托我担任她那还不足3岁的孩子的家庭教师。我一度每天给他上一个小时的课；我一度感到有一种适用于他的教法。我试着用字母、图片和身边的东西来教他；也就是通过这些手段使他获得清晰的概念和表达方式。我教他正确地说出他知道的事物的名称——颜色、四肢、地点、形状和数目。我不得不将青少年感到最头痛的东西，即令人难以忍受的纯文字的教学抛到一边，除了图片和实物以外，别的都不让他知道。

他不久就能清楚地表述他所知道的事物。他能够在大街上、花园里、房间里找到种种普通的实例；他很快地学会说出最难发音的那些植物和动物的名称，并且自己能将那些他不知道的事物与他已经了解了的事物进行比较，形成这些事物的清晰的感觉印象。这一试验虽然不太重要，而且是当前的猎奇求远作风的不利条件，但对如何让儿童适应他的环境，向孩子揭示在发展自己的能力中自我活动的能力却具有多方面的启迪作用。

……

我的朋友，你是了解这一点的。但是你自己勾划一下这种谋杀的恐怖吧。我们让儿童在5岁之前充分地享受了**自然的熏陶**；我们让大自然的每一个印象在他们身上起作用；他们感觉到自己的能力；他们已经完全清楚地认识到无拘无束地自由活动的欢乐和自由的各种魅力。无拘无束的天然爱好，也就是伴随他的发展的那些能让感觉得到快意的最原始的东西，已经成为他们身上最起决定作用的倾向。在他们享受了整整5年幸福的感觉生活之后，我们将他们与大自然分开，让他们周围的一切自然事物从他们的眼前消失；蛮横地终止了他们无拘无束的令人愉快的发展进程；把他们像绵羊一样整群地圈在充满恶臭的屋子里，无情地将他们囚禁起来，一个小时又一个小时，一天又一天，一个星期又一个星期，一个月又一个月，一年又一年，逼他们去注视乏味而又单调的字母（与他们先前的处境绝然不同），逼他们去走使人发疯的生活道路。

……

这些课本的缺乏造成了多么大的空白！我们不仅缺乏运用我们的技巧能够获得的东西，而且也缺乏靠我们的技能不能获得的东西。首先我们缺乏精神，大自然无需我们的帮助就用这种精神生活将我们包围起来了。我们身上正缺乏这种精神，我们一方面粗暴地对待我们自己，另一方面，通过那种可怜的公众学校和学校中一成不变的文字教学，扼杀了我们内心尚存的一点炽热风格的最后痕迹，大自然本来是会用这种风格给我们打上烙印的。

但是，我还是回到我自己的路上来。我一方面探索有效方法的最基本的起点，**以心理学为基础**来发展人的能力和才华，这种方法对促进儿童从婴儿期开始发展可能是行之有效的；同时另一方面我又不得不去教育那些到目前为止已经定型、长大了的儿童，而他们又是在违背这种观点和方法的条件下成长起来的。这样做，在许多方面是和我自己作对，我被迫利用看来和我的原则针锋相对的方法，这些办法尤其与事物和语言知识的心理学顺序针锋相对。根据这个心理学顺序，儿童有关这些事物和语言的观念应当能够得到发展。

……

4. “他企图**简化教和学的机制**。”

“选自教科书的、企图教给儿童的一切东西都应该十分简单，这样就使每一位母亲，以及后来的每一位教师，那怕他们只有很少一点教学能力，都能够掌握、重复、解释并把它们联系起来。他特别希望母亲们通过简易的教学法教孩子们说话和阅读，以便使儿童的早期教育成为令人愉快而又十分重要的事情。正如他所说的，这样一来就可以逐渐放弃对初等学校的需求，而通过改善家庭教育来弥补。他希望一旦他的教科书发行了，他就用这一途径进行训练母亲的试验；希望政府提供一点资金来扶植这一试验。”

……

5. 第五个原则是与这个观点联系在一起的，“他希望**知识得到普及**”。

……

“这要通过教科书的内容来获得。这些教材的单词和命题都是精选的，已经包含了知识的基本要素，这可以说是提供了未琢的石坯，这些石坯将可以轻而易举地垒成石拱。”

……

第二封信

布格多夫时期的助手

我还是走我自己的路，克吕希也越来越坚定地站在我这一边。

他很快就信服了我的原则的要点（还不是成熟的教育真理，只是逐步展示本身的初步见解，然后成为清晰地发展了的教育原则）。它们主要有如下几点。

1. 精心地编一本术语词汇，使之成为永久性的版本，用这种词汇为各种知识打下一般的基础。在此基础上，师生既能逐步共同进步，也能各自步步提高，稳步地获得一切知识领域的清晰观念。

2. 通过我那时已开始使用的直线、角、曲线等练习，为儿童打好获得各种事物的感觉印象的基础，养成动手操作的技能，其结果是使儿童对观察到的范围内的一切事物逐渐清晰、明了。

3. 让儿童开始**用实物练习数数**，或者至少用小圆点代表实物来数，这样我们就打下了全部算术科学的基础，今后深造时也不会出现错误和混淆。

4. 儿童对走、看、站、躺进行描述，并将这些描述记住。这向克吕希揭示了我的基本原则和我要通过这些原则达到的目标，即逐步弄明白所有的观念。他不久便感到，虽然我让儿童描述的是他们十分清楚地了解了的事物，没有一种试验能比这做得更好了，但是儿童们会想入非非，希望描述他们还不了解的事物，获得简洁、清晰、有见地地描述他们知道的和其观察所及的事物的能力，而这些想法却受到了抑制。

……

6. 去年夏天，我们进行了采集植物的活动，并就此展开了讨论，这一活动尤其强化了他的信念：由感觉产生的知识其整个循环在于我们对大自然的观察，在于我们勤奋地收集、牢固地掌握**大自然使我们了解的一切**。

所有这些见解，加上克吕希日益认识到要把一切教学方法和学习科目协调起来，使他深信有可能确立一种教学方法，把所有活动和知识原则结合起来，这样教师只需要学会如何使用这种方法，借助于这种方法，教师自己和儿童都将能提高到通过教学所能达到的高度。根据这一计划不需有广博的学问，只要具有健全的人类理解力和运用方法的实践，就可以仅通过简单地运用获取知识的这些方法，就使儿童打下一切知识的坚实基础，使家长和教师提高令人满意的内在主动性。

……

他首先认识到教学要**从最简易的着手**，并使之完善，然后再继续发展，在已熟练掌握的基础上逐渐增加新知识。这一原则实际上并没有在学习的初始阶段产生一种感觉和自我意识的力量，而只是在儿童身上保持了它的活力，这有力地证明了儿童的自然能力没有被削弱。

他说："我们决不能逼迫儿童，只能用这种方法引导他们。"以前在他刚刚从教时，他总是对学生说："想想看，不记得了吗？"

例如，在算术教学中这样的情况是不可避免的，他问学生：63 里有几个 7？学生在回答他的问题时由于没有实际的知识背景，必然要搜索枯肠从记忆中去寻找答案。现在根据这种方法，把 9 堆 7 个一组的实物放在学生的眼前，让他数这 9 个 7 放在一起的数，学生对这个问题不必再动脑子就回答出来了；虽然他第一次被问到这样的问题，但他从已经学到的知识中知道了 63 里包含 9 个 7。这样学完全是另一码事。

……

第四封信

教学规律

"细心地思考大自然这位母亲如何既培植叶芽，又发展根芽，把树的最重要部分埋到大地的深处；还有，她又如何从根的最中心部分培养出坚固的树干，从树干的最中心部分培养出树枝，从树枝的中心部分培养出枝条。如何培养出这一切，以致于最脆弱的最末梢的细枝，她给予的很多，但却不花费无用的、不相称的、多余的力气。"

（人类）物质本性的机制基本上服从同样的一些规律，在这些规律支配下，大自然物质界广泛地展示其力量。按照这些规律，一切教学都应该把知识课题的最基本部分牢固地灌输到人的心灵中去；然后，渐进地但不间断地把次要部分联结到基本的知识上去，保持课题的所有部分、甚至其最肤浅的部分成为一个活生生的匀称的整体。

我在寻觅人类智力发展就其真正本性而言所必须服从的那些规律。我认为它们一定跟物质自然的规律一样，并且相信从中能找到一条普遍的**心理学化的教学方法**的可靠线索。当我梦寐以求这种线索时，我对自己说：人，正如你从完整的果实自然成熟中所认识到的那样，是它所有组成部分都完善了的结果。这样看来，人类判断力的成熟也无不表现出是对要判断的对象的所有组成部分都获得了完全的感觉印象的结果；相反，在没有完成整体观察（直观）之前就作出判断，这种判断看上去似乎是成熟的，但只能看成一个被虫蛀了的因而只是外表成熟、不到时间就从树上落下来的果实。

1. 因此，学会将观察加以分类，在进行复杂的观察之前，先完成简单的观察。力图在每门教学艺术中分成循序渐进的知识步骤，其中，每一新概念仅仅是几乎不知不觉地加到前边已知知识上的点滴东西，使其印象深刻，牢记不忘。

2. 其次，把一切基本上互相关联的事物在你的心灵中联结起来，在大自然中它们本来就是互相联系的，使所有非本质的事物从属于本质的事物，尤其是要使教学艺术所给予的印象从属于大自然和现实世界所给予的印象；并且不要在思想中强调那些大自然中同人类无联系的东西。

3. 通过教学艺术使重要的对象接近你，同时使它们通过不同感官作用于你，从而加强印象并使之清晰。为此目的，要学会自然机制的第一条规律，就是它使物质大自然的一切影响力量的大小依赖于与感官接近的远近距离。千万不要忘记，物质距离的远近，对你决定诸如肯定的判断、行为、责任，甚至美德等，都有巨大的作用。

4. 把自然规律的作用看作是绝对必然的，在这种必然性中认识自然力量所产生的结果，正是借助这种力量，大自然为达到她的目的把一些外表上千差万别的材料要素联结到一起。把你通过教学为人类工作的艺术，以及你所追求的结果，都建立在自然规律的基础上。这样，你的一切活动，尽管外表上彼此不同，但都可以成为达到这个主要目的的手段。

5. 但是，教学艺术的丰富魅力及其多样化的自由运用，使自然的必然性或自然规律表现出自由和独立的特点。

当你借助丰富的魅力和多样化的自由运用，试图把艺术和教学建立在自然规律的基础上的时候，让你的教学艺术和教学活动的结果产生自由和独立的印象吧！

……

第五封信

知识的三个来源

在上面这些意见中，我已经向你提出了若干条线索，我相信，凭此可以编制出一种普遍的心理学化的教学方法。

我对此并不满足。我感到我没有能力把这些意见所依据的大自然的基本规律简明而完整地叙述出来。就我所知，总体说来，有三个来源。

第一个来源是大自然本身，凭借它的力量，我们的心智由模糊的感觉印象上升到清晰的概念。从这个来源派生出以下一些原理，这些原理应该看作是我正在寻求其本性的那些规律的基础。

1. 一切作用于我们感官的事物之所以是帮助我们形成正确意见的手段，仅仅由于它们的现象呈现在我的感官面前的是永恒的、不变的、主要的特性，不同于外表变化或外部特征。另一方面，它们又是错误的和迷惑的渊源，那是因为呈现在我们感官面前的现象是偶然特性，而不是它们的主要特性。

2. 每个感觉印象，当它完善地、牢固地印入一个多少有联系的完整的感觉印象系列，亦即人类的心智的时候，它可能容易地被添加上去，好像是不经心地被添加上去一样。

3. 假如一件事物的主要特性而不是偶然特性以不等强度的力量印入你的心灵时，你的自然机体就会引导你自己在有关的这个课题上日益把握真理。假如相反，事物的偶然特性而不是主要特性作用于你的心灵，其力量更大一些，那么，你的自然机体就会引导你在这个问题上日趋谬误。

……

5. **最复杂的感觉印象是建立在简单要素的基础上的**。你对简单的要素完全弄清楚了，那么，最复杂的感觉印象也就变得简单了。

6. 当你对一件事物的本性或外貌进行探讨时，运用的感官越多，你就越能获得对该事物精确的知识。

在我看来这些就是自然机制的原理，这些原理本身正是从我们心灵的本性中导出的。这些原理又是与自然机制本身的普遍规律相联系的。对此，我现在只说：“完善是大自然的伟大规律；一切不完善的东西都不是真实的。”

这些自然机制规律的第二个源泉，是与我们本性中情绪方面紧密交织的感觉印象的能力。

……

自然机制规律的第三个源泉在于**我们的学习能力与外界条件的关系**。

人是受其居住地方限制的。如果他把住所悬挂于成百条线之上，在它周围划上成万条圆圈，那么，他有什么超越蜘蛛之处呢？蜘蛛不正是把它的巢悬于成千上万条线上，再划上成百个圆圈吗？蜘蛛的大或小有什么不同呢？它们行为的实质在于：它们坐在其所划的圆圈的中心。但是，人所选择的不是去编织中心；他只是学习世界一切现实存在事物的自然面貌。当世界万物给他感觉印象时，世界万物是如何接近他所编制的中心的，他就如何去学习，两方面绝对成正比［在多数情况下，毋需他帮忙］。

第六封信

数目、形状、语言

朋友！关于教学要素的活生生而又不明确的思想，就这样在我脑海里盘旋了很长的时间，所以我在《报告》中描绘它们时，还没有发现它们跟自然机制规律之间牢不可破的联系，并且未能肯定地定义我们关于教学艺术的系统见解的出发点，或者确切地说，那时尚未肯定这种形式，借助它，人类通过自身本性能够决定自身的改善。最后，突然地，像机器之神一样产生了这种思想——使一切通过感觉印象而获得的认识得以清晰的手段，来自**数、形和词**。突然间，我试验着做的事情似乎得到了新的启迪。

在我长期奋斗之后，或确切地说在我胡乱幻想之后，我一心一意地要探明，一个有教养的人当他希望把呈现在眼前的含混不清的任何对象一一区别开来，并且逐渐使自己获得清晰的概念时，他是怎么做的而且如何肯定会做的。

在这种情况下，他将注意三件事情：

1. 在他面前的对象有多少？有哪几种？

2. 它们的外貌、形式或轮廓。

3. 它们的名称；他如何用一种声音或词来称呼它们。

这种人进行这样的观察活动而获得结果，显然意味着他已经形成了下面的能力：

1. 按照外貌而认识出不同的对象的能力和能讲出外貌所包含的内容的能力；

2. 说出这些对象的数目并对自己说出它们的多或少来的能力；

3. 用语言称呼出这些对象数目和形状并且不会遗忘的能力。

我还认为，数目、形状和词一起，就是教学的基本手段，因为任何对象的外部特征的总和，就是由它的轮廓和它的数目组成的，并通过语言为我们的意识所掌握。

那么，从这种三重原则出发，并遵循它进行工作，肯定就是教学艺术的一条永恒不变的规律：

1. 教儿童把眼前任何物体看作一个单位，就是说，看作是从那些互相联系的东西中分离出来的单位；

2. 教他们认识每一物体的形状，就是说，它的大小和比例；

3. 尽可能快地使他们熟悉一切用以描述他们所知道的物体的词和名称。

由于儿童的教学应该从这三个基点上着手进行，那么十分明显，教学艺术首先要用来培养基本的计算能力、测量能力和说话能力，这些能力是一切精确认识物体意义的基础。我们应当用最严格的心理学的艺术来培养它们，努力强化它们，使之强而有力，并且作为发展和教养的手段，使它们达到最简单、最牢固、最和谐的程度。

……

三、赫尔巴特与《普通教育学》

（一）作者和作品简介

赫尔巴特（Johann Friedrich Herbart，1776—1841 年），德国教育学家、哲学家、心理学家，科学教育学的奠基人。赫尔巴特生于德国奥尔登堡一个司法官家庭，他母亲接受过良好的教育，对赫尔巴特的一生影响很大。赫尔巴特幼时体弱，他母亲便请了一位很有学问的教师，让他在家中学习。赫尔巴特从小学习优异，并开始对哲学产生了兴趣。他 1788 年进入文科中学学习，兴趣广泛，期间开始研究康德哲学。1794 年赫尔巴特进入耶拿大学学习法学，成为费希特的学生。毕业后，在母亲的建议下，他到瑞士一个贵族家里当了三年家庭教师，对施泰格尔家的三个孩子进行教育。担任家庭教师期间，他每两个月左右写一份工作报告给施泰格尔，对其教育实践进行总结，这些报告为他以后撰写教育著作打下了基础。随着对教育工作的兴趣越来越浓，赫尔巴特专程拜访了裴斯泰洛齐，回国后发表了数篇论文介绍裴斯泰洛齐的教育思想。他 1802 年取得博士学位，随后在哥廷根大学开始了其教学生涯，讲授教育学和哲学。1806 年，发表了重要的教育著作《普通教育学》。1809 年，他应柯尼斯堡大学的聘请，接任该校的哲学教席。期间威廉三世积极推进教育改革，赫尔巴特参与了改革活动，创立教育研究所，训练教师，重视理论和实践相结合。1833 年，他重回哥廷根大学任教，于 1841 年去世。

《普通教育学》发表于 1806 年，书的全称为《从教育目的引出的普通教育学》，是赫尔巴特教育思想的代表作。赫尔巴特去世后，在其学生的宣传下，其教育思想得以广泛传播，并对近现代课程与教学改革产生了深远影响。赫尔巴特的教育思想最早由日本传入我国，因为大多为节选，故对其评价一直有失偏颇。1936 年，商务印书馆出版了由尚仲衣翻译的《普通教育学》。1989 年，人民教育出版社将《普通教育学》与《教育学讲授纲要》合为一书予以出版，译者为李其龙。本节节选自 2015 年版。

（二）原文节选

第二编　兴趣的多方面性[①]

第一章　多方面性的概念

二、清楚、联合、系统、方法

心灵总是处在运动中。这种运动有时很迅速，有时候几乎觉察不到。同时显现的所有观念在某一时期也许只有一小部分发生变化，其余是保持不变的，而就这不变的部分来看，心灵是静止的。心灵活动进展的方式本身还隐藏于神秘之中，虽然如此，这些初步探讨为我们提供了分段基础，我们将常常需要用这种分段基础来把上述一般观念纳入实用的范围之中。

各种专心活动是应当交替进行的，它们应当相互转化，并过渡到审思；而审思又可变为新的专心。但就其本身而言，每一种活动自身都是静止的。

静止的专心，只要是纯正而明确的话，是能够看清楚各个事物的。因为只有将一切在提示中会造成混乱的事物撇开，或者由教师考虑消除混乱，将这一切逐一地作为许多不同的专心活动的对象，这样，专心活动才会是明确的。

从一个专心活动进展到另一个专心活动，这就把各种观念联合起来了。想象徘徊在各种联合中间，品尝着每一种观念的混合体，只是舍弃无味的东西。但是，一旦所有观念能够互相融合在一起，整个部分就变得无味了。而假如各个事物清楚的对立面不阻止住这种融合的话，这种融合乃是可能的。

静止的审思可以看到许多事物的关系，它把每个个别事物看成是这种关系的一个成分，并处在恰当的位置上。一种丰富的审思活动产生的最好的次序叫作系统。但不清楚各个事物也就没有系统、没有次序、没有关系。因为关系不存在于混合体中，所以只存在于既分开而又重新联合的各部分之中。

审思活动进一步就是方法。方法贯串于系统之中，产生系统的新的成分。它在应用中注意着结果。许多人用这个词，但不知道它的实质。培养儿童掌握方法，这件困难的工作大体上可以留给教育者去做。在方法上控制自己的教育思想，这是必不可少的。假如眼前这本书没有使人感觉到这一点，那么它对于读者实在没有什么裨益了。

经验不断地在儿童心灵中造成混乱的堆砌。由于事物的来往变幻，许多经验渐渐使这种堆砌重新瓦解。但瓦解了的仍然是容易联合起来的。然而有

---

① 赫尔巴特．普通教育学［M］．李其龙，译．北京：人民教育出版社，2015.

许多工作期待着教育者去做；对于那些得不到智力帮助而虚度了许多岁月的儿童来说，教育者尤其会发现，自己得进行长期工作。这些儿童的心灵状态对激发他们转变的一切工作表现得十分迟钝。当每一种相似的事物在人的回忆中重新呈现整体——同类体时，人总是只能在新的事物中看到旧的。

……

第三章　多方面兴趣的对象

一、认识与同情

认识是在观念中摹写在它面前的东西，同情是把自身置于别人的情感之中。

在认识中，事物与观念之间存在着一种对立；相反，同情却增殖着相同的情感。

认识的对象通常是静止的，而心灵将逐一地涉猎这种对象。情感通常是变动的，感觉着它的心灵伴随着它一起变化。

认识对象的范围包括自然与人类，而只有人类的某些表现才属于同情。

知识有无止境呢？知识永远处在起始中。在这方面，成人与孩子应当说具有同样的吸收知识的可能性。

同情是否会在任何时候都变得太强烈？自我主义始终都是相当近视的。它永远没有力量能够达到十分彻底的平衡。可是，没有理智，没有理论教养，那么脆弱的同情也会沉没在愚昧之中。

二、认识与同情的成分

这里将把属于多方面性的多的概念分解开来。因为我们只讨论多方面，所以我们就不必费心去论证其分类理由了，而只需探讨各成分之间明确的对比。试想，除了下列各项以外，还有什么呢？

认识	同情
关于多方面的	对于人类的
关于它的规律性	对于社会的
关于它的美的关系	以及两者对上帝的关系

1. 认识各成分之间特有的区别

无论自然界是多么丰富和多么巨大，只要心智以它自身具有的形式去接受它，那么心智只会越来越充满真实；而心智中的多方面性只不过是现象的多方面性，就像心智中的统一性只不过是现象的相似性与综合一样。心智的兴趣是以现象的强度、色彩、新颖性和变换着的顺序而转移的。

但是，在规律性中可以看出，或者至少可以假定存在着一种必然性，这就是说已经发现或者假定其对立面的不可能性。已知的认识对象可以划分为物质与形式，而形式出于尝试，是可以改变的，只有这样，才可能使事物之间的关系作为已知的东西，然后进一步作为必然的东西呈现出来。兴趣取决于观念，取决于各种观念的对比与相互交织，取决于观念把握各种观察而不使它们混淆起来的方式。

鉴赏并不是观察的对立面，而是观察的补充。假如观念不在转换中立即消失的话，那么在完成每一种观念之后都会产生鉴赏的判断，微弱的或者强烈的判断。这种判断不存在于纯粹的知觉之中。赞许与非难都是对于对象的一种表示，而不是沉醉于对象之中。兴趣取决于形象而不是存在，取决于事物的关系而不是数量。

2. 同情各成分之间特有的区别

倘使同情完全只是接受其在人的心灵中找到的感动，随着感动过程而发展，随着后者发生各种变化、冲突与矛盾，那么这种同情只不过是同感。假如作为艺术家的诗人不是他的材料的创造者与主人，那么他的同情也如此。

但是，同情也可能从不同的人中分解出许多人所共有的各种感动来，使他们的矛盾得到调和，对全体的幸福发生兴趣，然后又把它传播到个人的思想中去。这就是对社会的同情。它凌驾于个别之上，以便服从于一般；它要求交换与牺牲，抗拒真实的感动，而想通过尽可能更好的感情来代替这种感动。政治家就是这样的。

最后，同情通过观察人类对事物的态度，可以从对那种感动的纯粹同感反应过渡到担心与希望。这样的关切使一切聪明与活动最终显得脆弱，最终导致对于宗教的需要——一种道德的以及幸福论的需要。信仰就发源于这种需要。

假如我们要避免夸大与实施的困难，那么这里应当允许有两者相提并论的说明。认识与同情这两者都是不改变原样地接受它们所发现的一切的。前者似乎在于经验，后者似乎沉浸在同感之中。但是两者是受事物本性的推动向上发展的。世界之谜从经验方面激发起思辨，而人类各种交织在一起的要求则从同情方面激发起追求社会秩序的精神。这种精神提出了法规，而思辨则认识法规。在这当中，心灵从各种事物的集合体的压迫中解放出来，不再沉醉于个别当中，而为各种关系所吸引，平静的观察被美学上的关系所吸引，同情为人类的愿望与力量同它们从属于事物进程的关系所吸引。由此，前者上升为审美，后者上升为宗教。

第四章　教学

二、教学的步骤

我们前面说过的观念告诉我们，教学必须把认识与同情作为彼此不同、基本上独立的心理状态同时加以发展。假如我们观察其附属的成分，那么其中虽然有着某种次序与相互依赖的关系，但没有严格的连贯性。尽管推想与鉴赏是以经验认识为前提的，但是，当这种认识不断前进的时候，推想与鉴赏似乎并不期待着自身的终结。它们甚至在很早就活跃起来了，从此，它们到处，即在没有障碍的地方，尾随着认识，从而随各种各样纯粹认识的扩大而同时发展着。在儿童不断提出“为什么”的时期所产生的猜想冲动显得特别令人注目。也许鉴赏往往隐蔽在注意和同情的其他活动中。但鉴赏始终有助于儿童产生爱好与憎恶，从而认识事物的区别。假如我们对鉴赏先给予最简单的情况，而不立即将其投入不可理解的复杂情况中去，那么它将会如何迅速得多地发展呢？因为鉴赏和思考是一种本源的东西，是无法靠学习得到的，所以假如心灵不为其他方面所分散或压抑的话，我们甚至可以撇开经验而期待这两者在充分认识的对象范围中毫不迟疑地自己活动起来。但不言而喻，教育者为了要发觉什么在儿童心灵中活动，自己必须具有那种他们应当在儿童心灵中看得到其细微迹象的教养。教育的不幸恰恰在于，在柔弱的青年时期闪烁着的某些微光，到成年时早就完全熄灭了，因此成人没有能力把那些微光燃成火焰。

……

教学的环节就基于上述这一点。较大的构成部分是由较小的构成部分组成的，正如较小的是由最小的组成一样。在每一个最小的构成部分中都应当区分出四个教学阶段，必须注意到清楚、联合、次序与按这种次序展开的进程。在最小构成部分中，这些阶段是迅速地、一个接着一个发生的，而在下一个较大的构成部分要由最小的构成部分组合起来时，这些阶段就较慢地、一个接着一个出现了，因为审思阶段达到的作用越高，前后出现的时间距离就越大。

假如我们回顾一下关于兴趣概念的分析，那么我们也会发现其中几个相区别的阶段：注意、期望、要求和行动。

注意基于一种与其他偏离它的观念相对立的观念力量，因此它一方面有赖于这种观念力量的绝对强度，另一方面有赖于其他观念离开的容易程度。后者使我们想到思维训练的观念，这种观念我已在《直观教学ABC》中着重作了探讨。观念的强度部分是通过感官印象（例如许多儿童同时进行的言谈，通过绘画、工具及模型等对同一种对象进行多种多样的描绘）来达到的，部分是通过生动的描述来达到的，而另一部分则是特别地通过使那种扎根在心灵深处的、业已熟悉的观念与当前新的观念相结合来达到的。这种结合的普遍实现是需要通过高度的艺术与周密的思考来完成的事情。这种工作的进行，应当为未来的每一种教学预先作好某种准备，如同《直观教学ABC》为教数学、组词的游戏为教语法、讲述古代故事为教经典作家作好准备一样。

在注意中，个别事物可以是清楚的，但是联合、次序和按次序展开的进程也是必须留心的。

如同存在着我们期待的清楚与我们期待的联合一样，我们也存在着对系统与方法的期待。

不过这种错综复杂的关系不是我们在这里发生兴趣的主要对象。我们知道，当被期待的出现时，所产生的只能是一种新的注意。在获得知识的阶段，情况通常如此。当一些知识的储备汇集在一起时，就不容易注意到那些与期待毫无联系的事物，因而期待便会消失，或由于获得新的知识而得到满足。假如从中产生强烈的欲望，那么它们将服从控制的规律，而因此属于训育范围。但是尚有一种注意，它既不容易得到满足，也不容易被忘却；同时还有一种要求，它是一定要过渡到行动的，这就是同情的要求。在这方面，控制工作无法施展多大权威，假如教育不能给予学生确立为人类福利与社会福利而工作的决心，不能给予学生的宗教要求以一定动力，那么这种教育将是徒劳的。因此，在培养同情心时，应十分重视使兴趣能够达到更高级阶段。而显而易见，人的年龄阶段是与这些阶段相吻合的。同情的注意是适合于儿童去做的，同情的期望是适合于少年去做的，同情的要求是适合于青年去做的，而成人则可以为实现同情而进行行动。在这方面，教学环节却又可以在属于儿童早年最小的各部分上提出那种希望他们付诸行动的要求来。由于这种要求的提出，由于性格的形成同时发生作用，在后来的年月中就可能对他们提出采取行动的有力要求。

这里似乎可以用简短而易懂的话把有关结论确定下来。教学一般应当：

指明，

联结，

教导，

给予哲学的观点。

在有关同情的事项中，教学应当是：

直观的，

连续的，

令人振奋的，

深入现实的。

第五章　教学的过程

二、教学的分析过程

（一）经验

让儿童指出各种物件、叫出各种物件名称、触摸和摆弄各种物件，这都可以放在一切活动之前进行。这种过程可以从整体开始，逐渐深入到部分，乃至部分的部分。通过对各部分相互所处的地位的确定，将各部分联系起来。可以分析实物的各种特征。并通过比较把这些特征联系起来。当经验范围中的许多方面用这种方式逐一得到充分认识之后，就可以将各种差异方面的冲突所产生的各种事件分析为每一个方面发生的变化。这样就可以说明人类从各种事物中获得的应用。因果的概念、手段和目的的概念不属于这里讨论的范围，因此这里有理由可以避而不谈。经验只与事件的结果及其连续的过程有关。这种实物分析的对象，在儿童的早年一方面是人体（在外界对象中，人体也是最重要的对象，因为人不仅感觉到自己的身体，而且看到别人的身体），另一方面是周围的各种事物——家具、植物和动物等等。人的活动与遭遇是与人的身体联系在一起的，同时也与人们彼此之间最密切、最简单的关系有关。在这方面可以采取提示教学。这种教学通过初步讲授各国与各民族概况来扩大儿童关于自然与人的知识。地理与博物学可以逐渐由此着手讲授，这方面始终得把说明与联合放在教学之前。同时得悄悄地让儿童对邻近环境中的人进行经验观察。其次在本国语的分析练习中必须涉及本国语的整个范围，以便为学习缀字法、文体与普通语法作好准备，甚至可以暂时把概念撇开。凡经过说明与联合起来的事物都能通过某种综合的概括获得一种教学的形式，而在教学形式（如分类）中，什么地方适合于进行这样那样的教学，当对这个问题产生疑问时，便出现了哲学探讨的迹象。

1. 思辨

在对经验范围进行分析说明时，处处会遇到事物性质有规律地联系在一起的迹象，即因果关系的迹象。不管这种迹象是否客观，是否可以解释为超验的或者意识之内的，对青年的教养来说重要的是，当它出现时他们是否了解它，如何用物理学家或讲究实际的历史学家（非幻想推理家）的眼光探究各种事件过程的本质的一贯性。第一步是指出，即引出手段与目的以及原因与结果的关系，同时必须通过具有不同结果的不同试验来揭示事件的制约性与相互间的依赖关系，例如使一部机器较快或较慢地运转，对这一部件与那一部件进行干预，以便观察哪些轮子在转动，哪些不转动。为此我们必须控制结果，必须使这种结果引人注意，也就是说使其不太一般，也不太奇特。请把先前一一说明的试验联合起来，并指明它们的联系。例如，把钟摆与钟的齿轮组联系起来；在用枪射击方面把机械热与火药爆炸联系起来；在应用蒸汽机方面把蒸汽的膨胀与受冷收缩联系起来；等等。在进行试验时应注意每一部分保持的状态，每一部分发生的变化，不要忘记其中的残余部分，应观察结果的完整性，或者说留意其过程中将不为人所观察到的部分，但是，如同人类在其工作方面、在家中、在经济领域、在行业中、在国家事务方面相互猜测、相互依赖或相互干扰一样。这又可以使人联想到有利或有害的自然力的自动运行机制，这一切无论在经验中还是在描述性的教学中都必须向儿童作最详细的说明和让儿童进行冷静的观察、反复的检验，而决不让他们肤浅地观赏，使他们惊讶、恐惧，甚至使他们须臾间入神。至于概念的分野、定义的探究、自己思想的阐明，这一切都可以在以后结合在一起进行。教学与哲学探讨在这里属于物理学方面进行的工作，并最终可归结为思辨系统。

2. 鉴赏

审美（我把美、高尚、可笑以及各种细微的差别和对立面都包括在这个名词中了），对我们来说，最初产生于留意的观察中。通常少年儿童仅把一种物质看作与其他各种物质一样的东西。最初他们觉得彩色的、形成对照的和运动的东西都是美的，而当他们看够了这一切，并处在一种极其平静而跃跃欲试的心理状态中的时候，我们就可尝试，是否可以让他们去探讨美了。首先我们应把美的现象从一系列在审美上无关紧要的现象中揭示出来，从而说明它。然后应开始分析，即把它分解为各个部分，使其中的每一部分本身具有鉴赏价值。例如，我们可以取一棵茂盛的灌木，砍下突出的一枝，而后再从一枝中取一叶，并从复叶中取一单叶；或者取一朵花，将其花瓣摘下并一一展示给儿童。错误的分解，例如，在叶子中间切割，是必须使学生注意并受到批评的。就这样，美的最简单的形式、组合在一起的美的联结形式以及以新轮廓重新合并产生的美，这一切都必须一一了解并联合起来。同样，我们应当把美的现象从有趣的和感人的现象中揭示出来，把实质从装饰中，把思想从修辞中以及把内容从形式中揭示出来。但是，这一切分解手段应始终作为有助于综合的工具，因为理解的心理是力图向这种分解发展的。我们应当在不使整体完全陷于朦胧中的情况下来说明每一个局部。同时，我们不应当从太大的对象着手，越简单就越能产生较明确的鉴赏判断。但是，我们不仅应当在艺术中，而且应当在生活中，在交际中，在礼节中和在言语表达中指出得体的行为来，并要求儿童在他们自己能通过其鉴赏力来表现得体行为的情况下做到它。同一切生硬的做作行为保持的距离越远越好；一般地说，能保持的心情越纯洁，就越能做得好。按照艺术规律进行审美分析的教学及其哲学探讨大多是困难的。

（二）对人类的同情

对那种为唤醒对他人同情心的交际进行的分析，具有一个主要的观念：应使感情（不管其良莠）返回到自然的感觉运动上去，使每个人在其本身的意识中都有这种感觉运动的可能性，因此也就能够产生同情。但是真正要理解别人的感情乃是以理解自己的感情为前提的。因此应分析青少年自身的心灵，使它在自身发现人类心灵活动的形式。同时必须使青少年学会人类感情赖以表现出来的表达方式，一开始学会非任性的表达，尔后渐渐地也学习惯常地表示感情的范围与轻重。同时必须注意通过自己的行为将自己始终明确地在他人面前显示出来，防止误解和无意识地中伤他人。这种内省性的心理的初步表现必然随着与他人的交际和对他人的认识而不断扩大，并且越来越影响心灵，从而必然使人类的每一种现象越来越容易被理解，使每一种反感，例如，对外来特异事物的反感，越来越不容易产生，同一切人的接近越来越真诚。但是要达到这种境地，应当使人类的每一种特点像在明镜中那样较为完全地，不像在一般生活中那样模糊地接近崇高诗意地，在那模仿着别人而不失自制的心灵中显示出来，但并不由于超越实际以及因此也超越同情本身而陷入幻境。古典诗人可以使我们懂得这一点。

1. 对社会的同情

关于交往礼节以及各种社会制度的探讨都是从人们相互适应与相互帮助的需要出发的。教学基于这种需要来说明社会上服从与协调的各种形式。为了使这方面教学形象化，教师可以首先举出最合适的例子，即学生本身，让他了解他在其一切社会关系中所具有的正确地位，并让他感到其生存的全部条件与对他人的依赖性。通过同情心把这种感觉化为对所有人相互依赖的了解，通过越来越清楚地了解和越来越如所期待的那样明白社会运动在不断进行，乃至反复来回摇摆，儿童必然会珍惜一般秩序，不损害这种秩序，甚至觉得值得为这种秩序作出牺牲，假如有一次可能要求他立即作出牺牲的话。假如在青年时期一个人表现出具有体力的话，那么这正适宜于让他观察军事来增强他保卫祖国的思想意识。军事是国家光辉的表现，从青年的早期开始它就强烈地吸引着他们的目光；但假如教学不对野蛮的狂热与虚荣的煽惑采取充分的平衡措施，教育就很容易遭到损害。教学应当针对国家这样那样的制度所投射出来的一切光辉，始终提醒学生想到一个勇敢的人可以在其岗位上发挥的真正力量，想到每个公仆必须加之于自身的切实可行的限制。

2. 宗教

对于人类普遍依赖性的同情是一切宗教基本的自然原则。我们应当让学生注意，在什么地方人们会表达受限制的感觉，应当向他们提出，任何傲慢都是对自己力量的错误与危险的夸大。崇拜应当解释为恭顺的一种纯粹的表白，而忽视崇拜可能会导致（事实上确实会导致）一种自负的活动，为取得暂时的成果而花费过多的精力。对人类生活及其命运的进程作出的不断观察常常使人认识到生命的短促、享受的短暂、财富之价值的两重性，以及工资与劳动之间的关系。为此应当使学生注意俭朴的可能性，注意知足常乐，注意对大自然的观察，了解大自然适合人的需要，能够使人努力并大体上给以报偿——尽管大自然并不对每一个个别成果都给以报偿。应当由此引导儿童进行一般的因果报应的探索，但始终必须把这种探索局限在大自然范围内，而不使这种探索迷失在人类角逐的混乱中。

从根本上说，心灵应当在宗教中获得休息，在宗教中摆脱一切思想、欲望和顾虑，达到安宁。但是为了获得高度的休息，应使儿童欢迎与众人联合，欢迎教会。只是他们在这方面也必须保持足够的清醒，拒绝荒诞和神秘的欺骗，完全拒绝神秘主义的矫揉造作，把这一切视为宗教尊严所不齿的。[1]

拓展性阅读

1. 裴斯泰洛齐. 林哈德与葛笃德［M］. 北京编译社，译. 北京：人民教育出版社，2008.
2. 乌申斯基. 人是教育的对象［M］. 郑文樾，译. 北京：人民教育出版社，2007.
3. 赫尔巴特. 普通教育学［M］. 李其龙，译. 北京：人民教育出版社，2015.

① 为培植儿童的同情心，提示教学可应用历史故事、关于人以及人的集团的生动的传记等，但切不要用现代政治方面的东西！

第二节　幼儿教育名著选读

一、幼儿教育思想概要

幼儿教育思想最早可以追溯到古希腊三贤时期。其中，柏拉图重视幼儿教育，最早提出“寓学习于游戏”；亚里士多德提出教育要遵循自然，幼儿期的教育主要是以身体的养护为主。近代的夸美纽斯、洛克、卢梭和福禄培尔等教育家普遍认识到幼儿期的重要性，提出教育要尽早开始。他们批判封建社会旧教育对儿童的束缚，要求树立正确的儿童观，尊重儿童，不能体罚儿童；教育内容要符合儿童的兴趣和身心发展特征，以身体的养护和德育为主。

古希腊教育家柏拉图曾说过：凡事开头最重要，特别是生物。一个人成为什么样的人，从小所受的教育至关重要。一个人在幼小柔嫩阶段，最容易接受陶冶，你要把他塑造成为什么形式，就能塑造成什么形式。因而柏拉图非常重视幼儿的早期教育，在其设计的学制里，儿童应该由专职的人员进行照看。除了关注身体的养护外，还应进行游戏、音乐等活动，为了防止儿童受到不良习气的影响，所有活动内容都要严加选择。古罗马教育家昆体良也非常重视儿童的早期发展，认为“凡是每个儿童都要学习的东西，就应该早点开始学”。与当时流行的不可太早对儿童进行智育的观点不同，昆体良认为积少成多，儿童 7 岁以前就可以适当学习。昆体良虽然重视幼儿的早期教育，但他否认超常儿童的存在，主张教育应该循序渐进，不可拔苗助长。

近代欧洲涌现出一大批重视幼儿教育的教育家。捷克教育家夸美纽斯在其代表作《大教学论》和《母育学校》中都肯定了早期教育的价值，还为儿童编写了图文并茂的识字教材《世界图解》。夸美纽斯重视儿童的价值，他认为儿童是上帝的种子，是无价之宝，幼年时种下的种子，决定了老年时会收获什么样的果实。其为母育学校，也就是幼儿期的家庭教育设计了一个广泛的教学大纲，为进入国语学校做准备。夸美纽斯还重视幼儿期的游戏、德育、劳动教育、集体教育等问题。英国教育家洛克在《教育漫话》一书中强调了教育尤其是幼儿教育的重要性。他认为我们日常所见的人中，他们之所以或好或坏，或是有用或是无用，十之八九是由教育所决定的；他重视儿童的身体健康，从体育、饮食、穿着等方面提出诸多具体的建议；他重视儿童早期的道德教育，要让儿童养成节制的好习惯。18 世纪法国教育家卢梭在《爱弥儿》一书中提出把儿童当作儿童看，反对把儿童当作小大人，应该按孩子的年龄段进行相应的自然教育。他认为幼儿期的自然教育主要是身体的养护和感官训练，应在空气好、环境好的乡村进行。卢梭还主张实施消极教育，顺其自然，尽可能少地干涉儿童，少用书面的东西来教育儿童。德国教育家福禄培尔在《人的教育》中集中阐述了关于儿童的发展和教育理论。幼儿期在人的发展中是至关重要的，因为父母无暇教育孩子且缺乏专业的知识，他主张建立一个专门的幼儿教育机构——幼儿园，重视儿歌及游戏的作用。

二、福禄培尔与《人的教育》

（一）作者和作品简介

福禄培尔（Friedrich Wilhelm August Froebel，1782—1852 年），德国幼儿教育家，幼儿园的创始人，被誉为“幼儿教育之父”。福禄培尔生于德国一个路德派牧师的家庭，自幼深受宗教思想的影响。福禄培尔早年丧母，父亲忙于教务，无暇顾及他的教育，母爱的缺乏对后来福禄培尔的幼儿教育思想有一定的影响。他后来在舅舅的资助下进入国民学校就读。15 岁时，他未能进入中学继续深造，随后跟随一名林务官做学徒，并对大自然产生了浓厚的兴趣。1799 年进入耶拿大学学习，但因经济困难而被迫辍学。之后曾在林场和农场从事测量员、书记员等工作，工作之余继续对自然的探索。1805 年，一个偶然的机会，福禄培尔当上了法兰克福模范学校的教师。这是一所试验裴斯泰洛齐教育思想的学校。随后他曾两次跟随裴斯泰洛齐学习，深受其儿童教育思想的影响。1811 年福禄培尔先后进入哥廷根大学和柏林大学学习自然科学，发现矿物的结构有其内在的规律，开始思考教育的基本规律。1816 年，他回到家乡开办学校，力图践行裴斯泰洛齐的教育原则，并于这一时期写成《人的教育》一书。1834—1935 年，他在瑞士布格多夫担任一所孤儿院的院长，1836 年回国后，又在勃兰根堡开办了一所幼儿教育机构。1840 年，他把幼儿教育机构命名为“幼儿园”，创设了以游戏和歌谣为主的幼儿园课程，设计了恩物，重视儿童的自然研究。1851 年，因为福禄培尔的进步主义倾向，普鲁士境内的幼儿园被全部关闭。福禄培尔虽不断抗争，也未能使政府取消禁令。1852 年，福禄培尔去世。1861 年，他的作品集《幼儿园教育学》经其生前好友编辑出版。

《人的教育》于 1826 年出版，中译本是罗炳之、赵端瑛根据 1887 年的版本翻译的，由人民教育出版社于 1964 年第一次出版。1979 年出版的《西方资产阶级教育论著选》曾摘录了该书的大部分内容。本书所选为孙祖复翻译、2001 年人民教育出版社出版的版本。该书共有五章，详细论述了作者的幼儿教育思想。

（二）原文节选

第一章　总论①

教育应当以它的整体，即通过教育、教学和训练，使人和自然来自上帝和受上帝制约的道理以及人和自然存在于上帝的道理变为人的觉悟，并使这种觉悟在人的生活中发生作用。

教育应当和必须引导人了解自己和关于自己的一切，与自然协调，同上帝一致；因而它应当使人认识自身和人类，认识上帝和自然，并使之实现由这种认识决定的纯洁的、神圣的生活。

……

按上帝精神的作用和从人的完美性和本来的健全性来看，**一切专断的、指示性的、绝对的和干预性的训练、教育和教学必然地起着毁灭的、阻碍的、破坏的作用**。因此，为进一步接受大自然的教训，葡萄藤应当被修剪。但修剪本身不会给葡萄藤带来葡萄，相反地，不管出自多么良好的意图，如果园丁在工作中不是十分耐心地、小心地顺应植物本性的话，葡萄藤可能由于修剪而被彻底毁灭，至少它的肥力和结果能力被破坏。在对待自然物方面，我们的做法常常是正确的，而在对待人的问题上，却会走上完全错误的道路，而且在两者中起作用的力量出自同一来源，服从于同一条法则。因此，从这一观点出发，对于人来说，重视自然和观察自然也是十分重要的。

……

因而，儿童从刚刚出生到世界上起，人们就应当和必须**按照他的本质去理解他和正确对待他，让他自由地、全面地运用他的能力**。不应当强调某些能力和肢体的运用而牺牲其他能力和肢体，并妨碍这些能力和肢体的发展。儿童既不应当部分地受到束缚和钳制，也不应当在以后受到控制。儿童应及早学习发现自己一切力和肢体的重心和支点，学习在其中休息和不受干扰地活动，学习自由地活动和行事，用自己的双手攫取并抓住东西，用自己的双脚站立和行走，用自己的双眼发现和观察一切，均衡地和以同等力量使用他的每一个肢体。儿童应当及早学习一切本领中最高尚和最难以掌握的本领并及早加以应用和付之实践：能够在任何偏离现象、干扰和障碍的情况下把握

① 福禄培尔．人的教育［M］．孙祖复，译．北京：人民教育出版社，2001．

住他的生活轨道的中心和支点。

……

第二章 幼儿期的人

在一个刚刚出生到世界上的人面前，即幼儿面前，出现的一个外部世界，尽管总是由同一些事物按照同一种结构组成，然而对他来说，最初是由处于迷雾般朦胧的、无形的黑暗和杂乱无章的混沌状态的、甚至幼儿本身和外部世界也相互混合的那种虚空构成的。然后，来自这种虚空和迷雾的事物，特别通过从父母或母亲方面来的、最早出现在幼儿和外部世界两者之间的、起初把这两者分开、然后又把两者统一起来的言语，首先是个别和稀少地、最后是多样地和常常按照本身内部包含着的固定的独特性展现在幼儿面前，于是人，即幼儿，最后把自己也看作一个具有一定独特性的、完全不同于其他一切事物的客观对象。……

在发展了的感官、身体和四肢活动到了儿童开始自动地向外表现内在本质的程度时，人的发展的婴儿期也告终止，并开始了幼儿期。在这个阶段以前，人的内在东西还是一个不分化的、无多样性的统一体。随着言语的开始便开始了分化，即人的内在本质中按手段和目的联系起来的多样性的出现。人的内在本质发生分化，向外释放出来，力图向外表现自己，宣告自己的存在。人依靠自己自发的力量在自己外部固定的东西上，并通过固定的东西，把自己内在的本质向外表现，塑造其形象，而人的这种自发和独立的发展，这种内在本质通过自己的力量在固定的东西上自发表现，也可以充分地用Kind（幼儿）一词来表达，K－in－d，即标志着人进一步形成的这个发展阶段。

……

儿童在游戏中，只要他能够说话，是很想多说话的。游戏和说话是儿童这时生活的要素，因此，处在人的这一发展阶段上的儿童，视每一个事物是有生命、感情和言语能力的，并相信每一个事物都在听他说话。这正是由于儿童开始把他的内在本质向外表现，所以在他看来，他周围的其他一切东西也能进行与他相同的活动，不管它是一块石头或一块木头，不管是一棵植物、一朵花或一个动物，都是如此。

……

游戏是儿童发展的、这一时期人的发展的最高阶段，因为它是**内在本质的自发表现**，是内在本质出于其本身的必要性和需要的向外表现，“游戏”一词本身就说明了这一点。游戏是人在这一阶段上最纯洁的精神产物，同时是人的整个生活、人和一切事物内部隐藏着的自然生活的样品和复制品。所以游戏给人以欢乐、自由、满足，内部和外部的平静，同周围世界的和平相处。一切善的根源在于它、来自它、产生于它。一个能干地、自发地、平心静气地、坚忍不拔地、直到身体疲劳为止坚持游戏的儿童，也必然成为一个能干的、平心静气的、坚忍不拔的、能够以自我牺牲来增进别人和自己幸福的人。一个游戏着的儿童，一个全神贯注地沉醉于游戏中的儿童不就是这一时期儿童生活最美好的表现吗？

……

在幼年时期的这几年里，儿童的食物和进食是十分重要的，它不仅对于儿童目前的年龄和生活来说是重要的，而且对他整个未来的生活来说也是重要的，因为儿童可以通过他的食物，通过他的进食而成为怠惰或勤勉、萎靡不振或充满朝气、迟钝或敏捷、缺乏生气或充满活力的人。而且儿童以这种方式接受的，通过他的食物的性质接受的印象、性向、嗜好、感觉的倾向，甚至他所特有的生活倾向，生活中各种活动的倾向是难以摆脱的，甚至将来他已经成了自立的人时还是难以摆脱。它们同他整个肉体的生活成为一体，因而也同他的精神生活紧密联系，至少同他的感觉和情感紧密联系。所以儿童在母乳之后最初的食物应当简单而适度，不超出绝对必要的限度之外的人工的和精制的食物，尤其不要用过多的香料来刺激食欲，也不要太油腻，以免阻碍内脏器官的活动。

……

为了使儿童在这一时期在智力上、身体上能够不受限制地活动和游戏、发育和发展，他的衣服不应使他受到束缚、压迫和禁锢，因为这样的衣服也会束缚、压迫和禁锢人的精神。在这一年龄阶段和以后年龄阶段不能穿着割破和撕坏的衣服，因为衣服在儿童身上，在一个人身上发生的影响将会同样地影响到他的精神、他的心灵。衣服、衣服的式样、颜色、形状本身不应当成为目的，否则，衣服会使孩子很早就注意自己的外表，使他变成一个空虚的、轻浮的人，变成一个布娃娃而不是孩子，变成一个木偶而不是一个真正的人。因而，衣服无论对于儿童来说，还是对于未来的成年人来说，绝非无关紧要，可以说，甚至对于基督徒来说，衣服保持不破碎、不缝补，像耶稣的衣服那样，也像他的生活和活动、他的学说那样仅仅是一个始终连续的整体，这一点也不是完全无关紧要的。

……

除了极其美好的东西由之发展起来的那种共同的感情本身外，无所不包的母性的爱还试图通过动作（这是极其重要的），通过有规律的、有节拍、有韵律的动作，通过对她手里抱着的幼儿的抚弄，即通过按有韵律、有节拍的声音发出的有韵律、有节拍的动作使孩子感觉到他自己身上生命的存在。这位真诚的、具有自然天性的母亲就这样从各方面小心地迎合着存在于孩子身上的从各方面活动着的生命，强化它，唤醒这个还一直处于沉睡中的生命，并使它得到发展。另一些人则把孩子看作空虚的东西，要把生命从外部灌输给他，并按照他们把他想象成的那个样子使他成为空虚的东西，使他的生命遭到扼杀。……

我们现在从处于幼年期后期并正在脱离幼年期进入少年期的得到正确引导、良好抚育和切实保护的儿童身上体会到何等丰富、何等饱满、何等生气勃勃的内部和外部生活啊！未来成年人的思维和感觉、知识和技能的对象，如果其最初的幼根不是发生于幼年时期，那么，它究竟来源于何方呢?！未来教学与训练的课题，要不是萌芽于幼年时期，那么，它究竟来源于何方呢?！语言和自然物呈现于儿童面前；数、形状、大小的性质，空间知识，力的本质，物质的作用开始向他展示；颜色、韵律、音调、形态在其萌芽状态时就已经带着其独特的意义显现在儿童面前；自然界和艺术世界对他来说已开始能够被明确地区分开来，同样地他已能够有把握地把自己同作为自己对立物的外部世界对照起来；在他的心中，自己的一个内部世界的感觉已开始发展起来。然而尽管如此，我们还根本没有触及也根本没有注意到尚未充分成熟的、尚未进入少年期的幼儿的整个生活侧面，这是与从事家务的、从事职业活动的父亲和母亲、兄弟和姊妹一起生活的一个侧面。

……

就这样地，自然的、身心健康的孩子牵着他的忠实的父亲，而悉心关怀儿子的父亲则引导他的孩子从农村到城市，从自然到艺术，或反之从手艺到耕作和园艺。尽管出发点和原因各不相同，但各自都有可能从自己的认识范围出发去认识别人的认识范围，把别人的认识范围同自己的认识范围联系起来。父亲的每一种活动、每一种手艺、每一种职业都能够把一个起点引导到掌握人类的一切认识。农民的孩子通过他父亲的马车和犁能够掌握何等丰富的知识！磨坊主的儿子通过他父亲的磨坊，商人的儿子通过他父亲的作为经商对象的原始的或加工过的自然产物，能够掌握何等丰富的知识！从工厂主的各种各样的工作中将会发展多么丰富的知识！未来的学校生活和教学生活只能在耗费昂贵代价的条件下极其困难地培养儿童的理解能力和认识能力，而且往往根本不可能培养这种能力。这方面的成效如何，要取决于利用和不利用，重视和不重视儿童的家庭生活。诸位当父亲的！你们的孩子也会十分深刻地、生动地、十分真实地预感到这一点，因为，不管你们在什么地方，不管你们到什么地方，不管你们做什么，孩子总是会围着你们。你们不要拒绝他们，不要把他们从你们那里赶走。你们不要对他们一再提出问题感到不耐烦。你们的任何硬性拒绝和把他们赶走的话都会毁灭他们的生命之树的蓓蕾和幼芽。但是，你们也不要用言语对他们作出更多的解答，除非没有你们的话他们不能自己解答自己的问题，因为他们听别人的（也许仅能听到一半，理解一半），当然比自己去寻求答案、通过自己去找到答案更为容易，但是，通过自己找到的四分之一的答案，对孩子来说，比之听到一半、理解一半更多，更重要。后者会造成思想和精神的懒惰。因此，你们不要总是直截了当地回答你们孩子的问题；只要他们具备这方面的能力和经验，就要给他们提供条件，让他们从自己的认识范围出发自己解答自己的问题。

我们作为父母，特别是我们当父亲的（因为正在成长为少年这一年龄阶段的幼儿需要我们特别的照顾和引导），应当着眼于履行我们父辈的义务（对孩子的引导）所涉及的一切事情。让我们去感受由于履行了我们的义务而应该享受到的欢乐吧！我们除了从引导我们孩子的义务中，从与孩子一起生活中，以及在为孩子们而活着中得到欢乐和享受之外，再也不可能从任何其他方面得到更多的欢乐和更多的享受了。如果说，我们在某些地方能够寻求和指望得到比在我们对孩子的工作中更多的欢乐和享受和对我们最崇高的愿望的更充分的满足，能够寻求和指望比在我们能够从多方面关系中获得快乐的家庭圈子里更多的安慰，那是不可思议的。

如果我们大家都注意到那位在平凡的市民环境中，在一个充满着欢乐生活的幸福家庭中的平静的父亲说出的出自内心的话（在此仅部分地描述了他的话），他所表达的真理将会给我们留下深刻的印象。他仅以简短的一句话，便完整地概括了自己的行动准则：“及早地引导孩子学会思考，我认为这是儿童教育的第一和首要的任务。”在他看来，使儿童早期养成劳动和做事的习惯，乃是极其自然的、不言自明的事情，是毋须用任何语言加以说明的。此外，在养成思考习惯方面已得到引导的儿童是否因而同时在养成劳动和勤奋工作的习惯方面，在养成家庭成员和公民应具备的一切德性方面也得到了引导呢？父亲的那句话乃是一粒果核，由此将生长出一棵发育成开满芳香花朵、结满丰硕果实的郁郁葱葱的长绿的生命之树。我们之中的那些放任我们的孩子无所思考，无所作为地过日子，因而变得愚昧无知的人，应对这位父亲所说的话侧耳倾听并引起注意。

……

拓展性阅读

1. 夸美纽斯. 夸美纽斯教育论著选［M］. 任宝祥，等译. 北京：人民教育出版社，2005.
2. 蒙台梭利. 童年的秘密［M］. 梁海涛，译. 上海：上海人民出版社，2012.
3. 黑柳彻子. 窗边的小豆豆［M］. 赵玉皎，译. 海口：南海出版社，2010.

第三节　教师教育名著选读

一、教师教育思想概要

教师教育思想产生于古罗马时期，兴起于近代欧美资本主义国家。教师教育的发展是伴随着教师职业的发展而进行的，可追溯到法国首创的师资训练学校。在近代工业革命的推动下，西欧开始了普及义务教育的运动，必然需要大量有丰富经验、受过培训的教师，教师教育也开始起步。随着现代世界经济竞争和科技竞争的加剧，人们越来越认识到，教育改革的成败在教师，只有教师专业水平的不断提高才能造就高质量的教育水平，教师教育日益受到重视。教师教育思想的核心是重视教师在教育教学中的作用，并根据时代要求，对教师的培养提出一些可行性建议，不断探索如何成为一名合格的教师。

古罗马时期的昆体良便非常重视教师教育问题，他在《雄辩术原理》一书中对教师的素质提出具体要求。他主张教师要因材施教，“在教育头脑尚未成熟的学生时，不要使他负担过重，要节制自己的力量，俯就学生的能力”。他还认为教师应该是德才兼备的人，应该具有广博的知识，应该热爱学生，上课应该明白易懂。近代著名教育家夸美纽斯把一生都献给了教育事业，他曾担任教师多年，在其《大教学论》中把教师当作是太阳底下最光辉的职业。他认为在所有职业中，“我们对于国家的贡献哪有比教导青年和教育青年更好或更伟大的呢?”一个能够动听地、明晰地教学的教师，他的声音便该像油一样浸入学生的心里，把知识一道带进去。

18 世纪中下叶，随着普及初等义务教育逐步在一些国家实施，现代教学方法渐成体系，教育理论有了长足的进步。随着近代师范教育的产生，教师教育思想日益受到重视。第斯多惠一生主要从事师范教育工作，长期担任师范学校校长并亲自授课，积累了丰富的经验，在这一领域做出了杰出的贡献。在《德国教师培养指南》一书中，他对教师的任务、条件等提出了许多要求。关于教师的任务，第斯多惠认为，教师的迫切任务在于通过培养人来促进人类的发展，引导他人走正确的道路，激发人们追求真善美，发展人们的素质和能力。要完成教育人这一神圣使命，教师必须在各方面完善和提高自己。根据自己多年的教育工作经验，第斯多惠对教师提出了如下几个要求：教师必须不断地进行自我教育；教师必须精力充沛；教师必须意志坚定。

19 世纪俄国教育家乌申斯基曾任法律专科学校教师、孤儿院教师、斯莫尔尼贵族女子学院学监，被称为“俄国教师的教师”。乌申斯基曾说：“教师个人的范例，对于青年人的心灵，是任何东西都不可能代替的最有用的阳光。”乌申斯基把教育看作是性格转化的过程，因此他十分注重教师品质的培养，并对此提出了严格的要求。他认为教师应当具有双重身份，他们既是教员、教师，又是教育者、教育家；教师们应该热爱学生，热爱自己的职业，掌握一定的教育教学技巧。苏联的几位教育家苏霍姆林斯基、马卡连柯、赞科夫等也都非常重视教师的培养，苏霍姆林斯基在《怎样培养真正的人》《给教师的 100 条建议》《和青年校长的谈话》等著作中给教师提出了很多建议。苏霍姆林斯基认为教师的教育劳动的独特之处是为未来而工作，强调劳动、阅读、思考三者在教师教育中的作用。马卡连柯则非常重视教师集体的作用，认为“有共同的见解，有共同的信念，彼此间相互帮助，彼此间没有猜忌，不追求学生对个人的爱戴。只有这样的集体，才能够教育儿童”。

二、第斯多惠与《德国教师培养指南》

（一）作者和作品简介

第斯多惠（Friedrich Adolf Wilhelm Diesterweg，1790—1866 年），德国著名民主主义教育家，被称为“德国教师的教师”。第斯多惠出生在一个法官的家庭，从小爱好自然，不满当时中小学脱离实际的教学，喜欢在田野间散步，扩大自己的视野，探索新知。1808 年升入赫尔朋大学，学习数学、哲学和历史，一年后转入蒂宾根大学。1813—1818 年，在法兰克福的一所学校教数学和物理，在这里遇到了裴斯泰洛齐的学生，对教育学产生了兴趣。1820 年起，第斯多惠开始从事师范教育工作，先是担任梅尔斯师范学校校长，兼教数学和法语。1827 年起创办《莱茵教育杂志》，先后撰写并发表了四百多篇讨论各种教育问题的论文。1832 年后又调任柏林师范学校校长，并担任相关的教学工作，同年组织了教育联合会，1840 年创办柏林新教员联合会。由于第斯多惠研究并传播先进、民主的教育思想，呼吁政府改善教师的地位，维护教师的切身利益，普鲁士政府不断加害于他。1848 年第斯多惠被解除师范学校校长职务。此后，他专心致力于教育理论的研究与宣传活动。除继续主编《莱茵教育杂志》外，还主编《教育年鉴》。1866 年 7 月，第斯多惠因患流行性霍乱不幸逝世。第斯多惠一生有许多著述，出版了《德国教师教育指南》《教育年鉴》和二十多种关于数学、德语、地理等科的教科书和教学指导书。第斯多惠主张“全人类教育”，反对等级和沙文主义教育，认为学校的任务就是培养有博爱精神的人和自觉的公民。第斯多惠十分重视教师素养的培育，要求教师应该完全精通自己所教的学科，并且热爱自己的职业和儿童。

《德国教师培养指南》是第斯多惠的代表作。该书系统地阐述了教育的基本问题，提出了许多精辟见解，总结出 33 条教学的规则与原则，指导教师“如何提高知识水平和教学技巧”，以及教学中“选择什么样的教学方法和教学手段”。本文节选自 2001 年人民教育出版社版本。

（二）原文节选

第一版　前言[①]

本《指南》的宗旨从广义上讲是**培养和提高国民学校教师的素质**。

为达到此目的，我认为国民学校教师通过学习本指南应当基本上达到下列几点要求。

（1）能提出教师奋斗的最终目标；（2）能说明一般正确教学论和方法论的原理；（3）将这些正确的教学原理应用到国民学校的各个教学学科中；（4）指出本书哪些章节对教师进修收益较大，哪些章节有参考价值，哪些章节在教学实践中可以直接作教学指导。

……

第一编

第一章　人类生活与教师生活的使命和任务

哲学家和另一种人认为人类生活的目的，就是理性——道德和幸福——真理或真知——真、善、美——人性。这是哲学观点的回答。

还有一种人认为**人生的最终目的是完善教育**，发挥人的天资、智力和主动性。这是形式教育的观点。也可以说这些人是以形式的观点与实质要素相结合的方法，提出主动性为**真、美、善**服务，把它作为人类的使命。

……

人的主动性（还要附加一句）是建立在天资的本能上，认识的主动性是建立在认识的本能上，本能的实质就是认识事物，了解事物。因此这种本能称为纯本能。教师的高超技艺就是唤醒这种本能，并满足这一被唤醒的本能。满足一种本能就会引起快感，不但使感官满足，而且会使所有的本能都满足。

---

① 第斯多惠．德国教师培养指南［M］．袁一安，译．北京：人民教育出版社，2001.

一个名副其实的教师应当以身作则，身体力行，主动号召学生积极行动起来。教师的一言一行，常常影响着学生，都会给学生带来希望和活力。教师必须提高学生的素质，使学生勤学苦练，习以为常。这样主动性就会逐渐加强，人便摆脱了自然天性，而成为一个真正的人。人就是以理性主动从事一切。

上述观点是否正确，望读者亲自检验。这种观点本身毫无价值，如果成年人不会检验，不会研究这一观点（即无主动性），那么，它只不过是一个珍品，一个僵死的珍品而已。不进行检验无关紧要，疏忽大意才会产生精神空虚。没有人能像费希特这样一针见血地指出：

“为了压制人的主动性的最后萌芽，使其枯萎，一些居心叵测的人竟把自己的谬论——一句魔鬼的诅咒推到一个素不相识的权威人士身上。谁不支配自己的信仰，谁就不敢支配自己的行动（即按照信念行事），谁能解放思想，谁就会很快地解放自己的意志。”

综上所述，我们给受教育者和教师提出了一个共同的任务。对教师来说这一任务还有着更重要的意义，教师不但本身要进行自我教育，自我完善，同时还要教育别人。教师应当以教育事业为终身职业，自我教育也是终身教育。因此意义更为深远。教师要使别人获得真正的生活，就得发动别人去追求真、善、美，最大限度地发挥他们的天资和智力。认识了这一崇高的任务，教师就得首先开始自我修养。教师要言行一致，身体力行，不但要倾听真理，学习真理，而且更重要的是把自己内心拥护的真理和自己的实际生活、思想与意志紧密地联系起来，融为一体，这是教师的自我完善，做不到这一点，就不可能做一个有思想有抱负的真正的人。教师必须明确地认识到：

1. 一个人一贫如洗，对别人决不可能慷慨解囊。凡是不能自我发展、自我培养和自我教育的人，同样也不能发展、培养和教育别人；

2. 教师只有先受教育，才能在一定程度上教育别人；

3. 教师只有诚心诚意地自我教育，才能诚心诚意地去教育学生。

……

第二章　在什么条件下读书才能提高智力、判断能力和增长知识？给教师的建议会促进智力培养

请不要忽视我的上述意见。到目前为止我们已经讨论了教师的培养问题，还没讨论教学理论和原则。我们把教师的教学本身也看成是一种培养智力的手段，因此现提出下列简要的建议：

1. 提前备课（教学时朗读，发挥，讲解），对所教学科要先掌握局部，然后再掌握全部；

2. 教学以铅印的教科书为根据，不过可以利用参考材料；

3. 习惯于逐句逐段和全课文备课；

4. 将备注、补充材料和体会心得随时记在教学笔记本上；

5. 一旦全面掌握了铅印的基础教科书，就可学习其他有关的教科书和文章；

6. 拟定一个完全符合学生需要的课程大纲；

7. 然后有步骤地学习普通教育学、教学理论与方法论，逻辑学与心理学等等。学习这些书籍，教师一般进步很快。

……

第四章　人的天资和来源于天资本质的一般教学规律和规则

根据学生的观点，客观教学法

第一节　符合自然发展规律的课堂教学

课堂教学必须紧密结合人的天性和自然发展规律。这一教学原则是一切课堂教学的最高原则。如果有人在课堂教学中采用了某种教学法，证实完全符合自然发展规律，那么这就说明我们的理论是正确的。相反，如果违背了儿童的天性，违反了自然发展规律，那么这种教学法则是错误的，应当坚决摒弃。无论是对一个医生还是一个教师来说，最重要的就是必须首先认识人的一般天性和特殊天性，然后才能对症下药，因材施教。人们可以违反天性的发展规律，可以发号施令，可以压制和阻碍天性的发展，但是这都起不到作用，天性仍然继续存在，即便天性一时被压制下去，仍会重新出现，只有顺从天性的发展规律，才能取得较好的教学效果。……

第二节　按照人的自然发展阶段进行课堂教学

（即按照一般人的个性教学）

1. 人的主动性在最初生活阶段（约至 14 岁）主要表现在体力活动上。这时儿童要自由玩耍，到处跑跑跳跳，嬉嬉闹闹。教育技巧就是利用儿童这种高贵的活动通过体育来全面发展儿童的身体；孩子直到 14 岁还要继续进行体操锻炼，用已经发展了的精神独立性来继续推动身体的发育。

2. 智力敏感性首先表现为感官活动（健康的敏感性较少——被动性！），儿童的直观兴趣、好奇心阶段大约要持续到 9 岁。人观察事物能锻炼感官，可以增加敏感和活力，然后学会本领！儿童到 9 岁直观还不会停止，随着不断的学习和积累基础知识，形象思维仍在起作用，我们的原则是“一切真知都是来自形象思维”，这是不言而喻的。

……

3. 儿童的独立性特别是在大自然中和在学校中得到了锻炼，逐渐提高了技能熟练程度，增强了记忆力，开始对学习发生兴趣，这一发展阶段大约要延续到14岁。这时儿童的敏感性和主动性同时在起作用。儿童接受了直观得来的材料并且强有力地掌握了这些材料。这是终生记忆保存材料的促进期，是语言基础的学会期。

……

5. 孩子14岁后逐渐进入理解时期，开始使用理智，这种情况特别反映在理想的教育中。这时孩子有了较强的直观能力，理智逐渐加强，初步树立了伟大的理想，主动性变得更加积极。这时孩子已经有了上进心，开始追求伟大的神圣事业。在这紧要关头如果学生不能崭露头角，恐怕以后难以有什么大作为。恰恰在这一时期父亲望子成龙，教师殷切期望，都会由于孩子出息好坏而欢欣鼓舞，或忧心忡忡。茁壮的植物开始长出花蕾，果实丰收在望——这时只需增加肥料。

……

第五节　直观课堂教学

直观教学原则适用于所有的学科课堂教学，不论是宗教课、语文课还是数学和几何课都离不开这个教学原则，因此我们认为有必要让学生理解形象思维能力的两个方面的意义。理解力本身靠直观力，通过删掉非共性的东西，概括共性的特征，从而形成高级的或一般的想象和思维。直观教学原理的要求是：从直观出发，继续进展到思维，从个别到一般，从具体到抽象，而决不可颠倒！因此，这一教学原则适用于全部学科的课堂教学。只有应用这一教学原则才能排除课堂教学中的种种弊端，诸如学生索然无味的学习，死记硬背，盲目复述，精神奴役以及形式上的比赛等。当然，这也不是绝对的，不一定所有的学校和学科教学都强求一律，不过一般情况下实在应当采用直观教学原则，万一做不到这一点，起码也要采用一些别的有效方法，比如采用挂图教学法，叫学生回忆校外活动情况，采用比较法和类比法等，同时我们也必须承认，培养学生的智力只有采用直观教学原则才能有效，否则教学便会落空，比如教地理课不讲地方志，没有地图和直观教学挂图，等等，教历史课没有历史大纲，教宗教课叫学生一味死记硬背那些陌生的信条和警句，这地地道道地是扼杀学生前程的形式主义的教学，这是为了学校而学习，而不是为了生活本身而学习，其后果是把学生推到了大失所望的绝境，使学生感到学而无用，深深感到生活和前途的渺茫，又使另一些人把愚昧无知传给后代……

第八节　遵循形式教育目的，形式教育和实质教育并举，尽可能用学科来全面激发学生，做到知识和能力相结合，反复练习所学过的知识，直到移交给思维进程使用为止

上述教学原则彼此息息相关，因此我们同时提出来。现在我们来阐明这

些教学原则的正确性。

课堂教学往往会产生两种倾向：一种倾向是教师教学生熟悉某一种教材，教会学生一种知识或一种技能，使学生提高对教材的理解能力；另一种倾向是教师通过教学培养学生的实际能力。第一种情况是教师以实质教育为目的，后一种情况是教师以形式教育为目的。有时教师也往往同时追求这两种教学目的，因为两者是并行不悖的。但是有些学生也能用自己的特殊能力来掌握教材的特点，通过学习教材来提高学习方法和自己的智力。上述两种教学目的总应当有一个先后次序，哪一个较重要，那一个就应当领先。在青少年基础教学中，很显然，形式教育目的要占上风。小学生不需要大量的知识。不过要锻炼或发展小学生的思维能力和语言能力，要集中他们的注意力来理解新的课文，形式教育的其他的一些特点会使学生终生受益，不言而喻，学生被激发的智力和学会的本领将来在工作中定会完全显示出来。但是这并不等于说以实质教育为目的的教学就变得无足轻重，决不是这样，以实质教育为目的的教学同样也是十分重要的，也必须一视同仁。学生越是年轻，越是不成熟，教师就越要在发展学生的智力上多下功夫。学生越成熟，教师越要提前加重学生的学习分量，因为学生已经增长的力量可以吸收这样多的知识……

根据时间、地点和条件的社会关系的课堂教学原则

第三节　遵循文化的教学原则

提到“遵循文化”一词，我还要谈一谈在考虑到社会关系的同时还有一些值得注意的问题。

我们现在给课堂教学和教育又提出了遵循文化的教学原则，并且把这一原则安排在遵循自然规律的原则之后。遵循文化的教学原则仅次于遵循自然规律的教学原则。遵循自然规律的教学原则是对每一个教师的最高的要求。这是我们追求的最崇高的理想。不过遵循文化教学原则不能决定教育的一切问题，它只是提出一个一般的标准。根据这一标准来评价课堂教学和教育活动的好坏。这一原则的思想内容就是在教育时，必须注意人在其中诞生和将来生活所在的地点和时间的条件。一句话，应该注意包罗万象的全部现代文化，特别是当地的特有的文化。这一点在过去往往被视而不见。因此在这儿我要提出一些最基本的观点。

……

教师课堂教学原则

第一节　使课堂教学富有吸引力（兴趣）

凡是我们的关注和注意力的对象，凡是我们生活中的娱乐符合自然要求

所引起的东西，这就叫吸引力和兴趣。我们和兴趣打交道，这是天经地义的事，因为人的舒服感觉喜欢引起内在的娱乐。要想吸引学生的注意力，就得千方百计充分发挥我们的特点或者利用其他巧妙的办法，在讲授课文时要尽情流露自己的个性，把课文讲得妙趣横生，引人入胜。兴趣会促进一个人的较大的爱好，唯有有教养的人才能领会兴趣，兴趣按其本身来说能促进培养。教师要有熟练的技巧来活跃课堂教学，引起学生的浓厚学习兴趣，因为兴趣会使学生自然而然对真、善、美产生乐趣，并会使学生心甘情愿追求真、善、美。怎样才能使课堂教学产生趣味呢？（1）变换花样；（2）教师要活泼；[1]（3）教师要充分发挥个性。俗话说：花样翻新是调剂生活。为什么就不该叫学生看到教师用多种形式和形象来讲授教材呢（通常一味照本宣科，枯燥乏味）？只要教材不单一，教师可以选用各式各样的教材，这样教师就不必在花样翻新上下很多功夫，只要讲究一下讲课的形式和风格就可以了。在儿童还没有学会写好最简单的字母以前就逼着他们把字母写上成千上万遍，试想，教师还要强迫学生再干些什么呢！因此我劝教师还是多开动一下脑筋，想想怎么改变教学形式，怎么变化一下花样吧！——不过话又说回来，单凭花样翻新不能解决所有问题，不能一下子解决大部分问题。教师只有用活泼、激发性，兴致勃勃地（而不是矫揉造作地）来和儿童打交道，来上课，才能感到小小教学试验成功的欢乐。我们亲身体验到课堂教学艺术不是传授艺术，课堂教学艺术是激发、启迪和活跃。但是你本身要是没有激发性，没有主动性，又怎么能去激发学生，去唤醒睡眠的人，又怎么能去活跃别人呢？只有生命才能创造生命，死亡等于终止。因此希望你能尽量学会活跃！……

第四节　学无止境

“不进则退”这一谚语还不尽意，还必须补充我们上面所讨论的内容，教师有能力培养学生也是自我继续教育的过程，应当把和儿童与教学打交道看成是自我教育的主要手段。教育本身决不是粗制滥造的成品和制造，教育是发展、是活力。其中有活动，有运动，也有成长。教育学生必须首先激发

---

[1] “笨人缺乏先天的活泼，行动困难，思想也较迟钝，如果增强这种人的先天能力，他的记忆力就会加强，也会学到许多知识。教师的职责就是增强迟钝学生的原始能力，这是十分重要的，而且对教师工作有决定性的意义。教师教会青少年一些必要的知识，这是容易做到的，但是缺乏原始能力的活泼就很难做到。活泼决定学生的激发力，而学习好坏又要看学生的激发力。被激发的情感能唤醒和活跃思维能力和行动能力。这就是激发力或活泼的重要性的心理学理由。”

贝内克

学生，主要是激发学生的主动性，这样的课堂教学就是教师进行自我培养的最好的学校。因为教师每天大部分的时间都用来教学，真心诚意地来激发学生，在这同时也就不断地激发了自己，这真可谓“近水楼台先得月”。不这样做就培养不出好的学生。因此希望你始终干教育这一行吧，培养人和培养公民，特别是培养教师。继续认识，剖析和培养你的感情，特别要充实你的宗教生活，继续提高你的活动能力吧！

……

第二编

第二章

学校纪律

你们希望我来谈一谈学校纪律作为本书的结束语吗？

很多教师在这方面有很多感慨，一提起学校纪律，他们可就滔滔不绝地谈论起来了。我们不打算把这一章写得太长。为什么？理由很简单，因为我们不认为这是一个特殊的独立问题，它是一个和教学原理和课堂教学有密切关系的问题。我们认为学校纪律应当溶化在教学论中，如果两者不一致，起码应当是教学论的延续。一个好的教学论专家也是一个纪律管理专家。谁善于教学，谁就必然善于管理纪律；谁教学好，谁就管理纪律有方。课堂教学学科就是纪律（这是旧意见，不过往往被遗忘）。

这些容易发挥的话题过去大家是不熟悉的，直到大家认识了教师职业的准则（讲授、预讲、教训、警告等方法），才明白过来。这些人的知识确实较丰富，口才也好，“教学”也不错，就是还不明白教学生遵守纪律这一点。还有阴森森的柏林修道院的施莱尔马赫（这里不妨指名道姓，但并不贬低他的声誉）以及当代的其他许多学者都还不懂遵守纪律这一条。但是也就是从那时起教师对传授知识逐渐有了新的认识，从而改变了教学方法。以激发、发展、支配主动性为主要课堂教学法。一句话，课堂教学是根据维新时代的伦理法，那时还没有多少教师懂得既要教好课，又要用纪律来约束学生。教师的教学能力有多大，他的约束力和作用也就多大。谁同意我在本书中前面所说过的，就一定会赞成我现在的观点。维新时代的教书先生只知道打铃上下课。这些老学究纯是教书先生，他们认为教书是自己的本分，理应如此，决不能越雷池一步。教书先生确实不是一个什么好听的名称，似乎应当换一个好听的才是。作为教师必须把自己的全部注意力都集中在学生的身上，无论是学生的身体、学习兴趣、学习能力、语言能力，还是学生的主动性和自制力，无论是认识能力还是感情和性格，教师都要一一管起来，要用纪律来约束学生，包括校内外大大小小的事情。只有做到这一步，学生才会把自己完全托付给学校。学生的仪表、礼貌和品德，态度和气和服从，包括做作业和交作业的态度，尊师爱校的表现，诚实可靠的深浅程度，都是学校教育原理和教师思想与意志的作用结果——席勒曾经把教师的个性诗化、哲理化，教师无论做什么都是凭借自己的个性。学校纪律中的大小规定都集中在教师身上，教师对学生要赏罚分明，教学原理既有教学法的力量也有纪律的威力，同时也应有灵活性！教学原理同时也是学校教育原理。

不言而喻，教师怎样考虑教学方法，也就怎样纠正和约束学生的表现，使学生从小就养成一种良好的习惯。同样，教师对于如何做好学生的操行评定必须通力合作，和谐而步调一致，不能各行其是，不能诋毁别人的创建。真正的教学思想要给教师灌注权力观念。在这方面还要叫我们一一列举说明吗？真是不胜枚举，不过还是略谈一二吧！

1. 严格约束学生的到校时间，学生上课不要提前，也不要迟到。严禁体罚！学生往往因为迟到而被体罚。体罚这是坚决不允许的（假如学生迟到，第一课罚站，然后叫他坐在教室最后一排座位上）。

2. 学生要端端正正坐在座位上，要肃静，做好上课前的准备工作。

3. 铃一响便开始上课，上课前祈祷和唱圣诗，不过不要太长。其实唱一首圣诗就足够了。领唱带领唱半首或一首诗歌。唱圣诗时要鼓舞志气。

4. 教师的位置是在全班的最前面，站在自己的岗位上，不要来回走动，眼睛注视着全班学生，激发、提问、活跃全班学生的学习气氛。

5. 学生回答问题要先举右手，或伸出手指示意，但不要抬胳臂。

6. 教师要站立讲课，声音要宏亮，说话要明白，肯定而有力。不要讲错话，不要结结巴巴，不要嘴懒，回答学生问题要快，不要回答半截问题。不要叫学生跟着自己读，学生跟着教师读这真是学校的一大祸害！为什么？

7. 只有在万不得已时才采用让学生轮流重复的办法，不过最好不要用这种办法。用这种刺激的方法来吸引学生的注意力，说明这个教师无能或懒惰。

8. 表扬每一个勤奋好学、付出艰苦劳动的优秀生，当然也要适当鼓励那些差生。要消除惩罚现象，特别是对那些落榜的学生。

9. 不要说教，不要不痛不痒地谴责或表扬，也不要对学生泛泛要求。说话简洁的教师算是优秀的教师。

10. 对差生要有耐心，特别要坚持不懈地鼓励勤奋好学的学生，并且督促那些有能力而不好好学习的学生。

11. 上课时学生的眼睛要盯住教师（自动地），正像太阳的卫星围绕太阳旋转一样（学生必须自动地注视着教师，否则就是装模作样，毫无价值）。学生的腰板要笔挺（但不要僵硬），脚不要乱动，双手放在书桌上！

12. 学生离校时要肃静，不要喧哗，向教师行礼后静悄悄地回家！

……

（任秀芬、王娟整理）

拓展性阅读

1. 苏霍姆林斯基. 给教师的建议［M］. 杜殿坤，译. 北京：教育科学出版社，1984.
2. 苏霍姆林斯基. 和青年校长的谈话［M］. 赵玮，译. 北京：教育科学出版社，2009.
3. 吴式颖. 马卡连柯教育文集［M］. 北京：人民教育出版社，2005.

第十章　现代教育名著选读（上）

第一节　欧美教育革新名著选读

一、欧美教育革新思潮概要

这里的“欧美教育革新”一词主要是指19世纪末到20世纪初欧洲大陆的新教育运动和美国进步主义教育，欧美革新教育思潮就是这两股教育改革浪潮所体现的各种教育理念的合称。如果对欧美革新教育思潮进行追根溯源，至少可以追溯到18世纪的启蒙思想家卢梭。卢梭提倡自然主义的教育方法，强调教学过程要遵循儿童的自然天性，强调完整的人格和精神自由。他的这些教育理念深深影响了后世的教育者，其中就包括瑞士教育家裴斯泰洛齐（J. H. Pestalozzi）和德国教育家福禄培尔（F. Frobel）。这两位教育家发展了卢梭的教育理念，各自创造出新的教学法，并运用到自己的教育实践中。他们的教育理念和方法在整个欧洲大陆得以推广，促进了欧洲各国针对传统教育的教育改革乃至社会改革，这样一系列的教育改革活动被称为“新教育运动”①。裴斯泰洛齐等人的教育理念也对美国产生了巨大的影响，在这种影响之下形成的美国教育革新思想和运动则被称为进步主义教育。从某种意义上理解，新教育运动和进步主义教育运动可被视为基于自然主义的、反传统教育的革新运动在不同地区的不同称谓。②

欧美教育革新思潮的内涵很广泛，其核心思想是反对形式主义的传统学校教育。传统学校教育是一种特权教育，存在明显的阶级差别，教学过程强

---

① 关于该思想流变参见 http://social - pedagogy. co. uk/history. htm.

② 有学者认为进步主义和新教育运动是同一概念。陆有铨. 现代西方教育哲学［M］. 北京：北京大学出版社，2012：1.

调权威、纪律、学生对知识的识记和教师中心，教育的目的是为儿童未来的成人生活做准备。与这种不平等的、违反儿童自然天性的传统学校教育相反，新教育运动和进步教育强调平等的教育权利，强调尊重儿童的需求和儿童中心，强调从经验和实践中学习，强调解决生活中实际问题的能力的培养。除了教育理念和教学方法上的革新之外，新教育运动和进步教育也强调学校对促进社会变革的积极作用。很多学者相信，通过学校教育培养有责任感、有能力的社会公民，可以推动整个社会向好的方向发展。所以，欧美革新教育思潮发展到后期分化出强调社会变革的社会改造主义（Reconstructionism）。

新教育运动的代表人物有意大利的蒙台梭利（Maria Montessori）、奥地利的斯坦纳（Rudolf Steiner）、德国的哈恩（Kurt Hahn）、波兰的科扎克（Janusz Korczak）等。进步主义的代表人物有柏克（Francis Parker）、杜威（John Dewey）、克伯屈（William Heard Kilpatrick）、波特（Boyd H. Bode）、蔡尔茨（John Childs）等。改造主义的代表人物是美国的康茨（George Counts）等。本教材分别选择了新教育运动的核心人物蒙台梭利和进步主义教育运动的代表人物杜威的相关作品。

二、蒙台梭利与《蒙台梭利方法》

（一）作者和作品简介

蒙台梭利（Maria Montessori，1870—1952 年），1870 年 8 月 31 日出生在意大利安科纳地区的基亚拉瓦莱小镇。作为一个保守贵族家庭的独女，蒙台梭利从小受到良好的教育，成绩优异。1886 年，她进入工科大学学习，专攻数学。1890 年她进入罗马大学学习生物学，后改学医学。1896 年获得罗马大学医学博士学位，成为罗马大学和意大利的第一位女医学博士。随后她在罗马大学附属医院任助理医师，主要治疗智障儿童，并由此对身体有缺陷的儿童的康复和教育产生浓厚兴趣。随后，她的研究兴趣逐渐转向普通儿童的教育问题。1902 年，蒙台梭利重返罗马大学，进修哲学、教育学、心理学和人类学，为自己之后的研究打下坚实的理论基础。

作为一名出色的儿童教育理论家和实践者，蒙台梭利最为人所津津乐道的研究成果之一，就是她所提倡的、以她的名字命名的儿童教育方法，即蒙台梭利教学法。这种方法强调让儿童在玩乐的过程中，按照儿童自己的步调去发展天生的能力和个性。在这种完全以儿童为中心的教育过程中，教师所需要做的事情主要是根据儿童自己的需要构建起适合儿童发展的特定环境（特别是学习材料），然后引导儿童在特定的情境中利用学习材料进行各式各样的活动，包括探究与发现、操作与控制、沟通、排序、重复练习、抽象概括等等。在这样的活动中，儿童的身体机能、智力、情感、意志等可以得到充分的发展。蒙台梭利的研究著述主要集中在儿童教育领域，代表作包括《蒙台梭利方法》《蒙台梭利儿童教育手册》《童年的秘密》《家庭中的儿童》《新世界的教育》和《发现孩子》等。

《蒙台梭利方法》意大利文版出版于1909年，原书名是《运用于“儿童之家”的幼儿教育的科学教育方法》。1912年英文版在美国出版，更名为《蒙台梭利方法》。这部作品主要是论述3－6岁儿童的教育方法。蒙台梭利强调儿童教育过程中应该遵循的两个原则。其一，不管是成人还是儿童，都是通过自身与环境之间的互动来实现自我建构的。这种心理学上的自我建构过程就是学习的过程，儿童教育的核心就是要促进这种自我建构。其二，儿童具备特有的、天生的心理发展模式和规律，儿童教育应该遵循这些模式和规律。秉持这两条原则，蒙台梭利重点论述了教育应该通过什么样的活动设计来激发和促进儿童与环境间的有意义的互动。2001年，人民教育出版社将《蒙台梭利方法》《有吸引力的心理》《教育中的自发活动》三篇著作汇编为《蒙台梭利幼儿教育科学方法》。本节即依照此书，节选了其中《蒙台梭利方法》里面“纪律”和“怎样授课”的部分内容。

（二）原文节选

第五章　纪律①

自由就是活动。观察教育法以儿童自由为基础。

纪律必须通过自由而获得。这是奉行旧教育法的人难以理解的另一个教育原则。人们会问：在孩子各行其是的教室里怎会有纪律呢？当然，在我们的教育体系中的纪律概念与一般所说的纪律截然不同。如果纪律是建立在自由的基础上，那么纪律就必须是积极主动的。我们并不认为当一个人像哑巴一样默不作声，或像瘫痪病人那样不能活动时才是守纪律的。他只不过是一个失去了个性的人，而不是一个守纪律的人。

当一个人是自己的主人，在需要遵从某些生活准则的时候，他能够节制自己的行为，我们就可称他是守纪律的人。这种积极的纪律概念，当然不易理解，也很难养成这种纪律。但是肯定地说，这种纪律中蕴含着与旧时代那种绝对的、不容讨论的、高压下的“不许动”截然不同的教育原则。

① 蒙台梭利. 蒙台梭利幼儿教育科学方法［M］. 任代文，主译校. 北京：人民教育出版社，2001.

如果一个教师要使孩子终身沿着正确道路前进，不断提高他们的自制能力，那么她就需要具有引导孩子沿着这条纪律之路前进的特殊技能。因为孩子现在在学习活动，而不是学习静坐；不是为上学作准备，而是为生活作准备，是为了通过养成习惯和实践获得在社会或集体生活中轻松地、正确地完成一些简单动作的能力。这里，孩子们所习惯的纪律，不仅仅限于学校环境，而且也扩展到社会。

孩子们的自由，就其限度而言，应在维护集体利益范围之内；就其行为方式而言，应具有我们一般所认为的良好教养。因此，只要孩子冒犯或干扰他人，有不礼貌或粗野行为，就应加以制止。至于其余的一切——即有益于儿童身心的各种表现——不管是什么行为，以什么形式表现出来，教师不仅允许，而且还必须进行观察。这是关键所在。因此，教师自己在经过科学训练之后，不仅要具备观察自然现象的能力，而且还要具备观察自然现象的愿望。在我们的教育体系中，教师更多的应该是一个被动的观察者，而不是主动施加影响的观察者。而且，她的被动性包含着她的急切的科学好奇心，包含着对她希望观察到的现象的绝对尊重。教师必须理解和感觉到自己作为观察者的地位。主动必须包含在现象之中。

这些原则肯定适用于初次展现幼儿心灵的幼儿学校。我们不知道窒息孩子刚刚开始的积极的自发行为的后果是什么，也许就是窒息了生命本身。人类在幼儿期展现的智慧就像黎明的阳光、蓓蕾的芬芳。我们必须以宗教般的虔诚尊重儿童早期的个性表现。如果要使教育产生效果，那就应该促进生命的充分发展。要起到这种作用，必须严格避免抑制孩子们的自发活动，避免蛮横无理地强加各种任务来加重孩子们的负担。不言而喻，我们所说的并非指那些毫无益处的或危险的行为，对这样的行为必须制止和杜绝。

没有经过科学观察训练的教师，特别是那些习惯于普通学校那种古板的盛气凌人的方法的教师，必须通过培训和实践来适应这种新的方法。学校里训练教师的经验使我深信，两种方法的差别是悬殊的。即使是一个懂得这些原则的聪明教师，实际应用起来也会有许多困难。她不理解她的新任务应该是被动地像天文学家那样进行观察，尽管各种天体在宇宙空间不停地运行，他仍然静止不动地坐在望远镜前细心观察。生命本身在运动，为了研究它，探索它的秘密，指导它的活动，就必须观察它，不带先入之见地去理解它。这种思想，对任何人来讲，要接受它并付诸实践，并非易事。

教师本来早已学会了做学校里的自由行动者。她长期以来所履行的职责，实际上就是窒息学生的自发活动和抑制学生的主动性。当她到“儿童之家”的头几天，无法维持教室的秩序和安静时，她左顾右盼不知所措；好像在请求大家原谅，又好像在请求在场人证明这并非她的过错。我们虽对她反复说，开始没有秩序是必然的，可是她完全不理解。最后，当我们责成她除了看着孩子们外，什么也不必做时，她问自己是否最好应辞职？因为照此做法，她以为自己已不再是一个教师了。

但是，当她开始发现她的职责是辨别应该制止哪些行为、应该观察哪些行为时，这位从旧学校来的教师便感到自己非常空虚，并开始怀疑自己是否能胜任这种新任务。事实上，在这方面没有经过训练的她，长时间感到羞愧和无能为力；然而，如果在实验心理学方面她的科学文化和实践经验越宽广，那么她就越能很快地发现生命的奇迹，并对之深感兴趣。

……

有这样一个例子：一个小女孩把她的小伙伴们召集在她的周围，她站在中间，开始一边比划一边说。这时老师马上跑过去，抓着她的胳膊，告诫她要安静。但是我在观察这个孩子时发现，她是在扮演其他孩子的老师或妈妈，教他们做早祷，向圣灵祈祷，画十字，表现出她俨然是一个指导者了。另外一个小男孩，他经常乱说乱动，被认为是不安分的、反常的孩子。有一天，他专心致志地搬桌子玩，因弄得响声太大，立刻被老师发觉而被罚站，不许他出声。这是可以变得协调的并向有益的方向发展的举止在这个孩子身上的初步表现。通过这种举止孩子表现了一定的倾向性，因此这是本应得到尊重的行动。事实上，从那以后，这个孩子不管什么时候移动什么小东西，或在桌子上摆什么东西，都像其他孩子一样，高高兴兴、安安静静地去做。

经常发生这样的现象，当教师把用过的各种教材重新放回盒子去的时候，有孩子跑过来，拿起这些小玩艺，想模仿教师。但是教师首先想到的却是要孩子回到他的位置上去，对孩子说："别动！回到你的座位去。"然而孩子正是通过这种行动表现出做好事的愿望，正是在这一时刻，例如让孩子练习"东西用后归还原处"，能使孩子受益匪浅。

有一天，孩子们围成一圈，又说又笑。圈子的中间有个水盆，盆里漂浮着一些玩具。学校里有个刚两岁半的男孩。他独自一人站在圈外，不难看出，他充满了好奇心。我饶有兴趣地在远处看着他。他开始慢慢走近其他孩子，想挤进去，但他没有劲，挤不进去。于是他仍站着看着周围。在他那张小脸上表现出来的思想是非常有意思的，当时要是有个照相机把他照下来就好了。突然他的目光偶然落在一张小椅子上，显然他决定把椅子搬到这群孩子的后面，然后爬上这个椅子。他开始走向椅子，脸上露出了希望的神情。正在这个时候，老师走去蛮横地（她可能会说是轻轻地）抓住他，把他举过其他孩子们的头顶，让他看水盆，并且还说："来，可怜的小家伙，你也看看吧！"

毫无疑问，尽管这个小孩看见了漂浮着的玩具，但他却没有体验到通过他自己的力量去征服了障碍物所获得的快乐。看到那些玩具并没有给他带来任何好处，而通过他自己努力使用智慧才能发展其内在能力。在这种情况下，这位教师阻碍了这个孩子的自我教育，而且没有给孩子任何有益的补偿。这个小家伙在感到自己快要成为胜利者的时候，却发现自己不由自主地被一双钳得死死的手举了起来。原来他脸上那种使我觉得非常有趣的欢欣、探索和期望的表情，一下子荡然无存，剩下的只是一种“别人会替他做事”的孩子的那种呆滞表情。

当教师们厌倦观察时，便听任孩子们为所欲为。我看见有的孩子把脚搁在桌子上，或者用手指挖鼻孔，却没有被及时纠正；我又看见一些孩子推他们的伙伴，脸上显露出要打架的神气，教师也一点没注意。于是我不得不进行干预，严肃地指出这些行为必须加以制止，应逐步减少那些不该做的事情，使孩子们能明确地分清好坏。

要维持持久的纪律，关键在于要有正确的方法。这对教师来说，开头一段时间是最为困难的。为了建立积极的纪律，孩子们首先应具备的思想是分清好坏；教师的任务在于使孩子不要混淆好和不动，也不要混淆坏与活动，然而旧的纪律常常把它们混淆。所有这些要求都是因为我们的目的是要建立积极的纪律，工作的纪律，良好的纪律；而不是建立静止不动的纪律，被动的纪律，屈从的纪律。

所有的孩子在一个房间里忙来忙去地进行有益的、运用智力的、自觉的活动，而没有粗野的举动。我认为这样的房间才是一个真正有良好纪律的教室。

像普通学校那样，让孩子在教室里一排排地对号入座，全班保持肃静——这在以后是可以达到的，这将是集体教育的开端。因为在生活中，我们有时也必须安静地坐在位置上。例如，参加音乐会或听讲演就是这样。但是我们知道即使对我们成年人来说，这也需要自我克制才行。

当我们已经建立了个人的纪律，如果我们能安排孩子各就各位，同时设法使他们懂得这样安排会使他们看上去更好，懂得教室秩序井然是件好事，懂得这样的布置是好的，赏心悦目的；于是他们就安安静静不声不响地坐在自己的座位上。这将是一种练习上课的结果，而不是强迫的结果。要使他们懂得这一切不能通过过分强制性的练习，要让他们理解遵守集体秩序的原则——这点非常重要。

如果他们懂得上述的这一切以后，还要站起来，和别人说话，或任意换位置，那么他们已不会是不自觉地或不加思索地做这一切，而是因为他们想站起来，想要说话等等；也就是说，当他们要改变他们完全理解的那种安静的有秩序的状态时，其目的是想做他们自己愿意做的事情，由于知道这样做是禁止的，这就会使他们产生一种新的冲动去区分好与坏。

孩子们的处于有秩序的状态的行动，随着时间的推移，变得越来越协调完美。事实上，他们在学习思考自己的行动。观察孩子们从最初没有秩序的行动过渡到自发的、有秩序的行动。这种观察可以说是一本教师手册，是一本鼓舞教师行动的书，是一本想成为一个真正教育者的人必须仔细阅读和深入研究的书。

在一定程度上，孩子是通过练习来选择自我趋向，最初的这些趋向是混乱的和无意识的活动。如果我们按这种方法让孩子自觉地、自由地显露他的趋向，就会发现他们的个性有明显的区别。

有的孩子安静地坐在自己的座位上，无动于衷或昏昏欲睡；有的则离开自己的座位去和人吵闹或打架，弄翻积木和玩具；有的则开始完成一项有目的的行动：把椅子搬到某个地方并坐在那里，移动一张桌子，看一幅画，等等。有的表现出智力落后或身体有病；有的表现出性格上的畏缩，一些聪明的孩子能够轻松地适应环境，能够表达自己的体会、倾向、自发注意的能力、潜能的范围。

我们关于儿童自由的概念，并不是他们在观察植物、昆虫等这些东西时所用的那种简单的自由概念。

由于儿童生下来时是软弱无能的，又由于儿童是属于社会的个体，他的活动必然受到约束。

因此，我们必须采用以自由为基础的教育方法去帮助儿童赢得自由。换句话说，对儿童的训练应帮助儿童把限制他的活动的社会束缚尽可能地减到最少。

随着孩子在这种环境中成长，他们的自发表现就会慢慢变得日益明显，真实地表现他的本性。因此，教育介入的首要形式，必须以引导孩子向独立自主的方向发展为目标。

……

第六章　怎样授课

个别授课的特点：简洁、明白、客观。

授课是以个别方式进行的。简洁是个别授课的主要特征之一。但丁给教师提出过一个很好的建议，他说："让你说的每句话都算数。"我们越少说废话，课就上得越完善。教师在备课时应特别注意，要考虑和衡量每句话的价值。

“儿童之家”授课的另一个特点是明白。教师一定要删除一切不正确的内容，一定不要讲含糊不清的话。这也包括在简洁这一特点之中，因此第二个特点与第一个特点密切相关，要求仔细选择尽可能明白易懂的字句，正确表达思想。

第三个特点是客观。授课必须以不表现出教师个性的方式进行，仅仅突出教师想要孩子注意的客观对象。教师必须认识到，简单明白的课应该是对客观对象的解释以及让儿童怎样使用的说明。

这种授课的基本指导方法必须是观察法，其中包括懂得儿童的自由。因此，教师应该观察孩子是否对对象感兴趣，怎样感兴趣，兴趣的持续时间长短，等等，甚至应该注意孩子的面部表情。教师必须特别谨慎地避免违反自由原则。因为如果她勉强孩子作出努力，她就不再懂得什么是儿童的自发积极性了。因此，如果教师是严格按照简洁、明白、准确的要求备课，而上课后孩子却不懂，不能接受关于对象的解释，那么有两点必须引起教师的注意：第一不要再上这样的课，第二不要让孩子感觉他自己犯了错误，或他自己不懂，因为这样做会使他故意努力去理解，这就会改变教师进行心理观察所要利用的自然状态。下面有几个例子可以用来说明这一点。

例如，让我们假设，教师想教孩子认识两种颜色：红色和蓝色。她想吸引孩子对于物品的注意力，因此，她说：“瞧这个!”接着，为了教学生识别颜色，她一边举起红色，一边说：“这是红色。”她说“红色”时，稍微提高一点声音，且缓慢、清楚。然后，举起另一种颜色说：“这是蓝色。”为了验证孩子确实已经懂了，她对孩子说：“把红的给我!”或“把蓝的给我!”假若这时孩子搞错了，教师不必重复，不要坚持再教。她可以笑一笑，友好地抚爱一下孩子，并把那些代表颜色的物品拿走。

一般的教师对这样的简洁都会非常惊奇。他们往往会说：“这不是每个人都能做的吗!”的确这又有点像哥伦布的鸡蛋了，但并不是每个人都真正会做这样简单的事情——简洁明白地授课。衡量一个人的活动，并使活动符合简洁、明白、准确的标准，确是一件很困难的事情。特别对那些用旧方法培养出的教师更是如此。她学会了对孩子经常滔滔不绝地说废话，甚至假话。例如，有一位在公立学校任过教的教师，经常来我们这里上集体课。上集体课很重要的是内容要简明扼要，当有的孩子注意力分散时，必须让孩子们都注意听老师的讲解。这位教师可能以如下方式来开始上课：她首先说：“孩子们，看你们能不能猜出我手里拿的是什么东西!”她知道，孩子们猜不着，所以就用虚假的方法来吸引孩子们的注意力。或许，她接着说：“孩子们，看看外面的天空，你们以前看过吗？你们没有注意过在夜里的天空中到处都是闪闪发光的星星吗？没有！瞧我的围裙，你们知道它是什么颜色吗？不是有点像天空的颜色吗？好，那么再看看我手中的这种颜色，它和天空的颜色，和我围裙的颜色都是一样的，它是蓝色。现在，再瞧瞧你们周围，能不能找出这房间里的什么东西是蓝色的。再有，你们知道樱桃是什么颜色？在火炉里燃烧着的木炭是什么颜色？等等，等等。”

这样一来，孩子们白费劲地猜了一阵后，在脑子里缠绕着各种概念：天空呀，围裙呀，樱桃呀，等等。孩子们很难从这一团浆糊中简单明白地分辨出这堂课的主要内容，即认识红、蓝两种颜色。这对孩子来说，要具有这种选择和分辨能力，几乎是不可能的，他们还跟不上这么冗长的论述。

记得我参加过的一堂算术课，是教孩子们2加3等于5。为了达到这一目的，老师利用了算盘，在算盘铁丝上串着彩色算珠。例如，她在算盘顶上一排拨上两个珠子，在下一排拨三个珠子，最后在底下一排拨上五个珠子。我记不很清楚整个课程的进展情况了，但我记得这位老师在上排的铁丝上除串有两个珠子外，还串着一个身穿蓝裙子作跳舞状的小纸人，而且当场给这个小纸人取了本班一个孩子所叫的名字作为教名。她说：“这是玛丽丁娜。”然后，又在另外三个算珠边上添上一个不同颜色的纸人，命名为“吉金娜”。我已记不太清楚这位老师是怎样达到这堂课的预定目的的，但可以肯定，关于小纸人她讲了很长时间，还把这些纸人拨来拨去，等等。既然连我都是记得小纸人比记得算术过程更清楚，那么孩子们不也一定会是这样吗？如果他们通过这种方法能学会2加3等于5的话，那他们的脑子一定会很吃力，老师也必须认为有必要与小纸人作长时间的交谈。

我还见到一堂课，一位教师想向孩子讲明噪音和乐音的区别。她开始给孩子们讲了一个很长的故事。在讲故事过程中，事先约好让她的一位同事突然来砰砰地乱敲门，这时老师就停下来喝问道：“怎么了！发生了什么事？到底是怎么回事呀？孩子们，你们知道这个人敲门是在干什么吗？我没法再给你们讲故事了，我一点也记不起来了，我只好不讲了。你们知道发生什么事了吗？你们听见了吗？你们懂了吗？那是噪音，那是噪音。哦！我们愿意跟这个小娃娃玩（她拿起用桌布包着的曼陀林琴）。哈，亲爱的小宝贝儿，我宁愿和你一起玩。你们看见了我手里抱着的这个小孩吗？”几个孩子回答道：“它不是小孩。”另外一些孩子说：“它是曼陀林。”老师还是继续说：“不，不，它是个小孩，真是个小孩，我爱这个小娃娃。你们想要我让你们看看，它是个小孩吗？那么保持安静，再安静。我似乎觉得这孩子在哭呀，也许不是哭是在说话，也许它是在喊爸爸、妈妈呢！”她把手伸到桌布底下，拨动了曼陀林的琴弦。“啊，你们听见这小孩在哭吗？你们听见它在喊吗？”而孩子们喊道：“它是曼陀林，是你拨动了它的弦，叫它响的。”老师接着回答说：“安静、安静，孩子们，听我要干什么。”于是她打开了曼陀林的套衣，开始弹起来，说：“这是乐音。”

设想，孩子们从这样一堂课中能理解噪音和乐音的区别，这简直是荒谬！孩子可能得到这样一个印象：老师想捉弄他们；或者会觉得这个老师是多么笨。因为她记不起来被噪音打断的故事线索；因为她把曼陀林误当成小孩。可以肯定地说，通过这样一堂课，深深印在孩子们心里的是老师本人的形象，而不是这堂课应讲授的内容。

要把课上得简单明了，这对于用旧方法培养出的教师来说确实是一个非常困难的任务。我记得，在我对一位教师全面、详尽地讲解了教材之后，叫她用几何板镶嵌的方法教正方形和三角形的区别。教师的任务很简单，就是把木质正方形和三角形镶块分别放到正好容纳得下它们的空框里，她本来应先让孩子看她是怎样用手指把木块放到相应的框中，并同时说：“这是正方形，而这是三角形。”可是，我请来的这位老师，却开始让孩子们摸一摸正方形并说：“这是一条线，又是一条线，又是一条线，还有一条线，共有四条线；用你们的指头数一数，告诉我是几条线。还有角，数一数角，用你们的手指头摸一摸，瞧，角也是四个。好好看这一块，这是正方形。”我纠正这位教师，对她说，这样做不是在教孩子们认识形状，而是在教边、角和数的概念，这和她在这一课应该教的内容是不同的。她极力为自己辩解说：“可是，这是一回事呀！”然而，这不是一回事，一个是几何分析，一个是算术。这个年龄阶段的孩子有可能还不知道怎样数到4，因此也不会在估价边和角的数量的情况下知道四边形的形状。抽象的边和角是不存在的，它们只存在于具有确定形状的这块木块中。这位教师煞费苦心的解释，不仅搅乱了孩子的思想，而且也超越了具体和抽象、物体形状和形状的数学之间的界限。

我对这位教师说，假定有一个建筑师带你参观一个圆屋顶，你对它的形状特别感兴趣，他可以用两种方法向你介绍他的工作。他可以让你注意线条的美、比例的和谐，然后引你进去，爬上屋顶，使你能够鉴赏各部分的相对比例，使你在关于这个圆顶各部分一般知识的基础上形成对此圆顶的整体印象；或者，他让你数窗户，数宽的和窄的檐口，还认真地给你介绍他的结构设计，他可以向你说明静力学定理，写出计算这些定理所必需的代数式。在第一种情况下，你将获得关于圆顶形状的印象；在第二种情况下，你可能什么也不懂，你的印象将是：这位建筑师自以为他是在对一位工程师或建筑学家而不是对一位旅游者谈话，而你的目的只不过是浏览一下这幢圆顶大楼的壮观和它周围的美景而已。我们不直截了当地对孩子们说：“这是正方形”，并让他们摸一摸，以建立起关于物体形状的概念，而是进行物体外形及其结构的几何分析，这就与上述建筑师的第二种做法毫无二致。

如果在教孩子平面几何图形的同时也教给数学概念，我们确实会觉得这是在促使孩子早熟，但是我们并不是认为孩子还小到以致不能鉴别简单的几何形状。恰恰相反，这些孩子要看到正方形的窗户或正方形的桌子并不难，他们在日常生活中经常看见这些形状。让孩子注意一定的形状是让他明确平时已经获得的印象，以建立起一个固定的概念。这很像我们在无意中看着湖岸的时候，突然有位画家对我们说：“看，在那峭壁倒影衬托下的湖岸曲线多美啊！”听他这么一说，我们几乎是在无意中看见的景致，突然被阳光照亮，深印脑海，并使我们体验到以前隐隐约约的感觉豁然明朗而产生的快感。

在不断前进的道路上，给孩子们以阳光，这就是我们的职责。

三、杜威与《民主主义与教育》

（一）作者和作品简介

杜威（John Dewey，1859—1952 年），1859 年 10 月 20 日出生在美国佛蒙特州伯林顿的一个普通的中等收入家庭。杜威曾经就读于佛蒙特大学，师从托里教授（Henry A. P. Torrey）。托里教授具备广博的哲学兴趣和知识，成为促进杜威的哲学思想发展的决定性人物。大学毕业后，杜威做过两年中学教师，在此期间他意识到哲学是自己的兴趣所在，于是进入约翰霍普金斯大学攻读教育哲学博士学位。他的两位导师对他教育理论的形成有着至关重要的影响：莫里斯教授（George Sylvester Morris）帮助杜威深入了解以黑格尔为代表的德国唯心主义哲学思想；霍尔教授（G. Stanley Hall）则引导杜威将美国实验心理学的原理和方法运用到人文科学当中。

1884 年在取得哲学博士学位后，杜威进入密歇根大学任教，前后有大概 10 年的时间。[①] 1894 年，杜威进入新成立的芝加哥大学任教，他的理性先验主义哲学和实用主义哲学思想在这段时间得到很大的发展。在此期间杜威还建立了著名的芝加哥大学实验学校，推行和验证他的教育理念。1904 年杜威来到哥伦比亚大学，从此直至他退休之前的几十年时间他都留在这里从事教学和科研，其大部分著作都是在这里完成的。

---

① 1888 年，杜威曾转入明尼苏达大学任教，一年之后回到密歇根大学继续其教职。

作为一名杰出的学者，杜威被学界贴上了很多的标签，比如哲学家、心理学家和教育改革家等，这与他一生的学术成果和教育实践密不可分。此外，杜威的一生与实用主义、功能心理学、进步教育和自由主义这些术语息息相关，他也成为与这些术语相关联的学派或者社会运动的领军人物。杜威教育思想中的一个重要论断是，学习的过程不是人被动地观察或者认识外部世界的过程，而是通过人的思想和行动对外部世界进行实验性地持续探究的过程。在这一过程中，人主动地、持续性地通过操纵外在环境来检验各种知识或者假说，从而使自身适应环境并与之成为有机整体。基于这种理念，杜威论著中最重要的主题是将学校和民主社会结合起来，通过学校教育，塑造理想的社会公民，从而重构完全的社会民主和民主社会。杜威的著述非常丰富，作品涉及政治学、教育学、形而上学、美学、心理学、伦理学等领域，代表作有《哲学之改造》《民主主义与教育》《自由与文化》《我的教育信条》《教育哲学》《明日之学校》《儿童与教材》《学校与社会》《经验和自然》《经验和教育》《艺术即经验》《自由和文化》《人类的问题》等。

《民主主义与教育》（*Democracy and Education*，1916）是杜威中后期思想成熟之后的代表作。这本书的副标题是“教育哲学概论”，在这部作品中，杜威把民主主义和实用主义的思想引入教育领域，全面阐释了自己对教育的本质、目的、内容、方法和课程的理解。《民主主义与教育》共有二十六章，杜威重点探讨了三大主题，即教育的目的和作用（1—9 章）、实用主义教学方法论和课程论（10—24 章）、实用主义真理论和道德论（25—26 章）。本教材节选了其中的“道德论”部分。

（二）原文节选

第二十六章　道德论[①]

一、内部和外部

既然道德和行为有关，所以在心灵和活动之间形成的任何二元论必然要在道德论中得到反映。既然哲学的道德论中许多有关分离对立的表述常被用来为道德训练所采用的种种做法辩护，并加以理想化，因此，对道德论作一番简短的批判性讨论是适当的。品德培养是学校教学和训练的一个广泛的目的，这是教育理论中的平常话。因此，我们应该警惕足以阻碍实现这个目的的有关智力和性格关系的概念，同时要注意为了成功地实行这个目的所必须

① 杜威．民主主义与教育［M］．王承绪，译．北京：人民教育出版社，1990.

提供的条件。

我们碰到的第一个障碍是，流行的道德观念把活动的过程划分为两个对立的因素，这两个因素往往分别命名为内部因素和外部因素，或精神因素和身体因素。这种划分是我们曾多次指出的心灵与世界、灵魂与身体、目的与手段等二元论的极点。在道德方面，这种划分采取的是行动的动机和后果截然划分，性格和行为截然划分。主张这种划分的人认为，动机和性格是纯粹“内部的”东西，完全存在意识之中，**而后果和行为则是在心灵以外，行为只和实现动机的行动有关；后果则和发生的结果有关。**不同的学派或者认为道德和心灵的内部状态一致，或者认为道德和外部的行动和结果一致，彼此各不相关。

有目的的行动是经过深思熟虑的，它包含有意识地预见的结局和考虑正面和反面的心理权衡。它也包含渴望达到目的的有意识的心态。审慎选择一个目的和审慎选择稳定的期望倾向，需要时间。在这段时间内，完全外显的行动暂时停止。一个没有下决心的人不知道该做什么。因此，他尽可能推迟明确的行动。他这时所处的地位可以和一个考虑跳越水沟的人所处的地位相比。如果他肯定能够跳过或肯定不能跳过这条水沟，就会发生某一方向的明确行动。但是，如果他还在考虑，感到怀疑，他就犹豫不决。就在外显的行动悬而未决的时候，他的活动限于有机体内部力量的重新分配，准备确定的行动进程。他用双眼测量水沟；他使自己处于紧张状态，感觉一下由他支配的力量；他到处寻找跳越水沟的其他方法，考虑跳水沟的重要性。所有这一切意味着集中他的意识，就是向内注意他自己的态度、力量、愿望等等。

但是，很显然，这种个人因素涌进有意识的认识乃是整个活动向前发展的一部分，并不是首先有一个纯粹的心理过程，后来突然来一个根本不同的身体过程。只有一个继续不断的行为从比较不决定的、分开的和犹豫不决的状态，进到一个比较外显的、决定的或完全的状态。这个活动最初主要是有机体内部有些紧张，进行一些调节；当这些紧张状态和调节作用经过协调成为统一的态度时，整个有机体就采取某个明确的行动。当然，我们可以把这个继续不断的活动的比较显然有意识的方面区别出来，作为心理状态。但是，我们这里只把心理的状态理解为活动的、不决定的、尚在形成的状态，当这种状态成熟时，就要发出外显的力量，改变环境。

我们的有意识的思维、观察、愿望和厌恶是重要的，因为它们代表初期的、尚未成熟的活动。以后，它们引出特殊的和看得见的行动，完成它们的命运。这些未成熟的、处于萌芽状态的有机体的调节作用是重要的，因为它们是我们摆脱成规旧习和盲目冲动的支配的唯一出路。这些调整乃是发展过程中具有新意义的活动。因此，一般地说，每当我们的本能和已经形成的习惯受到新情况的阻塞时，个人意识就加强。于是，我们在采取明确的和不再收回的活动进程以前，我们重新依靠自己，改组好我们自己的态度。除非我们想全凭武力强行通过，我们就必须改变我们有机体的应变能力，使它们能适应我们所处情境的特点。所以，在采取外显的行动以前的有意识的考虑和期望，乃是在不确定的情境中的活动所包含的有条理的个人的重新调整。

但是，在继续不断的活动中，心灵的作用并不能始终保持。要想获得某种不同的东西，由于成功的活动受阻而造成的对特定事态的厌恶心情，这种期望和厌恶的心情可以刺激想象。事物的不同状态并不总是能发挥作用，有助于机灵的观察和回想，找到出路，向前迈进的。除了有经过训练的倾向的人以外，一般趋势是让想象自由奔放。他们并不根据实际情况，按照在实行中的可行性，对想象的对象进行核查，而是容许它们发展，求得即时的情感上的满足。当我们发现不良的自然和社会环境妨碍我们力量的顺利表现时，最容易的出路是建造空中楼阁，让它们替代实际的成就，因为实际的成就需要一番思维的痛楚。所以，在外显的活动中，我们默然同意并在心中建立一个想象的世界。思维和行为之间的这种分裂反映在把心灵作为内部的，把行为与后果仅仅作为外部的截然划分的理论之中。

这种划分也许不只是某一个人的经验的偶然现象。有的社会情境也许使习惯于清晰反省的阶级回到他们自己的思维和愿望中，而没有提供手段，使这些观念和期望能用来改组环境。在这种情况下，人们一般就要向异己和有敌意的环境报仇，蔑视这种环境，并给以恶名。他们的内心在自己的想象和期望中寻找庇护和安慰，他们赞美他们的想象和期望，认为比受到蔑视的外部世界更加真实，更加理想。这种时期在历史上反复出现。在基督教时代的最初几个世纪，有影响的斯多葛派哲学的道德体系，修道院的和一般人所接受的基督教的道德体系，以及当时其他宗教运动的道德体系，就是在这种条件的影响下形成的，可以表达流行理想的行动愈受制止，就愈把内心所拥有和培养的理想视为自给自足的东西——视为道德的本质，而对活动所属的外部世界，则认为在道德上无关重要。一切事情都在于有正确的动机，即使这个动机并非世界上的动力也没有关系。18 世纪后期和 19 世纪早期，在德国也一再发生同样的情况，这种情况导致康德派坚持主张善意是唯一的道德上的善，意志是自身完成的东西，与行动和世界上造成的变化和后果无关。后来，这种情况又导致把现存的制度理想化，认为这些制度本身就是理性的体现。

这种纯粹“善意”的内在德性有善良的性情，不顾什么结果，它自然引起一种反动，这种反动就是通常所谓的享乐主义，或者称为功利主义。这种主张实际上就是说在道德方面，重要的问题不在于一个人自己的内心自我意识到他是什么样的人，而是在他做了什么——产生了什么后果，他实际上造成了什么变化。他们抨击内在的道德，认为内在的道德是感情用事的，武断的，教条式的，主观的，他们认为这种道德使人文饰和保护合于他们自身利益的任何教条，或想象中所发生的称之为直觉或良心的理想的任何怪想，他们认为，只有结果和行为是重要的；结果和行为提供唯一的道德标准。

通常的道德，因而也是学校里的道德，很可能是这两种观点不一贯的妥协。一方面，某些情感状态受到重视；一个人必须怀有好意，如果他的意向良好，如果他有正确的情感意识，他就可以不对行为的全部结果负责。但是，另一方面，因为有某些事情必须做，以满足别人的方便和要求，同时满足一般社会秩序的便利和要求，所以他们坚决要求一个人做这些事情，不管他是否关心做这些事情，是否有做这些事情的智慧。这个人必须严守规则；他必须埋头从事辛苦的劳动；他必须服从；他必须养成有用的习惯；他必须学会自我控制——对所有这些箴言，只是理解为强调目前确实做到的事情，而不顾做这些事情时所应有的思想和愿望的精神，所以也不顾对于其它不很明显的事情的影响。

我希望前面的讨论已经充分说明了避免这两种流弊的方法。每一个人无论老幼，如果不能在吸引他们兴趣并要求他们思考的情况下循序渐进、累积性地进行工作，就会发生这两种弊端中的一种或两种。因为只有在这种循序渐进、吸引兴趣和需要思考的事例中，才有可能说愿望和思维的倾向应该是外显的或明显的行为中的有机因素。假定有一个体现学生自己兴趣的连续的活动，在那里必须获得明确的结果，在那里无论成规旧习，或听从别人的意旨，或反复无常的临时凑合都无济于事，学生就必然要有有意识的目的，有意识的愿望和深思熟虑的思考。有意识的目的、有意识的愿望和深思熟虑的思考所以不可避免，因为这是有特殊后果的活动的精神和品质，而不是因为这是形成一个孤立的内心意识的领域。

二、义务和兴趣的对立

在有关道德的讨论中，可能没有一种对立比按“原则”行动和按“兴趣”行动之间的对立更常发生了。按原则行动就是无私地按超越一切个人考虑的一般法则行动。有人提出，按兴趣行动就是只顾个人私利的行动。这是用目前变化中的权宜之计替代忠于坚定的道德法则。错误的兴趣观念是这一对立的思想基础，我们已经批判过了（参见第 10 章）。但是，现在要考虑这个问题的某些道德方面。

关于这个问题的线索可以从以下事实中发现。争论中主张“兴趣”的人，习惯于采用“自身利益”这句话。他们认为，除非对一个对象或观念有兴趣，就不会有动力。从这个前提出发，他们的结论甚至是当一个人自称根据原则或义务感行动时，事实上，他所以肯这样做，乃是因为对他自己有利可取。这个前提是正确的；但是结论是错误的。另一派回答说，既然人能够宽宏大量地忘我工作，甚至作出自我牺牲，他也能够做没有兴趣的工作。这里，前提是正确的，但是结论也是错误的。两方面的错误都是由于对兴趣和自我的关系抱有错误的观念。

这两个方面都假定自我是一个固定的量，因而也是一个孤立的量。因此，在为自我的兴趣行动和不为兴趣行动之间，存在一个严峻的两难困境。如果自我是行动以前的某种固定的东西，那么为兴趣行动就是企图为自己占有更多的东西——不管是名誉或是别人的赞许，或是权力胜过别人，或是金钱，或是享乐。这种愤世嫉俗的贬低人性的观点所引起的反动，就是认为有高尚行为的人对我们的行动根本不感兴趣。但是，如果是不偏不倚的判断，似乎很清楚，一个人必须对他所做的事情感兴趣，否则他就不会去做。一个医生在一次瘟疫中不顾自己的生命危险不断为病人服务，他必然对他专业的有效行动感兴趣——他在这方面的兴趣胜过他对自己生命安全的兴趣。但是，如果说这种兴趣不过是对其他由于连续通常的服务所取得的另外某种东西如金钱、名誉或美德的兴趣的伪装，或者说这不过是达到一个隐蔽的自私目的的手段，都是歪曲事实。一旦我们承认自我并不是某种现成的东西，而是某种通过行动的选择逐步形成的东西，那么整个情况就清楚了。一个人不顾生命危险对坚持他的工作感兴趣，意味着他的自我就在那个工作之中；如果最后他放弃这个工作，喜欢他个人的安全和幸福，这就意味着他喜欢那样的自我。这个错误在于把兴趣和自我分离开来，并且认为自我是目的，而对事物、行为和别人的兴趣仅仅是达到目的的手段。事实上，自我和兴趣是同一事实的两个名称；对一件事主动感到兴趣的性质和程度，可以揭示并测量所存在的自我的性质。如果我们记住，兴趣就是自我和某一对象的主动的认同，所谓的两难困境就完全攻破了。

所谓无私，既不是对所做的事缺乏兴趣（就是像机器一样的不感兴趣），也不是忘我——就是缺乏生气和性格。如果在这个特殊的理论争论以外的地方使用“无私”这个名词，就是指一个人习惯上感到兴趣的目的和对象。如果我们想一下引起使用这个名词的兴趣，就会发现这种兴趣有着两个紧密联系的特征：(1) 宽宏大量的自我有意识地把它自己和它的活动所包含的全部关系等同起来，在它自己和认为异己或无关紧要而被排除的种种考虑之间不截然划分界线。（2）宽宏大量的自我重新调整和扩充它过去关于自我的观念，吸收可以看到的新的后果。当一个医生开始行医的时候，他也许没有想到瘟疫；他也许没有有意识地把自己和在这种情况下的服务认同起来。但是，如果他有一个正常发展的或主动的自我，当他发现他的职业包含这种危险时，他就会自愿把这些危险作为他的活动的组成部分。一个更加宽广更加博大的自我包含各种关系，而不是否定各种关系，这种自我和一个扩大自己以接受过去没有预见到的联系的自我是一致的。

在这种重新调整的危机中——这种危机可以小，也可以大——“原则”和“兴趣”可能发生过渡性的冲突。我们在习惯性的活动中感到悠闲自在，这是习惯的性质。习惯的重新调整含有一种不爽快的努力——就是一个人使自己深思熟虑地坚持某种东西。换句话说，人们有一种趋势，把自我和他们所习惯的事情视为一件事——或对这事感兴趣；如果有意外的事发生，要他们改变他们不愿意改的习惯，他们就会厌恶或激怒，置之不理。既然一个人过去完成他的职责时无需应付这种令人不愉快的情况，为什么不照过去那样做呢？如果他屈服于这种引诱，就会使他的自我的思想狭隘和孤立，把自我看作自身完全的东西。任何习惯不管它过去如何有效，一旦固定，在任何时候都会带来这种引诱。在这种非常的时刻，按原则行动并非是按某种抽象的原则或一般的义务行动；而是按动作进程的原则行动，不是按伴随它的境遇行动。例如，医生的行为的原则是他的行为富有生气的目的和精神——看护病人。原则并不是为活动辩护的东西，因为原则只是活动能继续进行的另一个名称。如果活动的后果证明它不受欢迎，按原则行动就是增加它的弊端。一个以按原则行动而自豪的人很可能固执己见，不能从经验中学习更好的方法。他设想某种抽象的原则来证明他的活动进程，而没有认识到他的原则还待证明。

但是，假定学校的条件能提供良好的作业，尽管有暂时的分心和令人不愉快的障碍，如果学生对整个作业感到兴趣，即对作业的不断发展感到兴趣，也能使学生坚持工作。如果这种作业没有一种活动具有不断发展的意义，那么诉诸原则不过是在字面上下功夫，或者不过是养成一种顽固的傲慢，或者不过是诉诸外部的考虑，徒然披上庄严的称号的外衣。无疑，有的时候对所做的事暂时没有兴趣，注意力减退，这个时候就需要强化。但是，一个人所以能走过这段艰难路程，不是因为忠于抽象的义务，而是对于作业确实有兴趣。义务就是“职责”，它就是为完成一种职能所需要的特殊行为，或者，用朴实的话说，就是做好他的工作。如果一个人对他的工作真感兴趣，他就能够忍受暂时的挫折，在困难面前坚持工作，不挑肥拣瘦：在面对困难和克服困难中，在面对精神涣散和克服精神涣散中寻找兴趣。

三、智力和性格

关于道德的讨论往往带来一种值得注意的错误论调。一方面，有人把道德和理性等同起来。他们认为理性是一种官能，最终的道德直觉就是从理性出发的，有时，例如康德的理论，主张理性能提供唯一正确的道德动机。另一方面，他们常常低估具体的通常的智慧，有时甚至有意贬低这种智力。他们常常认为道德和平常的知识无关。他们认为道德知识是和意识不相干的东西，良心则是和意识根本不相同的。这种区分如果正确，对教育就有特殊意义。如果我们把发展性格作为最高目的，同时又把必然占学校主要时间的获得知识和发展理解力看作和性格无关，那么学校的道德教育就是没有希望的。在这样的基础上，道德教育不可避免地成为一种教义问答的教学，或者成为“关于道德”的课。所谓“关于道德”的课当然就是别人有关德行和义务的想法的课。只有在学生以同情和尊敬之情关注别人的思想感情并受到激励时，这样的课才有效果。如果没有这种关注别人感情的态度，这种功课对性格的影响不会大于关于亚洲山脉的知识对他的性格的影响；如果只有一种奴性的关注，就会增加对别人的依赖，而把行为的责任交给有权势的人。事实上，直接的道德教学只有在少数统治多数的社会群体中才有效果。之所以有效，不是由于教学本身，而是由于整个政权加强这种教学，教学不过是一件小事情。在民主主义的社会中，企图用“关于道德”的课产生类似的结果，就是依靠感情用事的魔术。

另一个极端的人主张知识就是德行的苏格拉底和柏拉图的学说。这种学说认为人不会故意做坏事，他所以做坏事是由于对善的无知。这个学说通常受到抨击，理由是人更多的是知善而为恶：需要的不是知识，而是养成习惯或实践，以及动机。事实上，亚里士多德立刻抨击了柏拉图的学说，理由是德性尤如艺术，例如医学，有经验的开业医生比一个有理论知识而没有关于疾病和治疗实际经验的人好得多。但是，问题取决于何谓知识。亚里士多德反对柏拉图，但是忽略了柏拉图学说的要旨，柏拉图认为，一个人非经多年的实际锻炼和艰苦的训练，不能懂得善的理论意义。他认为，关于善的知识，不是可以从书本或从别人那里获得的，而是通过长期的教育取得的。这种知识乃是成熟的生活经验的最后的和最高的恩赐。不论柏拉图所处的地位如何，很容易看出知识这个名词用来指两种很不相同的东西，一种是亲切的和有生命力的个人的真知灼见——在经验中获得和经过检验的信念，一种是第二手的、基本上是使用符号的认识，人们一般相信如此——一种没有生命力的遥远的知识。后面这种知识并不保证行为，它不深刻地影响性格，这是不消说的。但是，如果知识是通过尝试和检验而获得的，像我们通过尝试和检验而确信糖是甜的而奎宁是苦的一样，那么情况就不同了。任何时候，一个人坐在椅子上而不坐在火炉上，下雨时就带伞，生病时就请教医生——简言之，无论做其他日常生活的任何行为，都证明某种知识在行为上有直接的结果。我们有一切理由假定同样关于善的知识有类似的表现。事实上，所谓“善”，除非包括上面所说的这种情境中所体验到的满足，否则就是一个空洞的名词。从别人那里听来的知识也许能使人产生某种行动，以赢得他们对某些活动所给予的认可，或至少给别人得到一种和他们的意见一致的印象，但是这种知识不能培养个人的主动性和使他忠于别人的信念。

因此，不必争论知识这个名词的正确含义。为了教育上的目的，我们只要注意一个名词所包含的各种不同的特性，认识到通过经验的种种要求而直接获得的知识对行为产生重大的影响就足够了。如果一个学生仅从和学校课程有关的书本学习知识，而且是为了在被提名时背诵之用，那么这种知识仅能影响某种行为，即在别人要求时，重述别人的话。这种“知识”对校外生活不会有很大影响，这并不奇怪。但是，我们只能轻视这种知识，而不能以此为借口把知识和行为分离开来。关于只和孤立的专业有关的知识，情况也是一样；这种知识能改变行动，但是只限于狭窄的范围。事实上，学校中的道德教育问题就是获得知识的问题——这种知识与冲动和习惯的系统有联系。我们要想把任何已知的事实加以应用，就取决于它的种种联系。一个撬开保险箱的盗贼，他的炸药知识可能和一个化学家的炸药知识在字面上是相同的；但是事实上，这种知识和化学家的知识并不相同，因为这种知识和不同的目的和习惯有联系，因此具有不同的含意。

我们前面关于教材的讨论，所以从讨论具有直接目的的直接活动开始，进而讨论在地理和历史中扩大教材的意义，然后讨论科学地组织的知识，就是以保持知识和活动之间的重要联系的思想为基础的。在一个有目的，而且需要和别人合作的作业中所学到的和应用的知识，乃是道德知识，不管有意把它视为道德知识，还是无意把它视为道德知识。因为这种知识能养成社会兴趣，并且授与必需的智慧，使这种兴趣在实践中生效。正是因为课程中的各门学科代表社会生活中的各种标准要素，所以它们就是启迪社会价值的工具。如果把学校里的科目仅仅看作学校的科目，掌握这些知识就只有专门的价值。在认识这些科目的社会意义的条件下掌握这些知识，它们就会增加道德兴趣和发展道德卓识。此外，我们在学习方法的标题里所讨论的关于心理的种种特性，本质上都是道德的特性。虚心、专心、诚恳、见识广阔、彻底、承担所接受的思想的后果的责任，这些都是道德特性。如果把道德特性等同于在外表上服从有权威的规定，这种习惯可能使我们忽略这些理智态度的伦理价值。但是，就是这种习惯往往使道德化为死板的和机械的惯例。因此，虽然这种态度产生道德结果，但是这种结果在道德上是不令人满意的——特别是在非常依赖个人倾向的民主主义的社会，在道德上是不良的结果。

拓展性阅读

1. 杜威. 我们怎样思维：经验与教育［M］. 高建平，译. 北京：人民教育出版社，2005.
2. 杜威. 艺术即经验［M］. 姜文闵，译. 北京：商务印书馆，2010.
3. 蒙台梭利. 蒙台梭利儿童教育手册［M］. 肖咏捷，译. 北京：中国发展出版社，2003.
4. 蒙台梭利. 发现孩子［M］. 胡纯玉，译. 北京：中国发展出版社，2006.

第二节 新传统教育名著选读

一、新传统教育思想概要

新传统教育思想，也可称为新保守主义教育思想，20 世纪 30 年代左右出现在美国。它主要是指与进步主义存在较大分歧、与传统教育有不少共通之处的教育思想。其典型代表是永恒主义（Perennialism）和要素主义（Essentialism）。永恒主义和要素主义在具体的教育主张上存在差异，但这两种思想的共性是：都反对进步主义的学生中心的教学方式，反对按照学生个人需求进行授课的订单式课程设计方式；都强调教学过程中教师的地位和作用，强调知识传递和核心课程设置。

要素主义的哲学基础主要是观念论（Idealism），其哲学源流可以追溯到柏拉图、康德、黑格尔等人。要素主义者认为教育的目的是传递人类文化的核心或者要素，并帮助个人实现理智和道德的训练。基于这样的教育目的，要素主义的课程论是以“文化要素”为核心，按严格的逻辑系统编写教材并按学科授课。从师生关系看，要素主义者强调教师中心；教育方法上，要素主义者不排斥灌输，但是更提倡在对观念深刻理解基础之上的、有目的的识记。要素主义的代表人物主要有巴格莱（William C. Bagley）、莫里森（Henry Morrison）、布里格斯（Thomas Briggs）、康德尔（Isaac L. Kandel）科南特（James B. Conant）和芬尼（Ross Finney）等。

永恒主义分为世俗派和宗教派。总体而言，永恒主义部分的哲学基础来自柏拉图的观念论，同时，永恒主义也从代表实在论（Realism）的亚里士多德的思想中吸收了养分。此外，中世纪的经院哲学对宗教派的永恒主义也产生很大影响。永恒主义者认为教育的目的就是充分发展人性，把人塑造成人。在课程设置上，永恒主义者强调具有心智训练价值的“名著”计划（the Great Books program）；师生关系上则强调教师和学生合作基础上学生的自我活动；教学方法反对灌输，尤其强调“沉思”的作用。世俗派永恒主义的代表人物主要有赫钦斯（Robert Maynard Hutchins）、艾德勒（Mortimer J. Adler）、布坎南（Scott Buchana）、布卢姆（Allan Bloom）等；宗教派永恒主义的代表人物主要是新托马斯主义者马里坦（Jacques Maritain）。

尽管要素主义和永恒主义都反对进步教育实践中出现的一些问题，同时也都在某种程度上与传统教育的一些特质相契合，但是这两者之间也存在较大差别。比如，要素主义强调学科课程的职业性和应用性，强调事实和知识的掌握及技能的发展；永恒主义则更看重人文学科，对实验和应用学科的兴趣不大，强调个人心智的发展。再如，两种思想同样强调教师的地位和作用，但要素主义更倾向于强调教师权威地位，而永恒主义则允许学生对教师的质疑和挑战。本教材分别选择了巴格莱和布卢姆的作品。前者是要素主义的核心人物之一，但是他的作品很少入选国内的教育名著选读读本；后者是永恒主义的代表人物，他的作品不太为国内读者熟知，但是在美国的影响较大。

二、巴格莱与《教育与新人》

（一）作者和作品简介

巴格莱（1874—1946 年），1874 年 3 月 15 日出生在美国底特律，从小接受很正规的中小学教育，并接受过农业、科学、心理学、教育学等专业的高等教育。1900 年在康奈尔大学取得博士学位。毕业后巴格莱一直在教育界任职，当过小学、中学和大学教师，也做过教育行政工作，积累了丰富的教育实践经验。1938 年巴格莱和德米阿什克维奇（M. Demiashkevich）及肖（F. A. Shaw）一起成立“要素主义促进美国教育委员会”并起草纲领，其目的是扭转当时走向偏激的进步主义教育和实用主义教育给美国造成的不良影响。这一事件可以视为要素主义教育流派诞生的标志。

《教育与新人》是一部能代表要素主义先声的作品，于 1934 年出版发行。这部作品的副标题是“一种专门针对美国公立教育的教育理论”。全书篇幅不长，巴格莱在书中分析和研究了美国公立教育系统中存在的问题，提出了整改的建议。他反对美国当下流行的“工具性”教育目的，他认为教育不应该专注于短视的、功利性回报。巴格莱提出教育的目的在于在民主社会中充分保持并发扬人类文化中的共同要素，从而维持社会的进步。为了发挥这种教育的功能，他提出了一套学校课程的科目体系，诸如语言、阅读、几何和算术、自然科学等，并建立尽可能相同的课程和课程标准。全书一共 14 章，本教材节选了第十三章“教育过程中教师的角色”中的部分内容。

（二）原文节选

第十三章　教育过程中教师的角色[①]

一、美国学校教育降低了教师的教学功能，夸大了教师的考试功能和指导功能

对绝大多数学习者来说，不论是青少年还是成年人，如果他们的学习过程得到教师个人指导，可能是取得学习实质性进步的最基本因素。在美国教育中，无论是教育理论还是教育实践，存在一个明显的趋势是低估了教师直接教学的功能，夸大了教师的考试和指导功能。早在19世纪向20世纪过渡之前，在较低层次学校教育中直接的口头讲授教育形式曾被禁止，有人认为有成效的学习只能通过学习者的“自我活动”，通过一些新奇的推理过程来实现。他们相信，当学习者从印刷符号的书本上通过视觉看到知识信息后，只有再向老师“背诵或回答问题”才能真正学到。一个学习者的“自我活动”应多于注意听老师的口头讲授，然后学习者还应有回答或背诵有关内容的活动。因此，在美国学校教育中形成了典型的课堂教学程序，该程序由三个方面或三个阶段构成：（1）教师按教材上课布置作业；（2）学生独立地学习；（3）学生背诵有关内容或回答教师的问题，背诵与回答是用来考查学生是否完全掌握了学过的课程内容。

实际上，在初等学校，第二学年或第三学年之后，教师已成了“课程的听者”。教师的效能有时确实需要通过讨论某些教师没有教过的内容来衡量。1900年左右，教育著述和有关的辩论中隐隐约约对回答问题的技能技巧开始关注了，其中还特别关注提问的艺术。1910年之前教育理论界探讨比较多的是学习的艺术。后来紧接着开始把注意的焦点转向了教师，侧重于教师应如何指引和督导学生学习的问题。偶尔也有人强调给学生布置作业的重要性，认为布置作业是教师工作最重要的方面。但是这个时期，教师教学的另外一些可能性却没有被充分发掘，特别是教学过程中需要教师向学生提供清晰而又通俗易懂的口头讲授的问题，很少有人涉及。最近对教师口头讲授的认识有了很大变化。对教师口头讲授重要性的认识与口头讲授本身具有的重要功能几乎相称了。[②]

从上述美国学校三个阶段课堂教学程序模式出发已经引申出了许多变通

---

① 巴格莱. 教育与新人［M］. 袁桂林，译. 北京：人民教育出版社，2005.

② 参考约卡姆（G. A. Yoakam）：《促进学生作业》，纽约，1932年。还可参考卡尔（W. G. Carr）和沃格（J. Waage）：《课堂作业》，斯坦福大学，1931年。

的模式。例如，有人确信以问题的形式布置作业，通常比仅仅给学生指定书的一些页码让他们阅读书本材料的作业形式更有效，特别在算术这类科目方面，问题式作业比阅读式作业更具有刺激学习的作用。进一步有人开始强调在学习学科“内容”时提问题的因素更重要，尤其在地理、历史和自然科学课程方面更是如此。问题式作业的教学促使学生努力掌握技能、事实及其原理，这些对他们解决相对而言更大范围的问题必不可少。后来我们熟悉的“设计教学”便出现了，再往后又出现了“活动教学”。

随着对设计教学和活动教学的强烈渲染，教师的指导功能比以往任何时候都突出地得到强调。同时教师的教学功能进一步被低估成了背景陪衬活动。有一派教育理论倡导惟有设计教学和活动教学是学习过程的核心。[①] 根据这一理论派别的观点，教师的主要任务是观察学生出现的“兴趣”和“意图”，从而辨别哪些学习是必需的，然后，当学习者十分明确了他们需要学习的内容时，教师指点给他们一些适宜的信息材料或技术。这派教育理论极左翼的观点正如本书第八章已经论述过的那样，认为教学过程应全部由教师布置作业的形式进行，全部学习内容都是事先计划的，而且应确信，学习的东西正是为了解决当前的问题所需要的，还应意识到当前用于武装学生的知识与技能，是学生在生活中需要的那些知识与技能。

由于上述观点极大地限制了教师的功能，所以长期作为进步主义学校教育理论头面人物的约翰·杜威也对这些观点提出了强烈批评。[②] 我们可以以绝对权威的姿态得出结论，左翼的观点不仅极端而且荒谬，靠不住。他们的观点显然与本书前面章节陈述的教育理论学说相矛盾。因此，本人在此把自己有关教师在教育过程中角色的见解整理一下。

……

三、作为经验型行业的教学和作为技术型艺术的教学

教学基本类似于其他类别的职业。从某些方面看，教学如同手工艺人的职业。一个胜任的教师，其工作中包含一些必备的技能因素，如清晰的发音、恰当调节抑扬顿挫的音调、娴熟地运用英语语言、工整干净的板书，等等。然而，许多这类技能并不十分关键，这些技能加在一起的总和，也远远构成不了好的教学要素的总和。

---

① 参考美国教育理论占主导地位的派别最权威的论述，莫斯曼（L. C. Mossman）主编：《活动课程大纲》第 3 章。第 3 章作者是克伯屈（W. H. Kilpatrick），该章被收入美国全国教育研究协会：《年鉴》第 35 卷第 1 部分，伊利诺伊，1934 年。

② 杜威. 个人与经验［J］. 巴内斯基金会杂志. 1926，2（1）：1.

在过去的30年里，越来越多的人们认为，教学与应用科学或技术型艺术非常接近，他们说教学很接近于医学和工程学。例如，在1900年，当时本人就坚信30年以后教师的艺术将建立在科学原理构成的坚实基础之上，正像当时医生的技艺已经具有了科学的基础一样。在教育领域，已经出现了科学地研究教学问题的现象，并且在一些方面取得了令人瞩目的进步，教学研究进步的表现突出反映在对学生进行成绩测验，或诊断性测验等方面的成就。教学的艺术也受到这些成就的影响，但到1910年，其影响的实际程度并没达到可以对普遍教学实践产生影响的程度。通过实验方法对学习过程的研究基本上令人失望。在特定时间形成的所谓"规律"似乎在积累证据时却令人不解地都崩溃了。1900年德国某心理学实验室发表的一份实验报告披露，记忆一首诗歌时"整体"记忆法的优越性高于"分散"记忆法。即，学习诗歌时，为了记住诗歌，尽可能多次地从头至尾把诗歌完整地读下来，直到全部记住为止，这种方法叫"整体"记忆法；而那种把诗歌一行一行，或者一节一节地反复地读，读过的部分记住后，再进行下一行或下一节的方法叫"分散"记忆法。两种方法记忆效果相比较，前者优于后者。后来的实验报告肯定了这个发现。再后来的进一步研究承认有例外的情况。直到1932年一位心理学家评估了公开发表的三十多份心理实验报告，其中有两份报告是他本人发表的，他在评论的结尾说："一个儿童应该用整体识记法学习，还是应该用分散识记法学习，这个问题没有科学答案。"① 当然，如果没有这样的事实，即在美国学校教育中禁止"死记硬背"的学习，上述心理学家的结论将是一个很悲惨的结论。

另外的一些理论假说宣布所谓的"学习规律"，或者对进一步研究发现的许多例外情况不能解释，或者其所谓"规律"完全站不住脚。本人对1905年所构建的理论有些内疚感。当时本人曾为自己提出的"习惯形成规律"理论感到自豪。这种理论假说认为当一个学生集中精力学习并进行正确反应时，不允许意外的事情发生，那么这种好的习惯就很容易形成。然而，邓拉普的结论已经显示，实际上通过作出错误的反应更会有效地促成某些习惯。②

通过平行组的方式对不同教学方法进行实验比较，很少得出明确的结论。自1910年以来这种实验报告已有数百份。常常发现各种不同教学方法的差异

---

① 麦吉奥赫. 对整体：分散学习问题的评估［J］. 教育研究杂志，1932，36（1）：1.

② 邓拉普. 重申习惯形成的基本规律［J］. 科学，1928（4）：360.

较小，并且从统计学的观点分析还不可靠。如果某项实验说成是可靠的，对此实验进行重复，有时用原实验者本身的原始实验设计进行重复，结果常常与原来的实验结论相违背。一般而言，美国教育理论的左翼都反对测验运动，由于倡导测验的人通常用测验的手段判定各教学方法孰优孰劣，所以左翼理论认为各种实验发现是没有意义的，无论其实验结果如何始终如一，无论其统计分析多么可靠均是无效的。

当然，在教学这个如此复杂的领域搞实验研究相当困难，教学这个领域充斥着大量的可变因素。正如在前面第十一章所指出的那样，科学研究的难度，从对自然科学的研究到对生命科学的研究，难度在递增，而从对生命科学的研究到对思维科学和社会科学的研究，其难度的增加更为突出。本人认识到在教育方面搞实验研究的困难，但是本人不同情这样的观点，即认为成绩测验测定的是一些相对不重要的教与学的结果。

四、教学作为一种艺术

把教学比做艺术从许多方面看都是十分有益的。把教学比做艺术就是承认了教师素质的基本意义，这些素质包括对学生存在的困难有洞察力、有直觉印象、能敏感地意识到学生的困难、对学生的需要同情并理解。把教学比做艺术还等于承认了教师敏锐地鉴别人类遗产的重要性，教育过程中常常需要教师对人类遗产中的知识、技能、观念及道德规范准则等进行鉴别。在鉴别的遗产中特别应注重某些遗产具有的特殊功能，那些遗产能给某教师以生命的活力和生活的意义，并且教师能将它们编织到学生的生活经历之中。作为一个艺术型的教师，他与画家、作曲家一样，将利用任何可以利用的技术，但是教师的工作基本还属一种艺术，而不是技术。

教学的艺术和教学的技术很难从概念定义上加以区别，因为其中包含着情感的因素，而情感因素总是极力排斥准确定义的。最好还是用事实例子来加以说明。比如在教学作为一门技术学之前很长时间就已有了大量的教师。本人在课堂上曾运用过下述对比的例子来阐述自己的观点：如果我病得很重，极度渴望找个医生来看病，如果真的出现了奇迹，我可以挑选一个医生，或者是医学之父希波克拉底[①]，或者是年轻的医生，刚刚从约翰·霍普金斯医学院毕业，这个年轻的医生掌握了医学科学知识和技术的最新成就。当然，面对这种选择我将选择年轻的医生。另外一个对比的例子是，如果我受委托

① 希波克拉底（Hippocrates，约前 460—前 377 年），古希腊时期著名医师，被誉为“医学之父”。——译者注

为一个青少年集体找一位教师，同样出现了奇迹，我可以挑选苏格拉底[1]，也可以挑选刚刚从师范学院毕业的哲学博士。刚毕业的博士，熟悉最新发展的教学技能与理论，同时我应尊重师范学院，我在那里受聘任职。但是考虑到我为青少年选教师的职责，我当然不应该放过可以把苏格拉底请来任教的机会。确实，希波克拉底活在今天的医学科学界，但他没有对当代医学科学作出过理论贡献。希波克拉底的生命力存在于希波克拉底的理念（Oath of Hippocrates）之中，这个理念反映出的不是现代医学知识，而是一种洞察力、一种理想，或是一种医德准则等。希波克拉底的生命力还在于构成理念的希波克拉底的过程中，这是把他的本质特征人格化的过程。他的本质特征是讲授希波克拉底的基础，从而又派生出了作为艺术的教学。

上述的这些区别，在学院教学领域可以清楚看出其重要性。如果教学内容基本是应用科学，而教师又受过这种技术学的“专业教育”，他一般要超过同样层次水平工作的其他人。目前，在心理学和教育学教授之中，真正属于伟大教师者，男性有博伊德·博德（Boyd H. Bode）、赫尔曼·霍恩（Herman H. Horne）、威廉·克伯屈（William H · Kilpatrick），女性有最近的内奥米·诺斯沃西（Naomi Norswarthy）小姐。但是，至少另外一些领域里他们的同事认为，教育学教授的群体应包括承担其他课程教学的不太优秀的教师，而且包括的比重应大些。[2] 一般而言，尽管不总是如此，不太优秀的教师无论其教学科目是心理学、教育学、拉丁文、化学、艺术、服装制作，或是其他的什么学科，他们的普遍缺陷是缺乏对学生有感染力的热情，缺少在对学生存在的困难同情理解方面我们所称的“敏感”的特征，缺乏对自己从事的学科的真诚热爱和鉴赏能力，因而也没有强烈的欲望去唤起别人对该学科的了解、热爱与欣赏。

三、布卢姆与《美国精神的封闭》

（一）作者和作品简介

布卢姆（Allan Bloom，Bloom 也译为布鲁姆，1930—1992 年），1930 年 9 月 14 日出生在美国印第安纳州的印第安纳波利斯。1946 年布卢姆作为资优生被芝加哥大学录取，在这里他度过了十年的大学生涯，并于 1955 年取得芝加哥大学的博士学位。布卢姆热爱柏拉图和卢梭的作品，曾经师从芝大教授、

① 苏格拉底（Socrates，前 469—前 399 年），古希腊哲学家。——译者注

② 参见《大学教授协会会刊》，1933 年 3 月。

德国裔哲学家斯特劳斯（Leo Strauss），也曾师从法国哲学家科耶夫（Alexandre Kojève）。博士毕业后，布卢姆曾在康奈尔大学、多伦多大学、耶鲁大学等名校任教。布卢姆与诺贝尔文学奖得主、美国作家索尔·贝娄（Saul Bellow）既是同事也是好友，后者曾为布卢姆的畅销书《美国精神的封闭》作序。

《美国精神的封闭》是布卢姆1987年的作品，也是他影响最大的一部作品。在这部作品中，布卢姆猛烈地抨击了当时美国的高等教育，认为它毁坏了美国的民主，丑化了学生的灵魂。对布卢姆而言，美国的高等教育过度强调个人主义和相对主义，造成了学生的非理性和怀疑一切的态度，弱化了人文的真正价值，这一切就意味着美国精神的“封闭”。布卢姆提出，教育必须帮助学生自觉地去完善自我，他认为永恒主义者的“名著”计划有助于学生的自我完善。值得一提的是，《美国精神的封闭》出版之后遭到了来自哲学界、政治学界和文艺界的批评。甚至有评论说，这本书但凡正派的人都会耻于阅读。这些如潮的批评，某种程度上反而促使这本书成为当年的畅销书。全书共三卷（相当于“章”），15节。本教材选取了书中“大学生”卷中“白板”一节的部分内容。

（二）原文节选

白板[①]

我通常认为，美国年轻人是在十八岁时才开始接受教育的，他们的早期生活是一片精神上的空白，他们进入大学时如同一张白板，对深层自我和自己肤浅的经验以外的世界一无所知。美国青年和欧洲青年之间的差别，突出地表现在我们进了大学后才开始接触的欧洲小说和电影上。欧洲人从家庭、公立学校、大学预科获得了他们想获得的大多数文化，在这些地方他们的心灵同他们的文学传统融为一体，而这种文学传统又表达甚至构建了他们的民族传统。不能简单或不加思考地说，欧洲的学童拥有精深的人文知识，我们的青年和长者就此而言远远不如他们。而是说，他们的自我认知是通过书本知识获得的，最先塑造他们志向的是他们从书本里看到的榜样，那丝毫也不亚于他们在日常生活中遇到的榜样。书籍在他们的生活中占有举足轻重的位置，而且受到全社会的大力推崇。他们所谓的良好家庭的孩子，怀有从事严肃文学或哲学职业的愿望是十分寻常的事，就像我们的孩子希望到娱乐圈或

① 布卢姆. 美国精神的封闭［M］. 战旭英，译. 南京：译林出版社，2011.

工商界谋差事一样。欧洲青年早早地被灌输了这一切，当他们十八九岁时，这已经成为他们精神修养的一部分，成为他们观察一切的窗口并会影响他们以后的学习和经历。他们是为了获得专业教育而进入大学的。

相比之下，美国青年刚进入大学时就像个自然的野蛮人。他们几乎从未听说过大西洋彼岸的年轻人平日谈论的那些作家，更谈不上这些人会进入他们的头脑，与他们发生某种联系。“赫卡柏[①]与他何干？”他们属于全世界，运用理性看待全人类共有的事物，解决生存问题，他们总在无知和无意地践踏世界各民族的神坛，而这些民族相信自己是由特殊的神祇和英雄，而不是普通的肉体构成的。这种美国式思想的愚钝，会让人觉得可怕而野蛮，有碍于完整的人性，它没有感悟美的能力，全然无法参与到人类文明不断进行的对话之中。

但是，在我看来，并且在许多更出色的观察者来看，这却是美国大学生的大部分魅力之所在。他们刚有了成熟的迹象，天生的好奇心和对求知的热爱好像就自然而然降临到了他们身上。没有传统的羁绊或鼓励，没有社会的奖赏和惩罚，没有势利或排他，一些美国人发现，他们对意味深长的觉醒有着无限的渴望，他们的灵魂中有着他们尚未意识到的、渴望得到充实的空间。我教过的欧洲学生对卢梭和康德总是了如指掌，但这些作家是在孩提时代就被反复灌输给他们的，在战后的新世界里这成了老俗套，就像短裤一样是限制儿童的手段，而不再是灵感的源泉。于是，这些学生开始吸收新的、试验性的东西。可是对于美国人来说，这些大作家的著作却能够成为一片艳阳高照的高地，他们从那儿可以发现外部世界，发现我在这本书中所祈求的真正解放。对美国大学生来说，这些老货色也很新鲜，在这一点上他们是正确的，因为一切重要的古老见解都是历久弥新的。对于表现为特定文化发展之一部分的哲学和艺术成就，美国人也许永远缺乏同它们的根深蒂固的直接联系，然而他们对这些著作的接触，却显示出一种自由的选择，一种与时间、地点、地位或财富无关，参与最高尚事物的人类潜能。如果天下一家的情感是处在人心的最低层次，而高层次的修养需要无法沟通的特殊“文化”，那么这种对人类状况的解释就太可悲了。美国人的气质为一种乐观信念提供了证据：两种普遍性，即灵与肉的普遍性，是可能存在的，臻于完美之境并非全靠运气。美国青年，更确切地说，有些美国青年，为传统的生生不息带来了希望，因为他们并不把传统视为传统。

在苏联发射人造卫星之后的几年，我开始给这个国家的优秀大学生授课，

---

① 赫卡柏（Hecuba）：荷马史诗《伊利亚特》中特洛伊国王之妻。

他们为我提供了特别辉煌的迷人前景。我在 1965 年写道：

这一代大学生是独特的，其人生观与他们的老师截然不同。我指的是在较好的大学和学院就读的好学生，通识教育主要针对他们，他们是某种以最好的材料作为先决条件的训练的对象。这些年轻人从未经体验过他们的父辈在大萧条期间经历过的那种纯粹生计上的焦虑。他们在舒适的环境中长大，并且预期这种舒适会有增无减。因此，他们大体上对这种舒适满不在乎，他们并不为获得这种生活而骄傲，不想让自己为此而陷入琐屑的、有时必然是扭曲的忧虑之中。而且，他们并不特别在乎这种舒适的生活，所以他们更愿意为伟大的理想放弃它；实际上他们渴望这样做，以期证明他们并不依附于它，随时等待着更崇高的精神召唤。简言之，这些学生是民主版的贵族。过去 20 年持续不断的经济繁荣给了他们自信，使他们认为谋生不成问题。所以，他们准备从事任何职业或冒险，只要能够赋予它严肃认真的表象。传统、家庭和经济责任的束缚是微弱的。而且除此之外，他们还有开放大度的性格。他们往往会成为优秀的学生，对自己所学到的一切万分感谢。看看这个特殊的群体，十有八九会让人觉得，国家的道德和精神状况的进步大有希望。

当时有一种精神渴望，一种使大学像被电击过一样兴奋的强烈的灵魂紧张。苏联在航天事业上打败了我们，举国为之震撼，一时之间，均等教育受到了抵制。人们似乎无暇顾及那些废话。生存本身取决于为优秀人才提供更好的教育。外在的必要性给悠然自得的教育界注入了本应一直就有的紧迫感。转瞬之间就冒出来了资金和各种标准。目标是造就科技人才，以便把我们从苏联的控制中拯救出来。中学把精力全放在了讲授数学物理上，这些学科的成绩优异的学生荣誉加身，前途无量。“学术能力测验”（Scholastic Aptitude Test）成了权威标准，增强智力成了全民娱乐。对久不使用、松松垮垮的肌肉加强锻炼是有益健康的，全国都在训练和激发头脑。当时的学生更优秀，学习动机也更强。

那时，我开始注意到一些奇怪的现象。例如，美国学生第一次开始真正学习各种外语，还有迹象表明他们对另一些事物也有了初步的向往。科学被吹得天花乱坠。真正的科学职业属于凤毛麟角，在中学里它是以技术的、平凡的方式传授的。学生表面上学的是要求他们学会的东西，但远大前程并不能完全抵消学习的枯燥。新的智力活动和对成就的渴望尚未完全找准目标。我观察到，许多优秀学生献身科学的精神很脆弱。现代自然科学的重大理论难题——科学不能解释自己为什么是好的——在发挥着它的实际效果，这个“为什么”的问题很容易浮出水面。于是，虽然政府官员只关心自然科学，但社会科学和人文科学也开始从中获益（因为大学不可避免地会说它们也很重要)。不多的人文学习就很容易吸引许多有天赋的学生离开自然科学。他们感到有人对他们隐瞒了另一些选择。既然这是个自由的国度，当他们进了大学，发现除了科学还有别的学科，他们就会改变兴趣。这是个紧张的时刻，充满渴望，但缺乏清晰可见的目标。

我在20世纪60年代初时相信，需要一种通识教育，以便为这些学生提供检验其生活、考察其潜能的手段。而这是大学不具备和不愿意提供的东西。学生漫无目的和难以驾驭的精力最后找到了一个政治出口。20世纪60年代中期以前，大学向他们做出了除教育之外的种种让步，但姑息政策失败了，培养优秀生的整个实验很快就被冲刷得无影无踪。形形色色的解放运动耗尽了神奇的精力和紧张，学生们的心灵疲惫不堪，他们能够计算，却不能得出有激情的见识。

也许是我完全搞错了，在我看来，20世纪60年代初的建树，只是对依然残存的禁忌的最后一击，对知识的表面渴望，其实不过是现代各种最强烈的渴望——渴望克服必然、紧张和冲突，渴望灵魂摆脱永恒的痛苦得到休息——的一种形式。然而我依然认为，确实有很多真正的精神渴望，它们最终流于松懈，只是因为我们浪费了机会。

但是，当那些文化食客，无论职业的还是业余的，开始享用精神上的饕餮盛宴时，继20世纪50年代末和60年代初那一代之后的大学生促使我想知道，我的信念——对古代的伟大经典的信念——是否正确。这种信念就是：自然本性是教育中唯一重要的事情，人的求知欲是恒久不变的，真正需要的是适当的养分，而教育不过就是把美味佳肴摆上桌子。现在我明白了，再好的自然本性也要与风俗习惯相契合，正如建立政治秩序——即保证人性健全的条件——需要人类的技艺一样。在最坏的情况下，我担心人的精神散漫或心中沸腾的热血会被蒸发掉。尼采认为这种担心是有道理的，这构成了他全部思想的核心。他认为，人类的精神之弦日益松弛，而且有着再也绷不紧的危险。他相信，精神的活力源自文化，文化的衰落不仅意味着文化中人的衰落，而且意味着人本身的衰落。这就是他要毅然面对的危机：人作为人、作为崇高生物的存在，取决于他，取决于像他一样的众人——他就是这样想的。也许他并不正确，但他的立场看上去总是强有力的。无论如何，美国人通常给人造成的天生粗俗的印象是骗人的，它只是相对于欧洲人给人的印象而言。今天，择优录取的学生的知识是如此贫乏，与传统发生了如此严重的断裂，在求知上如此无精打采，这使他们的前辈看上去成了文化奇才。文化土壤愈加贫瘠，我很怀疑它现在能否维持更高级人才的成长。

对比一下法国的教育吧，虽然它已大为衰落。不妨稍微夸张一点儿说，有两位作家塑造并约束着有教养的法国人的头脑。每个法国人生来或至少早年就已成为笛卡尔派或帕斯卡派。（与此相似，也可以说莎士比亚是英国人的教育者，歌德是德国人的教育者，但丁和马基雅维利是意大利人的教育者。）笛卡尔和帕斯卡是民族作家，他们告诉法兰西人民有哪些选择，为人生永恒的问题提供独特而强大的观点，他们负责编织灵魂。上次去法国时，我听到一个侍从管自己的同事叫"笛卡尔派"。这并不是装腔作势；他只是指出了此人属于哪种类型。与其说法国人从这些思想源泉获得了什么原则；不如说它们塑造了一种心态。笛卡尔和帕斯卡代表着理性与神启、科学与敬神之间的选择，这是其他事物也遵循的选择。法国人在思考自我，思考自己的问题时，这两种总体性的观点几乎总有一个呈现在他们心中。任何综合都无法把这种根本对立——不容任何偏差的理性和信仰之间的对立——统一起来，它为我们在谈论法国人的明晰和激情时认识到的二元论提供了动力。没有哪个国家像法国那样，在世俗和宗教之间存在着持续不断、不可调和的争辩，双方在这个国家找不到共同的基础，住在这同一片国土上的公民对人生的意义有十分不同的体会。莎士比亚为英国人充当了这两极之间的调解人，但没有人能为法国人做到这一点，尽管卢梭这位瑞士人曾做过崇高的努力。三百年来，启蒙精神和天主教思想在法国一直各守门户。笛卡尔和帕斯卡为法国人解释了西方人的共同信仰——基督教，同时使他们形成了对另一个更遥远的灵感源泉——希腊——的尊重。这两位作家之后，一代又一代人相继以这两人之间的紧张为起点，提出和变化着他们的主题，这种根本性的精神体验一方面反复再现于伏尔泰、孟德斯鸠、贡斯当、巴尔扎克和左拉身上，另一方面也反复再现于马勒布朗士、夏多布里昂、迈斯特、波德莱尔、普鲁斯特和塞利纳身上，这些人彼此了解，不断与自己的对手展开对话或论战。

……

美国缺少与笛卡尔、帕斯卡旗鼓相当的人，或在相应的方面与蒙田、拉伯雷、拉辛、孟德斯鸠和卢梭相当的人，这不是素质问题，而是是否存在这样一些作家，他们是建设我们的精神大厦时必不可少的，人们为了配得上教养二字，必须阅读这些作家的著作，甚至要同他们一起生活，他们是我们民族生活的解释者，甚至是它的缔造者。人们可以想出一些应当读、也时常有人读的美国作家和作品；但是就作为读者的美国人而言，全世界是他们的书架；他们不像其他国家的民众那样，有着一种必须熟知本国作家著作的深切感受。瓦格纳的《艺术著作全集》试图提供一种完全德国化的艺术形式，它为德国人所有，为德国人而作，出自德国人之手，是集体意识的表达，这种现象对美国人来说是不可思议的。法国人对法国以外的事物了解之少，感觉之差，也令人吃惊。但对美国人来说，荷马、维吉尔、但丁、莎士比亚、歌德属于每一个人，或是属于“文明”。从长远来看也许确实如此。但这不是希腊人、罗马人、意大利人、英国人、德国人、或犹太人的看法，他们拥有属于他们自己的书，它讲述他们自己的故事，表达他们的本能。美国人信奉一视同仁。有经商才能的莫迪默·阿德勒看准了这一点，用《西方文化巨著丛书》取得巨大的商业成功。他甚至不在乎他所采用的译本如何，更不用说学习外语了。老欧洲的多数作家对于不使用他们语言的人能够理解自己感到绝望。海德格尔不顾一切地努力保持和振兴这种观点，认为“语言是存在的寓所”，那种认为翻译是可能的观点简直浅薄至极。

然而，我早先对美国人质朴的体验使我相信我们是正确的，我们能够从零开始，未开垦的自然是丰饶的。可是我没有充分关注那些学生们实际上与之朝夕相处的东西，即一经传播就能帮助他们成长起飞的教育。多数学生可以说都了解《圣经》，那是旧传统无所不包的源泉。在美国，它没有受到伟大的民族诠释者的过滤，而是以早期新教的形式直接被人们接受，人人都是自己的诠释者。于是《圣经》成了一面镜子，反映着美国人对所有民族文化一视同仁的固有态度。多数学生也共享着非常统一而明确的政治传统，它拥有一部尽人皆知、也许还为多数人所信奉的著作，这就是《独立宣言》。

（韩长袁、石萍整理）

拓展性阅读

1. 布卢姆. 美国精神的封闭［M］. 战旭英，译. 南京：译林出版社，2007.
2. 张辉. 巨人与侏儒［M］. 秦露，等译. 北京：华夏出版社，2007.
3. 马里坦. 教育在十字路口［M］. 高旭平，译. 北京：首都师范大学出版社，2010.

第十一章　现代教育名著选读（下）

第一节　教育心理学名著选读

一、教育心理学思潮概要

20 世纪上半叶的心理学研究成果很丰富，这些心理学研究成果被教育学家和心理学家运用到教育领域，形成了一些新的教育思想。需要指出是，教育思想的形成往往受到多种因素的影响，而不是排他性的、仅仅受到心理学研究成果的影响。这里划分的“心理学研究成果影响下的新的教育思想”这种粗略的归类，一方面是因为这些教育思想的核心理论基础都是某种或者某几种心理学研究成果，另一方面则是为了本教材结构编排上的便利。20 世纪上半叶在心理学研究成果基础上形成的教育思想流派主要有新行为主义、结构主义、精神分析学派和人本主义等。下面就这几种教育思想及其代表人物进行简单梳理。

19 世纪末成为独立学科的心理学，主要研究人的意识和心理活动。20 世纪初，以华生为代表的行为主义心理学者打破了这种传统，开始通过研究人的行为来了解人类。但是行为主义者过度强调环境的作用，忽视了人的意识，所以他们的理论受到了很多批评。新行为主义者则以行为主义理论为基础，并对其他心理学流派的理论进行整合，既强调环境，也强调人的主观能动性。新行为主义的哲学基础主要是实在主义和实证主义。一般而言，新行为主义者的教育目的是通过改变和控制学生的行为，养成好的习惯或行为模式，使他们能够承担个人和社会生活的责任。就教学过程而言，新行为主义者强调教师中心，强调规范化的教学程序、可测量的评价标准等。新行为主义教育思想代表人物主要有提出“程序教学”和“教学机器”的美国心理学家斯金纳（B. F. Skinner）、提出“累积学习”理论的美国教育心理学家加涅

(R. M. Gagne)，还有提出“掌握学习”理论的美国教育学家布卢姆(B. S. Bloom)等。

结构主义，又译为建构主义，主要是一种认知理论或知识论。对结构主义者来说，人类的知识来自经验和思想之间的交互作用。人类学习的过程，其实就是知识内化的过程。通过同化和吸收，学习者在过去经验的基础之上构建出新的知识。新的知识或经验的产生，不会改变原有的知识结构。结构主义主要是描述学习是如何发生的理论，它并不是一种特定的教学法。但是它经常被与“积极的学习”或者“做中学”这样的学习策略联系起来。从这个意义上说，结构主义者倾向于学生中心，或者至少他们不会强调教师的权威地位。结构主义者一般认为教师是学生学习过程中的辅助者，只负责帮助学生理解学习的内容。同时他们也强调学习任务、教师和学习者之间的交互作用，强调学习者之间的合作。结构主义的代表人物主要有瑞士心理学家皮亚杰（Jean Piaget）、苏联心理学家维果茨基（Lev Vygotsky）和美国心理学家布鲁纳（Jerome Bruner）等。

精神分析学派的创始人是奥地利精神病学家弗洛伊德（Sigmund Freud）。与研究行为的行为主义和研究意识的传统心理学不同，精神分析学派的研究重点是人的“无意识”。具体而言，心理分析的研究内容主要包括内在人格的形成、无意识和非理性驱动、无意识和意识的冲突与合作等。这些对人的无意识的基础研究被运用到教育界，极大地丰富了“学习理论”。比如，通过控制外部环境或条件的变化，影响人的无意识和非理性的心理因素，从而影响人的学习。精神分析学派强调人的潜意识的开发在教育中的重要性，也强调学校教育应该以健康人格的形成为根本目的。又如，弗洛伊德提出精神分析法可以用于帮助教师回忆起自己隐藏的童年回忆，从而帮助教师了解是什么因素影响了他们婴孩和童年时期的成长。① 精神分析学派的代表人物除弗洛伊德外，还有奥地利精神病学家阿德勒（Alfred Adler）、美国心理学家弗洛姆（Erich Fromm）等。

人本主义（Anthropocentrism）与人文主义（Humanism）、人道主义（Humanitarianism）是既有联系又有所区别的一组概念，不同的研究领域对这些概念的解读并不一致，有时候可以换位使用。本教材主要涉及人本主义心理学及其影响下的教育思想和作品。人本主义心理学（humanistic psychology）主要指的是一种与行为主义和精神分析相对应的心理学流派，后两者都相对

① 关于精神分析学派的理论对教育的影响，参见 B. Bettelheim 的“Psychoanalysis and Education”。

忽视了人性中的重要方面，如“自由意志”和“自我实现”等。人本主义心理学强调的就是与人的价值、责任、成长等相关的因素，它强调通过人的努力，最终可以实现自我完善和自我价值。人本主义心理学在20世纪中期成形，于70年代达到鼎盛。人本主义心理学思想的哲学渊源可以回溯到柏拉图、卢梭等人，也有部分人本主义心理学家受到存在主义思想的影响。人本主义者一般认为教育的最终目的是促进学生的自我实现，其课程观和教学观都强调学生中心，也强调开放、平等的师生关系。人本主义思想的代表人物主要包括美国心理学家罗杰斯（Carl R. Rogers）和马斯洛（Abraham Maslow）等。

本教材选择了结构主义教育理论的代表布鲁纳和人本主义教育理论的代表马斯洛的作品。没有选择新行为主义者的作品，是因为尽管他们纠正了行为主义者把人等同于机器的一些僵化的观念，但是他们的思想仍然相对弱化了人的价值和人性中的积极因素。而精神分析理论则由于本身太过烦琐，且主观性比较强，也没有入选。

二、布鲁纳与《教育过程》

（一）作者和作品简介

布鲁纳（Jerome Seymour Bruner，1915—2016年），1915年10月1日出生在美国纽约的一个波兰裔的中产阶级家庭。1937年，布鲁纳从杜克大学毕业，取得心理学学士学位。1939年和1941年，分别取得哈佛大学的心理学硕士学位和博士学位。之后他留在哈佛任教。二战期间，布鲁纳受聘于美国陆军情报处，研究社会心理现象，特别是舆论宣传和公众态度方面的问题。19世纪50年代后期，布鲁纳的研究转向美国的学校教育，并参与很多重大的政府教育决策。1970年，他离开哈佛进入英国牛津大学任教，1980年布鲁纳回国继续进行教育心理学方面的研究。1991年布鲁纳受聘于纽约大学，至今仍在那里教授心理学。

作为一名20世纪杰出的心理学家和教育家，布鲁纳的主要贡献和成就体现在认知心理学和结构主义教育理论方面。学界一般将布鲁纳的认知理论同皮亚杰的理论进行比照。皮亚杰的“发生认识论”强调从认识发展的历史、认知形成的社会根源和认识活动所依据的心理来源去解释知识；而布鲁纳则认为人的认识虽然受环境的影响而影响其环境，但它主要是独自遵循自己所特有的认识程序，接受特有的逻辑指引，即人的认识代表的是“自己的行动，反映他所代表的世界”。简单地说，皮亚杰的认知理论强调的是主体和客体之间的互动，而布鲁纳的认知理论则更强调认识主体自身的认知模式。布鲁纳的认知理论和结构主义教育思想对美国教育乃至世界教育都产生了重大影响，他的代表作包括《教育过程》《论认识》《教学论》《儿童的谈话：学会使用语言》和《教育文化》等。

《教育过程》成书于1960年。在这本书中，布鲁纳详细论述了他的结构主义教育观。在布鲁纳看来，知识的结构要比单纯的事实或者技能重要得多，所以知识的结构应该成为教学过程的核心，并且应该被尽早教授给学生。《教育过程》可以被视为一部里程碑式的著作，美国始于60年代的教育改革，就是以这本书为指导。这一股教育改革的浪潮，在随后的几十年时间里，席卷了全球范围内的多个国家和地区。全书共六章，分别是引论、结构的重要性、学习的准备、直觉思维和分析思维、学习的动机和教育辅助工具。其中第二章到第五章是全书的重点，本教材节选自第二章“结构的重要性”。

（二）原文节选

二　结构的重要性[①]

任何学习行为的首要目的，在于它将来能为我们服务，而不在于它可能带来的乐趣。学习不但应该把我们带往某处，而且还应该让我们日后再继续前进时更为容易。学习为将来服务有两种方式。一种方式是通过它对某些工作（这些工作同原先学做的工作十分相似）的特定适应性。心理学家把这种现象称为训练的特殊迁移；也许应该把这种现象称做习惯或联想的延伸。它的效用好象大体上限于我们通常所讲的技能。已经学会怎样敲钉子，往后我们就更易学好敲平头钉或削木片。毫无疑问，学校里的学习使学生掌握了某种技能，这种技能可以迁移到以后不论在校内或离校后所遇到的活动上去。先前学习使日后工作更为有效的第二种方式，则是通过所谓非特殊迁移，或者，说得更确切些，原理和态度的迁移。这种迁移，从本质上说，一开始不是学习一种技能，而是学习一个一般观念，然后这个一般观念可以用作认识后继问题的基础，这些后继问题是开始所掌握的观念的特例。这种类型的迁移应该是教育过程的核心——用基本的和一般的观念来不断扩大和加深知识。

由第二种类型的迁移即原理的迁移所产生的学习连续性，有赖于掌握前一章所讲的**教材的结构**。这就是说，一个人为了能够认识某一观念对新情境的适用性或不适用性，从而增广他的学识，他对他所研究的现象的一般性质，

---

① 布鲁纳．教育过程［M］．邵瑞珍，译．北京：文化教育出版社，1982．

必须心中有数。他学到的观念越是基本，几乎归结为定义，则这些观念对新问题的适用性就越宽广。真的，这几乎是同义反复，因为“基本的”这个词，从这个意义上来理解恰恰就是一个观念具有既广泛而又强有力的适用性。学校课程和教学方法应该同所教学科里基本观念的教学密切结合起来。当然，这样说明是够简单的。但是随着这样的说明而来的问题却不少，其中多数只能靠大量的进一步的研究工作去解决。我们现在转而讨论这方面的一些问题。

首要的和最明显的问题是怎样编制课程，使它既能由普通的教师教给普通的学生，同时又能清楚地反映各学术领域的基本原理。这个问题是双重的：第一，怎样改革基础课和修改基础课的教材，给予那些和基础课有关的普遍的和强有力的观念和态度以中心地位。第二，怎样把这些教材分成不同的水平，使之同学校里不同年级不同水平的学生的接受能力配合起来。

关于忠实于教材基本结构的课程的设计问题，过去几年的经验至少已使我们得出一个重要的教训，这个教训就是：必须使各学科的最优秀的人才参加到课程设计的工作中来。决定美国史这门学科应该给小学生教些什么或算术这门学科应该给他们教些什么，这种决断要靠各该学术领域里有远见卓识和非凡能力的人士的帮助才能作出。要断定代数的基本观念是以交换律、分配律和结合律的原理为基础的，他必须是个能够评价并通晓数学原理的数学家。当学龄儿童还不能分清美国历史的事实和趋势时，是不是要求他们理解象弗雷德里克·杰克逊·特纳①的关于边疆在美国史上的作用的观念，这又是一个决断，它同样需要对美国历史有深刻理解的学者的帮助。在设计课程时，只有使用我们最优秀的人士，才能把学识和智慧的果实带给刚开始学习的学生。

这样，问题就来了：“在设计小学和中学课程时怎样取得我们能力最卓越的学者和科学家的帮助?”答案早已知道，至少已经部分地知道。中小学数学研究小组、伊利诺斯大学的数学设计中心、物理科学研究委员会和生物科学课程研究小组，确实已经取得各方面知名人士的帮助：他们通过暑期规划，增聘一部分休假长达一年的某些有关的重要人物来进行这项工作。在这种规划工作中，他们还得到优秀的中小学教师的帮助，为了特殊的目的，还得到职业作家、电影制片者、设计师以及这一复杂事业所需要的其他人士的协助。

即使按照前面指出的方向进行大规模的课程改革，至少还有一件重要事

---

① 弗雷德里克·杰克逊·特纳（Frederick Jackson Turner，1861—1932 年），美国历史学家，著有《美国历史上的边疆》等书。——译者注

情需要解决。掌握某一学术领域的基本观念，不但包括掌握一般原理，而且还包括培养对待学习和调查研究、对待推测和预感、对待独立解决难题的可能性的态度。正象物理学家对于自然界的基本秩序抱着确定的态度并深信这种秩序能够发现那样，年轻的物理学学生，如果想把他的学习组织得好，以至于所学到的东西在他思想上有用和有意义，也需要具备一些关于这些态度的正确见解。要在教学中培养这些态度，就要求比单纯地提出基本观念有更多的东西。靠什么来完成这样的教学任务呢？这需要做大量的研究工作才能知道。但看来，一个重要因素是对于发现（discovery）的兴奋感，即由于发现观念间的以前未曾认识的关系和相似性的规律而产生的对本身能力的自信感。曾经从事于自然科学和数学课程设计工作的各方面人士，都极力主张在提出一个学科的基本结构时，可以保留一些令人兴奋的部分，引导学生自己去发现它。

我们怎样安排基础知识才符合儿童的兴趣和能力呢？这个题目我们将在以后回过头来叙述。这里只需简单谈一下。要在揭示自然现象或其他任何现象时，做到既是令人激动的，正确的，又是有益的，可以理解的，**这就需要把深刻的理解同详细正确结合起来**。例如，我们查阅了物理学的某些教材，发现在陈述时虽然非常详细而正确，但因为作者对他们所介绍的学科缺乏足够深入的理解，所以结果等于零。

通常，在解释潮汐性质的尝试中，可以发现一个恰当的例证。要大多数中学生解释潮汐现象，他们会说出月亮对地球表面的引力以及引力如何把海水拉向月亮一边，以致海水上涨出现涨潮。现在，问他们为什么在地球背着月亮的那一面也有小潮，通常他们几乎不能说出令人满意的答案。或者问他们，就地球和月亮的相对位置来看，什么地方出现大潮？他们的回答常常是：在最接近月亮的地球表面某一点上。如果学生知道有迟潮，他通常不懂得为什么会那样。这两种情况下的失败，起因于对引力如何作用于自由转动的弹性物体描述得不恰当，同时，没有把惯性观念和引力作用的观念联系起来。总之，在解释潮汐现象时缺乏一股由于领会了牛顿对万有引力及其作用方式的伟大发现而产生的兴奋感。正确而有启发性的说明，比部分正确因而过于复杂和过于拘束的解释，并不是更难理解，而是往往更加容易理解。实际上，所有一直在从事课程设计的人们都同意，教材编得有兴趣和材料介绍得可靠决不是矛盾的；真的，一个正确的概括说明常常是最有兴趣的。在前面的讨论中，至少有四个有助于教授学科基本结构的一般论点，这些论点需要进行详细的研究。

第一点是，懂得基本原理可以使得学科更容易理解。我们在物理学和数学中，曾扼要地说明了这个道理。不仅物理学和数学中是这样，而且社会学科和文学中也完全是这样。一个民族为了生存，必须进行贸易。只要抓住了这个基本观念，那么美洲殖民地三角贸易这个似乎特殊的现象就更容易理解：它不单纯是在违犯英国贸易规定的气氛下进行糖浆、甘蔗、甜酒和奴隶的商业。要使阅读《莫贝·迪克》的中学生更深入地理解这部小说，只有引导他领会梅尔维尔①的小说是突出地以罪恶和追踪那条“要命的鲸鱼”（killing whale）的人的困境为主题的著作，才能做到。如果再进一步引导学生懂得小说所写的人间困境是相对少数，他对文学的理解就会更好。

第二点要涉及人类的记忆。关于人类记忆，经过一个世纪的充分研究，我们能够说的最基本的东西，也许就是，除非把一件件事情放进构造得很好的模式里面，否则就会忘记。详细的资料是靠简化的表达方式保存在记忆里的。这些简化的表达方式，具有一种特性，可以叫做“再生的”（regenerative）特性。长期记忆所具有的这个再生的特性，能够在自然科学中找到好的例子。科学家不去记忆落体在不同的重力场中不同的阶段时间内所通过的距离，而是记住一个公式，这个公式使他能够在不同的准确度上，再生出比较容易记得的公式所依据的细节。他谙记 $S=1/2gt^2$ 这个公式，而不去熟记关于距离、时间和重力常数的手册。同样的例子，《吉姆爷》② 中评论员马洛所说的关于主人公困境的话，人们未必会去确切地记住它，而是只记住他是个沉着的旁观者，是个试图理解而不能判断是什么曾把吉姆爷引入他所在的海峡的人。我们记忆公式，记忆那对事件具有意义的生动情节，记忆那代表一系列事件的平均数，记忆那保持本质的素描或图景——所有这一切都是简约和表达的技巧。学习普遍的或基本的原理的目的，就在于保证记忆的丧失不是全部丧失，而遗留下来的东西将使我们在需要的时候得以把一件件事情重新构思起来。高明的理论不仅是现在用以理解现象的工具，而且也是明天用以回忆那个现象的工具。

第三，正如早些时候所指出的，领会基本的原理和观念，看来是通向适当的“训练迁移”的大道。把事物作为更普遍的事情的特例去理解——理解更基本的原理或结构的意义就在于此——就是不但必须学习特定的事物，还必须学习一个模式，这个模式有助于理解可能遇见的其他类似的事物。如果

① 赫尔曼·梅尔维尔（Herman Melville. 1819—1891 年），美国作家，《莫贝·迪克》是他最有名的一部小说，副题《鲸鱼》。——译者注

② 《吉姆爷》（*Lord Jim*）是英国作家约瑟夫·康拉德（Joseph Conrad，1857—1924 年）的一部小说。——译者注

学生完全能够从人性的角度领悟百年战争结束时欧洲的厌倦，能够领会签订那个可以实行但在意识形态上并不完美的威斯特伐利亚条约的背景是怎样的，他也许更能够理解东方和西方之间意识形态的斗争——虽然这种比较决不是确切的。一种仔细地形成的理解同样也应该使他能认识概括的限度。把“原理”与“概念”作为迁移的基础这个观点原不是新的观点。非常需要更多的专门研究，以提供怎样在不同年级中最好地进行不同学科的教学的详尽知识。

经常反复检查中小学教材的基本特性，能够缩小“高级”知识和“初级”知识之间的差距。这是要在教学中强调结构和原理的第四个论点。现在由小学经中学以至大学的进程中所存在的部分困难，不是由于早期所学材料过时，就是由于它落后于该学科领域的发展太远而把人引入迷途。这个缺陷，可以依靠在前面讨论中所提出的在教学中强调结构和原理的办法来弥补。

现在，研究一下伍兹霍尔讨论相当多的几个特殊问题。这些问题之一涉及“科学通论”（general science）这个麻烦的题目。实际上，在所有各门自然科学中都有某种反复出现的观念。如果在一门学科中把这些观念概括地学好了，就会使得在别的科学中以不同的形式再来学习它们时，容易得多。各方面的教师和科学家提出了这样的疑问：是否应该不使这些基本观念“孤立”起来，而要更明确地用使它们脱离特定的科学范围的方式来教。典型观念是容易加以具体说明的。例如：分类法和它的用途，测量单位和它的发展，自然科学知识的间接性和给观念下操作定义的必要性，等等。就最后一个例子来说，我们不直接看见压力或化学键，只是凭一些测量去间接推断它。量体温是这样，体会别人的忧虑也是这样。能不能在低年级就用各种具体实例把这些以及类似的观念有效地揭示出来，以便为儿童后来在各种专门学科的学习中领会这些观念奠定较好的基础？把这样的“科学通论”当作高年级严密的科学入门来教是不是明智？为了以后比较容易学习，应该怎样教他们，我们又能合理地期望些什么？在这个有前途的课题上，需要进行许多研究工作；不仅要研究这样一种学习途径的用处，并且还要研究可能要教的普通科学观念的类别。

的确，很可能有某些对自然科学或文学的一般态度或学习途径，可以在低年级教，而且对后来的学习有很大的关系。事物是互相联系的而不是孤立的这个看法就是一个适当的例子。人们确实能够在设计一些幼儿园游戏的时候，有意使儿童更加主动地察觉事物怎样互相影响或互相联系——这是对自然界和社会中事件多重决定论这个观念的一种入门学习。任何一个有成效的科学家通常都能谈些思想方法或态度，那是他的职业的一部分。历史学家在他们自己的学科领域，相当广泛地论述了这个题目。文学家甚至发展了一类写作，谈论有助于提高对文学情趣和活力的感受性的形式。在数学中，这个题目有个正式名称，叫做“启发”，用以说明解决难问题的途径。有人很可能会主张，就象那些很不相同的学科的人们在伍兹霍尔主张过的一样：应估量什么样的态度或启发的方法最具普遍性和最有用；应该作一番努力，把初步的态度和启发的方法传授给儿童，这种态度和启发的方法随着他们在学校的成长，可能进一步提高。再者，读者将会意识到，主张这样一种学习途径有个前提，那就是假定一个学者在他的学科的最尖端所干的工作与儿童初次接触这个学科时所干的工作之间，是有连继性的。这不是说，这个任务是简单的，只是说，它值得慎重地考虑和研究。

有的人反对教一般原理和一般态度。持这种观点的人，其主要论点也许是：第一，通过特殊来研究一般，也许好些；第二，使工作态度保持内隐比使它外现要好些。例如，生物学中关于有机体的主要概念之一，是一再提出的问题：“这个东西有什么功用?”这个问题是以凡是有机体中的东西都有某种功用，否则它大概不会继续存在这个假定为前提的。其他的一般观念都同这个问题有联系。生物学学得好的学生，知道把这个问题提得越来越细，并把越来越多的事物同它联系起来。下一步他就要问，某一特殊结构或过程根据有机体整体作用的需要，有什么功用？他为了弄清楚功用的一般观念，进行测量和分类。然后，他可能进一步依据更加广泛的功用观念来组织他的知识，而注意到细胞结构或系谱比较。要学习一般概念的实用意义，可能需要用某一特殊学科的思想方式做背景；所以，给“功用”的意义作一个一般的介绍，可能比在生物学的范围内教它的效果还要差。

谈到“态度”教学，甚至谈到数学的启发教学，现有的议论是，如果学生过分注意他自己的态度或学习途径，他就可能在工作中变得呆板，不然就会要花招。还没有证据能证明这一点；在采取这个方法来教学以前，先须进行研究。在伊利诺斯，人们正在训练儿童，使之有更高的效能来提出一些关于物理现象的问题；可是需要更多得多的知识，这个问题才能弄明白。

人们时常听说“行”与“知”之间的差别。例如，一个大抵懂得了某一数学观念的学生，却不知道在计算中怎样运用它，就是这样的差别。尽管这个差别可能是个假象——因为，除了看到学生干什么之外，怎能知道他懂得什么呢？——但却说明在教和学中所强调的方面是很不同的。这样，在关于解决难题的心理学的某些经典书籍（例如马克斯·韦特默的《创造性思维》）中，在“机械练习”同“理解”之间就划了一道鸿沟。事实上，练习并不一定必须是机械的，而强调理解却可能引导学生咬文嚼字。中小学数学研究小组成员的经验指出，计算的实践可能是达到理解数学概念的必要步骤。同样，让中学生读不同作家的作品以资对比，可能把文体的知识教给他，但是要他能够彻底通晓文体，只能靠他自己亲手用不同的文体动笔写作。做某件事能够帮助人了解那件事。真的，这句话是上实验课的根本前提。在伍兹霍尔，一位心理学家的发言中有句名言："在我还没有意识到我要做什么之前，我怎能知道我想什么呢?"这句话有一定真理。无论如何，这个差别对我们并没有很大帮助。更加中肯的问题是，在某一特定的领域里，哪种练习方法最可能给予学生精通教材的感觉。在数学各部门中，什么是能应用得最有成效的计算习题？努力模仿亨利·詹姆斯[①]的文体来写作，会使人特别通晓那个作家的文体吗？要理解这些事情，也许须从研究教学成功的教师所用过的方法开始。所汇集的资料肯定能对教学技术问题，或者说对一般地教授复杂知识的技术问题，提出大量值得进行的实验研究项目。

最后，关于考试，需要说几句话。显然，如果考试强调的是学科的琐碎方面，那就不好。这样的考试会鼓励无连贯性的教授和机械式的学习。然而，往往被忽略的是，考试也能成为改进课程和教学的斗争中的同盟军。不论考试是属于包含多题任选的"客观"（objective）形式，还是属于论文形式，都能够设计得着重于理解该学科的一般原理。的确，即使考试琐细的知识，也能按照要求学生理解具体事实之间的联系的那种方式去做。国家的考试组织，如教育测试服务处内部，目前正在进行共同的努力，去设计那些强调理解基本原理的考试。这样的努力能够有很大用处。还可以给地方学校系统另外的帮助：给他们编写一本合用的手册，手册中叙述了设计各式各样考试的方法。探索性的考试是不容易设计的，如果编写一本关于这个题目的考虑周到的手册，是会受到欢迎的。

下面扼要地重述一下，这一章的主题是，**一门学科的课程应该决定于对能达到的、给那门学科以结构的根本原理的最基本的理解**。教专门的课题或技能而没有把它们在知识领域更广博的基本结构中的脉络弄清楚，这在几个深远的意义上说来，是不经济的。第一，这样的教学，使学生要从已学得的知识推广到他后来将碰到的问题，就非常困难。第二，不能达到掌握一般原理的学习，从激发智慧来说，不大有效果。使学生对一个学科有兴趣的最好办法，是使这个学科值得学习，也就是使获得的知识能在超越原来学习情境的思维中运用。第三，获得的知识，如果没有完满的结构把它联在一起，那是一种多半会被遗忘的知识。一串不连贯的论据在记忆中仅有短促得可怜的寿命。根据可借以推断出论据的那些原理和观念来组织论据，是降低人类记

---

① 亨利·詹姆斯（Henry James，1843—1916年），美国小说家。——译者注

忆丧失速率的唯一的已知方法。

按照反映知识领域基础结构的方式来设计课程，需要对那个领域有极其根本的理解。没有最干练的学者和科学家的积极参与，这一任务是不能完成的。过去几年的经验表明，这样的学者和科学家同有经验的教师以及研究儿童发展的学者一道工作，就能准备我们所曾经考虑的那种课程。如果要使我们教育实践中的改革足以应付我们现在生活中所经历的科学和社会革命的挑战，需要在课程资料的实际准备、师资训练和支持研究工作等方面作出更多的努力。

怎样依照既有成效且有趣味的方式去教一般原理，问题很多。几个主要问题已经评论过了。非常清楚的是，还要做很多工作去考察当前有效的教育实践，编制可以在实验基础上试行的课程，以及完成几种能够支持并指导改善教学的一般努力的研究工作。

我们讨论中的那种课程，怎样可以适合于不同年龄儿童的智力？下一章，我们转而论述这个问题。

三、马斯洛与《人性能达的境界》

（一）作者和作品简介

马斯洛（Abraham Harold Maslow，1908—1970 年），1908 年 4 月 1 日出生在美国纽约布鲁克林区的一个苏联犹太裔移民的家庭。他的家庭并不富裕，但是他的父母很看重子女的教育。在马斯洛还是孩童的时期，美国的种族歧视很严重，他的老师和邻居都有强烈的反犹太主义倾向。除了经历学校和社区中的歧视，马斯洛的家庭氛围也很糟糕。他基本上不和他母亲说话，甚至是极度地憎恶他的母亲。他从小被心理医生诊断为“精神状态不稳定”，朋友很少，喜欢阅读和学习。1930 年他在威斯康星大学取得心理学学士学位，随后于 1931 年和 1934 年分别取得心理学硕士和博士学位。博士毕业后他先后在布鲁克林学院和布兰迪斯大学任教。

马斯洛是美国人本主义心理学的主要发起人。与他同时期的心理学家的研究重点集中在人的失常现象或者病态现象（问题人格），而马斯洛则把研究的注意力放在人性当中积极的那些方面（积极人格）。他对于人的潜能的研究，对高峰经验的探索以及通过追求个人成长来实现精神健康对心理学界有着深远影响。他最著名的理论成果包括需要层次理论、自我实现理论和高峰经验等。

《人性能达的境界》（1971 年）是马斯洛心理研究综合论文集，这部书在他死后一年出版，包括了马斯洛人本心理学中的很多重要理论。在马斯洛之前，主要有两个心理学派：一派是强调证据的科学行为主义和实证主义，另一派是强调潜意识的弗洛伊德精神分析学派。马斯洛则另辟蹊径，提出人本主义心理学主张。他既不认为人是单纯地对环境做出反应的工具，也不认为人是被潜意识驱动的。马斯洛认为，只有实现了创造力、自由意志并且想要发展自己的全部潜能，人才是真正的人。在马斯洛看来，自我实现并不是遥不可及的目标，也不是所谓圣人或智者的专利，每一个人都有自我实现的需要和权利。《人性能达的境界》有四分之一的篇章是在探讨创造力。本教材节选自其中的第六章，略有删节。

（二）原文节选

第六章　创造中的情绪障碍[1]

当我着手研究创造性这一方面的问题时，它完全是一个学院的、教授课业的问题。

……

在另一种意义上这也是一个尖端领域，那是你们都不能不非常、非常深入开发的——一个新的心理学尖端领域。假如我能预先概要说明我将要说的内容，我可以这样概括：在最近十年左右的期间，我们已经发现，原来我们真正感兴趣的那种创造性的根源，或真正新思想的产生，是深蕴在人性的内部的。我们现在甚至还没有找到一个非常恰当的词汇可以代表它。假如你愿意，你可以用弗洛伊德的术语来谈论，即谈论“无意识”。或用另一个心理学派的术语，你可以选择“真实的自我”作为话题。但不论哪一种情况，它都是一个更深层的自我。

……

我是在谈论我称之为始发创造性的东西，而不是次级创造性，**始发创造性**来自无意识，它是新发现之源，真正新事物之源，是离开现存东西的新思想之源。这是一种和我称之为**次级创造性**不同的东西。

……

但我想，我能揭示来自无意识的始发创造性，我曾在我选出进行仔细研究的特别有创造性的人中发现了这种创造性。这种始发创造性极有可能是一种每一个人都有的遗传素质。它是一种共同的和普遍的东西。在所有健康儿

---

① 马斯洛．人性能达的境界［M］．林方，译．昆明：云南人民出版社，1987.

童中肯定都能发现它的存在。它是任何儿童都具有而大多数人长大以后又会失去的那种创造性。它在另一种意义上也是普遍的，假如你以一种心理治疗的方式挖掘它，假如你探入人的无意识层，你就会发现它的存在。我只要向你提供仅仅一个例子，你们自己或许也都能经验到的例子。你知道，在我们的梦中，我们能比在醒时的生活中有更多得多的创造性。我们能变得更聪明，更机敏，更大胆，更有独创性，等等。把盖子掀开，把控制去掉，把压抑和防御撤除，我们一般能得到比表面可见更多的创造性。我最近曾走访我的一些精神分析家朋友，想了解他们解放创造性的经验。精神分析家的普遍结论，我敢肯定那也是所有其他心理治疗家的意见，是说通常可以期望一般的心理治疗能解放出治疗前没有出现的创造性。……一般的经验是：心理治疗，或深入这些通常受到压抑的深蕴层，能使一种我们大家都有的但又失去的遗传素质得到解放。

有一种形式的神经症能使我们在突破这一问题中学到许多东西，而且它是一种容易理解的事情。我想首先谈谈它。我指的是强迫症。

有这种神经症的人是刻板的、封闭的人，他们不能开怀玩乐。这是一些总想控制自己情绪的人，因而看起来相当冷漠，在极端的案例中甚至是毫无表情的。他们总是很紧张，很局促。这种人在正常状态下（发展到极端，它当然是一种疾病，不能不接受精神病医师和心理治疗医师的治疗）一般是非常有秩序、非常整洁、非常准时、非常有条理、非常有节制的，能成为很有用的人才，例如，优秀的簿记员，等等。现在，用心理动力学的术语可以非常简明地把这些人说成是“尖锐分裂的”，可能比大多数其余的人都更明显地分裂，如在他们意识到的事物、他们对自己的认识和他们对自己隐藏的、那些无意识的、被压抑的东西之间的分裂。当我们更多地理解这些人时，对压抑的原因有所理解时，我们就会懂得，这些理由也在一定程度上适用于我们所有的人，于是我们又一次从极端的例证中学到了某些有关较一般和较正常情况的知识。这些人必然会成为如此。他们没有其他的选择。他们不可能走另一条道路。这是唯一能使他们达到安全、秩序、无畏惧、无焦虑的道路，即通过条理化、预见、控制、驾驭的道路。这些合意的目标都只有用这些特殊的办法才能达到。对于这样的人，“新”东西是有威胁的，而任何新东西对他都不可能出现，因为他能把它纳入他过去的经验，能使变动的世界冻结，能自以为什么都没有变。他只有依据那些过去很起作用的、“久经考验的”规律和法则、习惯、适应方式步入未来，并坚持在未来继续利用这些法则，他才会感到安全而无焦虑。

为什么他不得不这样做？他怕的是什么？动力心理学家的回答是——用

非常一般的术语说——他怕自己的情绪，或最深处的本能渴望，或最深蕴的自我，那些他拼命压抑的东西。他不得不如此！不然他觉得他会发疯。这一畏惧和防御的戏剧在人体内扮演，但他使它趋向概括化，向外投射于整个世界，于是也很容易以这种方式看整个世界。他真正防范的是自己身内的危险，但此后任何使他想起这些内部危险或和这些危险相似的东西只要他一看见就会在外部世界中与之战斗。他同自己趋向混乱的冲动作战而变得特别有条不紊。外界的混乱将使他受到威胁因为混乱使他想起他内部的混乱，或怕他抑制的冲动起来革命。任何危及这种控制的东西，任何能增强那危险的潜伏的冲动或削弱那防御的壁垒的东西，都将使这样的人担惊受怕。

在这样的过程中丧失的东西很多。自然他能赢得一种平衡。这种人能终其一生不致垮掉，能掌握事态于控制之下。他的极大努力用于控制，大量精力消耗于控制中，因而仅仅控制自己也会使其疲惫不堪。控制是疲劳的根源。但他能对付下去，继续保护自己，防范他的无意识中的危险部分，或防范他的无意识自我，或他的真实自我，他曾受到教导认为那是危险的东西。他必须把一切无意识的东西驱逐出外。……

我所说的这些话是要表明，我们的快乐、幻想、欢笑、游荡等等能力，成为自发的能力，和在这里对于我们最为重要的创造的能力，都是出于这一无意识，出于这一深蕴的自我，出于我们自己的这一部分，一般地说，我们对于这一部分是心存戒惧因而力求加以控制的，而我们的创造能力则是一种智力的游戏，是一种能使我们成为我们自己，能进行幻想，放任，并暗自着迷若狂的能力（每一真正新颖的思想起初看来都象是疯狂）。强迫症患者放弃了他的始发创造性。放弃审美的可能性。放弃他的诗意。放弃他的想象。淹没他的一切健康的稚气。而且，这也适用于我们称之为良好适应的问题，适用于曾被非常细腻地描述为严丝合缝戴笼头的本领，即善于处世，很现实，按常识办事，成熟，能干大事。恐怕这些适应的某些方面也意味着背弃那些对良好适应构成威胁的东西。这是一些与世俗妥协、与常识的需要、与物质、生物和社会现实的需要妥协的动机和努力，它一般是以放弃我们深蕴自我的一部分为代价的。它在我们中不象在上面说明过的情况中那样显著，但恐怕事情正在变得越来越明显了，我们称为正常成人适应的东西也越来越意味着背离那些会威胁我们的东西。而威胁我们的东西则是温柔、幻想、情感“稚气”。有一件事我未曾谈过但最近在我对有创造性的人的研究中曾深感兴趣（对非创造性的人的研究也同样），那就是对于所谓的“女人气”“女性”或我们直接称之为“同性恋”的任何事物的极端畏惧。假如他是在一种硬性环境中培养起来的，**“女子气”**实际上意味着一切有创造性的活动：想象、幻想、色彩、诗、音乐、温柔、感伤、浪漫，但这些一总都作为危及一个人的阳性形象而被隔离开了，一切被称为“柔弱”的东西往往会在正常男子的适应中受到压抑。而许多被称为柔弱的东西，我们知道其实一点也不柔弱。

现在我想，在讨论这些无意识过程时，讨论精神分析家称之为“始发过程”和“次级过程”的概念时，我能对于这里谈论的题目有点用处了。力求有条不紊地对待杂乱无章，以理性对待非理性，这是一项硬任务，但我们已经有办法这样做。以下是我曾写过的一些评论。

……

在极端情况下，把逻辑、常识和理性同人格的深蕴层隔离开或完全分割，会造成强迫症，造成**强迫性理智型人**，这种类型的人简直无法在感情世界中生活，不知道自己是否在恋爱，因为爱情是不合逻辑的，他甚至不能容许自己失声大笑，因为大笑是不合逻辑，不合理和不明智的。当这样被隔离开，当这个人已经分裂时，你便得到了一种有毛病的理性，以及也有毛病的始发过程。这些次级过程，弄得分隔开和二歧化，可以被认为主要是畏惧和挫折造成的一种结构，也就是一种防御、压抑和控制的系统、一种抚慰的系统所造成的，为了能够以狡诈而隐秘的手段和一个使人受挫的、危险的物质世界和社会环境讲和，因为它们是满足我们需要的唯一源泉，使我们要得到任何满足都不能不付出非常昂贵的代价。这样一种病态意识，或病态我，或意识我，变得越来越觉察到它所领悟的自然和社会的规律并奉之为生活的金科玉律了。这意味着一种盲目性。强迫型人不仅失去了许多生活乐趣，而且他也变得对他自己的许多方面在认知上盲无所见，对他人的许多方面，甚至对自然的许多方面也同样看不见了。甚至作为一位科学家，他也会对自然的许多方面盲无所见。确实，这样的人也能做成某些事情，但我们必须首先问，象心理学家总要问到的：那是以怎样的代价做出的——对他自己而论？其次，我们也还要问这样做出的是哪些事情？它们是否值得去做？

于是，用这种二歧式防范和畏惧的眼光看始发过程——这就是疾病。但这并不一定非成为疾病不可。深深下降时，我们用希望、畏惧和满足的眼睛看世界。假如你象一个真正幼小的孩子那样看世界、看自己和看别人，以这样的方式思考，那或许对你会有所帮助。在没有否定，没有矛盾，没有分裂的同一性，没有对立，没有互相排斥的意义上，这是合乎逻辑的。对于始发过程，亚里士多德并不存在。始发过程不依赖于控制、禁忌、训练、抑制、延宕、计划和对可能或不可能的计算。它和时间、空间或顺序、因果、秩序，或和物理世界的规律无关。这是一个完全不同于物理世界的世界。当我们把始发过程置于一种必需的情境中时，当始发过程必须伪装自己防范意识的觉察、使事情不那么具有威胁性时，始发过程能把几个物体浓缩为一个物体象在梦中能做到的那样。能使情绪脱离它们真正的对象移置到另外的无害对象上。能通过象征化进行掩饰。能成为全能的，无所不在的，无所不知的（请回忆梦。我所说的一切对梦都是适用的）。始发过程和行动没有关系，因为它能不用做什么或无须动作而只凭幻想使事情发生。对于大多数人，它是前语言的，非常具体的，和原体验更接近的，并往往是视觉的。始发过程是先于评价的，先于道德的，先于伦理的，先于文化的，先于善和恶。在大多数文明化的人中，正因为始发过程被这种二歧化挡住了，往往成为孩子般的，不成熟的，若狂的，危险的，可怕的。记住：我曾提供一个人的例子，他已完全压制了始发过程，完全隔开了无意识。这样的人就我所说明的那种特定的方式看是一个病态人。

另一种人，他的二级过程——控制、理性、秩序、逻辑过程已经完全破碎，那也会成为一个**精神分裂者**。也会成为一个非常、非常严重的患者。

我想，你们能看出这个论断的含义。在健康人中，特别是在能创造的健康人中，我发现他们能在一定程度上融合和综合始发和次级两种过程，意识和无意识两者，深蕴的自我和自觉的自我两者，能高明地且有成效地做到这一点。我能肯定地报告，这是可能做到的，尽管不很普遍。可以肯定，用心理治疗可能有助于这一过程的发展。更深的和较长期的心理治疗甚至能更有效。这一融合中所发生的事情是，始发过程和次级过程两者互相渗透就能在特征上都有所改变。无意识不再变得更有威胁性。这样的人能带着他的无意识生活；让我们说，他能带着他的稚气、他的幻想、他的想象、他的愿望满足、他的女子气、他的诗意、他的若狂性生活了。象一位精神分析家用一句妙语所说的，他是一个“能倒退而为自我服务的人”。这是有意的倒退。这样的人能随时利用那种我想我们都会很感兴趣的创造性。

我在前面提到的那种强迫型人，在极端的例子中是不能娱乐的。他不能顺其自然。

……

在年代顺序上，我们关于始发过程的知识最初是从研究梦和幻想和神经症过程中得来的，以后又从精神病研究和对疯狂过程的研究得来。这一知识只能一点一点地从它的病理学濡染中解放出来，从非理性、从不成熟、从贬义的原始状态中解放出来。只是在近年，在我们对健康人的研究中，我们才逐渐意识到，充分意识到创造过程，意识到娱乐、审美感知、健康爱的意义、健康的成长和形成、健康的教育，才懂得每一个人既是诗人，又是工程师，既是理性的，又是非理性的，既是孩子，又是成人，既是男性的，又是女性的，既处在心理世界中，又处在自然世界中。我们也是逐渐地才懂得，我们如果天天都力求成为仅仅并纯粹合理，仅仅合乎科学、逻辑，仅仅明智、实际、承担责任的人，我们便会有所失。我们现在正在变得越来越确信，整合的人，充分发展的人，充分成熟的人，必然是在这两种水平上同时对自己起作用的。当然，现在已很少有人污蔑人性的这一无意识面，把它说成是病态而不是健康。弗洛伊德曾这样想过，但我们现在已经知道事实并非如此。我们现在知道，全面的健康意味着在所有的水平上都对自己起作用。我们不再说这一方面是“恶”而不是“善”，是低级而不是高级，是自私而不是不自私，是兽性而非人性。通观人类历史，特别是西方文明史，更特别是基督教史，总是不能摆脱这种二歧式。我们不再能把自己二歧化为洞穴人和文明人，恶魔和圣贤。我们现在能够把这看成一种不合理的二歧式，一种不合理的“非此即彼”，通过这种分裂和二歧化过程本身，我们创造了一个病态的“此”和一个病态的“彼”，也就是创造了一个病态的意识和一个病态的无意识，一个病态的理性和一个病态的冲动。……

我们一旦超越并解决了这种**二歧式，一旦能把两极一起纳入它们本来就在其中的统一体**，例如，在健康儿童中，在健康成人中，或在特别有创造力的人中，那么，我们就能认识到，二歧化或分裂本身是一个病理过程。这时也**就有可能结束一个人的内战了**。这正是我称为**自我实现的人**中所发生的事情。最简单的办法是把他们描绘为**心理上健康的人**。那正是我们在这样的人中所看到的。当我们从总体中挑拣出百分之一或千分之一最健康的人时，我们将发现这些人在他们一生中，有时得益于治疗，有时没有治疗，都已经能把这两个世界合而为一，并在两者中都能安然地生活。我曾描述健康人好象具有一种健康的稚气。它很难用言语说明，因为“稚气”一词习惯上意味着成熟的反面。假如我说，最成熟的人的生活也是赤子般的，这听起来象是矛盾，但实际上并不矛盾。也许我能用我说过的聚会的例子来解释。最成熟的人也是最能打趣的人。我想，这是一种更可以接受的说法。这些人也是能够随意倒退的人，他们能变得像个孩子并和孩子在一起玩，接近孩子们。我想，孩子一般会喜欢他们并愿意和他们相处的，这绝非偶然。他们能倒退到那一水平。非意愿的倒退自然是一件非常危险的事。自愿的倒退却显然是非常健康的人所特有的表现。

至于如何达到这种融合，我简直不知道应该怎么说。在日常促进人内部这种融合的实践中我所知的唯一真正可行的办法是心理治疗。这当然并不是一个可行的或甚至受欢迎的建议。自然，也存在自我分析和自我治疗的可能性。任何能增进深蕴自我知识的技术在原则上应该也能增进一个人的创造力，使他能够利用幻想与观念作戏的这些原动力，能够超越这个世界和地球，摆脱常识的束缚。常识意味着在今日现世中生活，但有创造性的人是那些不想要今日现世而宁愿造就另一个世界的人。为了能够做到这一点，他们必须能够超越地球的表面，去想象，幻想，甚至成为疯狂的和着迷的，等等。我能提出的建议，向那些管理有创造力的人的人员提出的实际建议很简单，只能是注意发现这样的人才，因为他们是已经存在的，然后把他们选拔出来，并紧紧把握住他们。

拓展性阅读

1. 布鲁纳. 教学论［M］. 姚梅林，郭安，译. 北京：中国轻工业出版社，2008.
2. 罗杰斯. 罗杰斯著作精粹［M］. 刘毅，钟华，译. 北京：中国人民大学出版社，2006.
3. 布卢姆. 教学目标分类学：第一分册　认知领域［M］. 罗黎辉，等译. 上海：华东师范大学出版社，1986.

第二节　教育哲学名著选读

一、教育哲学思潮概要

教育学在独立成为一门学科之前，一直附属于哲学这一学科门类。不管教育学在独立之前还是之后，各种教育理论都有其相应的哲学基础，也不同程度地结合了其他学科的科研成果。现当代哲学派系庞杂，其中影响了教育思想变迁的哲学思潮可能有很多，有些影响或者理论联系非常明显，有些则是以隐性的方式存在。有些作家的作品涉及哲学、文学、政治学等多个领域，这些作家本人也横跨若干个哲学派系。本教材只涉及20世纪最具代表性的存在主义、后现代主义和激进主义这几个派别。

存在主义诞生于20世纪20年代的德国，20世纪40年代存在主义的中心转向法国，二战后传播到美国及其他国家和地区。作为一种“危机哲学”，存在主义的萌芽可以追溯到信奉宗教神秘主义的丹麦哲学家克尔凯郭尔（Sören Kierkegaard）和德国唯意志论哲学家尼采（Friedrich Nietzsche）。与以黑格尔为代表的传统哲学相比，存在主义者反对科学、反对理性，只注重人的存在，注重现实人生，试图以人的“存在”而非客观世界或者人的理性来构建本体论。存在主义者并没有明确的、一致的主张，几乎可以说，每一个存在主义者都有一种存在主义。但是，从存在主义者的论述中，我们可以找到一些他们在教育上比较共同的看法。比如，教育的目的是使人认识到自己的存在，帮助他们养成一定的对待生活的态度，做出选择和决定，并承担相应的责任和结果。教师的作用就是维护学生的主观性，把知识“提供”而非传授给学生，同时教师还需要维护自身的主观性，师生之间是一种“对话”或“交流”的关系。教学方法上，存在主义者坚持学生最大限度地自我表现和自我选择。存在主义代表人物有德国的海德格尔（Martin Heidegger）和雅斯贝尔斯（Karl Jaspers），法国的萨特（Jean Paul Sartre）、马塞尔（Gabriel Marcel）、加缪（Albert Camus）和梅洛－庞蒂（Maurice Merleau-Ponty），美国的贝恩（K. Benne）、哈帕尔（R. Harper）等。本教材选择了雅斯贝尔斯及其相关作品。

后现代主义是一个特别难以界定的术语，在不同的领域对它的解释众说纷纭，莫衷一是，有的甚至互相矛盾。比如，有的学者认为存在主义是后现代主义的一个分支，有的则认为存在主义与后现代是泾渭分明的对立状态。一般来说，“后现代”一词是与“现代”相对应的。所谓“现代”指的是西方资本主义从产生、发展到走向现代化的过程，从时间轴上看，它大致起始于文艺复兴，历经启蒙运动到20世纪50年代。“现代性”主要体现在理性和启蒙精神，体现在对人类社会进步和发展的信心，以及对人性和道德可以不断完善的信念上。“后现代”从时间上看则始于20世纪60年代，随着科学技术的高度发展，西方社会走向“信息社会”或“后工业社会”，科学、教育、文化领域产生了一系列不同于现代社会的根本性变化。

“后现代”冠之以“后”之名，代表了它与“现代”的区别。然而后现代学者对“现代性”的态度上的差异，恐怕是造成难以对后现代进行精准定义的原因。有的后现代主义者对“现代性”保持批判和否定的态度，尤其反对理性主义和启蒙运动，他们认为所谓的工业文明使理性走向了它的对立面，使自由走向了压迫和统治。有的后现代主义者则视后现代为现代主义的高度强化，认为后现代主义是现代主义的崭新发展和升华。笼统而言，现代主义强调理性至上，后现代主义则信奉浪漫主义、个人主义；现代主义强调对技术的崇拜，后现代主义则强调否定和批判；现代主义强调标准化和高效率，后现代主义则强调个性化、自由化和散漫化；现代主义的表现手法注重规则，后现代则倾向多元化、模糊化、隐喻和不规则化。

存在主义学者克尔凯郭尔、尼采和海德格尔等人一般被学界视为后现代主义的先驱人物，除他们之外，后现代主义先驱还包括以研究现象学著称的德国哲学家胡塞尔（Edmund Husserl）、法国符号学和结构主义学者罗兰·巴特（Roland Barthes）、奥地利语言学家和逻辑学家维特根斯坦（Ludwig Wittgenstein）等。随着后现代主义的发展，它渗透到建筑、音乐、文学、艺术等多个领域，代表人物数不胜数。哲学界的领军人物有以新诠释学著称的德国哲学家迦达默尔（Hans-Georg Gadamer）、法国哲学家波德里亚（Jean Baudrillard）、以解构主义闻名的法国哲学家德里达（Jacques Derrida）、法国后结构主义哲学家利奥塔（Jean-Francois Lyotard）、法国哲学家福柯（Michel Foucault）等等。本教材着重介绍的是福柯的作品。

激进主义是19世纪60年代到70年代在美国盛行的一种思维模式，它伴随着当时美国的民权运动和环境保护运动而出现。激进主义者往往对现存社会怀有强烈不满甚至敌意，对现存的社会制度、组织形式、社会价值持否定的态度，主张通过袭卷一切的社会变革对社会进行根本性的改变。激进主义一般表现为极左或极右的政治主张、煽动性的时尚风格和艺术样式、性解放及药物使用。激进主义教育思想的代表主要有主张“自由学校教育”的美国学者古德曼（Paul Goodman）、主张“非学校化社会”的奥地利哲学家伊里奇（Ivan Illich），主张“家庭学校”的美国教育家霍特（John C. Holt）、反对义务教育的美国学者罗斯巴德（Murray N. Rothbard）和提倡“开放式学校的”美国作家波兹曼（Neil Postman）等人。入选本教材的是伊里奇的作品。

除了与存在主义、后现代主义和激进主义相对应的教育理念之外，分析哲学也促进了现当代教育理论的发展和丰富。分析哲学的两大分支，逻辑实证主义和日常语言学派各有其不同的教育主张。前者强调用逻辑、符号和语言来对教育的相关概念进行更精确的描述；后者则强调用自然语言或日常语言对教育现象进行描述，对其意义进行澄清。分析教育哲学产生于 20 世纪 40 年代，并在 50—60 年代风行英美教育哲学界。分析教育哲学的代表人物有英国哲学家赫斯特（Paul Heywood Hirst）和彼得斯（Richard S. Peters）、美国哲学家谢夫勒（Israel Scheffler）等。分析教育哲学影响虽大，但是由于很多分析教育哲学的作品比较晦涩且缺乏中译本，故本教材没有选择相关作品。

二、雅斯贝尔斯与《什么是教育》

（一）作者和作品简介

雅斯贝尔斯（Karl T. Jaspers，1883—1969 年），1883 年 2 月 23 日生于德国奥登堡。他的父亲从事司法工作，受父亲职业的影响，他最初在海德堡大学学习法律。由于对法律兴趣不大，他后来转学医学。毕业后，雅斯贝尔斯做过一段时间的精神病医师。由于对当时的心理治疗手段很不满意，他开始着手改进针对精神疾病的疗法。1913 年，雅斯贝尔斯回到海德堡大学教授心理学。1921 年，他的研究方向从心理学转向哲学，他也成为享誉德国乃至欧洲的哲学家。

雅斯贝尔斯被学界划入存在主义哲学阵营，一方面是因为从他的作品中可以看到尼采和克尔凯郭尔的影响，另一方面是因为他的作品中对人的存在和自由状态的强调。他重新解读了康德哲学中的超验主义（transcendentalism），认为处于这种主观经验性的状态的人就是自由的，而只有自由的人才可以获取真正的知识，也才可以获得有生命的存在。

《什么是教育》是国内学者研究雅斯贝尔斯教育思想的必读作品之一。在这部作品中，雅斯贝尔斯详细论述了教育与人类社会和人的生活之间的关系，对教育的目的和本质、师生关系及教学方式等问题进行了分析。他强调真正的教育应该超越心智和技能的训练，成为培育人的精神、安顿人的灵魂的活动。该书的德文名为“Was ist Erziehung?”，出版于 1977 年。[①] 有趣的是，如果读者试图用这本书的德文名对雅思贝尔斯的创作年表（包括遗作）进行检索，似乎并不会发现《什么是教育》这部作品。[②]《什么是教育》这本书很可能是针对雅斯贝尔斯某部或某些作品论及教育的部分进行编译的成果，并不是雅思贝尔斯针对教育问题写出的一部专著[③]。本教材节选了这部作品中第五章“教育的过去、现在与未来”和第六章“依靠全体的教育”的部分内容。

（二）原文节选

第五章　教育的过去、现在与未来[④]

一、非命定的此在——时间性的自我存在

作为此在的生命，是在每时每刻的时间总和中慢慢逝去，直至生命的结束，生命是自由的，不存在什么命运。对于生命来说，时间只是一个永不停息的序列和无关紧要的回忆，对未来开放的此时存在的享受以及个体生命中止的链条。人们只有通过内在联系来与命运相遇，而不是通过强制循环，直到这种内在联系作为陌生的东西在人无能为力时与他相遇，并通过把握成为本然之物。这些将人的此在集中在一起，并不是随意消解人的此在，而是尽可能将人的存在真实化。然后给他展示一幅幅人之为人的基础、未来空间的回忆画面，这是出自责任心为人眼下的作为所要求的。毋庸置疑，生命是完整的，它有着年龄、自我实现、成熟和生命可能性等形式，作为生命的自我存在也向往着成为完整的，只有通过对生命来说是合适的内在联系，生命才能是完整的。

二、传统和空想的可能与危机

在孩提时代，传统总是潜移默化地渗透到年轻一代身上，然后年轻一代总是通过和历史、将来和伟大人类的塑造的内在联系意识到传统。作为了解的已经熟悉的过去就成为现在想象内容的历史，并只有在与过去的连续性中

---

① 参见李金奇“解析雅斯贝尔斯的‘学习自由观’”。

② 雅斯贝尔斯作品年表可参见萨尼尔《雅斯贝尔斯》，也可参见雅斯贝尔斯的《悲剧的超越》。

③ 这部书可查到的索引是“1977. *Was ist Erziehung*? *Ein Lesebuch*. Hrsg. von H. Horn. Muünchen; Zuürich. 2nd paperback edition，1992.”（参见 Hermann Horn 的“Karl Jasper”）根据该文献，《什么是教育》应该是 Hermann Horn 于 1977 年对雅斯贝尔斯的著述进行编辑整理成形成的一部专门论述教育的作品。

④ 雅斯贝尔斯. 什么是教育［M］. 邹进，译. 北京：三联书店，1991.

创造未来。因此，才有了人类存在的客体，缺少它，人就不能意识到自我。

我们怎样承担历史生活？——我们时代的历史知识和信息的可能性在最宽广的范围来说，既是如此之大同时又是微乎其微。人们经常的所想所作，就人们互相交谈和理解的角度来说，是可以从遗忘中重新获得，并发挥其作用。我们以历史的眼光去看待自我与世界观的多样性，那种自明性认为，在其中人才能被理解。

现代人将精神历史的所有可能性都接受下来，并拥有极大行使主权的机会，因为每一个在历史上被人们一时接受的观念都为现代人提供出来，人们会轻易地期望这些观念成为自由而真实的知识。

第二层意义仍旧是**人的解放**。在与历史的交往中，它将自己所有的真理都显现出来，以使人们无抗争性地带着欣赏的眼光去观照，这种历史的交往还可以为人类和个人寻找到在所有内涵的聚集中的一个完整真理。但是这在存在的意义来说是不可能的。所谓文化的综合或者是没有约束力的美学观点，或是指技术文明的联合体，或者是普遍性的微不足道的抽象，这些在表面的自我满足中只会导致平均主义。

与历史进行存在的交往是战争的继续，通过历史这面镜子，让战争在自身当下的意识中不断进行。存在的交往使人意识到新的东西，对此镜子是不能起作用的；存在的交往让人们在当下精神条件和物质存在条件下感受到，要求以新的面貌建立永恒的存在。

尽管我们基本上生活在从我们出生到将来的历史传承中，但我们仍然要着眼于未来。通过单纯地对过去的把握和重复、或者是通过对过去的理解、对未来的憧憬，我们以现在的每份努力和体认，而感到未来的羽翼带来的希望。我的行动和存在并不是只有以后忆起和明白时才有其价值。服务、给予、回忆和事后发生的作用，这些都是我自身的显现，可以是真实的，但这并不是作为最终的根据。

所有的显现、所有的了解和意欲，过去和将来将成为永恒语言的历史当下的范围。属于当下的只是它自身。

三、丧失现在——抓住当下

我们的乌托邦意识经常想要脱离现实境遇，而去过一种与现在不同的生活，这种生活与过去或未来有关：本真的在是属于过去的。当下的生活是缺乏自身的在的，只有经由回忆，当下的生活才有了在的折光。回忆是本质的、是使当下成为可能的东西。而我所理解的过去仅仅是达到学会领悟我是当下的自我出场，为了看见本然的过去，我必须成为现在之我，而最终过去会消失在我眼前的现时之中。

本然的在是未来。只有当当下的生活是为未来服务时，那么这种生活才有意义。有了光亮的未来给予我最初什么都不是、我将成为什么和我为成就自我而怎样生活的在的意识的映射。但是，我为什么而生活的看法在行动上从未明晰呈现。我生活在对未来的幻想中。未来曾经作为现在，现在就是昔日的未来，但一旦未来成为现在之时，人们又重新虚构出新的未来，这一处境将永远持续下去，直至在宇宙的无言沉默之中，人类世界走向没落，所有的一切才会被撕碎。

与这两种观点针锋相对的是抓住当下，在当下永恒与在才会显示自身。carpe diem[1] 并不意味着随意地享受今天，而是对一瞬间和当下，即那些对我们来说是在的唯一方式的接受。

过去和未来都在现在之中，我要达到现在的深度就必须装备历史的传承和学会如何记忆。我向往真实和美好的生活，从现在那里我寻找过去和未来的交往，向往团体的意志、帮助的知识，这种帮助是我所体验过的和自愿做的，这种意志和知识促使我全身心地投入现在之中，而不是脱离现在，在时间的断层中踽踽走向过去和未来。

四、责任与当下性

综上所述，因此我们应持这种态度：既不能落入过去，也不能转向未来，而是完完全全存在于现在之中：在真理的获得中敞开道路，并继续坚持这一道路。

当下生活既不是丢掉过去也不是遗失未来。假如过去和未来并没有加强现在的话，那么它们就毁灭了现在。

我们不能让未来的蓝图引入歧途，这一蓝图以乐观或悲观的表面知识欺骗我们，相反我们必须对自我所担当的责任有清醒的意识。这一责任存在于每个人的日常生活中，存在于我们的冲动和感觉之中，存在于我们生活的指南和与人交往中，也存在于所有大大小小的决定中，这些决定并不仅仅是为我们自己，而且也是为了事物本质的发展。同样，这一责任还存在于我们对人的看法、对文化密码的再现、人们所遵循的准则、人们所指向的最终目标中，我们实现自由的行动，对自由我们是有责任的。我们就是自由，我们是被给定为自由的人。

---

① “Carpe diem”出自古罗马诗人贺拉斯的诗作，英文一般翻译为“seize the day”，根据作者的解释，可能翻译为“抓住当下”或“把握当下”更合适。——编者注

第六章　依靠全体的教育

二、教育的本质

真正的教育应先获得自身的本质。**教育须有信仰，没有信仰就不成其为教育，而只是教学的技术而已。**教育的目的在于让自己清楚当下的教育本质和自己的意志，除此之外，是找不到教育的宗旨的。因此我们常听到的一些教育口号并没能把握到教育的真正本质，诸如学习一技之长、增强能力、增广见闻、培养气质和爱国意识、独立的能力、表达能力、塑造个性、创造一个共同的文化意识等。

如果整个教育本质毫无遮蔽地呈现出来，这就是教育的本然内涵，而教育自然是有其固定形式的。教育是极其严肃的伟大事业，通过培养不断地将新的一代带入人类优秀文化精神之中，让他们在完整的精神中生活、工作和交往。在这种教育中，教师个人的成就几乎没有人会注意到，教师不是抱着投机的态度敷衍了事。而是全身心的投入其中，为人的生成——一个稳定而且持续不断的工作而服务。

教育，不能没有虔敬之心，否则最多只是一种劝学的态度，对终极价值和绝对真理的虔敬是一切教育的本质，缺少对“绝对”的热情，人就不能生存，或者人就活得不象一个人，一切就变得没有意义。

绝对的东西可以分为两种：一种是大众共有的，比如一个人所属的阶层，或者国家、或者对无限的追问中所体现出来的宗教意识，另一种是个人性质的，比如真实、独立自主、责任和自由，一个人也可以同时具有这两种性质的绝对事物。

三、教育的危机

当教育的本质发生问题，当教育的信仰开始动摇时，人们就会有意识地寻求教育目标何在。

教育的形式化正是始于其本质成为问题之时。教师以种种人为的方法来保持学生对他的敬畏：保留一些东西不教给学生，或者要求树立个人的权威以及学生的盲从。在这种情况下，本来是用训练有素的方法来处理广泛的学习资料，现在变成了空洞无聊的尽义务而已；本来学生的学习目的是求取最佳发展，现在却变成了虚荣心，只是为了求得他人的看重和考试的成绩；本来是渐渐进入富有内涵的整体，现在变成了仅仅是学习一些可能有用的事物而已。本来是理想的陶冶，现在却只是为了通过考试学一些很快就被遗忘的知识。

如果变得日益严重的教育本质问题，竟被人们如此地忽略，那么教育就会变得丧失根本目标而不稳定和支离破碎。它带给学生的不再是包罗万象的整体教育，而是混杂的知识。

目前世界上笼罩着不安，在茫然之余人们都感觉到，现在的一切完全取决于下一代了。人们都明白教育决定未来的人的存在，教育的衰落就意味着人类未来的衰落。然而教育何时开始衰落呢？当历史留下来的东西在那些成熟而应负起责任的人心中开始粉碎的时刻，便是教育衰落之时。现在有人担心，教育的本质已处于完全失落的危险之中。那些主张复古的人，把那些他们自己都已经将信将疑的东西，硬塞给他们，要他们完全接受。另外一些人则鄙弃历史的流传作用，好象教育只包含那些不分古今的技能教育、实用知识和有关当代世界的探源问题。每个人都知道，谁赢得了年轻人，谁就拥有了未来。

当代教育已出现下列危机征兆：非常努力于教育工作，却缺少统一的观念；每年出版不计其数的文章书籍，教学方法和技巧亦不断花样换新。每一个教师为教育花出的心血是前所未有的多，但因缺乏一个整体，却给人一种无力之感。此外，就是教育一再出现的特有现象：放弃本质的教育，却去从事没完没了的教学试验、做一些不关痛痒的调查分析，把不可言说之事用不真实的话直接表述出来，并不断地更换内容和方法做种种实验。如此这般，就好象人类把好不容易争得的自由，花费在无用的事物上。自由变成了空洞的自由。一个连自己都不信任的时代去关心的教育，就好似从虚无中能变出什么东西来。

年轻人的角色是最具特色的。假如教育具有整体精神，那么年轻人是不成熟的，正因为他们年轻没有地位，要为将来的职业作准备，所以必须尊重、屈从和信赖成年人。但在教育本质的消遁过程中，他们却因此而获得了自身的价值。世界已经失落的东西，期待着从他们身上重新获得，他们感觉到一切从他们开始，甚至儿童也参与学校的管理事务。这样看来，仿佛在要求年轻人靠自己的力量去创造那些教师不再拥有的东西。就象国家的债务要靠下一代来偿还一样，浪费了的精神财富，也要靠年轻人重新去挣回来。在这种假象下，年轻人获得了不真实的力量，但他们注定要失败，因为一个人必须一步步地接受严格的培养，经过数十年的成长，才能成其为人。

四、时代差异的消逝

现存的历史特殊性消解于功能的消失中；甚至达到极端连年龄也不存在差距。生命力最旺盛、最富有浪漫色彩的青年时代是人们最向往的生活，如果仅从功利的观点来看人，人就必须要保持年轻，但如果他并不年轻了，那也要装出年轻的样子。再者，年龄本来就毫无价值，单个的个人所体验的生活仅仅是一瞬间，而生命的延伸只是一个偶然的事件，所有这些都不被视为建筑在生物发展阶段基础上的不可取消的决定，而值得纪念和保存。倘若真的超越了生死界限，也就是说，人可以永无止境地活下去而不必直面死亡以获得震颤，那么，人就始终处于开端与终结两极：他可以做这件事也可以干那件事，一会儿是这样，一会又是那样，仿佛随时都可以做一切事，但却没有一件是真实的。他会感到生活的无聊，生命的无意义，单个人只是百万人中的一员，为什么他的作为就会有份量呢？任何事都是瞬间发生，但很快又被人遗忘了。因此人们的行为举止不分年龄大小都是相同的，儿童从小就想如成人一样，按照自己的意愿和成人谈论事物。他们在那些自觉年轻的长老面前没有敬畏之意，这些长老们不去做自己该做的事，以给年轻人一个可能的榜样作用，反而放任自流，这种生活方式也许对年轻人是合适的，但对他们来说却有失尊严。真正的年轻人还是想学分寸感，而不是乱七八糟的东西，而年长者则要将自己的命运在一个固定的形式中实现，而且继续下去。

如果人被迫只顾眼前的目标，他就没有时间去展望整个的生命。

三、伊利奇与《去学校化社会》

（一）作者和作品简介

伊万·伊利奇（Ivan Illich，1926—2002年），1926年9月4日出生在奥地利维也纳一个中产阶级家庭，从小就接受了良好的学校教育并有机会在欧洲各处游历。伊利奇非常有语言天分，由于家庭的移民背景，他的母语包括意大利语、西班牙语、法语和德语。后来他又学习了克罗地亚语、古希腊语、拉丁语、葡萄牙语、印度语、英语和一些别的语言。伊利奇自己涉猎的学科也很丰富，他在不同的大学修习了生物组织学、晶体学、神学、哲学和中世纪历史学等学科。1951年他取得了奥地利萨尔茨堡大学的历史学博士学位，随后去了美国，成为纽约州的一名牧师，开始频频为当时受美国主流文化压制的波多黎各文化发声。正是在从事神职工作期间，伊利奇意识到学校教育对非主流文化的边缘化起到推波助澜的作用，这使得他对学校教育的负面影响产生了强烈的批判意识。

总体而言，伊利奇对现代工业文明抱持一种怀疑甚至是反对的态度，他认为现代工业文明的全球化趋势对于第三世界的弱势国家或者弱势文明的破坏力大于推动力。比方说，在他看来，工业发达强国对第三世界发展中国家所提供的很多帮助其实是工业霸权的表现。因为伴随着经济上的帮助，不可避免地会有很多文化植入或者价值植入的举措，这些举措会改写和破坏当地的原生文化。此外，伊利奇批判制度化的现代社会对人性的扼杀。他认为制度或体制影响和控制了人的需要和幸福，通过这样的方式，制度或者体制使得人越来越丧失人性和创造力，越来越物质化。鉴于这样的思路，我们就不难理解为什么伊利奇会反对制度化的学校教育，提倡自由度高、流动性强的、非正规的自我教育。

《去学校化社会》，也被译为《非学校化社会》，是伊利奇 1971 年的作品。在这部作品中，伊利奇强烈批判了现代社会中正规的、制度化的学校教育对人性的扭曲作用。他认为恰恰是学校教育歪曲了学生的是非观念，混淆了教和学、成绩和教育、文凭和能力之间的差别。除了批判之外，伊利奇通过这部作品也提出好的教育应该具备三个目的或特征：所有人都可以获得平等的教育资源；为愿意教的人和愿意学的人之间搭建桥梁；开放的公众舆论。所有这些目的的实现，需要通过现代技术构建起一个学习网络，这个网络既提供一切学习资源，也根据需求匹配教和学。本书节选了《去学校化社会》中的第一章“我们为何必须废除学校”。

（二）原文节选

第一章　我们为何必须废除学校①

许多学生，尤其是穷学生，都能直觉到学校在为他们做些什么。学校训导他们混淆过程与实质。而一旦这两者之间的区别变得模糊不清，那么便会出现一种新的逻辑，即：安排越多，结果越佳；或拾级而上，则必至成功。于是，学校“训导”的结果，导致学生把教与学、升级与教育、文凭与能力、语言流畅与叙述新事物的能力混为一谈；导致学生的想象不是基于应有的价值，而是根据所受的服务；导致学生误将药物治疗等同于卫生保健，将社会工作等同于社区生活的改善，将警察保护等同于人身安全，将军事防备等同于国家安全，将激烈竞争等同于工作效率。健康、学习、尊严、独立以及创造性努力，被说成几乎完全是声称为这些目标服务的各种制度发挥作用的结果，而这些目标的更好实现则有赖于社会将更多资源配用于这里所说的医院、学校及其他各种机构的管理运行。

在本书所收论文中，我将说明为什么价值观的制度化必将导致自然环境的污染，社会的两极分化以及人的心理虚弱无能，这是全球性恶化与现代化灾难的进程所产生的三方面问题。我将阐明，当非物质需求被转换为商品需

---

① 伊万·伊利奇. 去学校化社会［M］. 吴康宁，译. 北京：中国轻工业出版社，2017.

求时，当健康、教育、个体流动、社会福利或心理康复被说成是各种服务或“安排”的结果时，上述损毁过程是如何得以加速的。之所以这样做，是因为我确信，如今正在进行的关于未来趋势的研究都在鼓吹进一步推动价值观的制度化，我们必须指明与之截然相反的趋势得以出现的各种条件。我们需要研究技术的可能用途，以便创造出一些制度——这些制度将有助于个人之间进行创造性与自主性的互动，有助于形成不会被技术专家们实际控制的各种价值观。我们需要进行与目前的未来学迥然相异的研究。

我想提出一个具有普遍意义的问题，即：如何使人的本质与赋予我们的世界观及语言以特征的现代制度的本质相互界定？为此，我选择学校作为分析范例，而对于这个公司式国家①中的其他科层机构，比如作为消费单位的家庭、政党、教会、传媒等，只会间接述及。我对学校的隐性课程的分析应可表明，公共教育将从社会的去学校化过程中获益，恰如家庭生活、政治、安全、信仰以及交往将从类似过程中获益一样。

在这一章中，我将首先尝试分析并说明对一个学校化了的社会进行去学校化意味着什么。在此基础上，应会容易理解我为何要在其后各章选择与去学校化过程有关的五个具体方面加以论述。

现在，不只是教育，社会现实本身也已经学校化了。为使所有学生都依附于现存制度，花在富裕学生身上的费用与花在贫困学生身上的费用大致相同。在美国二十个城市中的任何一个城市，贫民区与富裕家庭集中居住的郊区的学生人均年度教育费用处于同一水准，且有时贫困学生的数额更高。②富裕学生与贫困学生同样都离不开学校和医院，学校和医院指导他们的生活，形塑他们的世界观，并告诉他们何为合法、何为不合法。他们都认为个人自行诊治是不负责任的，个人自学是不可靠的，并且都认为未得到行政当局资助的社区组织具有攻击性和破坏性。他们都依赖于制度安排，都对自主行动投以怀疑的目光。在个人自主与社区自主日益欠缺方面，维斯特切斯特③甚

① 公司式国家，源自 1970 年美国的赖克（Charels A. Reich）的著作《绿化美国》(The Greening of America)，书中认为国家是一台巨大的机器，完全不受人的控制，并置人的价值观于不顾。——译者注

② 杰克逊，《初等教育与中等教育费用的趋势：1965—1968 年中心城市与郊区的比较》，美国联邦教育总署规划与计划评估办公室，1969 年 6 月。(Penrose B. Jackson, *Trends in Elementary and Secondary Education Expenditures: Central City and Suburban Comparisons* 1965 *to* 1968, U. S. Office of Education, Office of Program and Planning Evaluation, June 1969.)——作者注

③ 维斯特切斯特（Westchester），美国纽约州的一个县，境内有工业城市和高级住宅区。——译者注

至比巴西东北部地区更为典型。因此，不论在什么地方，不只是教育本身，整个社会都需要“去学校化”。

福利机构制定了对价值和可行性予以判断的各种标准，以图在专业、政治和财政方面都支配人们的社会想象。这种支配是导致贫困现代化的根源。任何一种对于简单需求的制度性解决办法，都将导致新的贫困阶级的产生以及对贫困的新定义。在十年前的墨西哥，人生于家中、死于家中并由其朋友安葬是很平常的事情，唯有照料灵魂之事才托付给制度性的教会。而在今天，生于家中、死于家中已成为贫穷或特权的标志。临终与死亡已被置于医生与殡仪人员的制度性管理之下。

一旦社会将人的基本需要解释为对于科学地生产出来的各种商品的需求，那么，技术专家们便会按照由其随意改变的标准来界定贫困。于是，所谓贫困者，便是指在某些重要方面落后于社会所宣扬的消费观念的那些人。在墨西哥，所谓穷人是指所受学校教育不足三年者；而在纽约，所谓穷人则是指所受学校教育不足十二年者。

……

显然，即使不同学校在质量上处于同等水平，穷人子女的学习也很难赶上富人子女。尽管他们在相同年龄进入同等学校，但穷人子女也缺少中产阶级子女可随意享受的大部分教育机会。从家庭中的谈话与藏书，到假期旅行与自我意识，对于乐于享用的中产阶级儿童来说，这些都是有利的条件，将有助于他们在校内与校外的生活。因此，如果贫困学生只有依赖于学校才能发展或学习，那么他们通常会落在后面。穷人需要补偿经费，是为了使自己能够进行学习，而不是为了得到针对其所谓的严重缺陷做出安排的证明。

……

今天已很少有哪个国家仍然是传统贫困的受害者。这种传统贫困较为稳定，且很少会使人无能为力。大部分拉丁美洲国家正处于经济发展与竞争性消费的“起飞点”[①] 上，并因此而开始走向现代化贫困，即：这些国家的国民尽管依然生活于贫困之中，但他们已经学会向往富裕生活。这些国家的法律规定，实行6～10年的义务教育。不光在阿根廷，而且在墨西哥或巴西，普通国民都是根据北美国家的标准来界定何为足够程度的教育，尽管只有极

---

① 起飞点，即美国经济学家罗斯托（Walt Rostow，1916—2003年）所说的经济成长第三阶段。罗斯托在其《经济成长的阶段》（*The Stages of Economic Growth*）一书中提出，人类社会的经济成长分为六个阶段，即：传统社会阶段、起飞前夕阶段、起飞阶段、趋向成熟阶段、高度消费阶段和追求生活质量阶段。——译者注

少数人能有机会享受这种长期的学校教育。在这些国家，大多数人都中了学校的圈套，即是说，接受学校教育的结果，使得他们在比自己受到更好的学校教育的人面前感到自卑。对于学校的盲信导致他们有可能遭受双重剥夺，即：越来越多的公共资金被用于少数人的教育；与此同时，许多人则越来越顺从于社会控制。

……

义务教育必然会使社会两极分化，并且把世界各国按照一种国际种姓制度分成各种等级。所有国家都像种姓制度①那样被加以排序，其教育的国际地位的高低取决于国民接受学校教育的平均年限。这种等级划分同人均国民生产总值密切相关，又远比基于人均国民生产总值的等级划分更令人感到痛苦。

学校的这种悖论显而易明：不论是美国还是其他国家，学校费用的增加都将强化其破坏作用。必须将这一悖论作为公共议题。现在，人们已普遍意识到，如果不扭转如今只顾物品生产的倾向，那么，我们的自然环境将很快会毁于生化污染。我们同样应当认识到，我们的社会生活与个人生活也同样受到卫生、教育与福利部的污染的威胁，这是社会福利的强制性与竞争性消费的必然恶果。

扩充学校教育与扩充军备同样具有破坏性，只是前者不如后者那样易为世人所察。无论是哪个国家，学校经费的增长都快于入学人数与国民生产总值的增长，却又远低于家长、教师以及学生的期待。这种状况使得世界各国都没有勇气制订非学校化学习（nonschooled learning）的大规模计划，并从财政上给予其支持。美国的状况向世界表明，没有任何一个国家富裕到足以供养得起一个因其自身存在便会产生各种需要的学校系统。因为，一个成功的学校系统会使家长与学生们认为，一个更高层级的学校系统具有更大的价值，随着更高层级的教育因供不应求而变得稀缺，学校教育经费也将大幅增加。

……

平等的教育机会的确是一个既理想又可行的目标，但把它等同于义务教育则无异于将拯救灵魂与教会组织混为一谈。学校已成为现代无产者的一种

① 种姓制度，印度的社会等级制度。按照规定，种姓之间界限森严，不得通婚、交往，甚至不能共食、并坐。印度独立后虽对这一制度予以废止，但实际上仍有很大的影响。——译者注

世界宗教（world religion），它凭空许诺要拯救技术时代的穷人。民族国家[1]通过学校来实施教育，驱使所有国民都循序渐进地学习与拾级而上的各种文凭相对应的课程，这同昔日的成人仪式及僧侣晋升过程并无二致。现代国家以为自己有责任通过那些并无恶意的劝学员以及各种入职资格规定，而将教育者的主张强加给国民，这同昔日的西班牙国王们通过征服者与宗教法庭而将神学家们的主张强加给被征服民族的做法如出一辙。

两个世纪之前，美国曾在打破单一宗教垄断的运动中走在世界前列。现在，我们需要打破学校的法定垄断地位，并由此而废除将偏见与歧视结为一体并将之合法化的制度。对于一个现代的、人道主义社会来说，其人权法案第一条就应与美国宪法第一修正案[2]相呼应，即“国家不得制定有关教育的任何法律”，不应进行强制所有人参与的任何例行活动。

为了有效打破学校的垄断地位，我们需要制定一部法律，以禁止在雇佣、选举或者准许进入学习中心（centers of learning）方面出现因学历而异的歧视。它并不排斥对履行某种职责或承担某种角色的能力进行考查，但将去除现在的荒谬而不公平的做法。这种做法仅仅有利于耗费最大部分的公用经费去学习特定技能者，或同样耗费这些公用经费而可获得文凭者，而这些文凭同任何有用的技能或工作之间都毫无关系。只有国民在其职业生涯中不再因任何学校经历方面的缘故而被剥夺资格，合乎宪法地废除学校才会产生心理效果。

由于教育者执意把套装式教学与文凭捆绑在一起，因此，学校教育既不可能推动学习，也不可能促进正义。学习与社会角色分配已被融入学校教育之中。然而，学习意味着习得一种新的技能或者获得新的见识，而社会晋升则取决于他人已有的观念。虽然学常常是教的结果，但在劳动市场中，对于应聘者适合担任的职场角色或工作类别的判断却越来越取决于其受教育年限的长短。

教学是对有利于学习的环境的选择。学校通过课程来进行角色分配，这些课程根据学生升级所需符合的各项条件而设置。学校把教——而不是把

① 民族国家，近代以来通过资产阶级革命或民族独立运动建立起来的、以一个或几个民族为国民主体的国家。它是一种独立自主的政治实体，是政府体制的一种形式。民族是其共同体的认同概念，其来源可以是共享的制度、文化或族群。——译者注

② 美国宪法第一修正案（First Amendment to the U. S. Constitution），美国权利法案的一部分，1791 年 12 月 15 日获得通过。该修正案禁止美国国会制定任何法律来确立国教、妨碍宗教信仰自由、剥夺言论自由、侵犯新闻自由与集会自由、干扰或禁止向政府请愿的权利等。——译者注

学——与所要分配的这些角色联系在一起，这既不合理，也不开明。之所以说不合理，是因为它不是把相关品质或能力与角色相关联，而是把所设想的获取这些品质或能力所需的过程与角色相关联；之所以说不开明，或者说不具有教育意义，是因为学校教学的对象只是那些按照社会控制既定要求的那样去亦步亦趋学习的人。

履历一直被作为分配社会地位的依据。这种分配有时会在人出生之前，比如，因世袭的缘故而被划入某一种姓，或者因血统而成为贵族。获得履历的方式，可以是参加某种例行活动，可以是参加拾级而上的各种圣职授予仪式，也可以是在战争或狩猎中所取功绩的积累。若是更高层次的晋升，则要凭借业已荣受的君王的恩宠。普及学校教育本来是要把角色分配同个人的生活史脱钩，即赋予每个人谋求任何职业的平等机会。但直到今天，仍有许多人错误地相信，学校能确保公众根据相关学业成绩对学生加以判断。然而，学校教育制度并未使机会平等，而是垄断了机会的分配。

要使能力判断同履历脱钩，就必须向禁止调查个人的政治身份、宗教活动、血统、性生活习惯或种族背景一样禁止询问个人的学习经历。应当制定禁止学历歧视的法律。当然，法律无法根除社会对未受学校教育者的歧视，也不会强迫任何人与自学者通婚，但是法律可以阻止不公正的歧视。

人们的第二个主要错觉是：大部分的学都是教的结果。这一错觉是学校制度赖以生存的基础。诚然，在某些情况下，教确实可能有助于某些类型的学。但是，大多数人都是在学校之外获得他们的大部分知识的。迄今为止只有在少数富裕国家，人的知识主要是在学校中获得的，因为其一生被束缚在校园里的时间越来越多。

大多数学习都是自然而然发生的，即便是目的性最强的学习，大多也并非有计划的教学的结果。正常儿童是在不知不觉的过程中学习母语的，尽管父母对其予以关注他们会学得更快些。第二语言学得好的人大多并非按部就班的教的结果，而是独特语言环境影响的产物。他们或者是同祖父母一起生活，或者是去国外旅行，或者是因为爱上了一个外国人。同样，流畅阅读多半也是此类课余活动的结果。虽然大多数乐于广泛阅读者都把自己的阅读仅仅归功于学校，但若就此向他们提出质疑，那么他们也很容易抛弃这种错觉。

然而，时至今日大量的学习似乎仍然是自然而然地发生的，并且是工作或闲暇活动的副产品，这一事实并不意味着有计划的学就不能从有计划的教当中受益，也不意味着两者均无须改进。面对掌握新的复杂技能的任务，那些学习动机强烈的学生或许可以从训练中获益甚多。“训练”这个词现在会让人联想到讲授阅读、希伯来语、教义问答或死记硬背乘法运算表的那些老古董式教师。学校现在很少进行操练式教学，并对之予以差评。但一个动机强烈且心智正常的学生仍可通过这种传统教学方式在几个月内掌握诸多技能，如无线电密码的转译、第二及第三语言的阅读与写作；或者特殊语言的使用技能，如代数、计算机程序设计、化学分析之类；或者手工操作技能，如打字、钟表制作、管道铺设、线路安装、电视机修理之类；或者舞蹈、驾驶、跳水那样的技能。

在某些情况下，习得某种特殊技能可能要以其他一些技能中所蕴含的能力为前提，但这当然不应根据有无经过前提性技能的专门学习过程来加以判断。所谓前提性技能，譬如，修理电视机需要能阅读文字和进行某些计算，跳水需要有良好的游泳技能，而驾驶车辆则对这两者几乎都不需要。

技能学习的进步是可以测量的，一个有学习欲望的普通成人学习技能需花费的合适时间与合适材料也是容易估算的。在美国，把作为外语的一门西欧语言教到能流畅对话的高级水准所需费用在400～600美元，而教会一门东方语言所需的时间或许要翻倍。但这和在纽约接受12年学校教育（此为卫生署录用工人的一个条件）所需费用——近15000美元——相比，仍然是微乎其微。毋庸置疑，不光是教师，印刷工人与药剂师也会利用他们所受的技能训练费用十分高昂这一错觉来保护其行业利益。

如今，学校预先占用了大部分教育经费。操练式教学所需费用低于同层次的学校教育，但它现在成了富有到不进学校也能接受所需教育，以及由军队或大企业送来接受在职培训的人的一种特权。在不断推进美国教育去学校化这一计划的过程中，可用于操练式教学的资源一开始将会是有限的，但最终必将是任何人在其人生任何时候都可从由公共经费支付的数百种可加以界定的技能教学中进行选择性学习。

我们现在便可向所有人——不只是穷人——提供在任何技能中心均可使用的一定限额的教育贷款。我想，这种贷款可采取在每个人出生时便可向其提供的“教育护照（educational passport）”或“教育贷款证（edu-credit-card）”的形式。为了有利于那些可能不会在其人生早期阶段就使用年度补助金的穷人，可在发放他们的教育“补助凭证（entitlement）”时将年度补助金的利息累加计入，并在他们日后使用时一并补发。这些教育贷款可使大多数人以比学校中的学习更方便、更有效、更快捷、更低廉且副作用更少的方式，去学习自己最需要的技能。

……

社会的去学校化意味着承认学习的双重属性。仅仅强调技能操练可能会导致严重的后果，必须同样重视其他类型的学习。但是，如果学校并非学习技能的合适场所，那也就更非接受教育的合适场所。学校在完成这两种任务方面的效果都很差，部分归因于学校未能将这两者加以区别。学校之所以在技能教学方面没有成效，是因为技能在学校被当成了一门课程。在大多数学校中，旨在提高某种技能的学习计划总是同另一项不相干的任务拴在一起。比如，学好历史课被作为进一步接受数学技能训练的先决条件，而能否到操场上玩耍则取决于上课的出勤情况。

学校在对于激励学生不受限制地、探索性地运用所习得的技能的环境安排方面更是几无成效。为此，我得保留使用“自由教育（liberal education）”这个概念。造成这种状况的主要原因在于学校是强制性的，并且是为学校教育而学校教育，它强迫儿童处于教师的陪伴之下，结果又导致对于这种令人生疑的陪伴特权的更多需求。恰如技能教学必须摆脱课程的束缚一样，自由教育也必须同义务就学脱钩。技能学习与旨在培养发明创造行为的教育都可借助于制度性安排，但两者所需各不相同，且常常完全相背。

由于技能的习得意味着可界定、可预见的行为的熟练化，因此，大多数技能都可通过操练而习得并得以提高。这样，技能教学便可借助于模拟运用技能的环境来进行。然而，需要对多种技能进行探索性、创造性运用的教育，则无法依靠操练来进行。教育可以是教学的结果，但这种教学与操练完全不同，它有赖于对社区文化库藏的一些奥秘了如指掌的教育者与学习者之间的关系；有赖于所有能创造性地利用这些文化库藏的人的批判意识；有赖于人们对意想不到的问题的惊奇——这些问题向探究者及其伙伴敞开了通向文化库藏的一扇新的大门。

拓展性阅读

1. 雅斯贝尔斯. 大学之理念［M］. 邱立波，译. 上海：上海人民出版社，2007.
2. 利奥塔. 后现代道德［M］. 莫伟民，伭晓笛，译. 上海：学林出版社，2000.
3. 约翰·霍特. 让孩子自然快乐地学习：约翰·霍特家庭式教育法［M］. 高伟，译. 北京：金城出版社，2010.
4. 王承绪，赵祥麟. 西方现代教育论著选［M］. 北京：人民教育出版社，2001.

第三节　批判教育名著选读

一、批判教育思潮概要

20 世纪还有一些有代表性的教育思想固然有其既定的心理学或者哲学思想基础，但是它们更多的是社会政治、经济或文化运动的产物，其理论基础往往带有跨学科的性质。将这些教育思潮归入前两节似乎并不合适，故在这一节进行整理。这些教育思潮或理论主要包括批判教育理论和女性教育思想。

批判教育理论又称批判教学法，是一种将社会批判理论与教育相结合的教育思想和社会运动。它最初兴起于南非，是南非教师为反对自 1948 年开始实行的种族隔离制度、抵制学校中的种族歧视性质的课程而进行的社会运动。19 世纪 70 年代传播到欧美、拉丁美洲和亚洲国家。批判教育理论与杜威的民主主义思想、新马克思主义、后现代主义、反种族歧视、女权主义、后殖民主义研究、酷儿理论等理论或运动之间有着千丝万缕的关系。它批判当前的学校教育不但没有促进教育公平，反而促进了社会差别和对立。批判教育学的目的就是通过合法的教育运动和教育实践，揭示教育现象背后的阶级利益关系，启蒙和发展师生的自由意识，促进具有建设性的改革行动。其代表人物主要有巴西教育家弗莱雷（Paulo Freire）、美国学者吉鲁（Henry Giroux）、阿普尔（Michael Apple）、麦克劳伦（Peter McLaren）等。本教材选择了“批判教学法”的鼻祖弗莱雷的作品。

女性主义，又称女权主义，指的是一系列为妇女争取平等的政治、经济、文化及社会权力的观念和运动。19 世纪末出现的妇女解放运动一般被视为女性主义的第一次浪潮，其关注的焦点是反对贵族特权，要求平等的公民权、政治权、劳动等价、一夫一妻等。女性主义的第二次浪潮一般被认为出现在 20 世纪 60—70 年代的美国。除了继续追求两性生命全历程的平权之外，这段时间的女性主义研究的焦点还包括性别研究，即跳出男权意识形态下的各种理论框架，从分析女性的社会角色和经历入手，挖掘和分析性别差异的各种社会内涵及影响性别生成的社会因素。女性主义教育，从广义上理解，指的是将女性主义理论与教育结合起来的一种研究领域或方法；如果从狭义上来理解，则是指女性主义的教学法（feminist pedagogy），它主要是一系列以女性主义理论或性别研究理论为其理论基石的、关于教学策略、教学方法、课堂实践和师生关系的论断。从某种意义上说，女性教学法是批判教学法的一种变体，后者强调自由意识，前者则更强调性别意识。女性主义与不同的社会理论或学科结合就生成了派系纷杂的女性主义流派，代表人物众多。当代著名的女性主义教育家或学者主要有美国作家胡克思（Bell Hooks①）、美国教育家诺丁斯（Nel Noddings）、美国女性主义哲学家巴特勒（Judith Butler）等。本教材选择了诺丁斯的作品。

除批判教育理论和女性教育思想之外，20 世纪下半叶终身教育思潮的影响也很大。终身教育这一概念最早是由英国成人教育家耶克斯利（B. A. Yeaxlee）于 1929 年提出的。19 世纪 50 年代至 60 年代，终身教育在欧美等国的影响越来越大，并于 70 年代在联合国教科文组织的推广下，成为席卷世界范围的国际教育思潮。终身教育的哲学基础可以追溯到柏拉图和亚里士多德对教育和理性的认识以及他们的知识观。同时，终身教育也结合了人本主义、教育民主主义和实用主义的一些教育观念。终身教育的主要观点：教育是贯穿人的一生的持续性的、必需的活动；终身教育涉及人类生活的各阶段和领域，包括正规教育、非正规教育和不正规教育；终身教育的特点是终身性、全民性、广泛性和灵活性。终身教育的代表人物除耶克斯利外，还包括法国教育家朗格朗（Paul Lengrand）和富尔（Edgar-Jean Faure）、美国教育家林德曼（E. Lindeman）等。鉴于国内介绍终身教育的专著较多，故本教材没有选择相关作品，只在扩展阅读中涉及。

二、弗莱雷与《被压迫者教育学》

（一）作者和作品简介

保罗·弗莱雷（Paulo Freire，1921—1997 年），巴西教育家和哲学家，也是批判教育理论的领军人物。1921 年 9 月 19 日，弗莱雷出生在巴西累西腓市一个中产阶级家庭。19 世纪 30 年代的经济大萧条时期，弗莱雷家道衰落，举家迁往小城热博阿陶。在那里，他经历了严重的贫困和饥饿，小学只读到四年级，玩伴都是赤贫家庭的孩子。这些经历影响了他的教育观以及他对贫困群体教育问题的关注。幸运的是，若干年后，弗莱雷的家庭状况开始好转。1943 年，弗莱雷有机会进入累西腓大学法学院就读。尽管他取得了律师资格，但是他此后的职业和社会活动都与教育，特别是贫困群体的教育

① 原名 Gloria Jean Watkins，Bell Hooks 是她的笔名。

有关。

弗莱雷一生致力于改善贫困群体的教育和生活境遇，他视教育为民族自由解放的重要途径。弗莱雷强调教育过程中的不同参与群体之间的“对话”，对话的基本前提是平等、尊重和合作。同时，弗莱雷认为教育应该促进教育实践[①]，在他看来，对话不仅仅意味着相互理解，而更应该意味着改变世界的行动。换言之，弗莱雷认为教育的意义在于积累个人的社会资本并促进社区的发展，从而激发个人的行动以实现社会公平与繁荣。

《被压迫者教育学》英文版于1970年出版（葡萄牙语版出版于1968年），是弗莱雷在经历了激进的教育实验、被捕入狱、被流放、在智利继续参与自由民主改革这样一系列事件之后的作品。在这部作品中，弗莱雷猛烈抨击不公正社会中压迫者对被压迫者实施的教育，这种教育试图控制被压迫者的思想和行动，禁锢他们的创造力，蛊惑他们去适应被压迫的现实而不做出任何努力去改变。因为作品中强烈的反压迫意识，这部作品在非洲、拉丁美洲和亚洲的一些国家影响非常广泛。本教材节选了作品中的第二章。

（二）原文节选

第二章[②]

仔细分析一下校内或校外任何层次的师生关系，我们就会发现，这种关系的基本特征就是讲解。这一关系包括讲解主体（教师）和耐心的倾听客体（学生）。在讲解过程中，其内容，无论是价值观念还是从现实中获得的经验，往往都会变得死气沉沉，毫无生气可言。**教育正承受着讲解这一弊病的损害。**

教师谈论现实，就好像现实就是静态的、无活力的、被分隔的并且是可以预测的。要不，他就大谈与学生生活经历相去甚远的话题。他的任务是向学生“灌输”他的讲解内容——这些内容与现实相脱离，与产生这些内容并能赋予其重要性的整体相脱节。教师的话被抽去了具体的内核，变成空洞的、遭人厌弃和让人避而远之的唠叨。

这种讲解教育的显著特征是冠冕堂皇的言辞，而不是其改造力量。“四乘四等于十六；帕腊州的州府是贝伦。”学生把这些语句记录在案，把它们

---

① 弗莱雷关注的“实践”一词英文为praxis，它主要强调的是一种知情的（informed）、经过深思熟虑的、并与特定的价值观相联系的社会实践。在弗莱雷看来，那些不知情（尤其是因为文化压迫或文化专制而失去知情权）的情况下进行的社会实践活动，并不能算作真正意义上的实践。

② 保罗·弗莱雷．被压迫者教育学［M］．顾建新，等译．上海：华东师范大学出版社，2001.

背下来，并加以重复。他们根本不明白四乘四到底意味着什么，也不知道“州府”在“帕腊州的州府是贝伦”这个句子中的真正意义是什么，也就是说，他不懂得贝伦对帕腊州意味着什么，而帕腊州对巴西又意味着什么。

讲解（教师是讲解人）引导学生机械地记忆所讲解的内容。尤为糟糕的是，讲解把学生变成了“容器”，变成了可任由教师“灌输”的“存储器”。教师越是往容器里装得完全彻底，就越是好教师；学生越是温顺地让自己被灌输，就越是好学生。

于是，教育就变成了一种存储行为。学生是保管人，教师是储户。教师不是去交流，而是发表公报，让学生耐心地接受、记忆和重复存储材料。这就是“灌输式”的教育概念（“banking” concept of education）。这种教育让学生只能接收、输入并存储知识。无疑，他们的确是有机会对所存储的知识进行收集或整理。但归根结底，在这种（最多是）误导的制度下，倒是人们自己因为缺乏创造力，缺乏改革精神，缺乏知识而被淘汰出局。因为离开了探究，离开了实践，一个人不可能成为真正的人。知识只有通过发明和再发明，通过人类在世界上、人类与世界一道以及人类相互之间的永不满足的、耐心的、不断的、充满希望的探究才能出现。

在灌输式教育中，知识是那些自以为知识渊博的人赐予在他们看来一无所知的人的一种恩赐。**把他人想像成绝对的无知者，这是压迫意识的一个特征，它否认了教育与知识是探究的过程。**教师在学生面前是以必要的对立面出现的。教师认为学生的无知是绝对的，教师以此来证实自身存在的合理性。类似于黑格尔辩证法中被异化了的奴隶那样的学生，他们接受自己是无知的说法，以证明教师存在的合理性。——但，与黑格尔辩证法中的那位奴隶不同，他们绝不会发现他们同时也在教育教师。

另一方面，解放者的教育的存在理由在于其调整的倾向。教育必须从解决教师与学生这对矛盾入手，通过调解矛盾双方，让他们同时互为师生。

这种解决方法不是（也不能）在灌输式教育中找到，相反，灌输式教育通过以下各种态度和做法，维持甚至激化这种矛盾。这种态度和做法整体上反映了压迫社会的面貌：

1. 教师教，学生被教；
2. 教师无所不知，学生一无所知；
3. 教师思考，学生被考虑；
4. 教师讲，学生听——温顺地听；
5. 教师制订纪律，学生遵守纪律；
6. 教师做出选择并将选择强加于学生，学生唯命是从；

7. 教师作出行动，学生则幻想通过教师的行动而行动；

8. 教师选择学习内容，学生（没人征求其意见）适应学习内容；

9. 教师把自己作为学生自由的对立面而建立起来的专业权威与知识权威混为一谈；

10. 教师是学习过程的主体，而学生只纯粹是客体。

灌输式教育认为人是可以适应现状、可以控制的存在，这不足为奇。学生对灌输的知识存储得越多，就越不能培养其作为世界改造者对世界进行干预而产生的批判意识。

他们越是原原本本地接受强加于其身上的被动角色，就越是只能适应世界的现状，适应灌输给他们的对现实的不完整的看法。

把学生的创造力降到最低甚至抹杀其创造力，并使学生轻信，灌输教育的这种能力符合压迫者的利益。压迫者既不关心这个世界被揭露，也不关心这个世界被改造。压迫者利用他们的“人道精神”来维持其有利可图的地位。因此，几乎是出于本能，他们反对任何教育试验，只要这种教育试验能激发批判能力，不满足于对现实的不完整看法，却又总是试图找出一个方面与另一个方面、一个问题与另一个问题之间的联系。

的确，压迫者的兴趣在于“改变被压迫者的意识，而不是压迫他们的现状”①，因为被压迫者越是可以被引导去适应这一状况，他们就越是容易被统治。为了达到这一目的，压迫者利用灌输式的教育以及家长式的社会行动机制。在这种机制中，被压迫者被委婉地说成是“接受福利的人”。他们被当作个体看待，被看成是偏离了“良好的、有组织的和公正的”社会的一般形态的边缘人。被压迫者被视为健康社会的病害，所以社会必须通过改变他们的思想来使这些“无能和懒惰的”平民百姓适应该社会的模式。这些边缘人需要被“融入”、“纳入”他们所“背离”的健康社会。

然而，真实情况是，被压迫者并不是“边缘人”，不是生活在社会“外部”的人。他们一直处在“内部”——处在使他们成为“为他人的存在”的结构内部。解决的办法不是将他们“融入”压迫者结构，而是改变这一结构，使他们成为“为自己的存在”。这种改变当然会损害压迫者的目的。因此，他们要利用灌输式教育来避免学生意识化的威胁。

……

那些运用灌输式教育的人，不论是否有意（因为有无数出于善意的银行职员式的教师意识不到，他们所做的只会使人非人性化），没有觉察到存储

① SIMONE de BEAUVOIR. La Pensée de Droite [M], Paris: Aujord' hui, 1963: 34.

物本身包含着关于现实的矛盾这一点。但这些矛盾迟早会使原先被动的学生转而反对对他们的驯化，反对驯化现实的企图。他们也许会通过现实的经验发现，他们当前的生活方式与他们追求完美人性的使命格格不入。他们可能从自身与现实的关系中觉察到，现实实际上是一个过程，经历着不断的改造。如果人是探索者，并且他们的本体使命是使人人性化，那么他们迟早会觉察到试图控制他们的灌输式教育所存在的矛盾，然后投身到解放自身的斗争中去。

但是，人道主义的革命教育工作者不能坐等这一可能性的实现。从一开始，教师必须与学生一起努力，进行批判性的思考，追求双方的人性化。教师的努力必须充满着对人及人的创造力的深信不疑。为了达到这一目的，在与学生的交往中，教师必须成为学生的合作伙伴 。

灌输式教育不容许这样的合作伙伴关系存在——而且必须这样做。为了解决教师与学生这对矛盾，把存储者、发号施令者、驯化者的角色变换成学生中的共同学习者这一角色，会削弱压迫的力量并为解放推波助澜。

隐含在灌输式教育背后的是人与世界可以分离的假设：人仅仅是存在于世界中，而不是与世界或其他人一起发展；个人是旁观者，而不是再创造者。由此看来，人不是意识的存在，确切地说，是意识的拥有者而已：空洞的“头脑”被动地接收着来自外部现实世界的存储信息。比方说，我的课桌、书本、咖啡杯，我面前的所有物体——我周围世界零零碎碎的东西——都在我的“内部”，正如我现在置身于书房之内一样。这种观点混淆了容易接近意识与进入意识两者之间的区别。不过，这种区分是必要的：我身边的各种物体只是容易为意识所接近，并非存在于意识之中。我知道它们，但它们并不在我之内。

从意识的灌输概念中可以顺理推出，教师的职责在于规范世界“进入”学生大脑的方法。教师的任务是对已自发出现的过程进行组织，把学生认为能构成真正知识的信息存储物“灌输”给学生①。另外，由于人们把世界作为被动的实体来“接受”，因此教育应当使他们更加被动，并使之适应这个世界。受过教育的个体是经过改造的人，因为他更“适合”这个世界 。在实践中，这一观念与压迫者的目的非常合拍。因为他们的安宁取决于人们在多大程度上适应其造就的压迫世界以及在多么小的范围内对这世界提出质疑。

大多数人越是完全地适应由占统治地位的少数人为他们设定的各种目的

① 这一观点与萨特所说的“有助消化的”或“有营养的”教育观相一致。萨特认为教师将知识“喂”给学生并使他们“充满知识”。

(统治者由此可以随意剥夺大多数人的权利)，占少数的统治者就越容易继续发号施令。灌输式教育的理论与实践非常有效地服务于这一目的。语言课、阅读要求①、衡量“知识”的各种方法、教师与被教育者之间的距离、提升的标准：这一现成的方法中的一切都是为了消除思考。

银行职员式的教师意识不到，在他过于复杂的职责中没有真正的安全感。他也意识不到，一个人要生存就必须与其他人和衷共济。一个人不能强迫自己，甚至不能只是与学生一起生存。和衷共济需要真正的交流，但是教育工作者的指导观念却惧怕甚至禁止交流。

然而，只有通过交流，人的生活才具有意义。只有通过学生思考的真实性，才能证实教师思考的真实性。教师不能替学生思考，也不能把自己的思考强加给学生。真正的思考，即是对现实的思考，不是发生在孤立的象牙塔中，而只能通过交流才能产生。如果思想果真只有当作用于世界之时才产生意义，那么学生便不可能屈从于教师。

由于灌输式教育的出发点是把人误解为客体，因此它不能培育弗罗姆(Fromm)所说的“嗜命癖”，反而却酿就了其对立面“恋死癖”。

尽管生命特征是以一种有结构、有机能的方式生长，但恋死癖者却热爱所有不生长、所有机械的东西。驱使恋死癖者的欲望是把有机体转变成无机体，机械地看待生命，好像所有有生命的人都是东西……真正重要的是记忆，而不是经验；是拥有，而不是存在。除非恋死癖者真正拥有某一物体——一朵花或是一个人——他才与之建立关系。因此，对他的所有物的威胁便构成对他本人的威胁；如果他失去了所有物，他便失去了与世界的联系……他迷恋控制，借助控制，他扼杀了生命。

压迫——强有力的控制——具有恋死癖特征；它滋生于对死亡而不是对生命的热爱。为压迫利益服务的灌输式教育，也具有恋死癖特征。凭借某种机械的、静态的、顺从自然的、形象化的意识观，灌输式教育把学生转变成接收体。它企图控制思考和行动，让人们去适应这个世界，并抑制他们的创造力。

……

作为实施统治的手段，教育促进了学生的轻信。它的思想意图（通常不为教育者所觉察）是向学生灌输适应受压迫世界的观念。希望统治阶层会因此轻易放弃这种做法，这是天真的。这种天真的希望并不是要提出责难。其

---

① 比如一些教授在其阅读书目中明确规定，一本书从第10页到第15页为必读内容——以此来“帮助”学生！

目的是要让真正的人道主义者认识到如下这一事实：在追求解放过程中不能用灌输式教育的方法，因为这些方法只会妨碍这种追求。革命的社会也不能从压迫者的社会中承袭这些方法。施行灌输式教育的社会要么被误入歧途，要么不信任人民。无论是哪一种情形，它都受到反动幽灵的威胁。

不幸的是，那些拥护解放事业的人自身被产生灌输式教育的氛围所环抱，并深受其影响，通常也就觉察不到其真正的重要性及其非人性化的威力。自相矛盾的是，在他们认为是解放的努力中，他们使用了这一相同的疏离人民的手段。其实，一些标榜为“无辜者”、“梦想家”甚或是“反革命者”的“革命人士”应该对这种教育实践提出挑战。但是，我们不能通过疏远人民来解放他们。真正的解放——人性化的过程——不是向人民灌输另外一种东西。解放是一种实践：是人民为了改造世界而对世界采取的行动和反思。真正投身于解放事业的人既不会接受机械的意识观念作为待填装的空容器，也不会接受以解放的名义利用灌输统治（宣传、口号——存储物）的方法。

真正投身于解放的人必须彻底摒弃灌输式教育，代之以接受人是有意识的存在这一观念，这里的意识是针对世界的意识。他们必须放弃储存信息的教育目标，代之以把人类与世界的关系问题提出来的教育目标。“提问式”教育（“problem-posing” education），与意识的本质，即目的性相呼应，它摒弃公报，体现交流。它概括了意识的具体特征：有意识，不仅仅是对事物的态度，也是对贾斯帕斯“分裂”说中与外界隔绝的意识自身的看法——意识是对意识本身的意识。

解放教育表现在认知行为中，而不在信息的转递中。它是一种学习情景，可认知的客体（远远谈不上是认知行为的目的）成为认知主体——一边是教师，另一边是学生——的中介媒体。因此，**提问式教育的做法一开始就注定要解决教师与学生这对矛盾。**对话关系——对于认知主体在理解同样被认知的客体来说是一种不可或缺的能力——要不然便不可能建立。

实际上，提问式的教育，打破了灌输式教育的纵向模式特征。除非提问式教育能克服上述教师与学生这对矛盾，否则就不能实现其作为自由实践的功能。通过对话，教师的学生（students-of-the-teacher）及学生的教师（teacher-of-the-students）等字眼不复存在，新的术语随之出现：教师学生（teacher-student）及学生教师（students-teachers）。教师不再仅仅是授业者，在与学生的对话中，教师本身也得到教益，学生在被教的同时反过来也在教育教师，他们合作起来共同成长。在这一过程中，建立在“权威”基础上的论点不再有效；为了起作用，权威必须支持自由，而不是反对自由。在这里，没有人去教其他人，也没有一个人是自学而成的。人民以世界为中介，以在灌输教育中由老师所“拥有”的可认知的客体为中介相互教育。

灌输式教育（倾向于把一切事物进行二分）把教育者的行为分为两个阶段。第一阶段，当他在自己的书房或实验室里备课时，他认知了可被认知的客体；第二阶段，他向学生阐述这一客体。学生并不是被要求去理解，而是去记忆教师讲述的内容。学生也没有任何认知实践，因为认知行为所指向的客体是教师的所有物，不是唤起师生双方进行批判性思考的媒介。因此，在“保存文化与知识”的名义下，我们拥有的制度既不能获得真正的知识，也不能获得真正的文化。

提问式教育并没有把教师学生的行为进行二分，教师学生一方面是“有认知力的”，另一方面是“讲解的”。无论在准备一个项目还是在与学生对话时，教师学生总是“认知的”。他不认为可认知的客体是他的私人财产，而是自己与学生思考的对象。这样，提问式教育者从学生的反思中可以不断更新自己的反思。学生——不再是温顺的听众——在与教师进行对话的过程中是批判性的合作调查者。教师把材料提供给学生供其考虑，当学生发表自己的见解时，他又重新考虑自己早先的观点。提问式教育者的作用是与学生一起进行创造。在这种情况下，信念（doxa）层面的知识被理念（logos）层面的真正知识所替代。

灌输教育麻痹、抑制创造力，而提问式教育却不断地揭示现实。前者试图维持意识的淹没状态；后者则尽力让意识脱颖而出，并对现实进行批判性的干预。

由于学生不断地要面对世上与自己及与世界有关的问题，所以他们就会越来越强烈地感到受到挑战并且必须应对这种挑战。由于他们把这种挑战理解成是与总体背景里的其他问题相互关联的，而不是当作一个理论问题来加以理解，结果，他们的理解就变得越来越具有批判性，并因此而不断地使人感到不太生疏。他们对挑战作出应对又激起新的挑战，伴随而至的是新的理解；慢慢地，学生认为自己已全身心投入。

教育作为自由的实践——与教育作为统治的实践相反——否认人是抽象的、孤立的、独立的、与世界没有关联的；它也否认世界是脱离人而存在的现实。真正的反思考虑的既不是抽象的人也不是没有人的世界，而是与世界有关的人。在这些关系中，意识与世界同在；意识既非先于世界，也非后于世界。

……

在提问式教育中，人形成了批判性地认识他们在这个世界中的存在方式的能力，他们发现自己存在于这个世界之中，并与之共存。他们逐步明白，世界并不是静态的现实，而是在发展、在改造中的现实。尽管人与世界的辩证关系是独立存在的，不依赖于这些关系是如何被人们所认识（或者是否被人们所认识），但是，他们采取的行动方式在很大程度上取决于他们对自己在这个世上的看法，这也是千真万确的。因此，教师学生与学生教师对自身和对世界同时进行反思，无须把反思和行动分离开来，因此也建立起真正的思想和行动模式。

我们在分析的两种教育观念和做法再次相抵触。

①灌输式教育（出于显而易见的理由）试图通过把现实神化来掩饰一些可以解释人类在世上如何生存的事实；而提问式教育则以去除这种神化为己任。

②灌输式教育抵制对话；提问式教育则把对话看作是对揭示现实的认知行为不可或缺的。

③灌输式教育把学生看作是需要帮助的客体；提问式教育则把他们塑造成批判性的思想者。

④通过将意识与世界分离开来，灌输式教育抑止创造力并且驯化意识的目的性，从而也否认了成为具有更完美人性的人的本体和历史使命。提问式教育以创造力为依托，鼓励对现实作出真正的反思和行动，因此与人作为存在的使命是一致的，因为人只有投身于探索与创造性的改造中才是真实的。

总之，灌输式教育的理论与实践，作为使人固化不变的力量，不承认人是历史的存在；而提问式教育的理论与实践则以人的历史性为出发点。

提问式教育肯定人是处在变化过程中的存在——是不完美、不完善的存在，存在于同样不完美的现实中。其实，与其他不完美但没有历史意义的动物相比，人知道自己是不完美的；他们清楚自己的不完善。教育作为人类特有的现象，其真正的根基也正是在于这种不完美与这种清醒的认识之中。人类的不完美性与现实的改造性需要教育成为一种生生不息的活动。

因此教育在实践中不断得以重新改造。为了生存，它必须改变，教育的“期限”（从柏格森派哲学意义上来说）可以从相对立的变与不变之间的相互作用中看出来。灌输式教育强调不变，由此变得反动；提问式教育——接受的既不是“循规蹈矩的”的现在也不是预先决定的将来——扎根于动态的现在，因此变得革命。

提问式教育是革命的未来性。因此，它具有预见性（从而也是有希望的）。因此，它与人类的历史本质相一致。因此，它肯定男男女女都是超越了自身的存在；他们向前走，朝前看；对他们来说，静止代表的是致命的威胁；对他们来说，回顾过去只是一种更清楚地理解他们是什么、他们是谁的一种方法，他们因而能更明智地构筑未来。因此，它符合使人成为意识到自己不完善的存在的运动——一种有其出发点、有其主体和客体的历史运动。

这一运动的出发点在于人本身。但由于离开世界，离开现实，人就不能存在，这一运动必须以人类与世界的关系为出发点。因此，这一出发点也必须总是立足于“此时此地”的人，“此时此地”构成了人淹没其中并从中解脱出来的情景。只有从这一情景出发——它决定了人对它的认识——人才能开始前进。要真正做到这一点，人不能把他们的现状看作是命中注定的、不可改变的，而只是有限的——因而也是具有挑战性的。

灌输式教育直接或间接地强化了人对其所处境况的宿命论式的认识，而提问式教育则把人们目前的处境作为问题提出来。由于这种处境成了认知的对象，因此，产生宿命论的那种充满天真或神奇的认识，便让位于即使在认识现实时也能认识自身，并因而能对现实作出非常客观评价的认识。

随着人对自身的处境的意识的加深，人把这种处境看作是易受改造的历史现实。改造与探究的动力替代了顺从。人觉得改造与探究已在自己控制之下。人作为必然要在探究活动中与他人打交道的历史存在，如果他不能控制这种活动，它将会（也应是）违背人性。凡是一部分人要阻止另一些人投身于探究，这种情形就构成暴力行为。所采用的手段并不重要，把人与他自己的决定割离开来，就等于把他变成客体。

这种探究活动必须指向人性化——人的历史使命。不过，追求完善的人性不能在孤立状态或个人主义思想下进行，而应在伙伴关系和衷共济的氛围中进行；因此它不能在压迫者与被压迫者的敌对关系中开展。当一个人要阻止他人成为人时，他就不可能是真正的人。一个人想利己地变得更像人，便会自私自利地要得到更多，这是一种非人性化的表现。这并不是说，为了成为人，拥有并不重要。正是因为它是必需的，一些人的拥有不应该对另一些人的拥有构成障碍，不应该去巩固前者的力量而去压垮后者。

提问式教育，作为一种人道主义者的和解放的实践，把被统治的人必须为自身的解放而斗争这一点看得很重要。为了达到这一目的，提问式教育通过克服权威主义和令人避而远之的理智主义，使教师与学生成为教育过程的主体；它也使人们克服对现实不正确的认识。世界不再是靠不住的字眼能描写得了的；世界变成了人们改造行动的对象，人性化随改造行动而产生。

提问式教育不是也不能为压迫者的利益服务。没有一种压迫秩序会允许被压迫者问这样一个问题：为什么？尽管只有革命的社会才能系统地开展这种教育，但革命领袖并不需要到完全掌权以后才可以运用这种方法。在革命过程中，领袖不能借口权宜之计，想等以后再采取真正的革命行动，把灌输式教育用作过渡手段。他们必须从一开始就是革命的——也就是说：注重对话。

三、诺丁斯与《幸福与教育》

（一）作者和作品简介

内尔·诺丁斯（Nel Noddings，1929—　）是美国当代教育家、哲学家和女权主义者。她在美国新泽西州的蒙特克莱尔州立学院取得数学学士学位，在罗格斯大学取得数学硕士学位，并在斯坦福大学的教育学院取得教育博士学位。1949—1972 年，诺丁斯曾在新泽西州的公立学校担任教师并从事教育行政工作。在此期间，她的研究兴趣主要集中在数学教育领域。1975 年取得教育学博士学位后，她的研究兴趣转向了教育理论和教育哲学研究。1977 年诺丁斯进入斯坦福大学任教，后来曾担任该校教育学院院长。1998 年她从斯坦福大学退休，以荣誉教授等身份继续活跃在教育界。

诺丁斯的研究兴趣和她个人的求学、从教及家庭经历有关。她非常重视家庭生活，认为自己的首要身份是一个家庭主妇，并把大量的时间都花在家庭生活中。她和丈夫在婚后 60 年的时间里[①]育有十个子女，39 个孙辈，20 多个重孙辈家庭成员，其教育著述中有相当的部分是关于家庭教育和在学校中开展关于“如何为人父母”的教育。此外，她在早期求学过程中遇到了几位非常关怀学生的老师并与他们建立了很紧密的联系，这启发了她研究教育过程中以“关心”为基础的师生关系，并构建了自己的关心教育哲学。1984 年出版的《关心：伦理和道德教育的女性视角》是诺丁斯的代表作之一。在这部作品中，她站在女性的视角，提出“关心”是人类生活的基础，并指出关心是一种动态的关系状态，这种状态具有互惠、相关联和专心致志等特性。可以这样理解，“关心”的定义和具体阐释是了解诺丁斯教育理念的基石。

《幸福与教育》是诺丁斯 2003 年的作品，它的主题是：我们应该如何去重构学校教育从而使我们的学生（和老师）更幸福？鉴于“关心”是诺丁斯伦理思想的核心，我们不难理解这部作品所蕴含的学校改革方向的建议。在诺丁斯看来，当前的学校更关心学生经济上的成就，所以学校工作的重点集中在与经济上的成功相关的成绩、学历、智商等。但是经济上的成就并不是真正的幸福，至多只能算是幸福的一个组成部分，而且未必是充分条件。诺丁

① 诺丁斯的丈夫 2012 年因为癌症去世。

斯批判了这种相对狭隘的教育目的，提出学校的教育应该容纳更广阔的内容，应该包括持家、为人父母、珍爱住所、培养品格、人际关系的发展、找到自己所喜欢的工作和参与民主生活方式等对于幸福具有意义的活动。本教材节选自第4节“教育的目的”和第12节“学校和教育里的幸福”的部分内容。

（二）原文节选

4. 教育的目的[①]

今天被忽略的一个维度

在21世纪开始之即，教育探讨受到了“标准”讨论的支配，为强调这一讨论重点而给出的原因几乎总是来自经济方面的。其潜在的目的似乎是：（1）保持美国在经济上的强大和（2）给每个孩子以经济上成功的机会。如果它们的确是推动标准化运动的目的，那么这两个目的中有某些地方令人担忧。首先，那种认为学校在促使我们国家经济增强中发挥着重要作用的观点正被投射在那些将这一失败归诸于学校的放纵言论中。为什么在经济不发达时代人们要去谴责学校削弱了美国经济呢？保持经济强大的目的似乎是合理的，但在当代对责任和标准的需要似乎出奇地不恰当，它们使我们怀疑其他因素在起作用。其二，我们会被那种认为经济平等能够通过强迫所有儿童学习同样课程、对所有儿童采取同样标准的方式来实现的建议所严重困扰。对“平等意味着什么”这一问题的回答我们太仓促，并且缺乏论证。最后，当然，这一目的（没有争议的）又太过于狭隘。在个人生活和国家生活中还有比经济强盛更多的东西。

标准化运动是在1983年出版《国家在危急中》（*A Nation at Risk*）[②] 时被有效启动的。该报告的出版是针对大萧条的，它用了一些警告性语言来唤醒美国公众那些由所谓的学校教育制度衰退所带来的重大危险。报告谈到“平庸主义的回潮”，甚至谈到“如果一种不友好的外国势力想给美国强加一种今天还存在的那种平庸教育举措的话，我们可能会把它视为一种战争行为来看待”。[③] 对这一警告的反应是全国性的。到2000年，除一个州（艾奥瓦州）外，每个州都为所有接受K－12教育的各年级学龄儿童建立了新的（无可辩驳地高）学业标准。

---

① 内尔·诺丁斯. 幸福与教育［M］. 龙宝新，译. 北京：教育科学出版社，2009.

② National Commission On Excellence in Education. A nation at risk［M］. Washington, D. C.: U. S. Government Printing Office, 1983. 原尾注16。——编者注

③ Ibid., p. 5. 原尾注17。——编者注

在没发现标准学业测试分数有明显变化的情况下指出美国正迅速地迈入一个史无前例的强盛时期是有趣的——尽管它被称之为地狱学校（abysmal school）。的确，有几个谨慎的分析家已对《国家在危急中》的一些宣称提出了挑战。[①] 但在这里，它不是我花这么多篇幅讨论他们的例子的目的。准确地说，我想说明的是那些没能纳入目的讨论而被错过的东西。

杞人忧天者的一个明显说法是：自从20世纪60年代后期以来，成就测验分数已经大幅度下滑。这可能是一件令人担忧的事，报告的批评者开始着手来寻求对下滑的解释。例如，他们认为更多的学生现在在参加学业性向测验（SAT，一种测验学业成绩的手段）。同时对于有实质性差异的人口总体来说，我们期待根据其测试分数和标准的不同来作以相应调整。从统计学角度来看，这种做法是完全合理的。

这一讨论理应更值得人去思考。在经济下滑时期我们的目的变化了吗？显然，我们一直在为更多的学生升入大学而努力准备。为什么我们这样做呢？社会需要更多的人具有大学文凭吗？用传统大学教育吗？人们常给出的理由是：在自由民主制度中每个人应该有机会获得社会的好处。这种说法似乎是对的。但是这种说法意味着获取这些资源的方式必须通过在传统学校教育中的成功竞争吗？那么，对于那些在单一学校教育中表现不好的人而言，我们现在以平等的名义让他们接受这种教育会发生什么呢？假如我们并没有建立起丰富的、可供选择的课程，没有给那些可能受欢迎并能和他们一起迈向成功的学生提供引导，情形又会怎样呢？像这类问题，都涉及我们如何理解有关民主制度和民主学校教育的根本问题。

当我们忽视这些问题时，狭隘的事关教育的焦点问题就会被激起，我们使自己不再关注那些不能通过学校解决的社会问题。例如，所有人需要足够的医疗保险、舒适而又可以承受的房产、安全的邻里、通过诚实工作而获得高于贫困线水平的薪水。那种认为所有人可以通过改进教育来回避这些问题的看法是短视的、狂妄的，尤其在教育偏袒那些特定学业才能或知识的人时更是如此。今天，那种只能提供贫困线水平薪水的工作仍旧不得不干，只要我们在学校竞争中获得成功，就会有失败者。

这儿，每个人都能生动地看到了目的讨论的价值。当统一标准的倡导者声称要让每个人获益时，我们就能对之提出一些合理的疑问。如我们所见，目的讨论的一个功能是挑战一个社会组织自身的现存规则。贫穷能被归结于缺乏好

---

① BERLINER D，BIDDLE B，The manufactured crisis：myths，fraud，and the attack on america's public schools［M］．New York：Perseus，1996．原尾注18。——编者注

教育或者这种因果关系能颠倒吗？为什么诚实工作了整整一周的人应该生活在贫困中呢？如果每个人都接受大学教育，谁去做那些今天处于贫困线水平上的那些人的工作呢？当我们提出这些问题时，我们开始怀疑统一标准的倡导者所提出的主要论据。我们甚至会接着问：这些人的真正目的是什么呢？

如果目的是公正——给所有学生以能满足他们需要的教育——解决方案可能涉及为他们提供各种各样的学校教育类型和把那些可能促进私人及公共生活的物质资源都包括进来。提供各种各样的课程并不意味着把一系列标有“容易”、“一般”、“困难”的课程拼凑在一起，然后把“难的”等同于“最好的”。**它意味着共同建构一种以学生兴趣和才能为中心的、有活力和有趣味的课程。它意味着学校应该向社会表明：民主制度尊重所有诚实的个体，而不只尊重那些上完大学并赚了大钱的人。**

约翰·杜威常常挪用这样的措辞，他说，“最优秀、最明智的父母对自己孩子的要求也是整个社会对所有孩子的要求。任何其他对学校的看法都显得太狭隘、冷漠，按其行动就会破坏我们的民主。”① 然而，杜威并不是指社会应给所有儿童提供相同的学习内容。的确，他常常主张这样做，并坚持反对在选择学习内容和课程时所表现出的同一性。很难理解，别人是怎样用这种方式读懂他的。杜威认为，最优秀、最明智的父母需要一种最大限度地适合儿童个体的教育。与杜威的希望直接相反，标准化运动在呼吁让所有人接受相同的教育。

同时，敏感的教育家曾经批判过目前在我们的学校中仍一直流行的分轨制度。在这一制度中，孩子们被根据他们已经取得的学业能力分流于不同轨道中，进而产生了恶劣的影响。有理性的评论家无不否定这一做法。② 然而，问题并非轨道本身，而在我们赋予不同轨道以不同等级的价值观。没有明确的原因来证明：为什么处于工商业轨道的学生身上不能培养出像怀特海所建议的那种“既具有某一专业领域中的文化，又具有某一专业领域的专业知识”的品质。当我们认为一个轨道比另一个轨道好，并将负载着学术信息和技能的轨道置于顶部时，破坏灵魂成长的偏见就会产生。当我们把居于这一轨道最顶端的学生视为“好孩子”时，这种情形会更糟，而老师们却常在这样做。当我们指定让最无能的教师去教这些下层（“lower”）学生时，我们会

---

① DEWEY, The school and society [M]. Chicago: University of Chicago Press, 1900. p. 3. 原尾注19——编者注。

② OAKES J, Multiplying inequalities: the effects of race, social class, and tracking on opportunities to learn mathematics and science [M]. Santa Monica, CA: Rand, 1990. 原尾注20——编者注

在他们受害的心灵上更添侮辱。

只要学校仅仅看中学业成绩（用标准的学科成绩狭隘地定义成功），这种问题就变得难以对付。我对那些经历过磨难的下层学生（lower-track student）给予了相当的同情，并建议国家全部放弃这种分轨的做法。如果我们的目的是教育每个学生去达到与他们的能力和目的相适合的标准的话，这肯定不会是解决方法。那些谋求职业的学生需要的是与标准的学术性学习内容完全不同的知识和技能，通过简单地将它们放进学术课程并与那些真正需要学习这些课程的学生一起学习，这些学生不会获得公平的学习机会。忽视学生自己的合理兴趣，强迫他们去与那些感兴趣的学生竞争，这有多大程度的公平可言呢？这一问题能触及民主教育的实质。我会在以后的章节中给予该问题以相当的关注。在寻求标准化解决方案中，这里问及的问题会被忽略。

看看全国数学教师协会（National Council of Teachers of Mathematics, NCTM）在开始起草《2000 年标准》所采用的方式。① 没有人像苏格拉底那样会问"我们应教数学吗?"，即使其答案是预定的——"当然，苏格拉底"。这个问题的提出也会引出一系列的问题：对谁来说我们应该教数学？为了什么目的？哪种数学？与学生最初的目的之间有何关系？其目的是什么？

对"一个非凡的、变革加速的时代"② 和技术广泛应用的时代进行简单叙述之后，一些文献会接着提出一系列"原则"，其中第一个就是"平等原则"。细致考查这一原则是值得的，其基本假设是："所有学生能够学会用数学方式来思维"，③它甚至无须为这一声称提出令人信服的证据。这一原则没有告诉我们这意味着什么或为什么学生应该这样做。相反，它认为：

对"所有人都学数学"的强调是重要的，因为学校里的数学在历史上的教育不平等形成中产生了重要作用。一个学生的数学能力常被用来作为决定它是否继续学习，是否给予工作机会的依据。而且，数学曾经常常是与"分轨"密切联系的学科之一。在分轨这一做法中，学生被分类，从而进入不同的教育序列，这就导致了学生教育机会和教育结果的不平等。④

因而，每个人必须精通数学。无须进一步讨论，这是一个不依据前提进行的推理。报告的作者并未停下来考虑用其他更大度的方式来缓解历史上形

① National Council of Teachers of Mathematics. Principles and Standards for School Mathematics, Discussion Draft［M］. Reston, VA: NCTM, 1998. 原尾注 21——编者注。

② Ibid., p. 15. 原尾注 22——编者注

③ Ibid., p. 23. 原尾注 23——编者注

④ Ibid. 原尾注 24——编者注

成的与数学相关的不平等。例如，不管学生兴趣、能力如何都要给他们提出一定数学学分的要求，为什么我们还不放弃对大学生的这一要求呢？为什么不考虑改进非大学课程，以让真正需要的数学在这些课程范围内用灵活而又结合实际的方式去教授呢？为什么要决定通过强迫每个人精通数学的方式来构筑通向平等的道路呢？对目的的深入讨论会把我们引向不同的方向。

我们需要对平等到底指什么进行细致的分析，我们需要对教育目的进行两个方向的讨论——对作为自由民主制度所持有的目的进行讨论，并将之转化为在课堂上我们所要发出的实际行动。教育的目的常常反映着政治社会的两类目的——显性的或隐性的——它们都在政治社会中得以发展。一个极权主义国家会产生一种主要服务于国家的目的，而一个自由民主制国家会形成更强调个体需要的目的。的确，国家之所以必须这样做，是因为它要依靠公民自由承担和维护这种目的来为国家的存在提供合法性。这种能力怎样发展呢？当然，至少它部分地产生于建立在明智选择之上的示范性做法之中。这样，我们从一开始为反对强权提供了重要论据。

另一个反对强权的证据是强迫会导致人们的抵制和不快。如果慎重地推进幸福的话，我们就会认识到：每一种强迫行为都会出问题。常常在我们对这些问题进行过考虑之后，我们依旧不得不使用强制。但也有许多情况，由于我们停下来考虑过，我们会采取劝告，甚至放弃这一计划进而通过强迫来达成的目的。在思考是否利用强制时，我们的思考几乎常常涉及对需要的分析和对协商的承诺。

……

12. 学校和教室里的幸福

评价我们的工作

如果我们认同将幸福作为教育的目的的话，我们会既关心当前经验的质量，又关注这种经验对未来幸福可能产生的促进作用。我们做的每件事会根据与之相适应的这个目的或者其他目的来评价。就如我们在第 4 章中所见，还有一些将目的讨论弃置一边，视之为枯燥、不相干的人存在，而且这是一个重大的错误。[①]

---

① 让人惊奇的是，James Lonant 认为，在面对教育目的和教育哲学问题的讨论时就会产生一种“令人嫌弃的厌倦感”。与之类似，记者 Matin Mayer 忽视了诸如“那些最令人沉闷和毫无效果的人类追求”的目的讨论。引自 Silberman，*Crisis in the Classroom*，P. 6；还有诸多如柏拉图、亚里士多德、卢梭、怀特海和杜威等的著作。原尾注 16。——编者注

不对这些目的继续进行反思，教育就会仅仅变为“在学校中进行的事情”，我们成功的唯一标准会变为评定我们认为自己在所干的事情上成功了多少的尺度。今天，这些标准几乎被专断地视为标准化的考试分数。不用说，或者在对考试进行管理的几天内，或者在考试之前的几周内，这些考试都不能提高当前经验的质量。考试是否能够促进将来的幸福呢？好吧，我们来看看这些考试。用任何一种方式掌握考试的内容对于一个成人获得幸福来说有必要吗？如果不是，我们就必须问问为什么这个内容还要放在课程里呢？如果是——可能因为它对于达成相关目标或者与之相容的目的来说是需要的——我们必须问问，是否还有其他证明孩子已经习得了这些内容的方式呢？通过这种方式教师就能感到自己的专业胜任感。**毕竟，教师的幸福也是重要的，幸福的教师很可能能够培养出幸福的孩子。**目标和手段都必须在目的这一层面得到辩护。

我们用一个熟悉的例子来开始这个讨论，这是一个在前面的讨论中我已经简要谈过的问题。在高中英语课堂上教授诗歌。为什么会如此呢？对目的讨论不耐烦的批评家会用它现在是，而且已经是学术课程的一部分来回答。这显然是个不令人满意的答案。希腊语和拉丁语曾经是标准课程的一部分，但是在今天两者都少见了。为什么今天会把它们丢掉呢？如果答案是今天没有一个人需要希腊语和拉丁语，并且这一事实是丢掉它们的充足理由的话，那么谁需要诗歌的问题可能会被质疑。进行深思熟虑的目的讨论可能会引导一些教育工作者提出放弃诗歌的要求，因为它没有经济价值。但是其他人会辩论（就如前面的），诗歌会给我们提供一些睿智，会给我们终生快乐以承诺。

如果我们接受了这个将诗歌包括在课程里面的原则，我们应该怎样来教它呢？学生应该从他们学习诗歌的经验中获得一些快乐，应该有时间来讨论它所谈及的存在问题。一些学生从未从一个不信仰者那里听到过他对精神渴望的表达，从不会为托马斯·哈迪的诗歌所深深打动。一些人会在阅读完“一战”中的恐怖景象之后拒绝参加战争，一些人会被一首诗带到一个美丽的地方，一些人想去读诗歌中所内蕴的伟大神话，一些人会变得热爱诗歌本身，想继续去体验它。可能性是多样的，但是它们的实现至少有赖于诗歌怎样被呈现和接受。如果教诗歌的目的是为了乐趣和智慧，那么，选择的教育方法应该使这些目的成为可能。它也意味着在监控我们的工作效果时我们会追随快乐、深思的踪迹，会去寻觅那种想多读点、多听点的急切感。

再看另一类例子。社会研究的教师常常说，他们的主要目标是过程或技能导向的。他们想让学生学会有效地使用地图，带着理解来阅读图表，找证据并将它合逻辑地应用于事实，获得评价论点的能力，理解气候、地方和文化之间的复杂联系。我们会加上其他此类的目标。那么，只要这种处理方式能增进这些目标，它就很重要吗？对该问题的回答有赖于我们试图完成的其他任务。如果我们关注一些重要的国际事件，那么我们可能想选出一些同时符合这一考虑和我们的过程目标的内容。

就如我们思考内容那样，我们会看到许多满足这些标准的主题。在学生选择对他们感兴趣的内容时，一个精彩的机会就会产生。让整个班级在一个话题上同步前进是没有必要的。因为要让教师去主持25或者30个不同的主题是很困难的，她可能会让学生从五六个主题中选一个来准备，以形成一组丰富的教学内容。一群已经选择了参与一个特定主题的学生可能会一起工作，对工作进行分解，和其他同学相互交流成果，最后和整个班级一起交流成果。如果有了掌握过程的目标，教师就必须确信所提供的内容富有相关性和趣味性，她必须对学生在向达成这一既定目标过程中的进步状况进行评价。注意，这不是对过程优于内容或者过程与内容相悖的论证。这是一个对如果选择了过程目标我们该怎样前进的论证。

但是，即使从过程目标开始，我们也必须对之是否考虑到了目的这一点进行论证。他们想满足什么目的呢？社会研究科的教师有时试图从公民资格方面对整个社会研究课程加以论证。有些人走得更远，以致认为教美国历史是因为学习它能让学生成为更优秀的公民。是吗？这个说法需要更加细密的论证或者需要一些更加具有说服力的经验证据。第二个是不易得到的，并且我们很少需要第一个。

在所提及的过程目标中有两个强调证据和论证。这些可能是和公民资格相联系的，它们可能也是和我在第11章中所提出的这类论据相联系的。它们反映的是民主制度下公民所需要的目标。当这些目标达到后，它们将有助于巩固这种社会制度。

地图技能如何呢？有人可能会圆滑地说，在某种程度上，这些技能对公民资格来说是必要的。我们会认为有些基本地图技能是合理的，因为它们能增进在一个复杂的、高度变动的社会中人所需要的能力的形成。例如，在城里的孩子需要知道怎样去读一张地铁地图，学了开车的青少年学生需要学会阅读公路地图。他们也需要对世界地图、经纬度、具体特征、比例尺和地图的其他特征有一定程度的熟悉吗？对之用“当然”来回答是一种诱惑。这些知识是素养的一部分，这样来回答还不够充分。

在今天我们已经不能这样做了：宣布一种技能或一些知识是素养的一部分并因此证明它应该是课程的内容，素养的概念包括了许多令人恐怖之处。我们已经知道了许多有关如何提高认识以变得有素养的方式，而且还有许多这类例子。从我们具有必要的沟通技能这一意义上来看，这种素质会继续提高。但是，我们并不一定都知道同一件事情，对那些我知道你也应该知道的事情而言，它们不可能得到合理的探讨。如果一个成人不能在世界地图上找到欧洲，我们可能会为他的无知而感到惊讶，但是我们不会说他是文盲。

好，那么地图技能（对此我们仅仅是粗略地描述了，并没有予以界定）应该和其他一些由学校提供但并不一定会被坚持的有趣主题排列在一起吗？其中，有些主题无疑应该是我们常常送给孩子的免费礼物中的一个，有些主题是那些在这些必需的技能领域中表现出兴趣的学生所要求的。然而，我们会更强烈主张有些与地图相关的技能对所有学生来说都是必要的。在为课程中的历史学科和地理学科辩护时，杜威这样谈道：

地理强调自然的一面而历史强调社会的一面，而这仅仅是在强调一个共同的主题，即人们相互关联的生活。对这种关联性生活而言，它的试验、方式、目的，它的成败并不在天空中进行，也不在真空中进行。它在地球上占据着一个地方。①

由于人类的这种关联性生活在地球上发生，杜威把自然史和地理、历史都包括了进来。我曾经强烈主张（在第 6 章）自然史应该是课程的一部分，这不仅因为它为环境研究提供了基础，还因为热爱住所对增进人类幸福有很大帮助。

历史、地理和自然史为我们在群体和整个社会层面上进行自我理解提供了可能，自我理解对于公民资格和个人幸福来说都是必要的。然而，请注意：如果我现在说我们已经证明应当将历史和地理列入课程，我会陷入自相矛盾之中。我们并没有干这些事情。我们已经通过对历史和地理的认真研究来为那些可以增强“人类关联性生活”的主题进行辩护。单单与人类的关联性生活相关并不能为将一个主题纳入课程提供足够的辩解，找到最好的主题是一个重要而又吸引人的工作。从事这一工作至少意味着，在研究一个地方的具体特征时我们也会发现一些称之为家的人和生物。而且，我们还会研究过去在那儿发生的事情和在将来可能发生并让生活变得更加美好的东西。②

---

① DEWEY J. Democracy and education ［M］. New York：Macmillan，1916. p. 211. 原尾注 17。——编者注

② THORNTON S J. From Content to Subject Matter ［J］. The Social Studies，2001（11/12）：237 -242. 原尾注 18。——编者注

我想再说一点关于地图学习的事，以免读者认为我将其视为一件无关紧要的事情，上社会研究课的教师必须讨论并准确决定哪些技能和信息是必要的。但是，凭我的经验来看，孩子们是喜欢学习地图的，在他们凝视地图时目光发亮。研究地图是把孩子们从外界引向形形色色的其他有趣主题——文化习俗、动植物生活、探究、旅行、气候、神秘事情、怪异词汇和奇异之地、考古学、大灾难的一种精彩活动。其潜在的丰富性就是对一门重要学科的关键性考验。而且，许多我们习得的与地图有关的内容可能，而且也应该是可以随意学到的。地图应该在每个教室中都能看到，应该鼓励学生从中找到乐趣。

就如对几卷内容所进行的分类那样，我们将这些内容分成必需的、能给学生的选择提供机会的以及作为丰富他们思想和讨论的三类免费礼物赠送给他们。在后两类中，我们邀请学生参与，我们不会强迫他们。① 那么，我们的教育选择必须从目的和刚提到的内容类型这两个方面来审视。如果控制特定主题选择的目的是引导学生接近他们喜欢的事情——甚至从中找到终生的乐趣的话，那么，我们不会诉诸强迫，或去规定专门的任务，对之进行考试。

（石萍、韩长袁整理）

拓展性阅读

1. 张琨．教育即解放：弗莱雷教育思想研究［M］．福州：福建教育出版社，2008.
2. 诺丁斯．关心：伦理和道德教育的女性路径［M］．武云斐，译．北京：北京大学出版社，2014.
3. 保罗·朗格朗．终身教育引论［M］．周南照，陈树清，译．北京：中国对外翻译出版公司，1985.
4. 联合国教科文组织国际教育发展委员会．学会生存：教育世界的今天和明天［M］．韦钰，译．北京：教育科学出版社，1996.

① PURKEY W W, NOVAK J M. Inviting school success［M］. Belmont. CA：Wadsworth, 1996. 原尾注 19。——编者注

参 考 文 献

[1] 威廉·博伊德，爱德蒙·金．西方教育史［M］．任宝祥，译．北京：人民教育出版社，1985.

[2] 布鲁巴克．教育问题史［M］．单中惠，等译．济南：山东教育出版社，2012.

[3] 陈青之．中国教育史：上、中、下册［M］．福州：福建教育出版社，2009.

[4] 程谪凡．中国现代女子教育史［M］．上海：中华书局，1936.

[5] 单中惠，杨汉麟．西方教育学名著提要［M］．南昌：江西人民出版社，2004.

[6] 丁钢．中国文化与教育研究丛书（全八种）［M］．上海：上海教育出版社，1990—1996.

[7] 弗罗斯特．西方教育的历史和哲学基础［M］．吴元训，等译．北京：华夏出版社，1987.

[8] 姜琦．现代西洋教育史［M］．福州：福建教育出版社，2011.

[9] 康内尔．二十世纪世界教育史［M］．北京：人民教育出版社，1990.

[10] 雷通群．西洋教育通史［M］．福州：福建教育出版社，2011.

[11] 李国钧，王炳照．中国教育制度通史（全八卷）［M］．济南：山东教育出版社，2000.

[12] 李又宁，张玉法．中国妇女史论文集［C］．台湾：商务印书馆，1981.

[13] 陆有铨．现代西方教育哲学［M］．北京：北京大学出版社，2012.

[14] 陆有铨．躁动的百年：20 世纪的教育历程［M］．济南：山东教育出版社，1997.

[15] 瞿世英．西洋教育思想史［M］．福州：福建教育出版社，2011.

[16] 舒新城．近代中国教育思想史［M］．上海：中华书局，1928.

[17] 斯东·米亚拉雷．世界教育史（1945 年至今）［M］．张人杰，等，译．上海：上海译文出版社，1991.

[18] 孙培青，李国钧．中国教育思想史（全三卷）［M］．上海：华东师范

大学出版社，1995.
[19] 唐爱民. 当代西方教育思潮 [M]. 济南：山东人民出版社，2010.
[20] 王炳照，阎国华. 中国教育思想通史（全八卷）[M]. 长沙：湖南教育出版社，1994.
[21] 吴式颖，任钟印. 外国教育思想通史（全十卷）[M]. 长沙：湖南教育出版社，2002.
[22] 许美德. 中外比较教育史 [M]. 上海：上海人民出版社，1990.
[23] 张斌贤. 外国教育思想史 [M]. 北京：高等教育出版社，2007.
[24] 张瑞璠，黄书光. 中国教育哲学史（全四卷）[M]. 济南：山东教育出版社，2000.
[25] 张瑞璠，王承绪. 中外教育比较史纲（全三卷）[M]. 济南：山东教育出版社，1997.
[26] 赵祥麟. 外国教育家评传（全四卷）[M]. 上海：上海教育出版社，1992—2002.
[27] 周洪宇，申国昌. 教育经典导读 [M]. 武汉：华中科技大学出版社，2013.
[28] 周予同. 中国现代教育史 [M]. 福州：福建教育出版社，2007.
[29] BERLINER D., BIDDLE B., The manufactured crisis: myths, eraud, and the attack on america's public schools [M]. New York: Perseus, 1996.
[30] DEWEY, democracy and education [M]. New York: Macmillan, 1916.
[31] DEWEY, The school and society [M]. Chicago: University of Chicago Press, 1900.
[32] BROWN F., ED. Playwork-theory and practice [M]. Philadelphia: Open University Press, 2002.
[33] OAKES J., Multiplying inequalities: the effect of race, social slass, and tracking on opportunities to learn mathematics and science [M]. Santa Monica, CA: Rand, 1990.
[34] National Council of Teachers of Mathematics, Principles and standards for school mathematics, discussion draft [M]. Reston, VA: NCTM, 1998.
[35] WATSON P. W. & JOHN M. N., Inviting school success. Belmont, CA: Wadsworth, 1996.
[36] A brief history of social pedagogy [EB/OL]. [2014-5-15]. http://social-pedagogy.co.uk/history.htm
[37] American montessori society [EB/OL]. [2014-5-17]. http://amshq.

org/Montessori-Education/History-of-Montessori-Education/Biography-of-Maria-Montessori.

[38] Internet encyclopedia of philosophy [EB/OL]. [2014 - 5 - 12]. http://www. iep. utm. edu/dewey/

[39] Lengrand P. A introduction to lifelong education [J/OL]. [2014 -6 -9].

[40] Lifelong learning [EB/OL]. [2014 - 6 - 9]. http://infed. org/mobi/lifelong-learning/

[41] Nel noddings the ethics of care and education [EB/OL]. [2014 -6 -14]. http://infed. org/mobi/nel-noddings-the-ethics-of-care-and-education/

[42] Freire P. dialogue, praxis and education [EB/OL]. [2014 - 6 - 10]. http://infed. org/mobi/paulo-freire-dialogue-praxis-and-education/

[43] SMITH M. K. Jerome bruner and the process of education [J/OL]. [2014 -5 - 23]. http://ocw. metu. edu. tr/pluginfile. php/8930/mod_ resource/content/1/JBruner. pdf.

[44] THORNTON J. S. , "From content to subject matter", the social studies [J], November/December 2001: 237 -242.